EL SECRETO
DE TU
ANIVERSARIO

Grupo ROBIN BOOK

Barcelona - México
Buenos Aires

Theresa Cheung

EL SECRETO
DE TU
ANIVERSARIO

Traducción de Jorge Conde

información bibliográfica
Industria 11 (Pol. Ind. Buvisa)
08329 - Teià (Barcelona)
www.robinbook.com

Título original: *The Element Encyclopedia of Birthdays*

© 2007, Theresa Cheung.
First Published by HarperElement 2007.

© 2011, Ediciones Robinbook, s.l., Barcelona.
Diseño de cubierta: Regina Richling
Fotografía de cubierta: iStockphoto
Diseño de interior: Paco Murcia
ISBN: 978-84-9917-117-3
Depósito legal: B-19.607-2011

Impreso por Limpergraf, Mogoda, 29-31 (Can Salvatella),
08210 Barberà del Vallès

Impreso en España - *Printed in Spain*

Sumario

Agradecimientos

Este ambicioso proyecto no habría culminado sin la ayuda de un grupo de personas tan maravillosas como únicas. Quiero dar las gracias a Katy Carrington por su extraordinaria visión, sus comentarios certeros y todo su aliento. A Mark Bolland por su excelente trabajo de edición y sus valiosas aportaciones. También estoy en deuda con Andy Paciorek por sus fabulosas ilustraciones. Agradezco a Collin Hall su fantástica labor en el diseño y la maquetación de las páginas del libro. Gracias a Graham Holmes por su muy lograda composición. A Simon Gerratt por su habilidad, paciencia y lucidez, cualidades muy necesarias para conseguir que el proyecto llegase a buen puerto en los términos y tiempos previstos. Por último, pero no menos importante, quiero expresar mi más sincero agradecimiento a Ray, Robert y Ruth por el amor, la inspiración y el apoyo que me brindan todos los días de todos los años.

Introducción

'En la tierra como en el cielo'

El secreto de tu aniversario es una guía completa de la personalidad y el destino de las personas nacidas en todos y cada uno de los 366 días del año. Basta con conocer su fecha de nacimiento para obtener piezas de información tan reveladoras como precisas sobre muchos aspectos de su persona —sus fortalezas, sus debilidades, su salud, sus relaciones sentimentales, su destino, su carrera profesional y sus objetivos vitales—. Y lo mismo es aplicable a sus amigos, familiares, amantes, colegas de profesión, e incluso a personas a las que acaban de conocer.

El poder de la fecha de nacimiento no sólo reside en las posiciones planetarias, sino también en otras varias influencias invisibles y en ciertos patrones presentes ese día. Este libro va mucho más allá de los horóscopos de los signos solares, indagando en estos patrones e influencias desde la óptica de la psicología astrológica, la numerología, el Tarot, así como la teoría del color o cromoterapia.

Para entender cómo se ha elaborado cada perfil según la fecha de nacimiento, en las páginas que siguen encontrará los principios básicos de esta ciencia arcana y de cómo imprime su sello en las personas. Ahora bien, si prefiere sumergirse directamente en un signo zodiacal o en una fecha de nacimiento concreta, la suya o la de algún conocido, siempre puede reanudar la lectura de estas páginas en otro momento. Con independencia de cómo decida leer este libro, nunca olvide que cada persona es única y que posee un inmenso potencial por descubrir.

El perfil por fecha de nacimiento

¿Qué es exactamente un perfil por fecha de nacimiento? En pocas palabras, es el renacimiento de cuatro artes arcanas —la astrología, la numerología, el Tarot y la teoría del color o cromoterapia—, unidas gracias a la interpretación psicológica moderna. De esta combinación surge una amalgama de influencias cósmicas y terrenales que puede tener efectos muy significativos en la personalidad y en el destino, y que, igualmente, proporciona información extremadamente valiosa sobre uno mismo y sobre las vidas, los sentimientos, las esperanzas y los miedos de familiares, amigos y compañeros de profesión.

Breve introducción a la astrología

La astrología sostiene que el género humano está influenciado no sólo por factores hereditarios y del entorno, sino también por el estado del sistema solar en el momento del nacimiento. Considera que el sol, la luna y los planetas constituyen fuerzas básicas para la vida, herramientas que nos ayudan a vivir, y que son los componentes nucleares de nuestra sustancia. Estas fuerzas planetarias adoptan diferentes formas dependiendo de su posición zodiacal y de las relaciones que establecen unas con otras.

La astrología es una de las ciencias ocultas supervivientes más antiguas, siendo así que los hallazgos revelan la existencia de sistemas astrológicos extremadamente sofisticados en las culturas babilónica, egipcia y azteca. Durante muchos siglos, en Occidente la astrología fue considerada un método de adivinación muy respetado (la buenaventura) que disfrutaba del favor de las monarquías. Con el desarrollo científico del siglo XVII, la astrología quedó relegada al reino de la superstición, si bien nunca cayó completamente en desuso y hoy sigue gozando de gran popularidad entre personas de muy diversas procedencias.

La astrología popular centra su atención en la lectura del horóscopo, una carta astral que detalla la posición de los planetas, el sol, la luna y las estrellas en el momento del nacimiento y que sirve para interpretar la influencia de los planetas en todos los asuntos relativos a las personas. El sol viaja por los doce signos del zodiaco a lo largo del año, de manera tal que cuando se dice que alguien nació bajo la influencia de Piscis, esto significa que nació cuando el sol estaba pasando por aquella porción del zodiaco denominada constelación de Piscis.

Cada uno de los doce signos presenta su propia personalidad y unos rasgos diferenciados (véanse los perfiles por signo zodiacal), con la posición diaria de los planetas, así como los elementos asociados con cada planeta —fuego, agua, tierra y aire—, que también afectan a cada signo solar. Además, para los astrólogos más ortodoxos, a medida que el sol se desplaza por un signo zodiacal en el transcurso de un mes, cabe decir que pasa por tres decanatos, cuya duración estimada es de diez días aproximadamente. Cada decanato añade las influencias de su signo y planeta asociado a la influencia básica del signo solar. Así las cosas, al considerar el decanato en conjunción con el signo solar, la lectura de la fecha de nacimiento de un individuo resulta mucho más precisa. Por ejemplo: un Aries nacido en algún momento del tercer decanato (entre el 10 y el 21 de abril) también recibirá la influencia del tercer decanato del signo Sagitario así como del planeta asociado con Sagitario, que no es otro que Júpiter. Los antiguos egipcios daban tanta importancia a los decanatos como a los signos solares en sí mismos.

Las progresiones son otra técnica muy extendida en los sistemas de predicción. Con este método el sol viaja (o progresa) durante treinta años por cada signo del zodiaco, lo cual significa que durante la vida de una persona progresará típicamente entre tres y cuatro signos zodiacales, dependiendo de la longevidad del individuo y su fecha de nacimiento. Cada vez que el sol progresa de un signo a otro, esto indica que la vida de una persona se adentra en un tiempo o en una fase en la que muy probablemente se producirá un cambio significativo que se traducirá en sus circunstancias o en su actitud. Por ejemplo: el sol progresado de un escorpio nacido el 9 de noviembre se desplazará hasta Sagitario a los trece años de edad, hasta capricornio a los cuarenta y tres años, y posteriormente hasta acuario a los setenta y tres años de edad.

Las estrellas fijas asociadas con un día del año en particular también ejercen una influencia añadida. En todo caso, si los decanatos y las progresiones le parecen confusos, no se preocupe. Para emplear este libro no es necesario tener conocimientos matemáticos ni buscar información en tablas complicadas, dado que los cálculos y las interpretaciones más relevantes han sido tomados en consideración a la hora de elaborar los perfiles por fecha de nacimiento. Esto significa que su tarea es otra, mucho más sencilla: leer y disfrutar.

Los escépticos argumentan que no ha podido demostrarse la hipótesis astrológica en virtud de la cual la posición planetaria y el destino de los humanos guardan alguna relación. No obstante, estudios científicos recientes sobre las estaciones del año y el mes de nacimiento de las personas parecen indicar lo contrario.

A principios de la década de los años setenta, el profesor Alan Smithers de la Manchester University realizó un estudio con información demográfica procedente del censo británico que mostraba claramente que los arquitectos suelen nacer en primavera, las secretarias y secretarios en verano, los mineros en otoño y los electricistas en invierno. Del mismo modo, entrevistó a varios miembros de la British Astrological Association (BAA) y les pidió que le indicasen qué signos están más directamente relacionados con las profesiones de enfermería

y sindicalista. Sin conocer las predicciones de la BAA, Smithers dirigió un estudio muy extenso realizado con enfermeras y sindicalistas y descubrió que, tal como habían concluido los astrólogos, existía una desviación estadística que revelaba que los profesionales de la enfermería solían nacer bajo los signos de Tauro, Cáncer, Virgo, Escorpio y Piscis, mientras que los sindicalistas se concentraban en otros signos del zodiaco.

Otra investigación interesante centra sus esfuerzos en la influencia de un astro específico: el sol. Esto se debe a que se cree que un tipo de radiación que emite el sol, la ultravioleta (UV), puede ser la causa de algunas alteraciones genéticas en el desarrollo de los bebés que podrían tener efectos en la formación de su personalidad y en la vida misma. Esto podría explicar por qué muchos de nosotros creemos que las personas nacidas en una misma época del año comparten destinos y tienen muchas características comunes. Por ejemplo: un grupo de investigadores de la Universidad de Rostock en Alemania ha analizado datos que permiten afirmar que el mes de nacimiento guarda una relación directa con la longevidad de las personas. Pues bien, todo indica que esto es cierto. Su estudio reveló que las probabilidades de vivir más de cien años son hasta un 16% superiores al promedio en caso de haber nacido en diciembre, siendo así que para alguien nacido en junio las probabilidades son un 23% menores. Otro estudio realizado por investigadores de la University of Chicago y publicado en el *Journal of Anti-Aging Medicine* respalda esta hipótesis; además, considera que los nacidos en diciembre viven, en promedio, unos tres años más que el resto de los mortales.

Los expertos conjeturan que las personas nacidas en diciembre podrían vivir más años porque fueron concebidas en marzo, una circunstancia que posiblemente les habría permitido eludir los efectos más dañinos de la radiación solar. Además argumentan que los picos de radiación solar en el momento de la concepción tienen efectos sobre la personalidad y la salud durante el resto de la vida. Por consiguiente, en este sentido el lugar donde usted ha nacido probablemente sea más importante que el mes de su nacimiento.

He aquí un breve sumario de algunos de los hallazgos científicos más destacables a fecha de hoy:

Felicidad: En términos generales, la gente feliz suele nacer en junio, julio y agosto, según un estudio realizado por la Universidad de Viena. Paralelamente, un estudio de la Universidad de Tokio revela que las personas nacidas en diciembre, enero y febrero suelen ser más pesimistas que los nacidos en otras épocas del año.

Personalidad: Los psiquiatras de la Universidad de Umea, en Suecia, observaron las diferencias de la personalidad en una muestra de 2.000 personas y descubrieron que las mujeres nacidas entre los meses de febrero y abril sentían una mayor atracción por la novedad que las nacidas entre octubre y febrero. Los varones nacidos en primavera suelen ser más impulsivos, mientras que los nacidos durante el invierno son más proclives a la introspección.

Inteligencia: Los niños nacidos en invierno pueden ser más corpulentos y sentir una mayor inclinación hacia lo académico que los nacidos en verano. Psiquiatras y antropólogos de las universidades de Harvard y Queensland observaron el desarrollo de 21.000 chicos y chicas durante un periodo de siete años, para descubrir que existen variaciones en la inteligencia, el peso, la estatura y el tamaño de la cabeza en función de la estación de su nacimiento. Sin embargo, otro estudio llevado a cabo en la Universidad de Viena indicó que las estudiantes de sexo femenino nacidas durante la primavera y el verano evidenciaban un desempeño académico superior al de las nacidas en otoño e invierno.

Salud: Una investigación realizada en el Hospital Clínico de la Universidad de Módena, en Italia, concluyó que las mujeres nacidas en otoño tienen menos síntomas durante la menopausia, mientras que las nacidas en primavera son las que más síntomas padecen. Un trabajo producido en la University of Bristol demuestra que las personas nacidas en invierno presentan un riesgo mayor de desarrollar una enfermedad de tipo cardiovascular, mientras que otro estudio de la University of Southampton indica que nacer durante los meses invernales podría incrementar el riesgo de sufrir obesidad.

Breve introducción a la numerología

La numerología asigna determinadas características a las combinaciones cósmicas formadas por los dígitos del 1 al 9. Esto sugiere rasgos de la personalidad y debilidades para todos los días del año. La numerología parte del concepto según el cual el Universo responde a una construcción matemática, toda vez que la energía vibratoria de la gente, los lugares y las cosas pueden expresarse numéricamente. Presuntamente, esta reducción numérica de las fechas de nacimiento y los nombres sirve para determinar la personalidad y el destino de las personas.

Aunque es probable que la numerología tenga sus orígenes en la antigua Babilonia y en los primeros hebreos, y aunque se sabe del empleo de sistemas numerológicos diferentes en muchas partes del mundo, por lo general el origen de la numerología suele asociarse con el trabajo de Pitágoras, el filósofo y matemático griego que vivió en el siglo V a.C. Pitágoras creía en la existencia de una relación matemática entre los dioses, los hombres y los números, una relación que podía ser codificada, y que si aparecían ciertos patrones numéricos podían utilizarse para predecir el destino de una persona. Según el pensamiento pitagórico, de los números brota la energía del mundo, siendo así que los números del 1 al 9 representan las nueve fases de la vida. A Pitágoras se le atribuye la cita: «El mundo está construido sobre el poder de los números».

En la numerología todos los guarismos pueden reducirse a un número del 1 al 9. Análogamente, cada número está asociado con una letra del alfabeto. Cualquier número mayor que 9 puede ser reducido a un solo dígito como resultado de sumar todas sus cifras. Veamos un ejemplo: el número 123 supondría la suma de 1 + 2 + 3 = 6. Así pues, las cualidades o los rasgos del número 123 serían equivalentes a los del número simbólico 6. Empleando los dígitos como guía, podemos analizar los patrones correspondientes a las diferentes fechas y al nombre de una persona para definir su carácter y predecir su futuro. Dicho muy brevemente, los números del 1 al 9 representan lo que sigue:

1   Independiente, creativo, ambicioso, extravertido.
    Desventajas: puede ser egoísta con visión de túnel.

2   Sensible, doméstico, imaginativo, musical.
    Desventajas: puede ser tímido y crédulo.

3   Científico, poderoso, culto, con múltiples talentos.
    Desventajas: puede ser hedonista y superficial.

4   Práctico, estable, honesto, confiable.
    Desventajas: puede ser testarudo y excesivamente serio.

5   Energético, sensual, atrevido, coqueto.
    Desventajas: puede ser reticente al compromiso.

6   Perfeccionista, creativo, artístico, compasivo.
    Desventajas: puede ser hipersensible y demasiado emotivo.

7   Intelectual, filosófico, imaginativo, intuitivo.
    Desventajas: puede ser impráctico y reservado.

8   Práctico, justo, confiable, poderoso.
    Desventajas: puede ser terco, obtuso, impaciente e intolerante.

9   Espiritual, humanitario, visionario y sanador.
    Desventajas: puede ser interesado, posesivo y volátil.

Todo lo que hace la astrología con los astros, las constelaciones y los signos solares, la numerología lo hace con los números. Como la astrología, la numerología es un sistema simbólico y una de las muchas herramientas que podemos utilizar para entendernos mejor y para entender mejor el sentido de nuestra existencia. Del mismo modo como los astrólogos creen que ningún signo es mejor que otro, los numerólogos consideran que no hay números mejores o peores. Todos los números poseen un gran potencial así como algunas desventajas. La existencia de desventajas simplemente insinúa los retos que ese número plantea. Si una persona es capaz de enfrentar y superar esos retos, su fortaleza se verá incrementada de una manera increíble.

En este libro abordaremos con mayor detalle las interpretaciones cualitativas de los números en su relación con la fecha de nacimiento de una persona. La numerología sostiene que la fecha de nacimiento ejerce una influencia permanente sobre la vida de la persona. Aunque usted envejezca y decida cambiar de nombre, el número asociado con su fecha de nacimiento siempre permanecerá constante (por ejemplo: si usted nació el 17 de abril, el número asociado con su fecha de nacimiento será 1 + 7 = 8).

Breve introducción al Tarot

Su signo zodiacal y su fecha de nacimiento también están asociados con unas cartas del Tarot específicas.

Aunque los verdaderos orígenes de las cartas del Tarot son desconocidos, pudiendo remontarse hasta el Antiguo Egipto, los naipes que hoy conocemos fueron creados en Italia durante el siglo XV. La baraja del Tarot está compuesta por un total de setenta y ocho cartas, divididas en los veintidós Arcanos Mayores que el ocultista decimonónico francés Eliphas Levi relacionó simbólicamente con las veintidós letras que componen el alfabeto hebreo; y las cartas correspondientes a los cincuenta y seis Arcanos Menores que a su vez se dividen en cuatro palos: los bastos, que representan el elemento del fuego; las espadas, el elemento del aire; las copas, el elemento del agua; y las picas (o los oros), el elemento de la tierra. Muchas versiones de las cartas del Tarot usadas actualmente derivan de la baraja Rider-Waite diseñada por Arthur Edgard Waite y Pamela Colman Smith en 1910.

Aunque es cierto que cada una de las cartas de los Arcanos Menores posee un significado adivinatorio, las cartas de los Arcanos Mayores tendrán una mayor relevancia en este libro puesto que representan símbolos arquetípicos y la búsqueda del conocimiento de uno mismo. Seguidamente paso a explicar brevemente su significado:

El Loco: esta figura representa al niño divino, alguien que confía plenamente en Dios. El Loco emprende un viaje que no sabe adónde le llevará, con destino indeterminado, aunque está tranquilo y contento, vive espontáneamente y actúa desde el corazón.

El Mago: esta figura representa la capacidad creativa y posee muchas opciones y facultades. También llamado Magus en otras barajas del Tarot, el Mago tiene acceso a los cuatro elementos del Tarot y puede manifestar la misión divina que se le ha encomendado y por la que ha venido a la tierra.

La Gran Sacerdotisa: esta figura representa el yo clarividente, la intuición, los sueños y el desarrollo de la intuición espiritual interna de las personas.

La Emperatriz: se asocia con la capacidad para adaptarse y fluir de acuerdo con las necesidades del momento.

El Emperador: sirve para equilibrar a la Emperatriz y se asocia con el trabajo, el dinero, la solidez y la capacidad para desarrollarse plenamente en el plano estrictamente material.

El Sumo Sacerdote: símbolo de la autoridad espiritual interior, también conocida como el yo elevado. En cierto modo, también es una compilación de las cuatro cartas anteriores, puesto que sintetiza las primeras fases del crecimiento espiritual en un nivel superior.

Los Enamorados: representan la toma de conciencia de los opuestos, las relaciones entre opuestos, los impulsos sexuales y románticos, así como la capacidad para equilibrar los distintos aspectos de yo.

El Carro: esta figura representa una alineación de la voluntad personal con la voluntad divina, así como las transformaciones que evidencia el yo personal en su periplo hacia una mayor conciencia planetaria.

La Justicia: representa el proceso de búsqueda del equilibrio kármico, de tal manera que aquella parte de la conciencia que no ha gozado de armonía se reconduzca y alcance una relación más sana con el amor de Dios.

El Ermitaño: esta figura representa un tiempo de introspección en el que el alma debe aprender a vivir por sí misma en la tiniebla, guiada por Dios y por la luz interna del espíritu.

La Rueda de la Fortuna: generalmente representa los vaivenes de la vida y un tiempo caracterizado por el despertar a la conciencia del propio destino, el karma y el sentido último del alma.

La Fuerza: este arcano se asocia con el autocontrol y la integración del yo superior y el yo inferior. Esta carta suele interpretarse como el proceso de aprendizaje que desemboca en la percepción de uno mismo como alguien capaz de conseguir todo lo que se propone.

El Ahorcado (o Colgado): esta carta representa el sacrificio y la paciencia ante las adversidades. También se asocia con la entrega total a Dios. Este proceso de renuncia y entrega sacude por completo el alma, de tal manera que Dios puede ser experimentado desde una nueva perspectiva.

La Muerte: esta figura representa el final de un ciclo, el proceso de abandono de las emociones caducas, especialmente en todo lo concerniente a las relaciones personales.

La Templanza: una carta de integración, transformación y alquimia que representa el proceso de transformación de los opuestos hasta formar un elemento nuevo.

El Diablo: está asociado con la conciencia de la propia negatividad y con el lado oscuro. Esta figura simboliza el antagonista y también puede representar el encuentro con las energías malignas.

La Torre (o La Casa de Dios): representa la debilidad de la ilusión y el resquebrajamiento de las viejas estructuras, que pueden ser de índole física o personal.

La Estrella: esta figura representa la revelación de la esencia fundamental del ser, la curación espiritual divina y el acceso a una dimensión más elevada. Esto es el resultado de las lecciones anteriores que sirvieron para liberar el alma de las ilusiones.

La Luna: simboliza la creatividad, la crianza, la familia, así como el surgimiento de la negatividad subconsciente, que aflora a la superficie en busca de curación y transformación.

El Sol: representa la confianza y el resurgir de autentico yo, que busca hacerse visible en su forma espiritual y física más plena.

El Juicio: esta carta representa la resurrección y el renacimiento, y es símbolo del tiempo que vivimos, un tiempo caracterizado por la transformación total.

El Mundo: se asocia con la celebración de la danza de la vida, y también con una época que significa la finalización de un ciclo importante. La carta del Mundo engloba a todas las anteriores, del mismo modo como todos nosotros somos el resultado de todos los pasos dados en nuestro periplo vital. Es un tiempo de plenitud y alegría.

Muchos astrólogos y numerólogos consideran que las cartas de los arcanos mayores guardan relación con ciertas tendencias de la personalidad de naturaleza astrológica y numerológica. Por ejemplo: la carta del Emperador se encuentra bajo la influencia del planeta Marte, el signo astrológico de Aries y el poder simbólico del número 9. Consecuentemente, estos arcanos constituyen un poderoso medio para estimular el conocimiento del yo, especialmente cuando consideramos sus implicaciones teniendo en cuenta lo que indican la astrología y la numerología.

Breve introducción a la curación por medio de los colores

Según los expertos en colores o cromoterapeutas, se dice que cada color vibra con su propia energía y produce efectos específicos en las personas. Siete colores en particular —rojo, naranja, amarillo, verde, azul, índigo y violeta, los colores del arco iris— han tenido un significado religioso, oculto y místico desde la antigüedad (véase el recuadro de la pág. siguiente). En las postrimerías del siglo XIX, la teoría del color empezó a llamar la atención de las sociedades occidentales. Así, en 1878 Edwin Babbitt público el libro *Los principios de la luz y del color: el poder natural de los rayos de luz y los cristales de colores*, un trabajo que subrayaba las antiguas correspondencias

pitagóricas entre la música, el color, los números y el sonido.

Actualmente, la ciencia moderna ha logrado demostrar que algunos de estos viejos postulados sobre el color son ciertos. En la década de los ochenta quedó demostrado que la luz coloreada puede estimular ciertas reacciones químicas en el cuerpo humano. Investigaciones posteriores confirmaron que los verdes y los azules poseen un efecto sedante que sirve para reducir el estrés, la actividad de las ondas cerebrales y la presión sanguínea. Se sabe que los colores cálidos como, por ejemplo, el amarillo y el rojo, poseen efectos estimulantes. A la vista de estos hallazgos, no sorprende que muchos psicólogos recurran a los colores con el fin de provocar efectos beneficiosos en los entornos doméstico y laboral, así como en los hospitales.

Cómo encaja todo esto

BEATRIZ:
—*(…) pero había, a la vez, una estrella que bailaba, y yo nací bajo su influjo.*

William Shakespeare,
Mucho ruido y pocas nueces

Como puede apreciarse, los principios básicos de la astrología, la numerología, el Tarot y el análisis del color están interrelacionados, siendo así que este libro recoge una combinación de todos ellos con el fin de poner en valor el viejo axioma «Hágase en la tierra como en el cielo». Cada fecha de nacimiento encierra todo un universo de posibilidades. Usted nació durante una de las cuatro estaciones, bajo un signo solar, una estrella fija y un decanato concretos. Usted tiene un planeta que le influye y pertenece a uno de los cuatro elementos —aire, tierra, agua o fuego. Igualmente, cada día tiene una vibración numérica

Poderes curativos de los colores

Los siete colores del espectro cromático suelen asociarse con unas propiedades curativas concretas.

Violeta

El violeta promueve la lucidez, facilita la revelación y el despertar espiritual. Los terapeutas holísticos emplean el violeta para aliviar el dolor de ciertos órganos corporales, relajar la musculatura y calmar el sistema nervioso.

Índigo

El índigo también tiene propiedades sedantes y calmantes. Se dice que estimula la intuición. El índigo puede ser muy útil para controlar las hemorragias y los abscesos.

Azul

El azul favorece la comunicación y el conocimiento. Elimina toxinas y suele emplearse para tratar los trastornos hepáticos y la ictericia.

Verde

Debido a su ubicación en la región central del espectro cromático, el verde se asocia con el equilibrio. El verde es un color calmante. Los practicantes ayurvédicos lo utilizan para facilitar la curación de las úlceras. Se dice que tiene propiedades antisépticas, germicidas y antibacterianas.

Amarillo

El amarillo es un estimulante sensorial comúnmente asociado con la sabiduría y la claridad mental. Se piensa que el amarillo posee propiedades descongestionantes y antibacterianas; y que resulta muy útil cuando se trata de estimular el aparato digestivo y el sistema linfático.

Naranja

El color naranja promueve el placer, el entusiasmo y la estimulación sexual. Los practicantes ayurvédicos consideran que posee propiedades antibacterianas y que por ello puede ser muy útil para aliviar ciertas molestias de tipo digestivo, tales como las flatulencias o los retortijones de vientre.

Rojo

El rojo promueve la energía, vigoriza y estimula. En el plano físico, se cree que mejora la circulación sanguínea y facilita la producción de glóbulos rojos.

Tanto en la astrología como en la numerología, cada signo astrológico y cada número tienen uno o varios colores asociados. Según los terapeutas del color, estos colores tienen una significación especial en el perfil de cada fecha de nacimiento, dado que nuestras vidas pueden mejorar sustancialmente si nos rodeamos de aquellos colores que resultan más armoniosos para nuestras vibraciones personales.

y una vibración cromática con un significado específico; además, estas vibraciones pueden sugerir números, fechas y colores que seguramente le son más propicios que otros. Así las cosas, todos estos factores dan forma a nuestra personalidad y modulan nuestra experiencia vital. Combinados desde una perspectiva psicológica moderna, pueden emplearse para diseñar un perfil detallado y único de la personalidad de los individuos nacidos en todos y cada uno de los días del año.

El enfoque psicológico empleado en este libro solicita su colaboración activa y le ayudará a convertirse en un experto en su propia persona y en los demás. Piense en el perfil de su fecha de nacimiento como si se tratase de una herramienta moderna que puede serle muy útil en su camino hacia el conocimiento personal, puesto que le ayudará a traducir en consejos prácticos y a ajustar la sabiduría simbólica que encierran su signo solar, su fecha de nacimiento, su carta del Tarot y sus colores personales. Utilice estos consejos para alcanzar un mejor conocimiento de usted mismo y de cuantos le rodean. Utilícelos para detectar sus fortalezas y para encontrar maneras de compensar sus puntos débiles. Utilícelos para orientar su vida en pos de un crecimiento positivo y para cambiar aquellos aspectos que le generan mayores dificultades. Utilícelos para atraer la buena suerte y propiciar el éxito.

En última instancia, este libro es una celebración de todos los procesos de crecimiento y cambio —los procesos de crecimiento y cambio que pueden apreciarse cada año con el paso de las estaciones; los procesos de crecimiento y cambio que pueden apreciarse durante todo el desarrollo y en todas las transformaciones de los seres humanos.

Sólo si encontramos maneras de inducir el cambio, y si trabajamos para desarrollar todo nuestro potencial hoy, podremos transformar el porvenir y empezar a descubrir todos los maravillosos dones que el Universo puede otorgarnos. El perfil de su fecha de nacimiento es un factor definitorio que le distingue de las demás personas. Ahora bien, no olvide que su perfil simplemente destaca sus fortalezas y debilidades potenciales, y que usted siempre tiene la última palabra. Usted puede negarse a dar un paso o puede decidir abrirse al mundo y vivir plenamente el presente. Puede sentarse a esperar que llegue la buena suerte o bien puede salir en su busca. Puede acostarse a dormir o puede bailar bajo las estrellas.

Frases célebres por fecha de nacimiento

Al fin y al cabo, lo que cuenta no es cuántos años has vivido, sino cómo los has vivido.
Abraham Lincoln

Cuanto más alabes y celebres la vida, más razones te dará la vida para celebrar.
Oprah Winfrey

Los mejores cumpleaños son los que todavía no han llegado.
Robert Orben

La mala noticia es que el tiempo vuela. La buena es que tú eres el piloto.
Michael Althsuler

Nuestros cumpleaños son plumas en la inmensa ala del tiempo.
Jean Paul Richter

Celebremos la ocasión con vino y palabras dulces.
Plauto

¿Cumpleaños? Sí, en sentido general. Es algo aplicable a la mayoría de los hombres, si no a los mejores. Supongo que usted nació un día concreto. Y yo también. O quizás fue una noche. ¿A quién le importa?
James Kenneth Stephen

El mundo entero es un pastel de cumpleaños. Así
que toma un pedazo, pero no demasiado.
　　George Harrison

El color, impoluto de significado, y sin necesidad de
aliarse con formas concretas, nos habla del alma de
mil maneras distintas.
　　Oscar Wilde

La astrología tiene garantizado su
reconocimiento por parte de la psicología, sin
ninguna restricción, porque la astrología integra
todo el conocimiento psicológico de la antigüedad.
　　C.G. Jung

Ningún hombre sabio quiso ser más joven.
　　Jonathan Swift

Uno de los signos del fin de la juventud es el
nacimiento de un sentimiento de solidaridad y
pertenencia que facilita nuestra integración en
el género humano.
　　Virginia Wolf

El mayor alivio de mi ancianidad, y aquello que
me proporciona una satisfacción más profunda,
es el tierno recuerdo de las muchas atenciones y
los oficios amistosos que he tenido con los demás.
　　Marco Catón

Una nota sobre las fechas de los signos solares

Es posible que detecte algunas variaciones en las fechas asignadas a su signo solar, dependiendo de la fuente que lea o del astrólogo que consulte. Esto se debe a que el zodiaco sólo
tiene 360 grados siendo así que un año puede tener 365 días (el año normal) o 366 días (el
año bisiesto). Además, la velocidad del movimiento solar es irregular y el astro no siempre
se desplaza por las distintas secciones del zodiaco exactamente en las mismas fechas año tras
año. Las fechas que figuran en este libro toman en consideración las variaciones que se producen de un año a otro. Por consiguiente, si usted nació en un rango de dos o tres días respecto de la fecha indicada para cada signo astrológico, su fecha de nacimiento queda enmar-
cada en aquello que los astrólogos denominan la «cúspide», y por este motivo usted debería
leer la información concerniente a los dos signos solares coincidentes el día de su cumpleaños. A modo de ejemplo: si nació el 17 de febrero, usted tendrá características tanto de Piscis como de Acuario.

PERFILES
POR FECHA DE
NACIMIENTO

1 de enero

El nacimiento de la superación

L lenas de energía y entusiasmo, las personas nacidas el 1 de enero gustan de señalar a los demás el camino a seguir. Una vez que se fijan un objetivo, su motivación, integridad y originalidad atraen la buena fortuna y garantizan el éxito. Sin embargo, las mismas cualidades que propician el éxito también pueden impedirlo.

Para las personas nacidas en esta fecha, es extremadamente importante darse cuenta de que en la vida se van a producir «errores». Si van por la vida esperando que las cosas siempre salgan de la manera que esperan, o que la gente siempre actúe como ellos desean, que la vida no se desarrolle según lo previsto les provocará una constante frustración. Necesitan apartarse un tanto de la familia, aprender de sus errores y aceptar lo inesperado. Y cuando finalmente sean capaces de transformar el rechazo en determinación, descubrirán dentro de sí una fortaleza emocional que los conducirá hacia delante superando todos sus miedos.

Por encima de todo, los nacidos el 1 de enero valoran la dedicación, la disciplina y todo aquello que guarda relación con la educación, la psicología y el estudio. En verdad han nacido para liderar e inspirar a los demás, tanto en el ámbito doméstico como en el laboral. En su interior siempre hay una voz que les estimula a trabajar más duro, más rápido y mejor. Esta cualidad puede convertirles en seres muy carismáticos que sirven de ejemplo a los demás. Son los jefes que trabajan hasta horas intempestivas, los maestros que ayudan a sus alumnos durante el tiempo de ocio, o los políticos que aceptan de buen grado un recorte salarial. Su única desventaja es que pueden quedar tan empantanados en este proceso de superación que también pueden perder de vista el objetivo, el sentido del humor y la visión panorámica de las cosas.

Las personas nacidas el 1 de enero, especialmente las que todavía no han cumplido los treinta, corren el riesgo de centrarse excesivamente en el trabajo y en sus responsabilidades, así como de presionarse demasiado y de presionar a los demás durante el proceso. No obstante, una vez que comprendan que el optimismo, la fortaleza y las opiniones ajenas son ingredientes igualmente importantes para lograr el éxito y la felicidad que la dedicación y su capacidad de trabajo, su potencial creativo, su lucidez y su capacidad de liderazgo alcanzarán cotas dignas de elogio.

Su mayor reto es

Dejar de flagelarse por los errores cometidos

El camino a seguir es...

Aprender de los errores y transformar el arrepentimiento en resolución positiva. Permita que el poder de la energía positiva impregne todas las áreas de su vida, favoreciendo su suerte.

En contra
Hipersensibles, impacientes, manipuladores

A favor
Fortaleza, dedicación, honestidad

2 de enero

El cumpleaños del líder intuitivo

Las personas nacidas el 2 de enero poseen una remarcable capacidad para adaptarse al entorno. Esta sensibilidad orientada hacia los demás, combinada con su inusual perspicacia para detectar lo que mueve a la gente, pueden situarlos en una posición muy ventajosa respecto de otras personas menos observadoras.

Así y todo, el poder intuitivo de estas personas puede volverse en su contra, haciendo que se sientan solas y diferentes, y no tan naturales y únicas. Ahora bien, una vez que han logrado identificar y celebrar su carácter único, los nacidos el 2 de enero pueden hacer gala de una energía, creatividad, resistencia y flexibilidad increíbles, así como de una encomiable capacidad de compromiso. Cuando su confianza es alta, su intuición funciona a la perfección, produciéndose un importante giro hacia su vida interior alrededor de los cuarenta y nueve años de edad. Desafortunadamente, su aguda sensibilidad también los hace propensos a sufrir cambios de humor extremos y a mostrar un comportamiento errático. Esto puede ser fuente de problemas para ellos y para sus seres queridos. No obstante, una vez que caigan en la cuenta de que ellos y sólo ellos son los dueños de sus pensamientos, desarrollarán una confianza mucho más estable y duradera.

Aunque reservadas por naturaleza, las personas nacidas el 2 de enero poseen el extraño don de estar en el lugar adecuado en el momento preciso, lo cual les brinda excelentes oportunidades de éxito. Si logran creer en sí mismos podrán recorrer todo el camino y llegar a la cima. Si no logran creer en sí mismos, se encontrarán desempeñando trabajos por debajo de sus capacidades. Lo mismo es aplicable a sus relaciones personales. Si bajan el listón de sus expectativas y no establecen límites claros, podrían descubrir que los demás se están aprovechando de su bondad natural.

Extremadamente comprometidas y muy trabajadoras, las personas nacidas en esta fecha son líderes fiables y grandes negociadores. El peligro es que puedan sobrecargarse asumiendo enormes responsabilidades, y esto, unido al hecho de que se crean diferentes, puede ser fuente de frustración y alejarles de sus compañeros. Aunque suelen ser perfectamente capaces de sacar adelante sus responsabilidades, es muy importante que mantengan los pies en la tierra cultivando algunas aficiones o *hobbies*, participando en actividades sociales y relajándose en compañía de sus familiares y amigos.

Su mayor reto es

Superar los sentimientos de aislamiento y soledad.

El camino a seguir es…

Trascender el mal humor, aprender a regenerarse, y alcanzar metas que supongan ayudar y sanar a los demás.

En contra

Humor y ánimo variables, antisociales, indecisos

A favor

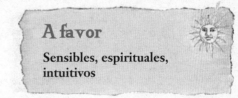

Sensibles, espirituales, intuitivos

3 de enero

El nacimiento de la determinación

Su mayor reto es

Resistir el aburrimiento

El camino a seguir es...

Experimentar con diferentes conceptos, tomar sus propias decisiones y, en lugar de esperar a los demás, avanzar en solitario.

El fracaso no es una opción para las personas nacidas el 3 de enero. Suelen tener una energía tan impulsiva como salvaje, pero no son de los que abandonan fácilmente. Su naturaleza no les permite delegar responsabilidades, toda vez que su persistencia y sentido del deber les capacitan para superar las más grandes adversidades. Sin embargo, algunas veces su obstinación por ver las cosas desde una óptica negativa, en combinación con su incapacidad para aceptar la derrota, puede hacer que parezcan personas inflexibles e intolerantes.

Testarudos por naturaleza, los nacidos el 3 de enero pueden imponer una presión insoportable sobre sí mismos y sobre los demás. Así, cuando se sientan acorralados, podrán recurrir a su encanto para conseguir lo que quieren. Esto no significa que sean deshonestos —una característica que no está en su naturaleza—, aunque sí son capaces de utilizar su capacidad de seducción si ello les permite alcanzar sus objetivos.

Esta determinación a prueba de bombas que caracteriza a las personas nacidas el 3 de enero bien podría agotar la paciencia de quienes les rodean. De hecho, la oposición y los obstáculos no hacen sino fortalecer su determinación más si cabe, siendo así que su capacidad inventiva se potencia en la confrontación y el desafío. Es difícil hacer que desistan, y aun cuando parezcan derrotados o estén reconsiderando su postura, lo más probable es que estén maquinando el contraataque o, en algunos casos, su venganza. La única fisura de su armadura es que las apariencias son de gran importancia para ellos. Nada les complace tanto como un halago. Se sienten atraídos por la belleza y el estilo, si bien su intolerancia a la imperfección puede, de no corregirse, exasperar a los demás cuando no alejarles o resultar antipática.

Dados su instinto de supervivencia y su entendimiento natural de que la determinación es poder, las personas nacidas el 3 de enero tienen un inmenso potencial para el éxito, y pueden superar —y de hecho superan— adversidades verdaderamente imposibles. Típicamente en la cuarentena, aunque a veces antes, suelen darse cuenta de que son más felices y se sienten mejor cuando se dejan guiar por la intuición. Esto les permite encontrar maneras para desarrollar sus talentos y dejar su impronta en este mundo.

En contra

Obstinados, erráticos, controladores

A favor

Encantadores, controlados, resueltos

4 de enero

El cumleaños del ecléctico

Su mayor reto es

Aceptar la incomprensión de los demás

El camino a seguir es...

Ponerse en la piel de otras personas, frenar el ritmo, sosegarse y explicar su punto de vista.

A los nacidos el 4 de enero les gusta todo lo ecléctico. Dicho con otras palabras: les gusta coleccionar, ordenar, analizar, y sólo entonces seleccionar entre lo bueno lo mejor. Y aplican este enfoque ingenioso y creativo en todos los aspectos de su vida. La lista de sus amigos parece la agenda de un magnate, y su currículo —con experiencias en muchos campos— refleja su personalidad curiosa y el poder casi ilimitado de su imaginación. A ojos de los demás, esto podría parecer un poco indisciplinado y errático, pero en la locura que caracteriza a los nacidos el 4 de enero siempre puede detectarse un método. Luego de haber aprendido todo lo que se puede aprender de numerosas fuentes, estas personas emergen triunfantes y dotadas con un conocimiento enciclopédico de la vida en el que se apoyan en la práctica totalidad de las situaciones.

Debido a su naturaleza ecléctica y a su interés por tantos aspectos de la vida, la gente que nació el 4 de enero suele ser catalizadora de algunas cuestiones problemáticas para los demás, haciendo que se enfrenten a cosas a las que quizás preferirían no enfrentarse. Son personas muy directas y todas sus interacciones están cargadas de propósito y significado; de otro modo no suscitarían su interés. Su franqueza y su incapacidad para disfrutar de la cháchara insustancial pueden volverse en su contra —especialmente porque la conversación ociosa suele emplearse para establecer vínculos y acercar a las personas—, aunque en la mayoría de los casos su habilidad para analizar una situación e ir directos al grano obtiene una excelente acogida al ser interpretada como un soplo de aire fresco.

Aunque se trata de personas que saben divertirse —especialmente cuando son jóvenes—, no suelen entretenerse con trivialidades. En la treintena y un poco más allá, prefieren invertir su considerable energía y sus talentos en una amplia variedad de proyectos que les llenan de satisfacción. Es en estos años cuando su potencial para el éxito profesional alcanza la plenitud. A decir verdad, los nacidos este día necesitan concentrar todas sus energías en la búsqueda de un proyecto laboral que satisfaga su necesidad de cambio y les permita desarrollar la creatividad, así como ser tan espontáneos e innovadores como exige su naturaleza.

En contra
Fríos, controladores, intolerantes

A favor
Independientes, imaginativos, metódicos

5 de enero

El nacimiento de la resistencia

Su mayor reto es

Dilucidar lo que esperan de la vida

El camino a seguir es...

Probar cosas nuevas hasta dar con aquello que realmente les motiva.

Las personas nacidas el 5 de enero poseen una gran fortaleza emocional, así como la capacidad para recuperarse rápidamente de los reveses y superar situaciones difíciles. Si son tan resistentes se debe, a diferencia de otras almas resistentes, a que poseen una remarcable capacidad para olvidarse del pasado y seguir adelante. Asimismo, son conscientes de que la pérdida y la decepción son parte esencial de nuestro periplo vital, y esto les sirve para ganar en sabiduría con el paso de los años.

Su capacidad de liderazgo está fuera de toda duda, así como su dedicación y buena disposición frente a todo aquello que implique un sacrificio personal. Son personas de recursos, centradas y sensatas, en quienes se puede confiar en caso de crisis, y con un alto potencial para el triunfo. El único riesgo es que la gente nacida el 5 de enero puede aburrirse fácilmente cuando no hay dificultades a su alrededor.

Aunque los nacidos en esta fecha pueden ciertamente sobreponerse al desastre, esto no significa que sean insensibles. Algunas veces pueden parecer distantes, si bien esta coraza exterior en la mayoría de los casos oculta una naturaleza mucho más empática y sensible que simplemente teme manifestarse y darse incondicionalmente. Si deciden abrirse sólo será ante sus seres queridos, la gente de confianza y los amigos más entrañables.

Esta manera resistente de encarar la vida y sus circunstancias les granjea muchos admiradores. Ahora bien, llevada al extremo puede conducir a un optimismo escasamente realista. Así pues, estas personas deberán evitar la exaltación en su actitud vital, y ser un poco más ecuánimes cuando ignoran las razones o minimizan las inquietudes de quienes les rodean.

Aunque les conviene mantener una actitud abierta y flexible, las personas nacidas el 5 de enero funcionan mejor cuando tienen un plan de acción. En general, durante la adolescencia y la juventud tienen tendencia a eludir las responsabilidades y el compromiso; pero no se sentirán enteramente satisfechas hasta que elijan su camino en la vida. Cumplidos los cuarenta —a veces un poco antes—, suelen haber aprendido a disfrutar de su curiosidad innata y de su afición por la aventura y los viajes, habiéndose encaminado hacia una actividad o proyecto vital que les permite expresar su extraordinario potencial para sacar lo mejor de los demás.

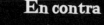

En contra

Excesivamente confiados, superficiales, poco fiables

A favor

Poderosos, expresivos, espirituales

6 de enero

El cumpleaños del filósofo

Los nacidos el 6 de enero siempre buscan un significado más profundo bajo la superficie de las cosas. Se afanan por encontrar una pizca de bondad en sus congéneres, aunque este enfoque espiritual y filosófico de la existencia a veces puede redundar en una percepción errónea de su persona. Tanto que algunas personas de su entorno pueden tildarlos de ingenuos y pueriles, infravalorando su energía e inteligencia portentosa.

Manifiestan una clara inquietud filosófica, pero son extremadamente ambiciosos y orientados a la consecución de sus objetivos, que generalmente ven cumplidos. Con una actitud favorable al trabajo, las personas nacidas en esta fecha son entregadas, siendo su dedicación siempre generosa. Además, logran superar su delicadeza y timidez naturales, así como su tendencia a la introspección, especialmente cuando se encuentran en tesitura de defender sus ideales y sus convicciones más profundas. No obstante, dado que confían en sus instintos y están convencidos de que todo los que les pasa tiene una significación profunda, corren el riesgo de pasar por alto o rechazar opiniones muy válidas; y que, como resultado de ello, los demás les consideren poco razonables, escasamente realistas u obstinados. Esta tendencia a esperar que los demás compartan sus opiniones puede erigirse en un reto insuperable para quienes no comparten un sistema de creencias de corte tan filosófico.

Pese a su obstinación y franqueza, la gente nacida el 6 de enero también tiene una faceta afectuosa y tierna que puede sufrir cuando sus aportaciones no son valoradas como merecen o cuando los demás no les toman en serio. Para paliar el sufrimiento, suelen rebelarse frente a la autoridad o abandonarse a comportamientos irresponsables. Posteriormente, alrededor de los cuarenta y cinco años de edad, han aprendido que la rebeldía constante, por muy catártica que sea, nunca ofrece respuestas satisfactorias. Para ellos es muy importante encontrar una manera sana de expresar su costado más salvaje. El deporte, el trabajo o el estudio suelen ser actividades salvadoras, precisamente porque plantean límites y exigen de ellos una disciplina muy necesaria para mantener sus emociones bajo control y canalizar su energía.

En última instancia, por mucho que se les critique o rechace, las personas nacidas el 6 de enero nunca claudican en su idealismo y hacen gala de una honestidad encomiable. Una vez encuentran su camino, alcanzan el éxito y la admiración de sus semejantes gracias a su determinación y capacidad de aplicar sus ideales de manera inspiradora.

En contra

Ingenuos, escasamente realistas, poco razonables

A favor

Idealistas, filosóficos, comprensivos

7 de enero

El nacimiento del soñador pragmático

Aunque los nacidos el día 7 de enero dan la impresión de ser personas serias e intensas, en general se sienten irremediablemente atraídos por lo extraño y lo desconocido. Poseen un fuerte sentido de la responsabilidad y el deber, pero sueñan en secreto con una vivir al margen de las convenciones, gobernados con sus propias reglas.

Mentalmente, los nacidos en esta fecha son lógicos e intuitivos, cosa que los hace únicos. Son artistas con querencia hacia lo científico, o son científicos con una mente intuitiva. Poseen un instinto especial para detectar los estados de ánimo de la gente y, pese a su aparente distancia respecto de las situaciones, generalmente son quienes captan el meollo del asunto con más facilidad. Asimismo, su naturaleza es altamente sensible. Les cuesta manejar el sufrimiento y aceptar las injusticias del mundo. Como resultado de ello, no es infrecuente que participen en actividades solidarias o que generosamente inviertan su tiempo en pro de los más necesitados. Dado que son capaces de entender rápidamente lo que sucede a su alrededor, siempre corren el riesgo de absorber la negatividad de otras personas. Por esta razón, es muy importante que escojan la compañía de personas positivas y confiables, y que hagan lo posible para evitar las influencias negativas.

Es cierto que las personas nacidas el 7 de enero son soñadoras, aunque rara vez se dejan llevar. Es por ello que su tendencia a sumergirse ocasionalmente en su mundo interior puede aislarles de los demás, provocando sentimientos de soledad. En términos generales, mantienen un fuerte vínculo con la naturaleza y hacen gala de una imaginación extraordinaria. Sienten fascinación por lo místico, así como por los fenómenos inexplicables y la vida ultramundana, muy especialmente después de cumplir los cuarenta y cuatro años, aunque a veces antes. En todo caso, el temor a ser calificados de «raros» puede reprimirles impidiendo que den rienda suelta a sus intereses.

Dicho esto, es de extrema importancia que las personas nacidas el 7 de enero robustezcan la confianza en sí mismas y aprendan a aceptar que las opiniones ajenas, por muy valiosas que sean, no son definitivas. De este modo superarán las frustraciones y concluirán que preservar su libertad de expresión es crucial para realizarse y ser felices.

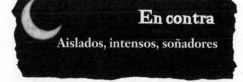

En contra
Aislados, intensos, soñadores

A favor
Especiales, intuitivos, generosos

8 de enero

El nacimiento de la fuerza dinámica

Las personas nacidas el 8 de enero se hacen notar. Nacieron con un potencial increíble para destacar, sobreponerse a las dificultades, y dejar su impronta en el mundo que les rodea.

Los nacidos en esta fecha esperan que los demás reparen en su presencia. Esto significa que generalmente causan una fuerte impresión. Son personas resueltas, valientes, trabajadoras, enérgicas y contundentes. Tienen una sobrada capacidad para conseguir todo aquello que se proponen. En ocasiones, su determinación hace que se excedan en la elaboración de las cosas, de manera que les convendrá no obsesionarse y dedicar más tiempo a sus amigos y seres queridos, así como cultivar sus intereses.

La fe, el entusiasmo y la dedicación que las personas nacidas el 8 de enero invierten en sus proyectos no es lo único que les hace destacar sobre el resto. También son sensibles y poseen indudables encantos, y la capacidad para apaciguar a los demás. Aunque son intuitivos por naturaleza, es importante que no permitan que sus ambiciones y su pragmatismo oscurezcan su talento, puesto que les será muy útil en otras áreas importantes de su vida, muy particularmente en sus relaciones personales. Pasados los cuarenta y tres años de edad, su intuición y su sensibilidad emocional suelen incrementarse.

Lo irónico del caso es que pese a gozar de una confianza casi sobrehumana y una apariencia controlada, no es extraño que bajo la superficie se sientan ansiosos e inseguros, con cierta tendencia a caer en estados de ánimo depresivos que los hacen más dependientes y necesitados de atención. Estas inseguridades ocultas pueden asimismo manifestarse en la forma de intolerancia en sus relaciones con los demás, o bien con un deseo egoísta de ningunear al prójimo. De tarde en tarde necesitan bajarse del pedestal que ellos mismos se han construido para así poder dedicar su tiempo y su energía a cultivar amistades basadas en el afecto mutuo, la comprensión y el respeto.

Si logran mantener una actitud positiva y desarrollar una mayor tolerancia y humildad en sus relaciones con los demás, no habrá nada que pueda parar a los nacidos este día. Han nacido para brillar y para ello cuentan con la ayuda de la inspiración, la disciplina y una fortaleza envidiable.

En contra

Egoístas, impacientes, intolerantes

A favor

Valientes, enérgicos, autoritarios

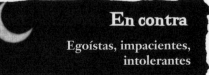

9 de enero

El cumpleaños del esforzado

Su mayor reto es

Aprender a no perder los nervios

El camino a seguir es...

Tomarse un descanso. Pasear, dormir la siesta para despejarse, charlar con amigos y procurar ponerse en la piel de los demás. Si piensa que va a perder los estribos, mantenga la cabeza fría y libere tensiones cuando hacerlo no perjudique a nadie.

Las personas que nacieron el 9 de enero tienden a actuar, pensar y sentir con rapidez. Su principal deseo es llegar a la cima y harán todo lo que esté en su mano para conseguirlo. Tanto en su casa como en su trabajo se esfuerzan denodadamente para alcanzar la excelencia. Su exigencia es máxima, en lo que les concierne y en lo que concierne a los demás. Detestan la mediocridad con una pasión desaforada. Con todo, puesto que los individuos nacidos el 9 de enero otorgan un gran valor a su iniciativa y libertad personal, generalmente prefieren trabajar solos antes que hacerlo en grupo.

Tan enfocados están en el esfuerzo que rara vez se toman un respiro para disfrutar de sus logros o del momento presente. En particular, les cuesta mucho relajarse o desconectarse de sus quehaceres diarios. Por este motivo, es fundamental que tengan una pareja, un amigo íntimo o incluso una mascota que les ayude a relajarse, a relativizar la importancia de sus metas y a tomarse un poco menos en serio. Típicamente, en torno a los cuarenta y dos años, aunque a veces antes, su sensibilidad hacia los demás y su vida interior adquieren una mayor relevancia.

Las personas nacidas el 9 de enero disfrutan de una capacidad sorprendente para encarar y sobreponerse a las dificultades, siendo así que logran superar casi todos los obstáculos. Sin embargo, en su proceso de recuperación también pueden mostrar una faceta netamente cruel. Si caen derrotados, procurarán volver a levantarse con todos los medios a su alcance, aunque tengan que molestar a sus amigos más íntimos o granjearse enemigos. De ello se deduce que estas personas deben aprender que uno de los secretos del éxito es, precisamente, no tener enemigos. El enojo, a veces con tintes violentos, suele ser su primera reacción. Ahora bien, si consiguen desarrollar un leve desapego y ser más objetivos pronto descubrirán que siempre hay otras maneras de gestionar una situación frustrante.

Los nacidos en esta fecha no conocen el miedo y poseen cualidades en abundancia. Si aprenden a escuchar los dictados de su conciencia y se esfuerzan para mantener el equilibrio tanto como se esfuerzan para alcanzar el éxito, nada habrá que pueda evitar que disfruten de una existencia plena, cargada de sentido, dicha y emociones.

En contra

Crueles, desconfiados, temerarios

A favor

Ambiciosos, fuertes, resistentes

10 de enero

El cumpleaños del realista

Aquellos nacidos el 10 de enero son personas a tener muy en cuenta. En todo momento sienten una imperiosa necesidad de decir lo que piensan. En consecuencia, su entorno los tiene en alta estima tanto por su honestidad como por sus valoraciones realistas de las situaciones. Nunca temen adherirse a las opiniones poco convencionales ni eluden prestar ayuda a los más desvalidos.

Los individuos que nacieron en esta fecha dicen las cosas como son, una cualidad que suele conducirles al éxito y provocar admiración, favoreciendo su ascenso hasta lo más alto. Por el contrario, su incapacidad manifiesta para endulzar o disfrazar la verdad puede en ocasiones molestar a la gente de su entorno, circunstancia esta que dificulta su camino hacia el éxito en beneficio de otras personas más diplomáticas. El problema de este enfoque tan brutalmente honesto es que ignora casi por completo la posibilidad de la esperanza, lo cual contribuye a que algunos los consideren un tanto gruñones. Con todo, esta apreciación no es un reflejo fiel de su personalidad. No son personas negativas ni demasiado infelices; se limitan a ver las cosas tal como son, con verrugas y todo. Típicamente, a la edad de cuarenta y un años, o a veces antes, desarrollan una mayor sensibilidad hacia las necesidades de los demás.

Aunque este enfoque crudo y marcadamente realista que caracteriza a las personas nacidas el 10 de enero puede contrariar a los demás en un primer contacto, lo cierto es que en el largo plazo la gente lo agradece por encontrarlo muy refrescante. En tiempos de crisis o de gran incertidumbre, las personas suelen buscar el consejo de los nacidos este día. Pese a que asumen su rol con naturalidad —no en vano necesitan el respeto de los demás—, las mismas cualidades que las hacen merecedoras de ese respeto también pueden distanciarlas de los demás por cuanto les cuesta empalizar con quienes tienen dificultades para manejar los vaivenes de la vida. Una vez que empiezan a entender que no todo el mundo es tan certero en sus análisis de la realidad, y que unos modos más suaves pueden ayudarles a conseguir sus metas de manera más efectiva, las personas nacidas el 10 de enero descubren que no sólo son capaces de ganarse la lealtad de los demás, sino que pueden dejar una huella imborrable en el mundo que les rodea.

En contra

Faltos de tacto, celosos, distantes

A favor

Honestos, directos, comprensivos

11 de enero

El nacimiento del asesor experto

Los que nacieron el 11 de enero poseen un talento natural para analizar todas las situaciones y descifrar a las personas. Encuentran pocas dificultades para descartar aquello que no es necesario y para llegar a la esencia de las personas y las cosas, emitiendo juicios de valor de alta exigencia. Cuando se combinan la percepción formidable de las personas nacidas el 11 de enero con su gran inteligencia, nos encontramos ante un individuo capaz de tomar decisiones extremadamente complejas.

Bajo este talento para la evaluación y el análisis subyace un fuerte sentido de la justicia que siempre intenta prevalecer. Por ello, estos individuos se sienten obligados a evaluar y a hacer lo correcto en todas las situaciones de la vida, aunque en algunas ocasiones pueden tener problemas para distinguir que el juicio correcto puede ser distinto dependiendo de las personas. Como resultado de ello, no es extraño que terminen por convencerse de que necesitan responsabilizarse de todo y de todos. Es entonces cuando surgen los problemas, dado que esto puede degenerar en comportamientos dominantes, controladores o impositivos, y conducir a la falsa creencia de que su palabra es ley.

De lo anterior se deriva que para los que han nacido este día es importante aprender a formular sus opiniones de manera menos vigorosa, para no ofender a quienes no comparten su misma visión. Pero no siempre es fácil, pese a que su naturaleza no sólo es inflexible sino también empática y compasiva. Si consiguen enfocarse en estas virtudes, no tardarán en comprender que todo el mundo tiene derecho a la discrepancia, no sólo ellos. Normalmente, alrededor de los cuarenta años, o a veces un poco antes, su sensibilidad emocional se ve fortalecida de manera tal que pueden desarrollar una vida interior más satisfactoria y plena.

Las personas que nacieron este día se muestran muy exigentes con los demás, pero todavía exigen más de sí mismas. Puesto que son valientes y cuentan con la determinación necesaria para satisfacer estos niveles de exigencia, muy a menudo se encontrarán ejerciendo el rol que más anhelan, esto es, el de juez. Los demás se acercarán buscando su consejo, su juicio y, cuando aprendan a ser menos inflexibles, también su inspiración.

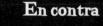

En contra

Dominantes, obstinados, superiores

A favor

Equilibrados, objetivos, justos

12 de enero

El nacimiento de la resolución

Las personas que nacieron el 12 de enero nunca hacen las cosas a medias, y una vez que se han fijado una meta la perseguirán con intensidad, determinación y sin escatimar esfuerzos. Sea cual sea su vocación —fundar una familia, enseñar a los jóvenes o hacer campaña para las elecciones presidenciales—, ésta se convertirá en su máximo objetivo vital. Siempre están buscando oportunidades, ideas y personas que puedan ayudarles a conseguir sus objetivos. Puesto que dan mucha importancia al trabajo, corren el riesgo de sacrificar su identidad personal por el camino; por esta razón es de vital importancia que acierten en la elección de su carrera profesional.

La necesidad de ser el centro de atención que caracteriza a las personas nacidas el 12 de enero suele derivar de haber arrinconado la vida personal en pro de la consecución de otros objetivos. Algunas veces esto puede ser tan acusado que llegan a perder el contacto con sus familiares y amigos, e incluso con ellos mismos. Por consiguiente, es extremadamente importante que estas personas aprendan a respetar sus propios sentimientos y también los ajenos. Necesitan construir una vida personal satisfactoria al margen de su trabajo, y una vida espiritual en la que puedan encontrar una fuente de alivio periódicamente. Por lo general, a la edad de treinta y nueve años —mejor sería un poco antes— empiezan a poner el acento sobre su vida emocional, algo que se refleja en sus visones de futuro y en sus sueños, así como en sus interacciones con otras personas.

La resolución característica de las personas que nacieron este día, combinada con su agudeza, su ingenio y su fuerte compromiso, promete un gran potencial para el éxito. Por si esto fuera poco, estas personas parecen tocadas por el extraño don de la buena suerte. Si su estado de ánimo sufre notables variaciones, sus peripecias vitales no se quedan atrás, pasando del golpe de suerte al desastre con inusitada facilidad. Así, puede ser que reciban un regalo sin razón aparente, o un ascenso, o que se les concedan esas vacaciones que tanto necesitaban. La clave de su supervivencia estriba en alcanzar el equilibrio poniendo un mayor énfasis en sus ideales espirituales y sentimentales. Sólo de esta forma podrán atraer hacia sí todo lo necesario para elevarse hasta lo más alto.

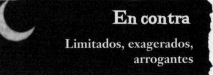

13 de enero

El nacimiento de la progresión

Progresión es la palabra clave para describir a los que nacieron el 13 de enero. Son personas que nunca están paradas, en su vida siempre se mueven hacia delante con independencia de las circunstancias y de cuál fue su origen. Su capacidad para superar las dificultades, aun las transiciones y las tareas más espinosas, les proporciona un carisma natural.

En cualquier lugar del mundo, quienes hacen que la vida parezca fácil obtienen el favor de los demás. Los que nacieron el 13 de enero no sólo están capacitados para el éxito, sino que saben mantener la calma cuando todo su entorno está perdiendo la cabeza. Si sufren algún contratiempo son capaces de sobreponerse, aprender de sus errores y hacer todo lo necesario para alcanzar sus objetivos. Y sin duda consiguen lo que quieren.

Las personas que nacieron este día no tienen problemas para olvidar el pasado y avanzar con paso firme hacia el futuro. Entienden que para progresar en la vida es necesario soltar lastre e ir más allá de sus propias limitaciones. En particular, disfrutan emprendiendo nuevos proyectos y discurriendo ideas. Y trabajan con tesón y férrea disciplina hasta que satisfacen sus deseos. Aunque su imaginación e inteligencia facilitan su éxito en muchas áreas de la vida, sienten predilección por los proyectos sociales y humanitarios. Ni que decir tiene que a veces se desilusionan o se frustran —son tan humanos como los demás—, pero normalmente a los treinta y ocho años de edad, rara vez antes, descubren la importancia de poner a trabajar su intelecto al servicio de proyectos constructivos.

Para la gente que nació el 13 de enero, reprimirse es totalmente imposible; además, no encuentran razones para embarcarse en algo si no se entregan el cien por cien, con toda su atención y energía. Por otro lado, si sus compañeros no se comprometen en igual medida, si son perezosos o no prestan la suficiente atención, a buen seguro que se lo harán saber. Su progreso será más rápido si logran entender que no todo el mundo responde a las mismas motivaciones, ni tiene su mismo hambre de triunfo, siendo así que a veces la soledad es el precio que tienen que pagar por entregarse a tan altos ideales. Si se conceden algo de tiempo para relajarse y pensar, descubrirán que muchas veces se han exigido demasiado o se han alejado excesivamente de ese mundo con el que están tan comprometidos y que tanto desean mejorar.

En contra

Obstinados, rebeldes, mandones

A favor

Ejecutivos, expertos, revolucionarios

14 de enero

El nacimiento de la convicción

Una de las mayores fortalezas de las personas nacidas el 14 de enero es su capacidad para procesar enormes cantidades de información sin por ello perder la visón global de las cosas. De ahí que sean astutas y emitan juicios muy acertados sobre las personas y las situaciones. Poseen una mente inquisitiva que siempre busca ideas interesantes, piezas de información relevantes y se plantea nuevos desafíos. Al tener esta visión panorámica, estos individuos son especialmente buenos cuando se trata de tomar decisiones. Sus conceptos del bien y el mal, de lo correcto y lo incorrecto, unidos a su convicción y un altamente desarrollado sentido de la certeza, los convierte en excelentes mediadores, muy buscados tanto en el ámbito laboral como en el doméstico.

Desafortunadamente, la convicción y la certeza de quienes nacieron este día también conllevan algunos peligros. Así, una vez que han decidido pasar a la acción, resulta prácticamente imposible persuadirles de que existe una opción mejor. Por ello, seguirán ciegamente su camino hasta que la dura realidad ponga freno a su ímpetu. Irónicamente, sobretodo para las personas que no se sienten tan comprometidas con su vida laboral, los nacidos el 14 de enero son incapaces de comprometerse en igual medida con su vida personal. De hecho, su vida personal se encuentra claramente en un segundo plano. Esto puede deberse a que piensan que los sentimientos y los vínculos emocionales con otras personas son una distracción que les aparta de su principal objetivo, aunque también puede ser el resultado de su temor a sufrir decepciones. A la vista de ello, la manera de superar este escollo pasa indefectiblemente por alcanzar un compromiso similar con sus parejas y amigos, y por aprender a respetar y apreciar la contención emocional que ofrecen los demás.

Aunque aparentan ser personas seguras y confiadas, con capacidad para implementar cambios radicales, lo cierto es que en su interior son mucho más complejas. Tras esa imagen sólida, y tras su aparente amor por la innovación y el riesgo, se esconde una persona que suele sentirse incomprendida. Estos sentimientos se acentúan cuando todavía no han encontrado su camino en la vida, una dirección clara en la que invertir su considerable caudal energético. Una vez que descubran que sus anhelos no se resuelven con liderazgo, riquezas materiales ni altas jerarquías, sino con mayores cuotas de libertad personal y la capacidad para inducir cambios positivos en el mundo, podrán dejar atrás sus inseguridades y hacer milagros.

En contra
Obstinados, obsesivos, inseguros

A favor
Conciliadores, inquisitivos, arriesgados

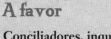

15 de enero

El cumpleaños del protagonista

Idealistas, ambiciosas y decididas, las personas nacidas el 15 de enero anhelan liderar e inspirar a sus congéneres. Para ellas, nada de lo que ocurre carece de un significado ético y profundo, y esto, unido a una extraña capacidad para desentrañar las motivaciones ajenas, les proporciona el talento de ver la vida como un drama emocionante, preñado de posibilidades tanto para hacer el bien como para hacer el mal.

Quizás motivados por los modelos y roles que aprendieron durante su infancia o sus años de formación, los individuos que nacieron este día discurren ideas innovadoras y están cargados de una energía dinámica, además de sentir un deseo incontenible de mejorar el mundo. Son especialmente sensibles a los sentimientos de los demás, lo cual les permite establecer relaciones personales satisfactorias. Saben cómo ganarse a los demás y cómo atraerlos hacia sus posiciones. Aunque en ocasiones parezcan reacios al compromiso, la gente de su entorno suele sentirse fascinada, admirada por su carácter seductor, y se deja liderar por ellos con entusiasmo.

El talón de Aquiles de las personas que nacieron el 15 de enero es su necesidad de reconocimiento público. Rara vez se sienten satisfechos si sus esfuerzos permanecen en el anonimato, dado que consideran que su misión es liderar y difundir la causa. Puesto que generalmente se entregan a proyectos de corte idealista o con implicaciones éticas, esto no suele ser un problema; ahora bien, si encauzan su vida hacia temas de menor visibilidad, existe el peligro de que esta necesidad de elogio y reconocimiento juegue en su contra convirtiéndolos en seres obsesivos y egoístas.

Las personas nacidas en esta fecha quieren que el mundo entero las vea como si fuesen conquistadores invencibles, y, habida cuenta su evidente toque dramático, en general lo consiguen. No obstante, esto puede acarrear serios problemas, porque poseen un costado sensible, generoso y vulnerable que necesita un cauce para su expresión. Suele pasar que, alrededor de los treinta y seis años de edad, aunque a veces ocurre antes, esta sensibilidad evidencia un incremento notable. Un cambio de rumbo que propicie una vida interior más plena resulta extremadamente positivo para las personas que nacieron este día, fundamentalmente porque cuando consigan gestionar —y no reprimir— sus áreas más vulnerables descubrirán lo que realmente significa ser el protagonista y portar los laureles del héroe.

En contra

Obsesivos, centrados en sí mismos, indulgentes

A favor

Idealistas, dedicados, inspiradores

16 de enero

El nacimiento
de la satisfacción

Las personas que nacieron el 16 de enero les encanta la idea de realizar proyectos empleándose a fondo. Poseen un notable talento organizativo y el trabajo bien hecho les reporta una inmensa satisfacción. Aunque su principal objetivo es finalizar un proyecto con éxito, también es importante que controlen su espíritu autocrítico y que no sean demasiado negativos con los demás cuando el resultado no está a la altura de sus expectativas.

Las personas nacidas el 16 de enero prefieren los entornos estructurados, la rutina y la seguridad antes que los cambios y la incertidumbre, argumentando que lo primero aumenta sus probabilidades de llevar las tareas y los proyectos a buen fin. Paradójicamente, cuando sus vidas están muy estructuradas, pueden impacientarse y ser proclives a asumir riesgos innecesarios o a embarcarse en empresas imposibles.

Aunque generalmente se trata de personas muy valoradas y admiradas por su entorno, cuando las cosas no discurren según lo previsto pueden sufrir ansiedad y sentir incertidumbre respecto del futuro, o bien piensan que las cosas nunca podrán satisfacer sus altas expectativas. Es muy posible que durante su infancia sus padres esperasen mucho de ellos, y que esto creara una tendencia a la introspección y a vivir permanentemente en el futuro. Si esta tendencia se radicaliza, podría desembocar en desesperación y sentimientos de inferioridad. Tienen que entender que su destino es el éxito, pero que destruirse y arrastrar consigo a los demás no es precisamente la mejor manera de conseguirlo. Una vez que aprendan a valorar lo que tienen, descubrirán que la satisfacción que tanto anhelan no deriva únicamente del trabajo bien hecho sino del cultivo de su vida interior y de la construcción de relaciones personales sanas.

El caso típico presenta un individuo que a los treinta y cinco años de edad, a veces antes, alcanza un punto de inflexión que se resuelve con un mayor énfasis en la vida emocional y una mejor conexión con el momento presente. Por encima de todo, no deben abandonarse al temor y la incertidumbre ante lo que el futuro pueda depararles, porque en su interior albergan la fuerza necesaria para hacer frente a las adversidades. Cuando consigan percibir sus errores no como fracasos sino como oportunidades para el aprendizaje y el crecimiento personal, podrán desarrollar todo su potencial y gozar de una vida plena.

17 de enero

El nacimiento del líder

Las personas que nacieron el 17 se enero prefieren asumir la responsabilidad del liderazgo, no porque sean muy ambiciosas, egoístas o porque estén llamadas al éxito, sino porque, luego de haber analizado la situación y sopesado sus pros y contras, les parece claro que son las personas más indicada para hacer el trabajo. Aunque son prudentes y respetan la tradición, los nacidos este día pueden discurrir ideas netamente progresistas en lo tocante a las reformas sociales. Disfrutan liderando, y también prestando ayuda a los demás.

Una característica que define a las personas nacidas este día es su enorme confianza y una fuerza de voluntad inquebrantable. A veces, su firmeza a la hora de encarar la vida es el resultado de las privaciones vividas a una edad temprana, unas dificultades que les sirvieron para entender que, en última instancia, sólo pueden confiar en sí mismas. Esto les proporciona un autocontrol casi sobrehumano que a ojos de los demás resulta tan inspirador como alarmante. Conocen perfectamente el significado de la palabra «esfuerzo», cosa que los convierte en verdaderos modelos de personas hechas a sí mismas.

Comunicar y defender su posición de liderazgo es algo natural para quienes nacieron en esta fecha. Su actitud intransigente con la vida y el trabajo puede distanciarles de los demás; por ello, sería muy conveniente que entendiesen que hay otras alternativas para sumar gente a sus filas, tales como la cooperación y la buena voluntad. Quizás debido a las penurias que han vivido, o a las heridas de un pasado difícil, les cuesta enormemente confiar en los demás.

Aunque los individuos nacidos este día son conscientes de la importancia de ejercer un control férreo sobre su vida, en algunos casos existe el peligro de que inviertan toda su energía en cambiar las circunstancias externas en vez de la percepción y los sentimientos que tienen sobre sí mismos. Por fortuna, en la treintena, a menudo antes, suelen prestar una mayor atención a su vida interior. Una vez que esto se produce y empiezan a entender que el autocontrol se forja desde adentro —y que pueden transformar los pensamientos y sentimientos negativos—, los demás no sólo sentirán admiración por su originalidad y franqueza, sino que las considerarán profundamente inspiradoras.

18 de enero

El nacimiento de la fantasía

Las capacidades creativas e imaginativas de las personas nacidas el 18 de enero pueden alcanzar cotas verdaderamente extraordinarias. Su mente rápida y su ingenio deleitan a sus semejantes. Su compañía es grata y la irreverencia de sus opiniones tiene muy buena acogida. A decir verdad, muchas veces su personalidad ejerce un efecto magnético sobre su entorno.

Son optimistas, confiados y un tanto pueriles. Sólo la autoridad, la inflexibilidad y las reglas pueden domar su espíritu jovial. Aunque poseen una energía desbordante, y aunque disfrutan del trato con las personas, rara vez trabajan en grupo o se dedican a una profesión «mundana», a menos que estén totalmente comprometidos con el proyecto. Otorgan un alto valor a la independencia de pensamiento y acción. Esto puede derivar en conductas temerarias y en un terco rechazo al conformismo. Este rasgo es evidente desde la infancia y también en la edad adulta, siendo así que los procedimientos habituales para gestionar la rebeldía no suelen funcionar en su caso; antes bien se escabullen o los rechazan. Necesitan encontrar un ambiente que respete su insobornable necesidad de libertad. Una vez que lo hayan encontrado, su gratitud, lealtad y devoción serán inmensas. También necesitan asegurarse de que su costado más lúdico y jovial, así como su siempre original sentido del humor, tienen cauces para la expresión, porque de ello depende que consigan arrinconar la amargura.

Las personas que nacieron este día se aburren con facilidad, pierden la concentración y terminan por recluirse en su mundo de fantasía, o experimentan accesos temperamentales cuando sus necesidades no se ven satisfechas, o sufren ansiedad y se impacientan cuando se sienten muy constreñidos por las responsabilidades. Por consiguiente, necesitan encontrar maneras de gestionar adecuadamente las situaciones. Este tipo de madurez les llega pasados los treinta años, a veces antes, a veces después. Pedirles que sean más realistas no es una opción viable, dado que su forma natural de proceder consiste en no negar su universo fantasioso y buscar el modo de integrar positivamente sus ideas innovadoras y su extraordinaria perspicacia en el marco de su existencia. Si lo consiguen, serán capaces de agregar magia a su vida y a la de cuantos se crucen en su camino.

En contra
Pueriles, poco prácticos, indisciplinados

A favor
Visionarios, creativos, estimulantes

19 de enero

El nacimiento de la originalidad

Su mayor reto es

Aprender a no aburrirse ni empantanarse con los detalles

El camino a seguir es...

Mantener el ego bajo control. Prestar atención a las pequeñas cosas porque esto les ayudará a finalizar los grandes proyectos, les guste o no.

Las personas nacidas el 19 de enero son honestas, directas, y poseen un elevado sentido estético de la vida. Tienen la capacidad de contemplar el mundo con los ojos de un niño, y lo interpretan desde su vertiente más positiva. Por encima de todo, es gente maravillosa cargada de energía. Nos encontramos ante el nacimiento de la originalidad verdadera.

La originalidad que define a los nacidos en esta fecha avanza, codo con codo, junto a un espíritu tan independiente como libérrimo. De hecho, lo que puedan pensar los demás les trae sin cuidado, siendo así que de tarde en tarde se abandonan a conductas que rayan lo extravagante. Si guardan una apariencia de respetabilidad, cualquiera que logre conocerlos mejor no tardará en darse cuenta de que son individuos únicos.

Las personas que nacieron el 19 de enero suelen sorprender con sus reacciones, básicamente porque detectan más cosas que el resto. En ocasiones batallan con su lado más intuitivo. Así y todo, es importante que encuentren la manera de equilibrarlo e incorporarlo felizmente a sus vidas. Suele ocurrir que a los treinta y dos años de edad, a veces antes, sienten la necesidad de cultivar su vida interior. Entonces aprenden que es necesario trabajar con la intuición y no en su contra.

Estas personas están llamadas a brillar y a atraer a los demás con su personalidad magnética. Los nacidos este día que intenten ajustar su creatividad a las convenciones o reprimir su originalidad serán profundamente infelices. Es posible que tenga que pasar algún tiempo antes de que su entorno entienda y aprecie sus indudables virtudes. No obstante, el poder de estas personas es tan grande que serán capaces de ganarse la simpatía de casi todo el mundo. El único peligro que les acecha es que este dinamismo y su originalidad manifiesta pueden generar una incómoda dependencia de la atención de los demás y conductas muy inmaduras en su intento por causar una buena impresión. Asimismo, pueden experimentar dificultades a la hora de construir una vida estable, habida cuenta su incapacidad para concentrarse en una sola cosa y compaginar su poderosa imaginación con las rutinas propias de la vida laboral.

Dotadas con un talento, una curiosidad y una originalidad de pensamiento naturales, cuando estas personas logren sincerarse consigo mismas y con los demás, no sólo serán fuente de inspiración sino que tendrán sobrado potencial para hacer grandes cosas.

En contra

Necesitados de atención, inmaduros, pretenciosos

A favor

Curiosos, independientes, de espíritu libre

ACUARIO

EL PORTADOR DEL AGUA

(20 DE ENERO - 18 DE FEBRERO)

* ELEMENTO: Aire

* PLANETAS INFLUYENTES: Saturno, el maestro, y Urano, el visionario

* SÍMBOLO: El portador del agua

* CARTA DEL TAROT: La estrella (esperanza)

* NÚMERO: 4

* COLORES FAVORABLES: Azul, turquesa, amarillo

* FRASE CLAVE: Expreso mis ideas originales

Aunque suele decirse que son personas muy amistosas, los nacidos bajo el signo de Acuario son seres radicalmente independientes que guardan celosamente su vida privada. Les gusta hacer las cosas a su manera, pero también son receptivos a la argumentación lógica. Les cuesta ajustarse a las expectativas de los demás, si bien sienten un deseo sincero de ayudar al prójimo y construir un mundo mejor, un rasgo que los destaca del resto convirtiéndoles en los visionarios compasivos del zodíaco.

El potencial de su personalidad

Los nacidos bajo el signo de Acuario sienten una honda preocupación por el mundo en el que viven y por sus habitantes, de manera tal que nada les satisface tanto como utilizar su conocimiento, inteligencia y habilidades para ayudar a los demás. A la vista de estos rasgos de su personalidad, apenas sorprende que mucha gente nacida en esta época tenga alguna relación con los derechos humanos, las causas solidarias, el medioambiente y la gestión de personas. Los acuario son amistosos, intuitivos, de miras amplias, inventivos y muy originales. Su fuerte necesidad de independencia a menudo les granjea fama de excéntricos, una reputación de la que claramente se enorgullecen.

Aunque los acuario poseen una pobre noción del tiempo, escaso respeto por las normas y las regulaciones, y gustan de hacer las cosas a su manera, nunca emplearán su inventiva ni sus ideas originales con intenciones destructivas. Su principal meta consiste en emplear su inteligencia para aportar lucidez y procurar beneficios no sólo a sí mismos o a un grupo selecto de personas, sino a todo el mundo.

Además de recibir la influencia de Saturno, el planeta de la disciplina, este signo también recibe la de Urano, el planeta de la originalidad, el idealismo, el carácter imprevisible y el cambio constante. Esto explica que los acuario no sólo se manejen bien en entornos cambiantes, sino que los provoquen deliberadamente. Para ellos, no existe mayor placer en el mundo que el hallazgo y la experimentación de cosas nuevas. Son amantes de la naturaleza y saben adaptarse a cualquier grupo humano, si bien, a pesar de ser sociables, confiables y atractivos, son capaces de establecer una cierta distancia respecto de las situaciones para así preservar la objetividad. Esta objetividad les proporciona una increíble lucidez que garantiza la solidez y ecuanimidad de sus decisiones, que todo el mundo respeta y finalmente adopta para sí. Esto no implica, sin embargo, que los nacidos bajo el signo Acuario sean incapaces de construir amistades profundas; muy al contrario, puesto que se entregan a sus amigos y literalmente harían cualquier cosa para apoyar a las personas de su entorno más cercano.

Por encima de todo, son personas avanzadas a su tiempo que, cuando están inspiradas, experimentan momentos de auténtica intuición y gran lucidez que pueden quitar el hipo por su originalidad y alcance. Dotados con un temperamento que les permite disfrutar de sus logros, también son extremadamente optimistas e intensos, aun cuando las cosas no vayan bien o se tuerzan.

> **" Los acuario no sólo se manejan bien en entornos cambiantes, sino que los provocan... "**

Su lado oscuro

La personalidad de los acuario puede ser imprevisible y estrambótica, dependiendo del planeta que más influya en el momento de su nacimiento —Saturno, el maestro, o Urano, el visionario. Cuando domina Saturno, los rasgos negativos de la personalidad que suelen manifestarse son la obstinación, el mal humor y la irritabilidad. Cuando es Urano el planeta dominante, aparece una cierta tendencia al caos, acompañada de conductas imprevisibles y rebeldes. Además, los nacidos bajo este signo presentan una marcada vena perfeccionista que puede acabar con sus posibilidades de felicidad y realización personal. La intransigencia y el fanatismo pueden a veces encontrar un cauce para su expresión en su deseo característico de construir un mundo mejor. Dada su fuerte necesidad de cambios, los acuario pueden rebelarse simplemente por el gusto de hacerlo o para observar ciegamente un sistema de creencias, sin detenerse a considerar otras alternativas u otros enfoques.

La objetividad y el desapego de las personas que nacieron bajo el signo de Acuario pueden manifestarse en la forma de frialdad. Son personas idealistas, pero no necesariamente cariñosas; revolucionarias pero no necesariamente comprensivas, altruistas pero no necesariamente sensibles. De hecho, en algunos casos pueden manifestar una total falta de tacto y cierta perversidad. Son tan proclives a entregarse en exceso a una causa o sistema de ideales, que luego es muy poca la energía que entregan a sus familiares y amigos. Y cuando sienten la presión de la responsabilidad o las expectativas, los acuario suelen hacer naturalmente lo contrario de lo que se necesita o se les pide —por la simple razón de que les gusta ser perversos. Es más, aunque suelen tener muchos amigos, en su mayoría son simples conocidos. Por esto mismo, los acuario deberían ser un poco más selectivos cuando se trata de elegir a sus amistades. Las amistades verdaderas exigen un mayor grado de compromiso por su parte, que la persona se abra y comparta sus sentimientos. Esto es algo que plantea dificultades a los acuario y la razón por la cual en su vida hay más conocidos que amigos.

Símbolo

Acuario está representado por un hombre que vierte el agua de un cántaro. El agua simboliza las emociones. A los nacidos bajo este signo se les conoce por su carácter idealista y compasivo. Suele decirse que este símbolo representa la conjunción de la intuición y la razón en pro del bien y la causa de la humanidad.

Su mayor secreto

Dado que muchos acuario presentan al mundo una cara singular y un tanto excéntrica, podría sorprenderle la afirmación de que los nacidos bajo este signo a menudo se sienten muy inseguros. Esta incertidumbre también puede redundar en una conducta inconformista y en la falsa creencia de que la rebeldía es el camino que conduce hacia una identidad firme y el medio para conseguir los objetivos vitales que tanto anhelan.

El amor

Los acuario son atractivos, magnéticos y vivarachos. En términos generales, gozan de la simpatía de quienes les rodean. Disfrutan estando en grupo y se desenvuelven a la perfección en las relaciones personales. Se enorgullecen por ser capaces de relacionarse satisfactoriamente con una amplia variedad de personas. Necesitan una pareja que pueda compartir su espíritu aventurero y su intensa pulsión vital, porque alguien demasiado tímido no haría sino frustrar sus expectativas.

En lo tocante a las relaciones personales íntimas, los acuario pueden encontrar dificultades debido a su naturaleza perfeccionista, que a veces impide la correcta gestión de sus emociones. Dada su insobornable ansia de independencia, de todos los signos del zodiaco puede que Acuario sea el más remiso a establecer y permanecer en relaciones sentimentales entendidas a la manera convencional. La entrada de otra persona en su vida a menudo es interpretada como una invasión, tanto física como psicológicamente, de su parcela de libertad, que celosamente protegen, optando a veces por dejar que todo siga como está antes que propiciar el cambio. En este caso, el peligro reside en que están tan atrincherados en sus maneras, que muchas veces no son capaces de compartir, y esto les conduce a la soledad. Dicho esto, cabe señalar que a los acuario les encanta la excitación romántica siempre y cuando puedan disfrutarla en compañía de una persona ingeniosa y mentalmente ágil, con sentido común, espíritu aventurero y gran versatilidad. Una vez que la encuentren, se transformarán en amorosos y fieles compañeros de viaje.

Amores compatibles: Géminis, Leo y Acuario

El hombre acuario

Del hombre acuario se puede esperar lo inesperado. Rara vez se comportará como la gente espera de él, y rara vez expresará sus verdaderos sentimientos. Todos son sus amigos —incluso sus enemigos—, aunque en realidad sus amistades auténticas, si las hay, son muy escasas. En honor a la verdad, cuando afirma que alguien no le cae bien seguramente está diciendo que esa persona le gusta mucho. ¿Todo esto le parece confuso? ¡Bienvenido a la era de Acuario!

Al hombre nacido bajo este signo le gusta reservarse sus motivaciones reales, le gusta ocultar sus intenciones y sentimientos. No necesariamente porque tenga algo que esconder, sino porque sorprender a los demás le produce un inmenso placer. Asimismo, obtiene una gran satisfacción al descubrir qué es lo que motiva a otras personas. Cuando no logra entender o descifrar a alguien, siente un cierto desasosiego y no cejará hasta haber desvelado el misterio. Entonces, cuando considere que ya sabe lo suficiente, proseguirá en busca de nuevos retos. Las personas que quieran mantener una relación con un hombre acuario deberán, por lo tanto, intrigarle en primera instancia. Las personas del tipo «lo que ves es lo que hay» no conseguirá atraerle en modo alguno. Le interesa alguien cuya personalidad posea varias capas muy complejas, y por esta razón quizás ignorarlo sea la mejor manera de llamar su atención.

Cuando en efecto conoce a alguien que logra mantener la intriga el tiempo suficiente como para que él quiera llevar la relación a un estadio superior, es posible que el hombre acuario encuentre algunos obstáculos. Esto no significa que esté en contra del compromiso o del matrimonio, sino que Acuario no se entrega tan fácilmente como los otros signos de agua, Cáncer y Escorpio. De hecho, aun cuando esté locamente enamorado lo más probable es que demore el matrimonio tanto como pueda. Encontrará todas las razones habidas y por haber para justificar esta demora, lo cual es una pena porque una vez que el hombre acuario toma una decisión —cosa que en última instancia hará, aunque suceda más tarde que en el caso de otros signos—, estará convencido y la mantendrá hasta las últimas consecuencias. Finalmente empezará a abrirse y logrará relajarse, aportando sorpresas y grandes emociones a la relación amorosa.

La mujer acuario

Si pretende entender a una mujer acuario, más vale que desista. Toda ella es una paradoja. Es una persona fiel al mismo tiempo que despegada. Es una persona comprometida y relajada a la vez. Ama a todo el mundo y a nadie en particular. Es sociable y también solitaria. Es delicada y dura. Es una mujer apasionada si bien puede también ser platónica. Dicho con pocas palabras: es una mujer previsible en su imprevisibilidad consustancial.

Las conversaciones con la mujer acuario pueden ser verdaderamente asombrosas. Parece estar muy bien informada de todo y sobre todo el mundo, toda vez que tiene la habilidad de conocer a la gente ajustándose a su nivel, sin tratar de imponer sus opiniones. Es una mujer encantadora y fascinante, y por ello no sorprende que tenga una corte de admiradores. Ahora bien, tan pronto como surge el tema del matrimonio, sus prisas desaparecen. Antes bien preferirá sopesar sus ventajas e inconvenientes, y se tomará el tiempo que estime necesario puesto que para ella la línea que separa el amor de la amistad es muy tenue. El mero hecho de hablar de matrimonio podría causarle perplejidad. No es exactamente una mujer del tipo romántico, siendo así que una relación muy estrecha o cotidiana podría asfixiarla.

Si quiere ganarse el corazón de esta mariposa independiente y fascinante usted no debe mostrarse celoso, posesivo, crítico o conservador. Sin embargo, una vez iniciada la relación, la mujer acuario será extremadamente leal, tolerante y comprensiva con las excentricidades de su pareja —de hecho, cuantas más excentricidades tenga su pareja mejor, puesto que la mujer acuario no puede soportar lo convencional ni lo conservador. Necesitará espacio para respirar y bien podría plantear una relación de pareja sin convivencia o durmiendo en habitaciones separadas como alternativa a la cohabitación al uso. Con todo, vivan ustedes juntos o separados, una relación con una mujer acuario siempre mantendrá la frescura del primer amor, esto es, será impredecible por un lado, y espontánea, excitante y mágica por el otro.

La familia

Los niños acuario suelen ser percibidos como autosuficientes, felices y positivos. Desde muy temprana edad muestran un fuerte deseo de hacer las cosas por sí mismos. Respetarán el principio de autoridad aunque no estén necesariamente de acuerdo con quienes lo ejercen. Su gusto por sorprender a los demás se manifestará a muy corta edad. Por esta razón, la mejor estrategia a seguir en el caso de que sus padres quieran que el niño acuario haga algo, tal vez sea decirle que haga justo lo contrario. Por lo que respecta a la escuela, no suelen desempeñarse muy bien en centros que pongan un fuerte acento en lo académico, la tradición y la disciplina. Tan pronto como inicien sus estudios, será aconsejable que sus profesores estén alerta dado que estos niños ciertamente se resistirán al cumplimiento ciego de las normas. Antes querrán conocer los argumentos y la lógica que las motivan. Por fortuna, si reciben razonamientos lógicos y claros, explicados de manera inteligible, se mostrarán receptivos y lo suficientemente sensatos como para, si no acatar las normas, sí al menos guardar las apariencias.

Los niños acuario necesitan disfrutar de muchas oportunidades para experimentar con sus ideas y hacer descubrimientos por sí mismos, fundamentalmente porque muchos de ellos tienen el talento de la invención. Amistosos por naturaleza, y dispuestos a entablar conversación casi con cualquiera, los jóvenes acuario necesitan que se les recuerde con más frecuencia de lo habitual que lo desconocido puede entrañar peligro. Animarles a participar en actividades de tipo comunitario, solidario y altruista será muy beneficioso para ellos, dado que el humanitarismo es un rasgo fuertemente asociado con este signo. Hablando ahora de los estudios, es muy probable que alcancen la excelencia en las artes plásticas, el teatro y las ciencias.

El padre y la madre acuario son, típicamente, personas animosas y siempre dispuestas a sacar lo mejor de sus hijos. Enfocan la maternidad o la paternidad como una gran aventura vital. Lo habitual es que adopten un enfoque poco convencional de la educación y crianza de sus hijos. Como es natural, esto funcionará bien siempre y cuando sus hijos disfruten con lo inusual, pero no tan bien si el niño prefiere algo más convencional. Por este motivo, los padres acuario necesitan entender que algunos niños tienen una mayor necesidad de seguridad, orden y estructura que otros. Aprender a escuchar con atención las necesidades de los niños, y procurar mirar el mundo a través de sus ojos, son, por consiguiente, dos cuestiones clave para los padres nacidos bajo el signo de Acuario.

La profesión

Sea cual sea la profesión elegida por los acuario, lo cierto es que nunca se sentirán realizados a menos que ésta les permita ser inventivos, ya sea de forma científica o creativa. Más aún: es posible que se dediquen a la invención en alguno de sus campos. Otros acuario alcanzan el éxito en carreras relacionadas con la comunicación, tales como la gestión de recursos humanos, las relaciones públicas, el periodismo, los medios de comunicación, la televisión, la radio e Internet. Otro campo en el que suelen destacar es el de la labor humanitaria, dado que son excelentes trabajadores sociales, activistas solidarios y muy hábiles en las relaciones internacionales. Por encima de todo, prevalece su intención de ayudar al prójimo de uno u otro modo; es por ello que se sienten atraídos por la ciencia, la física, la tecnología, la investigación, la antropología, la arqueología, la sociología, la ecología, la anatomía forense, la investigación espacial y la astronomía.

Los nacidos bajo este signo poseen una mente tan curiosa e inquisitiva, y tanto adoran la variedad, que no resulta raro que cambien de trabajo varias veces a lo largo de su carrera profesional, pudiendo dar un giro radical a su trayectoria más adelante en su vida.

> " Por encima de todo, prevalece
> su intención de ayudar al prójimo
> de uno u otro modo... "

La salud y el ocio

El acuario promedio —si es que tal persona existe— funciona mejor con una dieta sana, sencilla, equilibrada, ligera y nutritiva. Así las cosas, deberían evitar los alimentos fritos y grasos, que sólo servirán para lentificar su cuerpo y su mente; y desarrollar el gusto por los alimentos naturales tanto como sea posible. Esto se debe a que cuanto más natural sea su alimentación, más nutrientes ingerirán con capacidad para estimular su metabolismo. Una dieta próxima a la vegetariana, rica en frutas, verduras, pescados grasos, legumbres, frutos secos y semillas es, por tanto, preferible a las dietas ricas en alimentos de origen animal y productos refinados o procesados.

Los acuario pueden sufrir los estragos del calor y, al igual que los capricornio, suelen sentirse más en forma y mentalmente más rápidos en regiones de clima frío. A veces pueden sufrir problemas circulatorios y por ello es aconsejable que vistan varias capas de ropa para mantener el calor corporal. El ejercicio físico frecuente les ayudará a estimular la circulación sanguínea. Lo ideal sería que lo practicasen al menos durante 30 minutos cada día. En su caso, el ejercicio acompañado de un elemento creativo, el baile o algunos deportes, funcionará mejor que algo más repetitivo. El *jogging* o la marcha son actividades muy beneficiosas, aunque deberían evitar la monotonía y las rutinas a toda costa, procurando ejercitarse en el campo o en un

parque. Los estiramientos *ad hoc* antes y después del ejercicio físico son de extrema importancia porque sus tobillos son especialmente vulnerables a las lesiones. Por esto mismo, deben cerciorarse de utilizar un calzado adecuado.

Por lo que respecta a las aficiones y *hobbies*, los acuario suelen tenerlas bastante excéntricas, desde la contemplación de trenes hasta la búsqueda de OVNIs, pasando por el coleccionismo de duendes de jardín, y las convenciones sobre ciencia ficción y astronomía. Disfrutan con los deportes de equipo, dado que posibilitan las relaciones sociales y les permiten hacer campañas en pro de las causas en las que creen. Asimismo, son muy entendidos en informática y ordenadores. Las terapias que tratan la mente y el cuerpo, como el yoga y el tai chi, las terapias físicas como el masaje, o simplemente golpear con fuerza una bolsa de boxeo, pueden servirles para desahogarse y liberar tensión cuando las cosas se tuercen. Vestir de color naranja, meditar en naranja y rodearse del color naranja les ayudará a no aferrarse excesivamente a las cosas, a ser más apasionados en sus relaciones personales y más comprensivos consigo mismos.

Los nacidos entre el 20 de enero y el 31 de enero

A los acuario nacidos entre estas dos fechas les gustan las sorpresas. Lo inesperado les da vida. Aun cuando tengan un trabajo y una situación familiar estables, les gusta inducir el cambio de vez en cuando para que nadie de su entorno se relaje. Así y todo, son personas muy leales, particularmente en las relaciones personales.

Los nacidos entre el 1 de febrero y el 10 de febrero

Para la gente nacida entre estas dos fechas resulta difícil mantener relaciones satisfactorias con personas que no están preparadas para evolucionar y experimentar tanto como ellos. Y es que estos acuario se reinventan constantemente, en un intento por estimularse y estimular a cuantos les rodean para que saquen lo mejor de sí mismos.

Los nacidos entre el 11 de febrero y el 18 de febrero

Estos acuario poseen una característica universal. Aunque suelen parecer distantes y escasamente comprometidos, lo cierto es que en su fuero interno son personas románticas y sensibles. Prefieren relacionarse con personas que compartan su visión diversa y plural de la vida. Su vida podrá ser muchas cosas, pero nunca aburrida.

Lecciones de vida

Acuario quizás sea el signo más progresista y rebelde del zodiaco. Son personas de pensamiento avanzado y con una marcada tendencia a desafiar el *status quo*. Están capacitadas para aportar lucidez y cambios positivos al mundo, y son feroces defensores de las causas de los más desfavorecidos. No obstante, a menudo enfrentan problemas en sus relaciones personales e íntimas. Con capacidad para adaptarse a cualquier ambiente, grupo humano o entorno, el contacto íntimo les atemoriza porque bajo su exuberante apariencia se oculta un ser extremadamente tímido y con escasa seguridad en sí mismo.

Faltos de identidad personal, los acuario pueden en ocasiones proyectar una energía despegada, aun andrógina, al mundo que les rodea. Puesto que la incertidumbre enmascara su verdadera identidad, a veces encuentran la seguridad que les falta en la rareza o en el comportamiento excéntrico. El problema es que la excentricidad nunca debería ser una identidad, sino una expresión de la verdadera identidad de una persona. ¿Qué motiva la rebeldía y el progresismo de los nacidos bajo este signo? Sólo cuando hayan entendido sus causas podrán dotarse con una identidad auténtica.

Otro de los retos que enfrentan los acuario es aprender a vivir más en el tiempo presente y a controlar su necesidad de avizorar el futuro en busca de nuevos desafíos. Si logran aprender a disfrutar del presente y reconocen que la única realidad que existe es la que viven aquí y ahora, estos individuos alcanzarán una inmensa paz interior que expulsará toda su desazón.

Otros signos del zodiaco pueden ofrecer su ayuda a los acuario para que aprendan estas lecciones de vida. Los tauro pueden ayudarles a respetar, valorar y comprender cabalmente las normas y las tradiciones. Los aries pueden ayudarles a distinguir la rebeldía sin motivo de la rebeldía por una buena causa. Los cáncer pueden mostrarles la alegría que deriva del ejercicio de la compasión y la empatía. Los leo pueden animarles a ser más espontáneos y amantes de la diversión, toda vez que los escorpio pueden enseñarles a no temer conocerse ni conocer a los demás íntimamente.

20 de enero

El cumpleaños del improvisador

Las personas que nacieron el 20 de enero son grandes improvisadores. Puede que no siempre sepan adónde van, pero nunca dudan de que llegarán a algún lugar. Son individuos liberales, encantadores y sensibles, dotados con una destacable capacidad para la cooperación y la improvisación. Están aprendiendo constantemente, adaptando y perfeccionando sus habilidades. Estas cualidades les ayudan a subir peldaños en la escalera hacia el éxito, llegando a veces hasta lo más alto.

Algunos se confunden y piensan que los nacidos este día son individuos soñadores, desorganizados y dispersos. Aunque proyectan una imagen de cierta confusión, almacenan todos los detalles en su mente analítica y metódica; lo que sucede es que enfocan la vida de manera original. Despliegan una resistencia encomiable, y su estilo flexible les permite sobreponerse a las mayores adversidades sin perder un ápice de su sentido del humor.

Las personas nacidas en esta fecha sienten verdadero amor y compasión por la gente, y se esfuerzan lo indecible para ayudar. Aunque apoyan incondicionalmente al desvalido, cuando se les asigna el rol de líder sus modos pueden rayar lo dictatorial. Así pues, deberían reconsiderar muy seriamente su manera de ejercer el liderazgo, dado que su actitud con respecto a la autoridad ajena tiende a ser un tanto frívola y no demasiado respetuosa.

Por duros que parezcan, obtener el respeto de los demás es muy importante para ellos, a veces demasiado importante. Necesitan aprender a confiar en su propio juicio, puesto que en general no se equivocan. Por suerte, en torno a los treinta años de edad alcanzan un punto de inflexión del que salen reforzados, más seguros de sí mismos y convencidos de lo atinado de su instinto.

La flexibilidad y el considerable encanto personal que caracterizan a las personas nacidas en esta fecha, indican que tienen potencial para construir una personalidad equilibrada. Una vez que logran construir una percepción más ajustada de su valía, que encuentran su camino y se centran un poco, los nacidos el 20 de enero podrán desplegar un gran potencial de concentración y compromiso que no sólo les garantizará el éxito sino que les granjeará la admiración y el respeto de los demás.

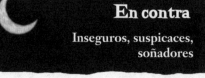

En contra
Inseguros, suspicaces, soñadores

A favor
Agradables, intuitivos, centrados

21 de enero

El nacimiento del creador de tendencias

Su mayor reto es

Aprender a distinguir entre el miedo y la intuición

El camino a seguir es…

Entender que la intuición es mucho más silenciosa que el miedo. Consiste en saber algo sin tener palabras que lo expliquen.

Los nacidos el 21 de enero son individuos capaces de marcar tendencias. No importa lo que digan o hagan, el caso es que la gente quiere seguirles y escuchar sus opiniones. Además, son encantadores y tienen la habilidad de llevarse bien con casi todo el mundo. Cuando todo lo anterior se combina con una ambición sin límites, no necesitan mucho más para ascender hasta lo más alto.

La libertad de expresión es de extrema importancia para las personas que nacieron este día. Nunca serán felices si ven obligados a acatar las reglas de los demás o a satisfacer sus expectativas. Por ello, estos individuos necesitan seguir sus propios instintos y, si se equivocan, el error será beneficioso porque sabrán como extraer enseñanzas positivas.

Todo indica que las personas nacidas este día tienen el perfil ideal para ejercer el liderazgo; tanto así que a veces se les impone, aunque en el largo plazo descubren que no están llamados a ser líderes. Esto es debido, simple y llanamente, a que no son lo suficientemente despiadados como para imponer su disciplina y sus rutinas de un modo efectivo. Son personas que cuentan con las ideas, la ilusión y la energía necesarias para emprender nuevos proyectos, pero tendrán que ser otros quienes los lleven a buen puerto.

Aunque no cabe duda de que han nacido con estrella, estos acuario tienen tendencia a hablar demasiado rápido, a menudo comunicando sus ideas de manera poco clara. Igualmente, experimentan una enorme necesidad de afecto, un rasgo que puede degenerar en indecisión y nerviosismo, debilitándoles. Es importante que reconozcan la necesidad de pensar antes de hablar y de no dejarse persuadir fácilmente por las críticas ajenas. Afortunadamente, en torno a su trigésimo aniversario, a veces antes, se produce un punto de inflexión que les proporciona un mayor grado de madurez y empiezan a confiar más en lo que les dice su instinto.

Su personalidad arrolladora y su inusitado encanto les permiten abrirse camino en la vida y llegar a lugares adonde sólo unos pocos llegan. No les gusta que les aten, pero si logran aprender que a veces permanecer sirve para llegar mucho más lejos, los individuos nacidos el 21 de enero, tan originales y valientes, podrán trascender todos los límites y marcar el camino a los demás.

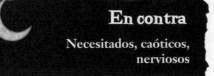

En contra
Necesitados, caóticos, nerviosos

A favor
Inventivos, optimistas, simpáticos

22 de enero

El nacimiento del visionario

Su mayor reto es

Aprender a comprometerse con una persona o con un proyecto

El camino a seguir es…

Averiguar qué es lo que se lo impide. Si es el miedo, muéstrese como la persona aventurera y osada que es. Y corra el riesgo.

Las personas que nacieron el 22 de enero poseen una energía electrizante. Su imaginación a veces resulta tan avanzada que el mundo no siempre está preparado para recibir sus ideas. Esto puede provocarles un sentimiento de frustración aunque, si tienen confianza en sí mismos, defienden sus ideas y emplean su energía de manera constructiva, el mundo finalmente les prestará toda la atención que sin duda merecen. Su mayor enemigo no es la responsabilidad, ni siquiera la autoridad, sino el tedio y la burocracia.

Su energía explosiva y desbordante les reporta un éxito extraordinario en todos los retos que se plantean. Ahora bien, es necesario que entiendan la importancia de la disciplina y la paciencia si aspiran a encontrar la estabilidad y a sentirse satisfechos con su vida. Si las personas nacidas este día no entienden o no son capaces de ver lo que les deparará el futuro, lo más probable es que pierdan los estribos con resultados verdaderamente impredecibles. Su vida sería mucho más fácil si aprendieran a valorar las opiniones ajenas, aun cuando estén muy alejadas de la suya. Esto alimentaría en buena medida su creatividad y animaría a los demás a trabajar con una actitud más colaboradora y menos renuente. Por suerte, el caso típico revela que a los veintinueve años de edad estos individuos empiezan a mostrarse más disciplinados y comedidos. Esto supondrá un punto de inflexión en su trayectoria vital.

Por encima de todo, las personas nacidas el 22 de enero tienen la capacidad de abrirse al mundo y de presentarlo o explicarlo como algo único. Ser heterodoxos y visionarios es su mayor virtud. No sólo incumplen las normas, sino que las destruyen y construyen otras nuevas.

No debe sorprendernos que acumulen muchas críticas por su enfoque despegado de la vida. En todo caso, la oposición no les sorprende ni les molesta. El sentido del honor y la honestidad con su persona son conceptos muy importantes para ellos. Siempre harán lo que consideren más correcto, con independencia de lo que piensen los demás. No cabe duda de que se trata de una manera de encarar la vida que entraña un alto riesgo, aunque lo cierto es que nunca deben temer ser fieles a sí mismos, dado que esto repercutirá positivamente en su entorno y finalmente les granjeará el respeto y la admiración de sus semejantes.

En contra
Testarudos, apresurados, explosivos

A favor
Apasionados, imaginativos, rompedores

23 de enero

El nacimiento del disidente

Las personas nacidas el 23 de enero son grandes disidentes. Las órdenes les disgustan y muchas veces se resisten a acatarlas, ni tan siquiera cuando se trata de consejos, pues prefieren vivir según sus propias normas, dedicado a sus propios ideales. Aunque este enfoque comporta muchos riesgos, su carácter valiente y optimista los empuja a hacer las reglas y no tanto a obedecerlas.

Rara vez motivados únicamente por la recompensa económica, los nacidos el 23 de enero son individuos idealistas que aspiran a vivir una vida plena y gratificante. Esta cualidad, unida a la originalidad de su pensamiento y su estilo natural, les hace destacar por encima del resto en un sentido positivo. Son figuras verdaderamente inspiradoras.

Pese a su carisma y actitud positiva, las personas nacidas en esta fecha nunca sienten que merezcan la admiración que concitan en los demás. Aunque sin duda esto incrementa su atractivo, en ocasiones puede retraerles. Sin embargo, una vez que consiguen creer en sí mismos, no hay nada que pueda impedir que conviertan sus sueños en realidad.

Con su despreocupación natural por las convenciones y su enfoque original y altamente intelectual de la vida, estos individuos se llevan bien casi con cualquiera. Sea como fuere, las personas con inclinaciones materialistas suponen un reto. La gente que hace ostentación de su dinero, que lo despilfarra para epatar y progresar socialmente, les causa una repulsión casi intolerable. Esto es debido a su integridad, su fortaleza moral y a los ideales que gobiernan su vida.

Muy conscientes de las limitaciones del cuerpo humano, las personas nacidas en esta fecha optan por vivir una vida intelectualmente estimulante. Por ello, algunas personas de su entorno podrían sentirse excluidas, siendo importante que intenten construir una personalidad más integrada capaz de ofrecer mayor comprensión a los demás desde una sensibilidad profunda. Típicamente, a los veintiocho años de edad su personalidad evoluciona hacia posiciones más receptivas, sobretodo en el plano emocional, y sensibles respecto de las necesidades de los demás.

Si estos individuos consiguen que la fascinación que sienten por lo abstracto no predomine sobre sus relaciones personales, tendrán sobrado potencial para rebelarse no sólo con una causa justa sino con unos ideales que podrán influir en el mundo que les rodea.

En contra

Aislados, rebeldes, atribulados

A favor

Independientes, valientes, de principios

24 de enero

El nacimiento del ídolo

Las personas nacidas el 24 de enero tienen el don de causar el asombro en cuantos les rodean gracias a su indiscutible glamour. Todos reclaman su presencia y nunca les faltan admiradores.

Aunque en general causan una inequívoca fascinación, los nacidos en esta fecha suelen mantener las distancias. Pocos son los que les conocen bien y aun menos los que les conocen en profundidad. Esto puede deberse a que, bajo su talento natural para motivar a los demás, subyace un temor muy arraigado al rechazo ajeno. Para protegerse prefieren mantener una distancia prudencial y ser muy reservados en lo tocante a sus intimidades. En el corto plazo esta actitud parece incrementar su popularidad, siendo así que en el largo plazo la represión de sus verdaderos sentimientos podría causarles importantes daños emocionales. Por esta razón, es importante que intenten apartar sus recelos y entender que los amigos auténticos siempre les apreciarán tal como son, sin máscaras. Típicamente, experimentan un punto de inflexión en torno a los veintisiete años de edad, cosa que redunda en una cierta suavización de su espíritu independiente en pro de una mayor sensibilidad emocional.

Pese a que en ocasiones se sienten inseguros y casi siempre incomprendidos, las cualidades únicas y geniales de las personas nacidas este día son una fuente inagotable de ideas originales. Esto explica que sean capaces de realizar grandes aportaciones en su especialidad profesional, así como de deleitar a sus allegados. Aunque disfrutan con ello, el mayor riesgo es que alimente en exceso su vanidad. En realidad, para su crecimiento emocional lo mejor es que procuren no perder el contacto con la realidad.

Si las personas nacidas en esta fecha logran encontrar el coraje necesario para derribar las barreras que ellos mismos han levantado y mostrarse tal como son, es posible que pierdan parte de su estatus de ídolos para obtener como recompensa algo mucho más importante: el conocimiento de sí mismos. Y cuando finalmente consigan entenderse mejor, serán capaces de hacer grandes cosas.

En contra

Superficiales, inseguros, distantes

A favor

Energéticos, excitantes, asombrosos

25 de enero

El nacimiento del sentido

Las personas nacidas el 25 de enero vienen a este mundo con una poderosa conciencia de su destino vital. Sienten que han sido enviados para cumplir una misión, y no se sentirán enteramente satisfechos hasta que la identifiquen y logren llevarla a cabo. Si los nacidos en esta fecha son capaces de encontrar su propósito vital, su visión trabajadora y disciplinada de la vida les garantizará el éxito. Poseen la capacidad de concentrar sus energías en la consecución de sus objetivos. Estos objetivos suelen perseguir el bien común y en menor medida el propio. Se sienten mejor cuando están totalmente implicados en un proyecto, aunque cabe subrayar que su gran implicación nunca menoscaba su individualidad. Estos individuos rechazan el conformismo. La libertad personal es sumamente importante para ellos. También la amistad, que saben alimentar con su ingenio, el antídoto perfecto para el aburrimiento.

Las personas nacidas en esta fecha marcan tendencias. Y gracias a su intuición suelen avanzar un paso por delante del resto. En ocasiones corren el riesgo de avanzar demasiado rápido. Su vocación experimental, su apariencia y sus ideas innovadoras pueden desconcertar a las personas de su entorno. Esta vocación experimental es consecuencia directa de su propósito vital, un rasgo que los destaca del resto. Aunque son perfectamente conscientes de su talento, también se consideran poseedores de grandes defectos, toda vez que cuando se abandonan y regodean en estas supuestas deficiencias el resultado puede ser una peligrosa tendencia al derrotismo. Es, pues, importante, que traten de reconciliarse consigo mismos y que se sientan cómodos con su personalidad. El caso típico presenta a una persona que, a la edad de treinta y seis años, a veces un poco después, desarrolla una mayor identidad emocional y una honestidad reforzada.

Una vez que las personas nacidas el 25 de enero reconozcan que no hay nada malo en ser como son y que los sentimientos no son fijos sino cambiantes, disfrutarán del potencial necesario para convertirse en líderes valientes y efectivos en su trabajo, y en gente dinámica y fascinante en el ámbito personal.

Su mayor reto es

Encontrar un camino o sentido vital

El camino a seguir es...

Permitir que la envidia le indique el camino a seguir en función de sus necesidades.

En contra

Nerviosos, derrotistas, impacientes

A favor

Profundos, altruistas, individualistas

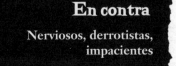

26 de enero

El nacimiento de la última palabra

Los nacidos el 26 de enero tienen fuerza de voluntad, son emprendedores y su presencia impone respeto. Les gusta erigirse en abanderados de las nuevas ideas y tendencias, siendo así que su determinación y vocación de éxito les permite transformar sus sueños en realidad.

Su estilo inflexible de ejercer la autoridad, la insistencia y su afán por tener siempre la última palabra convierten a las personas nacidas en esta fecha en líderes sólidos capaces de motivar y organizar a su gente. Estos individuos creen firmemente que la única manera de conseguir que las cosas avancen es que alguien —preferiblemente ellos— asuma el control. Son pioneros amantes del riesgo y generalmente gozan del respeto de los demás, muy particularmente de sus subordinados.

Aunque suelen ser honestos y con un cierto aire autoritario, los nacidos este día no son conocidos precisamente por su paciencia. Muy al contrario, son propensos a tomar decisiones un tanto impulsivas sin consultar previamente la opinión de otras personas. Esto puede ser causa de problemas y fuertes antagonismos. Y una cosa que estas personas no toleran es que se cuestione su autoridad. Por esta razón, es muy importante que procuren mantener una posición abierta al diálogo y que sopesen cuidadosamente las ventajas y los inconvenientes antes de tomar cualquier decisión. Una vez que reconozcan la importancia de negociar, su capacidad para mantener los pies en la tierra y su energía dinámica les garantizarán el éxito y la lealtad de sus compañeros.

Los nacidos en esta fecha suelen estar donde está la acción. Son personas con un gran afán de éxito. Ahora bien, precisamente por ello, si desean disfrutar de una vida más equilibrada y plena, tendrán que prestar una mayor atención a su vida interior y cuidar sus relaciones personales. Afortunadamente, a los veinticinco años de edad aproximadamente, aunque a veces más tarde, ocurre que estos individuos desarrollan una mayor sensibilidad y una vida interior más rica que neutraliza parcialmente su inclinación natural a favorecer la vida exterior.

En parte, el secreto de su éxito radica en que aprendan a gestionar y a recuperarse de las adversidades. En tiempos de dificultad durante su infancia y adolescencia, descubrieron que poseen la capacidad de sorprender a cuantos dudan de sus capacidades. Así, una vez que descubran lo que quieren, nada se interpondrá en su camino.

En contra

Inflexibles, tercos, dictatoriales

A favor

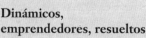

Dinámicos, emprendedores, resueltos

27 de enero

El nacimiento del desarrollo precoz

El espíritu único y los talentos creativos de las personas nacidas el 27 de enero a menudo son evidentes desde una edad muy temprana, típicamente desde antes de alcanzar la treintena. Así, dedicarán buena parte del resto de su vida al desarrollo pleno de estas capacidades.

La recompensa económica no suele ser la principal motivación de las personas nacidas en esta fecha; antes bien encuentran satisfacción en demostrarse que pueden llevar sus proyectos a buen puerto, expandiendo de paso sus límites personales. Disfrutan más del viaje que del destino, y de la emoción de la persecución antes que de la obtención del premio. Inusualmente creativos e inteligentes, estos individuos captan las cosas rápidamente, una capacidad que ya demostraron durante su infancia y adolescencia. A veces su talento para adaptarse rápidamente a las situaciones nuevas puede alejarles de los demás, que son más lentos, aunque también les permite abrir el camino y marcar tendencias. Su enfoque original también puede inspirar actualizaciones y renovaciones de sistemas y conceptos obsoletos. Estas personas rara vez permanecen en la sombra o en la periferia. Quieren estar allí donde se toman las decisiones, donde está la acción, activando los procesos.

El mayor reto que enfrentan las personas nacidas este día es aprender a discriminar y controlar su aceleración interna. Dado que se desenvuelven muy bien a gran velocidad, siempre por delante del resto, a veces implementan sus ideas prematuramente. Así pues, necesitan desarrollar una ética del trabajo y una disciplina que se ajuste a su versatilidad y les ayude a conseguir el éxito que merecen. Esto no significa que deban reprimir su exuberancia natural; tan sólo significa que necesitan adoptar un enfoque más realista de la vida. Si no son capaces de hacerlo, puede que no consigan mantener su puesto de trabajo ni construir relaciones personales estables. Afortunadamente, una vez cumplidos los veinticuatro años, alcanzan un punto de inflexión que les ofrece oportunidades para madurar emocionalmente y así demostrar al mundo que aquella joven promesa puede, en efecto, hacerse realidad.

Por encima de todo, las personas que nacieron el 27 de enero son capaces de asombrar a los demás. Su energía, unida a su a veces pueril concepción de la vida, hace que en ocasiones se les desprecie por considerarlos poca cosa. Sin embargo, una vez que aprendan a concentrarse serán capaces de fijarse y alcanzar las metas más ambiciosas.

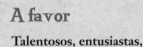

En contra
Inmaduros, impacientes, indisciplinados

A favor
Talentosos, entusiastas, inteligentes

28 de enero

El nacimiento de la estrella dramática

Encantadores y atractivos, los nacidos el 28 de enero saben cómo proyectar al mundo una imagen de seguridad y confianza. Son grandes intérpretes a quienes les trae sin cuidado lo que piensen los demás, y cuyo potencial creativo es tan fuerte como desbordantes son sus ganas de impresionar a cuantos les rodean. Impresionar a los demás significa tanto para ellos como sus logros, aunque en la mayoría de los casos sus logros son tan espectaculares que sobran los motivos para sentirse impresionado.

Las personas que nacieron este día son fieles a sí mismas y siguen su camino pase lo que pase y cueste lo que cueste. Prefieren pensar con independencia y, si logran canalizar convenientemente su vena rebelde, podrán situarse en vanguardia. Aunque les encanta ser el centro de atención y ser admirados, también son personas profundas capaces de detectar las motivaciones y los sentimientos ajenos. Esto sin duda puede ayudarles a alcanzar sus objetivos, así como a hacer amigos durante el proceso.

Algunas veces los nacidos en esta fecha pueden quedarse en un segundo plano observando a los demás, tal vez porque son demasiado buenos para que el grupo les acoja espontáneamente, si bien, tarde o temprano, su creatividad y su individualidad les situarán en el lugar que merecen. A pesar de su estrella, estos individuos entienden que es importante trabajar duro. Por otro lado, su deseo de conseguir grandes cosas nunca les hace perder de vista esta premisa fundamental. Por ende, esta combinación de individualidad y coraje con la disciplina y el pragmatismo que los caracteriza, los convierte en verdaderos pioneros en su campo.

Los que nacieron el 28 de enero corren el riesgo de que la gente les repita, una y otra vez, que son seres especiales. También se arriesgan a tomar decisiones alocadas, escasamente realistas, en su intento por hacerse notar. Por suerte, a los veintitrés años de edad, y de nuevo a los cincuenta y tres, experimentan un fuerte giro hacia una mayor madurez en el plano emocional. Este énfasis en lo intuitivo les hará mucho bien. Una vez que aprendan a escuchar los consejos de su intuición, no sólo lograrán atraer grandes oportunidades para mostrar sus talentos al mundo sino que su vida será mucho más completa.

En contra
Necesitados de atención, poco realistas, atolondrados

A favor
Curiosos, progresistas, trabajadores

29 de enero

El nacimiento del guerrero místico

Los nacidos el 29 de enero son muy intuitivos, así como persuasivos en sus relaciones personales. Siempre dicen lo que piensan de una manera contundente y directa, pero nunca ofensiva. Su actitud generosa y su firme convicción de que todo el mundo es bueno por naturaleza, les permite ganarse el respeto y el amor de los demás.

Los individuos nacidos en esta fecha suelen emplear su creatividad y su leve inclinación rebelde para defender los derechos de los demás. Sus excelentes dotes para la comunicación les son de mucha utilidad tanto en el trabajo como en su vida social. La clave de su éxito como negociadores y como personas, consiste en combinar adecuadamente su intuición con las ganas de cooperar, antes que trabajar por su cuenta. Son capaces de descifrar los sentimientos y los pensamientos ajenos y, llegado el momento, de hacer el movimiento justo. Asimismo, entienden el poder de las sinergias y son conscientes de que un grupo humano trabajando en pos de un mismo objetivo común, es la mayor fuerza que existe.

Aunque son personas de mentalidad amplia y avanzada, generalmente tolerantes con los puntos de vista ajenos, en ocasiones pueden abandonarse a comportamientos erráticos y, en casos extremos, dejarse llevar por la inercia. Sin embargo, una vez que logran confiar en su capacidad de tomar decisiones acertadas pueden elevarse hasta el firmamento. Afortunadamente, sobre los veintidós y los cincuenta y dos años de edad, experimentan sendos puntos de inflexión hacia un mayor grado de sensibilidad y autoconciencia. En general, su vida se torna más sencilla pasados los treinta años y más adelante, porque empiezan a entender que de ellos depende conseguir casi todo lo que se propongan.

Aunque hayan conseguido reforzar su autoestima y la confianza en sus capacidades, su formidable determinación para resolver los problemas podría provocar reacciones extremas en los demás. Así, cuando la reacción es positiva, su valentía recibe un soplo de energía; pero cuando es negativa pueden sentirse heridos en lo más hondo. Por consiguiente, es de suma importancia que estas personas entiendan que es imposible complacer a todo el mundo. Algunas veces es necesario ser cruel para finalmente ser amable. Sólo cuando aprendan esta lección estarán en disposición de satisfacer al guerrero místico que llevan dentro: un ser dotado con una férrea volición y con la capacidad de inspirar a los demás y ganar apoyos para la causa que elijan.

30 de enero

El nacimiento de la confianza en uno mismo

Las personas nacidas el 30 de enero son muy seguras, están seguras de sus creencias y convicciones, y quieren dejar su sello personal en todo lo que hacen. Viven según su propio código moral y siempre se ponen del lado de los más desfavorecidos o los menos privilegiados. Su fuerte conciencia social, combinada con su determinación, encanto e inteligencia, los convierte en firmes candidatos a asumir el control.

Quienes conocen a alguien nacido el 30 de enero no tendrán duda acerca de los roles que estos individuos deben desempeñar en las cuestiones importantes. Tienen un talento natural para conciliar posturas y para unir a personas afines. Y es que no se negarían a vivir en una comuna situada en los márgenes de la sociedad si eso les permitiese vivir de acuerdo a sus ideales. Aunque sus certezas son consecuencia de un análisis puramente racional, también se fían del instinto. Esta habilidad para combinar la intuición y el razonamiento lógico los convierte en líderes de extraordinario talento.

Pese a que tienen fuertes convicciones y una gran confianza en sí mismos, los individuos nacidos en esta fecha suelen preocuparse y evidencian cierta propensión a actuar impulsivamente, como casi todo el mundo. Su necesidad de conseguir la aprobación ajena puede inducirles a ocultar la verdad si con ello creen que los demás van a ponerse de su lado. Es importante, por lo tanto, que encuentren un cierto grado de equilibrio entre la realidad y sus convicciones, y que aprendan a dirimir cuándo es aconsejable ajustarse al plan establecido con independencia de la oposición y las dificultades. Una vez que entiendan que su determinación para conseguir el éxito, canalizada adecuadamente, siempre les ayudará a ganar, su tendencia a sufrir ansiedad y volubilidad anímica se reducirá notablemente. Por fortuna, a los veintiún años de edad, y posteriormente a los cincuenta y uno, su vida alcanza un punto de inflexión muy significativo del que su firmeza y su confianza saldrán reforzadas.

Quienes cumplen años el 30 de enero tienen grandes ambiciones y una fuerza de voluntad encomiable, prefieren dar órdenes antes que recibirlas, y aunque es cierto que mandar se les da muy bien, también lo es que deberían aprender a valorar las opiniones ajenas. Una vez que hayan descubierto el poder de la humildad, y hayan aprendido a escuchar y a seguir sus instintos, serán capaces de mover montañas con su espíritu generoso y la fuerza de sus convicciones.

En contra
Compulsivos, temperamentales, mentirosos

A favor
Generosos, abiertos, creativos

31 de enero

El nacimiento del espíritu brillante

Las personas que nacieron el 31 de enero tienen una necesidad abrumadora de alcanzar notoriedad, de que se escuche su voz y se les tome en serio. Y puesto que en la mayoría de los casos son personas brillantes y atractivas que logran ese objetivo con relativa facilidad, su entorno les admira por su creatividad, originalidad y visión.

Una sólida volición, la constancia y el énfasis en la expresión caracterizan a los individuos que nacieron en esta fecha. Pueden asimismo ser muy progresistas y con un toque de genialidad. Aunque a veces puedan parecer ausentes, ensimismados y algo caóticos, esto se debe a que sus pensamientos avanzan a gran velocidad, inundando su mente con ideas y conceptos a cual más ingenioso y original.

Cuando creen haber hecho alguna aportación significativa corren el riesgo de emocionarse hasta lo indecible, si bien los demás interpretan su excitación como algo encantador más que irritable. De hecho, las personas nacidas en esta fecha generalmente gozan de la simpatía de los demás porque resultan inventivas y entretenidas en su inagotable afán de conocimiento. Poseen personalidades magnéticas, aunque manifiestan una clara tendencia a la hipersensibilidad ocasional, y a buscar significados ocultos en las palabras y los actos de los demás. Cuando se sienten eclipsados, menospreciados o decepcionados, pueden tener reacciones un tanto exageradas, y bien retirarse completamente o bien deprimirse, o arremeter contra los demás con su lengua afilada. Por esta razón, deben aprender a ser un poco menos intensos en sus relaciones personales y aceptar que a veces otras personas también necesitan estar en el candelero o recibir su dosis de protagonismo.

Las personas que nacieron este día suelen sentirse compelidas a satisfacer las expectativas ajenas para así conseguir su aprobación. Con ello se arriesgan a perder su encanto característico. Por fortuna, al cumplir los veinte años experimentan un giro importante que incrementa su resistencia. Además, al llegar a los cincuenta atraviesan un punto de inflexión que realza su espíritu luchador y su fortaleza emocional.

Por encima de todo, los individuos nacidos el 31 de enero son espíritus radiantes que tienen la capacidad de iluminar el mundo con su brillantez y su personalidad expansiva. Una vez que aprendan a valorarse en su justa medida, disfrutarán de un inmenso potencial que les permitirá aportar felicidad, influir e inspirar fuertemente a las personas de su entorno.

En contra
Dubitativos, recelosos, influenciables

A favor
Atractivos, originales, fuertes

1 de febrero

El nacimiento del cambio más espectacular

Los individuos nacidos el 1 de febrero poseen múltiples talentos y se resisten a conformarse con las formas tradicionales de hacer y pensar las cosas. Pese al hecho de que su convicción sirve para persuadir a los demás, no es infrecuente que experimenten un cambio de opinión radical al cabo de uno o dos meses.

Esta única combinación de originalidad, intuición y flexibilidad hace que la gente nacida este día tenga la capacidad para atraer y retener el éxito. Son personas capaces de evaluar rápidamente una situación y de diseñar una acción ajustada a los acontecimientos, si bien también pueden cambiar radicalmente de dirección siempre y cuando eso los dirija adonde quieren llegar. Si pueden hacerlo con tanta facilidad se debe a que tienen la madurez necesaria para entender que siempre habrá distintos puntos de vista. Poseen sistemas de valores y creencias que los guían por la vida, pero nunca se cerrarán a aquellas opiniones que puedan reportarles buena suerte o noticias positivas.

Su buena disposición a la adaptación y el aprendizaje los convierte en una mezcla única de seriedad y diversión, cosa que facilita su relación con los demás e incrementa su capacidad de influir en otras personas. El único peligro que corren es que su identidad se pierda por el camino. Por eso mismo, será muy importante que procuren ampliar el conocimiento de su persona y tomar una mayor conciencia de la influencia que otros pueden tener sobre ellos. Afortunadamente, a partir de los diecinueve años de edad experimentan un giro que pone el acento sobre el desarrollo y una mejor comprensión de sus objetivos vitales. Y a la edad de cuarenta y cinco años aproximadamente, alcanzan un grado de autoconciencia mucho más acusado.

A la vista de su capacidad para adaptarse y variar el rumbo de su vida, los individuos nacidos el 1 de febrero suelen ser pioneros en su campo. Aunque a veces tienen dificultades para decidir qué hacer con su vida, una vez que han decidido adónde van y, lo que es más importante, en quién quieren convertirse, gracias a su poder de comunicación, su versatilidad y su carisma, conseguirán una cuota de éxito mucho mayor que la que jamás habían imaginado.

2 de febrero

El nacimiento de la elegancia

Su mayor reto es

Aprender a bajar la guardia

El camino a seguir es...

Desarrollar su autoconciencia y entender que la confianza y el contacto íntimo no son debilidades sino fortalezas.

Los nacidos el 2 de febrero tienden a ser gente sofisticada, de estilo elegante, dotada con una forma de vestir y de comportarse netamente diferenciada. Estos individuos suelen resistirse a cualquier intento de imposición, sobre todo en lo tocante a las normas y convenciones; ahora bien, pese a su feroz necesidad de hacer las cosas a su modo, también son personas con gran amplitud de miras. Esto hace que se relacionen bien y que los demás encuentren seguridad y descanso en su compañía, muy especialmente en tiempos de dificultades. Asimismo, son capaces de implicarse en un proyecto hasta las últimas consecuencias. Esta determinación y sus convicciones les proporcionan una energía y un poder extraordinarios.

Aunque los nacidos este día suelen rodearse de admiradores, en general son pocas las relaciones personales donde ponen en acto sus verdaderos sentimientos. Esto podría deberse a que están tan absorbidos por su trabajo, sus ideas o proyectos, que relegan a un segundo plano todo lo que implique el contacto humano. Normalmente se enfocan en las cuestiones universales o sociales, en la visión panorámica o en el grupo, pudiendo afirmarse que son, en muchos aspectos, los sanadores de las heridas del mundo. Así pues, nos encontramos con políticos, médicos y reformadores sociales que trabajan para cambiar las cosas en pro del bien común, pero que dedican muy poco tiempo a su familia. Son asesores, mentores y psicólogos que ayudan a los demás para que rindan mejor en su trabajo, para que superen los traumas emocionales que no saben resolver por sí mismos. Son místicos y clarividentes capaces de contemplar el gran panorama de la existencia pero totalmente incapaces de ver su soledad. Por lo tanto, en aras de su crecimiento psicológico es crucial que desarrollen un mayor grado de autoconciencia y se respeten lo suficiente como para permitir que los demás se acerquen. Por suerte, alrededor de los dieciocho años, y posteriormente a los cuarenta y ocho, la vida les brindará la oportunidad de desarrollar vínculos emocionales más profundos y duraderos con otras personas.

Por encima de todo, las personas que nacieron el 2 de febrero son individuos muy perceptivos. Si logran aplicarse el mismo grado de comprensión intuitiva que aplican a los demás y al mundo que les rodea, disfrutarán del potencial para ser algo más que raros y elegantes: individuos auténticamente inspiradores.

En contra

Desapegados, distantes, testarudos

A favor

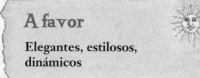

Elegantes, estilosos, dinámicos

3 de febrero

El nacimiento de la nueva frontera

Las personas nacidas el 3 de febrero poseen una mente curiosa e inquisitiva que favorece el gusto por la variedad y el cambio constante. Suelen romper moldes y nada les estimula más que la perspectiva de un desafío o una nueva experiencia. Con todo, su unicidad radica en que una vez que se implican activamente en una tarea no pueden dividir su atención.

Cuando han diseccionado una cosa hasta conocer todos sus entresijos, pierden la motivación y de inmediato buscarán estímulos en otra parte. Este enfoque, aplicado a la vida, comporta el riesgo de saltar de una cosa a otra sin realmente profundizar en su comprensión. Sin embargo, cuando encuentren algo que verdaderamente les plantea un reto no dudarán en investigarlo a conciencia hasta desentrañar todos y cada uno de sus secretos.

Estas personas no sólo disfrutan con los desafíos, sino que los necesitan para sentirse vivas. Si no encuentran nada que desafíe su intelecto, puede que ellas mismas se pongan en dificultades. Por ejemplo: podrían establecer unos plazos imposibles en el trabajo y esforzarse físicamente más allá de sus propios límites. Es, pues, muy importante que aprendan maneras constructivas de entender y gestionar el aburrimiento.

Su mayor temor es perder la libertad personal que les permite explorar nuevas fronteras. De ocurrir esto, podría resultar en un miedo atroz al compromiso con sus parejas y familiares, así como en conductas erráticas escasamente fiables. Lo anterior no significa que sean incapaces de acercarse emocionalmente a los demás; tan sólo que necesitan sentir que durante el acercamiento en ningún momento han sacrificado su libertad personal. Entre las edades de los diecisiete y los cuarenta y seis años, encontrarán oportunidades para desarrollar una mayor cercanía emocional con otras personas, siendo así que posteriormente vivirán un punto de inflexión del que saldrán reforzadas, más seguras y con más recursos para manejar el compromiso.

Las personas que nacieron el 3 de febrero serán mucho más felices si logran entender que cuando otras personas buscan su compañía no necesariamente están intentando atraparlas. De hecho, una vez que consigan resistir su tendencia a recular cuando los sentimientos se intensifican, habrá muy pocas situaciones a las que no puedan adaptarse y serán muy pocos los problemas que no puedan resolver con su natural fortaleza.

Su mayor reto es

Aprender a lidiar con el aburrimiento

El camino a seguir es...

Concebir el aburrimiento como si fuese una oportunidad para relajarse, distenderse y dedicar tiempo a pensar en lo que realmente esperan de la vida.

En contra

Distantes, impacientes, escasamente fiables

A favor

Inventivos, originales, detallistas

4 de febrero

El cumpleaños de un ser deslumbrante

Las personas que nacieron el 4 de febrero procuran pasar desapercibidas, si bien, por mucho que lo intenten, siempre destacarán de un modo u otro. Tienen la capacidad de deslumbrar a los demás con su pensamiento original y sus destellos de lucidez mental. Es posible que sus métodos no siempre sean del todo ortodoxos, pero sus procesos mentales son invariablemente originales y sus técnicas para resolver problemas siempre efectivas.

Aunque las personas nacidas en esta fecha son muy admiradas por su sinceridad, disciplina y capacidad de trabajo, la lógica que motiva sus pensamientos y sus actos a menudo resulta incomprensible, tanto para los demás como para sí mismas. Su velocidad mental y su energía desbordante pueden agotar a cualquiera, y posiblemente descubrirán que esto antes desconcierta que deslumbra a su entorno. Sentirse diferentes o fuera de contexto puede derivar en sentimientos de inseguridad y confusión. Es por ello que en ocasiones optarán por adaptarse a las circunstancias y tratar de pasar inadvertidas, fundamentalmente para no sentirse solas. Esto constituye un error, porque nunca deberían ganarse la admiración de los demás reprimiendo su máxima fortaleza: la originalidad.

Las personas nacidas en esta fecha a menudo se sienten diferentes, aunque también es cierto que son más felices y se muestran más deslumbrantes cuando son fieles a sí mismas y no traicionan su naturaleza. Dado que su cabeza siempre es un hervidero de ideas, suelen prestar muy poca atención a sus emociones, siendo así que analizar sus sentimientos les supone un gran desgaste. Como resultado de ello, pueden ser muy duras consigo mismas, exigiéndose más que a cualquiera otra persona. También pueden ser impacientes e impulsivas sin pensar en el impacto que sus acciones pueden tener sobre los demás y sobre ellas mismas. Afortunadamente, entre los dieciséis y los cuarenta y cinco años de edad, en su camino encuentran oportunidades para adquirir una mayor conciencia de sus emociones. Cumplidos los cuarenta y cinco, su vida experimenta otro giro del que resurgen siendo más atrevidas, asertivas y aceptándose mejor.

Si los nacidos el 4 de febrero logran entender que los demás les respetarán y admirarán en la medida en que sean fieles a sí mismos, estos individuos serán capaces de hacer aportaciones muy valiosas e innovadoras tanto en el ámbito profesional como en el personal.

5 de febrero

El nacimiento de las maneras suaves

Las personas nacidas el 5 de febrero suelen gozar de la admiración de los demás por su confianza sosegada, la agudeza de su ingenio, y su capacidad para afrontar casi todas las tareas con serenidad. Son personas de maneras suaves que tienen el don de la palabra y sobrada capacidad para manejarse con solvencia en todo tipo de situaciones.

Aunque los nacidos este día puedan parecer extremadamente capaces, rayando a veces el exceso de confianza, en el fondo son tan inseguros como cualquiera. Ocurre que han aprendido a enmascarar sus inseguridades bajo una fachada suave, atrevida y articulada. La admiración de los demás es mucho más importante para ellos de lo que podrían admitir, y es por ello que disfrutan adoptando los roles de protector, cuidador o educador de los demás.

Increíblemente brillantes, estas personas se expresan con facilidad y se sienten a sus anchas en compañía de gente inteligente, capaz e ingeniosa. Si carecen de estímulos intelectuales corren el peligro de distanciarse de los demás con maneras altaneras y aun intimidatorias. Afortunadamente, entre los quince y los cuarenta y cuatro años de edad su sensibilidad hacia los sentimientos propios y ajenos se ve incrementada notablemente. Cumplidos los cuarenta y cuatro, se produce un punto de inflexión que resulta en una mayor empatía por el prójimo.

Las personas que nacieron en esta fecha pueden ser grandes pensadores y oradores excepcionales, y nada los motiva más que la filosofía, la psicología, la intriga y el misterio. Habida cuenta su curiosidad intrínseca, si logran desarrollar sus ideas estos individuos disfrutarán de un potencial remarcable para alcanzar la excelencia en el campo profesional que hayan elegido. No obstante, es necesario que sean muy cuidadosos para no desapegarse demasiado durante el proceso. Es importante que en ocasiones se atrevan a sentir un poco más y a pensar un poco menos, puesto que tienen una inclinación natural a la parálisis por análisis y a ignorar sus sentimientos.

Los nacidos el 5 de febrero trabajan especialmente bien en equipo o por una causa que logre satisfacer su necesidad de estímulos intelectuales y les permita poner en práctica sus excelentes dotes de gestión. Cuando aprendan a reprimirse un poco menos, a confiar un poco más, y dejen que los demás se ajusten a su ritmo trepidante, el encanto que caracteriza a estas personas les servirá para llegar hasta lo más alto.

En contra

Condescendientes, inconsistentes, fanfarrones

A favor

Articulados, versátiles, atrevidos

6 de febrero

El cumpleaños de un ser encantador

Las personas que cumplen años el 6 de febrero son generosas, serviciales, y en general cuentan con las simpatías de casi todo el mundo. Es prácticamente imposible que no caigan bien a la vista de su personalidad entusiasta y sus maneras ganadoras. Como resultado de todo ello, gozan de una gran popularidad y del respeto de todos.

La crítica positiva y la aprobación de los demás son muy importantes para los nacidos este día, aunque esta necesidad de afecto no es una senda unidireccional. En cierto modo, estos individuos perciben la vida como si fuese un idilio amoroso. La única desventaja de esta apreciación es que cuando las cosas se tuercen, o cuando el amor y la generosidad se conjugan con el egoísmo y el desdén, pueden sentirse dolidos llegando a perder el control. Algunas veces la desilusión puede desencadenar reacciones dramáticas o inseguridades que antes podrían irritar que seducir a los demás.

Aunque en ocasiones se muestran inseguras, la naturaleza positiva y generosa de las personas nacidas en esta fecha sirve para atraer el amor, la admiración y el éxito. En todo caso, es necesario que sean muy cuidadosas cuando se muestran complacientes, para no resultar demasiado serviciales, no perder de vista sus propias necesidades emocionales ni actuar de manera impropia. Necesitan entender que la amistad no sólo es una cuestión de ayuda, sino también de confianza, respeto, generosidad y límites personales. Alrededor de los cuarenta y cuatro años de edad alcanzan un punto de inflexión del que salen siendo más asertivos y con una mayor conciencia de su propio carácter.

La naturaleza flexible de las personas que nacieron el 6 de febrero también es aplicable a sus procesos mentales. Así, nunca se dejan sorprender por lo inesperado y siempre se muestran dispuestas a explorar nuevos territorios. Suelen buscar la popularidad para satisfacer su propia necesidad de aprobación y afecto; ahora bien, en general, su falta de presuntuosidad les sirve para ganarse la admiración, el elogio y el respeto de los demás, en los buenos y en los malos tiempos por igual. Siempre y cuando no hagan mal uso de este respeto, y recuerden que la autoestima debe sustentarse en algo más que la popularidad, estas personas, tan encantadoras, serviciales y consideradas, conseguirán que la vida les muestre su cara más generosa.

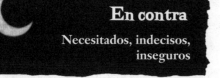

En contra

Necesitados, indecisos, inseguros

A favor

Amorosos, generosos, agradables

7 de febrero

El nacimiento del profeta

Las personas nacidas el 7 de febrero son individuos progresistas dotados con una capacidad intelectual notable y un sentido de la justicia innato. Para ellas, resulta totalmente imposible presenciar una injusticia o un acto de crueldad y no rebelarse. Por encima de todo, son profetas portadores de una visión y dotados con un irrefrenable deseo de cambiar las actitudes sociales en pro del bien común.

Poseen una imaginación fabulosa y una visión juvenil de la vida, aunque evidencian una marcada tendencia a la exageración y a embellecer las cosas. Esto, unido a su carácter espontáneo y abierto, puede hacer que proyecten una imagen un tanto ingenua y pueril. Aunque les gusta compartir sus sueños con otras personas, lo que les diferencia de otros soñadores es, precisamente, su capacidad para convertir sus sueños en realidad.

Estas personas identifican rápidamente las soluciones a los problemas, y persiguen sus objetivos con ímpetu y entusiasmo; tanto así que a veces su exceso de celo está próximo al fanatismo. Esta actitud vital propicia que los demás reparen en su presencia, aunque en ocasiones su mensaje no haya calado. Si bien es cierto que sus inequívocas dotes para la comunicación enseguida les granjean seguidores, cuando las cosas no van bien y los demás empiezan a detectar algunas fisuras, las personas nacidas el 7 de enero suelen ocultar su decepción tras una máscara de cinismo. Deben entender que la vida es demasiado compleja para percibirla en términos de corrección o incorrección, o recurriendo a soluciones rápidas y circunstanciales. Asimismo, es conveniente que aprendan a aceptar que siempre habrá puntos de vista discrepantes y que son muchos los caminos válidos que conducen al bien común. En torno a los cuarenta y tres años de edad, su vida experimenta un giro que ensancha sus miras y les ayuda a hacer pequeños ajustes en su modo de manejar las relaciones personales.

Las personas nacidas en esta fecha disfrutan ayudando al prójimo. En todo caso, su relación con la autoridad es básicamente conflictiva. Tienen poca paciencia cuando se les obliga a hacer algo que consideran molesto, subversivo o peligroso. Además de un costado rebelde, poseen una gran determinación. Una vez que hayan encontrado la manera de canalizar sus expresiones y de comprometerse hasta las últimas consecuencias, a buen seguro que estos profetas modernos conseguirán hacer de este mundo un lugar más justo y feliz.

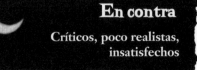

En contra

Críticos, poco realistas, insatisfechos

A favor

Visionarios, justos, espontáneos

8 de febrero

El cumpleaños del hipnotizador

Es muy probable que las personas nacidas el 8 de febrero no puedan ver el futuro, pero sin duda tienen la capacidad de darle forma con la ayuda de sus palabras y pensamientos. Disfrutan de un conocimiento intuitivo de las personas y las situaciones, de manera tal que a veces logran vislumbrar e identificar, antes que nadie, las tendencias por venir, y nos señalan el camino a seguir.

Su poder hipnótico propicia que ejerzan una fuerte influencia sobre la gente y en todas las situaciones que les propone la vida. Esta influencia puede pasmar a los demás, fundamentalmente por el contraste que plantea su visión respecto de otras soluciones y esfuerzos más convencionales. Por otro lado, también contribuye a que se les desprecie por considerarlos unos soñadores sin remedio.

Tal vez porque son muy conscientes de la influencia que ejercen y de la responsabilidad que ello conlleva, los individuos que nacieron en esta fecha pueden parecer muy serios a ojos de los demás. Aunque pueden tolerarla, en realidad no disfrutan de la cháchara insustancial y prefieren reflexionar sobre temas existenciales. Como es natural, ocurre que muchas veces se erigen en confidentes de sus amigos y seres queridos. Como contrapartida, en las relaciones personales muestran una faceta un tanto pasiva, así como otra más oscura que les impele a sentirse atraídos por personas que no les convienen. Por suerte, y aunque tendrán oportunidades más adelante, poco después de cumplir los cuarenta experimentan un giro hacia posiciones más asertivas y más conscientes.

Su profunda sensibilidad y su capacidad intuitiva les permiten empatizar naturalmente con los estados anímicos ajenos. También corren el riesgo de identificarse en exceso con los problemas ajenos, cayendo fácilmente en la trampa de la preocupación contagiosa, si bien es cierto que muy pocas personas lo notarán dado que en general optan por disimular sus sentimientos para evitar el dolor. Es, pues, muy importante que aprendan a distinguir donde terminan los demás y dónde empieza su persona.

Cuando encuentren un proyecto que concentre todo su interés, su determinación y su ímpetu les conducirán por la senda del éxito, y la procrastinación será cosa del pasado. Entonces podrán pensar en gran escala. Y una vez que aprendan a organizarse para el éxito descubrirán que sus brillantes ideas sirven para generar progresos e inducir reformas.

9 de febrero

El nacimiento de la actitud ganadora

Las personas nacidas el 9 de febrero son independientes y generosas, y manifiestan una perspectiva vital con un marcado carácter inconformista. Son agudos observadores de la naturaleza humana, capaces de una honda comprensión de los problemas ajenos. Sin embargo, por encima de todo son personas luchadoras. Es posible que hayan sufrido algunos reveses de la vida, pero han sabido reponerse y avanzar con entereza, con esa actitud ganadora que los hace idóneos para las grandes empresas.

Esta reseñable capacidad para entender a las personas y analizar las situaciones, aunque no las conozcan o no las hayan vivido personalmente, hace que la gente busque su compañía y su consejo. Pueden ser excelentes líderes y maestros, puesto que ejercen una gran influencia sobre los demás, no por sus palabras sino gracias a su ejemplo, mostrando con sus actos el camino a seguir y la manera de superar cualquier reto con una actitud netamente ganadora.

Con todo, cuando se trata de aplicar esta misma visión triunfadora a sus relaciones personales, tienden a ser excesivamente críticos y a medirse con un nivel de exigencia a todas luces imposible. Por consiguiente, es muy importante que aprendan a ser tan tolerantes y comprensivos consigo mismos como lo son con los demás. Antes de cumplir los cuarenta años, suelen dejarse dominar por su necesidad de aprobación. No obstante, a esa edad se produce un giro que pone el acento en la autoconciencia y la aceptación, así como en la necesidad de tomar la iniciativa en todas las áreas de su vida, una circunstancia que se resolverá, posiblemente, con el inicio de una nueva relación u otro proyecto profesional.

La fuerte presencia de las personas nacidas en esta fecha puede, en ocasiones, proporcionarles un cierto barniz agresivo; pero tras esta apariencia existe un ser con un costado suave que se toma la crítica y el rechazo como una afrenta personal. Asimismo, estos individuos tienen tendencia a actuar con precipitación. Será bueno que procuren mantener la calma en las situaciones de presión y que no permitan que otros se aprovechen de su buena voluntad. Una vez que tengan una percepción más positiva de su persona —y suavicen sus niveles de exigencia y autocrítica— serán capaces de alcanzar sus objetivos y, durante ese proceso, se transformarán en modelos de conducta que inspirarán a cuantos tengan la suerte de cruzarse en su camino.

En contra

Inconsistentes, sufridores, ansiosos

A favor

Poderosos, generosos, resistentes

10 de febrero

El nacimiento del gran logro

Su mayor reto es

Aprender a dar una oportunidad a los demás

El camino a seguir es...

Entender que dar oportunidades para que los demás prueben su valía, es una parte importante de su crecimiento psicológico.

Las personas que cumplen años el 10 de febrero tienen una idea muy clara de lo que esperan de la vida y de lo que tienen que hacer para conseguirlo. En términos generales, la persecución de estos objetivos es lo más importante de su vida. La consecución de sus objetivos significa mucho para ellos, tanto como obtener la aprobación y el reconocimiento de los demás. La claridad a la hora de identificar sus aspiraciones, así como su envidiable capacidad de concentración, les ayudan sobremanera en el camino que conduce al éxito profesional.

Una vez que se encaminan, recurren a su entusiasmo para llegar hasta lo más alto. Sea como fuere, tienen que procurar no obsesionarse con sus metas. Es importante que se observen detenidamente e identifiquen sus motivaciones profundas sin lugar a ningún género de dudas. En este proceso podrían descubrir que no es él éxito material lo que persiguen, sino dejar su impronta en este mundo y ganarse la aprobación de los demás.

Aunque es cierto que la ambición y el entusiasmo de los nacidos este día son realmente explosivos, también lo es que nunca se les ocurriría apuñalar a alguien por la espalda. Intuitivos, honestos y siempre decentes, su ideal consiste en conseguir el éxito con justicia sin perjudicar a los demás a lo largo del camino. Desafortunadamente, estos individuos a veces perjudican o causan dolor a alguien sin darse cuenta; y lo peor es que suelen perjudicar a las personas que tienen más cerca, que sufren su indiferencia cuando la persecución de sus metas su impone y nubla su vista. Si no tienen cuidado con esto, podrían quedar emocionalmente aislados y, en casos extremos, completamente solos. Por suerte, entre los veinte y los treinta y nueve años de edad tendrán muchas oportunidades para abrir su corazón y concentrar su atención en los demás. A los cuarenta alcanzan un punto de inflexión que les impele a ser más asertivos en general, al tiempo que más apasionados en todas sus relaciones personales.

Siempre y cuando recuerden que la admiración ajena en ningún caso puede sustituir al afecto, y aprendan de la experiencia y de los reveses de la vida, la consecución de sus metas les satisfará plenamente y les reportará un elevado número de *fans*.

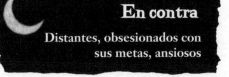

En contra

Distantes, obsesionados con sus metas, ansiosos

A favor

Positivos, creativos, audaces

11 de febrero

El cumpleaños del educador

Las personas que nacieron el 11 de febrero sienten que vinieron a este mundo con un solo objetivo: mejorar las vidas de quienes les rodean. En su cabeza, las personas y las cosas siempre son susceptibles de mejora. Estos individuos suelen ser serios y su entusiasmo hace que otros quieran emularles. Poseen asimismo un notable talento para la invención y disfrutan hallando nuevas formas de facilitar la vida de los demás. Y lo hacen no por la recompensa material o el reconocimiento público que esto pueda reportarles, sino porque creen que cuanto menores sean las dificultades que los otros deban encarar, más fácil será que se impliquen en proyectos de índole personal, social o espiritual.

Aunque prefieren motivar con el vivo ejemplo antes que con palabras, los nacidos en esta fecha tienen el don de hacer que los demás se sientan a gusto con su vida. Su mente curiosa e inventiva favorece su necesidad de estimulación intelectual. Así las cosas, su grado de absorción o implicación en un proyecto o grupo social nunca debería impedir que establezcan relaciones personales profundas y satisfactorias. Aunque se perciban como personas capacitadas para educar o mejorar la vida de los demás, estos individuos deberían en todo momento ser conscientes de que no todo el mundo aprecia o quiere su ayuda. Es más, algunas personas prefieren hacerlo por sí mismas y tomar las decisiones que afectan a su vida sin interferencias. Por ello, algunas veces podrían sentirse dolidas o agredidas si otra persona intenta resolver su vida, especialmente si lo hace de manera abrupta. Por consiguiente, es importante que las personas nacidas el 11 de febrero trabajen la intuición y su sensibilidad hacia los demás. Afortunadamente, entre las edades de los diecinueve y los treinta y ocho años, ponen el acento en su sensibilidad emocional. Cumplidos los treinta y nueve, optan por mostrarse mucho más directos en su relación con otras personas y, por este motivo, será más importante si cabe que aprendan a canalizar su franqueza de forma positiva y sensible.

Habida cuenta su capacidad inventiva y su lucidez cuando se trata de detectar las necesidades de una persona o situación, y siempre que logren dominar arte de la diplomacia, no cabe duda de que las personas nacidas el 11 de febrero dejarán su impronta en el mundo como resultado de haber ayudado y educado a sus semejantes.

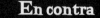

En contra
Faltos de tacto, indulgentes, excesivos

A favor
Progresistas, inventivos, cómplices

12 de febrero

El cumpleaños del integrador audaz

Su mayor reto es

Concentrar sus energías en un solo proyecto

El camino a seguir es...

Entender que aprender a concentrarse es fundamental para todo aquel que aspire a controlar su vida. Es una herramienta esencial para conseguir el éxito; su ausencia conduce a la dispersión del esfuerzo.

Las personas que nacieron un 12 de febrero poseen un gran talento para la integración. Tienen la capacidad de ordenar toda la información relevante, evaluar los distintos puntos de vista y seguidamente integrar a todo el mundo en un mismo frente común. Nada les importa más que el *status quo*; tanto así que si se ven en tesitura de defenderlo, lo harán con coraje y audacia. Esto hace que la gente los tenga en muy alta estima tanto en su vida profesional como en su vida personal.

Quienes cumplen años el día 12 se sienten cómodos en el rol del pacificador, guiando a los demás en la buena dirección. Huelga decir que la buena dirección es la que ellos creen correcta. Esto no significa, claro está, que sean personas testarudas o inflexibles, sino que tienden a ignorar las opiniones ajenas y creen que la mejor manera de gestionar una situación es siempre la que ellos mismos plantean. Consecuentemente, es importante que logren valorar el consenso y que entiendan que, si bien su capacidad innata para evaluar panorámicamente las situaciones los cualifica para asumir el liderazgo, ser un gran líder en modo alguno significa dar órdenes como un dictador, sino motivar a los demás para que actúen en la dirección que uno estima más conveniente.

Además de ser capaces de unir a la gente e identificar el camino a seguir con seguridad y perseverancia, los nacidos el 12 de febrero poseen otros talentos, entre los que cabe destacar la confianza, la originalidad y la creatividad. Así y todo, es necesario que tengan cuidado para que sus varios talentos no dispersen su energía caóticamente o en muchas direcciones distintas. Hasta bien avanzada la treintena hallarán oportunidades para desarrollar una mayor autoconciencia. Ahora bien, pasados los cuarenta y más adelante, enfocarán sus esfuerzos en la integración de su persona y la persecución de sus objetivos vitales. En muchos casos es a partir de aquí cuando se asientan y dan lo mejor de sí mismos.

Las personas que cumplen años el 12 de febrero tienen fuertes convicciones y un instinto progresista, ambos desarrollados gracias a la originalidad de su pensamiento y a sus elevados estándares éticos y morales. Estos individuos tienen la valentía y el carisma necesarios para inspirar a los demás, y con mucha frecuencia deciden dedicar sus esfuerzos a la construcción de un mundo más justo y pacífico.

En contra

Inflexibles, de ánimo variable, intolerantes

A favor

Pacientes, con objetivos vitales claros, originales

13 de febrero

El cumpleaños del extravertido enigmático

Es difícil ignorar a las personas que nacieron el 13 de febrero, porque son abiertas y desinhibidas en casi todos los aspectos de la vida. Rebosan energía, originalidad y diversión. Se dice que marcan tendencia, pero donde mejor se desenvuelven es en las artes escénicas y frente a su público.

Las personas que celebran su cumpleaños este día encaran la vida de un modo muy especial, con planes e ideas que bien podrían hacerles ganar fortunas. Dada su rebeldía innata y porque tienen un lado salvaje, en su vida —muy particularmente durante su adolescencia y su juventud— se topan con la crítica y el rechazo. Así pues, es importante que se aferren a su individualidad y resistan la necesidad de encajar en el grupo de referencia. Sólo necesitan encaminarse, rodearse de gente que les apoye, y definir las metas correctas en las que invertir toda su energía. Si lo hacen, el éxito estará garantizado.

Exuberantes, originales y atrevidas, estas personas ven ante sí todo un mundo de posibilidades. A veces su gran entusiasmo les traiciona y hace que parezcan mandonas o excéntricas. Por esta razón será conveniente que bajen el ritmo y miren en derredor antes de decidirse a dar el salto. Suelen seguir sus instintos y no pensar demasiado lo que hacen, cosa que puede ser fuente de problemas, pudiendo incluso perjudicar a otras personas. Cuando han cumplido los treinta y siete años, su vida alcanza un punto de inflexión que acentúa su agresividad y su concentración en la persecución de sus metas. Más que nunca será importante que se centren y aprendan a construir una mayor seguridad interna.

Los nacidos el 13 de febrero tienen inclinación hacia lo dramático y, aunque su naturaleza desinhibida disfruta siendo el centro de atención, también es cierto que mantienen algunos aspectos de su personalidad en el ámbito de lo estrictamente privado. Esto les proporciona un fascinante halo enigmático y una complejidad que sólo sirven para intrigar y deleitar a su entorno más si cabe. Una vez que sean capaces de controlar —que no reprimir— su espontaneidad exuberante, estas personas, siempre esquivas y extravertidas, destacarán por su talento para entretener, educar e intrigar a su extensa legión de admiradores.

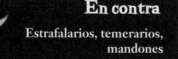

En contra
Estrafalarios, temerarios, mandones

A favor
Desinhibidos, únicos, divertidos

14 de febrero

El nacimiento del ingenio vulnerable

Encantadoras, inteligentes y bondadosas, las personas que nacieron el 14 de febrero son agudos observadores de las manía humanas. Piensan analíticamente y con rapidez, tendiendo a expresarse sucintamente y con frases rotundas.

El ingenio incisivo de estas personas puede jugar a su favor y en su contra. Su sentido del humor, cargado de mordiente, las convierte en una compañía entretenida y amena, y en unos aliados formidables en el entorno laboral. Por otro lado, también pueden mostrarse muy corrosivos y con un punto de sarcasmo que, si no logran dosificarlo, podría alejarles de los demás. Este sarcasmo suele aflorar cuando se impacientan o si se sienten frustrados porque los demás no atienden a sus demandas. Y puesto que la gente suele confiarles información de carácter personal, deberán tener cuidado para no caer en chismes y habladurías.

Las bromas insustanciales pueden erigirse en una manera de camuflar sus verdaderos sentimientos. Típicamente, los individuos nacidos en esta fecha son los que rompen a llorar cuando suena una canción triste, y los primeros que se solidarizan con los más desfavorecidos o con las víctimas de un desastre natural. En ocasiones, esta vulnerabilidad puede sorprender a las personas de su entorno, puesto que en buena lógica esperan que una persona con semejante ingenio, tan fría e incisiva, fuese emocionalmente más fuerte.

Consecuentemente, los individuos que nacieron este día también deberían emplear su lucidez para lo que les atañe —y no sólo con los demás—, toda vez que así entenderían que sus emociones afloran rápidamente hasta la superficie porque tienen un importante mensaje que comunicar. Y deberían escuchar dicho mensaje porque las fuertes reacciones que experimentan ante la desgracia ajena suelen ser un síntoma de otras emociones reprimidas que buscan su propio canal de expresión. Afortunadamente, a la edad de treinta y seis años alcanzan un punto de inflexión que refuerza su autoconciencia y los hace más asertivos en todo lo relativo a sus emociones.

En general, los nacidos el 14 de febrero parecen lobos con piel de cordero. Son duros pero no se toman muy en serio. Esto no significa que sean superficiales, ya que bajo sus bromas se ocultan sentimientos profundos. Sólo significa que son una excelente compañía que vale la pena mantener, ya que, cuando están cerca, la vida parece más fácil, llevadera y mucho más feliz.

En contra
Insensibles, cortantes, exigentes

A favor
Ingeniosos, astutos, magnéticos

15 de febrero

El cumpleaños del aventurero emprendedor

Su mayor reto es

Prestar atención a los detalles

El camino a seguir es...

Entender que los detalles y la rutina que con frecuencia les acompaña son elementos inevitables de la existencia humana. Ignorarlos a menudo significa ignorar algo verdaderamente especial.

Las personas nacidas el 15 de febrero están llenas de vitalidad, diversión y aventura. Les gusta transitar por el lado salvaje de la vida. Manifiestan un gran entusiasmo y un ingenio envidiable, especialmente cuando se trata de vivir nuevas experiencias. Cuando se enfrentan a un desafío, es imposible que permanezcan en la periferia. Tienen que pasar a la acción, situarse en el centro y ofrecer una solución —la suya.

Son personas encantadoras y energéticas dotadas con una gran capacidad de aprendizaje. Emplean su espíritu emprendedor y su ingenio para elevar un oficio, artesanía o proyecto hasta cotas de excelencia inimaginables. Les fascina la velocidad, viven la vida intensamente, y no tienen ninguna intención de calmarse. Aunque es cierto que esta actitud vital les confiere una gran fuerza interior, también lo es que a veces les cuesta encontrar razones para parar.

Las personas nacidas el 15 de febrero valoran su libertad intelectual por encima de todas las cosas y por ello disfrutan lo indecible experimentando o investigando. Sea como fuere, esto puede infligirles un serio desgaste o bien saturar su cerebro de información que no pueden procesar. Cuando esto ocurre, pueden caer en una espiral de irresponsabilidad y caos, o degenerar hasta convertirse en unos rebeldes sin causa. Asimismo, su estado de ánimo es muy variable, pudiendo oscilar desde la euforia hasta la pesadumbre sin razón que lo justifique. Es el resultado de vivir la vida con demasiada intensidad. Es importante que entiendan que a veces los límites y la disciplina poseen un gran valor. Por fortuna, a medida que cumplen años van adquiriendo la disciplina que tanto les faltaba en su juventud. Alrededor de los treinta y cinco años de edad pueden ser extremadamente asertivos; esto les permitirá canalizar positiva y constructivamente todo su caudal de energía.

Siempre y cuando aprendan a reconocer la importancia de la autodisciplina y la fijación de objetivos vitales, y siempre que los demás les permitan explorar las maravillas del mundo, estos individuos talentosos conseguirán realizar sus sueños, que suelen estar cargados de inteligencia y originalidad. Es posible que su apetencia por lo arriesgado les meta en más de un problema. Con todo, lo que más les estimula es buscar maneras para hacer de este mundo un lugar más feliz y emocionante. No cabe duda que en su compañía la vida no puede ser aburrida.

En contra

Críticos, salvajes, anímicamente variables

A favor

Emprendedores, curiosos, audaces

16 de febrero

El nacimiento del alquimista

Su mayor reto es

Procurar no ser unos sabelotodo

El camino a seguir es…

Entender que al igual que ellos han aprendido de sus errores, también los demás necesitan aprender de los suyos.

Las personas que nacieron el 16 de febrero tienen la capacidad de transformar las experiencias más difíciles o traumáticas en algo positivo. Por ello se dice que tienen algo de alquimistas, porque tienen una visión panorámica de las cosas, y porque ordenan todas las piezas de información relevante hasta llegar a la esencia o a la verdad de una situación.

Es muy probable que las personas nacidas en esta fecha experimenten, en algún momento de su vida, una suerte de trastorno, trauma o revés importante. Sea cual sea su naturaleza, el caso es que lo han superado, han aprendido la lección y han salido fortalecidos de la experiencia. Lo positivo del caso es que la experiencia traumática les ha insuflado una gran confianza. Aun cuando a veces pueden parecer tranquilos, bajo la superficie se esconde un ser brillante con una gran fortaleza interior. Poseen también una notable astucia para descifrar a los demás y entender cómo funciona el mundo. Y rara vez se les escapa algo. La desventaja de esta personalidad es que a veces parecen personas frías y distantes, siendo así que su aspereza o su impaciencia con las debilidades de los demás puede ser interpretada como un signo de arrogancia. Otros pueden tomarse a mal sus maneras imperiosas. Así y todo, lo más frecuente es que su entorno les admire por su agilidad mental, su cintura y su capacidad para saber qué decir en cada momento, qué hacer y cómo hacerlo.

Si logran controlar este rasgo mandón, su enorme capacidad para actuar con intuición y realismo cuando descifran a los demás y cuando analizan una situación, les convertirá en unos líderes excelentes. Más o menos a los treinta y cuatro años de edad, alcanzan un punto de inflexión caracterizado por una enorme ambición y una concentración realzada. Llegados a este punto, será muy importante que sean más conscientes de sus emociones, y que procuren no enmascararlas bajo unas maneras rotundas e imperiosas, o, como ocurre a veces, bajo actitudes de reserva y desapego.

Cuando las personas nacidas en esta fecha consigan equilibrar sus vidas interior y exterior, serán capaces de extraer oro tanto de su profesión como de su persona. El verdadero sueño del alquimista.

En contra

Arrogantes, hirientes, desapegados

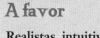

A favor

Realistas, intuitivos, seguros de sí mismos

17 de febrero

El nacimiento de la autodisciplina

A muy temprana edad, las personas que nacieron el 17 de febrero descubren que en esta vida la clave del éxito es la disciplina. Son gente decidida, ambiciosa y resuelta, gente que sabe adónde va y qué necesita para alcanzar sus metas. Estas cualidades, combinadas con una autodisciplina encomiable, pueden hacer que parezcan invencibles a ojos de los demás.

Aunque puedan parecer seres sobrehumanos, en general su entorno siente un gran cariño por ellos, por cuanto respeta su honestidad y su capacidad de ser fieles a sí mismos y a su sistema de creencias. Bajo una apariencia de dureza esconden un alma sensible que puede sentirse profundamente dolida por los actos o las palabras hirientes de los demás. En honor a la verdad, es posible que su infancia estuviese marcada por la crítica y el rechazo y, precisamente por ello, habrían desarrollado mecanismos de defensa exteriores para gestionar las adversidades de la vida. En ocasiones pueden construir unas defensas tan sólidas que impiden el acercamiento de los demás. Cuando esto ocurre, corren el riesgo de desapegarse emocionalmente y de mostrarse muy inflexibles en las relaciones personales.

Las personas que nacieron en esta fecha atisban sus metas y sus objetivos con visión de túnel, esto es, sin contemplar la realidad de forma panorámica. Esto incrementa su potencial para llegar hasta lo más alto. Son atletas que se entrenan implacablemente y con tesón, son emprendedores capaces de hacer cualquier sacrificio para alcanzar el éxito, son artistas y científicos que dedican toda su vida al arte y a la ciencia. Con todo, el mayor inconveniente de esta actitud vital es que ignorarán cualquier obstáculo que pueda entorpecer su búsqueda de la realización personal, y esto repercute gravemente en sus relaciones personales. A la vista de ello, deberían asegurarse de que su felicidad no quede relegada a un segundo plano en relación con su desarrollo profesional, especialmente después de los treinta y tres años, una edad tras la cual se deciden a encarar la vida de manera más agresiva y resuelta.

La increíble resistencia y la inteligencia manifiesta de las personas nacidas en esta fecha, posibilitan la consecución de un nivel de autocontrol y satisfacción personal al que otros sólo pueden aspirar. Una vez que identifiquen sus mayores fortalezas, nada podrá detenerles en su camino hacia la cima.

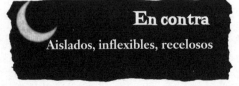

En contra

Aislados, inflexibles, recelosos

A favor

Disciplinados, decididos, atractivos

18 de febrero

El nacimiento de la eterna juventud

Sea cual sea su edad, las personas nacidas el 18 de febrero nunca envejecen, ni mental ni emocionalmente. Poseen una energía carismática, un gran entusiasmo por las ideas y los proyectos nuevos —sean más o menos realizables—, y un optimismo infeccioso capaz de iluminar todo su entorno.

Las personas que nacieron en esta fecha son gente valiente con tendencia a correr grandes riesgos. Siempre serán los primeros, situándose voluntariamente en vanguardia, abriendo el camino. Nada les gusta más que vivir la vida al borde del abismo. Ni que decir tiene que esta actitud vital temeraria entraña muchos riesgos y los pondrá en situaciones de gran dificultad. Les encanta enfrentarse a desafíos imposibles y empujar las cosas un poco más allá de los límites razonables, llegar más lejos o a lo más alto. Ahora bien, tienen que preguntarse por qué sienten esa necesidad imperiosa de vivir en el filo. En general, estas personas construyen una máscara de indestructibilidad con la que ocultan sus inseguridades y algunos miedos perfectamente arraigados.

Con su espíritu joven, su vulnerabilidad, y la ternura que ésta conlleva, estos individuos no acaban de entender que su brillante optimismo resulta muy atractivo para los demás. Tanto así que algunos buscarán en ellos el liderazgo que tanta falta les hace; aunque no es éste un rol que les satisfaga por cuanto limita su libertad de experimentar y explorar las maravillas del mundo. Aunque su vida es muy variada y está cargada de aventuras, tienen que pagar un alto precio. Es muy posible que un día reflexionen sobre su vida y se pregunten por qué no han conseguido ningún logro significativo. Llegado el caso, será importante que concentren todas sus energías y no las dispersen. Afortunadamente, cumplidos los treinta y dos años de edad, las personas nacidas el 18 de febrero se tornan más asertivas y desarrollan una mayor autodisciplina en los asuntos cotidianos.

Así las cosas, siempre y cuando eviten mirar en la dirección equivocada en busca de riesgo y aventuras, y entiendan que la exhibición personal no es la manera más satisfactoria ni la más madura de ganarse a los demás, estos individuos podrán desarrollar todo su potencial y ganarse la admiración y el respeto de su entorno. Más aún: tendrán motivos para sentirse orgullosos de sus logros.

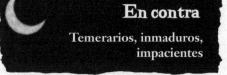

En contra

Temerarios, inmaduros, impacientes

A favor

Juveniles, dinámicos, carismáticos

PISCIS

LOS PECES

(19 DE FEBRERO - 20 DE MARZO)

* **ELEMENTO:** Agua
* **PLANETAS INFLUYENTES:** Júpiter, el filósofo, y Neptuno, el especulador
* **SÍMBOLO:** Dos peces
* **CARTA DEL TAROT:** La Luna
* **NÚMERO:** 7
* **COLORES FAVORABLES:** Verde, plata, violeta
* **FRASE CLAVE:** Desvelo las profundidades ocultas

Las personas nacidas bajo el signo Piscis muestran un profundo interés por el mundo de las emociones, la creatividad, la imaginación y la intuición. Tienden a ser soñadoras, espirituales y románticas, pudiendo adaptarse con facilidad a distintos ambientes. Pueden, asimismo, exagerar sus emociones y dejarse influenciar por los sentimientos y los estados de ánimo de las personas de su entorno.

El potencial de su personalidad

Siendo el último signo solar y el último signo de agua, suele ocurrir que las personas nacidas bajo el signo Piscis en realidad son todos los hombres y todas las mujeres del zodiaco. En su personalidad hay algo de todo el mundo, y es por ello que los piscis son capaces de relacionarse con cualquiera y entender fácilmente a cualquiera. Esto también explica por qué se preocupan tanto por los demás y por qué suelen trabajar en hospitales, centros de atención diurna, servicios sociales, en prisiones o en cualquier lugar donde haya que atender a personas que lo han pasado mal o a los más desfavorecidos de la sociedad. La compasión y su reticencia a juzgar la vida del prójimo los destaca sobre el resto por cuanto los convierte en individuos solidarios y extremadamente sensibles.

En ocasiones, los piscis son excesivamente generosos con los demás, no sólo con sus allegados sino con todo aquél que se encuentra en una situación de necesidad. Rara vez desaprovechan una oportunidad para hacer el bien. Del mismo modo como un banco de peces es una comunidad en la que todos sus miembros se ayudan para garantizar la supervivencia del grupo, los piscis fundamentan la lógica de su generosidad en esta idea: para los piscis hacer el bien es un signo de respeto e interacción civilizada. Además, suele ocurrir que para un piscis la mejor noticia posible es que alguien recuerde la ayuda prestada e intente corresponderles.

Además de generosas y solidarias, las personas nacidas bajo el signo Piscis son románticas, soñadoras, poseen una fecunda imaginación y un sinfín de recursos altamente intuitivos. Pero esto no significa que sean poco realistas en su manera de afrontar la vida. De hecho, poseen una miente abierta, y cuando otros se empantanan en los detalles, ellos son capaces de observar la realidad con una visión panorámica. Sucede que los piscis no sólo quieren soñar, sino que también quieren transformar la realidad en algo tan bello como sus sueños. Sus ideas y sus planes son siempre idealistas y muy originales. Y nunca vacilarán cuando exista la oportunidad de vivir una experiencia nueva y fabulosa.

Dotadas con múltiples talentosos y capaces de adaptarse a una amplia variedad de situaciones, las personas de este signo poseen la inteligencia y la disciplina necesarias para triunfar en cualquier proyecto en el que decidan invertir su energía. En parte, su éxito se debe a que confían en sus verdaderos sentimientos, siendo así que normalmente son acertados. Para los piscis, los sentimientos conforman la columna vertebral de su vida. En consecuencia, cuanto más se fíen de su poderosa intuición, mayor será la armonía que logren y más rica será su vida.

> «En ocasiones, los piscis son demasiado generosos con los demás...»

Su lado oscuro

Puesto que son tan abiertos y sensibles, es relativamente común que los piscis se pierdan en los problemas ajenos o en las personalidades ajenas. Los nacidos bajo este signo son individuos poco seguros de sí mismos, un rasgo que a veces les conduce a vivir para otras personas o a través de la vida de otras personas, en lugar de afrontar sus propias debilidades, identificar quiénes son realmente y qué quieren hacer con su vida. Diluirse en la vida de otra persona significa que ignoran sus deseos anteponiendo las necesidades de los demás. Por este motivo, es de vital importancia que los piscis crean en sí mismos y descubran el verdadero potencial de su persona.

Otro rasgo negativo de su personalidad es la facilidad con la que se abandonan a la autocompasión y el victimismo mal entendidos. Su sensibilidad puede hacerles extremadamente vulnerables al rechazo, la crítica y los desaires. Dado que tienen una confianza quebradiza, que se desmorona fácilmente, en lugar de aprender a gestionar su inseguridad, a veces optan por escapar y retirarse al mundo de las drogas, el alcohol o cualquiera otra sustancia estupefaciente que pueda mitigar la intensidad de sus sentimientos. Igualmente, pueden mostrarse indecisos hasta la irritación. Además, poseen una visión tan panorámica de la vida, y tal conciencia de las distintas opciones posibles, que decidir lo que quieren hacer puede erigirse en una montaña infranqueable, optando en muchos casos por no hacer nada. Por esta razón, a veces parecen personas con una voluntad débil.

Con un estado de ánimo tan variable, con oscilaciones anímicas que pueden ir de un extremo a otro, no siempre es fácil descifrarles ni saber cuál es su postura en una situación concreta. En general, esto responde al miedo a cometer errores o a molestar a la gente de su entorno. Es más, puesto que los nacidos bajo este signo detestan equivocarse y molestar a los demás, no es infrecuente que mientan o manipulen por miedo a que se les señale. Quizás sea el signo más impresionable, y en algunos casos el más voluble e ingenuo, de todos los signos del zodiaco. Dicho esto, será muy conveniente que los piscis se alejen de las personas malintencionadas o de aquéllas incapaces de abrirse a los demás. Son capaces de creer en casi cualquier cosa y en casi todo el mundo, a excepción de sí mismas. Esta carencia es algo que bien podría impedir su progreso en la vida, así como la consecución de los objetivos y el reconocimiento que sin duda merecen.

Símbolo

El símbolo del signo Piscis son dos peces nadando en sentidos opuestos. Es una expresión perfecta de su amplia visión —también de la tensión— que a menudo subyace bajo la personalidad de los piscis. Nadar en sentidos opuestos pero unidos. Esto sugiere que los piscis son capaces de observar el mundo con una visión de 360 grados, aunque su naturaleza es confusa, fluida y vacilante.

Su mayor secreto

Los piscis pueden presentarse bajo la apariencia de personas tranquilas y de trato fácil, pero en realidad son extremistas. Esto significa que bien pueden llegar a lo más alto en la vida o bien pueden caer hasta lo más bajo y ahogarse. Es posible que no lo hagan o que no lo acepten, pero trabajar su humanidad es un ingrediente fundamental en su camino hacia lo más alto. En su signo más que en ningún otro, esto se debe a que los piscis han infrautilizado sus talentos; por consiguiente, la clave de su éxito radica en que sean capaces de identificarlos y hacer realidad sus sueños de un mundo más bello y compasivo.

El amor

Aunque los piscis pueden ser en primera instancia personas reacias al compromiso, una vez que la relación ha entrado en una fase de estabilidad, lo más probable es que su compromiso sea profundo y duradero. Y es que el amor del los piscis tiene tanto afán por transformarse en una relación que a veces puede resultar abrumador, aun asfixiante. Ahora bien, si consiguen tomar las riendas de sus emociones, sus aportaciones a la relación siempre serán especiales, mágicas y románticas. Los piscis tienen tendencia a verlo todo de color de rosa, y a poner a su pareja en un pedestal, aunque afortunadamente para ellos poseen una visión clara y panorámica de la realidad que en última instancia les ayuda a aceptar tanto los aspectos positivos como los negativos de la relación. Hablando de cuestiones de alcoba, las personas nacidas bajo este signo suelen ser más románticas y tiernas que apasionadas y desinhibidas.

Sensibles y muy temperamentales, los piscis necesitan una pareja que sea tranquila, tolerante, estable y alegre, alguien que pueda contrarrestar sus caprichos, sus inconsistencias y sus frecuentes estallidos emocionales. Igualmente, les ayuda mucho que su pareja sea tan creativa y romántica como ellos, dado que alguien con intereses artísticos siempre sabrá entender las variaciones anímicas de la personalidad piscis.

Amores compatibles: Cáncer, Escorpio y Capricornio

El hombre piscis

Imagínese al hombre perfecto. El hombre piscis puede ser ese hombre. De hecho, el hombre piscis puede ser todo lo que usted quiera. Este hombre es, por naturaleza, un soñador romántico que cuando se enamora se enamora de verdad, tan profundamente que a veces es difícil saber dónde termina su persona y dónde empieza su pareja. El problema surge cuando usted busca un poco de libertad e independencia en su relación amorosa, porque el hombre piscis tiene dificultades para contenerse. Esto no significa que sea del tipo pegajoso, celoso o necesitado; sólo que tiene tal capacidad para identificarse con las emociones y los estados de ánimo de su pareja que cualquier forma de distancia, por pequeña que sea, puede disparar sus inseguridades. También es un varón sensible y muy vulnerable, razón por la cual hacerle daño no resulta difícil. Tanto así que, una vez que se ha fundido con otra persona, literalmente sentirá sus dolores y soñará sus sueños.

Como se ha mencionado, además de estimular los sueños de los demás, el hombre piscis es un soñador incansable. Es importante que no olvide sus sueños y que éstos no sean pisoteados. Si tiene la menor oportunidad de hacerlos realidad, su potencial para alcanzar el éxito será enorme —y no sólo emocional y personalmente, sino también en los planos material y económico. No necesita disfrutar de grandes posesiones materiales para sentirse realizado, aunque suele enriquecerse como resultado de hacer buen uso de la intuición y aprovechando las oportunidades. Sin embargo, en su camino hacia el triunfo precisará de ingentes cantidades de apoyo y aliento. A algunas personas la sensibilidad extrema del hombre piscis les parece poco menos que alarmante. Dicho esto, la relación sentimental con un hombre piscis puede ser enormemente gratificante, muy creativa, encantadora, y por momentos deslumbrante. Aun cuando sea proclive a padecer baja autoestima y episodios de incertidumbre, su potencial para triunfar en la vida y en el amor no debe ser infravalorado. Por sensible que pueda ser, el hombre piscis es un superviviente dotado con una extraña capacidad para zambullirse en lo desconocido, un abismo del que resurge cargado de tesoros ocultos y con la promesa de un mejor mañana.

La mujer piscis

Encantadora, sensible, compasiva, soñadora y con pocas ganas de dominar en las relaciones, las mujeres nacidas bajo el signo Piscis siempre arrastran una corte de fogosos admiradores. Son sofisticadas y deliciosamente femeninas, de maneras suaves y muy delicadas. Esta mujer tiene la capacidad de adaptarse a situaciones y ambientes sociales muy diferentes sin esfuerzo aparente. Dedicada al bienestar de los demás, su tendencia natural es a integrarse en un grupo o a formar una pareja.

Aunque su fragilidad y su vulnerabilidad pueden resultar muy atractivas, esto no significa que sea una mujer blanda. Es una mujer mucho más fuer-

te de lo que su apariencia indica, y mucho más capaz de lo que ella misma cree. Organiza y dispone las cosas sutilmente, exactamente como desea y sin ofender a nadie. Cuando se siente dolida, puede reaccionar con desilusión y amargura como el resto de los mortales. No obstante, criticar o juzgar a los demás son inclinaciones que no forman parte de su naturaleza. Nos encontramos ante una mujer profundamente compasiva y siempre dispuesta a empatizar con los demás. Ayudar y cuidar al otro son sus instintos más básicos. Con todo, por comprensiva y solidaria que sea, en ocasiones puede mostrarse esquiva hasta la frustración. Detesta proferir respuestas y opiniones directas, aun cuando trate con gente a la que conoce bien. Ella prefiere reservarse sus pensamientos y sus sentimientos, manteniéndolos a buen recaudo en lo más hondo de su ser.

La mujer piscis siempre tendrá algo de solitaria e inalcanzable, por muchos seres queridos que pueblen su vida. Es como si viviera en posesión de una verdad que sólo ella conoce y que simplemente es demasiado profunda para poder expresarla con palabras. Los que quieran amar o acercarse a esta hermosa criatura, tendrán que acostumbrarse a su aire esquivo y ultramundano, y a su constante necesidad de movimiento.

La familia

Los niños piscis suelen ser muy sabios y maduros para su edad. Es importante que sus padres les enseñen el valor de la honestidad porque tienden a embellecer o a manipular la verdad a su conveniencia o para evitar el conflicto. Son niños extraordinariamente imaginativos que normalmente disfrutan con las artes plásticas y todo aquello que tenga una vertiente creativa. Por ello, convendrá estimular aquellos intereses que requieran el uso la imaginación y que les permitan progresar positivamente desde muy temprana edad. La falta de confianza puede ser un problema, dado que su motivación podría flaquear cuando otros niños consiguen mejores resultados o si avanzan a mayor velocidad que ellos. Los padres deben ayudarles a entender que siempre habrá gente mejor que ellos, pero que eso debe servirles como incentivo para superarse o para hacerlo mejor la próxima vez, que en ningún caso debe interpretarse como un signo de fracaso. Los niños piscis pueden ser muy pasivos y dependientes —puede incluso que sufran el acoso de sus compañeros—, por lo que será de vital importancia trabajar su autoconfianza.

Los piscis tienen tendencia a la desorganización y a la ensoñación, y esto suele manifestarse en su actitud frente al trabajo escolar. Los padres pueden ayudar animando a su hijo para que desarrolle su capacidad de concentración. También necesitan ser más prácticos y ordenados para no quedar rezagados con el paso de los años. No es aconsejable que los niños piscis vean mucha televisión, dado que son muy susceptibles, y porque cuando crezcan necesitarán descubrir su identidad a través de sus propios intereses y no con lo que vean en la televisión o en Internet. Si manifiestan interés por la ciencia, los padres deberían fomentarlo por cuanto lo tienen todo para triunfar en este campo.

Los padres piscis son personas amorosas y dedicadas que siempre antepondrán los intereses de su hijo y le apoyaran para que logre desarrollar todo su potencial. Así y todo, en ocasiones podrían cometer el error de ser demasiado tolerantes. La vaguedad sobre lo que es o no es aceptable puede ser muy frustrante para un niño que necesita valores y límites claros para sentirse seguro.

La profesión

Las carreras con un componente artístico y creativo suelen ser las más adecuadas para los piscis. No es de extrañar que los nacidos bajo este signo se sientan muy atraídos por el mundo del arte, la música, la interpretación, la danza, la fotografía, la escritura y el diseño de modas. Siendo tan sensibles al sufrimiento de los demás, tampoco extraña que sean excelentes terapeutas, asesores, maestros, enfermeros, psiquiatras, trabajadores sociales, funcionarios de prisiones y médicos. Habida cuenta su interés por el lado místico de la vida, muchas veces los piscis se dedican a las terapias alternativas, a la labor religiosa, a sanar enfermos, a la astrología o a leer las cartas del Tarot. Su fuerte vínculo con el mar también podría sugerir profesiones relacionadas con este medio, tales como la pesca o la marina mercante.

> **❝Las carreras con un componente artístico y creativo suelen ser las más adecuadas para los piscis...❞**

Típicamente, los piscis se desempeñan muy bien en trabajos que requieren dotes organizativas, aunque no son las personas más idóneas para realizar tareas de gestión por cuanto prefieren trabajar desinteresadamente en la sombra. Dicho esto, también es cierto que en cualquier momento pueden dar un paso al frente y aparecer desde las sombras para asumir el control de la situación con solvencia si consideran que la causa merece la pena. Su naturaleza dual puede asimismo significar que son perfectamente capaces de trabajar en dos cosas al mismo tiempo.

La salud y el ocio

Los piscis son excelentes en el cuidado de los demás aunque no tan buenos cuando se trata de cuidar de sí mismos. Por lo tanto, es importante que tengan cuidado y presten mucha atención a su salud, su alimentación y su estilo de vida. Igualmente, son personas muy sensibles al ambiente que les rodea, lo cual significa que cualquier cosa puede afectarles, desde la crítica personal hasta el mal tiempo, pasando por un suceso perturbador en el noticiero nocturno. Esta sensibilidad puede tener efectos sobre su apetito y su constitución, provocando intensos dolores de cabeza, disminuciones o aumentos de peso. Si consiguen identificar los acontecimientos externos que tienen alguna incidencia sobre su salud, les resultará más fácil entender que muchos de los problemas que padecen guardan alguna relación con su estado emocional.

Buscar consuelo en la bebida cuando están tristes, es un hábito tan destructivo como poco saludable. Las personas de este signo necesitan aprender a distinguir entre el hambre verdadera y el hambre emocional. Llevar un diario en el que anoten sus estados de ánimo y lo que comen diariamente, les ayudará a identificar lo que dispara sus comportamientos alimenticios perjudiciales. Y una vez conocida la causa, podrán tomar las medidas necesarias para evitarla. Asimismo, deberían procurar comer en un entorno sosegado y tranquilo, y concentrarse en los alimentos que ingieren.

Los piscis son personas particularmente susceptibles a la nicotina, motivo por el cual deberían dejar de fumar, dado que fumar envejecerá su piel, les producirá mal aliento e incrementará el riesgo de que padezcan cardiopatías. En el tiempo de ocio deberían evitar las drogas, cueste lo que cueste y por razones obvias. Muchos piscis tienen un botiquín lleno de fármacos para tratar casi todas las enfermedades que existen sobre la faz de la tierra.

Ahora bien, a menos que un médico les haya prescrito la medicación, deberían limitar al máximo el consumo de medicamentos de venta libre salvo que sean estrictamente necesarios, y en su lugar experimentar con la medicina natural.

El tiempo de ocio es extremadamente importante para los piscis, porque es entonces cuando más intensamente pueden vivir sus sueños, ya sea de manera práctica o en sus lecturas, sus clases o con la imaginación. Las aficiones y los pasatiempos más comunes en los piscis son la danza, la escritura creativa, la poesía y la pintura, así como las clases de patinaje artístico. El esquí acuático y el vuelo con ala delta, así como las visitas a museos y sitios históricos, también les resultan muy atractivos.

Las personas de este signo pueden sentirse muy tensas y crispadas por las injusticias del mundo, de modo que les convendrá relajarse con frecuencia, tal vez meditando o realizando un ejercicio físico rítmico y suave como, por ejemplo, el yoga, o, si son religiosos, la oración. Vestirse de color púrpura o meditar con este color o utilizar este color en su entorno más cercano, les animará a buscar su identidad, un sentido vital profundo y satisfacción en su interior.

Los nacidos entre el 19 de febrero y el 29 de febrero

Los piscis nacidos entre estas dos fechas suelen ser radicalmente idealistas, a la vez que imprácticos e inconsistentes. El éxito y la satisfacción tienden a llegar algo tarde en su vida, cuando se produzca un incremento repentino de su capacidad personal y cuando tengan oportunidades para expresar su excitante visión de la vida.

Los nacidos entre el 1 de marzo y el 10 de marzo

Estos piscis están especialmente bien dotados para el arte y para las tareas de índole creativa. No obstante, deberían evitar las drogas y las conductas dependientes a cualquier precio. La seguridad de un hogar donde se les quiera es muy importante para ellos.

Los nacidos entre el 11 de marzo y el 20 de marzo

Los piscis nacidos entre estas dos fechas están llamados a servir al mundo con pasión. Por este motivo, deben ser libres para vivir la vida según sus propias reglas. Si pueden hacerlo, no sólo se sentirán mucho más seguros de su potencial, sino que serán fuente de felicidad y dicha para todos los afortunados que puedan relacionarse con ellos.

Lecciones de vida

Quizás el mayor reto que enfrentan las personas nacidas bajo el signo Piscis sea aprender a empatizar con los demás sin sentir su dolor como propio. Es vital que estos individuos aprendan a ser un poco más objetivos.

Los piscis suelen tener una visión extremadamente subjetiva del mundo que les rodea. Sienten verdadera simpatía y compasión por los demás, aunque con frecuencia se implican excesivamente. Esto no sólo los hace más vulnerables a los parásitos que se aprovechan de su bondad, sino que los vacía de energía como resultado de escuchar los problemas de los demás y trabajar para satisfacer sus necesidades. Tratándose de un signo tan maleable, los piscis también pueden ser muy influenciables y dependientes del consejo ajeno. Así pues, aprender a poner límites y a confiar en sus propios juicios se erige en una cuestión fundamental para su pleno desarrollo.

Los piscis son propensos a evadirse cuando todo se desmorona a su alrededor. Esto es bueno siempre y cuando sepan canalizar su sensibilidad hacia empresas de tipo artístico o creativo, pero puede ser desastroso si buscan refugio en las drogas o si desarrollan conductas adictivas y dependientes. Si bien es cierto que la creatividad es una de sus fortalezas, también lo es que necesitan encontrar maneras de aplicarla en temas prácticos para no despilfarrar este potencial con ensoñaciones que nunca podrán materializarse.

Otra de las razones que motivan el deseo de evasión de los piscis es que languidecen con la rutina y la trivialidad propias de la vida cotidiana. Pagar las facturas, tener un trabajo, ser puntuales y mantener la casa limpia y ordenada, son actividades que los piscis consideran destructivas, toda vez que prefieren disfrutar de una vida más fluida y espontánea. No obstante, su carácter impráctico puede provocar muchos problemas y hacer que pierdan muchas oportunidades. Si quieren triunfar, deben aprender a equilibrar su naturaleza etérea con las necesidades propias de la cotidianidad.

Puesto que su carácter presenta rasgos de casi todos los signos zodiacales, los piscis pueden obtener inspiración y ayuda del ejemplo vivo de casi todas las personas. Los virgo pueden animarles a organizarse mejor, a ser más eficientes y ordenados. Los acuario pueden ayudarles a expresar sus opiniones y a superar sus limitaciones. Géminis y Libra pueden ayudarles con el trabajo intelectual y a desarrollar un enfoque menos emocional de la vida. Los cáncer les ayudarán a pedir ayuda cuando la necesiten, mientras que los tauro y los capricornio pueden ayudarles a ser más realistas y a apreciar la belleza del mundo material. Por su parte, los escorpio pueden ayudarles a distinguir entre la gente que en verdad necesita su ayuda y la gente que sólo quiere aprovecharse. Por último, Sagitario, Aries y Leo pueden ayudarles a ser más optimistas, divertidos y aventureros a la hora de encarar las dificultades que les plantea la vida.

19 de febrero

El nacimiento del apasionado de los viajes

L as personas nacidas el 19 de febrero sólo pueden hacer las cosas a su manera. Valoran su independencia por encima de todas las cosas y no les gusta recibir órdenes, muy especialmente de sus padres. Quieren encontrar su camino en la vida sin ayuda de nadie, aun cuando eso signifique cometer errores durante el proceso. Como resultado de ello, suelen tener un espíritu viajero que les empuja a vivir todo tipo de situaciones y a conocer gente nueva.

Con su espíritu independiente y su necesidad de estampar su individualidad en todos los proyectos que emprenden, estas personas suelen ocupar posiciones de vanguardia en la profesión que han elegido. Aunque trabajan muy bien por su cuenta, también pueden ejercer con entusiasmo los roles de liderazgo o trabajar en equipo satisfactoriamente. A sus compañeros de trabajo les sorprenderá su fortaleza de ánimo y su compromiso sincero con el éxito.

Las personas que nacieron este día rápidamente se forjan un nombre vayan adonde vayan —y suelen ir a muchos lugares. Su hambre de vida y sus ganas de vivir situaciones nuevas son enormes. Aun cuando parezca que se están asentando en una profesión, un puesto de trabajo o en una relación personal, su mirada siempre está enfocada en el horizonte, preguntándose qué les deparará la suerte o el futuro. El mayor peligro que entraña esta actitud tan curiosa frente a la vida, es que a veces a ojos de los demás parecen personas temerarias o, en el peor de los casos, egoístas. En consecuencia, deberían ser conscientes de que su individualidad radical puede impedir que simpaticen con las necesidades ajenas. En torno a los treinta y un años de edad su ambición aflora haciéndose más evidente, pudiendo entonces embarcarse en un proyecto nuevo o trabajar nuevas ideas. Es de especial importancia que, llegada esta etapa de su vida, procuren no dispersar su energía por razones egoístas.

El periplo vital de las personas nacidas el 19 de febrero estará repleto de oportunidades puesto que tienen el don de saber dónde pueden encontrarlas. En el ínterin, su actitud individualista podría causarles muchas dificultades y provocar rechazo, pero esto nunca debe hacer que pierdan la ilusión. Tanto en su mente como en la vida, la suya es la única manera posible, y esa manera es siempre ascendente.

Su mayor reto es

Terminar lo que han empezado

El camino a seguir es...

Entender que su capacidad para compartir las responsabilidades y finalizar lo comenzado, determinará que se les etiquete como triunfadores o como perdedores.

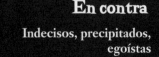

En contra
Indecisos, precipitados, egoístas

A favor
Inspiradores, sinceros, independientes

20 de febrero

El nacimiento del encantador perceptivo

En general, las personas que nacieron el 20 de febrero tienen personalidades reflexivas y muy perceptivas, así como la capacidad de sintonizar instantáneamente con los estados de ánimo de quienes les rodean, ajustando sus reacciones de forma inmediata. Son individuos extremadamente ambiciosos, y están seguros de que van a triunfar en su profesión, en su vida personal y en su círculo social. Poseen una personalidad atractiva y un encanto sutil, pero es imposible tildarles de superficiales puesto que bajo su aspecto y su encanto siempre subyace una inteligencia portentosa.

La gente que cumple años el 20 de febrero es muy compasiva y se relaciona instintivamente con todo tipo de personas —con independencia de su extracción social o su educación—, mostrándose en todo momento cálida y comprensiva. En algunos casos los nacidos este día pueden ser muy sensibles e impresionables, incapaces de separar sus emociones de las emociones ajenas. Esto se debe a que se identifican plenamente con los puntos de vista de los demás, lo cual pone en riesgo su propia visión de las cosas. Por consiguiente, es de vital importancia que aprendan a protegerse frente a esta identificación excesiva. Antes de cumplir los treinta años, esta tendencia a diluirse completamente en otras personas suele alcanzar su punto álgido, si bien más adelante logran mostrarse más asertivos, seguros y protectores de sí mismos.

Cuando estas personas ganan conciencia y seguridad en su capacidad para solidarizarse instintivamente con los demás, existe el peligro de que hagan mal uso de ellas. Por esta razón, será importante que aprendan a no comprometerse ni a aprovecharse de los demás en la carrera ciega hacia sus objetivos.

Los piscis nacidos en esta fecha que se mantienen fieles a sus principios y aprenden a emplear sus cualidades perceptivas a su favor y no en su contra, tienen un enorme potencial para marcar diferencias y ganarse el respeto de los demás. Rara vez disfrutan manteniéndose en un segundo plano y por lo general necesitan desesperadamente dejar su impronta personal en todo lo que hacen. Aunque cuentan con la iniciativa, la inteligencia y todo el carisma necesarios para llegar a la cima, a veces no se dan cuenta de que el mero hecho de ser fieles a sí mismos ya marca la diferencia. Y esto es así porque, en su compañía, la gente suele sentirse mucho mejor.

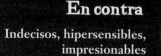

En contra

Indecisos, hipersensibles, impresionables

A favor

Inteligentes, atractivos, intuitivos

21 de febrero

El nacimiento de la presencia dominante

Las personas que nacieron el día 21 de enero poseen una mente singular y creativa, así como una presencia dominante. Se sienten muy cómodos en posiciones de liderazgo y no tanto cuando tienen que seguir a un líder. Su feroz independencia puede ser el resultado de una infancia difícil donde las reglas, las normas o las expectativas seguramente tuvieron una importancia mayor que la intimidad o el afecto.

Las personas nacidas este día pueden pasar muchos años tratando de encontrar su lugar en el mundo, ocupando distintos puestos de trabajo y ejerciendo distintos roles, sintiendo que no encajan y a veces reaccionando con rebeldía o de forma pueril. Sólo cuando entiendan que ser fieles a sí mismos y liderar e inspirar a los demás con su poderosa presencia, es la clave de su éxito, lograrán exprimir todo su potencial. Por suerte, alrededor de los veintinueve años de edad tienden a ser más asertivos y aventureros, y empiezan a disfrutar de un mayor grado de autoconciencia.

Aunque es posible que hayan construido un caparazón externo muy duro para protegerse del mundo exterior, los que les conocen bien sabrán que también son personas extremadamente sensibles, incluso tímidas. Esta sensibilidad puede explicar parcialmente su necesidad de sobresalir y avanzar con fuerza, dado que pueden haber sufrido desilusiones a causa de los demás. Es, pues, importante que aprendan a ser honestas consigo mismas. También lo es que en el ínterin no se vuelvan demasiado agresivas o cínicas, porque sus emociones son el centro de su persona y es su sensibilidad la que provoca sus destellos de inspiración.

Las personas que nacieron este día tienen grandes sueños. Una vez que aprendan a escuchar lo que expresan sus sentimientos tanto como lo que dice su cabeza, y a respetar las ideas de los demás, nada habrá que pueda impedir que consigan todo lo que se propongan. Vayan adonde vayan, estas personas son percibidas como pilares de fuerza y como fuentes de motivación e inspiración. Esto es así porque cuando han optado por un camino se erigen en un ejemplo deslumbrante de cómo es posible superar las críticas y las mayores adversidades respetando la opinión propia.

En contra
Inmaduros, desapegados, inflexibles

A favor
Creativos, influyentes, honestos

22 de febrero

El cumpleaños del investigador

A las personas que nacieron el 22 de febrero nada les gusta más que un misterio por resolver. Han nacido para solucionar problemas y poseen una mente curiosa e intuitiva, así como un talento natural para desentrañar la verdad.

Son muchas las probabilidades de que estos individuos no se dediquen a una profesión convencional o, si lo hacen, que sus *hobbies* y aficiones reflejen el eclecticismo de sus gustos. Pueden barajar distintas ideas sobre cómo encaminar su vida, y en ocasiones intentan hacer cosas aparentemente contradictorias. Esto puede confundir y frustrar a los demás, aunque también puede fascinarles. La «locura» de estas personas dinámicas siempre responde a un método. A su juicio, lo que define a la gente no es tanto lo que hace sino cómo lo hace. Sea cual sea la actividad que elijan, una cosa será clave: que puedan satisfacer su pasión por la investigación y la resolución de problemas.

Aunque estas personas son especialmente buenas recabando información y proponiendo soluciones, a menudo descuidan un área importante de su vida: la vida interior. Puesto que confían plenamente en sus capacidades, normalmente esperan que los demás hagan lo mismo. Al no compartir sus miedos e inquietudes con sus allegados, se están negando una seguridad emocional que les sería muy útil. Igualmente, su exigencia es muy elevada, siendo así que cuando los demás no cumplen sus expectativas pueden mostrarse excesivamente críticos o abandonarse al pesimismo. Deberían aprender a abrirse a los demás, y a ser más comprensivos con aquellos que no pueden cumplir sus exigencias, y esto también les incluye, porque pueden ser muy críticos y despiadados consigo mismos cuando no hallan rápidamente una respuesta. Cabe señalar que la adopción de una actitud más compasiva con respecto a sí mismos y a sus semejantes les haría mucho bien.

La tendencia a experimentar con un sinfín de opciones alcanza su punto álgido entre las edades de los veintiocho y los cincuenta y siete años. Cumplidos los cincuenta y siete, lo normal es que concentren sus energías en una sola dirección. Ahora bien, sea cual sea su edad, y sea cual sea el objetivo que persigan, una cosa es segura: siempre será una meta fascinante que les llevará a dar una paso adelante en pro de su máximo desafío vital, que no es otro que transformar su vida —y la de los demás— en algo menos complicado y mucho más auténtico.

23 de febrero

El cumpleaños del corredor vanguardista

Su mayor reto es

Superar cualquier atisbo de timidez

El camino a seguir es...

Simplemente fingir que tienen seguridad en sí mismos. Cuanto más lo finjan, más fácil les resultará adoptar ese rol naturalmente.

Las personas nacidas el 23 de febrero adoptan una actitud positiva, optimista y resuelta frente a la vida. Ésta es la clave de su éxito. Son seguras de sí mismas, aunque sin estridencias, y consideran que sus logros hablan por sí solos. Puesto que no llaman la atención, y puesto que no son pretenciosas ni estrafalarias, siempre habrá personas que disfruten de su compañía.

Quienes cumplen años el 23 de febrero son muy cuidadosos con todos los aspectos de su vida y encaran los problemas con un enfoque analítico, aunque cabe decir que no resultan pesados. Pueden ser extremadamente eficientes, capaces de producir resultados de alta calidad en todas las actividades que emprendan. Suelen disfrutar más trabajando que de la recompensa obtenida. Luego de sopesar las diferentes alternativas, estos individuos concluyen que son las personas más indicadas para hacer el trabajo, las que demuestran una mejor actitud. La certeza y la seguridad que proyectan pueden confundirse, sin embargo, con una falta de compromiso, aunque también son contagiosas. En la mayoría de los casos, los demás creen lo que dicen y depositan su confianza en ellos.

Otra de las fortalezas características de las personas nacidas en esta fecha, es el poder de su expresión. No sólo saben articular el discurso, sino que también saben escuchar, una combinación inusual que los distingue de otros grandes oradores. Por esta razón, no es raro que ejerzan el rol de confidentes, un hecho que a veces les proporciona una cierta ventaja sobre los demás. A la vista de ello, deberían evitar cualquier tentación manipuladora cuando las cosas se tuercen o no avanzan como pretenden. Al hilo de lo anterior, les convendría utilizar positivamente su facilidad de palabra y su empatía, siempre a favor de los demás, especialmente entre las edades de los veintisiete y los cincuenta y seis años, cuando se tornan más seguros y ambiciosos, cuando es más probable que se embarquen en proyectos nuevos.

Por encima de todo, son personas que se enorgullecen de su capacidad para desempeñar su trabajo. Invierten mucho tiempo y mucho esfuerzo para conseguir que todo en su vida funcione de maravilla. Y muchas veces lo consiguen. Siempre y cuando puedan aceptar que la vida no es perfecta —y que es mejor así—, estos corredores vanguardistas tendrán un potencial más que sobrado para ganarse el afecto y el respeto de cuantos se crucen en su camino.

En contra

Manipuladores, cautelosos, reacios al compromiso

A favor

Capaces, estructurados, con iniciativa

24 de febrero

El nacimiento del bardo romántico

Las personas que nacieron el 24 de febrero poseen un espíritu intuitivo, generoso y afectivo que los convierte en excelentes amigos, parejas o conocidos. Románticos en grado extremo, estos individuos a veces observan el mundo que les rodea con los ojos de un poeta deslumbrado por el poder del amor. En su caso, el contacto íntimo es muy importante, porque sin él podrían languidecer y morir de pena como los héroes y las heroínas de las novelas románticas.

Las personas nacidas este día son inusitadamente sensibles al ambiente en el que viven. Tanto así que sintonizan constantemente con los estados de ánimo de las personas y las situaciones que les rodean. Esto los convierte en excelentes mediadores y en miembros valiosos de un equipo o una familia, dado que suelen detectar los conflictos antes de que estallen y son capaces de resolver una situación espinosa sin ofender a nadie. El peligro aflora cuando se concentran más en las necesidades emocionales ajenas que en las propias. Consecuentemente, será muy importante que en las relaciones interpersonales aprendan a poner límites. Esto no será tarea fácil, pudiendo llegar a eludir la verdad si con ello evitan una discusión. En el largo plazo, este tipo de comportamiento evasivo y deshonesto puede generar ansiedad e incertidumbre. Por suerte, entre las edades de los veintiséis y los cincuenta y seis años disfrutarán de oportunidades para desarrollar su asertividad y para ser más francos y directos en sus relaciones. Entonces, cumplidos los cincuenta y seis, se volverán más maduros y estables.

El anhelo de intimidad o de conexión emocional que caracteriza a estos individuos de un modo u otro siempre gobierna su vida. Es posible que hayan intentado reprimir algún trauma emocional ocurrido en el pasado, pero, sea cual sea su origen o la experiencia vivida, el trauma conseguirá manifestarse de alguna manera, quizás en la búsqueda de la pareja perfecta o en su dedicación apasionada a una causa.

Las personas que nacieron este día desean usar toda su energía desinteresadamente, por y para los demás. Una vez que hayan aprendido que el amor no es sólo dolor, sino también alegría, y que la intimidad no sólo consiste en dar y sacrificarse sino también en recibir y ganar, descubrirán que su interior alberga la tenacidad y la visión necesarias para conseguir todo lo que se propongan.

En contra
Necesitados, de ánimo variable, pasivos

A favor
Amorosos, generosos, altruistas

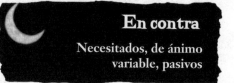

25 de febrero

El nacimiento del gurú

Aunque las personas que nacieron el 25 de febrero poseen un alto grado de confianza y son radicalmente individualistas, a veces creen que lo colectivo es más importante que lo personal. Pueden ser muy radicales en su deseo de resolver las injusticias sociales, siendo muy desinteresadas en la persecución de sus objetivos. En ellos hay algo de gurú, especialmente cuando no sólo pretenden ser los artífices de su propio destino, sino que quieren ayudar a otros a hacer lo mismo.

Las personas nacidas en esta fecha nunca intentan hacer las cosas en solitario. Poseen un estilo sencillo y natural que les permite traspasar fronteras. Esto posibilita su relación con personas de toda índole, de cualquier extracción social y procedencia. Su honestidad, su optimismo y su firme deseo de cambiar las cosas, impresionan gratamente a todo el mundo. Como consecuencia de ello, funcionan muy bien trabajando en equipo, especialmente en los roles de asesor, consejero o gurú, y no tanto en posiciones de liderazgo. Son los consultores con la fórmula ganadora, los profesores brillantes que guían e inspiran a las generaciones futuras, los entrenadores que procuran el bienestar del equipo, los directores de cine cuyos ojos observan lo que verán la cámara primero y el mundo después.

Es frecuente que trabajen entre bastidores, pues nada les produce mayor satisfacción que diseñar el camino del éxito ajeno. A veces parecen un tanto parcos y desapegados, pero quienes les conocen bien saben que con ellos hay que tener cuidado, y evitar que sus fortalezas se transformen en debilidades si se extravían en su mundo de entelequias mentales, cosa que los convertiría en seres negativos, reservados y sin contacto alguno con la realidad. Afortunadamente, entre los veinticinco y los cincuenta y cuatro años de edad, aprenden a autoafirmarse, experimentando en ocasiones la necesidad de salir de entre las sombras para ocupar el centro del escenario. Luego, pasados los cincuenta y cuatro, buscarán la tranquilidad y una vida más estable.

Por encima de todo, los individuos que cumplen años el 25 de febrero tienen mentalidad de equipo, un profundo sentido de la justicia y el deseo de ayudar a quien lo merece. Es una combinación muy poderosa que puede inspirar a los demás y ayudarles a transformar las circunstancias adversas en algo mucho mejor.

Su mayor reto es

Pensar menos y hacer más

El camino a seguir es…

Entender que, aunque siempre es necesario hacer planes y pensar estrategias, para que un plan tenga consecuencias hay que pasar de las palabras a los hechos.

En contra

Obsesivos, poco realistas, reservados

A favor

Intensos, espirituales, ambiciosos

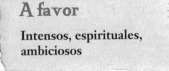

26 de febrero

El nacimiento del alma sabia

Su mayor reto es

Tomarse un poco menos en serio

El camino a seguir es...

Entender que el humor, usado positivamente, puede ser una herramienta muy poderosa para hacer el bien.

Suele decirse que las personas que nacieron el 26 de febrero son almas viejas porque parecen muy cómodas en su piel. Tienen un conocimiento profundo de la vida y del funcionamiento del mundo, así como de lo que mueve a la gente.

Cuando este conocimiento profundo se conjuga con su imagen impersonal y hasta cierto punto desapegada, quienes les rodean pueden llegar a sentir asombro. De hecho, podría decirse que ejercen un poder hipnótico sobre los demás. No en vano la gente tiende a hacer lo que dicen o a seguir su ejemplo. Es importante que no abusen de este poder —afortunadamente, rara vez lo hacen porque tiene un alto sentido de la integridad y de la justicia social. Procuran enfocarse en los aspectos positivos de las personas y las situaciones. Y su optimismo insobornable resulta de lo más revelador.

Uno de los peligros que enfrentan los que nacieron en esta fecha es su tendencia a predicar, dar lecciones y vociferar, o a emitir opiniones muy estrictas e hirientes. A menudo no son conscientes de que están mostrando esta faceta negativa de su personalidad, que alcanza su punto álgido entre los veinticuatro y los cincuenta y cuatro años de edad. Durante estos años deberían rodearse de seres queridos, amigos y personas que les adviertan cuando estén transitando por esa senda. Por fortuna, responden extremadamente bien a la crítica constructiva, y tienen la capacidad de cambiar sus modos. Si alguien consigue tocar su fibra sensible y les expresa sus sentimientos, generalmente se transformarán en unos seres más equilibrados y completos.

A menudo dotadas con una gran sabiduría, son personas capaces de estimular e inspirar a los demás, y de ayudarles a triunfar en los asuntos materiales. Aunque es cierto que disfrutan del reconocimiento social, una parte de su persona se siente más cómoda en el papel de observador privilegiado. Algunas veces pueden sentir la urgencia de estar a solas con sus pensamientos o de sacrificarse por una causa más elevada. No obstante, tratándose de almas sabias, ya habrán aprendido que es importante establecer vínculos emocionales con los demás; de manera que cuando sientan la necesidad de retirarse no será para aislarse del mundo sino para recuperar energías antes de dar el siguiente paso adelante.

En contra

Dogmáticos, de ánimo variable, severos

A favor

Lúcidos, hipnóticos, honestos

27 de febrero

El nacimiento del encanto hipnótico

Las personas que nacieron el 27 de febrero tienen la capacidad de persuadir, convencer y ganarse los corazones de la gente dondequiera que vayan. Poseen una intensidad y un magnetismo que cautivan a cuantos se cruzan en su camino.

Les encanta estar en el candelero y tarde o temprano lo consiguen. Son personas muy admiradas, no sólo por su personalidad hipnótica sino porque avanzan por la vida con confianza y porque tienen un objetivo vital. Y por si fuera poco, alcanzan sus metas con gracia y aparente facilidad. Son personas de mente abierta que gustan de probar cosas nuevas, aunque también son capaces de analizar las situaciones en profundidad. Dedican mucho tiempo y mucha energía a entender cómo funciona el mundo. Por ello, su conocimiento aumenta progresivamente hasta hacerse tan sólido que su avance hasta la cima, proyecto tras proyecto, resulta poco menos que inevitable. En todo caso, en su vida hay un área que no suele ser muy envidiada: la vida personal.

Aunque pueda parecer contradictorio —dada su imagen fría y carismática—, las personas nacidas el 27 de febrero suelen tener una vida emocional más que caótica, trufada de decepciones y fracasos sentimentales. La razón para ello es que poseen una naturaleza emocional en grado extremo. Aunque han aprendido a controlarla en sus relaciones de carácter impersonal, cuando se trata de relaciones personales, su impulsividad manifiesta suele ponerlas en grave riesgo. Consecuentemente, será muy importante que aprendan a aplicar la disciplina a sus relaciones personales, y que no pidan a los demás cosas absurdas y totalmente pueriles, muy especialmente entre los veintitrés y los cincuenta y dos años de edad, su época más activa y aventurera. Si no aprenden autodisciplina en este periodo, el resultado podría ser un caos total, en el plano emocional y también en el personal.

En el peor de los casos, las personas nacidas este día pueden obsesionarse con su ascenso social. En el mejor, sin embargo, pueden transformarse en unas criaturas verdaderamente espontáneas y adorables cuya sola presencia resulta tan estupefaciente como inspiradora para los demás. De ellas suele decirse que están un poco locas, pero una vez que logren invertir su energía en una causa que merezca la pena, podrán hacer grandes cosas y disfrutar de ese candelero para el que parecen predestinadas.

Su mayor reto es

Aprender a controlar las emociones en su vida personal

El camino a seguir es…

Entender que usted controla sus emociones; que no se apoderarán de su persona a menos que usted lo permita.

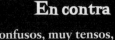

En contra

Confusos, muy tensos, trepadores sociales

A favor

Magnéticos, creativos, versátiles

28 de febrero

El nacimiento del encantador original

Las personas que nacieron el 28 de febrero poseen un cálido resplandor capaz de iluminar la vida con su originalidad y energía características. Les gusta ocupar el centro del escenario, especialmente en los acontecimientos sociales. Son intérpretes naturales que cuentan con numerosos admiradores gracias a su irresistible encanto personal.

Estructurados y divertidos, estos individuos harán lo que sea necesario para provocar reacciones en los demás, aunque eso suponga exagerar la verdad. Aunque se esfuerzan para hacerse notar, su principal motivación no es la necesidad de atención. Lo que verdaderamente les motiva es su sed de aventura y el entusiasmo con que afrontan todos sus proyectos. No obstante, bajo su impaciencia se oculta un miedo muy arraigado a no moverse, a la parálisis. Este miedo les empuja a buscar las emociones fuertes, y con relativa frecuencia desarrollan comportamientos autodestructivos.

Estos individuos nunca perderán el brillo de sus ojos, aunque es cierto que su bravuconería aparente oculta el secreto anhelo de encontrar un verdadero objetivo vital y conseguir un éxito duradero a ojos del mundo. Esto no será posible hasta que descubran que la autoestima no se crea buscando emociones fuertes, sino sacando todo el partido posible a la persona que uno es. Por consiguiente, es importante que estas personas aprendan a sentirse más cómodas siendo y no tanto haciendo, porque mientras no alcancen este nivel de conciencia su vida pasará caóticamente y con la velocidad del rayo de una situación a otra y de una persona a otra. Deberían, por tanto, aprender a cultivar una calma interior entre las edades de los veintidós y los cincuenta y un años, cuando se inicia una época caracterizada por el inicio de nuevos proyectos y cuando su vida cambia de rumbo.

Puesto que las personas nacidas en esta fecha viven de una manera tan honesta y vibrante, su experiencia de la vida será mucho más intensa que en otros casos. De todos modos, necesitan controlar su necesidad de satisfacer compulsivamente sus caprichos y adquirir un mayor autocontrol. Nunca deberían reprimir su curiosidad ni su optimismo. Ahora bien, si procuran pensar un poco antes de actuar conseguirán ser mucho más que seres encantadores y originales. Podrán ser pioneros de la vida, siendo capaces, con su audacia, de ir adonde nadie ha ido.

En contra
Irreflexivos, melodramáticos, imprudentes

A favor
Encantadores, originales, vibrantes

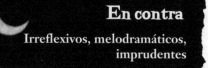

29 de febrero

El nacimiento de la triste vivacidad

Desde muy temprana edad, las personas que nacieron el 29 de febrero suelen tener dificultades para que los demás las tomen en serio. También puede que se sientan un tanto diferentes del resto, puesto que sólo celebran su cumpleaños una vez cada cuatro años.

Los nacidos este día tan infrecuente son personas muy agradables y diplomáticas. Es posible que hayan desarrollado la diplomacia desde temprana edad, al verse en la tesitura de explicar cuándo cumplen años. Poseen una notable capacidad para las relaciones sociales y para sentirse cómodas en diferentes ambientes y con todo tipo de personas. Además, su aire etéreo hace que parezcan menos resistentes de lo que son en realidad. Aunque a veces se les tilda de soñadores o de mariposas sociales, lo cierto es que son individuos duros e inusitadamente ambiciosos.

Muchas veces sienten la necesidad de validar con maneras agresivas su hecho diferencial percibido, cosa que resuelven trabajando más duro si cabe en pos de sus objetivos. Como es lógico, esta estrategia puede adoptar tintes autodestructivos, especialmente entre los veintiún y los cincuenta y un años de edad, un periodo en el que se muestran más asertivos y ambiciosos. Deberían entender que un exceso de autopromoción no servirá para causar una buena impresión en los demás, sino que muy probablemente les alienará.

Las personas que nacieron este día suelen ser muy lúcidas en lo concerniente a las motivaciones ajenas, aunque no tanto en lo que atañe a las propias, por simples que éstas sean. En realidad, su principal motivación no es otra que encajar en el grupo, sentir alguien les necesita y, por encima de todo, no sentirse diferentes de los demás. Es por ello que suelen mostrarse receptivos y cariñosos ante los problemas ajenos, y muy sinceros en su disposición a ayudar en tiempos de crisis. Sin embargo, al ser personas muy sensibles, si sus esfuerzos no obtienen respuesta o la gratitud esperada, pueden abandonarse a comportamientos inmaduros, indulgentes o irresponsables.

Tienen tendencia a cometer excesos para compensar su sentimiento de diferencia. Por ende, les convendría evitar cualquier conducta excesiva o de riesgo. Una vez que adquieran conciencia del poder de su intuición y entiendan que la vivacidad juvenil es una fortaleza y no una debilidad, estos individuos conseguirán que los demás les acepten y les valoren en su justa medida.

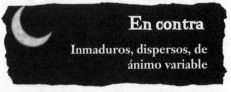

En contra

Inmaduros, dispersos, de ánimo variable

A favor

Juveniles, intuitivos, originales

1 de marzo

El nacimiento del visionario práctico

Su mayor reto es

Aprender a manejar la ansiedad y las preocupaciones

El camino a seguir es...

Imaginar que son personas tranquilas y traer esa imagen a la mente siempre que tengan miedo o sientan ansiedad.

Las personas nacidas el 1 de marzo tienen el talento de levantar el ánimo de los demás, así como de transformar los pensamientos o los conceptos en logros tangibles. Suelen tener buen ojo para la belleza, y ven la vida con la mirada del artista. Sin embargo, también pueden ser extremadamente prácticos y equilibrados. Si alguien los desprecia por considerarlos superficiales, estará cometiendo un grave error.

Cuando concentren su férrea voluntad en un objetivo concreto, y la combinen con su poderosa convicción, podrán hacer verdaderos milagros. Desafortunadamente, y pese a este increíble potencial para el éxito, suelen padecer brotes de un pánico paralizante y son proclives al pensamiento negativo y la baja autoestima. Cuando sufren un acceso de ansiedad, son fácilmente influenciables y seguramente atraerán a personas que querrán aprovecharse de sus talentos. Es importante que fortalezcan su autoestima para así dirigir su vida en la dirección adecuada en lugar de vivirla sin ton ni son.

Hasta los diecinueve años de edad, es probable que sus planes de futuro sean muy vagos o cambien constantemente. Es un periodo en el que se muestran especialmente vulnerables a las influencias negativas o se embarcan en causas que realmente no merecen la pena. Afortunadamente, entre las edades de los veinte y los cuarenta y nueve años, se adentran en una fase en la que ganan asertividad y seguridad en sí mismos, tornándose un poco impacientes, controladores o egoístas a veces, sobre todo cuando las cosas no avanzan como ellos quieren. Cumplidos los cincuenta, sentirán la necesidad de estabilizarse y de dedicarse bien a sus seres queridos o bien a múltiples causas humanitarias. De hecho, a lo largo de toda su vida sienten una honda preocupación por el bienestar de los demás, si bien no es hasta la edad madura cuando se implican definitivamente en las causas altruistas y solidarias.

A pesar de su tendencia a la duda, estos individuos poseen una gran inteligencia, un enorme carisma y una originalidad contrastada. Una vez que asuman la responsabilidad que deriva de sus decisiones, podrán encontrarse en posiciones de liderazgo, influyendo muy positivamente en otras personas más desfavorecidas gracias al poder de su personalidad.

En contra

Controladores, egoístas, impacientes

A favor

Refinados, artísticos, ambiciosos

2 de marzo

El nacimiento de la visión personal

Las personas que nacieron el 2 de marzo poseen fuertes convicciones, una visión propia de la realidad, y objetivos claros que perseguirán con una lealtad inquebrantable, con independencia de las opiniones ajenas y de lo que ocurra a su alrededor. Son auténticos librepensadores dotados con la capacidad de inspirar —a veces alarmar— a los demás con su intensidad característica.

Una vez que los nacidos en esta fecha se hayan comprometido con un ideal o hayan decidido hacer algo, no se apartarán fácilmente del camino. En ocasiones pueden llevar esta filosofía al extremo, ignorando todo lo que existe o sucede a su alrededor. Si bien es cierto que los demás pueden aprender mucho de su dedicación, también lo es que su cabeza puede obsesionarse con una sola cosa o idea, y que pueden obviar oportunidades que podrían enriquecer su trabajo. Es, pues, importante que estas personas se cercioren de que sus convicciones personales no excluyan la posibilidad del cambio ni los aleje de la seguridad y el afecto que proporcionan las relaciones personales. En especial, deben tener mucho cuidado con esta tendencia entre los dieciocho y los cuarenta y siete años de edad, un periodo durante el cual se muestran mucho más activos y asertivos, y su visón personal domina sus vidas.

La visión personal a la que con mayor pasión suelen dedicarse los nacidos el 2 de marzo, suele ser aquélla que les permite influir positivamente en el mundo o en el medioambiente. Es un reto encomiable, más que suficiente para cualquier ser humano, y constituye de lejos el mayor test que estas personas deberán afrontar en toda su vida, puesto que tendrán que encontrar el equilibrio entre sus necesidades y las necesidades del mundo. Si son incapaces de encontrar ese equilibrio, seguramente las personas de su entorno sufrirán los mayores trastornos. Los nacidos el 2 de marzo son los políticos o los activistas dedicados en cuerpo y alma al partido, que nunca están para sus seres queridos; son los artistas o los escritores completamente absorbidos por su trabajo que relegan la familia a un segundo plano, muy especialmente los niños. No obstante, si logran encontrar la manera de armonizar su vida personal con el mundo que les rodea, su tesón, su dedicación y su visión personal les darán la posibilidad de erigirse en fuerzas capaces de inducir el progreso y el cambio.

3 de marzo

El nacimiento
de la propuesta

Las personas que nacieron el 3 de marzo pueden sentirse, desde muy temprana edad, llamadas a hacer algo grande. Inteligentes, decididas y versátiles, no cabe duda de que su potencial es enorme. La cuestión es por dónde empezar. En general, se embriagan de propuestas y planes pero no terminan de avanzar.

Extremadamente pragmáticas aunque no pesimistas, las personas que nacieron este día sienten la necesidad de prepararse a conciencia. Durante su etapa de formación, rápidamente identifican sus defectos y los problemas que potencialmente podrían entorpecer su camino hacia el éxito. Tienen una visión panorámica de la realidad y son capaces de ver los detalles. Nada escapa a su atención. De hecho, les encanta la fase de preparación, que a veces disfrutan con mayor fruición que la presentación o la ejecución de sus proyectos. Este enfoque tiene ventajas e inconvenientes. La mayor ventaja es que las mantiene concentradas en el tiempo presente. El mayor inconveniente es que pueden empantanarse en los detalles o haciendo planes, y debido a ello pierden el impulso, la espontaneidad y el rumbo.

Por consiguiente, es fundamental que estos individuos trabajen su capacidad para tomar decisiones, y dejen de frenarse y de frenar a los demás con preguntas del tipo «¿Y si…?». Afortunadamente, entre los dieciocho y los cuarenta y siete años de edad, suelen ser más activos, asertivos y valientes. Cumplidos los cuarenta y ocho, quizás sientan una mayor necesidad de estabilidad y calma.

Para estas personas, probablemente sea mejor decidir qué van a hacer con su vida y, a partir de ahí, intentar ceñirse a sus objetivos. Si no se comprometen con la decisión tomada, o si la fase de planificación se eterniza, tendrán que averiguar por qué tienen miedo al compromiso o a la ejecución de sus planes. Si se trata de miedo al fracaso, entonces tendrán que aprender que la medida del éxito está en el ser y no tanto en el hacer. Ahora bien, los nacidos el 3 de marzo que sí consigan encaminarse y pasar a la fase de ejecución, necesitarán tener cuidado para no extraviarse en sus actividades, y para no perder el contacto con su persona, sobre todo porque son personas excelentes con potencial para alcanzar objetivos remarcables.

Su mayor reto es

Construir su autoestima

El camino a seguir es…

Redactar una lista del éxito que incluya todo lo que tiene significado para ellos en el terreno personal. Revisar y actualizar la lista todos los días

---

En contra

De ánimo variable, compulsivos, perezosos

A favor

Generosos, inteligentes, decididos

4 de marzo

El nacimiento de la soledad inspirada

Las personas nacidas el 4 de marzo tienden a presentarse como individuos autosuficientes dotados con un ingenio que no precisa estimulación externa y una creatividad inherente a su persona. Pueden trabajar solos y, de ser necesario, también vivir solos. Y no es que sean antisociales o que pretendan segregarse del mundo exterior, sino que avanzar en solitario es una tendencia que domina sus vidas y que a menudo los conduce al éxito.

Para los que nacieron este día la soledad no es algo temible; antes bien es una experiencia liberadora y una oportunidad para concentrarse y ser más productivos. Se sienten muy a gusto consigo mismos, siendo así que en ocasiones el conformismo y la presión social hacen que se sientan constreñidos o atrapados. Cuando están solos se sienten libres y no aislados. Incluso cuando tienen la oportunidad de interactuar más, ellos prefieren estar solos. Esto podría interpretarse como un signo de timidez o de miedo al compromiso, pero tratándose de estos individuos la verdad avanza por otros derroteros.

Aunque detestan la confrontación y eluden cualquier atisbo de conflicto, no son personas tímidas o pasivas. Ocurre que se saben mucho más productivos cuando viven y trabajan en solitario y según las premisas que ellos mismos han definido. Su mente es innovadora e ingeniosa, y, como se ha dicho, trabaja mejor en solitario, porque puede investigar profunda y tenazmente los conceptos. Entre los diecisiete y los cuarenta y seis años de edad, suelen embarcarse en proyectos atrevidos y en el camino encuentran muchas oportunidades para desarrollar su asertividad. En todo caso, necesitan asegurarse de que no sean otros quienes reciban los laureles.

El mayor peligro que enfrentan las personas que nacieron el 4 de marzo es que, puesto que naturalmente buscan la soledad, en ocasiones pueden perder el contacto con la realidad, así como negarse las recompensas que ofrecen las relaciones personales. Y esto será una desgracia puesto que, pese a su natural reserva, les encanta compartir los resultados o los beneficios de su trabajo. Asimismo, poseen una gran empatía. Cuando finalmente decidan abrirse al mundo y compartir sus talentos, disfrutarán de un inmenso potencial para influir, intrigar e inspirar a los demás con su particular visión de la vida.

5 de marzo

El nacimiento de la agonía y el éxtasis

En la superficie, las personas que nacieron el 5 de marzo son individuos suaves y encantadores que tienen el don de la cháchara, si bien en su interior fluyen aguas turbulentas. Su estilo fácil disimula una personalidad compleja que resulta tan fascinante como frustrante.

La corriente emocional que fluye bajo esta apariencia alegre y frívola, es extraordinariamente poderosa. Así, pueden ser unos compañeros muy entretenidos y solidarios, capaces de poner a todo el mundo de su parte gracias a la agudeza de su ingenio y su mente incisiva. Y un momento después, cuando han perdido su equilibrio emocional, pueden diluirse como un azucarillo y caer abrumados por la inseguridad, la negatividad y los arrebatos de mal genio. Habida cuenta la inestabilidad de su vida emocional, es muy importante que aprendan a controlar sus emociones, especialmente entre los dieciséis y los cuarenta y cinco años de edad, cuando son más agresivos, asertivos y están más decididos a hacerse notar. Pasados los cuarenta y siete años, se produce otro punto de inflexión del que saldrán un poco más tranquilos, buscando la estabilidad en todas las áreas de su vida.

Bajo esta fachada confiada y sociable, las personas que nacieron el 5 de marzo son seres extremadamente sensibles que desesperadamente necesitan tomarse un respiro para reflexionar en soledad. Y es mejor que lo hagan con frecuencia, ya que es posible que en su interior guarden inseguridades y miedos ocultos que no están resueltos. Si no se conceden el tiempo necesario para eliminar estos demonios, estarán a merced de sus impulsos y no sabrán hacia dónde encaminar su vida. A estos individuos suele preocuparles la idea de que ser más estables y adquirir un mayor equilibrio pueda resultar en una pérdida de intensidad o mordiente; pero necesitan entender que el cultivo de la fuerza de voluntad y el autocontrol en ningún caso menoscabará su creatividad ni el impacto que puedan tener sobre los demás; antes bien ocurrirá lo contrario.

Con su honestidad emocional, las personas que cumplen años el 5 de marzo son capaces de sacar lo mejor y lo peor de sí mismas y de cuantos les rodean. Si logran encontrar el equilibrio, y si emplean su poder sobre los demás de manera responsable, conseguirán hacer de este mundo un lugar mejor.

Su mayor reto es

Mantener la calma y controlarse cuando las cosas no salen bien

El camino a seguir es…

Lograr que sea su persona y no sus emociones quien gobierne su vida.

En contra

Inseguros, escasamente fiables, negativos

A favor

Entretenidos, inteligentes, ingeniosos

6 de marzo

El nacimiento del refinamiento

Las personas nacidas el 6 de marzo son más felices cuando están rodeadas de belleza o cuando la están buscando. Se sienten irremediablemente atraídas por los ideales de la hermosura, la perfección y el refinamiento sensoriales. Y aunque seguramente no lo saben, su persona también posee una extraña belleza.

Tienen el don de poder abrir los ojos de los demás a la belleza del mundo que les rodea, y de enseñarles a apreciar la naturaleza en todos sus matices. Son capaces de vislumbrar la eternidad en un granito de arena. La capacidad de maravilla infantil que proyectan es una de sus cualidades más enternecedoras. Sin embargo, esto es un peligro, porque en su idealización de todo y de todos en su entorno, bien pueden perder la noción de la realidad. Además, los otros pueden pensar que están más enamorados de las ideas del amor y la belleza que de la realidad misma. Y cuando finalmente la realidad se impone y la intensidad inicial desaparece, el desencanto puede ser tremendamente cruel.

Es, por tanto, muy importante que los individuos nacidos este día aprendan a ser un poco más objetivos en su valoración de las situaciones y las personas, especialmente en el periodo comprendido entre los quince y los cuarenta y cuatro años de edad, cuando son más activos y asertivos pero también más vulnerables a la desilusión. Por suerte, cumplidos los cuarenta y cinco años, alcanzan una mayor estabilidad emocional y se tornan más pragmáticos.

Por encima de todo, estos individuos están motivados por el deseo de experimentar y sentirse inspirados por el ideal de la belleza auténtica. Así pues, entregarán buena parte de su vida a una búsqueda interminable en su intento por traducir este ideal en algo real. A ojos de los demás, esta búsqueda sólo persigue el placer y resulta un tanto superficial. Pero lo cierto es que se trata de una búsqueda original y profunda, a menudo disimulada tras una fachada encantadora y sensual. Con todo, necesitan aprender a desarrollar una actitud más realista y menos exigente, aceptando que no siempre es posible alcanzar los ideales, mucho menos si son tan elevados. Sea como fuere, para quienes se crucen en su camino estas personas serán una fuente de energía, inspiración, excelencia y belleza constante.

Su mayor reto es

Evitar buscar la perfección

El camino a seguir es…

Entender que en esta vida no hay una medida exacta de lo correcto, porque las personas no somos geometría ni estadísticas.

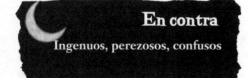

En contra
Ingenuos, perezosos, confusos

A favor
Juveniles, refinados, sensuales

7 de marzo

El nacimiento de una visión extraordinaria

Su mayor reto es

Aprender a autoafirmarse

El camino a seguir es…

Ser tan positivos y preactivos como puedan cuando exponen sus ideas. Ser críticos con las ideas ajenas, pero no con las personas.

A pesar de su capacidad para de manera instantánea compenetrarse con una persona a la que acaban de conocer, las personas nacidas el 7 de marzo a veces parecen seres de otro planeta. Esto deriva de su tendencia a vivir en el abstracto universo de sus pensamientos e ideales, producto de su fecunda imaginación.

Las personas que nacieron este día poseen una visión extraordinaria y les gusta divagar. Típicamente, se trata de personas capaces de manifestar sus ideas en una forma práctica luego de haber analizado las situaciones, las experiencias y a la gente. A lo largo el camino estos individuos harán todo lo que esté en su mano para asegurarse el apoyo de sus colegas, amigos y seres queridos, procurando que todos se sientan igualmente involucrados. En ámbito laboral nunca olvidarán un nombre o un detalle personal de sus colegas de profesión. En el ámbito doméstico se asegurarán que todo el mundo pueda expresar su opinión.

Aunque suelen estar rodeados de admiradores y amigos, son personas que desprenden una cierta soledad. Puesto que detestan el conflicto, tienden a retirarse cuando se produce una discusión encendida o si alguien critica sus métodos. En este aislamiento autoimpuesto, pueden sentirse inseguros de sí mismos y de sus capacidades, tornándose muy reservados y recelosos de los demás. Las personas que nacieron este día deberían hallar la manera de gestionar positivamente la presión. Aunque es poco probable que establezcan relaciones de amistad con muchas personas, deberían asegurarse de contar con el amor y el apoyo de su familia y/o de unos pocos amigos íntimos. Hasta los cuarenta y tres años de edad son personas activas y asertivas, lo cual es un signo positivo dada su tendencia natural a huir del conflicto. Cumplidos los cuarenta y cuatro, pondrán el acento en la búsqueda de una mayor estabilidad emocional y financiera.

Al ser tan receptivas a los proyectos de índole intelectual, estas personas pueden necesitar cierto tiempo antes de elegir uno al que entregarse por entero. Sin embargo, una vez que hayan logrado enfocar su visión y su energía en una dirección que vale la pena, su enfoque inteligente y sensible les garantizará el éxito. Una parte de ellas siempre será intocable, pero esto no hará que se sientan o parezcan solas; esto servirá para intensificar su magia.

En contra
Desapegados, aislados, herméticos

A favor
Reflexivos, generosos, inteligentes

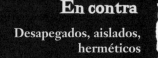

8 de marzo

El cumpleaños del rebelde intransigente

Las personas nacidas el 8 de marzo son espíritus radicalmente intransigentes. Algunas veces ocultan su inconformismo bajo una apariencia agradable, pero cualquiera que les conozca sabrá que en lo más hondo son personas independientes, librepensadoras y muy valientes gracias al poder su sus convicciones.

A estas personas no les gusta que les digan lo que tienen que hacer. Para mayor frustración de sus padres, se muestran muy combativas desde la infancia. Suelen manifestar una desconfianza innata y en algunos casos una total falta de respeto a la autoridad. Creen fervientemente que todo el mundo tiene derecho a pensar por sí mismo. Su enfoque —hasta cierto punto subversivo— de la vida puede infligir un gran desgaste a los demás, aunque no suele responder a una necesidad caprichosa de ser difíciles porque sí. En la mayoría de los casos, su rebeldía responde a su capacidad para detectar casi instantáneamente las deficiencias o las debilidades de una situación que hasta la fecha no había recibido ninguna crítica, y para identificar una solución mejor. De hecho, generalmente son muy buenos asesores y gozan de la simpatía de los demás. Esto los destaca del resto y los señala como potenciales reformadores en cualquier campo o especialidad.

Los individuos nacidos el 8 de marzo manifiestan un gran entusiasmo por la vida, gustan de la variedad y necesitan fijarse metas. Muy a menudo sienten la necesidad de salir corriendo o desaparecer, rompiendo no sólo con su pasado, sino también con su situación actual. Con todo, son capaces de ser leales y comprometerse, pudiendo mantenerse en un mismo campo profesional durante años; pero tarde o temprano la faceta más agresiva e independiente de su personalidad saldrá a la luz exigiendo progreso y cambios. Su tendencia a la intransigencia será más acusada antes de los cuarenta y dos años de edad, y es en este periodo cuando su vida puede ser más tormentosa. Entonces, cumplidos ya los cuarenta y tres, alcanzarán un punto de inflexión del que surgirá una mayor necesidad de estabilidad emocional y económica.

Aunque es cierto que son capaces de alejar a la gente con sus opiniones intransigentes, también poseen un incuestionable encanto que resulta muy seductor. Así las cosas, deberían ser conscientes del poder hipnótico y adictivo que ejercen sobre otras personas y usarlo con inteligencia.

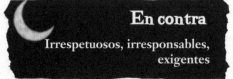

En contra
Irrespetuosos, irresponsables, exigentes

A favor
Independientes, honestos, magnéticos

9 de marzo

El cumpleaños del explorador audaz

Las personas que cumplen años el 9 de marzo tienen un espíritu innovador que les anima a arriesgarse, explorar y embarcarse audazmente en empresas desconocidas o a experimentar con nuevas ideas y conceptos. Su estilo valiente y audaz les reporta muchos admiradores y, dada su independencia, sus vidas rebosan emoción y suspense.

A pesar de este enfoque colorido e independiente, estas personas pueden ser extremadamente sensibles a las opiniones de los demás, encajando bastante mal las críticas. Tienen tendencia a tomárselas como si fuesen ataques a su persona, y por ello es importante que aprendan a tranquilizarse, sobre todo entre los catorce y los cuarenta y un años de edad, un periodo marcado por la autoafirmación, la agresividad y el inicio de nuevos proyectos. Después de los cuarenta y dos, necesitan tranquilidad y una mayor estabilidad emocional.

Las personas que nacieron este día poseen mucha energía y un enorme entusiasmo, y se mueven tan rápido que podrían agotar al más pintado. No es extraño que salten de un trabajo a otro y de una relación a otra, ya que son amantes de la variedad y los retos. Aunque hay quien los considera temerarios, la verdad es que son menos impulsivos de lo que parecen. Desde una edad muy temprana han aprendido a confiar en sí mismos porque su intuición suele llevarles en la buena dirección. Tienen la capacidad de ver el mundo bajo una óptica inusual y por este motivo son muy buenos amigos y consejeros, personas en quien se puede confiar. Sin embargo, depender de otros puede causarles frustración cuando los demás no están a la altura o si no son capaces de valerse por sí mismos.

Una parte de su persona anhela escaparse a otro lugar pero, una vez que hayan logrado equilibrar su necesidad de responsabilidad y su afán por explorar tierras ignotas, disfrutarán de la percepción, el carisma y el entusiasmo requeridos para llevar a cabo importantes reformas sociales. Aunque poseen un alto grado de compromiso con las causas que consideran relevantes, deberían procurar no extraviarse ni perder el contacto con la clave de su éxito: su espíritu curioso y aventurero.

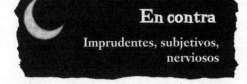

En contra
Imprudentes, subjetivos, nerviosos

A favor
Osados, innovadores, intuitivos

10 de marzo

El nacimiento de la sensibilidad

Las personas que nacieron el 10 de marzo son frágiles y vulnerables, con independencia del éxito que hayan podido cosechar en el teatro del mundo. Esto es debido a que una parte de ellos siempre está buscando un mayor conocimiento o una mejor comprensión de su ser. Aunque pueden ser individuos enérgicos y compulsivos, es el mundo interior de sus ideales el que define y ocupa a los nacidos el 10 de marzo. Igualmente, son extremadamente solidarios con los demás, particularmente con los necesitados y los más desfavorecidos.

Puesto que son muy conscientes de sus sentimientos y sintonizan con los sentimientos de cuantos les rodean, estas personas viven intensamente y con mucha profundidad. Poseen la capacidad de mostrarse increíblemente amables y afectuosos con su entorno, pero deben tener cuidado para no sacrificarse, sobreproteger a los demás o sentir celos durante el proceso.

Aunque son altamente perceptivos y se muestran muy lúcidos en todas sus relaciones, también pueden sentirse dolidos por las palabras y los actos de los demás. En vez de enfrentarse al dolor cuando resultan heridos, lo más probable es que opten por retirarse a su particular universo de tormentos. Es, pues, importante que encuentren la manera de equilibrar su sensibilidad con la necesidad de mejorar el mundo que les rodea. Afortunadamente, antes de cumplir los cuarenta años su autoafirmación se consolida y sienten una mayor necesidad de contribuir activamente al progreso del mundo. Esto puede ayudarles a expresar mejor lo que sienten. Cumplidos los cuarenta y un años, suelen gravitar hacia una mayor estabilidad material y emocional, cosa que les ayudará a combatir la incertidumbre y gestionar su vulnerabilidad natural.

Siempre preocupadas por sus conflictos internos, las personas que nacieron este día corren el peligro de encerrarse en sí mismas. Ahora bien, si aprenden a no emplear su sensibilidad como un medio para eludir la responsabilidad y el conflicto, el énfasis que ponen en la satisfacción interior hará que destaquen y las convertirá en gente muy especial. Afectuosas, contemplativas y visionarias, estas personas dirigirán su inteligencia y su pensamiento original hacia el bien común. Con ello inspirarán y ejercerán una influencia muy positiva en todos los que se crucen en su camino.

En contra

Vulnerables, sobreprotectores, celosos

A favor

Amables, empáticos, energéticos

11 de marzo

El nacimiento del mago

Los individuos nacidos el 11 de marzo son personas progresistas con un pie levemente posado en el presente y otro pie firmemente plantado en el futuro. La clave de su éxito es su intuición. La emplean no tanto para soñar cuanto como una manera altamente productiva de incrementar sus probabilidades de triunfo. Como si de magia se tratase, han aprendido a controlar su poder y a emplearlo para sus fines.

Su mente entusiasta y su capacidad visionaria les proporcionan un extraño don del que se sirven para encontrar las oportunidades y a la gente que les ayudará en su ruta hacia el éxito. Siempre parecen avanzar un paso por delante del resto, y cuando no son los creadores de una tendencia, la trabajan con su imaginación y toda su energía o, mejor aún, logran para superarla. La ventaja de lo anterior es que suelen estar en la vanguardia de todo. El inconveniente es que fácilmente desarrollarán conductas egoístas y manipuladoras si así consiguen alcanzar sus fines.

Aunque poseen una fuerte ambición y tienen mucha influencia sobre los demás, sus objetivos suelen ser personales y no globales. Una vez que se hayan fijado una meta, trabajarán incansablemente hasta hacerla suya. Su énfasis en mirar hacia delante es muy claro durante la infancia y hasta los treinta y nueve años de edad. Durante estos años desarrollan la confianza en sí mismos. Sin embargo, cumplidos los cuarenta, suelen relajarse un poco en la persecución de sus objetivos, concentrándose menos en el cambio y más en la estabilidad y en el reconocimiento.

La clave de su éxito radica en su capacidad para hacer que su poderosa intuición trabaje a su favor y no en su contra. Con la intuición analizan sus proyectos, las situaciones y a las personas. También es su intuición la que les enseña a valorar su propio juicio sobre todo lo demás. Una vez que hayan encontrado un objetivo de su talla, y cuando entiendan que hay cosas que no se pueden controlar, utilizarán su intuición y su voluntad de hierro no sólo para predecir el futuro sino para ser parte activa de su creación.

Su mayor reto es

Aprender a relajar su necesidad de controlarlo todo y a todos

El camino a seguir es...

Entender que por muy importantes que sean, nadie es indispensable. Ellos tampoco.

En contra

Dominantes, chismosos, egoístas

A favor

Progresistas, intuitivos, poderosos

12 de marzo

El nacimiento del espíritu indómito

Las personas que nacieron el 12 de marzo poseen un espíritu imparable. Desean explorar tantos aspectos de la vida como sea posible al objeto que acumular conocimientos y probarse a sí mismos en aventuras y desafíos de exigencia creciente. Suele ocurrir que su entorno se preocupa por su seguridad y les advierte que deben ser más responsables, pero esto es imposible para los nacidos en esta fecha, puesto que son seres indómitos incapaces de escuchar consejos.

Aunque se crecen con la competencia, generalmente no se sienten motivados por la necesidad de acumular puntos a ojos de los demás. Lo que realmente les motiva es ponerse a prueba y ver hasta dónde pueden llegar con sus capacidades innatas. En la vida laboral no les asusta la perspectiva de dejar un trabajo seguro para emprender un proyecto incierto. En su vida personal sienten atracción por las personas que entrañan algún peligro. En ocasiones sus hazañas les pondrán en serios aprietos, si bien lo más probable es que hayan considerado previamente los riesgos y sepan perfectamente dónde se meten. Dada su valentía característica, estos individuos suelen ser lo bastante resistentes como para soportar los reveses, aprender de sus errores, y volver a levantarse con mayor fortaleza si cabe.

El riesgo que corren es que su vida carezca de dirección. Necesitan encaminarse, perseguir una meta que esté a la altura de su valentía y de su enorme resistencia. Puesto que generalmente poseen muchos talentos, a veces tienen problemas para enfocarse, por lo que será muy importante que se especialicen en un campo profesional que les reporte satisfacciones. Hasta los treinta y ocho años de edad, persiguen el cambio y los nuevos proyectos. Posteriormente, cumplidos los treinta y nueve, alcanzan un punto de inflexión y tienden a frenarse un poco, habida cuenta su creciente necesidad de estabilidad y seguridad económica.

Son personas que creen firmemente en el destino y en el más allá. Además, poseen un lado profundamente intuitivo que harían bien en cultivar. Hagan lo que hagan, una cosa es segura: allí donde se encuentren, a estos espíritus valientes y creativos siempre les rodeará un cierto elemento de peligro, emoción y controversia.

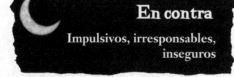

En contra
Impulsivos, irresponsables, inseguros

A favor
Espontáneos, creativos, valientes

13 de marzo

El nacimiento de las posibilidades ultramundanas

Su mayor reto es

Evitar todo cinismo

El camino a seguir es…

Entender el poder de sus pensamientos. Si piensan en algo con la frecuencia suficiente, las probabilidades de que la profecía se cumpla aumentarán notablemente.

Todo indica que las personas que nacieron el 13 de marzo han venido a este mundo con una inquebrantable visión fatalista. Son personas con muchos talentos, curiosas e inteligentes que, de manera instintiva, se sienten atraídas por lo heterodoxo y aquello que carece de explicación. Sean o no religiosas, suelen creen en el destino y en otras posibilidades ultramundanas.

Les gusta estudiar el mundo y a la gente que les rodea, y suelen hacer predicciones y emitir juicios con una finalidad constructiva. Tienen una destacable capacidad oratoria, y los demás valoran sus argumentos y se acercan a ellas en busca de consejo. Es probable que desde muy temprana edad desafiaran el pensamiento convencional y agotasen la paciencia de sus padres y maestros con preguntas sobre todo lo habido y por haber. Además, su curiosidad insaciable parece aumentar con el paso de los años.

Si bien es importante que perseveren en su exploración y entendimiento de lo desconocido, necesitan adoptar una actitud más pragmática en su relación con el mundo. Si no lo hacen, podrían perderse en el esoterismo y en el mundo de la metafísica, sin llegar a realizar todo su potencial y sin que los demás les tomen en serio. Dada su fuerte creencia en la predestinación, también corren el riesgo de dirigir inconscientemente los acontecimientos hasta que finalmente se cumplan sus profecías. Esto puede ser especialmente peligroso ya que son individuos propensos a caer en la negatividad y en el cinismo cuando la vida les decepciona. Esta tendencia alcanza su punto álgido después de cumplir los treinta y siete años de edad, cuando son más inflexibles. Por lo tanto, será de gran importancia que los nacidos en esta fecha mantengan viva la llama del optimismo, especialmente con el paso de los años.

Por muy duras que sean sus circunstancias, estas personas siempre estarán convencidas que en esta vida hay algo más que todavía no conocemos. Esta creencia puede ayudarles a superar los desafíos y las críticas que, en condiciones normales, abrumarían a cualquiera. Suelen ser personas muy admiradas por su resistencia y su lucidez. A menos que las expectativas negativas y el afán de notoriedad les desvíen de su camino, los individuos que nacieron este día serán capaces de discurrir pensamientos brillantes y de conseguir los más grandes logros.

En contra
Cínicos, pasivos, engreídos

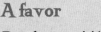

A favor
Dotados con visión de largo plazo, sabios, valientes

14 de marzo

El nacimiento de la inventiva más deslumbrante

Su mayor reto es

Tomar decisiones

El camino a seguir es...

Ponderar las ventajas y los inconvenientes, y seguir los consejos de su instinto. Tomar decisiones les permite avanzar porque aprenden de la experiencia.

El potencial para el éxito de las personas nacidas el 14 de marzo radica, esencialmente, en su inteligencia, su versatilidad y su amplitud de miras. Su destreza mental les permite saltar de una idea a otra sin perder de vista la globalidad de un problema o una situación.

Su actitud universalista les hace proclives a las causas humanitarias. Aborrecen el fanatismo y la intolerancia. Son extremadamente sensibles a los sentimientos de los demás, un rasgo que les granjea una enorme popularidad en su casa y en el trabajo. Tienen la capacidad de transformar lo conocido en algo totalmente nuevo como resultado de presentarlo de una manera inesperada.

Aunque poseen cierta brillantez, son personas que tienen dificultades para tomar decisiones. Y esto no significa que sean dispersas; antes bien lo contrario, puesto generalmente ven las cosas con mucha claridad. Debido a su enfoque universalista, contemplan muchos escenarios futuros, y es posible que en ocasiones enfrenten problemas para decidir qué hacer teniendo en cuenta todos los puntos de vista posibles.

El único peligro que esto comporta es que pueden saturarse de información, de tal modo que deberían encontrar una postura que puedan liderar o bien seguir una dirección de la que estén plenamente convencidos, aunque ello signifique no contentar a algunas personas. Si no lo consiguen, corren el riesgo de sumirse en la confusión y perder el norte. Hasta los treinta y seis años de edad, suelen experimentar cambios importantes, tanto de rumbo como de forma de pensar. Por suerte, cumplidos los treinta y seis, estas personas serán capaces de adoptar una postura y ceñirse a ella. En su mayoría, una vez cumplidos los cuarenta, se habrán enfocado y lograrán sacar partido de todo su potencial.

Además de la indecisión, las personas nacidas el 14 de marzo tienen que superar su tendencia a la humildad. Para utilizar todo su potencial necesitan confiar en sus sentimientos, permitiendo que sus ideas les conduzcan por lugares poco frecuentados. Una vez que hayan aprendido a ser más audaces, y a tomar las decisiones que les exige la vida, de su creatividad e intelecto portentoso nacerán un sinfín de proyectos y toda suerte de iniciativas.

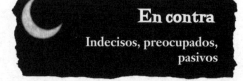

En contra

Indecisos, preocupados, pasivos

A favor

Inventivos, curiosos, afectuosos

15 de marzo

El cumpleaños del montañero

Las personas que nacieron el 15 de marzo son gente decidida y aventurera, con madera para convertirse en líderes sea cual sea el campo profesional que elijan. Poseen un incuestionable magnetismo personal y los demás tienden a seguirles adonde quiera que vayan. No obstante, pueden resultar arrogantes y muy competitivos en su periplo hasta lo más alto. Ahora bien, una vez que hayan alcanzado la cima, podrán mantener esta tendencia bajo control y erigirse en líderes tan benevolentes como inteligentes. Deberían cuidarse de no alienar a sus amigos y seres queridos, puesto que en buena medida dependen del apoyo de su entorno más cercano.

En términos generales, las personas que nacieron en esta fecha progresan rápidamente en su campo profesional. Aunque aventureras, no son imprudentes. Y tienen la capacidad de sopesar cabalmente las ventajas y los inconvenientes, elaborar un plan de acción y concentrarse en alcanzar sus objetivos. Esta es una combinación ganadora, especialmente cuando se funde con una personalidad entrañable y fuertes dosis de entusiasmo. Antes de los treinta y cinco años de edad, pueden experimentar varios caminos; durante este periodo es muy probable que pongan más énfasis en el avance que en la consecución del objetivo. Esto puede tener consecuencias en su felicidad personal si bien, por fortuna, cumplidos los treinta y seis, procurarán canalizar su ambición en pos de una meta cargada de sentido. Es en este periodo cuando darán lo mejor de sí mismos, aunque deberían controlar una cierta tendencia a la obstinación.

Dado su imparable deseo de escalar hasta las más altas cotas en su profesión, las personas que nacieron el 15 de marzo pueden sentirse atraídas por algunas actividades que, en sentido literal, podrían conducirles hasta lo más alto, tales como la escalada, el esquí y el vuelo en cualquiera de sus variantes. Es posible que los más tímidos sientan pavor a fracasar en su profesión, un terror muy superior al que les producen las alturas.

Como se ha dicho, son muy buenos en el rol de líderes, si bien necesitan aprender a no saturarse ni saturar a los demás con su insaciable sed de triunfo. Una vez que hayan aprendido a moderarse gracias al apoyo de su entorno, y que se hayan fijado una meta a la altura de su inteligencia y su coraje, serán capaces de utilizar su originalidad y su dinamismo para ocupar el lugar en el mundo que les corresponde: la cima.

Su mayor reto es

Dejar de pensar que todo el mundo es competencia

El camino a seguir es...

Entender que el éxito ajeno en ningún modo limita sus posibilidades de triunfo. Todo el mundo merece el éxito.

En contra

Impetuosos, competitivos, obstinados

A favor

Carismáticos, ambiciosos, entusiastas

16 de marzo

El nacimiento del equilibrio

Generalmente, el entorno de las personas nacidas el 16 de marzo las percibe como personalidades equilibradas capaces de combinar su potencial imaginativo con un enfoque tan constructivo como pragmático. Su talento para mantener el equilibrio o para buscar el camino de en medio es el secreto de su éxito.

Los individuos que nacieron este día funcionan a la perfección cuando se sienten equilibrados. Poseen un innegable talento para la negociación y para conseguir que la gente actúe como un equipo. Este amor por el equilibrio también se manifiesta en su vida personal. En el trabajo son ejemplos de ambición y disciplina; en casa saben cómo relajarse y reflexionar. Poseen un lado intuitivo, aun soñador, que se muestra muy sensible a las necesidades de los demás, pero no son imprácticos y emplean el sentido común para cerciorarse de que todo el mundo se siente importante. Mantienen el orden tanto en su hogar como en su entorno laboral, aunque sin obsesionarse. Como consecuencia de ello, la gente que los visita suele sentirse muy cómoda en su compañía.

Dada la importancia que otorgan al equilibrio, a veces ocurre que proyectan una sensación de salud y tranquilidad. Sin embargo, existe el peligro de que esta apacibilidad externa sirva para que ignoren la posibilidad de que ocurra una adversidad. Por esta razón, necesitan prestar atención a las señales de advertencia para no verse sorprendidos por el problema. Asimismo, es necesario que se cuiden de no atenuar sus opiniones o sus valores hasta el punto hacerlos desaparecer, especialmente luego de cumplir los treinta u cuatro años, cuando pueden expresar una menor necesidad de conflicto y cambios, toda vez que desean una vida más segura y estable. Además, tendrán que procurar que su lado hedonista y pragmático no ensombrezca su idealismo y su intuición.

Por encima de todo, estas personas poseen muchos talentos y son capaces de canalizar su imaginación y su originalidad a través de proyectos que resultan a un tiempo prácticos y visionarios. Una vez que logren aceptar —y no negar— su naturaleza cambiante, y que asuman las responsabilidades con entusiasmo —y no con aprensión—, no sólo serán capaces de encontrar la senda del verdadero equilibrio, sino también los logros y la realización personal que ésta normalmente conlleva.

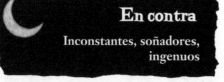

En contra
Inconstantes, soñadores, ingenuos

A favor
Prácticos, imaginativos, lúcidos

17 de marzo

El nacimiento del destello mágico

Las personas que nacieron el 17 de marzo disfrutan de una cualidad etérea que los hace pasar flotando por la vida. Esto no significa necesariamente que sean perezosas o que nunca hayan sufrido una desgracia o dificultades; antes bien al contrario, ya que son individuos muy trabajadores que no temen enfrentarse a la frustración. Con independencia de las adversidades que encuentren en su camino, aparentemente siempre son capaces de superarlas y de elevarse por encima del mundanal ruido con un cierto toque de levedad y chispa.

Suelen ser carismáticos y creativos, imaginativos, optimistas y receptivos, y es por ello que son una compañía excelente tanto en su casa como en su trabajo. Sea como fuere, tienen dificultades para centrarse en un solo objetivo, dado que por naturaleza pasan de un interés a otro. En lugar de enfrentarse a un desafío, prefieren evitarlo y sortear el escollo. Las razones de este comportamiento son varias: falta de confianza en sí mismos, aversión al conflicto y, por encima de todo, miedo a la responsabilidad y el compromiso.

Cuando logran canalizarlos adecuadamente, su curiosidad y optimismo pueden reportarles grandes recompensas, así como la admiración y el apoyo de los demás. Sin embargo, cuanto más se empeñen en eludir el conflicto y las dificultades cuando un proyecto o una relación se estancan, más irresponsables, volubles y poco fiables parecerán a ojos de los demás. Es importante, por tanto, que estas personas aprendan a hacer frente al tedio y las dificultades. Esto les producirá una mayor satisfacción que su paso ligero y desnortado por la vida. Antes de cumplir los treinta y tres años, su vida está marcada por el cambio y los nuevos proyectos, pero a partir de entonces los nacidos en esta fecha suelen ganar seguridad, transformándose en seres más responsables y menos veleidosos.

De naturaleza bondadosa, los nacidos el 17 de marzo suelen estar en posición de ayudar al prójimo. Esta responsabilidad puede atormentarles, si bien deben ser conscientes de que la paciencia y la fiabilidad son dos cualidades esenciales para el buen desarrollo de las relaciones personales y profesionales, así como dos pilares capaces de consolidar su confianza. Una vez que su naturaleza volátil haya entendido que tocar tierra no significa la muerte de su creatividad ni la pérdida de su optimismo, sino que los fortalece, estos individuos disfrutarán de un gran potencial para vivir una existencia creativa, excitante y, lo que es mejor, cargada de magia.

Su mayor reto es

Comprometerse y perseverar hasta alcanzar el objetivo

El camino a seguir es...

Entender que el compromiso sólo es limitante cuando se le tiene miedo. Si encaran el compromiso con una actitud positiva, obtendrán enormes satisfacciones.

En contra

Humildes, irresponsables, veleidosos

A favor

Inspirados, trabajadores, adaptables

18 de marzo

El nacimiento de la fuerza espiritual

Las personas que nacieron el 18 de marzo disfrutan de una resistencia enorme, son valientes y capaces de superar una y otra vez las dificultades. Poseen una fortaleza espiritual, emocional y física remarcable y, si logran aprender de las adversidades, tendrán el potencial necesario para convertirse en grandes líderes, para inspirar y motivar a los demás.

Las personas nacidas este día son inteligentes, poseen diversos talentos y muchos recursos. Emplearán su fuerza de voluntad y su considerable energía para superar todos los obstáculos. Es posible que su vida les haya planteado innumerables retos, especialmente durante su juventud, siendo así que estos reveses a edad temprana les han proporcionado la resistencia que necesitan para triunfar. Tienen el don de la oportunidad, esto es, saben estar en el lugar adecuado en el momento preciso, tienen un gran sentido del humor y una actitud optimista frente a la vida. Como resultado de ello, la gente las encuentra atractivas aunque también agotadoras, puesto que suelen vivir deprisa.

El mayor peligro que enfrentan es que su constante preocupación por el avance y el retroceso puede hacer que ignoren no sólo algunos detalles relevantes sobre los demás sino también sus sentimientos. Es, pues, importante que presten más atención a los detalles de manera que esto no les cree problemas en el futuro, y que se aseguren de satisfacer las necesidades de sus seres queridos. Antes de cumplir los treinta y dos años, suelen ser más asertivos y seguros de sí mismos, aunque también más caóticos y obsesivos, en la manera de perseguir sus metas. Cumplidos los treinta y tres, es probable que se frenen un poco y se transformen en individuos más completos, seguros y asentados.

La capacidad de recuperación de las personas nacidas este día es verdaderamente destacable. En parte, esto se debe a su paciencia y su fortaleza espiritual. Creen firmemente que, con independencia de las adversidades de hoy, les aguarda un mañana mejor. En general, la vida recompensa esta actitud positiva y las cosas mejoran sustancialmente. Una vez que estas personas generosas aprendan a controlar su tendencia a la crueldad, conseguirán ganarse la admiración y el apoyo de los demás. Sea cual sea el campo profesional que elijan, sus recursos, su intensidad y su valentía tendrán efectos muy positivos en todas las personas de su entorno.

En contra

Obsesivos, necesitados, crueles

A favor

Poderosos, resistentes, valientes

19 de marzo

El nacimiento del valor más auténtico

Las personas que nacieron el 19 de marzo poseen una gran motivación y fuertes dosis de vitalidad. Su entorno se siente atraído hacia ellas gracias a su carácter abierto y a su energía casi infantil. Aunque en ocasiones pueden parecer un poco soñadoras, lo cierto es que son personas prácticas y resueltas.

Una vez que se hayan fijado una meta, trabajarán denodadamente hasta alcanzarla. Su persona es el resultado de una brillante combinación de acción e imaginación. En general, suelen crearse una imagen mental de lo que quieren conseguir para luego entregarse en cuerpo y alma a la empresa, metódicamente, avanzando con paso firme en pos del objetivo. Cuando su plan de acción ha comenzado, son virtualmente imparables. Con independencia de la dificultad, la trivialidad o lo repetitivo de las tareas, no cejarán en su empeño hasta lograr el éxito.

Esta actitud decidida constituye la receta de su éxito y, si el objetivo merece la pena, no sólo les conducirá a la cima sino que les permitirá abrir nuevos caminos. Con todo, el tiro puede salirles por la culata. Así, cuando no logran alcanzar sus metas, pueden sentirse profundamente decepcionados y deprimidos. Parte del problema radica en que basan buena parte de su éxito en cuestiones estrictamente materiales o en la obtención del aplauso de los demás. Necesitan aprender que la verdadera satisfacción no sólo procede del exterior, sino que nace de la plenitud interna. Únicamente cuando sean capaces de contemplar su interior y entender la importancia de la satisfacción personal y profesional, conseguirán una felicidad duradera y el triunfo que tanto anhelan.

Hasta los treinta y un años de edad, estas personas evidencian una clara inclinación a la actividad constante en la persecución de sus metas. Desde los treinta y dos hasta los sesenta y dos años, pueden relajarse un poco aunque muestran signos de testarudez. En estos años no deberían pasar por alto la importancia de su vida interior, ni dejar de compartir sus sentimientos con sus numerosas amistades.

La mezcla de acción y visión que caracteriza a estos individuos resulta muy poderosa y seductora a la vez. Siempre y cuando recuerden controlar los excesos de su ego y alcancen un mayor conocimiento de sí mismos, estarán en disposición de materializar sus sueños con la ayuda de su fuego y su fantasía.

20 de marzo

El cumpleaños del trotamundos preclaro

Las personas que nacieron el 20 de marzo nacieron el último día de la rueda zodiacal, y en muchas maneras son los individuos más lúcidos y evolucionados del año. Son tantos los dones y talentos que poseen que es difícil destacar sólo uno, pero bajo su versatilidad subyace una gran compasión por los demás, un don que sin duda les reportará grandes recompensas, aunque tiene un precio.

Los nacidos en esta fecha pueden verse superados por lo que sienten por los demás y, en consecuencia, son propensos a la depresión y a experimentar sentimientos de indefensión y desamparo. También son optimistas por naturaleza, creen en la bondad innata de la gente, y tienen talento para levantar el estado de ánimo de su entorno y para conseguir que la gente colabore. El mayor peligro que enfrentan es que, cuando se enfocan excesivamente en las emociones ajenas, pueden confundirse hasta el punto de no poder tomar decisiones.

Aunque nunca deberían reprimir su sensibilidad —porque es una de sus grandes virtudes—, lo cierto es que deberían esforzarse para ser más fuertes en el plano emocional. Hasta los treinta años de edad, y si no aprenden a protegerse, no será raro que los demás intenten aprovecharse de su generosidad y vulnerabilidad manifiestas. Cumplidos los treinta y un años, tendrán el potencial necesario para ganar una mayor estabilidad emocional. Es entonces cuando se convierten en instrumentos útiles para hacer el bien. A partir de los sesenta y un años sienten un mayor interés por la comunicación y el intercambio de ideas.

Estos individuos desean fervientemente introducir cambios para hacer de este mundo un lugar mejor. Por ello, mientras experimentan con roles diferentes pueden cambiar de dirección varias veces. La experiencia les ayudará a descubrir quiénes son realmente y lo que honestamente esperan de la vida. Una vez que se hayan fijado una meta, generalmente destinada a mejorar la vida de los demás, sin duda conseguirán hacer realidad sus sueños porque son personas tan prácticas como idealistas. Asimismo, descubrirán que con la edad su confianza se incrementa. En sus últimos años emplearán su amplia y rica experiencia de la vida para profundizar en su sabiduría y ofrecer su valioso consejo a la nueva generación.

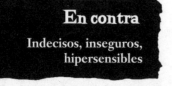

ARIES

EL CARNERO

(21 DE MARZO - 19 DE ABRIL)

* ELEMENTO: Fuego
* PLANETAS INFLUYENTES: Marte, el guerrero
* SÍMBOLO: El carnero
* CARTA DEL TAROT: El emperador (autoridad)
* NÚMERO: 9
* COLORES FAVORABLES: Rojo y blanco
* FRASE CLAVE: He nacido para liderar

Los aries son los auténticos pioneros del zodiaco. Forjan su propio camino por los vaivenes de la vida a base de tesón, audacia, iniciativa y coraje. Asertivas y directas, las personas nacidas bajo el signo Aries no temen destacar entre la multitud. La rutina y la previsibilidad les aburren sobremanera, provocando su frustración, dado que tienen un apetito insaciable por las aventuras y los grandes desafíos. Tengan la edad que tengan, sus reservas de energía son inagotables y les permiten avanzar por el mundo sin vacilación y sin temor.

El potencial de su personalidad

Algunos aries tienen una actitud vital estridente mientras que otros son más suaves y discretos. Sea cual sea su actitud, ignorarlos es prácticamente imposible. Lideran desde la primera línea, son jefes dinámicos y grandes motivadores. Tratándose del primer signo zodiacal, los nacidos bajo este signo son como una chispa capaz de encender el entusiasmo en sus congéneres. Debido a su individualismo, no se comprometen fácilmente. Gozan de una confianza rocosa y se creen capacitados para superar cualquier obstáculo —y en verdad lo consiguen—, un rasgo que inspira e insufla energía a cuantos les rodean.

Iniciativa, coraje, asertividad, independencia, pasión y liderazgo son conceptos clave para definir a los aries. Esto no debe sorprender puesto que Marte, el planeta que da nombre al dios de la guerra romano, es su planeta dominante, y el fuego es su elemento, un fuego que prende, resquebraja, quema y moldea. Los aries tienen algo de honestos, directos y refrescantes. Así, desecharán cualquier cosa que no sea estrictamente necesaria para la consecución de sus objetivos. Su capacidad para ver con meridiana claridad el meollo de los asuntos, y para soltar el rencor y las emociones negativas, bien puede resultar chocante o incluso desconcertar a más de uno, aunque para otros puede ser motivo de respeto, confianza, admiración y, a veces, asombro.

Los aries son personas agitadoras que inducen el movimiento. Hacen que las cosas ocurran. Nada es más excitante para un aries que afrontar un desafío, y esto, unido a su esencia impulsiva, hace que corran riesgos de manera natural. Los detalles no son importantes para ellos. Sólo les preocupa la globalidad de las cosas. Una vez que han alcanzado una meta, su naturaleza incansable les empujará hacia delante en busca de nuevos y más complejos desafíos. La consecución de sus metas es de suma importancia para los que nacieron bajo el signo Aries, tanto así que nada ni nadie podrá interponerse en su camino. Decididos y obstinados, los aries quieren ganar con independencia de las dificultades o de la competencia. Son seres extremadamente independientes y, si no pueden liderar un equipo, preferirán trabajar solos. Si las cosas no salen como pretenden —cosa que suele ocurrir cuando alguien corre tantos riesgos—, los aries nunca caerán en la autocompasión ni se regodearán en sus miserias. Simplemente se sacudirán el polvo, y seguirán avanzando hacia arriba y hacia delante, hasta que alcancen la cima, el lugar para el que siempre se creyeron predestinados.

> **Son seres extremadamente independientes, y si no pueden liderar un equipo, preferirán trabajar solos...**

Su lado oscuro

Aunque la impulsividad y el entusiasmo casi infantil de los aries pueden resultar enternecedores, también pueden hacerles vulnerables a los que son menos honestos y desprecian la verdad. Es posible que tengan que aprender por las malas que la honestidad no siempre es la mejor política para transitar por la vida. A veces un enfoque más sutil y menos abrupto es lo que se requiere para llegar adonde pretenden o para expresar efectivamente sus ideas. También necesitan ser conscientes de que, si bien su capacidad de liderazgo los convierte en individuos muy valiosos en tiempos de crisis, cuando no hay una batalla que librar su propensión al combate puede impacientarles y provocar conflictos con aquellos individuos más prudentes y menos dispuestos a pasar rápidamente a la acción. Una vez desatado, el temperamento incendiario de los aries puede estallar sin previo aviso y con una fuerza inusitada.

Los nacidos bajo este signo son individuos muy centrados en sí mismos, no porque sean egoístas sino simple y llanamente porque están tan protegidos que apenas notan lo que ocurre a su alrededor. Afortunadamente, tan pronto como reparen en lo que se han perdido, lucharán desinteresada y sinceramente por los menos privilegiados o los menos capaces. Asimismo, resulta muy común que los aries se embarquen en proyectos o relaciones personales quemando todas las naves. Ahora bien, si las cosas no salen como desean, o si repentinamente pierden el interés, lo normal es que abandonen el proyecto o a la persona por puro aburrimiento. Suelen ser mandones, temerarios y tienen mal carácter. Estos defectos de su personalidad pueden subsanarse con grandes dosis de ejercicio físico. La perseverancia y la paciencia son cualidades que mejorarán en buena medida la calidad de vida de los aries.

Símbolo

El símbolo del signo Aries es el carnero. Ciertamente, las personas nacidas bajo este signo poseen una clara tendencia a imponer sus ideas o a embarcarse precipitadamente en proyectos y relaciones sin valorar adecuadamente las consecuencias. Existe, empero, un lado mucho más suave y sutil que los acerca al cordero y no tanto al carnero. Pero en general son personas que hacen honor a su símbolo, esto es: son abruptos, contundentes y van directamente al grano, como la embestida de un carnero.

Su mayor secreto

Sin lugar a dudas, a los aries les gusta ganar. Con todo, su ansia de notoriedad y liderazgo no se debe a que se consideren más necesarios o talentosos que los demás; sucede que anhelan hacerse notar, ganarse el aprecio y el respeto de su entorno. Lo que dicen los demás les importa mucho más que lo que ellos mismos se atreverían a reconocer.

El amor

Un mundo sin amor es un mundo en el que un aries no podría sobrevivir. Para ellos el amor es una necesidad vital; tanto así que lo exigen de sus parejas y amantes. Si intuyen que están perdiendo el amor y la devoción de su pareja, el pánico se apoderará de todo su ser. Y no hallarán tranquilidad a menos que obtengan garantías reiteradas y el apoyo, si no de su pareja, al menos de otras personas. Los aries son apasionados por naturaleza, siendo así que el sexo es más importante para ellos que para la inmensa mayoría de los mortales. En el amor, esperan una devoción y una fidelidad absolutas, aunque no necesariamente actúan con reciprocidad. Adoran la excitación que acompaña a una relación nueva. Son amantes espontáneos, apasionados y experimentales, aunque, como en tantos otros asuntos, pueden cansarse si la relación deviene muy cómoda o rutinaria. Así pues, para que la relación con un aries prospere y dure necesitará contar con múltiples desafíos e intereses comunes que sostengan el compromiso.

Amores compatibles: Leo, Libra y Sagitario

El hombre aries

Típicamente, un hombre aries será un torbellino de actividad. Con el teléfono móvil pegado a la oreja o perfectamente vestido para la acción, es un individuo ferozmente competitivo y seguro de sí mismo, a veces con un toque de arrogancia. Toma la iniciativa y quiere que los demás lo traten como a un líder. Por encima de todo, al hombre aries le gusta ganar en la vida y en el amor. Aunque a primera vista no parezca un ganador, lo más probable es que un día descubra su potencial natural de liderazgo y encuentre el modo de elevarse por encima del resto.

Extremadamente afectuoso, generoso y desprendido, el hombre aries no espera que sus seres queridos lo contengan, ni física ni emocionalmente. Si se enamora colocará a su pareja en un pedestal y la colmará de regalos. Ahora bien, si su pareja no sabe gestionar o no está a la altura de sus necesidades románticas y su entusiasmo, seguramente buscará otra. Esto no significa, sin embargo, que vaya a tener una aventura. Aunque es impulsivo y apasionado, también es honesto y en la mayoría de los casos no iniciará un romance sin haber terminado antes su relación actual.

Si está tratando de llamar la atención de un hombre aries, mantenga la calma y no dé el primer paso. Este hombre es un amante de los desafíos y le gusta ejercer de líder en los asuntos de amor. Sea como fuere, si finalmente inicia una relación con un hombre aries, olvídese de coquetear con otros hombres. Es extremadamente posesivo y celoso hasta lo indecible. Necesita saber que es el único y la persona más importante de su vida.

La mujer aries

La mujer aries, como el hombre aries, es una persona energética y activa, de rasgos marcados y típicamente atractivos. Tendrá una vida muy ajetreada y será capaz de solucionar casi cualquier problema. No parece necesitar las galanterías de un hombre, si bien ello no impide que a veces se comporte como una criatura extremadamente femenina. Al igual que Scarlet O'Hara en la película clásica *Lo que el viento se llevó*, por coqueta y terca que sea también es una mujer resistente e infinitamente optimista. Si hoy las cosas no funcionan, ella sabe que «mañana será otro día». Las mujeres nacidas bajo este signo confían plenamente en sus capacidades y quieren ser las primeras en hacer las cosas. A veces, su independencia y su gran confianza pueden intimidar al ego masculino, pero lo cierto es que las mujeres aries no buscan una pareja que sea frágil o se comporte como una marioneta. Antes bien prefieren una pareja que no esté dedicada por entero a ellas. Así las cosas, la mejor manera de captar la atención de la mujer aries consiste en comportarse con cierto desinterés y generar la duda. Deje que piense que usted puede resistirse a sus encantos y no tardará en intentar demostrarle que es la mujer de su vida.

Dicho con pocas palabras: aunque a la mujer aries nunca le faltan admiradores, siempre deseará en secreto seducir a la persona más difícil. Es una mujer tan dura y tan fuerte como cualquier hombre, pero también sabe interpretar a la perfección el papel de la mujer vulnerable. La persona que logre ganarse su corazón descubrirá que bajo su apariencia firme y segura se esconde un alma amorosa y delicada cargada de optimismo, esperanza, fe y sueños mágicos para el futuro.

La familia

Los niños aries necesitan mucho afecto y la atención de los demás. Necesitan ser estimulados constantemente y poseen una cantidad de energía enorme

que les permite explorar sus muchos intereses, si bien su entusiasmo puede flaquear con relativa facilidad. Consecuentemente, es aconsejable que los padres se lo piensen dos veces antes de gastar dinero en equipamientos o en clases, y averigüen en qué medida sus intereses responden a una fase pasajera. En lo concerniente al trabajo escolar, estos niños manifestarán destellos de brillantez aunque su progreso se verá deslucido por el aburrimiento y la falta de atención a los detalles que requieren los estudios. Afortunadamente, cuando se acerca la época de exámenes los niños aries vuelven a la vida dado que nada les gusta más que ser los mejores y destacar sobre el resto. Puesto que no conocen el miedo, los niños aries son muy propensos a herirse o lesionarse; así pues, los padres tienen que estar preparados para curar golpes, arañazos e incluso pequeñas fracturas óseas. También deberían acostumbrarse a sus constantes desafíos a la autoridad. Para corregir esto, es necesario que establezcan límites muy claros y los mantengan con firmeza, para que los niños no terminen gobernando la casa. En todo caso, la mejor manera de educar a un niño aries no consiste en establecer muchas reglas sino en darle oportunidades para que se manifieste el ganador nato que lleva dentro. Dígale que no espera que vaya a conseguir algo en un plazo de tiempo concreto. Este reto servirá para que el niño saque lo mejor de sí mismo.

Como padres, los nacidos bajo el signo Aries satisfacen su propia naturaleza infantil y no tienen dificultades para entender a los niños ni para relacionarse con ellos. Serán cálidos y afectuosos, y fomentarán la actividad en sus hijos. Esto funcionará a la perfección siempre y cuando al niño le gusten el movimiento y la actividad tanto como a sus padres. Ahora bien, si tienen un hijo que prefiere las actividades tranquilas, tales como la lectura o los juegos de mesa, y que por naturaleza evita el riesgo, será importante que no sean egoístas y no le obliguen a hacer cosas que no quiere hacer. Aunque a veces pueden ser caóticos y ruidosos, los padres de signo Aries darán mucho amor, magia y alegría a sus hijos. Asimismo, les animarán para que sean curiosos y vean por sí mismos las maravillas del mundo y de las personas que les rodean.

La profesión

En el trabajo, los aries tienen iniciativa y son altamente competitivos. Planifican y emprenden proyectos con rapidez. Los trabajos rutinarios con horarios de 9 h. a 17 h. no son para ellos. Con todo, si no les queda otro remedio, será esencial que cultiven otros intereses o *hobbies* con intensidad. A la hora de elegir profesión, los aries tienen que buscar trabajos que les den un alto grado de libertad de expresión y que les planteen retos. Por encima de todo, su carrera debería darles la oportunidad de innovar y liderar equipos desde la primera línea.

> **Por encima de todo, su carrera debería darles la oportunidad de innovar y liderar equipos desde la primera línea.**

Las personas nacidas bajo este signo tienen una fuerza de voluntad encomiable y pueden alcanzar la excelencia en casi todos los campos. No obstante, los trabajos que siguen son especialmente adecuados a la vista del espíritu pionero y energético que caracteriza a los aries: las fuerzas armadas, la industria electrónica, la extinción de incendios, el trabajo policial, la cirugía, la escritura de viajes, la política, las relaciones públicas, el atletismo, el periodismo y cualquier carrera de negocios que les ofrezca oportunidades para dirigir equipos. Si entre los líderes mundiales abundan las personas de este signo es porque son agentes capacitados para inducir el cambio. Tienen facilidad de palabra y se les da muy bien la presentación pública, por lo que son excelentes agentes de ventas. Esto es particularmente cierto en el contexto de un solo mercado, porque los aries trabajan mejor cuando pueden concentrar su atención en pocas cosas. El mundo del arte y de la música también puede ser atractivo por cuanto son personas muy comunicativas y emocionales. No es de extrañar que triunfen en las artes escénicas y en el mundo del entretenimiento.

La salud y el ocio

Los aries deben cerciorarse de contar con el tiempo suficiente para desconectar y relajarse, habida cuenta su tendencia a quemarse por los cuatro costados y a presionarse demasiado, mental, emocional y físicamente. Les convendría dar paseos por el campo y estar en contacto con la naturaleza. Dormir al menos siete horas diarias es importante, pero deberían evitar quedarse en la cama hasta muy tarde porque los aries son más productivos por la mañana temprano. Por lo que respecta a la dieta alimenticia, es poco probable que tengan problemas de peso ya que, aun cuando su estilo de vida sea sedentario, ellos son tan activos que no pueden estarse quietos. Ahora bien, si tienen un poco de sobrepeso, deberían eliminar de su dieta todos los alimentos procesados o refinados debido a su alto contenido en azúcar, sal y aditivos, y procurar comer alimentos más nutritivos ricos en cereales, frutas y verduras. Su paladar no es proclive a las comidas muy condimentadas, razón por la cual deberían comer alimentos tan sencillos y naturales como sea posible.

Es crucial que realicen ejercicio físico regularmente, no sólo porque sirve para quemar parte de su exceso de energía sino porque puede ayudarles a ampliar su tiempo de ocio. Se sienten mejor y más felices cuando están en movimiento; por esta razón, las actividades más adecuadas con las que ocupar el tiempo libre son: el ciclismo, el *jogging*, la escalada y otras actividades deportivas que pongan a prueba su resistencia. Las artes marciales y los deportes de riesgo también pueden ser aconsejables. Aunque lo cierto es que en general los aries no son amantes de los deportes de equipo, también lo es que disfrutan compitiendo en algunos deportes como, por ejemplo, el hockey, el fútbol, el boxeo, el rugby, el béisbol y el baloncesto.

Los nacidos bajo este signo pueden sufrir los dolores de cabeza más que nadie. También son propensos a cortarse, arañarse, golpearse y a sufrir quemaduras menores. Por consiguiente, deberían hacer suyo el lema «vísteme despacio que tengo prisa». Vestir ropa de color verde, meditar con el color verde o rodearse de cosas de color verde les ayudará a calmarse y recuperar el equilibrio natural, siendo muy beneficioso para su vida en general.

Los nacidos entre el 21 de marzo y el 30 de marzo

El planeta Marte será una influencia especialmente fuerte durante este periodo. Los aries nacidos en marzo suelen ser exigentes e intolerantes con los puntos de vista ajenos, pero el ímpetu de esta energía marciana también les proporciona una increíble resistencia física y mental. Nunca temen avanzar en primera línea ni por territorios desconocidos. Sin embargo, deberán asegurarse de no enfocarse demasiado en sus metas para no pasar por encima de los demás en su camino hacia el éxito.

Los nacidos entre el 31 de marzo y el 10 de abril

Los aries nacidos entre estas dos fechas presentan rasgos de uno de los otros dos signos de fuego, concretamente de Leo, con su máscara psicológica. Tienen sentido del humor, son sinceros y poseen un espíritu brillante que resulta muy atractivo a ojos de los demás. Sea como fuere, tienen que hacer un uso responsable de su poder para imponer su voluntad, tan a menudo sin oposición.

Los nacidos entre el 11 de abril y el 19 de abril

Los aries nacidos hacia el final de su signo solar suelen manifestar claras tendencias humanitarias. Esto significa que aun contando con fuertes dosis de optimismo y una gran valentía, y aunque les gusta hacer las cosas a su manera, también encaran la vida con una actitud algo más suave, defienden causas solidarias y trabajan por los más desfavorecidos.

Lecciones de vida

Como se ha mencionado, las personas que nacieron bajo el signo Aries son energéticas y albergan una auténtica pulsión vital. Sea como fuere, si hay una lección que les convendría aprender esa es el valor de la paciencia. Hay excepciones, desde luego, pero en general los aries son la gente más impaciente del planeta y esto puede causarles serios problemas.

Si un aries quiere algo, lo quiere aquí y ahora. Detestan que se les haga esperar por algo o por alguien, pero tienen que aprender que en esta vida algunas cosas requieren tiempo y paciencia, y que los grandes logros sólo se alcanzan con perseverancia. Ocurre que los aries son tan buenos iniciando nuevos proyectos, relaciones y empresas que, cuando las cosas exigen disciplina o dedicación por su parte, o cuando los inicios son aburridos, no lo soportan y empiezan a buscar otras opciones. Esto puede significar un alto coste. Por ello, harían bien en detenerse y pensar cuidadosamente en lo que podrían perder antes de abandonar la universidad, cambiar de trabajo o finiquitar una relación.

Ser tan competitivos es otro de los grandes retos que enfrentan los aries, dado que esto puede convertirlos en malos perdedores. Aunque es cierto que no suelen perder, será muy importante que aprendan a perder graciosamente y con dignidad, y a permitir que sean otros quienes se lleven los laureles. Si lo que les preocupa es que con la derrota la gente se olvide de ellos, no tienen motivos. Los aries nacieron para ser líderes y, en algunos casos, para ser estrellas. Lo mismo es aplicable a sus relaciones personales. Así, los aries son muy buenos cuando se trata de recibir y dirigir pero no tanto cuando se trata de dar y aceptar. Por ello, es necesario que conozcan la inmensa alegría que produce dar placer a los demás.

Con el paso de los años, los nacidos bajo el signo Aries necesitan controlar y trabajar su impaciencia, su impulsividad y su ingenuidad, así como su escasa atención a los detalles y a los sentimientos de cuantos les rodean. Por encima de todo, necesitan aprender a ver las cosas de principio a fin. Como es natural, los aries pueden aprender estas lecciones de vida del vivo ejemplo de otros signos zodiacales. Los nacidos bajo el signo Cáncer pueden enseñarles a ser más sensibles a las necesidades ajenas, y también a desarrollar la empatía y la comprensión necesarias para hacer felices a las personas de su entorno. Los nacidos bajo el signo Libra pueden mostrarles las bondades del trabajo en equipo y la importancia de pensar antes de hablar o de mirar antes de dar el salto. Y finalmente, los aries pueden aprender el valor del trabajo duro, la dedicación y el compromiso observando a los virgo y los capricornio, que les ayudarán a perseverar aun cuando las cosas se tuerzan o resulten tediosas.

> "Loa aries son muy buenos cuando se trata de recibir y dirigir, pero no tanto cuando se trata de dar y aceptar."

21 de marzo

El nacimiento de la visión clara

Las personas que nacieron el 21 de marzo tienen su propio sistema de valores y rechazan categóricamente el compromiso en cualquiera de sus formas. Atendiendo al significado trascendental de su fecha de nacimiento —el inicio de la primavera y del año zodiacal—, son individuos poderosos y librepensadores, y poseen una voluntad de hierro que casi siempre les conduce al éxito.

Los nacidos en esta fecha no prestan demasiada atención a los convencionalismos. Son honestos y directos en su discurso y en todas sus relaciones. En ocasiones sus pensamientos son tan transparentes que no necesitan decir gran cosa para que todo el mundo sepa lo que sienten. Tienen una visión muy clara de sus creencias y de las cosas, siendo así que los demás saben exactamente cuál es su posición. Esto no significa que sean agresivos o despóticos, más bien al contrario, porque su confianza les permite adoptar maneras suaves. Simplemente viven según su propio sistema de valores y, si la gente no lo entiende, ellos no están dispuestos a explicarlo, sino que prefieren ir por su cuenta.

Aunque son extremadamente francos e independientes, es probable que parezcan inflexibles, pasivos y antisociales a ojos de los demás, especialmente cuando deciden retirarse para disfrutar de un cierto aislamiento. También tienen tendencia a mostrarse obstinados, pudiendo discutir e incluso ser ariscos si con ello consiguen hacer las cosas a su modo. Está claro que deberían aprender a no distanciarse de los demás cuando persiguen sus metas, aceptando que no siempre la línea recta conduce al éxito. Entre los treinta y los sesenta años de edad, su tendencia a la obstinación puede alcanzar su punto álgido. Durante este periodo, necesitan esforzarse y modificar su manera de pensar de tal suerte que contemple puntos de vista distintos del propio.

Una vez que aprendan a moderar su impaciencia y su tendencia a aislarse cuando las cosas se tuercen, disfrutarán de potencial para ser unos líderes excepcionales utilizando la percepción, la intuición y su considerable energía. Cuando estos individuos se encuentren en una posición de influencia gracias a su librepensamiento y sus talentos, quienes tengan contacto con ellos serán más espontáneos y lúcidos a la hora de definir lo que quieren y sus objetivos vitales.

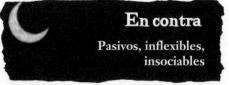

En contra

Pasivos, inflexibles, insociables

A favor

Perceptivos, honestos, poderosos

22 de marzo

El nacimiento de la franqueza

Las personas que nacieron el 22 de marzo tienden a ser francas, seguras y transparentes. Son personas que no viven con una agenda oculta. Son como un libro abierto y de este modo consiguen ganarse el respeto, la protección y el apoyo de casi todo el mundo. Su naturaleza honorable y su fiabilidad pueden granjearles fieles seguidores o, al menos, una serie de admiradores que sin dura merecen.

Aunque desean fervientemente alcanzar sus objetivos, nunca lo harán a costa de sus valores personales. Son personas que dicen lo que piensan porque valoran la verdad por encima de cualquiera otra cosa. Aunque es cierto que esta franqueza puede ofender y herir a los demás, también lo es que en la mayoría de los casos terminan agradeciéndola. Perciben el poder y la influencia que ejercen sobre su entorno como una enorme responsabilidad. Si aprenden a canalizarla positivamente, realmente podrán ayudar a los demás en su búsqueda de la verdad o conseguir que contemplen la realidad tal como es.

Las personas nacidas en esta fecha pueden ser reacias al compromiso y ocasionalmente mostrarse despóticas y orgullosas, pero en modo alguno son tercas ni inflexibles cuando se trata de aprender cosas nuevas. Están llenas de curiosidad y desean vivir nuevas experiencias. Nada les fascina más que la tecnología de última generación y los descubrimientos científicos. Su mente inquieta también puede ser la responsable de los muchos cambios de dirección que experimentan durante su vida, especialmente entre los veinte y los treinta años de edad. Sin embargo, cumplidos los treinta, su necesidad de cambio y nuevos proyectos disminuye toda vez que aumenta su afán por conseguir mayor seguridad y estabilidad. Es entonces cuando dan lo mejor de sí mismas.

Estos individuos pueden exaltarse con imágenes heroicas de sí mismos o con el entusiasmo que deriva de sus ideales o proyectos actuales. En términos generales, cuando identifican una meta a la altura de sus expectativas, rechazan cualquier cosa que pueda distraerles o apartarles del camino, cosa que incrementa sus posibilidades de triunfo. Entonces, una vez que han conseguido el éxito —cosa inevitable, por otra parte—, serán muy pocos los que se atrevan a criticarles o consideren que estas personas honorables y de fiar no lo merecen.

Su mayor reto es

Aprender a actuar con tacto y delicadeza

El camino a seguir es…

Entender que algunas veces la franqueza es interpretada como engreimiento o altanería. Tener tacto significa presentar la verdad de una manera que no ofenda a los demás.

En contra

Despóticos, inconscientes, orgullosos

A favor

Fiables, seguros de sí mismos, curiosos

23 de marzo

El cumpleaños del eterno estudiante

Las personas que nacieron el 23 de marzo se sienten fascinadas por todo y por todos. Les motiva el deseo de conocer cómo y por qué funcionan las cosas, pero también qué mueve a la gente. Para ello, tienden a rodearse de gente capaz de alimentar su insaciable curiosidad.

Cuando aprenden que la educación y la fortaleza mental son las claves del éxito, su versatilidad e inteligencia les conducirán hasta lo más alto en el campo que hayan elegido. Son muy lúcidas cuando se trata de identificar los puntos fuertes y débiles de los demás, aunque a veces les falta empatía. Con frecuencia se muestran demasiado desapegados emocionalmente como para sentir compasión por los demás, y prefieren confiar en su conocimiento enciclopédico antes que en su experiencia personal. Aun cuando hacen amigos fácilmente, y suelen rodearse de interlocutores válidos, corren el riesgo de convertirse en meros observadores y no participar de las cosas.

Estudiantes eternos de la naturaleza humana, las cuestiones que más les interesan —el significado de la vida, las razones del comportamiento humano y el origen de las emociones— son aquellas que, en caso de aplicárselas, más beneficios les reportarían. Este afán recopilador de información tienen ventajas e inconvenientes. No toma en consideración la importancia de la vida interior de las personas ni su capacidad para aportar sentido y bienestar. Su tendencia a observar y analizar en exceso las cosas es más pronunciada entre los veintiocho y los cincuenta y ocho años de edad, cuando es importante que aprendan a identificar las necesidades emocionales y espirituales propias y ajenas. Si no lo hacen, podrían padecer accesos repentinos de frustración y brotes inexplicables de inseguridad y tristeza.

Son individuos perceptivos, inquisitivos y bien dispuestos para el aprendizaje. Son entretenidos y muy estimulantes para las personas de su entorno, a quien nunca dejan de sorprender y deleitar con sus ocurrencias. Una vez que logren observar su interior y sentirse estimulados, llegarán a conclusiones verdaderamente deslumbrantes y ampliarán el horizonte de su vida gracias a su determinación y entusiasmo.

En contra
Escépticos, no implicados, inseguros

A favor
Progresistas, lúcidos, flexibles

24 de marzo

El nacimiento de la tranquilidad tempestuosa

Externamente, las personas que nacieron el 24 de marzo tienen un aspecto tranquilo y sin complicaciones, hasta el punto de parecer inocentes y un tanto pueriles. Encuentran un gran placer en las pequeñas cosas de la vida. Sin embargo, bajo esta calma exterior suele ocultarse una nube de tribulación y descontento.

Son individuos cautivadores que prefieren las soluciones simples a otras alternativas más complicadas. Por naturaleza huyen del alboroto y del escándalo. Dotados con la capacidad de pasar a la acción de manera decidida y resuelta, rara vez los encontraremos empantanados en la vacilación y el nerviosismo. Alcanzan su estado óptimo cuando ven sus logros recompensados, cuando obtienen el reconocimiento de los demás y disfrutan de una vida personal sencilla y estable. Pese a sus encantos infantiles, su vida puede estar muy alejada de la tranquilidad que tanto anhelan. De hecho, las situaciones difíciles y los desafíos parecen atraerles sobremanera, y les pondrán a prueba hasta que logren superar sus conflictos internos.

Las personas nacidas en esta fecha no deberían ignorar ni reprimir los sentimientos oscuros que experimentan a propósito de sí mismas y de la vida en general. Muy al contrario, les conviene aprender a enfrentarse a ellos cara a cara. Cuando consigan hacerlo, descubrirán que no había razones para sentir tanto miedo. Las emociones negativas, como el miedo, el enojo, la inseguridad y los celos, existen para alertarles de que en su vida hay algunas áreas de conflicto, y señalan la necesidad de un cambio. Es importante que escuchen los mensajes que lanzan estas emociones, especialmente entre los veintisiete y los cincuenta y siete años de edad, un periodo durante el cual invierten mucho esfuerzo en la consecución del éxito material, la estabilidad y la seguridad.

Otras personas pueden tener dificultades para entender por qué esta gente tan encantadora, y que cuenta con una legión de admiradores, suele meterse en líos y experimenta brotes de ira. En sí mismas son un enigma. Su manera optimista de encarar la vida y su deseo de ver lo mejor de los demás, pueden hacerlas muy vulnerables. Los hay que se aprovecharán de esta situación. Así las cosas, además de aprender a enfrentarse a sus propios demonios, necesitan enfocar la vida de manera más realista. No obstante, no deberían hacerlo a costa de su sencillez y su dulzura características, puesto que son su mayor fortaleza y con ellas pueden iluminar la existencia ajena.

25 de marzo

El nacimiento de la energía eléctrica

Las personas nacidas el 25 de marzo suelen estar donde hay acción, porque no hay nada que disfruten más. Les sobra entusiasmo y poseen una reserva inagotable de energía. No temen desmarcarse del resto si están convencidos de que es necesario hacerlo. Su dinamismo les precede y los señala como líderes naturales. Aunque prefieren avanzar en solitario, lo cierto es que cuentan con muchos seguidores.

Son individuos de gran resistencia, pero también muy imaginativos y compasivos. Aunque es posible que se hayan construido una dura coraza exterior para protegerse de los golpes que da la vida, poseen un sentido de la justicia y un fuerte instinto de protección hacia los más vulnerables. Originales, diferentes y dotados con una imaginación muy profusa, su energía sin límites es el rasgo que más y mejor los define.

Son audaces, independientes y muy directos. Son activos mental y físicamente, capaces de discurrir brillantes ideas. Por ser tan espontáneos, a veces toman decisiones precipitadas sin tener un plan de acción adecuado, y esto les genera problemas. Por lo tanto, adoptar una actitud más reflexiva y madura les servirá para progresar en la vida sin mayores contratiempos. Hasta los veinticinco años de edad tienden a actuar con audacia y despreocupadamente, pero cumplidos los veintiséis sienten la necesidad de encaminarse para lograr seguridad y estabilidad en todos los aspectos de su vida. Durante las dos décadas siguientes y también más adelante, lograrán sentirse a gusto en su piel.

Aunque buena parte de su energía eléctrica está dirigida hacia el exterior, son personas que también necesitan disfrutar de periodos de soledad y reflexión. Estos retiros les servirán para eludir los vaivenes anímicos y los arrebatos temperamentales. Esta necesidad de tener una vida privada a la que retirarse para soñar despiertos, puede generar cierta confusión entre aquellos que los perciben como un torbellino de energía constante. Ahora bien, su entorno tiene que entender que estos paréntesis son de vital importancia para ellos. Igualmente, es importante que cuenten con el apoyo y el afecto de sus amigos, si bien éstos deben darles el espacio y la libertad necesarios para que se recarguen. Si controlan su temperamento y se conceden dichos periodos de reflexión, la energía eléctrica y altamente creativa de estos individuos les permitirá situarse en posiciones de vanguardia del campo profesional que hayan elegido.

En contra
De ánimo variable, críticos, pueriles

A favor
Dinámicos, singulares, compasivos

26 de marzo

El nacimiento
de la honestidad

Las personas nacidas el 26 de marzo son astutas, resueltas y valientes. Poseen la intensidad y el poder necesarios para hacer grandes cosas en la vida. Pueden parecer individuos tranquilos, de fácil trato y sin demasiadas pretensiones. Pero esto no significa que sean perezosos o carezcan de motivación; muy al contrario, puesto que les gusta ir directamente al meollo de la cuestión, sin complicar las cosas y sin ambages. No pierden su tiempo con chismes ni pensando en la galería. Su principal objetivo no es otro que gestionar su vida intelectual y emocional con absoluta franqueza.

El deseo de ser honestos domina todos los aspectos de su personalidad, y los anima a encarar y explorar situaciones que otros preferirían evitar. También les ayuda a hacer las cosas más rápida y eficientemente. Gracias a su audacia, su claridad mental y su pragmatismo, poseen el don de hacer que las tareas más complejas parezcan fáciles. El único problema de este enfoque vital tan honesto es que en algunos casos podrían relajarse o distanciarse demasiado, situándose detrás de quienes adoptan actitudes más agresivas y apasionadas.

Asimismo, tienden a emitir juicios de valor basados en sus reflexiones y a cerrarse en banda frente los puntos de vista alternativos. Es, pues, importante que procuren mantener su mente abierta y entiendan que en esta vida la actitud de «menos es más» no siempre es la más apropiada. Hasta los veinticuatro años de edad suelen ser activos y aventureros, pero desde los veinticinco y hasta los cincuenta y cinco buscan mayor seguridad y estabilidad. Es importante que durante estos años descubran maneras de expresar su creatividad y su pasión.

Las personas nacidas el 26 de marzo se sienten verdaderamente realizadas cuando alcanzan sus metas gracias a su esfuerzo. Les gusta trabajar a su ritmo y confiando en su juicio impecable. Cuando confían en las opiniones y los esfuerzos ajenos suelen sentirse insatisfechos y se aburren fácilmente. En general, puede decirse que son los mejores jueces cuando se trata de determinar qué es lo que funciona y lo que no funciona aplicado a su caso. Siempre y cuando no pierdan su espontaneidad y su afilado sentido del humor, serán capaces de producir obras de gran calidad y de una profundidad inusitada —por sorprendente que parezca tratándose de personas con un exterior tan relajado.

En contra

Inflexibles, pasivos, inseguros

A favor

Osados, maduros, no
necesitan esforzarse

27 de marzo

El cumpleaños del individualista

Algo tienen los nacidos el 27 de marzo que los hace verdaderamente encantadores. Son individualidades dotadas con un comportamiento singular y un estilo de vestir realmente inimitable que llama la atención dondequiera que van. No sólo tienen madera de estrellas, sino que poseen algo mucho más especial: el factor simpatía.

Pese a estar muy solicitadas, a las personas que nacieron el 27 de marzo les preocupa más encontrar su propio camino que conseguir la aprobación de los demás. No en vano se trata de seres individualistas y radicalmente independientes. El trabajo es importante para ellos, siendo así que todos sus logros responden al hecho de que otorgan una enorme importancia a la disciplina y a su avance en pos de los objetivos que se han marcado. Su determinación y su reticencia a adaptarse suele causarles algunos problemas, sobre todo durante la juventud, y aunque esto les hace más únicos y resistentes, también puede granjearles algunas antipatías. Aunque son muchas las personas que se sienten atraídas por estas individualidades, los nacidos en esta fecha no se muestran muy interesados en los demás. Lo que verdaderamente le fascina es su trabajo.

En ocasiones, su personalidad compulsiva y su tendencia a no empatizar con los demás pueden hacer que parezcan tensos, distantes o ensimismados. Por maravillosos y fascinantes que sean, es importante que aprendan a salir de sí mismos de tarde en tarde, y deberían darse cuenta de que tienen todo un mundo por descubrir. La tendencia al ensimismamiento suele alcanzar su punto álgido entre los veinticinco y los cincuenta y cinco años de edad. Durante este periodo tienen que asegurarse de conectar con los sentimientos y las preocupaciones de los demás.

Son personas con gran fuerza y valentía que en tiempos de crisis asumen el control instintivamente. Es habitual que salven o ayuden a los demás antes que a sí mismas. Irónicamente, es en los periodos de estabilidad y seguridad cuando más dificultades tienen a la hora de encontrar significado y marcarse objetivos vitales, siendo posible que caigan en fases de inacción. Así las cosas, es importante que estos individuos carismáticos y talentosos entiendan que no es necesario que sobrevenga una crisis para que ellos dejen su impronta. Hoy mismo pueden contribuir al bien común con su estilo único y especial.

En contra
Distantes, tensos, difíciles

A favor
Dinámicos, estilosos, imaginativos

28 de marzo

El nacimiento
de la lejanía magnífica

Aunque las personas que nacieron el 28 de marzo tienden a ser independientes y solitarias, suelen llamar poderosamente la atención de
los demás. Esto es debido a su sentido común y a la actitud positiva con
la que encaran la vida, así como a su conducta moral, su compasión y su
generosidad para con los demás. También tienen la capacidad de reaccionar con brillantez en tiempos de crisis y, les guste o no, ofrecer consejo y apoyo a los demás será un asunto recurrente en su vida.

Estas personas desean fervientemente hacer aportaciones valiosas
en el campo profesional que han elegido. Su trabajo es muy importante para ellos y una fuente de grandes satisfacciones. Poseen una gran
capacidad de concentración, y saben mantener la calma y una distancia emocional adecuada aun en las situaciones más críticas. Pese a la
serenidad que les caracteriza y sus innegables talentos intelectuales, es
posible que no avancen a tanta velocidad como merecen. Esto tiene
un motivo: la falta de confianza en sí mismas y de un sistema de creencias perfectamente asentado.

Aunque su naturaleza modesta y humilde resulta encantadora,
estos individuos deberían encontrar la manera de fortalecer su autoestima. Hasta que lo consigan, dudarán de sus capacidades y avanzarán
con dificultad. Desde los veinte años y hasta los cincuenta y pocos,
será importante que trabajen en la construcción de su autoconfianza,
dado que necesitan asentarse en una posición más segura y estable.
También deben asegurarse de no elegir opciones devaluadas, esto es, bajo ningún concepto
deberían sacrificar su realización personal durante el proceso. Cumplidos los cincuenta y
tres años, alcanzan un punto de inflexión a partir del cual ponen un mayor acento en sus
habilidades comunicativas y en la necesidad de expresarse.

Encantadoras, populares e inspiradoras, estas personas necesitan privacidad. Por consiguiente, los demás deben procurar no imponerles restricciones o limitaciones puesto que su
lejanía característica es en buena medida la clave de su éxito. Necesitan periodos de inactividad y una cierta soledad para reforzarse y protegerse de sus sentimientos de vulnerabilidad. Entonces, una vez que se sientan preparados, podrán reintegrarse al mundo para hacer
sus valiosas aportaciones, cargadas de optimismo, sentido del humor, coraje y una calma
magnífica frente a la adversidad.

En contra
Inconscientes, vacilantes,
poco realistas

A favor
Independientes, optimistas,
centrados

29 de marzo

El nacimiento de la presencia analítica

Dotadas con una intuición indudable, a las personas que nacieron el 29 de marzo les apasiona observar el entorno que les rodea y analizar cuidadosamente todos los aspectos de una situación antes de tomar decisiones al respecto. Esta actitud vital lenta y equilibrada suele conducirles al éxito. Es posible que algunos les critiquen por su exceso de prudencia y su falta de concentración, pasión y compromiso, pero lo cierto es que tienen el don de llevarse el gato al agua.

Son personas educadas y honestas en todos los aspectos de su vida. No serlo supondría abandonarse a la insinceridad y la rudeza. Su intelecto, su honestidad y su sensibilidad jamás lo permitirían. No se mueven por ambición personal sino por el deseo de hacer aportaciones positivas desde su inteligencia y su aguda percepción. De hecho, en ocasiones pecan de sabios, lo cual puede desilusionarles si no tienen cuidado, especialmente en todo lo concerniente a las relaciones personales.

Las personas nacidas este día corren el peligro de que su cautela natural degenere en negatividad o pesimismo. Es, pues, importante que no caigan en una espiral depresiva si la gente les abandona. Necesitan entender que los seres humanos son criaturas complejas con fortalezas y debilidades, y que siempre es mejor pensar bien que pensar mal de la gente. En general, las personas tienden a ajustarse a las expectativas ajenas. Entre los veintiún y los cincuenta y un años de edad, tienen que ser especialmente cuidadosos para no sumergirse en la inflexibilidad y el cinismo, dado que esta fase se caracteriza por un énfasis en todo aquello que puede repercutir positivamente en su seguridad y su estabilidad.

Aunque son personas bastante reservadas, su presencia pública tienen un poder tranquilizador y una influencia netamente positiva en cuantos les rodean. Asimismo, esta contención —para mayor sorpresa suya— les granjea popularidad y los catapulta hasta el centro del escenario. Son individuos leales, auténticos y dotados con un intelecto frío. Su belleza y su pureza enigmática les permiten hacerse con las riendas del poder y ejercer la autoridad con garantías.

En contra

Falta de concentración, distantes, cautelosos

A favor

Creativos, honestos, perceptivos

30 de marzo

El nacimiento de la convicción irresistible

Las personas que nacieron el 30 de marzo poseen una irresistible combinación de valentía y confianza dinámicas, de vulnerabilidad y seriedad conmovedoras. Aunque su convicción es lo bastante fuerte para que logren recuperarse de las críticas y las adversidades, no pueden ocultar su dolor, su desilusión y su desconcierto. Por esta razón suelen granjearse tantas adhesiones como enemistades, y generalmente al mismo tiempo.

Alcanzan su mejor momento cuando pueden trabajar con libertad y manejar su propia agenda sin interferencias. A ojos de los amigos y compañeros de profesión, pueden parecer un poco egoístas, pero no lo son. Sucede que simplemente se obsesionan con sus objetivos personales y temen no poder alcanzarlos nunca si permiten que los demás les distraigan o aparten de su camino. En cualquier caso, es importante que se tomen algún tiempo para relajarse, porque de lo contrario corren el riesgo de encerrarse en su trabajo y aislarse de su vida personal. Entre los veinte y los cincuenta años de edad no deberían obviar sus necesidades sociales y emocionales, porque es en este periodo cuando se enfocan en adquirir bienes materiales, estatus social y seguridad financiera. Cumplidos los cincuenta, es posible que necesiten comunicarse e intercambiar ideas; es entonces cuando sus talentos maduran y esto les servirá para obtener el reconocimiento que merecen.

Con ciertos toques de dramatismo y un barniz irresistible, las personas nacidas en esta fecha poseen unas formas atractivas y energéticas a la par que suaves que enmascaran su sensualidad y la complejidad de su ser. Puesto que son individuos apasionados, alegres, y están tan centrados en sus objetivos vitales, es probable que disfruten de una porción de buena suerte superior a la normal. Ahora bien, si renuncian a su optimismo natural podría ocurrir exactamente lo contrario. Por ello, es importante que mantengan en todo momento una actitud vital positiva.

Siempre y cuando no permitan que su enorme ambición o su tendencia al perfeccionismo les consuman —y siempre y cuando los demás les den la libertad que necesitan para perseguir sus metas con creatividad—, tendrán potencial sobrado no sólo para triunfar sino para provocar sentimientos de auténtica adoración en su entorno.

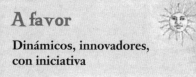

31 de marzo

El nacimiento de la presencia dominante

Las personas nacidas el 31 de marzo suelen ser individuos estables que poseen una noción muy clara de su persona. Tienen una presencia dominante y la fuerza de su autoridad es incuestionable. No pierden el tiempo con chismes, sino que prefieren utilizarlo e invertir su energía en cuestiones de acción y sentido común.

Son individuos capaces de mantenerse centrados y en calma, una cualidad que les reporta muchas satisfacciones en los planos profesional y personal. Con un enfoque decidido y pragmático, también son capaces de comprometerse si la vida se lo exige, dado que por encima de todo valoran el progreso, el orden y la franqueza. No obstante, cuando piensan que alguien entorpece su camino o está complicando las cosas, pueden ser extremadamente discutidores y exigentes.

Su aire autoritario subraya su inmenso potencial para el liderazgo. Con todo, estos individuos no dudan en aportar sus ideas ni tienen problemas para trabajar en equipo si su energía contagiosa es capaz de motivar a los demás para que les sigan. No suelen asumir grandes riesgos porque prefieren la seguridad a la incertidumbre. Sea como fuere, es importante que no dejen pasar las oportunidades para expresar su talento. Generalmente, entre los veinte y los cincuenta años de edad, optan por apoyar los enfoques más pragmáticos. Durante este periodo deberían abandonar su zona de confort con relativa frecuencia y correr algunos riesgos calculados. Cumplidos los cincuenta, pondrán un mayor énfasis en la experimentación e iniciarán nuevos proyectos.

Los nacidos en esta fecha tienden a dejarse guiar por la cabeza y no tanto por el corazón. El control emocional es una cuestión de suma importancia para ellos. Cuando se sienten amenazados por sus emociones, es habitual que eviten enfrentarse a ellas recurriendo al cinismo o sufriendo arrebatos temperamentales repentinos. Si bien son conscientes de que necesitan expresar más sus emociones, la vida les obligará a entrar en contacto con sus sentimientos, ya sea a través de la gente o de las situaciones que se vean obligados a experimentar. Una vez que aprendan a interpretar sus emociones, y a escucharlas como hacen con el sentido común, estos individuos lograrán triunfar en todos los aspectos de su vida. No en vano son personas de recursos, energéticas, realistas y dotadas con una gran capacidad de influencia sobre los demás.

En contra

Carentes de ambición, reprimidos, discutidores

A favor

Dominantes, energéticos, tenaces

1 de abril

El nacimiento de la confianza serena

Pese a la reputación que tiene su fecha de nacimiento, las personas que nacieron el 1 de abril no son precisamente los tontos de abril. Suelen mostrar destellos de sabiduría y una confianza serena muy superior a la propia de su edad. No en vano eran los niños en quien tanto sus padres como sus profesores sabían que podían confiar. En la edad adulta, siguen siendo personas fiables, puntuales y siempre se emplean a fondo.

Aunque les precede una reputación de personas sólidas y responsables, no son en modo alguno aburridas o pesadas; antes bien poseen una atractivo juvenil que atrae a los demás. Incapaces de ocultar sus emociones, su espontaneidad emocional les granjea numerosos admiradores. Sin embargo, su reserva y su timidez naturales pueden impedir que respondan y aprecien adecuadamente la atención que reciben. Asimismo, experimentan una gran necesidad de privacidad y de espacio personal. Les encanta sentarse a pensar durante horas y discurrir ideas y proyectos originales.

El aura de honestidad y serena confianza que los envuelve, suele inspirar una fe y una confianza inquebrantables en las personas de su entorno. Son unos líderes excelentes, aunque no es la megalomanía ni el deseo de grandeza lo que les motiva; es el trabajo en sí mismo y no tanto convertirse en el centro de todas las miradas. Lo que más desean es trabajar a gusto, puesto que el trabajo bien hecho les reporta una inmensa satisfacción. Aunque su capacidad para concentrarse en su trabajo es digna de elogio y garantiza su éxito en virtualmente todos los campos, es necesario que tengan cuidado para no terminar siendo unos adictos al trabajo, muy especialmente entre los diecinueve y los cuarenta y nueve años de edad, un periodo caracterizado por la búsqueda de la estabilidad, la seguridad y la rutina. No obstante, cumplidos los cincuenta, estos individuos desarrollan otros intereses, se deciden a aprender cosas nuevas y logran comunicarse mejor.

Tal vez la única similitud que existe entre estos individuos y el bufón arquetípico sea el afecto que suelen inspirar en los demás. Su actitud madura y responsable, su serena confianza, así como su escasa vanidad, los convierten en un verdadero hallazgo.

En contra
Tímidos, adictos al trabajo, aislados

A favor
Centrados, responsables, honestos

2 de abril

El nacimiento de la utopía

Las personas que nacieron el 2 de abril tienen una apariencia fresca, juvenil y una visión utópica del mundo. Con la pureza de sus intenciones y la sincera creencia en sus sueños de un mundo mejor, se ganan el respeto de los demás. También son extremadamente compasivos y nunca se muestran insensibles al sufrimiento del prójimo.

A estas personas les encanta hablar de sus sueños y de su visión idealizada de un mundo más justo. Sin embargo, estos sueños no suelen tener en cuenta la posibilidad de que surjan obstáculos y complicaciones, de manera tal que este idealismo puede poner a prueba la paciencia de quienes adoptan una actitud más realista frente a la vida. Asimismo, en ocasiones se apasionan tanto con sus convicciones que son incapaces de aceptar —o simplemente no quieren aceptar— los puntos de vista diferentes, un rasgo de intransigencia que puede causar cierta alarma a su alrededor.

Cuando tienen problemas para provocar un nivel de entusiasmo similar en los demás, estos individuos pueden aislarse del grupo de referencia habida cuenta su incapacidad para transigir. Es importante que adopten una visión más objetiva del impacto que sus ideas tienen en los demás y que encuentren maneras menos agresivas de conseguir su apoyo. Entre los dieciocho y los cuarenta y ocho años de edad, esta tendencia a expresar sus creencias con vehemencia y demasiada agresividad se acentúa; tanto así que deberían aprender a aceptar las diferentes opiniones, y atemperar su idealismo con algunas dosis de realismo. Esto incrementará sus probabilidades de triunfo y les protegerá frente a la decepción. Cumplidos los cuarenta y nueve años, empezarán a flexibilizarse y aceptarán la existencia y la validez de otros puntos de vista.

Unas personas con tan alto sentido de la justicia sin duda tienen un poder moral sutil. Una vez que hayan adquirido la disciplina necesaria y que hayan aprendido a dirigirlo positivamente, disfrutarán de un enorme potencial para superar casi todos los obstáculos. Lo que más les importa no es tanto lo que piensan los demás sino su visión personal de las cosas y la fidelidad a sí mismos y a su sistema de creencias. Siempre y cuando consigan dirigir su pasión hacia objetivos que merezcan la pena, hasta el más cínico se rendirá ante su honestidad, su convicción y su determinación, y terminará creyendo en el poder de sus sueños.

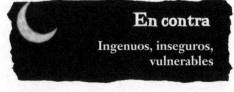

En contra

Ingenuos, inseguros, vulnerables

A favor

Idealistas, generosos, puros

152

3 de abril

El nacimiento del ser indispensable

Las personas que nacieron el 3 de abril se sienten en la cima cuando ocupan una posición fundamental en su casa o en el trabajo. Sentirse indispensables les reporta una enorme satisfacción. Y a la vista de su remarcable energía y de su creatividad inagotable, suelen serlo. Puesto que disfrutan moviendo los hilos, su vida no suele ser aburrida. Tienen una gran motivación y una innegable habilidad para la comunicación. Esta capacidad, unida a su naturaleza generosa y extravertida, les da un gran poder de persuasión. Les encantan los desafíos, por lo que si se sienten excluidos de la acción, pueden malhumorarse. Afortunadamente, no ocurre con demasiada frecuencia puesto que la gente valora sus aportaciones y se siente cómoda en su compañía.

A estos individuos no les disgusta la soledad, aunque es en los grupos donde sacan lo mejor de sí mismos. Con su habilidad para unir a personas muy diferentes y transformarlas en un equipo, se ganan el derecho a ocupar una posición central. El único peligro que conlleva este enfoque es que sus amigos y los miembros de su equipo suelen desarrollar una excesiva dependencia de ellos, una circunstancia que también podrá causarles frustración cuando quieran cambiar de aires.

El cambio es un tema importante para los nacidos en esta fecha. Es muy probable que durante la infancia y en los inicios de la adolescencia hayan sido muy impacientes, incansables o incluso temerarios. En su vida adulta seguirán experimentando cambios, algunos positivos, otros negativos, ya que, aunque estos individuos son altamente intuitivos, también pueden ser ingenuos. Sin embargo, y pese a estos cambios, su motivación y su entusiasmo permanecerán inalterados y garantizarán que se cumplan algunos —si no todos— sus sueños. De hecho, la variedad y los retos que ofrecen los cambios son esenciales para ellos, principalmente porque permanecer en un mismo rol durante mucho tiempo limita sus posibilidades de desarrollo y les impide hacer descubrimientos con la ayuda de su visión y su entusiasmo vital.

Tienen madera de líderes fundamentalmente porque les encanta sentirse necesarios y porque su carisma natural es tan potente que tiende a atraer a otras personalidades menos energéticas. Siempre y cuando aprendan a respetar los puntos de vista ajenos y no reaccionen exageradamente cuando reciban críticas, su capacidad para motivar y organizar a grupos de personas en pos de un objetivo común les permitirá destacar sobre el resto.

Su mayor reto es

Aprender a trabajar independientemente o por su cuenta

El camino a seguir es...

Entender que el trabajo en equipo es fuente de grandes satisfacciones, pero que las grandes aventuras a veces suceden cuando uno avanza solo.

En contra

Ingenuos, de ánimo variable, caprichosos

A favor

Extravertidos, generosos, cálidos

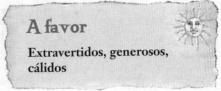

4 de abril

El nacimiento del catalizador

Las personas que nacieron el 4 de abril son catalizadores, esto es, personas que afectan las vidas de los demás de una manera profunda. Su energía creativa es explosiva, y tanto en su casa como en el trabajo no dudan en iniciar proyectos y motivan a los demás para que se unan a su causa.

Cuando están inspirados, estos individuos invierten toda su energía, su tenacidad y sus habilidades organizativas para que el proyecto que han emprendido llegue a buen puerto. Por encima de todo, les gusta iniciar proyectos. Son extremadamente valientes y se atreven a internarse por territorios inexplorados. No obstante, con relativa frecuencia inician una nueva empresa antes de haber terminado la anterior, dejando la recompensa para los menos impulsivos. Para sentirse plenamente realizados, necesitan fijarse una meta y perseguirla hasta el final. Si no consiguen frenar un poco su ritmo trepidante, es probable que se quemen y finalmente pierdan su enorme caudal de energía.

Desde los últimos años de la adolescencia y hasta los cuarenta y seis años de edad, su dedicación y su entusiasmo tendrán una influencia positiva sobre todas las personas de su entorno. Cumplidos los cuarenta y seis, sentirán un creciente interés por la comunicación y por aprender cosas nuevas. Será, pues, muy importante que durante estos años adquieran una seguridad financiera antes de lanzarse a explorar sus nuevos intereses.

Por ser catalizadores, estos individuos se sienten muy atraídos por las oportunidades y los desafíos. Son compulsivos e inspiradores, y por ello cuentan con la admiración de los demás, si bien algunos pueden tener dificultades con sus constantes cambios de rumbo. Si no tienen cuidado, podrían acabar solos porque su comportamiento no parece de fiar. Así las cosas, deberían rodearse de amigos y de seres queridos que puedan avisarles cuando se estén desviando del buen camino. También necesitan aprender que la perseverancia y la disciplina son las claves del éxito. No obstante, una vez que se centren y conecten con la realidad, no tendrán problemas para generar ideas y expresarlas. El mundo sería un lugar menos colorido si no existieran.

En contra

Cambiantes, impulsivos, poco fiables

A favor

Originales, creativos, energéticos

5 de abril

El cumpleaños del atleta

Las personas que nacieron el 5 de abril nacieron con estrella, aunque normalmente no persiguen la fama, ni tan siquiera la fortuna. Para ellas, la satisfacción y la recompensa siempre están en el trabajo bien hecho. Como verdaderos atletas totalmente entregados a su profesión, su principal objetivo consiste en aprender todos los días, en mejorar y exprimirse hasta dar lo mejor de sí mismas.

Son personas que tienden a centrarse en su trabajo o en su carrera, y valoran los logros por encima de cualquiera otra cosa. Dado que poseen principios elevados, nunca cimentarán su éxito en la desgracia ajena. Necesitan sentir que su éxito es merecido. Sea como fuere, al tratarse de individuos dotados con una creatividad inspiradora y una tenacidad inquebrantable, su potencial de triunfo es enorme. Suelen tener maneras suaves y poco pretenciosas, y siempre que pueden evitan el conflicto. Pero esto no significa que sean unos peleles. Cuando sus planes se vean amenazados o si alguien critica su sistema de creencias, a más de uno le sorprenderá comprobar su franqueza y su férrea voluntad de triunfo. Una vez que se han decidido a actuar, no habrá quien pueda detener su ímpetu y defenderán su proyecto con pasión. Aunque esta actitud entregada es garantía de éxito, será muy importante que entiendan que a veces es necesario hacer algunos cambios para progresar hacia la meta.

Su tendencia a la obstinación alcanzará su punto álgido entre los quince y los cuarenta y cinco años de edad, un periodo durante el cual ponen un mayor énfasis en la seguridad y la estabilidad. En cualquier caso, cumplidos los cuarenta y seis, se sentirán más interesados por los viajes, la comunicación, el cambio y el aprendizaje de nuevas habilidades. Y si logran aprovechar las oportunidades que encuentren en su camino, ésta podría ser una de las épocas más gratificantes de su vida.

La fuerte y consistente personalidad de los nacidos el 5 de abril los convierte en candidatos naturales para ejercer el liderazgo. Con todo, y debido a su alto nivel de exigencia, deberían procurar no mostrarse demasiado exigentes en las relaciones con su persona y con los demás. Cabe señalar que cuentan con la determinación necesaria para superar los obstáculos más frustrantes. Aunque no lo busquen ni lo pretendan, con su energía, su dedicación y su férrea voluntad obtendrán el aplauso de sus contemporáneos.

En contra
Obstinados, inflexibles, repetitivos

A favor
Muy trabajadores, dedicados, energéticos

6 de abril

El nacimiento de la curiosidad irresistible

Las personas que nacieron el 6 de abril tienen carisma a raudales. En sus ojos puede detectarse un brillo de excitación salvaje, porque están dominadas por el deseo, el amor por las cosas bellas y una sed de conocimiento auténticamente insaciable. Tienen urgencia por descubrirlo todo sobre el mundo y sobre las personas que les rodean. Su mente siempre está abierta a lo desconocido y dispuesta a experimentar cosas nuevas.

Su compañía es muy entretenida. Como se ha dicho, estos individuos están dispuestos a probar cualquier cosa y saben reírse de sí mismos, lo cual resulta muy refrescante. En general, su entorno colabora y les ayuda a conseguir sus objetivos porque su ego nunca resulta molesto. Poseen multitud de talentos y el don de encontrar soluciones innovadoras en todos los aspectos de la vida. Esto los convierte en grandes expertos en las reparaciones del hogar, en excelentes planificadores y organizadores en el trabajo, así como en el alma de todas las fiestas.

Con tantas cosas se entiende que parezcan destinados a conseguir grandes triunfos, pero también ocurre que algunos nunca descubren su verdadero potencial. La falta de discriminación es su mayor problema, tanto en el plano doméstico como en el profesional, y esto puede mermar su autoestima. Su ingenuidad manifiesta puede conducirles por el mal camino, atraer a individuos controladores y la compañía de indeseables con peores intenciones.

Es importante que aprendan a confiar más en su intuición y a tener mucho cuidado para no darse demasiado pronto. Entre los catorce y los cuarenta y cuatro años de edad pueden buscar la estabilidad y la seguridad financiera. Deberían emplear este periodo para robustecer la confianza en sí mismos y encaminarse, de manera que no se les pueda dirigir tan fácilmente. Cumplidos los cuarenta y cinco años, es probable que se concentren en el aprendizaje de habilidades nuevas y expandan sus intereses.

Todo indica que las personas nacidas este día poseen una energía ilimitada y son capaces de visualizar posibilidades que nadie ha imaginado antes. Siempre y cuando logren conectarse con sus sentimientos y ser más selectivos, tendrán potencial para convertirse en grandes innovadores y para guiar a los demás por territorios insospechados.

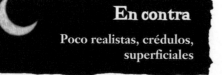

En contra

Poco realistas, crédulos, superficiales

A favor

Curiosos, originales, energéticos

7 de abril

El nacimiento de la intensidad

Las personas que nacieron el día 7 de abril son individuos francos y audaces. Tienen convicciones profundas y lucharán hasta la muerte para defenderlas. Cuando se comprometen con una idea, un proyecto o una persona, lo hacen con tal pasión e intensidad que no es raro que desarrollen conductas y pensamientos extremistas.

Su personalidad suele presentar dos caras: la positiva y vibrante, que les inspira y hace que se entreguen en cuerpo y alma a un proyecto; y otra más negativa e impaciente que puede manifestarse con la furia de su mirada salvaje o con un comportamiento rebelde cuando sus expectativas no se ven satisfechas. Entre ambos extremos no hay un punto medio, motivo por el cual generalmente oscilarán entre un extremo y otro, distanciándose de los demás cuando estén disgustados.

Aunque disfrutan de un entusiasmo envidiable, una determinación y un optimismo increíbles, y poseen energía y capacidad sobrada para llegar hasta donde se propongan, es importante —por su propio bien— que adopten una actitud vital más considerada. La rebeldía es, casi con toda seguridad, una característica adquirida durante la infancia. Con todo, entre los quince y los cuarenta y tres años de edad disfrutarán de oportunidades para adoptar un enfoque vital más considerado. Cumplidos los cuarenta y cuatro, es probable que encuentren nuevas áreas que estimulen su interés, así como un mayor deseo de comunicarse y aprender habilidades nuevas. Si llegada esta edad han aprendido que es importante transitar por el punto medio, seguramente podrán demostrar lo mucho que valen.

Aunque son gente valiente y honesta, en el fondo de su corazón no dejan de ser unos soñadores. Se imaginan el futuro de muy diversas maneras, cosa fundamental a la hora de planificar. Es posible que sientan que su vida tiene un significado profundo, pero en su búsqueda podrían sufrir algunos reveses. Asimismo, es común que se precipiten y corran tras aquello que consideran su destino, sólo para darse cuenta de que han perdido el interés o que realmente no valía la pena. En todo caso, sus expectativas de alcanzar la felicidad normalmente se ven recompensadas. Esto significa que, aunque normalmente no encuentran su destino o el sentido de su vida hasta una edad avanzada, cuando lo hagan descubrirán que la espera ha merecido la pena.

Su mayor reto es

Aprender a no alienar a las personas que no comparten sus opiniones

El camino a seguir es...

Entender que escuchar objetivamente las opiniones de los demás en modo alguno debilita las propias, sino que las refuerza.

En contra

Poco realistas, negativos, rebeldes

A favor

Profundos, imaginativos, vibrantes

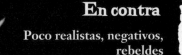

157

8 de abril

El nacimiento de la noble intención

Las personas que nacieron el 8 de abril tienen un apasionado sentido de lo correcto y lo incorrecto, además de un fuerte interés por las causas humanitarias. De nobles intenciones, apoyan incondicionalmente a los más necesitados y a los que no tuvieron oportunidades para desarrollar todo su potencial. Ganarse la admiración y el respeto de los demás no es su máxima aspiración. Lo que verdaderamente les importa es el bienestar de las personas.

Pese a su compasión, estas personas tienen inclinación a ver las cosas blancas o negras. Como consecuencia de ello, corren el riesgo de ser despreciativas o intolerantes. Creen fervientemente en la igualdad de todos los seres humanos; tanto así que cuando se enfrentan a alguna forma de injusticia pueden ser extremadamente críticos. Es por ello que tienen más enemigos que amigos. Así las cosas, es importante que aprendan a controlar sus impulsos y encuentren maneras más efectivas de expresar sus argumentos.

Dado que a menudo tienen dificultad para expresar sus emociones, a ojos de los demás pueden parecer un tanto reservados o incluso distantes. Sin embargo, en tiempos de crisis se erigen en un apoyo inconmensurable. A pesar de su aparente estabilidad, su actitud puede experimentar fluctuaciones, pudiendo ser cálidos y responsables y más tarde fríos e indiferentes.

Bajo esta imagen de confianza se oculta el miedo a la inadaptación, que puede manifestarse con conductas muy sacrificadas. Ahora bien, si logran superar estos miedos, su enorme determinación, combinada con su mente incisiva y metódica, les ayudará a alcanzar casi cualquier meta. Antes de los cuarenta y dos años de edad, ponen énfasis en conseguir una vida más estable y segura. Después de esa edad, se enfocan en intereses nuevos y en la comunicación con los demás. Es en estos años cuando la confianza en sí mismos aumenta y, en consecuencia, pueden demostrar todo lo que valen.

Además de sus nobles intenciones, los individuos nacidos este día son atrevidos, enigmáticos e independientes, y gustan de expresarse con originalidad. Poseen un fuerte deseo de triunfo aunque no son egoístas, y prefieren expresar su singularidad participando en causas humanitarias que benefician a mucha gente. Ahí radica su potencial para aportar armonía al mundo.

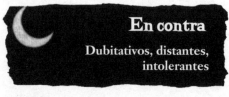

9 de abril

El nacimiento del torbellino

Las personas que nacieron el día 9 de abril poseen una resistencia fantástica. Viven y aman como un torbellino, y sienten un apetito insaciable por todos los placeres de la vida. Aunque disfrutan inmoderadamente de la diversión, también son capaces de trabajar muy duro. Dotados con una energía prodigiosa, originalidad y determinación, poseen un gran potencial para satisfacer todas sus ambiciones.

Estos individuos tienen una fuerte personalidad y la subordinación les disgusta. En su vida profesional evidencian una aguda comprensión de las necesidades ajenas, una virtud que les permite predecir y adelantarse a las tendencias sociales. Son capaces de hacer realidad sus ideas, y con ello no sólo enriquecen las vidas de los demás sino que ellos también sacan tajada.

Su entorno se siente seducido por sus encantos, si bien su extraversión y su franqueza a menudo pueden resultar excesivas. Necesitan imponer su criterio en todas las discusiones, a veces de manera un tanto abrupta, y no saben encajar las críticas, por constructivas que sean, considerándolas invariablemente una forma de traición. Su inclinación a disfrutar de los placeres físicos superando todos los límites aconsejables, bien puede causar alarma en su entorno, especialmente cuando su estilo de vida opulento llama la atención de personas malintencionadas.

Hasta los cuarenta y un años de edad, concentran sus esfuerzos en alcanzar la estabilidad material. Es importante que durante este periodo cimienten su vida sobre valores positivos y no negativos. Cumplidos los cuarenta y dos, seguramente ensancharán sus horizontes, desarrollando un mayor interés por el crecimiento psicológico y espiritual. Será durante estos años cuando su generosidad, franqueza y calidez características resulten neutralizadas por su escasa fiabilidad.

Aunque estos individuos pueden mostrarse erráticos y extremos, gracias a su energía y a la fuerza de sus objetivos vitales, serán capaces de elevar a las personas de su entorno por encima del suelo envueltas en un torbellino de entusiasmo. En su vida habrá muy poco tiempo para la reflexión aunque, eso sí, estará cargada de emociones. Esto es debido a que no conciben la idea de una vida sosegada. Para ellos, la vida es una aventura repleta de acción, oportunidades y sorpresas. Si logran hacer buen uso de estas oportunidades, se convertirán en los mejores adalides de la expresión personal y el progreso.

En contra
Excesivos, temerarios, poco fiables

A favor
Energéticos, audaces, progresistas

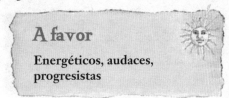

10 de abril

El nacimiento del héroe y la heroína astutos

Las personas nacidas el 10 de abril tienen una personalidad deslumbrante que disfruta con las actividades que exigen osadía y grandes dosis de valor. Su vida es como una montaña rusa. Aunque es cierto que asumen importantes riesgos tanto personal como profesionalmente, no son personas imprudentes ni estúpidas. No cabe duda de que son héroes y heroínas de acción, pero del tipo astuto.

Mientras que las personas que no los conocen bien pueden sentir cierto rechazo a causa de su radicalidad, lo cierto es que son individuos que confían plenamente en su éxito, y si están tan seguros es porque han calculado meticulosamente los riesgos. Es posible que parezcan impulsivos, pero tras esa imagen exterior siempre existe un plan de acción diseñado para colmar sus ambiciones. Esta combinación de aventura y pragmatismo, unida a su energía e inteligencia indudables, los señala como claros candidatos al éxito.

A veces pueden tener dificultades para bajar el ritmo, aun en compañía de sus mejores amigos. Incansables y siempre listos para la acción, los nacidos este día tienen tendencia a transitar por la vida a toda velocidad, como si tuvieran miedo de perderse algo. En consecuencia, será importante que aprendan a relajarse. Hasta los cuarenta años de edad suelen concentrarse en la seguridad y la estabilidad, pero cumplida esta edad sentirán la necesidad de aprender habilidades nuevas. Será vital que aprendan a frenarse y que reflexionen sobre su progreso.

Curiosamente, es posible que la vida privada de estas personas esté marcada por un cierto grado de desapego de su entorno, así como por frecuentes ataques de ansiedad o incluso fobias. Lo más probable es que estos brotes respondan a un miedo al fracaso o al rechazo. Podrán resolver estos temores si logran conectarse con sus sentimientos y experimentan la alegría que deriva de compartir su yo más íntimo con los demás.

Puesto que a los nacidos el 10 de abril les resulta más fácil competir que cooperar, serán individuos con mucha iniciativa y un ingente potencial de liderazgo. Encantadores por naturaleza, su enfoque inconformista suele provocar la admiración de la gente. Una vez que consigan equilibrar su espíritu incansable con sensibilidad y paciencia, no cabe duda de que estos guerreros llegarán muy lejos.

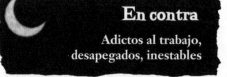

En contra

Adictos al trabajo, desapegados, inestables

A favor

Atrevidos, competitivos, dedicados

11 de abril

El nacimiento del mediador

Las personas que nacieron el 11 de abril son personas cálidas y con capacidad para analizar los problemas desde sus vertientes emocional y práctica. Esto los convierte en excelentes mediadores. Con su encanto personal y un poco de tacto, son capaces de poner de acuerdo a personas con puntos de vista absolutamente divergentes.

Si encuentran una buena causa que defender, no dudarán en hacerlo voluntariamente. Son eternamente optimistas y poseen la capacidad de emplear su energía y sus habilidades para tratar con la gente ajustándose a un plan de acción y promoviéndolo con tenacidad. También son los suficientemente realistas como para saber que contar con el apoyo de los demás les beneficia; por esta razón recurren a sus dotes diplomáticas para convertir cualquier oposición en un apoyo para su causa.

Aunque suelen ser el centro de atención de todas las miradas, no es algo que busquen deliberadamente, prefiriendo ser parte de la acción antes que el meollo. En el plano profesional están más preocupados por las ideas que por la imagen, y trabajan incansablemente para encontrar puntos comunes desde donde propiciar el acuerdo.

Desafortunadamente, en su vida privada no siempre se muestran tan diplomáticos, pudiendo en ocasiones no reparar en las necesidades de sus seres queridos. Suelen contar con muchos admiradores, y nada les gusta más que planificar reuniones de grandes grupos de personas de la más variada condición. Ahora bien, con sus allegados y seres queridos pueden ser distantes, incluso fríos. Por suerte, alrededor de los cuarenta años de edad, lo normal es que inviertan menos energía en perseguir la popularidad y la estabilidad financiera, y se concentren en alimentar la relación con sus familiares y amigos.

De igual forma, estos individuos son unos excelentes comunicadores, y trabajan especialmente bien cuando lideran un equipo o cuando tienen la oportunidad de inspirar y apoyar a los demás. Puesto que saben perfectamente qué es lo más conveniente para el grupo, corren el riesgo de negarse a considerar los puntos de vista alternativos. Así pues, será importante que mantengan su mente abierta a las aportaciones de los demás, que bien podrían ser mejores además de contribuir a su propio crecimiento psicológico. Una vez que hayan aprendido a ser más flexibles, podrán utilizar su poder de persuasión, su tenacidad y su lucidez para hacer campaña en pro de la justicia y construir un mundo mejor.

12 de abril

El cumpleaños
del entrevistador enigmático

Las personas que nacieron el 12 de abril suelen estar rodeadas de un grupo de gente que las escucha con fascinación. Tienen la capacidad de conseguir que los demás se abran, cuenten sus inseguridades y se rían de sí mismos. Esto les ofrece una oportunidad para elevarse por encima de sus miserias.

Estimulantes, ingeniosos y divertidos, estos individuos se muestran interesados por todo y por todos. Su mente inquisitiva siempre está alerta, buscando las últimas noticias o los últimos descubrimientos para informar o entretener. Curiosamente, tienen dificultades para compartir sus sentimientos, sintiéndose mucho más cómodos en el rol de entrevistador, intérprete o informador que en el confidente. Esta vertiente elusiva puede provocar tensiones tanto en su casa como en el trabajo. Es, pues, importante que aprendan a abrirse y a expresar sus sentimientos.

A estos individuos no les gusta perderse nada, razón por la cual es muy habitual que entre los veinte y los cuarenta años cambien de trabajo muy a menudo o incluso de país en busca de una profesión que les satisfaga. Aunque esto sería desastroso para la mayoría, en su caso puede funcionar porque consideran que todas sus experiencias, aun las más frustrantes o decepcionantes, son oportunidades para el aprendizaje. Entonces, más allá de los cuarenta años, mediante este proceso de ensayo y error finalmente encontrarán un objetivo vital o una meta en cuya consecución puedan invertir toda la experiencia y todo el conocimiento que han acumulado.

Finos observadores de la condición humana, las personas que nacieron este día valoran el conocimiento por encima de todas las cosas y les encanta compartir lo que saben con los demás. Existe el peligro de que se conviertan en personas excesivamente críticas o fuertemente influenciadas por las opiniones ajenas. Así las cosas, será de vital importancia que alimenten su curiosidad y mantengan su anchura de miras para evitar la tentación dogmática. Saber quiénes son y qué piensan —ellos, no los demás—, será crucial para que logren el éxito. Así, cuando finalmente logren conectarse con sus sentimientos, y con los ajenos, no sólo podrán entretener e informar, sino también inspirar.

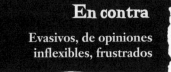

13 de abril

El nacimiento del reformador

Su mayor reto es

Aprender a no perder la fe en sí mismos

El camino a seguir es…

Nutrirse de la fuerza y el apoyo de sus allegados, y no olvidarse de que son seres únicos capacitados para hacer enormes contribuciones al mundo.

Las personas que nacieron el día 13 de abril son individuos que nacieron para reformar, puesto que están dispuestos a trabajar incansablemente para inducir cambios que ellos estiman cruciales. Son una fuente inagotable de ideas nuevas y, si bien algunas pueden parecer excentricidades, la gente suele apreciar su manera de enfocar y resolver los problemas.

Son personas muy inteligentes capaces de realizar las más arduas tareas. Son muy buenos resolviendo problemas y discurriendo maneras mejores de hacer las cosas. La estimulación mental es de vital importancia para ellos; tanto así que si no se sienten desafiados pueden aburrirse fácilmente y perder la motivación, manifestando cierta tendencia a no estarse quietos. No les gusta la inacción y por ello procuran llenar su vida de actividades. Su propensión a buscar nuevos desafíos alcanza su punto álgido a los treinta y siete años de edad, cuando sus prioridades cambian, anteponiendo la curiosidad intelectual a la estabilidad material.

No son personas que busquen la compañía de los demás porque suelen ser reservadas y porque prefieren conectarse con el mundo y dejar su impronta a través de su trabajo. Ver cómo con su talento y sus proyectos consiguen inducir cambios beneficiosos en la humanidad les reporta una inmensa satisfacción. Obtienen un enorme placer de la contención y el apoyo que les proporcionan sus familiares y un reducido grupo de amigos, preferentemente aquéllos que validan sus opiniones y les defienden cuando otros critican sus ideas. Aunque se muestran escépticos con las convenciones y se sienten obligados a encontrar soluciones alternativas, también muestran una honda sensibilidad ante las opiniones de los demás, aun cuando estas opiniones duelan. Sea como fuere, rara vez modifican su visión de las cosas.

Los nacidos en esta fecha valoran la soledad en gran medida, básicamente porque a veces necesitan alejarse del escrutinio ajeno, en especial cuando trabajan en un proyecto. No es extraño que se les critique por ello, tildándoles de impersonales, distantes y en ocasiones de raros. Pero lo cierto es que son individuos muy sensibles que necesitad una parcela de privacidad donde sentirse dueños de sí mismos. En todo caso, cuando lo consideran oportuno son perfectamente capaces de superar sus miedos y cualquier vacilación, y se comportan como los pioneros que son, con una audacia a prueba de reveses que les permitirá explorar territorios ignotos.

En contra
Solitarios, incomprendidos, ansiosos

A favor
Innovadores, audaces, eclécticos

14 de abril

El nacimiento del respeto

Las personas que nacieron el 14 de abril hacen gala de una pasmosa habilidad para comunicarse y relacionarse con la gente. Sus obvias dotes de liderazgo les granjean la admiración de los demás. Sea cual sea la situación en la que se encuentren, siempre escucharán y respetarán a sus interlocutores.

El respeto de los demás es de suma importancia para los individuos nacidos este día, esencialmente porque ellos mismos sienten un gran respeto por el pasado y un fuerte deseo de seguir los pasos de los más grandes. Crear métodos o sistemas nuevos no les es tan caro como alcanzar las cimas que otros ya han escalado. Esto no significa que estén anclados en el pasado; antes bien lo contrario, puesto que siempre dejan su sello personal en todo lo que hacen. Tan sólo significa que tienen un profundo sentido de la tradición y sienten un enorme respeto por el trabajo de los demás. Como resultado de ello, puede decirse que en general prefieren los métodos conservadores a los más radicales.

Nada les satisface más que disfrutar de una vida doméstica y un trabajo estables, ya que esto hace que se sientan seguros, algo fundamental para alcancen la excelencia en el campo que han elegido. Por lo tanto, es importante que no den por hecho el amor y el apoyo de su entorno más cercano. Hasta los treinta y seis años de edad, se concentran en lograr la seguridad material y en construir unos fundamentos sólidos. Cumplidos los treinta y siete, se internan en un periodo caracterizado por las nuevas ideas y el incremento de la productividad. Es en estos años cuando muy probablemente utilicen sus excelentes habilidades comunicativas para erigirse en portavoces de un grupo o una organización.

A estos individuos les gusta controlar las cosas, tanto en su casa como en el trabajo. No obstante, a pesar de esta tendencia autocrática, también son intuitivos y rápidamente identifican a los que necesitan un correctivo porque han traspasado los límites establecidos. Su actitud respetuosa les beneficia en gran medida, y en modo alguno menoscaba sus posibilidades de éxito. Aun cuando es cierto que sufren brotes de ansiedad e incertidumbre —que se manifiestan con una clara obsesión por los detalles—, es importante que hagan buen uso de sus talentos porque todas las formas de comunicación les cargan de energía, una energía que emplearán no sólo para seguir los pasos de los más grandes sino para convertirse en uno de ellos.

En contra
Quisquillosos, ansiosos, autocráticos

A favor
Respetuosos, ambiciosos, disciplinados

15 de abril

El nacimiento del intelecto agudo

Los carismáticos individuos nacidos el 15 de abril son encantadores y sensibles, al tiempo que ambiciosos y muy poderosos. La clave de su compleja y aparentemente contradictoria personalidad no es otra que su agudeza intelectual, que les permite diseñar estrategias perfectamente estructuradas con las que enfrentarse a cualquier desafío.

El portentoso intelecto que poseen les hace muy sensibles a todo lo que ocurre a su alrededor. En ocasiones exprimen su ya de por sí increíble capacidad de observación, y esto puede causar fricciones con sus seres queridos, que pretenden que se les quiera por lo que son y no por lo que podrían ser. También puede provocar inseguridades y sentimientos de ansiedad, dado que los nacidos en esta fecha son muy dados a sacar conclusiones erróneas a partir de palabras u observaciones sacadas de contexto. Esta pasión por la observación minuciosa y el análisis a veces degenera y hace que se tomen demasiado en serio, o que tomen demasiado en serio a los demás, básicamente porque olvidan que relajarse y divertirse son dos cosas muy importantes. En la vertiente positiva —muy positiva, cabe señalar—, esta capacidad de observación y su agudo intelecto permiten que capten piezas de información vitales para remediar o explicar una situación difícil. El lado compasivo y sabio de su naturaleza hace que muchas personas busquen su compañía para obtener apoyo y consejo.

No es extraño que algunos perciban su capacidad para contemplar la vida con imaginación y un enfoque panorámico como una evidente falta de realismo. No obstante, también podría ser que el mundo todavía no está preparado para ideas tan imaginativas. Hasta los treinta y cinco años de edad estos individuos ponen el acento en las consideraciones prácticas de la vida. Ahora bien, pasados los treinta y seis, lo habitual es que presten más atención a todo lo que signifique conocimiento, comunicación y exploración mental. Es en estos años cuando los nacidos el 15 de abril demuestran todo lo que valen.

Estas personas anhelan dejar su impronta en este mundo. Por consiguiente, si logran canalizar su rara combinación de imaginación, organización y tenacidad en una dirección o manera que los demás encuentren aceptable, les sobrará potencial para inspirar a cuantos se crucen en su camino.

En contra

Críticos, frenéticos, excesivamente serios

A favor

Observadores, inteligentes, poderosos

16 de abril

El nacimiento del buscador de la verdad

A las personas que nacieron el 16 de abril les encanta hablar del significado de la vida por que están fascinadas por sus misterios. A su vez, son seductoras, encantadoras y muy divertidas. Saben cómo hacer reír a la gente. Tanto así que sus seres queridos, amigos y colegas de profesión suelen sentir un afecto sincero por estos seres soñadores y dotados con un gran sentido del humor.

Aunque tienen la capacidad de ver el lado cómico de todas las cosas y situaciones, no son superficiales. Muy al contrario: son individuos muy conscientes de las tragedias de la vida, y por esta razón entienden que el sentido del humor es uno de los antídotos más catárticos. Pese a ser lúcidos y sabios, también pueden ser generosos hasta la estupidez. Y no es infrecuente que otros se aprovechen de su candidez. Asimismo, tienden a cometer excesos con todo lo que les satisface, cayendo fácilmente en comportamientos irresponsables.

En general, son personas que no se sienten cómodas con las emociones fuertes y prefieren rebajar la intensidad recurriendo al sentido del humor. Por ello, su contribución puede resultar extremadamente valiosa en periodos de crisis, ya que muestra a los demás el camino para gestionar efectivamente las adversidades. En todo caso, también puede jugar en su contra. Así, en lugar de enfrentar las situaciones que tienen que resolver, optan por evitarlas. Es, pues, importante que resistan la tentación de sortear el conflicto, dado que hacerlo podría provocar resentimientos en el futuro.

A veces puede parecer que viven en un mundo de sueños. Si bien es cierto que son personas visionarias, también lo es que saben trasladar sus sueños a la realidad. Hasta los treinta y cuatro años de edad se concentran en la tarea de construir cimientos sólidos para sus ensoñaciones. Luego, cumplidos los treinta y cinco, manifiestan un interés creciente por las relaciones interpersonales y la comunicación. Esto supone un avance muy positivo, puesto que, al ser más conscientes de los sueños y los ideales de los demás —y contrastarlos con los propios—, estos individuos logran crecer psicológicamente. Una vez que alcancen el equilibrio entre su yo interior y su yo exterior, su entorno les admirará no únicamente por su sentido del humor y su delicada presencia, sino por la fuerza inspiradora de sus objetivos vitales.

En contra
Soñadores, extremistas, permisivos

A favor
Entretenidos, amables, generosos

17 de abril

El nacimiento de la fuerza de voluntad

Las personas que nacieron el 17 de abril son seguras, ambiciosas y oportunistas. Cuando caen derrotadas, recurren a la fuerza de voluntad y a su resistencia para levantarse y seguir avanzando. Se conocen bien, y tienen una idea muy clara de sus objetivos y de cómo alcanzarlos. Completamente decididas a lograr el triunfo, tienen el don de identificar las oportunidades cuando aparecen, no sólo las que pueden beneficiarles sino también las que pueden beneficiar a los demás.

Pese a no ser estridentes, con el poder de su convicción y sus ideales estos individuos suelen causar una honda impresión en los demás. En general, esperan que todo el mundo esté de acuerdo con sus opiniones, y lo cierto es que así sucede normalmente gracias a su increíble fuerza de voluntad. Asimismo, poseen la capacidad de poner en acto sus ideales y suelen liderar a los que carecen de su determinación. Aunque pueda parecer que han nacido para el éxito, tendrán que trabajar muy duro para llegar hasta lo más alto. Pero esto no es un problema, porque están acostumbrados a hacer lo que haga falta para dejar su impronta. Les encantan los retos y librar batallas. Naturalmente, esta actitud vital les granjeará tantos amigos como enemigos.

Son individuos propensos a los cambios de humor. Les gusta pasar tiempo a solas cuando se sienten frustrados o deprimidos. Aunque esto puede ser beneficioso en sus relaciones profesionales, en las personales resulta perjudicial, dado que esta reticencia a compartir sus vaivenes emocionales les impide establecer vínculos afectivos profundos. Así pues, tienden a dividirlo todo en positivo o negativo. Al igual que es importante que aprecien la complejidad de su vida emocional, también necesitan tomar conciencia de la complejidad del mundo que les rodea. Hasta los treinta y tres años de edad, se afanan por encontrar certezas y sentirse seguros. Cumplidos los treinta y cuatro, es posible que deriven hacia una visión del mundo más flexible.

Deben asegurarse de que su encomiable fuerza de voluntad no los convierta en individuos demasiados críticos o serios. Cuando hayan inyectado una dosis de frivolidad en su vida, descubrirán que su autoridad no sólo no se ha debilitado sino que se ha visto fortalecida, siendo así que los demás irán allí donde digan sus sueños.

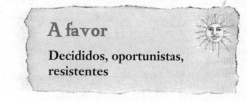

18 de abril

El nacimiento de la dignidad

Su mayor reto es

Aprender a bajar la guardia

El camino a seguir es…

Entender que ser uno mismo es la mejor y la única manera de respetar a los demás, aun cuando eso signifique proyectar una imagen torpe o vulnerable.

Las personas nacidas el 18 de abril son poderosas, fuertes, fiables e influyentes. Viven firmemente de acuerdo a sus creencias, y poseen una energía y una convicción sin límites. Es frecuente que lideren las conversaciones y los proyectos. Les gusta pensar que son personas seguras y dignas. Así es, exactamente, como se presentan ante los demás.

En cierto modo parecidas a los superhéroes de los cómics, son personas arrojadas, trabajadoras y dignas, que suelen defender la causa de los más desfavorecidos. Con todo, algunas veces su visión es tan noble y sus exigencias tan elevadas que pueden caer fácilmente en la desilusión o en la frustración. Esto puede manifestarse en la forma de súbitos arrebatos de ira o, lo que es peor, con desdén.

El respeto a los demás es una cuestión de suma importancia para ellos, y por este motivo se preocupan tanto por cómo se presentan ante los demás. Estos individuos son especialmente vulnerables a los ataques contra su dignidad o su desempeño, aunque, dado que son gente muy preparada, esos ataques rara vez ocurren. Generalmente, ejercen una influencia muy positiva sobre su entorno. Su principal problema consiste en saber reconocer sus propias limitaciones y las de los demás. Por esta razón, tienen que procurar no caer en el extremismo o en el fanatismo, especialmente antes de cumplir los treinta y dos años. Durante este periodo, la influencia de su padre o madre en la elección de su carrera profesional puede ser muy fuerte. Cumplidos los treinta y tres, es posible que sientan el deseo de adquirir conocimientos y ser más comunicativos y, por ende, de ser más flexibles e independientes. En torno a los sesenta y dos años de edad se produce otro giro importante que acentúa sus necesidades emocionales, la vida doméstica y fortalece la relación con sus amigos.

A pesar de la seriedad de sus ideales, la mayoría de las personas nacidas en esta fecha entiende la importancia de la relajación, una actividad que puede evitar que desarrollen conductas obsesivas. Pueden incluso evidenciar cierta malicia o picardía que no deberían suprimir, sino transformarla en energía positiva. En síntesis: cuando consigan ser más espontáneos con sus palabras y sus hechos, estos individuos disfrutarán de sobrado potencial para ganarse el respeto, la lealtad, la admiración y el afecto de todo su entorno.

En contra

Orgullosos, poco realistas, incontrolados

A favor

Leales, dignos, influyentes

19 de abril

El nacimiento de la autosuficiencia magnética

Generosamente dotadas con originalidad, resistencia, inteligencia y ambición, las personas nacidas el 19 de abril tienen una fe ilimitada en sus propios conocimientos. Esto también significa que sufrirán algunos reveses, aunque buena parte de su confianza radica en la experiencia de la victoria y la derrota.

Siendo tan competitivos, cuando algo no es muy difícil o prácticamente imposible, no les interesará lo más mínimo. Estos individuos poseen la capacidad de transformar las debilidades en fortalezas. Por ello, suelen ser los trabajadores no cualificados que ascienden en la jerarquía. Aunque están plenamente enfocados en su carrera, lo cierto es que rara vez son materialistas y suelen ser generosos tanto con su dinero como con su tiempo. Su objetivo no es necesariamente hacerse ricos sino ser autosuficientes, ya que bajo su punto de vista depender de otro es un signo de debilidad. En consecuencia, aprender a aceptar la ayuda económica —o cualquier tipo de ayuda, para ser exactos— de sus familiares y amigos puede ser una asignatura difícil a la vista del alto valor que otorgan al concepto de la autosuficiencia. Sea como fuere, este aprendizaje les permitirá dar un paso más en su desarrollo personal.

Es de vital importancia que aprendan a dar un paso atrás de vez en cuando para que otros asuman el liderazgo. Hasta los treinta y un años de edad, su vida está muy enfocada en la seguridad y la rutina, por lo que deben procurar no ignorar los sentimientos de los demás ni ceder a su afán controlador. Sin embargo, cumplidos los treinta y dos, ampliarán sus intereses, poniendo un mayor énfasis en el conocimiento y el aprendizaje de habilidades nuevas. Si logran inculcarse e inculcar a los demás la necesidad de experimentar con enfoques no testados para resolver los problemas, este periodo de su vida podría ser extremadamente productivo.

Nada les reporta más satisfacción que saber que su éxito es el resultado de su propio esfuerzo y nada más. Instintivamente asumen el control, aportan su visión de las cosas y lideran las empresas grupales. Los demás tienden a apoyarse en su capacidad de liderazgo, dado que su confianza y su aplomo en situaciones críticas hacen que no sea fácil ignorar sus consejos. Una vez que hayan aprendido a delegar, a escuchar más y a hablar un poco menos, gracias a su agudeza mental, su resistencia y su magnetismo personal estos individuos lograrán triunfar en todo aquello que se propongan.

En contra
Despóticos, despreciativos, egocéntricos

A favor
Comprometidos, hábiles, carismáticos

TAURO

EL TORO

(20 DE ABRIL - 20 DE MAYO)

* **ELEMENTO:** Tierra

* **PLANETAS INFLUYENTES:** Venus, el amante

* **SÍMBOLO:** El toro

* **CARTA DEL TAROT:** El sumo sacerdote (determinación)

* **NÚMERO:** 6

* **COLORES FAVORABLES:** Verde, rosa, azul pálido

* **FRASE CLAVE:** Tengo lo que necesito

Los tauro suelen ser individuos fiables, trabajadores y decididos. Ahora bien, para funcionar a pleno rendimiento, deben sentirse emocional y económicamente seguros. Aunque poseen un gran sentido común y grandes dosis de creatividad, en ocasiones pueden mostrarse inflexibles y tener dificultades para aceptar el cambio y para correr riesgos en la vida. En general, les gusta rodearse de cosas bellas, no sólo porque les recuerda lo mucho que han progresado en la sociedad sino también para llamar la atención sobre su lado más delicado, artístico y sensual.

El potencial de su personalidad

Las personas nacidas bajo el signo Tauro son fuertes, resistentes y decididas. A primera vista pueden parecer rasgos eminentemente masculinos, pero cabe recordar que el signo Tauro está regido por Venus, el planeta de la armonía, el amor y la belleza. Esto significa que los tauro son el resultado de una deliciosa combinación de suavidad y fuerza, compasión y dinamismo. Trabajan mucho y muy duro aunque también saben disfrutar de los frutos de su propio éxito. Un tauro se entregará plenamente a un proyecto, pero cuando lo haya finalizado sabrá perfectamente cómo desconectar, relajarse y encontrar placer en los logros alcanzados.

Los tauro poseen una mente metódica, cuidadosa y resuelta. Se aplican con pasión y discreción a la tarea de construir una carrera profesional exitosa y una vida personal gratificante. Para un tauro, si vale la pena hacer algo, vale la pena hacerlo bien. Los atajos no casan con su estilo. Son partidarios de pensar detenidamente las cosas, prestando especial atención a los detalles. Como resultado de ello, las soluciones que discurren siempre son prácticas y creativas. Su rasgo más irresistible quizás sea el encanto natural, que se expresa de muy diversas maneras. Es común que tengan un timbre de voz encantador, y siempre encuentran el tiempo necesario para escuchar y alentar a los que necesitan su apoyo. Trabajarán muy duro para construir un entorno doméstico y laboral armonioso. Así, les gusta rodearse de buenos amigos y compartir la buena mesa. Son especialmente útiles cuando se trata de ofrecer consejos prácticos. Su carácter presenta un lado sociable y más ligero que disfruta de las artes y los placeres de la vida.

La integridad personal es un asunto de importancia capital para las personas nacidas bajo este signo solar. Son personas en las que se puede confiar, por cuanto siempre harán lo correcto y llegarán hasta el final, con independencia de los obstáculos y los reveses que les pueda plantear la vida. Y es que los tauro, simple y llanamente, son incapaces de abandonar el barco. Sin duda alguna son personas leales, dignas de confianza y muy fiables, pero esto no significa que sean aburridas. Una vez que les conozca, descubrirá que tras su determinación y su tenacidad características, se oculta una creatividad sorprendente y un encanto natural totalmente desinhibido. Estas cualidades les granjearán incontables admiradores y amigos.

Para un tauro, si vale la pena hacer algo, vale la pena hacerlo bien

Su lado oscuro

Tauro es el primer signo de tierra del zodiaco y, como la tierra misma, los nacidos bajo este signo pueden ser implacables, testarudos y muy severos. A la vista de ello, una actitud más flexible frente a la vida les haría mucho bien. Presentan una renuencia evidente a correr riesgos o probar cosas nuevas, pudiendo también ser culpables de inanidad y desenfreno en su búsqueda incansable de los placeres mundanos.

Aunque los tauro suelen tener un cierto aire autoritario, en ocasiones les falta confianza en sí mismos. Esto puede hacer que parezcan indisciplinados y perezosos. Quizás el aspecto menos atractivo del signo Tauro sea su carácter posesivo. Es cierto que aman, respetan y admiran a sus seres queridos, pero también lo es que los tratan como posesiones y objetos de su propiedad carentes de voluntad propia. Añádase a esto una testarudez que les impide olvidar y hace virtualmente imposible que perdonen a quienes les ofenden o no satisfacen sus expectativas, y tendremos una persona con tendencias egoístas e impulsivas.

Los brotes de baja autoestima, posesión, testarudez y celos nacen de su imperiosa necesidad de sentirse seguras. Si su sentido de la propiedad —ya sea sobre una persona, amigo, amante, objeto o proyecto— se viese amenazado, podrían sufrir un estallido de furia ciega. En su interior, esta furia se ha ido acumulando progresivamente durante largo tiempo.

También tardará mucho tiempo en apaciguarse y, como un volcán en erupción, dejará una estela de devastación a su paso.

Símbolo

Como su nombre indica, el símbolo del signo Tauro es el toro. Si usted es capaz de formarse la imagen mental de un toro enrabietado, se dada cuenta de que es una visión perturbadora. El toro es capaz de soportar infinidad de ataques y enormes tormentos, quizás muchos más que cualquier otro signo zodiacal. Ahora bien, todo tiene su límite y llegará un momento en que el toro dirá basta, se dará la vuelta y devastará indiscriminadamente, destruyendo sin piedad todo lo que encuentre a su paso.

Su mayor secreto

Nada aterra más a un tauro que la falta de dinero en el banco o no poder mantener su tren de vida. Esto no se debe necesariamente a que el dinero sea su máxima motivación en la vida, sino al hecho de que construyen su identidad en base a las posesiones materiales que les rodean. Está claro que los signos externos de éxito son de gran importancia para los nacidos bajo este signo.

El amor

Los nacidos bajo el cálido sol de Tauro son los amantes más sensuales de todo el zodiaco. Disfrutan del contacto físico y del acto amoroso; son criaturas extraordinariamente apasionadas, dedicadas y románticas en los asuntos de amor. Sea como fuere, cuando se trata de elegir pareja para una relación duradera, tienden a adoptar un enfoque muy metódico. Es posible que se tomen largo tiempo —durante el noviazgo, por ejemplo— para poner a prueba al candidato o la candidata. Esto se debe a que el éxito de la relación es de extrema importancia para ellos y no quieren cometer errores. Para prosperar necesitan vivir rodeados de paz y armonía, muy especialmente en su relación de pareja. La seguridad emocional es vital; tanto así que si se ve amenazada de una u otra forma, su afán de posesión y los celos se apoderarán gradualmente de su persona hasta que finalmente exploten en la forma de súbitos accesos temperamentales. Estos arrebatos podrían torpedear y destruir los cimientos de cualquier relación.

En cualquier caso, los tauro harán todo lo que esté en su mano para evitar llegar a este punto, siendo así que en la mayoría de las circunstancias se mostrarán respetuosos, amables, generosos y amorosos tanto con sus afectos como con sus posesiones materiales. Una vez que se hayan comprometido con una persona, no podrá dudarse de su devoción y fidelidad absoluta, aunque será necesario que esta devoción no se transforme en complacencia y que la rutina y su deseo incontenible de poseer a su pareja —en cuerpo, mente y alma— no asfixien la relación.

Amores compatibles: Cáncer, Virgo y Capricornio

El hombre tauro

Tal como sugiere la imagen del toro, el hombre de signo Tauro tiende a ser fuerte, decidido y muy trabajador. A primera vista, puede tener un aspecto conservador, pero si le observa con atención se dará cuenta de que viste ropa cara y hecha a medida. Puede ser el hombre tranquilo, trabajador y sin pretensiones del negocio de la esquina. Pero, transcurridos dos años, seguramente descubrirá que ese mismo hombre práctico, sensible y decidido ahora lleva las riendas del negocio. En otras palabras, nunca hay que subestimar el poder y la capacidad de un hombre tauro. Una vez que se le mete algo o alguien entre ceja y ceja, casi siempre consigue lo que quiere y es capaz de derribar las defensas más sólidas con su perseverancia.

Cuando se trata de elegir pareja, el hombre tauro prefiere alguien con gracia e inteligencia que pueda compensar su madurez. Le encanta la libertad y no quiere que le pongan trabas. Pero también busca alguien que necesite su apoyo. Puede que el toro no sea un gran soñador ni empuje a su pareja para que levante los pies del suelo y eche a volar, pero lo que es seguro es que cuando dice que devolverá una llamada o hará algo, este hombre cumplirá lo prometido. Y aquí no hay juegos que valgan. El hombre tauro siempre va al grano y nunca puede dudarse de sus intenciones. Una vez que haya conquistado su corazón, trabajará incansablemente para construir un futuro seguro para ambos, un futuro que incluya una hermosa casa, vacaciones todos los años, lujos de topo tipo y una par de brazos robustos a la par que suaves para protegerle de las tribulaciones de la vida.

La mujer tauro

Típicamente, la mujer tauro es una persona que apoya y protege ferozmente a sus seres queridos. También es una de las mujeres más valientes de todo el zodiaco, moral y emocionalmente. Dado que aprecia a las personas por lo que son, también posee la remarcable capacidad de llevarse bien con todo el mundo, desde los científicos hasta los barrenderos de la calle.

Es raro que una mujer de signo Tauro no intente que su casa parezca limpia —incluso bella—, puesto que no tolera el desorden, el desaseo ni los malos hábitos. Son muchas las que tienen talento o sienten afición por las artes, en particular la música. Aunque en cuestiones de alcoba la mujer tauro suele ser muy apasionada y sensual, en la vida diaria le gusta tomarse su tiempo y hacer las cosas a su manera. Así pues, cuando alguien intenta apresurarla, puede tornarse irritable. Por este motivo no es aconsejable enfadarse ya que, cuando se la presiona en exceso, puede sufrir un violento arrebato temperamental que ni ella ni usted podrán olvidar en mucho tiempo.

En lo tocante a la elección de pareja, esta fémina desprecia la debilidad y por ello buscará alguien que esté tan dispuesto como ella a trabajar por el futuro de la relación. Una vez que se encuentre en una relación, será fiel hasta las últimas consecuencias y apoyará incondicionalmente a sus seres queridos, aun cuando todo el mundo los haya abandonado. Nunca dejará de inspirar a su pareja con su ejemplo decidido, valiente y apasionado. Aquellos afortunados que consigan el amor de una mujer nacida bajo el signo Tauro, descubrirán que su pragmatismo y su fortaleza pueden, literalmente, mover montañas.

La familia

Los niños tauro suelen ser pasivos y felices. Rara vez las comidas serán un problema. Su amabilidad y su eterna sonrisa hacen que se les tilde de niños bien portados desde muy temprana edad. No obstante, es posible que tarden un poco en aprender a caminar. La transición desde el gateo al caminar les cuesta mucho esfuerzo, y también cabe señalar que el niño tauro disfruta mucho gateando. En cualquier caso, esto no debe preocupar a sus padres, porque en general no son niños que experimentan un crecimiento tardío. Cuando estén listos, darán sus primeros pasos con seguridad, y mantendrán el equilibrio allí donde otros niños caen, con la ayuda de sus pies y sus piernas, siempre firmes y fuertes. Son niños que aprenden con rapidez. Y cuando aprenden algo es difícil que lo olviden. La disciplina es de mucha importancia para ellos porque, de no tenerla, se sentirán inseguros y empezarán a buscar sus limitaciones. Una vez que hayan identificado sus limitaciones y sepan lo que se espera

de ellos, dejarán de sentir ansiedad y lo más probable será que triunfen. En cualquier caso, estos niños tienen un lado muy testarudo, siendo así que la única manera de persuadirles cuando se obstinan, consiste en apelar a su moralidad, haciéndoles pensar y preguntándoles qué es lo más correcto.

Los padres nacidos bajo el signo Tauro proporcionan a sus hijos un entorno doméstico lleno de seguridad y amor. Impondrán una fuerte disciplina, cosa que será muy beneficiosa para los niños que respondan positivamente a este enfoque. Ahora bien, los niños más soñadores y con inclinaciones artísticas pueden sentirse asfixiados, llegando incluso a rebelarse. Consecuentemente, adoptar un enfoque más flexible será muy aconsejable. Dar seguridad a sus hijos es algo muy importante para los padres de signo Tauro, pero, irónicamente, para conseguirlo pueden trabajar tan duro y tantas horas que podrían olvidarse de pasar tiempo de calidad con sus hijos, especialmente cuando están creciendo. El mayor peligro que esto conlleva es que sus hijos crecerán con todas sus necesidades materiales cubiertas pero con sus necesidades emocionales desatendidas. Conseguir el equilibrio será fundamental.

La profesión

El trabajo ideal para un tauro es un una ocupación sin muchas distracciones, interferencias o cambios en la rutina, lo cual les permite trabajar consistentemente en pos de sus objetivos. No suelen cuajar en los trabajos que exigen tomar decisiones sobre el terreno, dado que prefieren tomarse el tiempo que estimen necesario para valorar las posibles alternativas. Su puesto de trabajo ideal tiene que ser tranquilo y discreto, y estar perfectamente ordenado. Entre las profesiones más apropiadas para los tauro cabe señalar la banca, los seguros, la construcción, las inversiones, la arquitectura, el diseño de interiores, la agricultura y el cuidado de la tierra, la música, el canto o la logopedia, la joyería, las antigüedades, la venta de obras de arte y cualquier otro trabajo que exija estabilidad, dedicación, fiabilidad y entrega. Los trabajos que proporcionan prestigio y respetabilidad en instituciones de renombre también son adecuados, siendo así que su amor por el vino y la buena mesa los convierte en unos restauradores excelentes.

> El trabajo ideal para un tauro es una ocupación sin muchas distracciones, interferencias o cambios en la rutina...

La salud y el ocio

Los tauro tienen tendencia a engordar porque son amantes de la buena mesa. Por consiguiente, será importante que se aseguren de seguir una dieta sana y equilibrada, rica en cereales, frutas, verduras, legumbres, frutos secos, semillas y pescados grasos. Con todo, esto no siempre les resultará fácil porque suelen trabajar demasiado. Evitar las cenas muy abundantes es recomendable, como también lo es que desayunen y hagan un receso para almorzar, y que coman alimentos saludables. Hacer ejercicio físico regularmente es fundamental. Muchos tauro disfrutan con los deportes de equipo y participando en clases de ejercicio físico. Dada su tendencia a moverse despacio, les convendría practicar actividades como el aeróbic, la marcha, el *jogging*, la lucha libre, el judo y el baile, para acelerar un poco su ritmo natural. Los tauro son propensos a los resfriados, los dolores de garganta y a menudo sufren problemas bronquiales. Las buenas posturas y el ejercicio físico frecuente les ayudarán a evitar la tensión en el cuello y los hombros.

En su mayoría, los individuos de signo Tauro no tienen dificultad para disfrutar del tiempo de ocio, y nada le gusta más que entretenerse o pasar tiempo con sus amigos. De hecho, pueden ser extremadamente generosos en el uso de su tiempo y de su dinero. Las comodidades de cualquier naturaleza —la buena mesa, la buena compañía, el sexo, el lujo y la terapia de consumo— están en lo más alto de su lista de prioridades. Corren el riesgo, sin embargo, de perder el tiempo y abandonarse a la pereza. Para evitar el letargo, especialmente tras la jubilación, es aconsejable que cultiven algunos *hobbies* interesantes. Las labores solidarias y el voluntariado, así como los viajes son actividades particularmente adecuadas. La paciencia y la atención al detalle son dos de sus fortalezas, razón por la cual podrían disfrutar mucho la pintura, la jardinería y los bordados. El amor que sienten por el hogar suele manifestarse en actividades como el coleccionismo de arte, la decoración de interiores y la tapicería. Leer sobre el color naranja, meditar con este color o vestirse de color naranja levantará su espíritu y servirá para que adopten una actitud más creativa y flexible frente a la vida.

Los nacidos entre el 20 de abril y el 29 de abril

La influencia del planeta Venus es particularmente fuerte en este periodo. Las personas nacidas entre estas dos fechas suelen ser extremadamente amorosas y sensuales. Poseen, sin embargo, una marcada tendencia a querer siempre lo mejor y lo más grande, de tal manera que aprender el arte de la contención puede erigirse en uno de los mayores retos de su vida.

Los nacidos entre el 30 de abril y el 10 de mayo

Las personas que nacieron entre estas dos fechas suelen ser muy activas y disfrutan de una mente creativa, pero corren el peligro de ser excesivamente críticas consigo mismas. Así pues, en su caso el camino de la felicidad pasa por confiar en su intuición tanto como confían en su capacidad para analizar racionalmente todos los detalles.

Los nacidos entre el 11 de mayo y el 20 de mayo

Los tauro nacidos en este lapso tienen una gran conciencia de lo financiero, son extremadamente prácticos y persiguen el éxito con pasión. Dicho esto, deben asegurarse de no desarrollar una adicción al trabajo en su frenética persecución de la seguridad económica. Para sentirse plenamente realizados, necesitan conectarse con su sensualidad, y recordarse constantemente que tienen que encontrar el equilibrio entre dar y recibir, entre el trabajo y el juego.

Lecciones de vida

Los tauro pueden ser deliciosamente sensuales y táctiles, pero junto a esta actitud de búsqueda constante del placer también viajan grandes dosis de pereza y desenfreno. Así, los nacidos bajo este signo no ven ninguna razón para no conseguir todo lo que desean en la vida, un razonamiento que puede en ocasiones degenerar en materialismo y avaricia. Necesitan aprender a distinguir entre lo que necesitan y lo que quieren, ya que bajo su amor por el lujo y los placeres mundanos se oculta la idea equivocada de que lo que tienen, y no lo que son, les servirá para ganarse el respeto de los demás.

La mayor lección de vida para un tauro es, por consiguiente, aprender que la valía personal no está necesariamente ligada a su trabajo, la casa donde vive o sus posesiones, sino a quién es como persona. La valoración personal es un estado interno que no se puede comprar con dinero o cosas materiales, ni se obtiene de otras personas. Los tauro también necesitan trabajar su naturaleza posesiva y aprender que cuando se ama verdaderamente a alguien hay que darle toda la libertad.

Al ser tan testarudos y agresivos —aun combativos—, los tauro tienen que entender que cuando se enojan nadie puede controlar sus sentimientos salvo ellos mismos. Su intenso deseo de ceñirse al *status quo* y evitar el cambio a toda costa, también puede impedir que progresen, de manera que es necesario que reconozcan que no todos los cambios son negativos. En honor a la verdad, muchas veces son positivos. Cambio significa crecimiento porque abre la puerta a un mundo de posibilidades nuevas y diferentes puntos de vista que puede conducir a enormes avances. En el caso de Tauro, el secreto del éxito es aprender a creer más en sí mismos y trabajar su capacidad para gestionar el cambio y la incertidumbre. Para alguien tan firme y previsible como un tauro, la incertidumbre puede resultar verdaderamente aterradora. Ahora bien, es necesario que entiendan que si resulta tan aterradora es porque ellos *piensan* que lo es. Si los nacidos bajo este signo solar logran cambiar esta mentalidad, y eliminan sus prejuicios acerca del cambio y la incertidumbre, casi con total seguridad su vida experimentará un cambio importante para mejor.

Otros signos zodiacales pueden ayudar a los tauro a aprender estas y otras lecciones de vida. En primer lugar, los escorpio pueden enseñarles a ser más sutiles y no tan testarudos cuando una situación empeora o si las cosas no van bien. Los leo pueden fortalecer su confianza, así como enseñarles a afrontar los retos y aprovechar las oportunidades que todo cambio ofrece. Por su parte, los aries les animarán a salir de su zona de confort y los sagitario les animarán a ser más aventureros. Las personas nacidas bajo el signo de Tauro pueden obtener inspiración de los piscis y los acuario, de su capacidad para anteponer sus ideales a las ganancias materiales. Por último, junto a los dos signos de aire restantes, Géminis y Libra, los tauro conseguirán valorar —y quizás disfrutar— el cambio.

20 de abril

El nacimiento
de la personalidad hipnótica

Las personas que nacieron el 20 de abril tienen una personalidad hipnótica. Tanto así que los demás querrán convertirlos en sus líderes y seguir sus instrucciones, a veces de forma ciega. Tienen hambre de triunfo, buscan la admiración de los demás, y desean fervientemente ver cumplidos sus objetivos. Afortunadamente, también tienen un sentido muy desarrollado de la justicia y el juego limpio. Y sólo rara vez recurrirán a sus poderes hipnóticos con fines egoístas o para causas dudosas.

Una vez que han encontrado una causa o un objetivo que les inspira, estos individuos se identifican plenamente con el mismo. No obstante, pese a identificarse plenamente con los valores comunitarios, siempre preservarán una faceta sensible sensual y privada para sí. Muy apegados a lo sensorial, el contacto físico es su principal alimento. Para derribar las barreras, normalmente serán lo primeros en dar un beso, un abrazo o en estrechar la mano. Esta combinación de ambición y sensibilidad puede en ocasiones hacer que parezcan necesitados e inestables, pero también les proporciona una cualidad apasionante y muy enigmática.

Cuando estos individuos decididos y carismáticos concentran sus esfuerzos en algo, no permitirán que nada ni nadie se cruce en su camino. Semejante ambición y tenacidad indican que tienen potencial sobrado para lograr el éxito en todas las áreas de su vida. El peligro de esta visión tan clara de sus objetivos es que puede provocar una fuerte oposición. Dado que encuentran dificultades para aceptar las críticas, tienen tendencia a bloquear las opiniones y los puntos de vista alternativos, a menudo dominando a los demás. En caso de frustración, seguramente optarán por retirarse a un mundo de fantasía muy alejado de la realidad.

Para los nacidos este día es importante reconocer la importancia de mantener la mente abierta y aceptar que, pese a su innegable magnetismo personal y su capacidad para inspirar a los demás, no siempre tendrán la razón. Esta tendencia a ser inflexibles alcanza su punto álgido antes de cumplir los treinta años, pero pasada esa edad desarrollan un mayor interés por la comunicación y el aprendizaje. Si logran aprovechar esta oportunidad para ensanchar su mente, nada podrá evitar que satisfagan sus ambiciones.

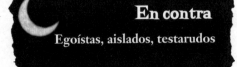

En contra
Egoístas, aislados, testarudos

A favor
**Sensuales, carismáticos,
inspiradores**

21 de abril

El nacimiento de la gracia

Los individuos formidables que nacieron el 21 de abril suelen inspirar a los demás con su gracia y su actitud trabajadora. Son personas que se exigen mucho y por ello suelen ir por delante del resto. Sin embargo, la recompensa económica y el liderazgo no son sus principales motivaciones; lo que verdaderamente les motiva es el deseo de llegar tan lejos como puedan.

Se fijan metas muy elevadas, y se conocen tanto que únicamente los imponderables pueden evitar que alcancen sus objetivos. Son personas muy dignas y seguras de sí mismas. Su tenacidad, su fiabilidad y su sensibilidad a los puntos de vista alternativos les permiten ganarse el respeto de los demás, que suelen tenerlos en alta consideración por su nobleza, gracia y lealtad. Nunca temen expresar sus opiniones y sólo lo hacen con fines positivos y constructivos.

Aunque son extremadamente compulsivos, estos individuos saben cómo relajarse, cómo reírse y cómo hacer reír a los demás. Aman las cosas buenas de la vida y, si bien esto concuerda con su personalidad hedonista y aristocrática, también puede provocar adicción a la comida, la bebida, el sexo y otros pasatiempos «hedonistas». Son especialmente vulnerables cuando en el trabajo se les critica, o si su reputación se ve amenazada. Por fortuna, cumplidos los treinta años de edad, deciden poner un mayor énfasis en la franqueza, la comunicación y sus nuevos intereses, anteponiéndolos a las cosas materiales. Es entonces cuando desarrollan una mayor resistencia y corren un menor riesgo de extraviarse.

A estos individuos nada les gusta más que ayudar a los demás para que desarrollen todo su potencial. Pueden ser muy generosos con su tiempo y en los asuntos de amor. Con todo, deberían tener cuidado y procurar no ser muy controladores y permitir que las personas que están a su cargo cometan sus propios errores. Es posible que en su vida profesional se produzcan cambios o interrupciones importantes, particularmente entre los treinta y los cuarenta y cinco años, pero tan pronto como logren encaminarse identificarán sus ambiciones gracias a su determinación y su deseo de ayudar a los demás. Entonces, siendo tan graciosos y aristocráticos, lograrán ganarse el respeto y la lealtad de todo el mundo.

22 de abril

El nacimiento de la calidad

La gente nacida el 22 de abril posee un gran carisma y suele emplear todas sus capacidades para alcanzar la calidad. Quieren conseguir el mejor trabajo, el mejor coche, la mejor casa. Son personas que transpiran poder, aunque de una manera discreta y suave. Sus familiares y amigos rara vez censuran su ambición porque suelen ser desprendidos y pródigos en elogios, cediendo el protagonismo y el reconocimiento a los demás. Asimismo, poseen un encanto hipnótico y la capacidad para convencer a su entorno casi de cualquier cosa.

Estos individuos creen que han venido al mundo con la misión de hacer algo grande. Sus muchos talentos y su imponente presencia física se expresan a la perfección organizando equipos y motivando a las personas para que trabajen en pos de un objetivo común. Los que trabajan con ellos respetan su enfoque realista de la vida y su capacidad para ofrecer apoyo y comentarios constructivos. Son personas encantadoras y seguras de sí mismas, por lo que la vida debería sonreírles. Ahora bien, tienen un hambre de poder desmedido que se erige en su mayor escollo. Existe el peligro real de que se muestren muy controladoras, intransigentes, despóticas y, en casos extremos, desagradables y excesivamente críticas con los demás.

Para evitar alienarse de la buena voluntad de los demás, los nacidos en esta fecha deben cerciorarse de utilizar sabiamente su imponente presencia, y no convertirse en esclavos de sus preocupaciones materialistas. Hasta los veintiocho años de edad lo más probable es que se esfuercen por ganar poder y lograr la seguridad económica que tanto anhelan; pero más allá de los veintinueve años desarrollarán un marcado interés por la educación y el aprendizaje de nuevas habilidades. Esto se prolongará hasta pasados los cincuenta, cuando experimentarán un giro hacia sus sentimientos y otorgarán una importancia creciente a la relación con sus familiares y amigos.

Es extremadamente importante que rechacen a las personas, los valores y los objetivos que sean inconsistentes con los principios morales y la justicia social. El desarrollo de su faceta espiritual les ayudará a ser más conscientes de su poder sin necesidad de obtener la validación externa. Una vez que hayan encontrado un objetivo vital y la técnica más adecuada para alcanzarlo, estos individuos sin duda dejarán su impronta en este mundo gracias a su visión preclara, su pragmatismo, sus excelentes dotes para la comunicación y su enorme resistencia.

En contra
Hedonistas, controladores, intransigentes

A favor
Ambiciosos, imponentes, carismáticos

23 de abril

El cumpleaños del guía esquivo

Su mayor reto es

No atrincherarse en su manera de hacer las cosas

El camino a seguir es…

Entender que el cambio es esencial para su crecimiento psicológico. De lo contrario, nunca aprenderán, nunca crecerán y nunca desarrollarán todo su potencial.

Las personas que nacieron el 23 de abril son un tanto esquivas, herméticas, y sólo unos pocos amigos íntimos las conocen bien. Esto se debe a que, aun siendo inconformistas, les gusta hacer la vida agradable a los demás, por lo que en algunos casos su entorno puede formarse una imagen equivocada de ellas. Con todo, esta falsa percepción de su persona no les incomoda, dado que son perfectamente conscientes de quiénes son y dónde se encuentran.

Aunque tienen confianza y saben acomodarse a las expectativas ajenas, esto en modo alguno significa que sean personas sumisas. Antes bien lo contrario: desde una edad temprana suelen manifestar un fuerte deseo de afirmar su individualidad y dejar su sello en el mundo. Prefieren servir de guía a los demás que seguir lo pasos de otros. Como innovadores que son, suelen detectar las tendencias futuras; pero su talento visionario nunca los separa de la realidad práctica.

Su imagen progresista los sitúa por delante de sus contemporáneos, si bien evidencian una extraña tendencia a obcecarse con sus cosas, favoreciendo la rutina y el control sobre la espontaneidad. Su naturaleza presenta una vena ansiosa y posesiva. Deberían, por tanto, superar sus reservas al objeto de cultivar unas relaciones personales satisfactorias, dado que su felicidad se ve notablemente intensificada cuando disfrutan de la seguridad de los vínculos afectivos. Hasta los veintisiete años de edad pueden refugiarse en la seguridad de la rutina y lo conocido. Cumplidos los veintiocho, se muestran más receptivos a las ideas novedosas, a nuevas maneras de pensar y de hacer las cosas. Este proceso continúa hasta poco antes de los sesenta años, cuando experimentan un giro hacia las necesidades emocionales, especialmente las que conciernen al hogar y la familia.

Compasivos y muy populares por un lado, lúcidos, originales y muy tenaces por otro, estos individuos son capaces de hacer grandes cosas. Una vez que consigan librarse de la rutina y se den permiso para desarrollar su afán innovador, no sólo podrán dejar su impronta en el mundo sino actuar como guía y fuente de esperanza para sus semejantes.

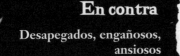

En contra
Desapegados, engañosos, ansiosos

A favor
Lúcidos, innovadores, populares

24 de abril

El nacimiento de la devoción

Nada resulta más satisfactorio para los nacidos el 24 de abril que saber que han inspirado a otros o que han guiado la vida de otros. Tienen un corazón enorme, son protectores e incondicionales de sus amigos, y creen firmemente que el mundo debería ser un lugar regido por el amor y la justicia universal.

Pueden manifestar un fuerte instinto protector con sus seres queridos, si bien es posible que se muestren tan amorosos como exasperados en el ejercicio de su rol de padres. Aunque suelen sentirse agradecidas por sus atenciones, las personas de su entorno en ocasiones pueden percibirles como individuos agotadores o restrictivos. No en vano los nacidos en esta fecha son los padres que se resisten a dar alas a su hijo para que vuele por sí mismo, o los amantes que no conciben un mundo fuera de su relación de pareja. Asimismo, pueden sentirse abandonados cuando sus seres queridos se caen del pedestal por haber incumplido alguna de sus directrices. Así las cosas, deberían dar a sus seres queridos la oportunidad de tomar sus propias decisiones, de actuar por sí mismos y, si fuese necesario, de cometer sus propios errores.

Además de sentir devoción por sus allegados, estos individuos también pueden entregarse en cuerpo y alma a su carrera profesional, con la que a veces se identifican plenamente. Si se produjese un conflicto entre sus compromisos profesionales y familiares, podrían sentirse muy dolidos y tendrían serias dificultades para encontrar el equilibrio. Esto es debido a que no logran separar sus afectos del resto de su vida. Ahora bien, si aprenden a entregarse uno poco menos, y en algunos casos a anteponer sus necesidades personales a cualquiera otra consideración, seguramente descubrirán que es posible alcanzar un equilibrio razonable.

Hasta los veintiséis años de edad suelen centrarse en sus necesidades de afecto y seguridad material. Pasados los veintisiete, encontrarán oportunidades para desarrollar otros intereses. Después de los cincuenta y siete alcanzan un punto de inflexión del que salen fortalecidos por cuanto se concentran en satisfacer sus necesidades emocionales. A lo largo de toda su vida, aprender a decir «no» con convicción les ayudará enormemente a no sentirse desgarrados por la disyuntiva planteada entre su carrera profesional y su familia. También les servirá para dejar su impronta en el mundo, así como para dar el mejor uso posible a sus capacidades organizativas, su determinación y su energía creativa.

En contra
Indecisos, de ánimo variable, abrumadores

A favor
Dedicados, colaboradores, creativos

25 de abril

El nacimiento del vigor incansable

Es difícil ignorar a las personas que nacieron el 25 de abril. Sea cual sea su complexión física, su presencia y su energía son tan dinámicas que invariablemente se imponen. Mentalmente fuertes, son personas más interesadas por la acción que por la reflexión. Tanto así que su afán de triunfo inspira la admiración y el asombro de cuantos carecen de tanta determinación.

Cuando logran emplear su considerable energía, su agudeza intelectual y su ímpetu, estos individuos disfrutan de un potencial enorme para ver cumplidas todas sus metas. A pesar de su inquebrantable determinación, en ocasiones pueden sabotear inconscientemente sus esfuerzos tomando decisiones atolondradas o corriendo riesgos innecesarios. No buscan deliberadamente el peligro, pero son individuos valientes y, si se topan con un desafío exigente, rara vez lo evitarán.

Tienden a centrar sus energías en los aspectos prácticos de la vida, perdiendo de vista todas sus sutilezas. Este enfoque pragmático y casi omnipotente, con escaso tiempo para las ideas, las teorías o la cháchara insustancial, también significa que en su persona no hay espacio para la indefinición o las vaguedades; de hecho, es frecuente que se establezcan a una edad relativamente temprana. Sin embargo, el peligro de esta actitud vital reside en su total falta de interés por las abstracciones o por el lado espiritual de la vida. Cuando las cosas van bien, rara vez repararán en las limitaciones de este área, pero cuando las cosas se tuercen o si necesitan contención emocional, se sentirán extraviados, confusos y desconcertados ante su escasez de recursos.

Afortunadamente, cumplidos los veintiséis años de edad, disfrutarán de oportunidades sobradas para comunicarse e intercambiar ideas, algo que expandirá su mente y les llevará a ampliar sus estudios. Deberían procurar no sólo poner énfasis en las cuestiones prácticas sino también en las teóricas y las espirituales. Tras cumplir los cincuenta y seis, es probable que sientan la necesidad de acercarse a sus seres queridos. Esto supone otro cambio relevante en su vida, por cuanto hasta esa fecha seguramente habrán concentrado todos sus esfuerzos en el buen desarrollo de su carrera profesional.

Por encima de todo, son personas dotadas con una gran facilidad para ganarse el respeto de los demás y, siempre y cuando logren controlar su impulsividad y alimenten su lado espiritual, pocos serán lo retos que se les resistan.

En contra
Despóticos, materialistas, apresurados

A favor
Energéticos, imponentes, leales

26 de abril

El nacimiento
de la lógica más hermosa

Aunque es cierto que las personas nacidas el 26 de abril pueden ser audaces y visionarias, uno de los rasgos que mejor las define es su atención meticulosa a los detalles. Asegurarse de que todo se haga según sus directrices es de suma importancia para ellas. De manera instintiva estos individuos son concientes de que, para que un proyecto llegue a buen puerto, es necesario prepararlo y planificarlo lógica y cuidadosamente. No en vano son los pilares de la lógica y el sentido común.

Puesto que consideran y trabajan todas las posibilidades y contingencias, sin perder nunca de vista el objetivo, no es de extrañar que terminen liderando empresas y proyectos. Son individuos muy admirados por su fiabilidad, su eficiencia, su iniciativa y su independencia. Tienen plena confianza en sus capacidades, aunque corren el riesgo de tornarse muy rígidos, enquistarse en sus creencias y despreciar las opciones alternativas. Esta tendencia controladora puede repercutir negativamente tanto en sus relaciones profesionales como en las personales. Así pues, será conveniente que aprendan a respetar la diversidad de opinión y la individualidad ajena.

Hasta los veinticinco años de edad, es posible que se dejen dominar por la testarudez, si bien, más allá de los veintiséis, se volverán más flexibles en su manera de pensar y de encarar la vida como resultado del estudio y una mayor comunicación con los demás. Cumplidos los cincuenta y seis años, sentirán la necesidad de acercarse emocional y físicamente a sus seres queridos.

Durante toda su vida necesitan asegurarse de que su amor por la lógica, el orden y el detalle no los distancie definitivamente de sus sentimientos. Es importante que entiendan que el perfeccionamiento propio no es el camino hacia una vida plena. Cuanto antes logren conectarse con sus sentimientos y con los sentimientos de los demás, antes podrán disfrutar de una vida más equilibrada y saludable. Ello se debe a que su total entrega a la causa de la perfección puede aislarles del prójimo. Aprender a aceptar y a disfrutar las incongruencias de los demás les ayudará a sentirse más acompañados.

Una vez que entiendan que los seres humanos son criaturas imperfectas y no siempre lógicas, no hará motivos para que no alcancen todas sus metas con la ayuda de sus estrategias siempre productivas e inspiradas.

En contra

Aislados, testarudos, controladores

A favor

Racionales, confiables, independientes

27 de abril

El nacimiento
de la confianza más encantadora

Las personas que nacieron el 27 de abril tienden a dirigir buena parte de sus energías hacia el interior, y a veces prefieren el mundo de las ideas a la vida social y las distracciones. Es cierto que les gusta pasar tiempo en soledad, pero esto no significa que se sientan solas. Esto se debe a que son personas seguras de sí mismas que no necesitan la aprobación o la validación de los demás. A pesar de su reserva e introversión naturales, cuando se sienten parte de un grupo social pueden resultar tan encantadoras y fascinantes como el que más.

La gente más sociable puede considerarlos tímidos o antisociales, pero lo cierto es que son individuos muy intuitivos y compasivos, que no dudarán en prestar su ayuda y su apoyo a cuantos lo necesiten. De hecho, integrados en un grupo es cuando demuestran todo lo que valen. Tanto así que su sociabilidad, su buena disposición y su altamente desarrollado sentido del humor causarán el asombro de aquéllos que previamente sólo se han relacionado individualmente con los nacidos en esta fecha. En ocasiones estos individuos pueden sentirse frustrados cuando los demás no les apoyan en la misma medida. Por ello, es importante que no lleven esta amargura al extremo y que no se les ocurra cortar su relación con el grupo y aislarse.

Son personas reflexivas que siempre evidenciarán una tendencia favorecer el conocimiento y el mundo de los conceptos sobre cualquiera otra cosa. Asimismo, estos individuos pueden sentirse tentados por los fundamentalismos y los extremismos, cosa que impedirá su crecimiento psicológico. Por suerte, entre los veinticuatro y los cincuenta y cuatro años de edad, experimentan una mayor necesidad de comunicarse e intercambiar ideas. Este puede ser un periodo extremadamente positivo y productivo en su evolución como individuos. Así, disfrutarán de sobradas oportunidades para expandir sus ideas, aprender habilidades nuevas o internarse en el estudio de nuevas disciplinas.

Su tendencia a retirarse a su universo privado, unida a su sensibilidad y a su actitud marcadamente realista frente a la vida, les proporciona una gran potencial para la innovación y la creatividad. Siempre y cuando permanezcan emocionalmente abiertos y vivan el presente antes que un futuro tan incierto como distante, cosecharán un éxito considerable, toda vez que inspirarán y mejorarán las vidas de cuantos les rodean.

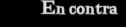

28 de abril

El nacimiento del director

Cuando las personas nacidas el 28 de abril hayan decidido qué quieren hacer, nada podrá impedir que lo consigan. Son individuos energéticos y radiantes, capaces de motivar a los demás con su imponente presencia, en los planos físico, psicológico y emocional. La vida es una danza o una orquesta, y ellos son sus coreógrafos o directores.

Los nacidos este día se encuentran entre los individuos más centrados y con las ideas más claras de todo el año. Nunca abandonan antes de vislumbrar la luz al final del túnel. Los demás reconocen instintivamente su fortaleza y su fiabilidad características; y es por ello que en tiempos de crisis son la primera opción. De inmediato toman el control de las situaciones, y animan a los demás para que adopten una actitud positiva, discurran soluciones y pasen a la acción. Procuran ser siempre honestos y así actúan con todo el mundo. Algunas personas pueden pensar que son ariscos o un poco bruscos, aunque lo cierto es que estos individuos prefieren arriesgarse a ofender a alguien que ser partícipes de un engaño.

Además de preocuparse por ser y parecer honestos, rara vez no invierten lo mejor de sí para alcanzar sus metas o llevar un proyecto a buen fin. Igualmente, son capaces de entender los pensamientos y los sentimientos de los demás, una cualidad que les sirve para guiar y dirigir a las personas con gran sensibilidad y respeto, sin caer en actitudes despóticas o autoritarias. Es cierto que algunas veces pueden ser testarudos, pero esto suele deberse al miedo a no sentirse necesitados. Deberían, por tanto, aprender que los grandes líderes, los padres y los guías son personas que saben depositar su confianza en los demás y dotarles con las herramientas que necesitan para sobrevivir.

Cultivar un amplio abanico de intereses ajenos al ámbito doméstico y aprender a tomarse menos en serio, son dos tareas que les ayudarán a desarrollar la fortaleza psicológica que necesitan para dejar de dirigir a diestra y siniestra, y permitir que sean los demás quienes dirijan sus vidas. Afortunadamente, desde los veintitrés años de edad y hasta los cincuenta y tres, avanzan por la vida a una velocidad creciente. Así, descubren intereses nuevos, aprenden habilidades nuevas y logran comunicarse de distintas maneras con su entorno. Si consiguen aprovechar estas oportunidades para el crecimiento y la diversificación, podrán emplear sus recursos, su pragmatismo y su creatividad para alcanzar todos sus objetivos y materializar sus sueños.

Su mayor reto es

Aprender a delegar

El camino a seguir es...

Entender que liderar significa dar a los demás las herramientas necesarias para que dirijan sus vidas.

En contra

Inflexibles, excesivamente protectores, bruscos

A favor

Radiantes, de ideas claras, confiables

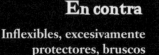

29 de abril

El nacimiento de los modales impecables

Los individuos nacidos el 29 de abril son cálidos y muy dignos, y dedican buena parte de su energía a cultivar la imagen que presentan al mundo. Con sus maneras impecables y su apreciación de los aspectos más refinados de la vida, prefieren la compañía de personas afines, aunque tienen la flexibilidad necesaria para ajustar su comportamiento a casi todas las compañías. Esto no significa que sean inseguros; muy al contrario, significa que tienen una imagen muy clara de sí mismos. Ocurre que gozar de la opinión positiva de los demás, sea cual sea su procedencia, es algo de capital importancia para ellos.

Sus amigos y compañeros de trabajo rara vez considerarán que no están preparados para manejar una situación, dado que generalmente intentarán, con todos los medios a su alcance, presentarse de la mejor manera posible y actuar dando lo mejor de sí mismos. Precisamente esta fiabilidad les lleva en mucho casos a ocupar cargos de responsabilidad. El mayor inconveniente es que esta constante necesidad de presentar una imagen perfecta y de absoluta seguridad puede resultar agotadora, especialmente porque nada les gusta más que relajarse y perder las formas.

Por consiguiente, será de vital importancia que estos individuos encuentren tiempo para disfrutar del lado más frívolo y espontáneo de la vida. El hecho de que todo el mundo cuente con ellos puede distorsionar su percepción, haciendo que se crean más importantes de lo que realmente son. Afortunadamente, entre los veintidós y los cincuenta y dos años de edad encuentran muchas oportunidades para incrementar el tempo de su vida con la incorporación de habilidades e intereses nuevos. En torno a los cincuenta y dos años de edad, es posible que concentren sus esfuerzos en lograr una mayor estabilidad emocional.

Tienden a dar antes que a recibir, y suelen mostrarse muy interesados por las opiniones ajenas. No obstante, algunas veces pueden sentirse desasosegados y profundamente inseguros sin razón aparente; generalmente, esto es el resultado de no prestar la debida atención a sus sentimientos. Si estos individuos logran aprender a canalizar su creatividad oculta y utilizan su sensibilidad en beneficio propio y no en su contra, descubrirán que poseen un potencial de transformación y guía prácticamente ilimitado, así como la clave para alcanzar el éxito en todos los planos de su vida.

En contra
Egocéntricos, orgullosos, de ánimo variable

A favor
Dignos, meticulosos, confiables

191

30 de abril

El nacimiento del compromiso

Los nacidos el 30 de abril suelen parecer tranquilos y contenidos. Son amantes de las cosas buenas de la vida y se acercan a los demás llenas de comprensión y afecto. Además, pueden ser muy divertidos, siempre y cuando no sean ellas las protagonistas de la broma o el chiste. Esta naturaleza alegre y bromista las convierte en el centro de atención. No obstante, en clara oposición a su apariencia relajada, cabe señalar que son personas muy inteligentes que no se sentirán satisfechas a menos que puedan dedicarse plenamente a su trabajo o a otra persona.

Valoran el compromiso, la responsabilidad y el deber por encima de todo. Por este motivo, se presentan ante el mundo con una imagen de personas trabajadoras, alegres y confiables. Son extraordinariamente capaces, tanto en el plano práctico como en el intelectual, y se atreven con casi todas las tareas. Dado que son verdaderos pilares de su comunidad, es frecuente que se impliquen en causas solidarias o realicen proyectos en beneficio de sus conciudadanos.

Existe el peligro de que su compromiso con el jefe, la familia o los amigos sea tan poderoso que pueda devenir incuestionable, y que por esta razón terminen aceptando tareas o haciendo recados indignos de su persona. Así, su devoción no debería cegarles ni permitir que la autoridad o la jerarquía de una persona les intimiden y les haga aceptar lo inaceptable. Asimismo, deberían tener cuidado para que su dedicación a un método, proyecto o causa no degenere en testarudez u obstinación cuando aparezcan otras alternativas. Lo habitual es que reciban cualquier forma de agresividad o crítica con enojo y amenazas veladas. Es necesario que aprendan a tomarse las críticas por lo que son: las opiniones de otras personas. Afortunadamente, entre los veintiún y los cincuenta y un años de edad, suelen concentrarse en intereses nuevos y en la adquisición de conocimientos. Durante este periodo deberían interpretar las críticas como una ocasión para el aprendizaje.

Estos individuos, más allá de su encanto, su fiabilidad y sus varios talentos, poseen un inmenso potencial para dejar su impronta en todos los proyectos que emprendan y sea cual sea el objetivo que se hayan marcado. Sin embargo, deben procurar que su necesidad de compromiso no menoscabe su objetividad. Ahora bien, una vez que logren comprometerse con una causa de alcance mundial, a buen seguro que sorprenderán a propios y extraños gracias a su espontaneidad y su incontenible capacidad de progreso.

En contra

Preocupados por la jerarquía, obstinados, inconstantes

A favor

Confiables, comprometidos, alegres

1 de mayo

El nacimiento de la perspicacia

Su mayor reto es

Aprovechar las oportunidades

El camino a seguir es…

Entender que el exceso de prudencia puede ser tan peligroso para su crecimiento psicológico como el exceso de riesgo.

Muy pocas son las cosas que se escapan a la atención de las personas que nacieron el 1 de mayo. Dotadas con una percepción intelectual verdaderamente remarcable, son individuos serenos y lúcidos aunque no demasiado locuaces. Ahora bien, cuando se deciden a hablar, escogen perfectamente las palabras y su expresión siempre causa impacto dado que responde a una observación concienzuda de las cosas.

La perspicacia es su mayor fortaleza y lo que motiva a estas personas. Al ser tan intuitivos, estos individuos perciben con exactitud lo que ocurre a su alrededor y también sus posibles consecuencias. Esto les permite confiar en sus instintos, para luego aplicar la lógica y la razón con el fin de diseñar un plan de acción efectivo. No obstante, su tranquilidad y su actitud considerada frente a la vida pueden convertirse en un obstáculo si los demás confían plenamente en ellos y en su perspectiva de las cosas. Esto podría impedir su avance. Así pues, sería conveniente que utilizaran su inteligencia emocional en beneficio propio y no sólo para beneficiar a los demás.

Estas personas necesitan tener más fe en sus capacidades. En la mayoría de los casos, son capaces de alcanzar objetivos mucho más complejos de lo que creen. Son altamente imaginativas y poseen un don natural para el liderazgo, aunque algunos no sepan apreciar su franqueza o su sentido del humor, casi siempre satírico y observador. Suelen disfrutar de la familia. El cambio o las situaciones nuevas causan su alarma, aunque su miedo no sea evidente en la superficie. Sin embargo, es importante que acepten el cambio, puesto que les ofrece oportunidades para crecer psicológicamente. Entre los veinte y los cincuenta años de edad, experimentan un mayor deseo de relacionarse con su entorno inmediato. Esto es extremadamente positivo porque les animará a diversificarse, a experimentar y a salir de su zona de confort. Cumplidos los cincuenta años, pondrán el acento sobre su estabilidad emocional.

La serenidad engañosa de las personas que nacieron en esta fecha es muy importante para ellas; ocurre que no siempre son conscientes de ello. En cualquier caso, una vez que despierten a su enorme potencial se sorprenderán y sorprenderán a los demás con su creatividad y su pasión desbordante, a través de la cual se expresará su espíritu creativo.

En contra
Cautelosos, faltos de tacto, pasivos

A favor
Ingeniosos, lúcidos, tranquilos

2 de mayo

El nacimiento de la honestidad inquisitiva

Las personas que nacieron el 2 de mayo tienen una actitud vital de rechazo a lo absurdo, y creen en los resultados antes que en las teorías. Aunque son muy admiradas por su capacidad intelectual y por su capacidad para organizar sus pensamientos originales con lógica y coherencia, tienden a expresarse con excesiva franqueza. Pese a ser brutalmente honestas, no suelen herir a los demás con sus comentarios porque sienten una inclinación natural hacia la cooperación y la armonía. Simplemente creen que la mejor manera de incidir sobre su entorno para mejorarlo es expresar crudamente todo lo que piensan.

Son individuos curiosos e inquisitivos, dotados con una mente preclara que les permite descifrar los entresijos de la mente humana. Engañarles no es tarea fácil porque no creen que sea posible dar gato por liebre. Como se ha dicho, serán respetadas por su honestidad e inteligencia, aunque en ocasiones su franqueza puede interpretarse como insensibilidad, y esto les granjeará enemigos innecesarios. En consecuencia, deberían usar su inteligencia y su vasto conocimiento de la naturaleza humana para evitarlo. También deberían evitar los chismes y las habladurías, ya que, aunque no lo hagan con malicia sino por su curiosidad natural, pueden ser malinterpretados y molestar a los demás. El respeto a la privacidad ajena será una cuestión importante entre los diecinueve y los cuarenta y nueve años de edad, un periodo en el que ponen el acento sobre la comunicación y el intercambio de ideas. Cumplidos los cuarenta y nueve, es posible que sientan la necesidad de conectarse con sus propios sentimientos y los ajenos.

Puesto que son muy perfeccionistas, estos individuos suelen brillar en todas las tareas que se les encomiendan; además, saben motivar a los demás para que emulen sus fantásticas habilidades organizativas. Aunque trabajan bien en equipo, son más productivos cuando gozan de libertad de acción y pueden desarrollarse individualmente. Este deseo de trabajar solos puede extenderse a su vida personal, siendo así que su vida privada es exactamente eso: privada. Pese a su reticencia, su satisfacción es máxima cuando sienten el apoyo de sus familiares y amigos.

Por encima de todo, se trata de personas afectuosas e inteligentes. Si escuchan el consejo sincero de los demás y lo aplican a su vida, disfrutarán de sobrado potencial para alcanzar un éxito extraordinario, sea cual sea el camino que elijan en la vida.

Su mayor reto es

Aprender a ser más sensibles a los sentimientos de los demás

El camino a seguir es…

Entender que a la gente no siempre le resulta fácil encajar la verdad. Por ello, necesitan encontrar una manera más suave de exponerla.

En contra

Faltos de tacto, exigentes, adictos al trabajo

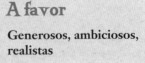

A favor

Generosos, ambiciosos, realistas

3 de mayo

El nacimiento de la eficiencia espectacular

Las personas que nacieron el 3 de mayo no sólo se organizan bien, sino que son extraordinariamente eficientes. Sus hogares y sus puestos de trabajo son espacios perfectamente ordenados, siendo así que su encanto natural y su buena educación les reportan una legión de admiradores y amigos.

Las vidas de estas personas son un claro reflejo de su enfoque eficiente. Con ellos se puede contar para que las cosas funcionen adecuadamente, tanto en el plano profesional como en el doméstico. Lentos pero seguros, estos individuos avanzan a paso firme y no suelen sufrir cambios o golpes de suerte repentinos. Durante su adolescencia pueden haberse sentido limitados de una u otra forma, si bien todos los reveses que puedan experimentar allanarán su camino hacia dos virtudes muy positivas: la determinación y la paciencia. Siempre y cuando sigan avanzando hacia delante, la vida les recompensará con felicidad y muchos éxitos.

Entre los dieciocho y los cuarenta y ocho años de edad, necesitarán comunicarse, algo que puede ser muy beneficioso si permiten que aflore todo su potencial y no lo dilapidan con la rutina y el miedo al cambio. Cumplidos los cuarenta y nueve, sentirán una mayor necesidad de estabilidad emocional. Una vez más, esto puede ser muy positivo si aceptan el hecho de que no es posible controlar ni categorizar los sentimientos.

Testarudos y dotados con una voluntad de hierro, es posible que estos individuos tengan problemas con otras personas menos sistemáticas. Pueden emitir juicios de valor muy duros sobre las personas y las situaciones, y por ello es necesario que sean menos rígidos, menos negativos y menos exigentes en su objetividad. Asimismo, tienen tendencia a preocuparse en exceso y a trabajar muy duro para probarse y probar sus capacidades. Por suerte, son individuos perceptivos y su vida mejorará notablemente si de tarde en tarde se conceden un tiempo para reflexionar sobre su persona, su comportamiento y los efectos que produce en los demás.

Por encima de todo, las personas que nacieron este día son muy valoradas por su entorno, especialmente por su infrecuente objetividad y su capacidad para organizar y plantear eficientemente todos los procesos. Tienen mucho que enseñar a los demás, y siempre y cuando recuerden controlar su tendencia al desapego emocional —particularmente en sus relaciones personales—, y escuchen los dictados de su corazón, disfrutarán de sobrado potencial para hacer realidad sus grandes sueños reformistas y de progreso.

En contra
Negativos, exigentes, adictos al trabajo

A favor
Analíticos, lúcidos, populares

4 de mayo

El nacimiento
de la bondad más deslumbrante

Aun cuando a menudo sus maneras son suaves y reservadas, los nacidos el 4 de mayo poseen un encanto fácil y una chispa hipnótica que atrae a la gente que busca orientación, dirección o apoyo. Sea cual sea la situación, suelen terminar ejerciendo de maestro o de guía, y con razón. Lo cierto es que hay mucho que aprender de estos individuos.

Se trata de personas con una aguda percepción aunque no excesivamente críticas. Asimismo, son afectuosas y rápidamente perciben la bondad en los demás. Poseen una voluntad de hierro y una fortaleza interior encomiable. Sin embargo, ambas virtudes pueden fácilmente transformarse en obstinación, especialmente cuando sus opiniones o sus ideales son puestos en tela de juicio. Gracias a su apariencia tranquila y estable, las personas que necesitan orientación práctica y emocional buscarán su compañía. Es, por tanto, muy importante que no caigan en la abnegación.

En su mayoría, estas personas terminan entregando mucho de sí mismas a los demás, particularmente a sus familiares y amigos. Esto no debería impedir que persigan sus sueños, por mucho que piensen que con ello incumplen la responsabilidad contraída con su entorno. Suelen dar mucha importancia a la vida doméstica pero, una vez más, es necesario que no permitan que sus allegados se apoderen completamente de sus vidas.

Prefieren animar o ayudar a los demás con hechos y con su vivo ejemplo de compasión y confiabilidad, antes que explayarse con palabras y teorías. Su calma y su actitud vital cargada de sentido común les granjean un gran número de admiradores. Con todo, su interior alberga un amor al riesgo que necesita expresarse. Y no deberían reprimirlo sino enfrentarlo. Así, cuando llegue la hora de hacer grandes cambios —típicamente entre los diecisiete y los cuarenta y siete años de edad—, necesitarán escuchar la voz del instinto, buscar nuevos caminos y avanzar. Esto no menoscabará su sentido de la responsabilidad ni su brillante reputación; antes bien los realzará dado que, para sentirse plenamente realizados, estos individuos tan inspiradores, confiables y perceptivos necesitarán hacer algo más que soñar sus ilusiones y esperanzas. Tendrán que vivirlas.

Su mayor reto es

No agotarse atendiendo a las necesidades ajenas

El camino a seguir es…

Entender que la mejor manera de ayudar a los demás para que sean autosuficientes es con el ejemplo, esto es, siendo autosuficientes.

En contra
Insatisfechos, obstinados, sacrificados

A favor
Desprendidos, entregados, cálidos

5 de mayo

El nacimiento de la energía motivadora

Las personas que nacieron el 5 de mayo suelen discurrir soluciones originales e innovadoras. Además, estos individuos conocen la mejor manear de implementarlas. Su entorno confía plenamente en su criterio y en su capacidad para tener ideas cuando las cosas se empantanan y precisan una inyección de energía motivadora. Poseen un enorme caudal de energía y, salvo que se sientan amenazados o disminuidos, siempre parecerán incansables.

Poseen grandes dotes para la comunicación y saben cómo exponer sus ideas y conocimientos. Esto no significa que lo sepan todo; tan sólo significa que nada les gusta más que motivar e inspirar a las personas para que pasen a la acción. Y lo hacen yendo al fondo del asunto. En no pocos casos, esto puede suponer decir algunas verdades incómodas. Su objetivo nunca es molestar a los demás, sino ayudarles a progresar, aunque es cierto que si aprendieran a escuchar sus relaciones personales mejorarían sustancialmente.

En general, tienen dificultad para contenerse cuando son testigos de los errores de los demás, y no dudan en asumir el rol de padre, tutor o mentor. Es un rol que se toman muy en serio; tanto así que, si se ven amenazados, pueden sufrir episodios de celos o desarrollar comportamientos agresivos y manipuladores. Así las cosas, deberían intentar ser menos posesivos y aceptar las necesidades de los demás y el derecho a cometer sus propios errores, especialmente entre los dieciséis y los cuarenta y seis años de edad, cuando los nacidos en esta fecha concentran su energía en todas las formas de comunicación. Cumplidos los cuarenta y seis años, es posible que desarrollen una mayor sensibilidad hacia los sentimientos propios y ajenos.

Bajo una apariencia culta y pragmática se oculta un individuo idealista en grado extremo. Para evitar convertirse en unas personas excesivamente serias, es necesario que aprendan a utilizar su inusual sentido del humor. Para sentirse más realizados necesitan confiar un poco más en sus instintos. La conciencia de su poder les proporcionará la seguridad y la espontaneidad que necesitan; y de este modo podrán concentrar su energía no sólo en orientar a los demás sino en motivarse para expresar y desarrollar su gran creatividad.

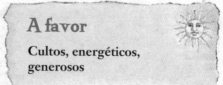

En contra
Didácticos, controladores, celosos

A favor
Cultos, energéticos, generosos

6 de mayo

El nacimiento de la estrella sensible

Los nacidos el 6 de mayo son personas muy imaginativas, intuitivas y dotadas con una fina sensibilidad para entender los sentimientos, los sueños y las esperanzas de los demás, especialmente lo más desfavorecidos. Fascinados por la psique humana y siempre dispuestos a conocer las motivaciones ajenas, suelen sentir se obligados a transmitir sus conocimientos. Si no orientan o dirigen a alguien, serán su fuerza inspiradora, básicamente porque son personas que viven los sueños y las fantasías que la mayoría de nosotros reprime.

Además de sintonizar con los sentimientos ajenos, también son muy sensibles a todo lo que afecta a su persona. Esto puede comportar ciertos malentendidos y malestares que podrían evitarse. En consecuencia, deberían aprender a ser un poco más objetivos en sus relaciones personales; de no hacerlo, experimentarán inseguridades, incertidumbre y no pocas decepciones. Entre los quince y los cincuenta y cinco años de edad ponen el acento sobre la comunicación y el intercambio de ideas, de manera tal que les convendrá no tomarse las cosas demasiado en serio. Pasados los cuarenta y cinco, se concentrarán en la cercanía emocional, la seguridad y la familia.

Su interés por la naturaleza humana puede trascender sus facetas social y profesional para trasformarse en un deseo profundo de hacer algo beneficioso para el mundo. Esto podría resolverse en la forma de la defensa de una causa noble, y servirá para que se sientan más realizados.

El mayor obstáculo que enfrentan en su desarrollo como individuos es la falta de fe en sus capacidades. Esta situación puede provocar cambios repentinos en su estado de ánimo y brotes de indecisión. Son propensos a sufrir vaivenes emocionales y, por este motivo, es necesario que apliquen en su persona sus conocimientos teóricos del comportamiento impredecible, que tan útiles son en su relación con los demás. Si lo logran, descubrirán que buena parte de su inestabilidad emocional deriva de la falta de confianza en sus capacidades.

Esta duda permanente puede provocar que asuman un rol secundario y desperdicien parte de su potencial creativo. Pero son personas que responden bien al consejo y al aliento. Así, la lectura de biografías de personas admirables y textos de autoayuda les servirá para recuperar el control de sus vidas. Deberían recordar que cada paso que den hacia el cumplimiento de sus sueños y ambiciones será fuente inspiración y motivación para las personas de su entorno.

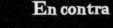

7 de mayo

El nacimiento de la perfección absoluta

Las personas que nacieron el 7 de mayo son una curiosa mezcla de introspección espiritual y preocupación por la imagen personal. Aunque son capaces de reconocer que en esta vida los valores fundamentales son de naturaleza inmaterial, también sienten un fuerte deseo de impresionar a los demás. Esta combinación de valores interiores y exteriores se ajusta coherentemente a su búsqueda de la perfección en todas las áreas de su vida.

Además de ser profundamente sensibles y compasivos, también son elegantes y muy hábiles en la comunicación de sus ideales. Fieles observadores de estos ideales, en ellos invierten hasta el último gramo de su energía, física, mental y espiritualmente. Esto puede originar una peligrosa tendencia a dar demasiado de sí mismos, si bien en su mayoría son muy conscientes de este riesgo y saben cuándo y dónde trazar la frontera. En cualquier caso, deberían asegurarse de no perder la perspectiva antes de cumplir los cuarenta y cinco años, un periodo caracterizado por un mayor énfasis en el cambio, la comunicación y el aprendizaje de habilidades nuevas. Pasados los cuarenta, será de vital importancia que no pierdan la noción del yo, dado que alcanzan un punto de inflexión que les llevará a concentrarse en las relaciones emocionales, la familia y su comprensión instintiva de las necesidades ajenas.

Sin embargo, la búsqueda de la perfección es el rasgo que más distingue a estos individuos. Siempre existe el peligro de que se manifieste en la forma de expectativas y fantasías completamente irrealizables, por lo que será necesario que se apliquen en la tarea de fijarse ideales que puedan ser materializados. En el plano estrictamente material, su inteligencia y su iniciativa les conducirán al éxito. Hacer dinero no será un problema para ellos, si bien conservarlo a veces podrá serlo —fundamentalmente porque disfrutan compartiendo las cosas buenas de la vida.

Por lo que respecta a sus objetivos internos o espirituales, tienen que aceptar el hecho de que encontrar un significado espiritual profundo es una misión vitalicia. Para ello, necesitarán recurrir a su intuición natural a fin de conectarse con su sabiduría y su creatividad, las cuales, si permiten que se expresen libremente, contribuirán a que sus anhelos más íntimos se ven plenamente realizados.

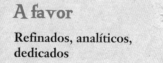

8 de mayo

El cumpleaños del mensajero irresistible

Las personas nacidas el 8 de mayo tienen una voluntad de hierro y rara vez se dan por vencidas. Son personas totalmente dedicadas a sus ideales que no dudan en erigirse en portavoces de ciertos colectivos. Creen fervientemente en sus capacidades y esta seguridad resulta tan irresistible que los demás no pueden dejar de sentirse inspirados o impresionados por su mensaje.

Típicamente, son individuos con convicciones fabulosas que se afanan por comunicarlas con su innegable capacidad de persuasión. Cuando se apasionan, pueden parecer un tanto excesivos, críticos o duros a ojos de los demás. Está claro que la diplomacia no es una de sus virtudes, pero tienen potencial para ser unos comunicadores excelentes. Una vez que hayan aprendido a transmitir su mensaje con la ayuda de la suave persuasión, entenderán de manera instintiva el valor de la conversión —frente a la alienación—, una estrategia que explotarán brillantemente en su relación con el prójimo.

Aunque es cierto que sus convicciones les granjean la admiración de su entorno, estos individuos también pueden infundir cierto temor en algunas personas. Ahora bien, bajo esta apariencia un tanto dura se oculta una faceta delicada, afectuosa y generosa que sólo mostrarán a sus seres más queridos —esencialmente porque consideran que mostrarse vulnerables es un signo de debilidad. Es importante que entiendan que la delicadeza también encierra buenas dosis de fortaleza y poder. En ocasiones pueden mostrarse muy serios e inflexibles, y a menudo será bueno que adopten una actitud más ligera o menos estricta. Entre los trece y los cuarenta y tres años de edad, gozarán de muchas oportunidades para descubrir su faceta más lúdica puesto que ponen el acento sobre la comunicación y la diversificación. Cumplidos los cuarenta y tres, se enfocarán en los vínculos emocionales con los demás y, una vez más, si logran ser un poco más flexibles, la felicidad y la realización personal estarán a su alcance.

Con su gusto innato por la belleza, en ocasiones sentirán una fuerte conexión con el mundo natural y sus zonas limítrofes. Consecuentemente, estos individuos podrían dedicar sus esfuerzos a trabajar algunas cuestiones medioambientales, a la preservación de edificios históricos o simplemente a practicar mejoras en su casa o su vecindario. Sea cual sea el proyecto al que decidan dedicarse, el arte de la diplomacia facilitará enormemente la tarea y servirá para que vean realizadas sus ambiciones.

En contra
Críticos, duros, resistentes

A favor
Extravertidos, afectuosos, persuasivos

9 de mayo

El nacimiento del activista

Su mayor reto es

Controlar la ira

El camino a seguir es...

Identificar la causa del enojo y tener un plan para contrarrestarlo.

Las personas que nacieron el día 9 de mayo pueden parecer serenas y contenidas en la superficie, pero quienes las conocen bien saben que albergan una poderosa energía interna. Poseen un claro sentido de la moralidad y la justicia, y en general se sienten obligadas a ejercer el rol de manifestante, reformador o activista, especialmente cuando son testigos de alguna injusticia o algún abuso.

Por encima de todo, estos individuos desean apoyar a los más desfavorecidos o bien desempeñar un papel importante en su causa o ayudar a cambiar su suerte. En ocasiones tienen un sentido del honor tan acusado que parecen haber venido de otra época o de un mundo más civilizado. Cuando abogan por una causa humanitaria o defienden los derechos de los oprimidos, emplean todo el poder de su compasión, su imperturbabilidad y su valentía, que bien pueden haber desarrollado a resultas de las privaciones o las dificultades del pasado, quizás durante la infancia o en la adolescencia. Hasta los cuarenta y dos años de edad, ponen el acento sobre los cambios de rumbo repentinos, cosa que podría suponer un aprendizaje muy esforzado a través de los reveses de la vida. Ahora bien, cumplidos los cuarenta y tres la vida tiende a ser un poco más fácil y pueden por fin concentrarse en adquirir una mayor seguridad, tanto emocional como financieramente.

Puesto que son personas muy comprometidas con su visión progresista de la sociedad, encontrarán dificultades para perdonar los fracasos de los demás, por cuanto esperan que todo el mundo viva de acuerdo a sus muy elevados ideales. Cuando experimentan un desengaño o una desilusión, ya sea en casa o en el trabajo, pueden reaccionar con unos estallidos temperamentales completamente inesperados. Por lo tanto, será muy importante que aprendan a controlar su ira, dado que todo el apoyo y el respeto que se han ganado gracias a su poder de persuasión y su carisma, podría desvanecerse en un instante si estos brotes temperamentales se repiten.

Una vez que estos individuos aprendan a ser más flexibles y a responder de manera más constructiva cuando sean testigos de alguna situación que les irrite profundamente, el éxito personal y, lo que es más importante, el de los ideales que defienden, estarán garantizados.

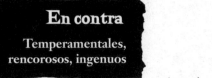

En contra
Temperamentales, rencorosos, ingenuos

A favor
Morales, honorables, justos

10 de mayo

El nacimiento del ritmo natural

Las personas nacidas el 10 de mayo viven según su ritmo natural. Esto significa que suelen sobrevolar la vida en lugar de sobrellevarla. De manera intuitiva parecen saber cuándo hacer un movimiento, cuándo retirarse, cuándo incrementar la velocidad y cuando frenarse. En la mayoría de los casos, este enfoque vital intuitivo es el más acertado.

Son personas que hacen las cosas a su manera. Aunque sus sugerencias suelen ser innovadoras, en general trabajan mejor individualmente que integradas en un equipo. Los proyectos capaces de alimentar su imaginación las absorben por completo, siendo perfectamente capaces de defenderlos en solitario. Aunque se comunican eficientemente y poseen una tenacidad que les granjea el apoyo de los demás, también tienen un lado impulsivo, irreflexivo y en ocasiones hedonista que puede granjearles enemigos o causarles problemas.

En este contexto, deberían pensárselo dos veces antes de dar un salto, y asegurarse de empeñar toda su tenacidad y su energía en causas que verdaderamente lo merecen. Antes de los cuarenta y dos años de edad corren el riesgo de embarcarse en proyectos dudosos o, por lo menos, cuestionables. Durante este periodo pueden buscar la ayuda de un mentor o guía con las mejores intenciones. Cumplidos los cuarenta y tres, podrán concentrarse en la búsqueda de la seguridad emocional que necesitan y tienen que aprovechar esta oportunidad para conectarse más profundamente con los sentimientos propios y ajenos. Si no se abren e ignoran las obligaciones aparentemente triviales de las relaciones personales íntimas, lo más probable es que se queden al margen de los beneficios de la interacción humana.

La actividad y el movimiento son de extrema importancia para los individuos nacidos en esta fecha, toda vez que podrían deprimirse si no hacen ejercicio físico regularmente. Disfrutan de un lado sensual realzado que los convierte en excelentes amantes. No obstante, es necesario que se alejen de cualquier forma de hedonismo. Dotados con una imaginación muy desarrollada, una sensibilidad y una inteligencia destacables, disfrutan observando el mundo desde un enfoque que suele ser avanzado a su tiempo. Todas estas cualidades sirven para que las personas nacidas el 10 de mayo puedan innovar y dejar su impronta en este mundo.

Su mayor reto es

Encontrar tiempo y energía para los demás

El camino a seguir es…

Entender que las relaciones personales no son incompatibles con la plena dedicación a un proyecto; se trata de encontrar un equilibrio.

En contra
Irreflexivos, egoístas, inciertos

A favor
Ágiles, intuitivos, valientes

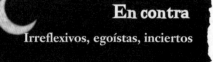

202

11 de mayo

El nacimiento de un don singular

Las personas nacidas el 11 de mayo poseen un elevado sentido estético, independiente y altamente desarrollado, que rechaza el constreñimiento de las normas, las regulaciones y las imposiciones ajenas. Viven en un mundo de su propia creación y disfrutan agregando su toque distintivo, personal y colorista en todas las situaciones que les plantea la vida.

Son personas extraordinariamente creativas capaces de convertir la rutina y las tareas cotidianas en algo completamente nuevo y entretenido. Son personas capaces de transformar las faenas domésticas en actividades lúdicas, y los deberes escolares en emocionantes retos. Sienten un irrefrenable deseo de conocer la verdad de las cosas por sí mismas. Su actitud vital hace que desafíen, sorteen o pasen por encima del pensamiento convencional. En esta búsqueda incansable, estos individuos concentran los poderes de su imaginación, su percepción, su originalidad y una tenacidad cercana a la obstinación.

Entre las muchas virtudes que poseen, cabe destacar su capacidad para hacer la vida más colorida y excitante, algo que propicia la gratitud de los demás. Pese a ser individuos muy entretenidos e inspiradores, pueden aislarse en su mundo de ensueño y perder la noción de la realidad. Si bien es cierto que los hay que tienen talento para ganar dinero gracias a sus ideas originales, también lo es que otros tienen dificultades para que sus sueños e imaginaciones funcionen en el mundo real. Por consiguiente, cuando expresen su creatividad nunca deberían menospreciar los comentarios de los demás. Si no se ciñen a los hechos y no distinguen las fantasías de aquello que puede materializarse, es posible que su entorno los tilde de seres muy inteligentes pero completamente inútiles.

Hasta los cuarenta años de edad se centrarán en el cambio y el cultivo de nuevos intereses. Esto suele resolverse con un largo periodo dedicado al estudio y la experimentación, durante el cual deberían tener cuidado para no perderse en la exageración o la fantasía. Cumplidos los cuarenta y uno, se incrementa su sensibilidad y ponen un mayor énfasis en la vida familiar y doméstica. Tienen que entender que poseen el potencial suficiente para conseguir algo mejor que la admiración de los demás, a saber: el respeto y la lealtad de todas aquellas personas que tengan la suerte de cruzarse en su camino.

En contra
Irrealistas, excéntricos, desapegados

A favor
Creativos, distintos, amorosos y divertidos

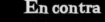

12 de mayo

El nacimiento
de la lucidez

Su mayor reto es

Expresar sus opiniones con tacto

El camino a seguir es…

Entender que, en general, las personas responden mejor cuando uno hace que se sientan bien.

Las personas que nacieron el 12 de mayo pueden parecer estables y sensibles en un primer momento pero, pasada la fase de charla insustancial, aparece una apersona encantadora y muy ingeniosa. A decir verdad, lo habitual es que sorprendan a su interlocutor gracias a su inteligencia, su ironía y su capacidad para ver los matices.

Poseen una energía y una fuerza de voluntad tremendas y, aunque no necesariamente buscan el liderazgo, suelen ascender hasta esta posición por méritos propios, gracias a su dedicación y a que no escatiman esfuerzos. Independientes y seguros de sí mismos, pero también accesibles, son individuos que inspiran confianza en las personas de su entorno. Asimismo, son extremadamente observadores y muy capaces de capitalizar sus facultades críticas. Aunque recurren al sentido del humor y al elemento de sorpresa para poner en tela de juicio el pensamiento convencional, en ocasiones esto puede degenerar en crítica amarga y sarcasmo. Así las cosas, necesitan aprender a controlar sus observaciones mordientes para así evitar alejarse de sus allegados.

Hasta los treinta y nueve años de edad, ponen el acento sobre el estudio y el desarrollo de sus habilidades comunicativas. Durante este periodo deben aprender a suavizar su afilada lengua con humor. Cumplidos los cuarenta, percibirán la importancia del hogar y la necesidad de ocuparse emocionalmente de sí mismos y también de los demás. En estos años necesitan mostrar su lado más generoso destacando las fortalezas y las debilidades de quienes les rodean, elogiándolas tanto como las critican. Una vez que hayan entendido que cuanto más den más recibirán, nada podrá evitar que hagan realidad sus sueños.

No obstante, en lo tocante a la expresión de sus ideas y sueños cabe señalar que suelen ser un poco reticentes. Como resultado de ello, los demás pueden intuir que encierran algún misterio, que en ellos hay algo distante que no conocen. Preservar algo de nosotros mismos en el ámbito de lo estrictamente privado no es un problema; el peligro radica en el hecho de que no revelar lo que uno piensa y criticar lo que piensan los demás puede dar pie a que se les acuse de señalar problemas sin aportar soluciones, y esto es profundamente molesto. En todo caso, se trata de una acusación injusta toda vez que los nacidos este día, con su optimismo y su original visión del mundo, tienen un enorme potencial para motivar e inspirar a las personas de su entorno.

En contra

Sarcásticos, difíciles, distantes

A favor

Observadores, irónicos, analíticos

13 de mayo

El nacimiento
del niño travieso

Algunas personas se sienten instantáneamente atraídas por el carisma y el lúdico encanto de los nacidos el 13 de mayo. Estos espíritus indómitos siguen sus instintos y, aunque a menudo entran en conflicto con las convenciones y las restricciones que la sociedad les impone, su presencia traviesa e infantil siempre ejerce un poder electrizante sobre los demás.

Autodidactas en algunos aspectos, estos individuos se relacionan de manera franca y natural tanto con las personas como en cualquier situación. Tienen facilidad para hacer amigos rápidamente y, como resultado de ello, atraen la buena suerte. Desafortunadamente, esto puede suscitar el resentimiento y la envidia de su entorno. Así las cosas, deberían ser conscientes del efecto que su éxito y su popularidad producen en los demás. Si fuese necesario, deberían contener su actitud franca y optimista o bien encontrar el nivel de intensidad más adecuado a su audiencia.

En consonancia con su personalidad alocada e infantil, la rutina y las cuestiones prácticas les aburren sobremanera. Son amantes del movimiento, la variedad y el cambio; tanto así que si se sienten estancados o restringidos de alguna manera, podrían deprimirse o incurrir en comportamientos temerarios. Aunque esta actitud de mariposa atolondrada los convierte en unos individuos fascinantes dotados con grandes conocimientos y una amplia experiencia, si profundizan en los temas y en las situaciones seguramente descubrirán que el conocimiento exhaustivo y el compromiso pueden ser muy enriquecedores. Antes de los treinta y siete años de edad deberían profundizar en su actitud vital y cultivar su apariencia. Ahora bien, cumplidos los treinta y ocho, es posible que se preocupen algo más por sus vínculos emocionales.

Aunque parecen levitar sobre la vida, es muy probable que en algún momento se produzca un hecho relevante, generalmente con consecuencias dolorosas o desagradables, que les proporcione el ímpetu que necesitan para potenciar su lado más serio y ocuparse del bienestar de los demás. Cuando estos nuevos objetivos vitales se combinen con el entusiasta disfrute de la vida que les caracteriza, sus posibilidades de alcanzar el éxito en todas las áreas de su vida serán ilimitadas.

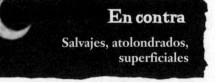

En contra

Salvajes, atolondrados, superficiales

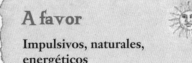

A favor

Impulsivos, naturales, energéticos

14 de mayo

El nacimiento de la imagen progresista

Los individuos nacidos el 14 de mayo presentan una imagen progresista, son estructurados e intelectualmente avanzados con respecto a los restantes miembros de su generación. Su pensamiento progresista les permite ver el potencial y posibilidades que pasan desapercibidas a otras personas con menos imaginación.

Son extremadamente energéticos, siendo así que su nervio, su iniciativa y su curiosidad sin límites les impulsan en su avance. Orgullosos e independientes, rara vez buscan la ayuda de los demás. Ahora bien, tal es el poder de su visión que no es extraño verles rodeados de gente influyente que les ayudará en caso de que se lo pidan. Estos individuos están capacitados para levantar cualquier empresa que se propongan. Erigirse en abanderados del progreso es la única vía hacia su entera satisfacción.

Son trabajadores infatigables que aspiran a la excelencia en todas las áreas de su vida. Y normalmente la alcanzan, pero tienen que pagar un precio. Así las cosas, unos altos niveles de estrés, un fuerte desgaste físico y emocional y la tensión nerviosa, son los mayores peligros que enfrentan. Es, pues, importante que reconozcan sus límites y, por fascinante que el futuro pueda parecer, que disfruten tanto como puedan del presente. Esta tendencia a empujar sus límites y a ser muy críticos con su trabajo será una constante durante toda su vida, un problema que deberán resolver, preferiblemente, antes de cumplir los treinta y seis años. A los treinta y siete pueden sentirse motivados por la construcción de un hogar, por los vínculos familiares y las necesidades emocionales. Entonces, pasados los sesenta y seis, se tornarán mucho más estables y seguros de sí.

Dado que la gente nacida el 14 de mayo siempre está mirando el futuro de reojo, en algunas ocasiones sus opiniones o visones podrán ser malinterpretadas o, lo que es peor, ridiculizadas. Esto puede ser causa de grandes quebraderos de cabeza, pero si aprenden a contenerse y esperan su momento, lo más probable es que los demás comprendan y finalmente adopten su manera de pensar. Y una vez que aprendan a ser menos críticos con su trabajo y a ser más pacientes con los demás, no cabe duda que discurrirán un sinfín de ideas progresistas capaces de cambiar el mundo.

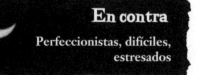

En contra
Perfeccionistas, difíciles, estresados

A favor
Innovadores, estructurados, energéticos

15 de mayo

El nacimiento
de la introspección deliciosa

Las personas que nacieron el 15 de mayo son inteligentes, encantadoras y tienen una imaginación tan rica como poderosa. De mentalidad juvenil, poseen la capacidad de tocar la fibra sensible de cuantos se cruzan en su camino.

Lo que les hace tan especiales es, esencialmente, su creatividad. Son personas que discurren soluciones brillantes o ideas mágicas; por si fuera poco, en su compañía el mundo parece un lugar más colorido y fresco. Suelen vivir en un universo onírico, razón por la cual no son muchas las personas que se acercan a pedirles consejo. En el trabajo es posible que vean la solución, pero rara vez la expondrán o tomarán la iniciativa a menos que su jefe se lo pida explícitamente. Igualmente, en su vida personal esperarán que los demás tomen la iniciativa. Por consiguiente, es importante que den un paso al frente y asuman la responsabilidad de su creatividad y su talento, porque es la única vía para que consigan desarrollar todo su potencial y ver cumplidos sus sueños.

Desde los seis y hasta los treinta y seis años de edad, ponen el acento sobre la educación, la comunicación y los nuevos intereses. Esta es una de las razones por las que sus facultades imaginativas son tan avanzadas, y por las que en muchos casos optan por seguir estudiando cuando sus compañeros han abandonado la escuela. Sin embargo, en torno a los treinta y seis años de edad, el hogar y la vida familiar les brindarán oportunidades para sacudirse la pasividad y convertirse en unos individuos más seguros de sí mismos y de sus capacidades.

Es frecuente que su entorno les vea como seres de otro planeta, habitantes de un mundo imaginario. En muchos aspectos se trata de una inferencia correcta, toda vez que sienten una irresistible urgencia de adquirir conocimientos, a menudo de tipo místico. Pese a la imagen soñadora que presentan al mundo, una vez que aprendan a asumir la responsabilidad de sus múltiples talentos, rara vez se aislarán de las personas que conforman su entorno. Esto es debido a que los demás siempre se sentirán atraídos por su capacidad para exponer los frutos de sus aventuras mentales de manera inspiradora, iluminando con ello la vida de cuantos les rodean.

En contra

Pasivos, insatisfechos,
desapegados

A favor

Imaginativos, inteligentes,
encantadores

16 de mayo

El nacimiento del color vivo

Las personas nacidas el 16 de mayo poseen una energía salvaje que se manifiesta de maneras muy diversas, extravagantes e inesperadas. Es probable que a muy temprana edad reconocieran en su interior la necesidad de volar por encima de los convencionalismos o de rebelarse a su manera, generalmente exagerada y llamativa. Son personas coloridas y muy expresivas. En su compañía la vida puede ser impredecible, aunque nunca aburrida.

También es cierto que algunas de estas personas son menos extravertidas y quizás encaran la vida con un enfoque más sosegado. Ahora bien, esta tendencia a la extravagancia seguirá expresándose cuando se apasionen o si sus intereses se ven amenazados. De hecho, sean introvertidos o extravertidos, estos individuos pueden ser extremadamente volátiles, por lo que su entorno no tarda en descubrir que lo mejor es tratarles con mucho cuidado y pies de plomo. Si no logran controlar su naturaleza salvaje, corren el riesgo de malgastar su energía y dilapidar su potencial con arrebatos temperamentales tan dramáticos como fútiles en última instancia. No obstante, si aprenden a poner coto a su energía y a su pasión, su potencial, especialmente para las empresas creativas, será virtualmente ilimitado.

Para ellos la vida es una cuestión de extremos. Es importante que se hagan cargo de sus emociones y aprendan a ser menos reactivos, de modo que en los malos tiempos tengan mecanismos para hacer frente a las dificultades y finalmente superarlas. Hasta los treinta y cinco años de edad estos individuos ponen el acento en la educación y el aprendizaje. Este será un periodo idóneo para que aprendan a gestionar mejor sus emociones, ya que se muestran más receptivos a las nuevas maneras de pensar y de hacer las cosas. Cumplidos los treinta y seis, concentrarán sus esfuerzos en alcanzar una mayor seguridad emocional y en construir la vida familiar y doméstica. Para que en este tiempo su vida profesional y personal sea plenamente satisfactoria, deberán priorizar, una vez más, la autodisciplina.

Aunque el dominio de sí es la clave de su éxito, no deberían conseguirlo a costa de perder esta personalidad tan colorida y expresiva. Y no debería ser así porque el estilo dinámico de su expresión y la pasión con que defienden sus convicciones son sus principales argumentos para impresionar a los demás. Hecho esto, los nacidos el 16 de mayo agregarán un toque de color y exotismo al mundo que les rodea.

En contra
De ánimo variable, inestables, volátiles

A favor
Expresivos, coloridos, sensuales

17 de mayo

El nacimiento de la simplicidad profunda

Las personas que nacieron el 17 de mayo tienen un código ético muy claro que les guía en su periplo vital y que aplican en todas las decisiones que toman. Son personas sinceras que van directamente al grano. Tienen el talento de hacer comentarios sencillos a la par que profundos sobre las situaciones.

Con poco tiempo para los chismes, dicen lo que piensan y piensan lo que dicen. Son un ejemplo inspirador para los demás, pero no tienen mucha paciencia con aquellos que intentan eludir sus responsabilidades. Si estos individuos notan que alguien está aflojando o se está escaqueando, lo más probable es que se lo reprochen abiertamente. Desafortunadamente, con este enfoque descarnado se ganan tantos amigos como enemigos, de lo cual se deduce que con un poco de tacto se beneficiarían notablemente. Su enfoque lúcido y original, combinado con su rechazo frontal a cualquier cosa les desvíe de su camino, bien podría ser la receta del éxito. Si no lo es, será porque sobrestiman el poder de lo que pueden conseguir sólo con determinación y fuerza de voluntad. En general, prefieren ir en solitario pero, si esto se vuelve en su contra, deberían ser capaces de reconocer el poder del grupo humano en la carrera hacia un objetivo.

Hasta mediada la treintena aproximadamente, estos individuos ponen énfasis en el aprendizaje en cualquiera de sus formas, y necesitan aprovechar estas oportunidades para comunicarse e intercambiar ideas con los demás. Cumplidos los treinta y cuatro años, es posible que concentren sus energías en mejorar su vida emocional y en alcanzar una mayor seguridad económica. Si durante este periodo consiguen conectarse con sus sentimientos y los de los demás, podrán disfrutar de una vida plena y feliz.

No puede negarse que estas personas tienen ideas fijas. Esto puede perjudicarles porque en la vida las cosas no siempre son blancas o negras. Sin embargo, si aprenden a ser más tolerantes no sólo alcanzarán sus metas y despertarán su creatividad, sino que descubrirán el valor de la determinación y la compasión, y esto servirá para influir positivamente en las personas de su entorno.

18 de mayo

El nacimiento de la valentía

Las personas nacidas el 18 de mayo sienten un profundo amor por el mundo que habitan. Su mayor deseo es encontrar la manera de aliviar el sufrimiento de los demás y mejorar los sistemas de bienestar social. Cuando estén convencidos de su posición moral, no dudarán en defenderla con valentía hasta que su opinión sea escuchada o hasta que hayan superado el desafío.

Además de tener una mentalidad progresista, de querer solucionar las injusticias sociales, y estar decididos a defender lo que consideran correcto, son unos individuos extraordinariamente prácticos. Enfocan las situaciones con una lógica aplastante y enteramente racional, y por ello son excelentes compañeros de trabajo o asesores de empresas. No obstante, esta visión maniquea de la vida y su incapacidad para rectificar, hace que en ocasiones su entorno los perciba como individuos rígidos e insensibles. En términos prácticos, son los jefes que olvidan que sus subordinados tienen mucho que aprender, o los padres que, sin pretenderlo, ahogan la creatividad de su vástago inculcándole un racionalismo implacable. Así las cosas, deberían aprender que no todo el mundo es tan pragmático y tan capaz como ellos, y que la humildad, el misterio y la fantasía desempeñan un rol importante en la vida.

Estas personas suelen tener alguna pasión, que puede adoptar muchas formas, desde la caridad hasta la arqueología. Igualmente, tienden a rodearse de gente que comparte su pasión. Cabe señalar que mezclarse con gente con otros intereses y de otras procedencias sería muy beneficioso para ellos, pues evitaría que se obsesionaran con lo que les apasiona. Hasta los treinta y tres años de edad, estos individuos pueden concentrarse en el aprendizaje, la comunicación y el estudio, pero siguen siendo inseguros y no saben qué dirección seguir en la vida. Típicamente, en torno a los treinta y cuatro años de edad ya se han encaminado y sienten la necesidad de alcanzar una mayor seguridad y estabilidad económica. En esta fase necesitarán mantener la guardia alta y combatir su tendencia al fanatismo cuando defiendan una idea o causa.

Por encima de todo, sea cual sea su camino en la vida, son personas energéticas que abogan por la causa del progreso humano. Tienen coraje, vigor y firmeza, virtudes que, combinadas con su compasión natural, los destacan sobre el resto convirtiéndolos en los auténticos agitadores de este mundo.

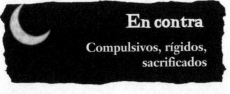

En contra

Compulsivos, rígidos, sacrificados

A favor

Progresistas, energéticos, de principios

19 de mayo

El cumpleaños del candidato más convincente

Las personas que nacieron el 19 de mayo tienen un elevado sentido del juego limpio y la capacidad de exponer sus argumentos de manera verosímil y convincente. Cuando detectan una situación de injusticia, hablan con elocuencia y actúan con decisión para cerciorarse de que sea subsanada.

Una de sus mayores fortalezas es su capacidad natural para convencer a los demás de que hay que hacer cambios y que es necesario pasar a la acción. Tal es su poder de persuasión que de la interacción con ellos sus interlocutores suelen salir reforzados, enfocados y dispuestos a comprometerse activamente para cambiar las cosas. Sin embargo, existe el peligro de que utilicen sus dotes comunicativas, tan magnéticas e inspiradoras, para defender causas de dudosa moral. Cuando es el caso, su carisma y su elocuencia características pueden degenerar en deshonestidad. Por consiguiente, deberían evitar este camino a toda costa, puesto que sólo les reportará frustración.

Hasta los treinta y dos años de edad, ponen énfasis en el aprendizaje, la escritura, la oratoria y el estudio. Por esta razón, y dado que esto coincide con sus años de formación, gozarán de innumerables oportunidades para expresar y desarrollar su talento para la comunicación. De hecho, la educación, en cualquiera de sus formas, es de vital importancia para que expriman todo su potencial como individuos. Durante este tiempo, también empezarán a apreciar el poderoso efecto que ejercen sobre los demás y, como consecuencia de ello, necesitarán asegurarse de no ceder a las tentaciones manipuladoras o dogmáticas. Cumplidos los treinta y dos, sentirán un mayor interés por los vínculos emocionales, la seguridad y la familia. Estos años serán altamente satisfactorios y gratificantes.

Inventivas y originales, las personas que nacieron en esta fecha enfocan la vida con una filosofía progresista y, decidan donde decidan concentrar sus energías, sus ideales y sus argumentos siempre estarán bien fundamentados. Una vez que hayan encontrado el equilibrio entre la defensa de sus ideas y la recepción de las ideas ajenas, no sólo serán capaces de persuadir a los demás de la importancia de sus ideales, sino que podrán erigirse en honestos representantes de los colectivos más desfavorecidos.

En contra
Manipuladores, frustrados, deshonestos

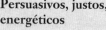

A favor
Persuasivos, justos, energéticos

20 de mayo

El nacimiento del impulso continuo

Su mayor reto es

Aprender a marcarse un ritmo conveniente

El camino a seguir es...

Entender que su ansia de novedades provocará un comportamiento errático e inconsistente que, en última instancia, desembocará en insatisfacción y frustraciones.

Las personas que nacieron el 20 de mayo suelen ser versátiles, comunicativas e inventivas. Generalmente responden rápida y abiertamente, tanto a la gente como a las situaciones que les depara la vida. Cuando algunos de sus originales impulsos da en el blanco, no sólo se explayan hablando de su éxito para que todo el mundo se entere, sino que pasan a la acción.

Por muy seguros y serenos que puedan parecer, bajo esta imagen se esconde un apetito voraz de cambio, diversidad y libertad de expresión. Cuando su fértil imaginación se activa, no pueden dejar de contarlo, cosa que provoca el asombro y el cansancio de los demás. El asombro radica en su capacidad para transmitir las emociones, mientras que el cansancio es el resultado de su insistencia, la velocidad de su discurso y los constantes cambios de tema. Estos individuos suelen trasnochar y levantarse temprano, lo cual significa que el día no tiene suficientes horas para hacer todo lo que quieren, aunque de todos modos lo intentarán.

Extravertidos y con muchos intereses, corren el riesgo de terminar agotados cuando su ritmo es demasiado frenético. Es posible que su entorno les acuse de pasar por la vida rozando la superficie, sin vivirla plenamente. Hasta los treinta y un años de edad —cuando su frenesí alcanza el punto álgido, física y mentalmente—, se enfocan en el estudio y la comunicación. Sin embargo, cumplidos los treinta y dos, se concentrarán más en su vida emocional, el hogar, la familia y la seguridad financiera. Aunque es cierto que nunca deberían perder su maravillosa energía, también lo es que este sería el momento idóneo para que se conozcan mejor y se comprometan con una persona, un proyecto o un lugar.

Estos individuos se sienten incapaces de frenar sus impulsos y desconectar. En consecuencia, para su crecimiento psicológico será importante que acepten que no es necesario estar todo el tiempo en movimiento, en busca de emociones y de la satisfacción que tanto persiguen. Una vez que encuentren el equilibrio entre ser y hacer, estas almas aventureras disfrutarán de sobrado potencial para convertirse en aprendices aventajados de todos los oficios y expertos consumados en su campo, una combinación inusual en grado extremo.

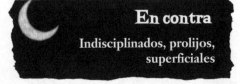

En contra
Indisciplinados, prolijos, superficiales

A favor
Innovadores, expresivos, comunicativos

GÉMINIS

LOS GEMELOS

(21 DE MAYO - 20 DE JUNIO)

* ELEMENTO: Aire
* PLANETAS INFLUYENTES: Mercurio, el mensajero
* SÍMBOLO: Los gemelos
* CARTA DEL TAROT: Los amantes (elecciones)
* NÚMERO: 5
* COLORES FAVORABLES: Naranja, amarillo, blanco
* FRASE CLAVE: La variedad es la sal de la vida

Los géminis son gente extraordinariamente versátil. Siendo el primer signo dual del zodiaco, no tienen problemas para hacer muchas cosas al mismo tiempo —de hecho, a menudo lo prefieren. Sienten una fuerte necesidad de comunicarse con los demás y no pueden concebir una vida sin teléfonos móviles, textos, chismes y correos electrónicos. Son increíblemente creativos aunque es imposible que se estén quietos. Las personas nacidas bajo el signo solar de Géminis pueden ser tan frustrantes como deliciosamente maravillosas.

El potencial de su personalidad

Mercurio es el planeta que rige a las personas nacidas bajo el signo Géminis. En la mitología de la antigua Grecia, Mercurio es el mensajero de los dioses que viaja a través de los cielos para entregar sus mensajes. Lo anterior sirve para explicar por qué los nacidos bajo este signo siempre están en movimiento, deseosos de adquirir conocimientos y nuevas experiencias. Sienten un gran placer sabiendo un poco de casi todo, aunque no tanto cuando saben mucho de un solo tema. No es de extrañar, por tanto, que vivan según el siguiente lema: la variedad es la sal de la vida.

Los géminis aprenden por imitación. Extremadamente versátiles y adaptables, quienquiera que sea capaz de impresionarles se convertirá en un modelo de comportamiento. Son excelentes comunicadores y con sus encantos, ingenio, percepción e inteligencia pueden asombrar a cualquiera. En honor a la verdad, estos individuos captan las cosas a una velocidad de vértigo. Si colocamos a un géminis en una situación nueva o en un grupo de personas que no conoce, se integrará rápidamente y sin dificultad. Una de las razones por las que los géminis son aceptados en los entornos nuevos es que les gusta hablar. Son curiosos por naturaleza, desean conocer a las personas, y saben exactamente qué decir en cada momento. Además de buenos conversadores, los géminis son personas muy carismáticas y parecen bendecidas por la buena suerte. En parte, la razón que propicia su buena suerte es su disposición a experimentar, además de que están convencidos de que cuando una puerta se cierra otra se abre, y que son muchas las puertas a las que se puede llamar. Buscan constantemente nuevas perspectivas o alternativas y, con una mente tan activa y versátil, pueden oscilar muy fácilmente entre los destellos de genialidad y la tontería —no en vano el símbolo de los gemelos define esta dualidad.

Hablando de su dualidad, cabe decir que los géminis son capaces de hacer dos o más cosas al mismo tiempo con inusitada facilidad. Así pues, si usted ve un géminis con un teléfono en cada mano, no se sorprenda. Ahora bien, no sólo son muy buenos cuando se trata de hacer varias cosas a la vez o de comunicarse, también son unos maestros del disfraz y muy poca gente sabe lo que realmente les motiva. Esta combinación los convierte en excelentes maestros, motivadores, políticos y expertos en las relaciones humanas. Un géminis sabe qué decir y cómo dirigirse aun a la persona más obstinada del mundo. En síntesis: las personas nacidas bajo el sol de Géminis tienen algo de magos.

> **"Son curiosos por naturaleza y saben exactamente qué decir en cada momento."**

Los defectos de su personalidad

Aunque las personas que nacieron bajo este signo son ambiciosas y tienen un pensamiento original, cuando discurren una idea novedosa tienden a lanzarse en su busca sin esperar a contar con una estrategia que garantice el éxito. Su capacidad de adaptación puede en ocasiones ayudarles a compensar su falta de planificación, aunque lo más habitual es que se metan en problemas. La falta de planificación y organización no es, en todo caso, su mayor problema. Tal vez la superficialidad sea su mayor defecto. En la práctica, su capacidad para asimilar conocimientos rápidamente implica que generalmente saben mucho de muchas cosas pero no lo suficiente de aquello que verdaderamente les interesa. Este rasgo de su carácter también puede tener un impacto negativo en sus relaciones personales —en general conocen a mucha gente pero tienen muy pocos amigos.

Los locuaces géminis son capaces de alterar la verdad si ello sirve a sus intereses. Asimismo, son propensos a los chismes y su incapacidad para guardar un secreto puede molestar a quienes han depositado su confianza en ellos. No cabe duda que los géminis son excelentes comunicadores y dominan el lenguaje, si bien es frecuente que utilicen sus palabras como una manera de esquivar sus propios sentimientos. Esto es debido a que viven en el reino de los pensamientos y las ideas, siendo así que los sentimientos verdaderos —como el amor o la pena— pueden inquietarles, amenazando su estabilidad emocional. La inconstancia puede ser otro problema. No es raro que empiecen un proyecto con gran entusiasmo pero encuentren muchas dificultades para mantener su motivación hasta el final. Esto significa que en el decurso de su vida abandonarán muchos proyectos dejándolos inconclusos. Esta falta de concentración será un obstáculo para que disfruten de una vida plena y satisfactoria y, dado que la plenitud es su máximo objetivo vital y la razón de su constante revoloteo, el resultado puede ser inestabilidad anímica y desaliento.

Símbolo

El símbolo de los gemelos representa de manera harto elocuente la naturaleza dual de los géminis, que se refleja tanto en su personalidad como en su mente. Poseen un intelecto agudo capaz de detectar las ventajas y los inconvenientes de un argumento pero, en vez de tomarse tiempo para decidir en qué lado posicionarse, los géminis tienden a revolotear de un lado a otro. Aun cuando generalmente creen lo que dicen en el momento en que lo dicen, no es infrecuente que las personas nacidas bajo este signo cambien de opinión de un día para otro.

Su mayor secreto

Los nacidos bajo el signo Géminis parecen ser la alegría y el alma de la fiesta. Sin embargo, su carisma, su estilo y la seguridad que despliegan en las situaciones sociales, en ocasiones pueden ocultar un enorme vacío interior. Podría afirmarse que su incansable búsqueda de novedades y nuevas perspectivas es, en realidad, la búsqueda de una parte de sí mismos que sienten que han perdido —el gemelo que les falta. Por este motivo, es necesario que comprendan que la completud que persiguen sólo pueden encontrarla en su interior. Así, cuanto más popular y necesitado de atención parezca un géminis, más probable será que se sienta desesperadamente solo.

El amor

El amor es un ideal romántico y fuente de dicha para los nacidos bajo el signo Géminis. Nada anhelan más que encontrar su alma gemela, y por ello es muy frecuente que en su busca tengan muchas relaciones sentimentales. Lo cierto es que no confían en sus emociones y, cuando se sienten superados por sus sentimientos, intentarán racionalizarlos y explicarlos lógicamente. Esto puede hacer que parezcan distantes y, en algunos casos, intocables. Asimismo, puede impedir que sus relaciones amorosas avancen, superando la fase inicial de la atracción y el enamoramiento, para cristalizar en algo más sólido y profundo.

Las personas nacidas bajo el sol de Géminis suelen entenderse bien con parejas que son más prudentes, equilibradas y serias que ellas, porque esto complementa y compensa su naturaleza incansable. Aun cuando los géminis, hombres y mujeres, son proclives al coqueteo, exigen fidelidad y una total devoción por parte de su pareja. Quieren que su pareja sea confiable y sólida como una roca, algo que para ellos entraña muchas dificultades. Que comparta sus intereses es importante; y también quieren que sea mentalmente ágil y esté bien informada, de manera que con la conversación y el debate ambos puedan agregar sal y pimienta a la relación.

Amores compatibles: Acuario, Libra y Sagitario

El hombre géminis

A los hombres nacidos bajo el signo Géminis les encanta la vida social y vestirse de manera llamativa. No hablan demasiado sobre sus sentimientos, si bien son inteligentes, ingeniosos y están bien informados. Asimismo, pueden ser muy persuasivos y son pocas las personas que no sucumben a sus encantos.

En consonancia con su signo, el hombre géminis es incansable y en ocasiones imprevisible; tanto así que uno nunca sabe con qué personalidad se va a encontrar. No obstante, si se enamora de un hombre géminis una cosa es segura: nunca le aburrirá. Será capaz de decir «Te amo» de mil maneras diferentes. Si logra sobrevivir a sus constantes cambios de humor —puede ser el hombre más maravilloso del mundo y el más antipático—, el hombre de este signo le hipnotizará con la amplitud de sus intereses y su enorme conocimiento. Nunca dejará de ser un enigma. Por alguna razón inescrutable, por muy enamorado que esté, siempre procurará disimularlo. Pese a ello, mantener una relación sentimental con un varón géminis es, inexplicablemente, la cosa más divertida y excitante del mundo.

Aunque es cierto que los géminis tienen tendencia al coqueteo y necesitan tener dos amores, esto no necesariamente significa que necesite dos parejas. Lo que necesita es tener una pareja que pueda ofrecerle variedad y romanticismo. El sexo es importante, pero de su pareja no sólo le interesa lo físico, sino que espera mucho más. Quiere amor, ternura, lealtad, conversación y, por encima de todo, complicidad.

La mujer géminis

Las mujeres géminis tienen la reputación de ser volubles y juguetonas, especialmente en todo lo que se refiere a los asuntos del corazón. Cambian de humor y de idea constantemente. Ahora bien, bajo su aspecto desapegado se oculta una mujer capaz de sentir una intensa pasión. Dicho con otras palabras: la mujer de signo Géminis no es una sola mujer, sino varias, y para ganarse su corazón es necesario conseguir que todas ellas se enamoren de usted.

Las mujeres nacidas bajo el signo Géminis tienen dificultad para comprometerse con una sola persona, y por esta razón lo habitual es que no se estabilicen en una relación amorosa hasta una edad relativamente avanzada, cuando hayan madurado y adquirido un conocimiento más profundo de su persona. Hasta ese entonces presentarán una cara diferente a todas las personas que conozcan y serán muy pocos —si los hay— los que consigan acercarse a ella y conocer su verdadero yo.

Cuando la mujer géminis entienda profundamente su naturaleza incansable y finalmente se estabilice, su pareja vivirá no con una sino con varias esposas a la vez. Un día estará malhumorada, despreocupada y jovial al día

siguiente, callada y pensativa el día después, perfecta en su papel de anfitriona un día más tarde, y apasionada, reservada e intensa al día siguiente. Y así día tras día. Por un lado, todo esto puede parecer agotador, pero por otro resulta increíblemente emocionante. Así es, en suma, la mujer de signo Géminis. En consecuencia, su pareja tiene que ser capaz de manejar y estar a la altura de sus cambios de personalidad y pensamiento. También es cierto que, como contraprestación, ella le ofrecerá complicidad, devoción, lealtad, amor, romanticismo y, quizás lo más importante, le brindará sueños y esperanzas que durarán toda la vida.

La familia

El niño géminis típico —si es que puede decirse tal cosa dada su personalidad cambiante—, caminará y hablará desde muy temprana edad. Su padres tienen que reaccionar con rapidez, permanecer siempre alerta y estar dispuestos no ya a caminar sino a correr a su lado y, esporádicamente, a volar con él. La joven mente de un géminis siempre está en ebullición y quiere saberlo todo de todo. Carecen de paciencia y necesitan mantener su cabeza siempre activa y ocupada. Ocurre que, si se aburren, los niños de este signo puede volverse realmente odiosos y extremadamente difíciles. Por ello, es de vital importancia que se les anime a finalizar las tareas que han empezado. Con todo, no hay que asumir que porque tengan muchos proyectos en marcha, su cabeza vaya a dispersarse. No hay que olvidar que los niños géminis son eclécticos y funcionan mejor si realizan varias tareas al mismo tiempo. En la escuela, estos niños progresan adecuadamente en ambientes donde reina la espontaneidad, pero no les va tan bien en instituciones con una fuerte disciplina. También son muy sociables, y tan pronto como caiga un teléfono en sus manos el timbre nunca dejará de sonar. En lo tocante a las entrevistas y los exámenes, saben como hablar y cómo abrirse camino, si bien manifiestan una tendencia clara a basar su trabajo en las opiniones y no tanto en los hechos.

Los padres nacidos bajo el signo Géminis suelen ser alegres y tener amplitud de miras; pero existe el peligro de que intenten llenar su tiempo con múltiples actividades e intereses. Esto está muy bien siempre y cuando tengan un hijo tan versátil como ellos, pero no tanto si es una criatura amante de la rutina. Por otra parte, el padre y la madre de signo Géminis pueden irse al otro extremo e imponer a su vástago la estructura y la disciplina contra las que ellos mismos se rebelaron. Es necesario que tengan cuidado para que su afilada lengua no se torne excesivamente crítica, y que entiendan que mientras que la dureza verbal de unos padres puede traumatizar a un niño durante toda su vida, las palabras amorosas meticulosamente escogidas pueden ayudarle a construir su autoestima para el resto de su vida.

La profesión

Los individuos nacidos bajo el signo Géminis son tan versátiles, poseen tantos talentos y tienen tal habilidad para comunicarse que podrían tener éxito en cualquier profesión. Dicho esto, hay algunas carreras en las que suelen alcanzar la excelencia, entre otras: los medios de comunicación, el periodismo, la escritura, la publicidad, la industria del entretenimiento, la política y la fotografía. También tienen talento natural para las ventas, y en los negocios les irá muy bien siempre y cuando logren desarrollar la autodisciplina y la paciencia necesarias para finalizar todas las tareas. Sea como fuere, las profesiones solitarias no son la más adecuadas para su naturaleza sociable y tienden a sentirse mucho más cómodos trabajando en equipo. Necesitan tener variedad y retos, y están idealmente dotados para aquellos trabajos donde haya mucha conversación, viajes, acción y beneficios rápidos.

"Las profesiones solitarias no son las más adecuadas para su naturaleza sociable..."

La salud y el ocio

Con el paso del tiempo los géminis parecen rejuvenecer antes que envejecer, y ciertamente no están muy interesados en «envejecer con dignidad». En general, no padecen problemas de salud serios, pero cuando surjan en la mayoría de los casos serán causados por el estrés y la tensión y no tanto por razones físicas. Los géminis pueden ser muy nerviosos dado que poseen un caudal enorme de energía mental y física que tienen que utilizar. Sin embargo, algunas veces pueden desbordarse y, como una delicada mariposa, terminar quemados en su propia vorágine. Es, pues, de extrema importancia que aprendan a escuchar las señales de su cuerpo y que reconozcan a tiempo los síntomas de agotamiento.

La ansiedad y la tensión nerviosa les darán muchos quebraderos de cabeza si no encuentran la manera de desconectar y relajarse. Géminis gobierna los pulmones, lo cual significa que los individuos nacidos bajo este signo también tienen que observar detenidamente su pecho para detectar problemas respiratorios, asma o resfriados persistentes. Es absolutamente esencial que no fumen. Fumar es nocivo para la salud de todo el mundo, pero es particularmente peligroso para los géminis con tendencia a desarrollar patologías respiratorias. La relajación, el aire fresco y el ejercicio suave en abundancia son muy recomendables. Por lo que respecta a la alimentación, necesitan ingerir una dieta ligera rica en frutas y verduras, pescados grasos, legumbres, frutos secos y semillas, así como otros alimentos que puedan fortalecer su sistema nervioso.

A los géminis les encanta moverse y tienden a hacerlo rápido. Ahora bien, cuando se trata de hacer ejercicio pueden aburrirse con facilidad, especialmente si está estructurado en rutinas. En su caso la mejor opción es cambiar de actividad individualmente o en un club deportivo, y combinar diferentes formas de ejercicio físico tales como la marcha rápida, el *jogging*, el ciclismo y la natación, así como deportes más vigorosos como el *squash*. Actividades como el yoga, que les servirá para relajarse y desconectar física y mentalmente, también son aconsejables. Los desafíos de orden intelectual son igualmente importantes en la vida de estos individuos; pueden recurrir a los juegos de mesa, los crucigramas y otros ejercicios afines para estimular el cerebro. Vestirse de color verde, meditar en verde o rodearse de objetos de este color les ayudará a sentirse equilibrados y en perfecta armonía con su persona.

Los nacidos entre el 21 de mayo y el 31 de mayo

Las personas nacidas entre estas dos fechas reciben una fuerte influencia del planeta Mercurio, por lo que suelen ser muy sociables y creativas. Son personas avanzadas a su tiempo, cuyo brillante intelecto puede ser fascinante, controvertido y, en algunos casos, excepcional.

Los nacidos entre el 1 de junio y el 11 de junio

Estos géminis tienden a ser más objetivos y poseen una claridad mental notable, algo muy necesario para obviar los detalles y llegar rápidamente al meollo de las cuestiones o para tener una visión panorámica de las cosas. Nada les produce mayor satisfacción que la felicidad ajena y, como consecuencia de ello, es posible que se dediquen a causas de orden social o solidario.

Los nacidos entre el 12 de junio y el 20 de junio

Los géminis nacidos entre estas dos fechas pueden ser muy duros y resistentes, pero también extremadamente sensatos. Altamente creativos, nunca dejan de impresionar a los demás con su ingenio, sus conocimientos y su lucidez respecto de todo lo que ocurre a su alrededor.

Lecciones de vida

Los géminis son ingenuos, inteligentes y están bien informados, pero su talento para la comunicación comporta una tendencia a hablar demasiado, especialmente en el ámbito laboral. Les convendría escuchar más, así como aprender el valor del silencio y de elegir el momento adecuado para hablar. Asimismo, harían bien en entender el daño que pueden producir los chismes y los comentarios imprudentes. Su volubilidad puede también distanciarles de sus amigos y seres queridos, dado que tienen tendencia a decir una cosa y hacer otra muy diferente, o a concertar una cita y luego cancelarla en el último momento. Coquetear con todo el mundo también puede repercutir negativamente en aquellos que les quieren bien, ya que podrían sentirse menos queridos.

Aunque su naturaleza inconformista es una de sus características más atractivas, también puede resultar muy irritante cuando se niegan a respetar la autoridad o las restricciones de cualquier tipo. Cuando este inconformismo se combina con su notoria tendencia a abandonar los proyectos tan pronto como las cosas devienen rutinarias, pueden aflorar la indecisión y la reticencia al compromiso. De hecho, el compromiso es algo con lo que los géminis suelen tener dificultades —ya sea el compromiso con una persona, la educación, el trabajo o incluso la familia—, siendo así que esta veleidosidad puede ser interpretada como poco sincera o escasamente fiable. Es más, algunos pueden acusarles de superficialidad, aunque ya sabemos que esto no es cierto en sentido estricto. En el momento presente los géminis obran con total sinceridad; simplemente ocurre que quieren experimentar la vida en todas sus posibilidades, y por ello les cuesta permanecer en una relación o terminar los proyectos que inician, puesto que son tantas las cosas que les quedan por aprender y experimentar.

Al margen de aprender a tener más tacto y a valorar la importancia de las normas y regulaciones, la mayor lección de vida que un géminis debe aprender es que el compromiso no es una restricción. A decir verdad, el compromiso es un acto de libertad que, en el caso de los géminis, puede ser el acto más liberador, toda vez que el compromiso viene acompañado por la lucidez y el verdadero conocimiento —el eslabón perdido que han buscado durante toda la vida.

Los individuos nacidos bajo el signo Géminis harían bien en repetirse todos los días que la calidad y no la cantidad es lo que cuenta. Por otro lado, de otros signos zodiacales pueden aprender a valorar la concentración y el compromiso. Los virgo pueden enseñarles a ser más filosóficos y reflexivos. Los sagitario, que son pensadores como los géminis, pero que al contrario que los géminis son capaces de profundizar, también pueden enseñarles el valor del compromiso y la disciplina intelectual. Asimismo, de Cáncer y Piscis deberían aprender el valor de adoptar un enfoque vital que priorice lo emocional antes que lo intelectual.

21 de mayo

El nacimiento
de la actitud "yo puedo con todo"

Su mayor reto es

Encontrar el equilibro entre dar y recibir

El camino a seguir es...

Entender que ofrecer ayuda a los demás y recibir su apoyo es algo fundamental para el crecimiento psicológico.

Las personas que nacieron el 21 de mayo enfrentan la oposición con valentía y persiguen sus sueños con la actitud vital del «yo puedo con todo». Aunque su seguridad natural puede inspirar celos en las personas que han perdido el control de sus vidas, les proporciona el empuje inicial necesario para avanzar en pos de sus metas.

Las personas nacidas este día encaran la vida con una alegría balsámica, tanto así que cuando están cerca las cosas parecen más fáciles y menos amedrentadoras. De hecho, no hay reto capaz de amedrentarles. Esto es debido no sólo a que tienen grandes talentos e ideas, sino a que también tienen la disciplina necesaria para perseverar. No sólo son soñadores, sino también hacedores capaces de arremangarse y hacer lo que sea necesario para culminar un proyecto.

Sea cual sea la carrera profesional que hayan elegido, es poco probable que estos valientes se mantengan en el anonimato dado que no hay como la acción y el protagonismo para que disfruten. Les encanta batallar en primera línea y emplearse a fondo física, mental y emocionalmente en busca del progreso. Los menos evolucionados entre los individuos nacidos este día, aquéllos que se sientan incapaces de hacer realidad sus sueños, estarán abocados a la infelicidad y la frustración. Es, pues, muy importante que asuman las riendas de su vida, puesto que si logran encontrar la fuerza necesaria para pasar a la acción, sus posibilidades de triunfo se verán notablemente incrementadas.

Hasta los treinta años de edad, estos individuos ponen énfasis en el aprendizaje, el estudio y la comunicación. Por ello, es probable que durante los años de formación hayan sido individuos aplicados y con facilidad para asimilar conceptos. En cualquier caso, a temprana edad esta capacidad para aprender rápidamente pudo jugar en su contra cuando la educación formal les parecía aburrida o rutinaria, amén de que su ingenio y su naturaleza incansable pudieron también distanciarles de sus compañeros. No obstante, cumplidos los treinta, su vida experimenta un punto de inflexión y se concentran en alcanzar la seguridad emocional y la estabilidad económica. Es durante estos años cuando seguramente demostrarán todo lo que valen. Siempre y cuando tengan cuidado para que su seguridad no llame a engaños, encontrarán pocos obstáculos en su camino hacia el éxito.

En contra
Egoístas, defensivos, frustrados

A favor
Audaces, capaces, seguros de sí mismos

22 de mayo

El cumpleaños del inventor

Las personas nacidas el 22 de mayo son inquisitivas y excepcionalmente productivas. No sólo pueden concentrarse en un área y distinguir todos sus pormenores, sino que aborrecen el estancamiento intelectual. Se trata de una combinación tan distintiva como inusual que les proporciona el potencial necesario para inventar o descubrir cosas únicas.

No cabe duda de que la gente que nació el 22 de mayo es gente creativa y original, sobre todo en su forma de pensar. A veces, su mayor reto consiste en decidir qué es lo que quieren crear. Tomar esta decisión o cambiar de idea puede requerirles varios años de cavilaciones. Durante la veintena y buena parte de la treintena, es probable que se dediquen al estudio y la experimentación. Cuando participan de un proyecto concreto, éste les absorberá por completo y, si por algún motivo perdieran la concentración, podrían descentrarse o volverse muy irritables, razón por la cual su entorno les tildará de obsesivos. Es extremadamente importante que los demás les den el espacio que necesitan para explorar y experimentar, y que eviten las críticas, porque antes de los treinta años de edad la entrega total a un proyecto será fundamental para su crecimiento, intelectual y psicológicamente.

Típicamente, en torno a los treinta años de edad estos individuos han logrado estabilizarse y han aprendido a ser menos susceptibles cuando alguien les interrumpe o rompe su concentración. Al final de la treintena y un poco más allá, seguramente decidirán cuál será su contribución al mundo y se pondrán manos a la obra. Una vez que hayan tomado la decisión, su capacidad de concentración les proporcionará la resistencia, la profundidad y el empuje necesarios para que materialicen sus ambiciones.

Habida cuenta su tendencia a empujar sus límites, nunca deberían rebajar su visión o sus ambiciones. Ahora bien, en aras de su felicidad y por su propio bien, deberían dedicar tantas energías como puedan a encontrar maneras de apoyarse en sus fortalezas y minimizar sus debilidades. Una vez que se conozcan mejor y sean capaces de encarar su periplo vital y su búsqueda del éxito con más realismo, disfrutarán de sobrado potencial para ser pioneros, discurrir y testar ideas que cambiarán las vidas de los demás.

Su mayor reto es

Evitar los comportamientos obsesivos y controladores

El camino a seguir es…

Entender que cuanto más se afanen en controlar a la gente o las situaciones, más constreñidos se sentirán.

En contra

Obsesivos, susceptibles, manipuladores

A favor

Inventivos, productivos, tenaces

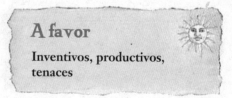

23 de mayo

El nacimiento
de la solución más seductora

La energía característica de las personas nacidas el 23 de mayo tiene algo de radiante, positivo y seductor. Por esta razón, los demás no pueden ignorarla. No obstante, su rasgo más característico no es su carisma ni su atractivo sexual, sino su ingenio. Tienen talento para solucionar problemas y generosamente entregan su tiempo y su energía a ayudar a los demás resolviendo sus problemas de índole emocional y práctica.

Además de solucionar problemas con inventiva, estos individuos poseen un talento natural para la comunicación. Son capaces de expresar sus argumentos de manera convincente y de ofrecer soluciones viables. Cuando se enfrentan a un dilema, suelen discurrir la solución casi como por arte de magia, con un simple «eureka». Les encanta todo aquello que tenga que ver con la imaginación. Sin embargo, en vez de hablar de crear, algo a lo que son proclives, necesitan ponerse manos a la obra y hacerlo. Esto significa que es en la actividad y no tanto en el debate donde estos individuos dan rienda suelta a toda su intuición e inventiva.

Ser el centro de atención no les motiva demasiado, tampoco asumir el liderazgo; antes bien obtienen una gran satisfacción ayudando a los demás, dando solución a sus problemas y aliviando sus infortunios personales o intelectuales. El inconveniente de esto es que, si bien es cierto que enfrentan los problemas ajenos con lucidez y mucha energía, con los propios no logran hacer lo mismo. Esto puede tener consecuencias negativas cuando algunos se aprovechan de su generosidad y su buen talante. Para su crecimiento psicológico es vital que aprendan a verbalizar sus necesidades e intereses. Si no lo hacen, se sentirán frustrados e insatisfechos.

Hasta los veintinueve años de edad, estos individuos ponen énfasis en la recopilación de información, la comunicación y el aprendizaje. Después de los treinta es probable que sean más sensibles y conscientes de la importancia de la seguridad. Es importante que durante este punto de inflexión aprendan a decir «no» a las peticiones de los demás y que eviten sacrificar completamente sus necesidades en su relación con el hogar, la familia y sus seres queridos. Tienen que aceptar que la gente les valora porque son personas innovadoras, energéticas, inspiradoras y positivas, y no por la ayuda que en un momento dado pueden prestar.

En contra

Inconscientes, pasivos, humildes

A favor

Sensuales, ingeniosos, convincentes

24 de mayo

El cumpleaños
del comentarista incisivo

Las personas que nacieron el 24 de mayo tienen un enorme talento para expresar lo que otros sienten y para ir al fondo de la cuestión. Son increíblemente observadores, comentan todo lo que ven a su alrededor, y rara vez dudarán si tienen la oportunidad de expresar públicamente su visión lúcida y profunda.

Siendo tan amantes de la observación y proclives al comentario, los nacidos en esta fecha suelen disponer de una gran caudal de información sobre la naturaleza humana. En ocasiones están obsesionados con las relaciones de los demás, por lo que siempre habrá quien disfrute escuchando sus entretenidas historias. Aunque defienden las causas de lo más necesitados, tienen que tener mucho cuidado para no traicionar la confianza de sus confidentes y para que sus ingeniosos comentarios no degeneren en chismes. Pese a ser tan elocuentes con los asuntos de los demás, a menudo se muestran muy remisos a hablar de su vida.

Su incisiva observación del mundo ejerce una poderosa atracción y provoca la admiración de otros individuos ingeniosos, pero es necesario que procuren no distanciar a los demás con sus afilados comentarios. Igualmente, es posible que se cierren en banda ante las críticas o las opiniones potencialmente conflictivas. Por este motivo, es importante que aprendan el arte de la diplomacia y respeten las opiniones ajenas. Hasta los veintiocho años de edad, estos individuos se concentran en el aprendizaje y la comunicación. A partir de los veintinueve, es frecuente que prefieran buscar una mayor seguridad emocional y profesional. Después de los treinta será cuando empiecen a demostrar lo mucho que valen. En torno a los cincuenta y ocho años de edad, alcanzan otro punto de inflexión tras el cual se internan en un periodo de mayor autoridad, fuerza y confianza en sus posibilidades.

Siempre y cuando estos individuos listos e ingeniosos no drenen sus energías con la crítica y mantengan una actitud positiva e inquisitiva, su vitalidad natural, su creatividad y su capacidad para esclarecer las situaciones más complejas les permitirán avanzar, investigar nuevos proyectos y consolidar los viejos. Son capaces de detectar conexiones y posibilidades que pasan inadvertidas, una cualidad que puede llevarles muy lejos. Y, por si fuera poco, su conversación nunca dejará de ser fascinante.

Su mayor reto es

No caer en los chismes y las murmuraciones

El camino a seguir es...

Entender que aunque los chismes captan la atención de los demás, no servirán para ganarse su admiración y su respeto salvo que hablen de la gente de manera positiva.

En contra

Cáusticos, desapegados, egoístas

A favor

Solícitos, observadores, expresivos

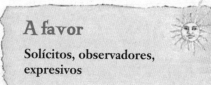

25 de mayo

El cumpleaños del soldado dedicado

Inteligencia, imaginación, compasión y coraje son rasgos asociados con las personas nacidas el 25 de mayo. En sí mismas son una paradoja digna de estudio, siendo su naturaleza tan difícil de entender para sí mismas como para los demás.

Estos individuos saben cómo luchar por aquello en lo que creen. Tienen un elevado sentido del honor y de la responsabilidad personal, al que se aferran con independencia de las presiones que les impongan los que no lo comparten. Esto no significa que sean intelectualmente rígidos, por cuanto a veces tienen una mente aguda e inquisitiva que les permite abrazar ideas nuevas. Son audaces y valientes, pero también son sensibles y están dispuestos a poner su energía y su capacidad para la comunicación al servicio de los más desfavorecidos. Aunque les sobra coraje para avanzar en solitario, generalmente prefieren inspirar a un grupo integrado por personas con mentalidad afín y que compartan su entusiasmo, sus principios y su afán de progreso.

Aunque evidencian una clara inclinación a la filosofía, en lo tocante al mundo de los sentimientos estos individuos son fríos y muy reservados. Albergan muy altas expectativas de sí mismos y los demás, y por ello es necesario que aprendan a ser más flexibles y tolerantes. En consecuencia, deberían entrar en contacto con sus sentimientos y con los sentimientos de las personas de su entorno porque, en caso de no hacerlo, por mucho éxito que consigan en su carrera profesional o muchas reformas sociales que impulsen, nunca dejarán de sentirse reprimidos e insatisfechos.

Es posible que durante la infancia y la adolescencia estas personas se hayan sentido emocionalmente aisladas o hayan sido difíciles de una u otra forma, pero, afortunadamente, tras cumplir los veintisiete años de edad se concentran en su vida emocional porque son conscientes de que necesitan construirse a partir de un centro sólido y bien fundamentado. Es necesario que aprovechen estas oportunidades porque, una vez que se estabilicen emocionalmente, su frustración menguará sustancialmente. Entonces descubrirán que su valentía frente a la adversidad y la compasión que sienten por los demás no son en modo alguno incompatibles con su elevado nivel de energía. Esto es clave para que desarrollen todo su potencial y logren inducir mejoras en la vida humana —llámese su entorno cercano o el mundo entero.

En contra
Incapaces de perdonar, fríos, reprimidos

A favor
Honorables, dedicados, audaces

26 de mayo

El cumpleaños del aventurero solícito

En la superficie, las personas que nacieron el 26 de mayo parecen carismáticas y muy populares. Sin embargo, en su interior pueden estar deseando romper con todo. Públicamente respetan las convenciones, promueven activamente los valores sociales y proclaman su preocupación por los demás. En privado tienden a rebelarse contra las restricciones de cualquier tipo.

Decir que sus talentos, que tan eficientemente emplean en nombre de los demás, pueden ser un impedimento para su realización personal, podría parecer paradójico. Cuando sus firmes creencias y su sed de experiencias y conocimientos se encuentran en armonía, pueden mostrarse extraordinariamente innovadores y progresistas. Ahora bien, si esa armonía no existe, pueden actuar con una doble moral, ser impulsivos, intolerantes y egoístas.

El dinamismo característico de los nacidos en esta fecha con mucha frecuencia inspira la imaginación y la admiración de su entorno —aunque también es fuente de numerosos disgustos. La feroz necesidad de expresar su individualidad se pone de manifiesto con una lucha interna visible desde el exterior que les proporciona un intenso carisma, pero que también puede hacer que se entreguen a causas de dudosa reputación, a veces peligrosas, a frecuentar malas compañías o a implicarse en proyectos que no merecen la pena.

Para estos individuos, tan complicados como fascinantes, la vida puede ser una lucha constante, aunque no es probable que quieran otra cosa. Una parte de ellos siente que el conflicto es esencial para su crecimiento psicológico. En algunos aspectos tienen razón, pero deberían entender que uno también puede conocerse en tiempos de paz y satisfacciones, al menos tanto como cuando el peligro acecha. Cumplidos los veintiséis años de edad, es posible que se concentren en construir una base sólida o un hogar, y tendrán muchas oportunidades para entrar en contacto con sus sentimientos. Necesitan aprovecharlas al máximo porque, en contra de lo que piensan, sentirse realizados y ser felices es una posibilidad real. Una vez que alcancen un nivel de autoconocimiento más profundo, disfrutarán de potencial más que suficiente no sólo para alcanzar posiciones de liderazgo sino para exponer su fuerte visión del mundo con palabras y hechos verdaderamente inspiradores.

En contra
Hipócritas, rebeldes, evasivos

A favor
Preocupados, de buen corazón, decentes

27 de mayo

El nacimiento de la acción progresista

Aunque son perceptivas y piensan con creatividad, las personas que nacieron el 27 de mayo generalmente no están interesadas en las ideas de tipo filosófico, sino en compartir sus conocimientos con el resto del mundo. En honor a la verdad, su mayor deseo es encontrar maneras de beneficiar a la humanidad en su conjunto así como actuar según sus ideales progresistas.

Dotadas con una fuerte dosis de confianza en sus capacidades, saben mantener la calma en las circunstancias más adversas. Aunque les interesa la condición humana y les preocupa el bienestar de los demás, son capaces de mantener una prudente distancia emocional. Su entorno puede criticarles porque a veces se muestran frías e impersonales, pero lo cierto es que de manera instintiva saben que implicarse emocionalmente en las situaciones debilita su capacidad de ayudar.

La constancia que las caracteriza se ve complementada por unos objetivos vitales bien arraigados y un optimismo contagioso. Su sofisticación y su elegancia brillan por sí solas en todas las situaciones. Generalmente concitan el respeto y la simpatía de cuantos se cruzan en su camino. Por desgracia, sus relaciones personales no gozan de tanta armonía, principalmente porque dedican buena parte de su energía al desarrollo de su carrera profesional. La confianza en su persona les garantiza el éxito y les brinda muchas oportunidades. Si les falta esta confianza, seguramente será porque han elegido una profesión que no se ajusta a sus talentos. Afortunadamente, en su trayectoria se producen varios momentos determinantes que les ofrecen oportunidades para repensar su vida. Normalmente se producen a los 25, los 30, los 40 y los 55 años de edad. Aunque su mayor deseo es servir a la humanidad, por el bien de su propio desarrollo deberían aprovechar estas oportunidades para revisar sus motivaciones y estrategias.

En términos generales, estos individuos tienen dificultad para aceptar las críticas, de manera que su progresión psicológica dependerá de que sean menos controladores y más receptivos a los puntos de vista alternativos, tanto en su vida personal como en su vida profesional. Una vez que hayan adoptado una actitud vital más flexible, su prodigiosa energía y su espíritu emprendedor, combinados con su pasión y su inteligencia, allanarán su camino hacia el éxito y servirán de inspiración a los demás.

Su mayor reto es

Evitar juzgar y condenar a los demás rápidamente y a la ligera

El camino a seguir es...

Entender que cuando juzgan a otras personas, algunas veces se están juzgando a sí mismos.

En contra

Desapegados, obsesivos, egoístas

A favor

Constantes, dedicados, elegantes

28 de mayo

El nacimiento
de la renovación

Su mayor reto es

Gestionar el aburrimiento

El camino a seguir es...

Entender que aburrirse puede de hecho ser una experiencia positiva, porque puede enseñarles algunas cosas esenciales, tales como la paciencia, la gratitud y la autosuficiencia.

Las personas nacidas el 28 de mayo son activas, versátiles, innovadoras y muy creativas. Tanto en casa como en el trabajo tienen agilidad mental y física, lo cual les permite pensar y actuar a la velocidad del rayo. Elaboran planes originales y aguardan ansiosas a que den resultados antes de pasar al siguiente proyecto.

Persiguen la novedad, la aventura y las emociones fuertes. Se están reinventando constantemente; y lo hacen viajando, visitando lugares nuevos, conociendo gente diversa y probando cosas diferentes. A ojos de los demás, es difícil resistirse a su charla encantadora, aunque no sólo hablan por los codos sino que son capaces de pasar a la acción, y de dominar cualquier oficio o disciplina que les motive lo suficiente como para mantener vivo su interés. Competitivos por naturaleza, con una vena perfeccionista y una confianza juvenil, estos individuos lo tienen todo para alcanzar el éxito.

Les gusta compartir sus ideas con su entorno, pero pueden impacientarse cuando entienden que los demás no les siguen o son demasiado lentos. El problema radica en que no eligen bien su audiencia. Necesitan encontrar una manera de trabajar independientemente en áreas especializadas donde su versatilidad, su originalidad y su talento sean apreciados. Es posible que tarden en encontrar su camino, en el plano personal y en el profesional también, y quizás cambien varias veces de trabajo o incluso de país. Ahora bien, cuando finalmente se centran y encuentran la audiencia adecuada para su carisma y espíritu aventurero, generalmente triunfan con gran talento e indudable elegancia.

Entre los veinticuatro y los cincuenta y cuatro años de edad, disfrutarán de oportunidades para encontrar su lugar en el mundo. Después de los cincuenta y cinco es posible que desarrollen una mayor confianza en sí mismos y sean más creativos, cosa que les permitirá asumir cargos públicos de mayor responsabilidad. Sin embargo, a lo largo de toda su vida la búsqueda de su seguridad interior les llevará a explorar muchas avenidas y formas de conocimiento, y sentirán la necesidad de renovarse constantemente con situaciones y estímulos que no conocen. Aun así, finalmente se darán cuenta de que obtienen los mayores éxitos cuando bajan el ritmo y simplifican su vida. De hecho, aprender a reflexionar y saborear el éxito podrían erigirse, en última instancia, en el cambio más renovador.

En contra
Incansables, impacientes, apresurados

A favor
Innovadores, progresistas, versátiles

29 de mayo

El cumpleaños del malabarista girador de platos

El vibrante encanto de los nacidos el 29 de mayo suele cautivar a las personas que se cruzan en su camino. Son individuos decididos a encontrar una profesión o una causa que les satisfaga y les permita compartir sus talentos con los demás. Exhiben tendencias hedonistas y altruistas, y son capaces de hacer juegos malabares con cosas *a priori* opuestas o contradictorias.

El dinero, la riqueza o la posición social no son su principal motivación, aunque es cierto que necesitan tener su público. Si no tienen seguidores, sean del tipo que sean, pueden sentirse frustrados ya que siempre están «conectados», entreteniendo a los demás con sus ocurrencias, sus chistes y su conversación estimulante. Tienen don de gentes y facilidad de palabra, y disfrutan usando la diplomacia para resolver los conflictos que surgen entre las personas de su entorno. Por desgracia, este deseo de complacer y entretener a los demás puede contribuir a que repriman sus enojos; si este fuese el caso, inevitablemente sufrirían arrebatos violentos. Por lo tanto, deberían aprender a gestionar las cuestiones y las situaciones estresantes tan pronto como aparezcan en lugar de contenerse y permitir que se acumulen peligrosamente bajo la superficie.

Tan decididos están estos individuos a experimentar todo lo que la vida puede ofrecerles y a ganarse tantos admiradores como sea posible, que suelen tener docenas de proyectos en marcha. Asombrosamente, poseen la creatividad y la versatilidad necesarias para conseguir que todos ellos avancen satisfactoriamente, siendo así que su entorno no sabe muy bien cómo lo hacen. Bajo su actitud aparentemente lánguida y despreocupada ante tantas tareas inconclusas, se oculta una determinación a prueba de bombas y el deseo de probarse constantemente.

Tardarán algún tiempo en estabilizarse en una profesión que les llene. Hasta entonces se dedicarán a múltiples oficios y actividades. Tienen tendencia a dispersar su energía, pero entre los veintitrés y los cincuenta y tres años de edad, estos individuos disfrutarán de oportunidades para encaminarse, concentrarse en alcanzar una mayor seguridad emocional y desarrollar una carrera satisfactoria. No obstante, sea cual sea la profesión en la que inviertan toda su energía, su mayor deseo seguirá siendo mejorar la vida de sus semejantes. Una vez que encuentren la manera de materializarlo, con su liderazgo y su carisma harán de este mundo un lugar mejor.

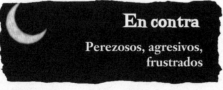

En contra

Perezosos, agresivos, frustrados

A favor

Vibrantes, generosos, conciliadores

30 de mayo

El nacimiento del destello mercurial

Las personas que nacieron el 30 de mayo son versátiles, locuaces y expresivas. Poseen una rapidez mental que les permite brillar en todas las situaciones sociales. Son astutas, mentalmente ágiles y tienen una lucidez que les sirve para aprovechar las oportunidades.

Con su sed de conocimiento y su brillante intelecto, es frecuente que estos individuos se involucren en muchas actividades. Aunque son incansables y tienen talento para triunfar en un amplio abanico de profesiones, es necesario que no se dispersen ni dilapiden su energía. Su mayor reto consiste en escoger un solo campo entre sus muchos intereses y comprometerse con él en el largo plazo. Siendo tan talentosos, capaces, energéticos y expansivos, su insaciable sed de cambio puede impedir que cumplan sus compromisos, y abandonarán a los demás antes de finalizar los proyectos si se aburren con la rutina o si quieren cambiar de aires.

Estas personas también experimentan súbitos cambios de humor, a veces en el lapso de un segundo. Pueden sufrir estallidos de ira, de frustración o de impaciencia, y al cabo de un segundo bromear y reírse como si nada hubiera pasado. Pueden ser apasionadas un día, serias y frías al día siguiente. Aunque es cierto que esto forma parte de su brillo y su atractivo personal, también puede perjudicarles toda vez que desconcierta a los demás, que dudan de su fiabilidad y capacidad de compromiso. Por suerte, entre los veintidós y los cincuenta y dos años de edad, pueden centrarse en fortalecer su seguridad emocional y en construir un hogar seguro. También en este periodo disfrutarán de oportunidades para ser más responsables y comprensivos en sus relaciones personales.

Gracias a su destello mercurial, pueden ser individuos difíciles y encantadores al mismo tiempo. La lección más importante que deben aprender es que el compromiso es esencial para triunfar en todos los aspectos de la vida. Cuando logren permanecer y articulen sus grandes dotes para la comunicación, su imaginación sin límites, su entusiasmo y su rechazo visceral a las convenciones, estas personas serán capaces de inspirar a los demás con su visión mágica del mundo.

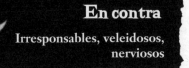

En contra
Irresponsables, veleidosos, nerviosos

A favor
Rápidos, talentosos, expansivos

31 de mayo

El nacimiento de la claridad

Las personas que nacieron este día destacan porque poseen una visión clara de la vida y porque rechazan todo lo que no tiene sentido. En su vida personal y en el trabajo no existe el escándalo y evidencian una facilidad pasmosa para adaptarse a las situaciones cambiantes. Aunque suelen proyectar una imagen de dureza, lo que más desean no es infundir temor o que se les admire, sino que todo el mundo entienda con claridad sus intenciones y sus palabras.

Puesto que quieren que su mensaje se entienda con claridad, son extraordinariamente eficientes y no se les escapa ningún detalle. El inconveniente de este enfoque que no deja margen al equívoco es que tienden a repetirse, cosa que puede irritar a los demás. Asimismo, estos individuos pueden obsesionarse con hacer las cosas sin pararse a reflexionar. No obstante, bajo esta actitud subyace la confusión. Esta confusión es lo que les mantiene todo el tiempo en movimiento y puede hacer que se frustren y sufran arrebatos de ira. La clave de su éxito consiste, por tanto, en encontrar el equilibrio entre su naturaleza incansable y su talento para adaptarse, sin olvidar por ello su necesidad de claridad y estructura. Ni la actividad constante ni la inacción les reportarán satisfacción. La satisfacción se encuentra en el punto medio.

Entre los veintiún y los cincuenta y un años de edad es probable que sientan una necesidad creciente de intimidad personal y seguridad emocional. Este periodo puede plantearles importantes desafíos toda vez que su todopoderosa mente gobierna sus vidas. Por lo tanto, necesitan controlar su tendencia a eliminar radicalmente cualquier signo de debilidad y deberían recordar que, como todos los mortales, son una combinación de fortalezas y debilidades. A la vista de ello, si logran expresarse con naturalidad sus seres queridos se acercarán y podrán relacionarse más fácilmente con las personas de su entorno. Cumplidos los cincuenta y dos, estos individuos alcanzan un punto de inflexión que les conduce a un periodo de mayor creatividad, confianza, autoridad y fuerza.

Por encima de todo, son personas que proyectan una imagen de autoridad y seriedad. Aunque les convendría relajarse un poco de vez en cuando, si logran controlar su mente y ser una poco más expansivas, disfrutarán del potencial suficiente para alcanzar un gran éxito y posiblemente la fama.

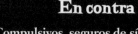

1 de junio

El cumpleaños del estudiante enigmático

Su mayor reto es

Entenderse a sí mismos

El camino a seguir es...

Entender que aprender a conocerse es una tarea que dura toda la vida, y que habrá días buenos y días malos.

La gente adora el ingenio y el sentido del humor de las personas que nacieron el 1 de junio. Son habladoras, entretenidas y su compañía resulta extremadamente divertida, incluso para las personas más reservadas, con quienes suelen desarrollar una cierta complicidad.

En el trabajo y en las situaciones sociales se muestran muy inquisitivas, podría decirse que mercuriales, ya que rara vez se concentran en un tema, básicamente porque los detalles les aburren. Pero hay un tema que nunca deja de fascinarles: el comportamiento humano. En todos los aspectos de su vida tienden a enfocarse en las demás personas y no tanto en sí mismas. En general, estudian e imitan el estilo de las personas exitosas en la esperanza de llegar pronto a la cima. Dado que el hábito hace al monje, este enfoque suele funcionar, por lo que no es infrecuente que triunfen. En todo caso, el principal inconveniente de este patrón de conducta es que nunca llegan a conocerse, ni siquiera llegan a ser conscientes de sus propios talentos ni a descubrir cuáles son sus sueños y sus esperanzas.

Su energía positiva les granjea muchos admiradores. Sucede que esto puede ser en vano por cuanto suelen sentirse tentados a revolotear de un admirador a otro en busca de aquél que les haga los mayores cumplidos. Esta necesidad de halagos es el resultado de la confusión y la incertidumbre que reinan en su interior. A pesar de su interés compulsivo por los demás, son individuos reservados que muy rara vez desvelan sus pensamientos y sus sentimientos más profundos. Con todo, es necesario que no pierdan el contacto con sus sentimientos y descubran lo que quieren conseguir en la vida. Si no lo hacen, les resultará totalmente imposible desarrollar su potencial creativo. Entre los veinte y los cincuenta años de edad, tendrán oportunidades para afianzar y desarrollar su individualidad. En consecuencia, durante este periodo será fundamental que no dispersen sus energías en causas o personas que no merecen la pena. Cumplidos los cincuenta, adquirirán una mayor confianza en sí mismos y en sus capacidades, y serán más asertivos.

Si encuentran el coraje para fiarse de sus instintos, podrán combinar efectivamente los aspectos enigmáticos y melancólicos de su personalidad con aquellas partes de sí mismos que son más impulsivas y carismáticas. Esto les proporcionará la concentración que necesitan para dejar de imitar a los demás y tomar conciencia de su potencial como individuos.

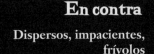

En contra

Dispersos, impacientes, frívolos

A favor

Perspicaces, populares, sociables

2 de junio

El nacimiento de la inventiva

Analíticas e intensas, las personas que nacieron el 2 de junio tienen un talento notable para resolver las situaciones complicadas. Rara vez su vida está exenta de problemas, aunque eso les agrada. Nada les hace disfrutar más que poner a prueba su ingenio. Si la vida no les plantea problemas o retos que superar, su respuesta natural es salir a buscarlos.

Como se ha dicho, su vida no es un camino de rosas, y por ello prosperan en tiempos de crisis. Son individuos inventivos, de mente ágil, capaces de analizar una situación y adaptarse. En general, discurren soluciones y pautas de acción que resultan efectivas en su contexto. Aunque puedan salvar la vida de otras personas y restaurar el orden, su adicción a los retos o los estímulos nuevos también puede volverse en su contra y complicar innecesariamente su vida y sus relaciones cuando las cosas van como la seda. Sus compañeros de trabajo, por ejemplo, pueden detestar su costumbre de ejercer de abogado del diablo o de agregar dificultad a los procedimientos sencillos. Así, cuando una relación sentimental avanza por el buen camino, ellos se encargarán de estropearla adquiriendo hábitos nocivos tales como trasnochar o ser desorganizados.

El entusiasmo que estos individuos manifiestan por las complicaciones y los problemas puede degenerar y hacer que se impliquen en causas o con personas conflictivas que no lo merecen. Es, pues, importante que recuerden que su mayor desafío no se encuentra en el mundo exterior. Su mayor desafío es conocerse a sí mismos. Entre los diecinueve y los cuarenta y nueve años de edad disfrutarán de numerosas oportunidades para adquirir una mayor conciencia de sus emociones y ajustarse a sus necesidades. Deberían aprovecharlas porque de ello depende su realización personal. Cumplidos los cincuenta, se internan en un periodo caracterizado por una vitalidad y una satisfacción crecientes.

Si logran aprender a enfocarse menos en los estímulos externos en busca de satisfacciones, y se centran en desarrollar su imaginación y sus muchos talentos, disfrutarán de un potencial prácticamente ilimitado para triunfar en el área de la vida que hayan elegido gracias, esencialmente, al poder de su intuición. Cuando esté dirigida a una causa que merece la pena, la intuición les reportará un alto grado de satisfacción personal derivado de la conciencia y el desarrollo de su pasmosa creatividad.

Su mayor reto es

Aprender a disfrutar de lo cotidiano

El camino a seguir es...

Entender que una vida plena y feliz no es una vida de extremos, sino una vida estable y cargada de sentimientos positivos, aun con rutinas y tareas cotidianas.

En contra

Derrotistas, incansables, complicados

A favor

Intuitivos, inventivos, adaptables

3 de junio

El nacimiento del ingenio más original

Las personas que nacieron el 3 de junio tienen una gran facilidad de palabra y ésta, unida a sus soberbias dotes para la comunicación, son la clave de su éxito, en los planos personal y profesional. En el trabajo recurren a su poder de persuasión para influir en las negociaciones, mientras que en los contextos sociales utilizan su ingenio vibrante para impresionar y entretener a los demás, algo que les granjea una legión de admiradores.

Sus ideas son siempre innovadoras y progresistas; tanto así que en ocasiones los demás tienen dificultad para entenderlas. El sentimiento de incomprensión puede generarles una enorme frustración porque generalmente tienen muchas cosas importantes que decir y detestan que no se les entienda. Son espíritus libres que necesitan expresar su individualidad. Por otro lado, si sienten que su posición está comprometida o carece de representación, no dudarán en dar un paso al frente y defender sus ideas con pasión.

Dotadas con un agudo ingenio y un sentido del humor fantástico, son personas de sentimientos profundos que creen firmemente en la igualdad de todos los seres humanos. Ahora bien, cuando se produce una disputa no temen recurrir al sarcasmo más hiriente para imponer su punto de vista. Algunas veces no son conscientes de la insensibilidad de sus comentarios, que ciertamente pueden causar un gran dolor en sus destinatarios; por este motivo es importante que sean un poco más sensibles a los efectos que producen sus palabras radicales. De no ser así, los demás se distanciarán, algo que supone un terrible castigo toda vez que ser ignoradas es uno de sus mayores miedos. Por suerte, entre los dieciocho y los cuarenta y ocho años de edad, disfrutarán de muchas oportunidades para desarrollar la sensibilidad a los sentimientos ajenos puesto que concentran su atención y su energía en el desarrollo de relaciones personales satisfactorias. Cumplidos los cuarenta y nueve, experimentarán una fuerte necesidad de expresión y autoafirmación.

Por irónico que parezca tratándose de individuos con semejante talento para la comunicación, una vez que toman conciencia del efecto que sus palabras tienen en los demás y del efecto que las palabras seductoras de los demás producen sobre ellas, nada les impedirá llegar hasta lo más alto. En su actitud vital siempre habrá algo excéntrico o poco convencional, pero esta originalidad es la fuerza que posibilita su avance. En lo más hondo de su corazón ellos saben que cuando son fieles a sí mismos la vida les sonríe y les recompensa con grandes satisfacciones.

En contra
Discutidores, poco claros, cortantes

A favor
Expresivos, estructurados, ingeniosos

4 de junio

El nacimiento del aprendiz

La capacidad intelectual de los nacidos el 4 de junio es espectacular. La clave de su éxito es la educación o el aprendizaje que pueda alimentar su mente rápida. Nada les gusta más que el rol de estudiante y la adquisición de nuevos conocimientos.

Cuentan con un intenso deseo de aprender y perfeccionarse, y siempre están buscando información relevante o nuevos desafíos. Esta curiosidad natural es una de sus mayores fortalezas, aunque puede ser una debilidad si la desarrollan demasiado en detrimento de su vertiente emocional. Si quedan atrapados en la etapa de formación, corren el riesgo de perder su flexibilidad y su identidad al estar completamente absorbidos por el proyecto en el que trabajan. Además, podrían sufrir un estallido de ira si su trabajo fuese interrumpido.

Es muy importante que pongan un mayor énfasis en la faceta más perceptiva y sentimental de su naturaleza, especialmente en lo tocante a las relaciones personales más cercanas. Afortunadamente, entre los diecisiete y los cuarenta y siete años de edad disfrutarán de un sinfín de oportunidades para enfocarse en el cultivo de su bienestar emocional. Necesitan aprovechar estas oportunidades porque, en caso contrario, podrían convertirse en unos adictos al trabajo, con toda la soledad, el sufrimiento y la insatisfacción que ese estilo de vida conlleva. Cumplidos los cuarenta y ocho, es probable que se sientan más seguros de sí y que gocen de oportunidades para hacer realidad sus sueños.

Las personas que nacieron este día tienen un gran potencial de liderazgo, pero mientras no consoliden su autoconfianza se sentirán más cómodas trabajando en equipo. En estos contextos grupales serán muy valoradas gracias a sus excelentes habilidades técnicas y organizativas. Una vez que se hayan sintonizado con los sentimientos propios y los ajenos, consolidarán su autoconfianza y descubrirán la creatividad que llevan dentro y que hasta entonces había permanecido dormida. Deberían afanarse en cultivar y desarrollar ese potencial porque no sólo les ayudará a superar la fase de aprendizaje y progresar, sino porque les convertirá en un ser humano más dueño de sí, más completo y satisfecho.

5 de junio

El nacimiento del malabarista intelectual

Las personas que nacieron el 5 de junio suelen hacer juegos malabares con diferentes ideas y proyectos simultáneamente. También tienen la capacidad de generar ideas innovadoras con las que se ganarán la admiración o la incomprensión de los demás. En honor a la verdad, su visión y su imaginación parecen no tener límites.

Con esta energía ilimitada, con su mente expansiva, sus excelentes dotes para la comunicación y su capacidad para sacar adelante las cosas, no sorprende que sean personas muy solicitadas. Han nacido para ayudar a los otros a pensar. Su búsqueda de descubrimientos y misterios que desentrañar nunca cesa. Sin embargo, la clave de su éxito radica en su capacidad para comunicarse efectivamente con los demás. Así, cuando son incomprendidos, es probable que se sientan dolidos en lo más hondo y que expresen su frustración con brotes de enojo, irritación o tensión nerviosa. Aprender a ser más pacientes y precisos en la exposición de sus pensamientos, así como escuchar con más atención lo que su entorno tiene que decirles, les ayudará a comunicarse de manera más satisfactoria y efectiva.

Entre los dieciséis y los cuarenta y seis años de edad, estos individuos se centrarán en alcanzar una mayor estabilidad emocional, en cultivar su confianza y algunas cuestiones relacionadas con la vida doméstica. Es importante que durante este tiempo aprendan a protegerse de los arrebatos de ira, la obstinación y la crítica en su comunicación con los demás. Preocupados por naturaleza, estos individuos necesitan aprender a manejar su negatividad y a perseguir los sueños que les inspiran cuando los demás los perciben como poco realistas o inviables. Cumplidos los cuarenta y siete, alcanzan un punto de inflexión que conduce a un periodo caracterizado por una mayor fortaleza y seguridad en sí mismos. Esto les permite mostrarse más extravertidos y más mesurados en sus relaciones personales.

Los nacidos el 5 de junio son personas dotadas con una energía creativa ilimitada. Aunque nunca deberían perder un ápice de su vitalidad, les convendría aprender a concentrarla y usarla de manera más provechosa. Una vez que logren encontrar el equilibrio entre su intelecto y sus instintos, estos individuos podrán desarrollar sus ideas novedosas y compartirlas de manera más satisfactoria con los demás gracias a su imaginación, su constancia y sus aptitudes técnicas.

6 de junio

El nacimiento de la expectación

Cuando una persona nacida el 6 de junio entra en un lugar, se produce un sentimiento de efervescencia y expectación colectivo. Son personas que saben provocar las cosas, algo que los demás detectan instintivamente. No tienen dificultad para comunicar sus ideales progresistas y trabajarán denodadamente para hacerlos realidad. Esto les granjeará muchos admiradores, que elogiarán su alto grado de compromiso con el bienestar de la gente.

Aunque son agitadores por naturaleza, también pueden llevar su visión o sus ideales a posiciones extremistas. Esto puede traducirse en un comportamiento inusual o incluso peligroso. La gente más convencional puede pensar que su lado más salvaje se expresa en la forma de *hobbies* arriesgados, relaciones extravagantes o fantasías tan extrañas como fabulosas. Algunas veces sus sueños y sus ideales son tan ambiciosos y tienen tan largo alcance que parecen opacos a ojos de los demás. Esto puede incomodarles profundamente dado que han nacido y viven sólo para compartir, inspirar y cambiar las cosas. Aprender a expresarse de manera más clara y sencilla les ayudará a hacerse entender.

Aunque nunca deberían ejercer un control excesivo sobre su maravillosa energía, sí deberían encontrar una suerte de equilibrio para que sus tendencias más bizarras no les alejen ni les aíslen de los demás. Afortunadamente, entre los quince y los cuarenta y cinco años de edad es probable que se contengan y sean más conscientes de su seguridad, prestando una especial atención a la familia, el hogar y la vida personal. Sin embargo, cuando cumplan los cuarenta y seis años sentirán una mayor necesidad de liderazgo y de expresar los que piensan y lo que sienten. Durante este periodo es probable que devengan más asertivos y tengan más confianza en sus capacidades, cosa que les animará a asumir responsabilidades en la esfera pública. En este tiempo es importante que entiendan que sus actos sirven como modelo de conducta para mucha gente, y que una actitud vital más equilibrada facilitará la relación con su entorno.

Una vez que hayan encontrado su público, gente con la que puedan relacionarse bilateral y satisfactoriamente, estarán a la altura de la expectación que su visión progresista de la realidad genera. El alivio que sentirán al comprobar que la gente ha entendido su mensaje les animará a expresar su naturaleza dedicada y, con un extremismo típicamente suyo, su afán revolucionario por cambiar el mundo.

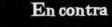

7 de junio

El nacimiento
de la seducción

Muchas personas piensan que los vistosos individuos que nacieron el 7 de junio viven en un mundo de fantasía. A decir verdad, el suyo es un mundo interior repleto de ideas y con un enorme potencial. Su entusiasmo y se estilo encantador cautivan la imaginación de la gente y, las más de las veces, estas criaturas seductoras se convierten en creadores de tendencias o en iconos de la moda.

Hagan lo que hagan, estos individuos avanzarán ligeramente por delante de sus contemporáneos. De manera totalmente instintiva saben cómo llegar a la gente gracias a su energía creativa. Disfrutan del proceso de seducción e invierten mucha energía en emitir señales no verbales. Es frecuente que les preocupe mucho su apariencia y, en muchas situaciones sociales, su ropa, su lenguaje corporal y su mirada se encargan de hablar por ellos —en ocasionen de forma exagerada, dado que no temen parecer llamativos o impactantes. Poseen un formidable sentido del humor y resultan muy divertidos; tanto así que la vida siempre es más entretenida cuando están cerca. Conscientes de la capacidad seductora del sentido del humor y el elemento sorpresa, se deleitan escandalizando y haciendo reír a los demás.

Sea como fuere, si pierden el contacto con sus sentimientos corren el riesgo de pasar por la vida rozando la superficie. Cuando esto ocurre, en lugar de ser encantadoras y cautivadoras, su entorno podría empezar a percibirles como personas poco fiables, olvidadizas y descentradas, pudiendo evitar su compañía. Habida cuenta que huyen por instinto, es muy importante que intenten vivir su vida con más conciencia y profundidad. Por suerte, antes de cumplir los cuarenta y cuatro encontrarán oportunidades claras para concentrarse en su vida interior. Cumplidos los cuarenta y cinco, alcanzan un punto de inflexión que fomenta la asertividad y la expresión de sus sentimientos. Siempre y cuando se protejan de la vanidad y el ensimismamiento, serán años satisfactorios en los que podrán demostrar todo lo que valen.

Las personas que nacieron este día poseen un mundo interior muy rico. Para preservarlo, necesitan cerciorarse de que no lo subordinan a sus preocupaciones materiales, que no lo niegan o impiden que se exprese porque temen que los demás piensen que son raros. Y no son raros; sencillamente cuentan con un potencial distintivo, único y especial.

En contra
Ensimismados, olvidadizos, hedonistas

A favor
Creadores de tendencias, visionarios, entretenidos

8 de junio

El nacimiento de las expectativas

Las personas que nacieron el 8 de junio son honestas y directas en su manera de encarar la vida. Dicen lo que piensan y, dado que tienen tantas expectativas puestas en sí mismas y en los demás, desprecian la pereza y la injusticia en cualquiera de sus manifestaciones.

Aunque son extremadamente independientes y les gusta trabajar solas, no es extraño encontrarlas ocupando puestos de liderazgo. Esto es debido a su fuerte sentido del juego limpio y a que entienden la importancia de ajustarse a las normas —siempre y cuando sean las suyas. Igualmente, si son buenos líderes es porque se entregan completamente al trabajo, y esto es un buen ejemplo que inspira a sus compañeros, ya sea en su profesión, integradas en un equipo o en su familia. Sin embargo, esto entraña un peligro: que su dedicación y diligencia degeneren en una adicción al trabajo.

Hasta los cuarenta y tres años de edad, estos individuos se centran en la casa y en su vida emocional. En esencia, son personas agradables y divertidas, por lo que es importante que durante este tiempo no permitan que su espontaneidad desaparezca. En su intento por ser justas, deberían procurar no volverse excesivamente duras o críticas, y no esperar cosas imposibles de sí mismas y de las personas de su entorno. Cumplidos los cuarenta y cuatro, serán más expresivas y asertivas, pero deben asegurarse de no sermonear a los demás y no mostrar un exceso de celo en su actitud frente al trabajo. La clave de su éxito y de su realización, tanto personal como profesionalmente, reside en equilibrar sus necesidades emocionales con su arraigado sentido de la responsabilidad. A medida que se acerquen a los setenta años de edad, se volverán más prácticas y analíticas, y pondrán un mayor énfasis en ayudar al prójimo.

La integridad, la diligencia y la devoción de la que son capaces, les permiten ser pioneras en la vida y construir un nutrido círculo social. Una vez que logren desarrollar una mayor empatía y tolerancia a las vulnerabilidades propias y ajenas, harán realidad sus altas expectativas de satisfacción personal y alcanzarán la felicidad y el éxito.

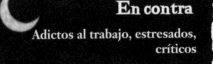

9 de junio

El nacimiento
de la oportunidad inesperada

Las personas que nacieron el 9 de junio sienten un enorme entusiasmo vital. Poseen una energía ilimitada y un espíritu cambiante; tanto así que en ocasiones los demás no saben cómo manejar la variabilidad de sus pensamientos, emociones y sentimientos. Aunque son personas de mente rápida y lógica, todo lo que les concierne resulta inesperado.

Son temperamentales pero no rencorosas. Según su propia visión del mundo, son personas directas y con una voluntad de hierro, aunque en las relaciones personales pueden mostrarse sorprendentemente pasivas y reservadas. Su comportamiento es poco convencional pero respetuoso con la autoridad. Son generosos y solidarios con los más necesitados, si bien algunas veces pueden parecer insensibles o descuidados con sus seres queridos. Dado que tienen tantas caras con las que presentarse ante el mundo, no cabe duda de que estos individuos resultan fascinantes.

Acción es una palabra clave para estas personas, tanto como la variedad y los desafíos. Tan grande es su sed de experiencias, que su vida puede ser una carrera loca que les lleva de una actividad a otra, por lo que disfrutan de poco tiempo libre. Es, pues, importante que de tarde en tarde bajen la velocidad y recuperen el aliento. Si no lo hacen, su vida podría convertirse en un auténtico caos. Asimismo, deberían hacer lo posible para integrar todos los aspectos de su personalidad. De no hacerlo, su vida discurrirá sin una dirección, sentido o propósito definidos, a merced de sus impulsos. Hasta los cuarenta y dos años de edad, se centran en el hogar, la seguridad y la familia. Es probable que decidan pasar más tiempo con sus padres o cerca del domicilio de sus padres, sin la menor intención de independizarse y construir su propia vida. No obstante, en torno a los cuarenta y dos años de edad, estos individuos alcanzan un punto de inflexión tras el cual ponen el acento sobre la energía y la confianza en sus capacidades. Es en estos años cuando demostrarán todo lo que valen.

Por encima de todo, las personas que nacieron este día son individuos coloristas y muy versátiles. Si aprenden a controlar sus instintos primarios y canalizan sus energías hacia objetivos más maduros y profundos, descubrirán que la vida les tiene reservada una serie de oportunidades inesperadas para su felicidad, satisfacción y éxito.

10 de junio

El nacimiento de la dicotomía

Los nacidos el 10 de junio son personas talentosas aunque un poco extremistas que defienden sus puntos de vista con vehemencia y sin ningún temor. Les sobran talentos y poseen una energía desbordante para poner en práctica todas sus ideas. Todo lo que les concierne transpira vitalidad, confianza y carisma aunque, pese a ello, no es extraño que sufran brotes de inseguridad y dudas paralizantes.

Son expertos en mostrar una cara amable tanto en su vida personal como en su vida profesional, aunque bajo esta apariencia se oculta una mente intensa y proclive a la negatividad y las preocupaciones. Esta dicotomía entre la persona pública y los miedos personales divide su personalidad, un hecho que dificulta enormemente su felicidad y su realización personal. No están dispuestos a reconocer sus inseguridades ante los demás, básicamente porque hacerlo significaría reconocerlas ante ellos mismos. Prefieren salir corriendo, esconderse o perderse en esa persona segura de sí misma que han creado o bien en el sexo, la pasión o la violencia. Ahora bien, si se enfrentasen a sus demonios internos y reconocieran su existencia, encontrarían alivio y paz interior.

Hasta los cuarenta y un años de edad, pueden enfocarse en alcanzar la seguridad emocional que tanto anhelan, en construir un hogar y una familia. Deberían aprovechar estas oportunidades para entrar en contacto con sus sentimientos y construir una red de amigos íntimos ante los que puedan abrirse con naturalidad. Cumplidos los cuarenta y dos, se internan en un periodo de mayor autoconfianza, autoridad, fuerza y expresión de lo que piensan y sienten. Si durante este periodo logran evitar los problemas y no permiten que otras personas les avasallen, será en estos años cuando puedan desarrollar sus talentos y demostrar lo que valen.

Por encima de todo, las personas que nacieron este día no deberían subestimar su capacidad para gestionar su vida, porque una vez que se enfrenten directamente a los obstáculos, su atrevimiento les hará capaces de las mayores audacias. Cuando tengan el valor de hacerlo, en su interior descubrirán un enorme potencial creativo con el que podrán hacer realidad todos sus sueños, por muy sorprendentes que parezcan.

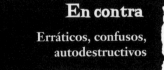

En contra

Erráticos, confusos, autodestructivos

A favor

Talentosos, afectuosos, atrevidos

11 de junio

El nacimiento de la expansión

Su mayor reto es

Manejar las responsabilidades domésticas

El camino a seguir es…

Entender que la satisfacción profunda sólo es posible cuando todas las áreas de su vida, incluida la doméstica, están en armonía.

Disciplinadas, energéticas, perceptivas y optimistas, las personas que nacieron el 11 de junio son muy ambiciosas y persiguen sus objetivos con una fuerza sorprendente, derribando todos los obstáculos que aparecen en su camino. Su fuerza les empuja siempre hacia delante, más allá de sus límites, expandiendo su experiencia y sus conocimientos.

Dotados con una capacidad envidiable para zambullirse por entero en su trabajo, su objetivo es aprender tanto como sea posible de un campo o una especialidad para luego abrir nuevos caminos. Su sentido de la justicia y su buena disposición a ensuciarse las manos los convierte en individuos muy buscados para el trabajo en equipo. Es posible que aquellos individuos menos evolucionados que no cuentan con el apoyo de los demás descubran que su ensimismamiento ha degenerado en egoísmo o arrogancia. Si logran cambiar su actitud por otra más humilde y sensible, seguramente no pasará mucho tiempo antes de que los demás busquen su compañía o soliciten su colaboración.

Con tan remarcable entusiasmo por la vida y su increíble potencial para avanzar abriendo camino, les queda poco tiempo que dedicar a los que carecen de esa energía. Además, estos individuos desprecian a la gente negativa o depresiva, dado que de manera instintiva entienden que una actitud positiva incrementa sus posibilidades de éxito. Ahora bien, la felicidad y el éxito no siempre son suficientes porque su mayor deseo es lograr la excelencia. Por esta razón, en su estilo de vida y en su trabajo no dudan en empujar los límites para alcanzar cotas aun más elevadas. Aunque esta actitud ganadora puede llevarles a lo más alto, también puede provocar su aislamiento emocional si sus compañeros de trabajo o sus amigos se sienten superados por su incesante empuje.

Afortunadamente, antes de los cuarenta y un años de edad tendrán sobradas oportunidades para desarrollar y consolidar su seguridad emocional. Deberían aprovechar estas oportunidades y no descuidar la relación con sus familiares y amigos. Cumplidos los cuarenta y dos, su enfoque se tornará más seguro, firme y agresivo. Si para ese entonces han aprendido a reconocer el efecto dañino que sus tendencias obsesivas pueden tener sobre ellos mismos y sobre su entorno, será durante este periodo cuando logren hacer verdaderas aportaciones no sólo en su profesión, sino también en su vida personal.

En contra
Testarudos, contundentes, arrogantes

A favor
Progresistas, positivos, disciplinados

12 de junio

El nacimiento de la positividad realista

Las personas que nacieron este día mantienen una actitud vital alegre, optimista y positiva que les funciona muy bien. Su fuerte creencia en el bien también tiene efectos positivos en las personas de su entorno, porque en general les ayuda a mejorar.

Extremadamente generosas y solidarias, compensan su positividad con fuertes dosis de realismo. Apoyan o valoran todo aquello que se ven capaces de hacer o lo que entienden que otros son capaces de hacer. No pretenden que las cosas sean perfectas, tan sólo que mejoren como resultado de animar a los demás a ayudarse a sí mismos. En ocasiones esto puede manifestarse en la forma de palabras críticas, aunque cabe decir que este enfoque «cruel para ser amable» generalmente funciona.

Esta excelente disposición, unida a su contención característica, les capacita no sólo para hacer grandes cosas sino para ser pioneros en muchas facetas de la vida. Estos individuos no soportan la inercia y suelen empujar sus propios límites, llegando incluso a diseñar actividades para sus familiares y amigos, a estudiar idiomas o aprender habilidades nuevas. El inconveniente de tanta jovialidad es que a veces resulta irritante a ojos de los demás, que pueden percibirles como personas un tanto frívolas. Aunque es cierto que pueden parecer superficiales, en general esto responde a una serie de conflictos internos que ocultan bajo su máscara animosa. Es, pues, importante que no intenten enterrar estos conflictos llenando su vida de actividades. Si lo hacen, serán profundamente infelices.

Hasta los treinta y nueve años de edad, estos individuos se concentran en construir su seguridad emocional y necesitan aprovechar las oportunidades que se presenten para aprender lecciones sobre el amor y la comprensión. Cumplidos los cuarenta, su autoconfianza se incrementa y suelen identificar sus capacidades personales. Durante este periodo es necesario que se rodeen de personas que les desafíen intelectual o emocionalmente, y que puedan animarles a explorar su mundo interior. Una vez que hayan aprendido a conocerse y a entender el comportamiento de los demás, y que entren en contacto con su intuición, su dinamismo contagioso y su creatividad quedarán validados gracias a los logros alcanzados en todos los aspectos de su vida.

Su mayor reto es

Enfrentar sus miedos e inseguridades

El camino a seguir es...

Entender que reconocer que tienen inseguridades y miedos de hecho reduce el poder dañino de los mismos. Una vez que conozcan a su enemigo, les resultará más fácil manejarlo.

En contra

Críticos, inconscientes, superficiales

A favor

Optimistas, decididos, generosos

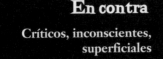

13 de junio

El cumpleaños del soñador salvaje

Su mayor reto es

Ser sensatos

El camino a seguir es...

Entender que ser sensatos no siempre significa ser aburridos. Antes bien, puede servir para maximizar sus posibilidades de éxito como resultado de adoptar una actitud más realista y centrada en sus objetivos.

Las personas nacidas el 13 de junio viven según sus propias reglas y valores. Son individuos avanzados a su tiempo que no soportan la cotidianidad y la rutina. Con su faceta salvaje, se atreven a hacer cosas que los demás jamás harían.

Aunque su imaginación vívida y altamente creativa puede plantearles situaciones peligrosas, también puede servirles para innovar y convertirles en pioneros. Les encanta viajar y explorar, exterior e interiormente. Su sed de aventuras puede llevarles por todo el mundo, a lugares exóticos, o puede manifestarse con una total absorción en sus descubrimientos intelectuales. Estos individuos creen firmemente que el mundo es suyo y que son virtualmente capaces de hacer cualquier cosa que piensen o deseen.

Muchas de estas personas consiguen realizar sus sueños, por descabellados que parezcan, y normalmente son muy exitosas en el campo profesional que han elegido. Sin embargo, también es cierto que los menos evolucionados pueden tener dificultad para hacer realidad sus sueños. Es importante que entren en contacto con su intuición, porque esto les servirá para evaluar mejor los riesgos y distinguir los que son superables de aquellos que sólo provocarán su frustración. Asimismo, necesitan rodearse de gente positiva que les anime a soñar pero que les proporcione ciertas dosis de objetividad y realismo. Hasta los treinta y ocho años de edad, se concentran en alcanzar una mayor seguridad emocional y deberían aprovechar las oportunidades que se presenten para desarrollar una mayor conciencia y un mayor reconocimiento de sus capacidades. Durante este periodo deberían asegurarse de que su sed de aventuras no les ponga en peligro. Tienen que reflexionar largo y tendido acerca de la peligrosidad que entrañan sus planes.

Por encima de todo, los nacidos este día son personas aventureras que nunca deberían apaciguar su desbordante energía ni reprimir su imaginación con la repetición y la rutina. Sea como fuere, para exprimir su potencial al máximo y no sólo soñar sino hacer realidad lo imposible, deberían siempre sopesar los pros y los contras de sus proyectos, estudiando concienzudamente lo que posible y lo que no lo es.

En contra

Precipitados, irrealistas, peligrosos

A favor

Imaginativos, inteligentes, aventureros

14 de junio

El nacimiento del supervisor

Los individuos nacidos el 14 de junio son audaces y sienten un fuerte deseo de controlar las situaciones y a la gente, se trate de familiares, amigos, compañeros de trabajo, o proyectos que necesitan su supervisión. Esta necesidad instintiva y urgente de asumir el control estriba de su capacidad para observar lo que ocurre a su alrededor y detectar rápidamente qué hay que hacer y quién es la persona más indicada para hacerlo.

La confianza suprema que tienen en sus convicciones es consecuencia de su seguridad personal y de su incapacidad para mantenerse al margen cuando hay cosas que hacer. En consecuencia, no sorprende que estos individuos sean líderes dinámicos e inspiradores, si bien su entorno a veces puede percibir sus actos como abruptos y autoritarios. Desafortunadamente, cuando su comportamiento o sus métodos son cuestionados pueden reaccionar con impaciencia o incluso con hostilidad, algo que invariablemente juega en su contra, especialmente en las relaciones personales. Por consiguiente, es importante que hagan un esfuerzo para prever las reacciones que su naturaleza mandona puede generar en los demás.

Hasta los treinta y siete años de edad, suelen centrarse en fortalecer su seguridad emocional, y es importante que durante estos años aprovechen cualquier oportunidad para desarrollar una mayor consideración y conciencia de los sentimientos ajenos. Cumplidos los treinta y ocho años, se adentran en un periodo de mayor fortaleza y confianza en sus posibilidades. Y, puesto que ya cuentan con plena autoconfianza, tendrán que cerciorarse de que su actitud franca y directa no degenere en arrogancia dado que esto les alejaría de los demás.

Por encima de todo, estos individuos poseen opiniones muy claras y tajantes además de una necesidad compulsiva de recurrir a la acción directa para lograr sus objetivos. Están dispuestos a trabajar muy duro y a hacer considerables sacrificios por la gente o por las causas en las que creen. Una vez que aprendan a respetar la sensibilidad ajena, disfrutarán de sobrado potencial no sólo para convertirse en unos supervisores consumados sino para ser líderes y hacer notables contribuciones en la profesión a la que hayan decidido dedicarse con su energía prodigiosa y su poderoso intelecto.

En contra
Mandones, conflictivos, abruptos

A favor
Persistentes, autoritarios, valientes

15 de junio

El nacimiento
del encanto irresistible

Las personas que nacieron el 15 de junio están dotadas con un encanto natural innegable. Además, tienen facilidad para convencer a la gente de sus ideas, para lo cual a menudo recurren a su poder de seducción, que les sirve para ganarse el apoyo de sus familiares, amigos y compañeros de trabajo así como de cualquier persona que se cruza en su camino. Tan fuertes son su atractivo y su encanto que aun las personas más cínicas y escépticas no pueden resistirse.

Lo que las hace tan encantadoras es su sincero interés por los demás y su remarcable capacidad para adivinar lo que piensan o sienten. Esto contribuye a que los demás se sientan bien en su compañía, pues consideran que vibran en la misma frecuencia. Su extraordinario don de gentes suele situarles en posiciones de influencia. Ahora bien, cuando no gozan de esa influencia, estos individuos deberían utilizar su poder de persuasión para promover causas que merezcan la pena. De no hacerlo, los demás se sentirán un tanto estafados. También necesitan asegurarse de no dar una impresión equivocada y de no engatusar a los demás para que crean que existe una relación de amistad allí donde no la hay. Así las cosas, en todas sus relaciones les convendría aplicar un código ético estricto.

Hasta los treinta y seis años de edad, es probable que se concentren en consolidar su seguridad emocional. Durante este tiempo tienen que asegurarse de ser honestos consigo mismos y con los demás, tanto como sea posible, y de no priorizar la popularidad, la riqueza o su atractivo personal antes que la consecución de otros logros más profundos. Cumplidos los treinta y siete, adquirirán una mayor confianza y esto podría animarles a utilizar su don de gentes de una manera más asertiva. Es importante que durante estos años avancen por el buen camino. Si lo consiguen, podrán dirigir toda su energía, su inteligencia y su fortaleza interior para influir en los demás de maneras productivas, positivas y constructivas.

Estos individuos poseen el potencial necesario para aportar grandes cosas en asociaciones, colectivos y empresas de todo tipo, siempre y cuando sean conscientes del poder que ejercen sobre los demás y procuren no manipularles. Si verdaderamente creen en la causa que defienden, su ambición y su encanto personal les garantizarán la popularidad, la felicidad y el éxito.

En contra

Calculadores, engañosos, inestables

A favor

Seductores, atractivos, inteligentes

16 de junio

El nacimiento de la astucia de largo recorrido

En la personalidad de los nacidos el 16 de junio se combinan la prudencia y un arraigado espíritu aventurero. Aunque estos individuos poseen una vívida imaginación y un claro gusto por la innovación, también son extremadamente astutos y están dispuestos a ser flexibles sin entregar un ápice de su visión del mundo.

Suelen tener grandes planes y una extraña habilidad para detectar las tendencias antes de que ocurran. Con todo, son prudentes y rara vez se lanzan a especular a tontas y a locas. Antes bien es más probable que planeen su vida cuidadosamente, construyendo cimientos sólidos ladrillo a ladrillo. Nada les satisface más que asumir riesgos en entornos controlados donde sus objetivos están claros y donde pueden mantenerse perfectamente actualizados de sus progresos. En todo caso, cuando no encuentran el equilibrio entre su prudencia y su afán emprendedor, y suprimen los riesgos para ir a lo seguro, suelen ser muy improductivos.

Hasta los treinta y cinco años de edad, es probable que la seguridad emocional desempeñe un rol importante en su vida. En su estructurado estilo de vida es necesario que hagan un espacio donde encajar la diversión y lo lúdico. Cumplidos los treinta y seis, su autoconfianza aumenta y suelen mostrarse más expresivos y asertivos. Es importante que durante este periodo no repriman su increíble entusiasmo, su fuerza de voluntad y su empuje abandonándose a la indecisión. Deberían averiguar qué es lo que desean, puesto que ésta es una época ideal y seguramente ya están preparados para hacer realidad sus sueños.

Imaginativos y prácticos a partes iguales, los individuos que nacieron en esta fecha suelen obtener las mayores satisfacciones de los placeres no materiales, tales como las relaciones personales, la belleza natural o las artes. Es frecuente que vivan según un código humanitario muy estricto que les hace compadecerse de los más desfavorecidos y sentir desprecio por los que abusan de su poder. Cuando hayan aprendido a ser menos impulsivos y menos prudentes, la increíble fuerza de su afán de progreso les servirá para hacer el bien y ayudar a cuantos se crucen en su camino.

Su mayor reto es

No sospechar de todo y de todos

El camino a seguir es…

Entender que el exceso de prudencia puede bloquear la creatividad y la espontaneidad, dos ingredientes clave para alcanzar el éxito y la realización personal.

En contra
Inflexibles, indecisos, ansiosos

A favor
Serios, pacientes, originales

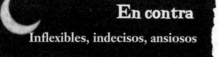

17 de junio

El nacimiento del ejemplo influyente

Su mayor reto es

Explicar cómo se sienten

El camino a seguir es...

Entender que abrirse a los demás en modo alguno debilita su posición, sino que la fortalece dado que facilita su relación con las personas.

Las personas que nacieron el 17 de junio suelen ser individuos fuertes e inspiradores que creen que todo el mundo puede encontrar la fuerza interior para hacer realidad sus sueños. Una fascinante combinación de estructura y creatividad les permite amoldarse a las normas sociales y explorar su vívida imaginación y, si es posible, aprovecharse de ella.

Son personas muy exigentes consigo mismas y con los demás. Sea cual sea la situación en que se encuentren, lo más probable es que se muestren muy competentes. Aunque es cierto que su presencia constituye un magnífico ejemplo para sus semejantes, que se sienten atraídos por su vitalidad y su conducta intachable, también lo es que pueden tener dificultades para ejercer el rol de mentor. Esto se debe a que muy a menudo están absorbidas por sus propios asuntos y carecen de la paciencia y la comprensión necesarias para escuchar a los demás.

Además, corren el peligro de adaptar la verdad para ajustarla a sus intereses. Y no es que quieran engañar, sino que lo hacen para que sus argumentos resulten más plausibles. Ahora bien, si no controlan esta tendencia a manipular la verdad, su entorno puede pensar que no son de fiar. No obstante, tal es su influencia que aun cuando sus exageraciones sean descubiertas, los demás seguirán confiando ciegamente en su liderazgo. Por consiguiente, es de suma importancia que se impongan un estricto código ético. Hasta los treinta y cuatro años de edad, es probable que estos individuos se enfoquen en la construcción de relaciones emocionales satisfactorias, en la seguridad y la familia. Por su propio bien necesitan asegurarse de aprovechar las oportunidades que se les presenten para descubrir sus verdaderos sentimientos, y que aprendan a expresarlos. Cumplidos los treinta y cinco, se internan en un periodo caracterizado por la fortaleza y la confianza. Serán años en los que podrán demostrar lo mucho que valen en su condición de pioneros y líderes con capacidad para inspirar a los demás.

Por encima de todo, los individuos nacidos el 17 de junio son impetuosos, imaginativos y cuentan con ideales progresistas. Una vez que entiendan el efecto que su intensidad produce en los demás, no sólo aumentarán las posibilidades de que sus ideales gocen de mayor aceptación, sino que conseguirán una enorme satisfacción emocional.

En contra

Impacientes, desapegados, poco fiables

A favor

Influyentes, físicos, creativos

18 de junio

El nacimiento
de la amenidad perceptiva

Las personas que nacieron el 18 de junio poseen maneras encantadoras y una vitalidad que alegra la vida de todos a su alrededor. En todo caso, esta afabilidad instantánea disimula un intelecto profundo y una cabeza muy preparada para la responsabilidad y los negocios. Para estos individuos, la consecución de sus objetivos personales, económicos y profesionales es algo tan prioritario como su popularidad.

Sean más o menos conscientes de ello, su personalidad produce un efecto duradero en los demás; tanto así que, aunque no estén físicamente presentes, de una u otra forma su influencia persiste. Tienen una mentalidad perceptiva y extraordinariamente intuitiva que, combinada con su ingenio y su extraño sentido de la diversión, les permite exponer efectivamente sus argumentos sin ofender a nadie. Esto los hace inolvidables. Su capacidad para causar un impacto duradero en su entorno consolida su potencial de liderazgo, si bien es necesario que procuren no abusar de su poder ni caer en actitudes manipuladoras.

Aunque disfrutan siendo el centro de atención, y es cierto que la popularidad es algo consustancial a su persona, también son recíprocos y no dudan en ayudar al prójimo. Así, estos individuos lucharán infatigablemente por los derechos de los demás y utilizarán su capacidad oratoria y su ingenio para motivarles y actuar frente a las injusticias. Pese a su sinceridad e inteligencia, son individuos que se aburren fácilmente y necesitan diversión. Su necesidad de cambio, desafíos y emociones puede hacer que se comporten erráticamente y, en ocasiones, de manera profundamente egoísta. Consecuentemente, es necesario que aprendan a ser más disciplinados y constantes en su manera de relacionarse con la gente y de encarar las situaciones.

Hasta los treinta y dos años de edad, lo normal es que se centren en consolidar su seguridad emocional, pero cumplidos los treinta y tres se tornarán más expresivos y asertivos. En estos años deberían asegurarse de no malgastar sus talentos con una mentalidad del tipo «siempre habrá prados más verdes». Una vez que aprendan a mostrarse más agradecidos por lo que han conseguido, descubrirán todo su potencial espiritual. Esto será clave para el desarrollo de su creatividad, así como para causar una impresión positiva en cuantos se crucen en su camino.

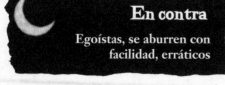

En contra

Egoístas, se aburren con facilidad, erráticos

A favor

Encantadores, poderosos, inteligentes

19 de junio

El nacimiento del activador

Los individuos nacidos el 19 de junio están dotados con la capacidad de estimular y levantar el ánimo de los demás. Su resolución y su coraje, junto con su paciencia, su tolerancia y sus casi siempre buenas intenciones, constituyen un ejemplo inspirador. Sean más o menos conscientes de ello, son individuos catalizadores que mueven a la acción, provocan las situaciones y aceleran su avance.

Es posible que vociferen o que se mantengan firmes en silencio, pero sea cual sea la estrategia elegida, rara vez sucumbirán a la presión. Su resolución es una consecuencia lógica de su característica más sobresaliente: la creencia firme en sus posibilidades. Rara vez se dejan vencer por la duda, algo que causa tanta admiración como irritación a su alrededor. En honor a la verdad, su inmensa personalidad puede intimidar a las personas menos seguras. No obstante, esta determinación no es el resultado de una obstinación estrecha de miras, sino de una confianza suprema que deriva de haber evaluado previamente todos los puntos de vista hasta llegar a la mejor conclusión posible. Y esta confianza está bien fundada, por cuanto poseen una incisiva capacidad de análisis, una profunda intuición y una curiosidad intelectual fuera de toda duda.

Otros individuos nacidos en esta fecha, aunque menos evolucionados, pueden expresarse con un comportamiento controlador o incluso dictatorial, pero la vida terminará por enseñarles que es mucho más beneficioso adoptar un enfoque de menor confrontación. Hasta los treinta y un años de edad, se ocupan de consolidar su seguridad emocional, construir una familia y un hogar. Sin embargo, cumplidos los treinta y dos, estos individuos se adentran en un periodo de mayor expresión y creatividad, caracterizado por una asertividad añadida y mayor audacia. Es importante que durante estos años aprendan el arte de la diplomacia. Si lo consiguen, será entonces cuando demuestren todo lo que valen. A los sesenta y dos años de edad, pueden sentir la necesidad de ser más metódicos y ofrecer su ayuda a los demás.

Por encima de todo, las personas que nacieron este día tienen la capacidad de insuflar seguridad en sus semejantes gracias a su compasión, la chispa de su ingenio y su vitalidad juvenil. También es posible que algunas veces se exijan demasiado, pero siempre y cuando logren mantener el equilibrio y el sentido de la perspectiva, disfrutarán de un gran potencial para dejar su impronta en el mundo guiando, motivando y mejorando la vida de los demás.

En contra

Excesivamente ambiciosos, inconscientes, inflexibles

A favor

Vigorizantes, valientes, persistentes

20 de junio

El nacimiento de la excitación

Las personas que nacieron el 20 de junio son espontáneas y afectuosas con todo el mundo, porque expresar sus emociones es algo que hacen de manera natural. No entienden la indiferencia simple y llanamente porque, por encima de todo, les encantan las emociones.

La vida nunca es aburrida cuando estos individuos están cerca, puesto que cualquier cosa suscita una reacción apasionada por su parte. Son carismáticos, dramáticos, extravertidos y encantadores. Les encanta hablar y adoran ser el centro de todas las miradas. Poseen grandes dotes para la comunicación y una mente perspicaz e innovadora que los convierte en excelentes conversadores. No obstante, al ser tan amantes de las emociones, no es de extrañar que de tarde en tarde provoquen una disputa por el mero hecho de divertirse. También pueden necesitar que los demás les halaguen, y si no obtienen el respaldo que demandan, es posible que respondan de manera irracional o caprichosa. Así las cosas, es importante que se rodeen de personas cariñosas pero ecuánimes, que puedan darles el equilibrio que necesitan.

Hasta los treinta años de edad, estos individuos ponen el acento en el hogar, la familia y la seguridad emocional, y deberían aprovechar las oportunidades que se presenten para fortalecer su equilibrio interior. Sin embargo, cumplidos los treinta y uno, se mostrarán más creativos y seguros de sí mismos, y esto les permitirá ser un poco más aventureros. Si logran controlar sus reacciones apasionadas en determinadas situaciones y su capacidad para provocar emociones fuertes en los demás, será en estos años cuando saquen lo mejor de sí mismos.

Aunque las personas que nacieron este día pueden tirar fuegos artificiales innecesariamente, en general son una influencia positiva. El ambiente parece más agradable y ligero cuando están cerca, básicamente porque son capaces de sacar las emociones que los demás reprimen. La pasión y la excitación parecen acompañarles dondequiera que van. Asimismo, tienen una fuerte intuición que les sirve para encandilar, persuadir e influir en las personas. Si son capaces de encontrar una causa que les motive, y alcanzan el equilibrio entre la razón y la emoción, podrán hacer realidad todos sus sueños, por excitantes y creativos que parezcan.

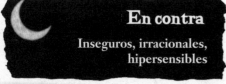

En contra
Inseguros, irracionales, hipersensibles

A favor
Dinámicos, excitantes, conmovedores

CÁNCER

EL PORTADOR DEL AGUA

(21 DE JUNIO - 22 DE JULIO)

* **ELEMENTO:** Agua

* **PLANETAS INFLUYENTES:** La Luna

* **SÍMBOLO:** El cangrejo

* **CARTA DEL TAROT:** El carro (resistencia)

* **NÚMERO:** 2

* **COLORES FAVORABLES:** Índigo, blanco y gris ahumado

* **FRASE CLAVE:** Saldré de mi caparazón cuando me sienta seguro

Cáncer es el primer signo de agua y quizás sea el más sensible de todos los signos zodiacales. Los nacidos bajo este signo son tan impredecibles como el mar, pudiendo mostrarse suaves y cariñosos un momento y tempestuosos y ariscos poco después. Sienten una fuerte necesidad de protegerse y de proteger a sus seres queridos frente cualquier peligro o amenaza. Aunque pueden parecer misteriosos y enigmáticos, bajo la superficie se oculta una persona altamente intuitiva, amorosa y compasiva.

El potencial de su personalidad

Tanto los hombres como las mujeres nacidos bajo el signo Cáncer tienden a ser compasivos y cariñosos por naturaleza. Sienten verdadera preocupación por los sentimientos ajenos y nada les importa más que dar y recibir amor. En esta vida su principal motivación es alcanzar la felicidad, porque son conscientes de que cuanto más feliz es la gente más llena se siente y más productiva es. De fácil trato, suelen tener una risa distintiva y dondequiera que van siempre procuran crear una ambiente armonioso y placentero.

Emocionales, amorosos, intuitivos, imaginativos y solidarios son adjetivos que definen a los cáncer. También son muy protectores de aquellos a quienes aman o respetan, y con el dinero son extremadamente pragmáticos. Cuando su compasión y su intuición se imbrican armoniosamente con su pragmatismo, nada podrá impedir que un cáncer consiga lo que se proponga. La luna es el planeta que rige el signo Cáncer, el planeta de las emociones y la intuición. Es por ello que evidencian una marcada tendencia a dejarse guiar por sus sentimientos. No obstante, sus decisiones serán instintivas y no tanto impulsivas, puesto que su pragmatismo característico suele atemperar la fuerza de sus impulsos.

El hogar es de vital importancia para los cáncer, siendo así que mucho descontrol puede alterarles emocionalmente. Igualmente, son propensos a los brotes de nostalgia y no es infrecuente que se aferren al pasado. Con bastante frecuencia se rodean de fotografías de sus seres queridos o de objetos que, aun teniendo un escaso valor material, para ellos poseen un enorme valor sentimental bien porque son regalos de algún familiar o amigo o

bien porque los asocian a un recuerdo personal importante. Allí donde los demás sólo ven desorden, los nacidos bajo este signo ven fotografías y objetos que les proporcionan seguridad.

Quizá una de sus mayores fortalezas sea su especial intuición con respecto a las necesidades de las personas de su entorno. Un cáncer sabrá qué quiere o qué necesita otra persona de manera completamente instintiva y sin mediar palabra. Esto, combinado con su naturaleza protectora y amorosa, los convierte en personas muy valiosas en tiempos de crisis, a quien pedir ayuda o consejo. Como un puerto abrigado donde los barcos buscan refugio, los nacidos bajo el signo Cáncer construyen un lugar seguro y bien organizado adonde la gente puede acudir cuando necesita evadirse o descansar, o cuando busca inspiración y fuerza.

> « El hogar es de vital importancia
> para los cáncer, y mucho descontrol
> puede alterarles emocionalmente. »

Su lado oscuro

Las personas nacidas bajo el signo del cangrejo pueden tener cambios de humor repentinos y ser propensas a discutir; además, si no consiguen salirse con la suya, pueden comportarse como verdaderos mártires. El problema de esta actitud tan beligerante es que generalmente ellos son las personas que más la padecen. Igualmente, son las personas más sufridoras del zodiaco. Nunca se sentirán «bien» a menos que estén preocupadas por alguien o por algo.

Aunque de naturaleza compasiva y afectuosa, es importante recordar que el cangrejo —el símbolo de su signo solar— está protegido por un duro caparazón. No vayamos a pensar que los nacidos bajo este signo carecen de una fuerte ambición. Tener éxito en la vida es algo que les importa sobremanera y, si es necesario, lucharán con uñas y dientes para conseguir lo que quieren. Sin embargo, las más de las veces este instinto luchador no tiene oportunidad de expresarse de manera positiva. Esto se debe a que están tan pendientes de los sentimientos de los demás y de lo que sucede a su alrededor que les cuesta tomar distancia y definir no sólo qué es lo que quieren sino su propia persona. Los cáncer suelen padecer confusión y estados de ánimo variables como consecuencia de su sensibilidad. Dado que sus sentimientos son tan dependientes de los sentimientos ajenos, su paisaje emocional cambia constantemente. Entonces, cuando se producen los malentendidos y cuando las expectativas son demasiado elevadas, los cáncer suelen refugiarse bajo su caparazón para procesar las cosas y dotarlas de sentido. Esta retirada puede resultar especialmente confusa y dolorosa para sus amigos y seres queridos quienes, a estas alturas, es posible que hayan desarrollado una fuerte dependencia de la amorosa y nutritiva presencia de los nacidos bajo el signo Cáncer.

Así las cosas, los defectos de la personalidad de los cáncer afloran a causa de su enorme sensibilidad emocional o de su incapacidad para distinguir entre los sentimientos propios y los ajenos. Cuando se sientan vulnerables o amenazados, se mostrarán posesivos y se pondrán a la defensiva, aferrándose a todo aquello que les da seguridad y ocultándose dentro del caparazón.

Símbolo

Si quiere descifrar la personalidad de los individuos nacidos bajo el signo Cáncer, sólo tendrá que observar su símbolo, con su interior suave y vulnerable y su poderoso y resistente caparazón externo. El cangrejo es una criatura sensible cuya única manera de sobrevivir en un mundo hostil consiste en rodearse de un caparazón extraordinariamente duro. Esto puede inducir vulnerabilidad y malas interpretaciones. Por ejemplo: es posible que un cáncer decida ser reservado por miedo al dolor, pero esto podría hacer que se sienta solo y rechazado por los demás. De manera similar, podría abrirse tanto que los demás nunca encontrarían el tiempo necesario para averiguar lo que sienten, una circunstancia que desembocaría en sentimientos de soledad y aislamiento.

Su mayor secreto

Los nacidos bajo el signo Cáncer son muy dados a preocuparse aun por las cosas más nimias. Este miedo a lo desconocido o a los peligros infundados puede dar al traste con sus sueños y sus esperanzas. Nada teme más un cáncer que el cambio o lo desconocido, y es este miedo lo que les empuja a invertir una enorme cantidad de tiempo y energía en relaciones y proyectos que les proporcionan seguridad. El problema es que cuanto más se afanan por controlar las cosas, más inseguros y vulnerables se sienten, puesto que el cambio es lo único que nunca cambia en la vida.

El amor

Todo indica que los cáncer poseen amor en grandes cantidades, un amor con el alimentan su relación con los demás. Aunque pueden vivir solos, también es cierto que su vida es mucho más plena y feliz cuando viven en pareja. No obstante, si en efecto viven solos, lo típico es que se rodeen de un círculo de amigos íntimos. En las relaciones sentimentales, son muy cariñosos y prestan todo su apoyo a su pareja, pero este amor y esta devoción pueden resultar asfixiantes. La independencia emocional de los demás, o que ya no les necesiten, es algo que aterra a los cáncer, tanto así que si no aprenden a soltar podrían surgir problemas o producirse situaciones insanas.

Los nacidos bajo el signo Cáncer responden excelentemente al afecto y la ternura, y cuando se enamoran se enamoran en cuerpo, mente y alma. De corazón romántico, estos individuos siempre antepondrán los intereses de sus seres queridos. Todo esto está muy bien siempre y cuando su dedicación y su afecto sean correspondidos. Ahora bien, si son rechazados pueden retirarse a su caparazón sintiéndose profundamente heridos y vulnerables. El miedo al rechazo puede hacer que se mantengan dentro del caparazón durante más tiempo de lo aconsejable. Aunque tienden a aferrarse a una relación que evidencia síntomas claros de desintegración, también son capaces de apartarse si no se sienten amados y apreciados. Seguidamente buscarán a alguien que esté dispuesto a darles el amor y la compresión que, a su juicio, merecen.

Amores compatibles:
Tauro, Cáncer y Piscis

El hombre cáncer

Los hombres de signo Cáncer son coquetos, y esto dificulta que su entorno les conozca bien. En un primer momento pueden parecer reservados, pero no es extraño que decidan desactivar sus defensas sin previo aviso y mostrar su cara más cálida, tierna y amable. Es importante recordar que, por variable que pueda ser su estado de ánimo, su verdadera naturaleza siempre es mucho más suave y afectuosa. En general, ocurre que se sienten demasiado vulnerables y no quieren correr el riesgo de abrirse al mundo.

El varón cáncer no es un niño de mamá, si bien la figura materna es muy importante en su vida. Pondrá a su madre en un pedestal y tendrá una imagen mental muy nítida de lo que es una buena madre. Los cáncer bien están muy cerca de sus madres o bien han sufrido una decepción y se han alejado completamente de ellas. Sea como fuere, esta relación nunca es casual. Por consiguiente, si usted se enamora de un hombre cáncer tendrá que entender la importancia que la figura materna tiene en su vida. Nunca lo admitirán, pero lo cierto es que en su fuero más íntimo les encanta que las mujeres les arrullen, acaricien y besuqueen.

Habida cuenta su sensibilidad, su conciencia de los sentimientos ajenos y su lado pragmático —que contribuye a que nunca le falte el dinero—, el varón de signo Cáncer siempre tendrá admiradores, pero tardará en enamorarse. Esto es debido a que es extremadamente selectivo y rara vez se compromete. Así pues, en la inmensa mayoría de los casos si un cáncer sale con una persona más de una vez puede deducirse que está enamorado de verdad.

La mujer cáncer

Como la luna creciente y la luna menguante, las mujeres de signo Cáncer son delicadas, mágicas, lúcidas e imaginativas, y, en ocasiones, parecen un poco locas. Al primer vistazo parecen tímidas y dulces, si bien con el tiempo pueden erigirse en conversadoras fascinantes gracias a sus talentos ocultos y su sexualidad apasionada.

Cuando una mujer cáncer se enamore, presentará dos caras al mundo: por un lado, será modesta y femenina, y por otro se mostrará profundamente afectuosa y, en ocasiones, un tanto agobiante. Esto último puede ser maravilloso si el afecto es correspondido, pero sofocante si no lo es. El rechazo y el ridículo son los mayores miedos de la mujer cáncer. Es por ello que rara vez tomará la iniciativa en una relación sentimental. No es extraño que sufra brotes de baja autoestima si no se siente guapa o lo suficientemente lista. Si su pareja es capaz de reconfortarla durante estos momentos de vulnerabilidad, ella será suya para siempre. Las comodidades materiales y la seguridad económica son muy importantes para esta mujer, pero esto no significa que esperan que su pareja les mantenga. Ella siempre se mostrará dispuesta a compartir la responsabilidad en la generación de los ingresos que garanticen las comodidades y la seguridad de su familia.

Por encima de todo, la mujer nacida bajo este signo no tiene nada de hueco o superficial. Así, cuando se enamora, generalmente es para siempre.

Del mismo modo, esta mujer será capaz de los sacrificios más heroicos por el bien de sus seres queridos. Su serenidad y su paciencia frente a los obstáculos y las adversidades —propias y ajenas— siempre serán reconfortantes y nunca dejarán de causar admiración en las personas de su entorno.

La familia

Los bebés de signo Cáncer suelen ser muy sensibles e intuitivos. Cuando chillen o lloren sin motivo, su madre se sentirá muy tensa, siendo así que cuando ella esté relajada los bebés balbucirán y sonreirán alegremente. Por otro lado, detectarán al instante cualquier cambio que se produzca en el ambiente doméstico; es por ello que los estados de ánimo de los bebés nacidos bajo este signo son tan imprevisibles. En la niñez, pueden mostrarse caprichosos y en general no comen muy bien, por lo cual será necesario que sus padres los engatusen para que coman frutas y verduras. Con todo, es importante que cuando coman no sean muy autoritarios ni les apresuren, porque la digestión en el caso de los cáncer es un tema delicado.

Cuando asisten a la escuela por primera vez, estos niños pueden mostrarse un poco tímidos y retraídos; seguramente necesitarán uno o dos años para integrarse. Los padres pueden facilitar este proceso animándoles a relacionarse con sus compañeros, a hacer amigos e inscribiéndoles en actividades extraescolares o bien en club relacionado con la escuela. La mejor manera de inculcarles disciplina consiste en decirles que al incumplir una norma han decepcionado a su padre o a su madre. En general, no es aconsejable mandarles a su habitación o retirarles la paga semanal. Este enfoque más emocional apela a su sensibilidad característica. Desde temprana edad, los padres de los niños cáncer deberían acostumbrarles a ordenar su habitación siguiendo su ejemplo, puesto que suelen ser niños desordenados y con tendencia a acumular muchas cosas.

En su rol de padres, las personas de signo Cáncer suelen sacar lo mejor de sí mismas. No en vano tienen un instinto amoroso y protector que les facilita la tarea. En cualquier caso, es necesario que se aseguren de no sobreproteger a sus vástagos y de no inculcarles miedos innecesarios. Siempre y cuando no haya indicios claros de peligro o amenazas, los padres cáncer deberían morderse la lengua cada vez que tengan la tentación de decir «ten cuidado», porque los niños tienen que aprender a correr riesgos en la escuela y en el patio de recreo. Existe el peligro de que los padres de signo Cáncer se entrometan excesivamente en la vida de sus hijos, tanto que a veces pueden perder su propia identidad en el proceso. Y es que sufren especialmente cuando sus niños salen de casa, de modo que será muy importante que durante la crianza de sus hijos no dejen de cultivar sus intereses.

La profesión

Los individuos nacidos bajo el signo Cáncer disfrutan de los desafíos profesionales, pero es necesario que su trabajo tenga continuidad, porque la seguridad es muy importante para ellos. Tenaces, decididos y muchas veces astutos, tienen talento para los negocios, un sector donde su poderosa intuición puede serles de gran ayuda. Como es natural, las profesiones con una fuerte carga de afectividad les resultan atractivas. Dada su necesidad de proteger emocionalmente a los demás, los cáncer son excelentes médicos, enfermeras y trabajadores sociales, al igual que maestros y profesionales de los recursos humanos. Los trabajos relacionados con el pasado —en museos, anticuarios o los historiadores— también son adecuados, del mismo modo que las carreras que guardan relación con el océano, la vida acuática o las embarcaciones. A los cáncer les encanta cocinar, y por ello no es extraño que graviten hacia los servicios de *catering*. Asimismo, pueden tener una vena artística que buscará su expresión en el mundo de la música o de las artes.

Para los cáncer, la realización personal es más importante que ganar dinero. Dicho esto, cabe señalar que suelen tener facilidad para hacer dinero y también para conservarlo. En consecuencia, otras carreras que se antojan adecuadas para ellos son la jardinería, la crianza de animales, la psicoterapia, la política, el periodismo y el mundo del entretenimiento en sentido general.

> **" Para los cáncer, la realización personal es más importante que ganar dinero... "**

La salud y el ocio

Por ser tan sensibles a los sentimientos de los demás, los individuos nacidos bajo el signo Cáncer necesitan cuidar su salud. Cáncer rige el pecho y el estómago —los pechos alimentan a los bebés y el estómago recibe y procesa los alimentos—, de tal manera que los cáncer tienen que mantener el equilibrio entre la alimentación que dan a los demás y la que se proporcionan a sí mismos. A veces se entregan tanto a las personas que quieren, que olvidan atender a sus propias necesidades. Es de vital importancia que controlen su naturaleza empática para no atraer a personas negativas que drenen su energía. Necesitan rodearse de personas positivas y de entornos y situaciones saludables que mejoren su calidad de vida.

Los ejercicios rítmicos como, por ejemplo, el baile, la natación y el aeróbic, son muy recomendables para mantener su sensibilidad compensada y en equilibrio. Por lo que respecta a la alimentación, es necesario que eviten los alimentos irritantes que puedan entorpecer la digestión, que, como ya dijimos, en su caso es un asunto delicado. Una dieta rica en pescados grasos, legumbres, cereales, frutas y verduras normalmente es la más idónea para ellos. Deberían evitar las dietas caprichosas o fruto de una moda pasajera, así como cualquier tipo de dependencia, las drogas de recreo, los cigarrillos y el alcohol.

Habida cuenta su interior vulnerable y delicado, es extremadamente importante que los cáncer dediquen mucho tiempo a su desarrollo personal, que enfrenten sus pensamientos negativos y construyan su autoestima. Necesitan entender que emociones como el miedo, el enfado, la culpa y la tristeza no deberían ser ignoradas. Es más, lo conveniente es escucharlas porque siempre tienen algo importante que decirnos. Entrar en contacto con estas emociones es, por tanto, crucial. Si no pueden hacerlo solos, sería bueno que recurriesen a la terapia o al consejo de un especialista. La meditación, el yoga y la terapia conductista cognitiva son muy recomendables. Vestirse con ropa de colores naranja y amarillo, meditar con estos colores o rodearse de ellos les servirá para ganar seguridad, calidez, autoconfianza y capacidad de disfrute.

Los nacidos entre el 21 de junio y el 3 de julio

Las personas nacidas entre estas dos fechas reciben la doble influencia de la luna y de sus estados de ánimo cambiantes. Tienen a ser muy emocionales, intuitivas y amorosas, si bien les convendría ser un poco menos sentimentales y variables.

Los nacidos entre el 4 de julio y el 13 de julio

Estos cáncer poseen una mente lúcida y penetrante. Esto puede hacer que sean brillantes paro también excesivamente intensos en su manera de enfocar las situaciones y las relaciones personales. Así pues, necesitan aprender a ceder y dejar que las personas hagan su vida. Son amigos muy devotos y leales.

Los nacidos entre el 14 de julio y el 22 de julio

Extremadamente compasivos y con capacidad para perdonar, los cáncer que nacieron entre estas dos fechas son los soñadores idealistas del zodiaco y la gente suele gravitar a su alrededor. Esto no supone un problema si saben regular sus energías cerciorándose de que también satisfacen sus necesidades y desarrollan su persona.

Lecciones de vida

Una de las mayores fortalezas de los cáncer, pero también su mayor debilidad, es su sensibilidad natural, que en ocasiones puede resultar excesiva. Cuando una persona de su entorno cercano está enfadada o malhumorada, los nacidos bajo este signo tienden a estarlo también. Por lo tanto, es absolutamente vital que aprendan a proteger su naturaleza sensible y que distingan entre sus sentimientos y los de los demás. Si no lo hacen, esto les provocará desánimo y malentendidos, Ahora bien, si aprenden a controlar su sensibilidad y construyen su seguridad emocional desde su interior y no tanto desde los sentimientos ajenos, su reputación de gente variable e imprevisible desaparecerá. Manipular emocionalmente es otros de los rasgos característicos del signo Cáncer, y puede generar mal ambiente a su alrededor. Un cáncer puede guardar rencor durante más tiempo que cualquier otro signo zodiacal. Por ende, es importante que entiendan que esto no sirve para nada y puede vaciarles de energía. Si quieren avanzar necesitan aprender a ceder y pasar página.

Son individuos posesivos, en lo económico y en lo romántico, lo cual puede ser muy limitante puesto que el afán de posesión es otro despilfarro de su valiosa energía. Cuanto antes aprendan que las cosas materiales no dan la felicidad y que aferrarse a una pareja como si de una posesión de tratara jamás les garantizará su amor, más felices y más realizados se sentirán. Por encima de todo, los nacidos bajo este signo tienen que aceptar que tanto en la vida como en las relaciones siempre hay un margen de incertidumbre.

Otros signos del zodiaco pueden ayudar a Cáncer en su aprendizaje, especialmente en cómo eludir su deseo de controlarlo todo y a todos. Los aries tienen la lucidez y la actitud energética que no tienen los cáncer; por ello, su ejemplo les animará a superar el rencor y seguir adelante. Los leo pueden ser fuente de inspiración para que trabajen su autoestima. Libra puede equilibrar sus emociones fluctuantes. Virgo y Capricornio les ayudarán a ser menos subjetivos, de manera tal que sus emociones no se interpongan en el camino de su determinación y así logren alcanzar sus objetivos vitales.

21 de junio

El nacimiento de la rapsodia

Las personas que nacieron el 21 de junio suelen ser intensas, excitantes y sensuales. Nacidos el día más largo del año —y posiblemente el más mágico—, son individuos sociables y llamativos que se mantienen siempre ocupados. Adoran todos los aspectos de su vida y rara vez encuentran el tiempo para consumar todos sus objetivos.

Radicalmente individualistas, estos individuos detestan que se les encasille y están convencidos de que pueden ser un símbolo sexual, un investigador, un atleta, un padre dedicado, y un artista talentoso, todo al mismo tiempo. Puesto que es virtualmente imposible conseguir todo eso en el decurso de una vida, corren el riesgo de llevar las cosas hasta la extenuación, algo muy perjudicial para ellos y para su entorno. Tan decididos están a experimentar todas las posibilidades que el mundo les ofrece, que se niegan a asumir sus limitaciones. Poseen un entusiasmo y una determinación increíbles que les proporcionan el ímpetu y la energía que necesitan para superar los obstáculos y salir fortalecidos de las adversidades.

Son personas sensuales que disfrutan enormemente con todos los placeres de la vida, lo cual no significa que únicamente busquen los placeres físicos y materiales. Sus pensamientos y sus sentimientos también encierran una gran pasión. El mayor peligro de esta situación es que fácilmente pueden irse a los extremos, perdiéndose en un mundo de sensaciones u obsesiones. Por ello, necesitan aprender a controlarse. Hasta los treinta años de edad, lo más probable es que se centren en conseguir seguridad emocional y en construir una familia y un hogar. Tienen que asegurarse de no ser impacientes y de no adoptar maneras dictatoriales con los demás. Cumplidos los treinta, se vuelven más creativos y seguros de sí mismos, y desarrollan una mayor confianza que les permite ser aventureros. Si aprenden a concentrarse y a mantener su equilibrio interior, será durante estos años cuando se den cuenta de que pueden tenerlo todo —aunque no al mismo tiempo.

Su insaciable sed de aventuras y estímulos externos no sólo alimenta sus intereses sino que, a su vez, los convierte en personas muy interesantes. Dotados con un carisma natural innegable, si desarrollan su capacidad de introspección, de comprensión y de empatía, y si evitan obsesionarse con aquello que les excita, disfrutarán de sobrado potencial para hacer cosas extraordinarias y muy creativas, con algunos destellos de genialidad.

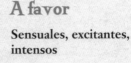

22 de junio

El nacimiento de la expectación ahogada

Su mayor reto es

Manejar la desilusión

El camino a seguir es…

Entender que la desilusión ocurre cuando atribuyen a los demás cualidades que no poseen. Hay que ser realistas y no esperar lo imposible de los demás.

Los individuos sensibles, románticos y afectuosos que nacieron el 22 de junio tienden a esperar cada nuevo día, por anodino que parezca, con inusitada expectación. Para ellos, cada día es un comienzo nuevo en el que puede suceder cualquier cosa. Su imaginación carga los acontecimientos cotidianos con una dosis de emoción y un sinfín de posibilidades nuevas.

Sean más o menos conscientes de ello, las personas que nacieron el 22 de junio siempre están buscando su nirvana personal, llámese el idilio amoroso perfecto, un estilo de vida diferente o una combinación de ambas cosas. Aunque pueden ser prácticos y suelen tener éxito en su profesión, lo habitual es que estos individuos antepongan la felicidad personal a cualquier otra consideración, porque piensan que si cuentan con el amor de su alma gemela podrán conseguir todo lo que se propongan. Encontrar el amor verdadero es, por lo tanto, de vital importancia para su bienestar emocional y profesional; tanto así que a veces eligen parejas un tanto extrañas.

Hasta los treinta años de edad se enfocan en conseguir seguridad y, si no se casan jóvenes, preferirán quedarse en casa o construir un círculo de amistades que les brinden su apoyo. Sin embargo, cumplidos los treinta, ganarán confianza en sí mismas y tendrán éxito en la carrera que hayan elegido. En la edad madura, si todavía no han empleado la poderosa energía propia de esta fecha de nacimiento, disfrutarán de otra oportunidad para triunfar.

Aunque son capaces de mantener vivo el romanticismo aun cuando la rutina diaria haya acabado con el misterio, es conveniente que presten atención al exterior y al interior de las personas por las que se sienten atraídas. Si no mantienen los pies en la tierra y no escuchan las opiniones de los demás, se encontrarán aisladas en su mundo de fantasía y estarán condenadas al desengaño amoroso. No obstante, su entusiasmo vital y su necesidad de estimulación sensorial e intelectual son tan grandes que no pasará mucho tiempo antes de que se recuperen. Así, estos individuos hallarán consuelo en sus intereses profesionales, sus amigos, sus *hobbies* y, desde luego, en su creencia de que hoy puede ser un gran día, el día en el que alguien maravilloso aparezca en su vida.

En contra
Ingenuos, soñadores, confusos

A favor
Imaginativos, sensibles, románticos

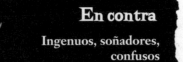

23 de junio

El nacimiento del espíritu de mejora

Las personas que nacieron el 23 de junio tienden a ser individuos afectuosos y extremadamente sensibles que anhelan construir un mundo mejor, sobre todo en su entorno más cercano. La visión de un mundo mejor inspira sus actos, y dedican su inteligencia y su energía a identificar las áreas que es necesario mejorar. Acto seguido, se ponen manos a la obra.

Sienten un interés genuino por las vidas de los demás y siempre están dispuestos a ayudar, ya sea emocional, económica o prácticamente. No es de extrañar que estos individuos valoren tanto las relaciones interpersonales y traten a los desconocidos y a sus seres queridos con gran respeto, consideración y tacto. Por desgracia, en su afán por establecer vínculos con los demás a veces se entrometen o revelan confidencias. Aunque nunca lo hacen con malicia, es posible que por esta razón los demás desconfíen de ellos.

Hasta los veintinueve años de edad, estarán preocupados por construir un hogar, una familia y por consolidar su seguridad emocional. No obstante, pasada esa edad es probable que salten a la arena pública y asuman responsabilidades que requieren de mucha fortaleza y confianza. Es en estos años cuando sacarán lo mejor de sí mismas, y cuando harán realidad sus sueños de mejorar el mundo enriqueciéndolo con sus iniciativas artísticas o aportando paz, compasión y armonía en las relaciones personales.

A los individuos nacidos en esta fecha no sólo les encanta estudiar a la gente, sino que disfrutan compartiendo sus ideas acerca de cómo podrían tener una vida mejor. Algunas de estas ideas pueden ser particularmente estrafalarias, sobre todo las que tienen que ver con el amor y el sexo, pero generalmente su lucidez y su carisma servirán para vencer cualquier resistencia y finalmente los demás les darán la razón y su vida mejorará. Esto es el resultado de su facilidad para hacer que las personas se sientan queridas y seguras. Sea como fuere, deberían resistir la tentación de entrometerse en los asuntos ajenos cuando no han sido invitados. Pero una vez que logren ser más discretos y ensanchen sus miras, estos individuos disfrutarán de en enorme potencial creativo y del pragmatismo necesario para poner en práctica sus ideales románticos, así como para contribuir a la satisfacción personal y la felicidad de cuantos se crucen en su camino.

Su mayor reto es

Resistirse a la tentación de los chismes y las habladurías

El camino a seguir es...

Entender que si alguien les ha contado algo con carácter de confidencia, nunca deberían compartir esa información, simplemente porque es confidencial y porque no es su información.

En contra

Poco fiables, escasamente realistas, demasiado implicados

A favor

Dedicados, encantadores, altruistas

272

24 de junio

El nacimiento de la maestría inspirada

Las personas que nacieron el 24 de junio suelen ser ambiciosas, muy trabajadoras y radicalmente independientes. Son líderes, que no seguidores, eligen su camino en la vida y generalmente tienen tanto éxito que los demás siguen su ejemplo. Sea cual sea el proyecto en el que decidan invertir su energía, sea el trabajo, una causa o su vida familiar, lo pondrán en práctica con verdadera maestría.

Dotados con un intelecto prodigioso y una imaginación de carácter innovador, las visiones y las soluciones de estos individuos suelen ser muy inspiradas y originales. Colegas de profesión, amigos y familiares saben que pueden contar con ellos porque poseen una visión panorámica y profunda de las cosas. Además, tienen una gran capacidad de concentración que, combinada con todo lo anterior, con su energía y su iniciativa, les proporciona un enorme potencial para el éxito.

Pese al efecto inspirador que ejercen sobre los demás, estos individuos suelen sentirse más a gusto cuando pueden trabajar largo tiempo y sin distracciones. Aunque son sensatos y admiten que no alcanzarán sus metas trabajando en solitario, es frecuente que se entreguen por entero a su trabajo y descuiden la vida personal. En este mismo sentido, pueden mostrarse insensibles a las necesidades emocionales de los demás. Es, pues, importante que tomen conciencia de ello y se mantengan alerta para corregir esta tendencia, porque entorpecerá su crecimiento psicológico e impedirá que se sientan realizados en el plano emocional.

Hasta los veintiocho años de edad, las cuestiones relativas a la seguridad emocional y económica dominarán su vida. No obstante, cumplidos los veintinueve se volverán más atrevidos y no dudarán en emplear su creatividad. El control de su necesidad de independencia, y la aplicación de la empatía y la sensibilidad en las relaciones personales más cercanas, serán de vital trascendencia en este periodo, para que alcancen el éxito y la felicidad que tanto buscan. Asimismo, deberían elegir una carrera o una vocación y procurar no dedicarse a defender una causa que sea cuestionable desde el punto de vista ético. Esto se debe a que si optan por una carrera que les hace sentir que están haciendo una contribución positiva, valiosa y progresista al mundo, no sólo obtendrán el reconocimiento que necesitan y merecen por parte de las personas de su entorno, sino que conseguirán una recompensa mucho mayor: la realización personal.

25 de junio

El nacimiento de la sensibilidad original

Las personas nacidas el 25 de junio tienden a ser enormemente sensibles y creativas. Reaccionan fuertemente a las influencias externas, y recurren a su poderosa intuición para extraer conclusiones lúcidas o discurrir soluciones. Sea como fuere, los demás no sólo valoran su capacidad para solucionar problemas, sino también su mente aguda y la asombrosa originalidad de su pensamiento.

La sensibilidad que caracteriza a estas personas les sirve para trabajar bien en equipo ya que detectan las necesidades de sus compañeros y disfrutan ayudándoles. Está claro que el corazón prevalece sobre su cabeza, siendo así que muchos de sus actos responden a sus emociones y sentimientos. Algunas veces esto puede hacer que parezcan contradictorios o vacilantes. Por esta razón, es importante que compatibilicen sus respuestas emocionales con las mentales porque, si lo hacen, disponen de la originalidad y la capacidad para convertirse en auténticos instrumentos de progreso. Sin embargo, cuando su mente y su corazón no están equilibrados, estos individuos pueden mostrarse inseguros, confundidos, hipersensibles, incoherentes e inconstantes.

La sensibilidad no será un problema tan importante después de los veintisiete años, una edad tras la cual serán más audaces y seguros de sí en todas las áreas de su vida. Durante este periodo no les faltarán oportunidades para tomar una mayor conciencia de su persona y, si logran construir su autoestima y depender menos de la aprobación de los demás, será en estos años cuando puedan aportar grandes cosas al mundo. Cumplidos los cincuenta y siete años, es frecuente que sean más pacientes y actúen con más precisión. Así las cosas, adoptarán un enfoque más práctico y ajustarán su creatividad y sus otras muchas habilidades en todos los aspectos de su vida.

Para alcanzar el éxito, es crucial que encuentren un tema o una causa que realmente les cautive, que les mantenga enfocados y que quizás les ayude a desarrollar una especialidad. Si no se sienten estimulados intelectualmente, corren el riesgo de dispersar sus energías y padecer frustración. En cualquier caso, si aprenden a ser más pacientes y disciplinados, pronto verán que además de su creatividad y su poderosa intuición, poseen una profundidad de pensamiento capaz de producir obras fantásticas y auténticamente inspiradoras.

En contra

Hipersensibles, inseguros, inconstantes

A favor

Creativos, empáticos, sensibles

26 de junio

El nacimiento de la fortaleza enérgica

Las personas que nacieron el día 26 de junio suelen encarar la vida con una actitud firme, enérgica y resistente. Lucharán contra viento y marea, y les encanta que los demás se apoyen en su fortaleza y tengan plena confianza en ellos. Cálidos y sensuales, son individuos compasivos que no dudan en hacerse cargo de la gente que necesita orientación y consejo. Disfrutan de las comodidades de la vida y están dispuestos a trabajar muy duro para mejorar su calidad de vida y la de las personas de su entorno.

Otro rasgo que distingue a los nacidos este día es su prodigiosa energía, su potencia física y su resistencia. Adoran los deportes y la actividad física en general, siendo así que este enfoque tan físico también se extiende a otras facetas de su vida, incluidos el trabajo y sus *hobbies*. Sea como fuere, es en la gente de su entorno donde invierten más energía. No en vano se trata de individuos muy solidarios y empáticos que responden a los sentimientos de los demás con su instinto protector. No debe sorprendernos que esta tendencia se exagere cuando tienen hijos. Ahora bien, tengan familia o no, asumirán con gusto el rol de mentor con sus colegas de profesión y sus amigos.

Sea cual sea el camino que elijan en la vida, nada disfrutarán más que desempeñar un papel activo en un equipo o colectivo. Su fuerte orientación social quizás sea su rasgo más distintivo, y está claro que tiene potencial para reportarles enormes satisfacciones aunque también dolor. Esto es debido a que los demás pueden percibir sus consejos como un intento de controlarles o un atentado contra su independencia. Por lo tanto, es extremadamente importante que controlen su bien intencionada tendencia a dar consejos antes de que les distancie de los demás y asfixie sus propias necesidades emocionales.

Curiosamente, en todo lo que concierne al control de su vida personal, estos individuos pueden experimentar comportamientos compulsivos, tales como la obsesión con el orden y la limpieza, como consecuencia de sus inseguridades. Por suerte, especialmente después de los veintiséis años, cuando disfrutan de oportunidades para entrar en contacto con sus emociones, descubren la valentía y la confianza que albergan en su interior. Llegados a este punto, podrán expresar sus creencias ideológicas y su visión inspiradora del mundo de una manera tan positiva como reconfortante.

Su mayor reto es

Permitir que los demás se valgan por sí mismos

El camino a seguir es…

Entender que algunas veces la mejor manera de que las personas aprendan y crezcan es dejar que cometan sus propios errores.

En contra

Sobreprotectores, agresivos, compulsivos

A favor

Energéticos, resistentes, sensuales

27 de junio

El nacimiento
de la convicción protectora

Su mayor reto es

Encajar las críticas

El camino a seguir es…

Recordar que la crítica constructiva puede ser muy útil porque les ayudará a aprender, a mejorar y a afinar sus estrategias.

Las personas que nacieron el 27 de junio son diligentes y siempre están atentas; y son perfectamente capaces de defenderse y de defender sus intereses frente a cualquier ataque. Son individuos competitivos, persuasivos y con una visión clara de las cosas. Si alguien se atreve a criticar o discutir sus argumentos, no dudarán en apartarlo de su camino.

Estos individuos sienten que tienen el deber de guiar al prójimo y, si es necesario, de obligar a los demás para que sigan sus fuertes e insobornables principios morales. La profunda empatía que sienten por los más desfavorecidos estimula su feroz instinto protector y su deseo de mejorar la vida de las personas. Sin embargo, esta firmeza puede plantear algunos inconvenientes: en general, tienen tendencia a mostrarse inflexibles y a ponerse a la defensiva cuando los demás opinan o les critican. Si esto ocurre, su respuesta más habitual será la retirada con todo lo que ello comporta, aunque tengan que callar a todo el mundo y aislarse.

Las emociones y los asuntos familiares les mantienen ocupados entre los veinte y los treinta años de edad; en consecuencia, deberían aprovechar las oportunidades que se presenten para ser más sensibles a los sentimientos de otras personas. Aunque parezcan seguros de sí mismos, es posible que hasta los veinticinco años de edad no consigan la seguridad que tanto anhelan. Durante estos años es importante que mantengan su mente y su corazón abiertos, que eviten ponerse a la defensiva y mostrarse inflexibles en lo concerniente a sus principios, algo que podría provocar desavenencias en sus relaciones y problemas en su vida laboral. Cumplidos los treinta y cinco, se volverán más prácticos, analíticos y objetivos. Así las cosas, preservar la curiosidad y la amplitud de miras será fundamental para que alcancen la felicidad y el éxito en este periodo.

La franqueza característica de estas personas puede hacer que dejen pasar oportunidades para desarrollar proyectos interesantes y relaciones. Para su crecimiento psicológico será crucial que se muestren más receptivos a los debates que propician sus actos, dado que aprender a ser más tolerantes es clave para su felicidad y su realización personal. Además, servirá para desbloquear su intuición, proporcionándoles la inspiración que necesitan para satisfacer su afán por introducir mejoras significativas en la condición humana.

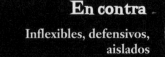

En contra

Inflexibles, defensivos, aislados

A favor

Persuasivos, protectores, con iniciativa

28 de junio

El nacimiento del duende

Los nacidos el 28 de junio son individuos centrados y con iniciativa, aunque también poseen un fuerte sentido de la diversión y la ligereza que impregna todos los aspectos de su vida. Son capaces de reírse de sí mismos cuando son los protagonistas de la broma y, en general, no se toman demasiado en serio. Motivados y muy emprendedores, no dudarán en atrapar al vuelo cualquier oportunidad que pueda servir a sus planes e intereses.

Típicamente, son personas con las que se puede contar para disipar la tensión en las situaciones sociales, cosa que hacen merced a su agudo ingenio, que les permite ser el centro de todas las miradas y ganarse numerosos admiradores. En ocasiones pueden poner freno a su buena suerte al hacer comentarios fáciles que ofenden a sus destinatarios, si bien sus intenciones suelen ser sanas, deleitar o sorprender en la inmensa mayoría de los casos. Aunque son personas de buen corazón, no por ello hay que subestimar su capacidad en el mundo competitivo, dado que bajo su apariencia divertida subyace un individuo con una voluntad de hierro y la capacidad para hacer realidad todo lo que se propone.

Algunas veces se les tendrá por desorganizados, pero esto se debe a que no paran y siempre están muy liados. Si no se están moviendo, bailando o corriendo, seguramente estarán jugando con algo, pero esto en modo alguno desmerece la calidad de su trabajo, que será cualquier cosa menos caótica. Tanto, que los demás se preguntarán cómo alguien tan atolondrado consigue que las tareas difíciles parezcan fáciles. Sucede que los demás no se dan cuenta de que trabajan tan duro como el que más, pero en lugar de quejarse o poner el acento en las dificultades, ellos se limitan a trabajar y, sin aparente esfuerzo, producen resultados de calidad.

A estos individuos les gusta ser el centro de atención. Su buen humor no exento de malicia funciona muy bien cuando son el centro de todas las miradas. En todo caso, deben ser conscientes de que sus ganas de hacerse notar pueden ser consecuencia de miedos ocultos e inseguridades. Puede que en su niñez fuesen muy tímidos, pero cumplidos los veintitrés, reciben una fuerte dosis de fortaleza y confianza. Si son capaces de aprovechar estas oportunidades para consolidar su autoestima, en su interior albergan la determinación para erigirse en consejeros o modelos de autoridad respetados y admirados por las personas de su entorno.

En contra

Caóticos, faltos de tacto, cohibidos

A favor

Cálidos, vivarachos, deliciosos

29 de junio

El nacimiento del visionario altruista

Su mayor reto es

No darse demasiado

El camino a seguir es...

Entender que sólo cuando sepan cuidar de sí mismos podrán hacerse cargo de otras personas.

Las personas nacidas el 29 de junio son muy sensibles e intuitivas. Tienen el don de anticiparse a las palabras, los actos y las reacciones de sus semejantes. Esto ocurre porque poseen la rara habilidad de ponerse en la piel de los demás. Además de ser intuitivos, también cuentan con una imaginación deslumbrante y la capacidad práctica de trasladar sus visiones progresistas a la realidad.

Dotadas con una combinación única de imaginación e intuición de corte altruista, son personas muy entregadas y siempre dispuestas a compartir las cargas ajenas. Arrimarán el hombro y serán el paño de lágrimas de sus amigos, darán ejemplo de ética profesional y dedicarán su tiempo de ocio a causas solidarias. Se acercarán a las personas que parezcan solitarias, frágiles e inseguras en la esperanza de que su amistad les sirva para reforzar su autoestima.

Estos individuos siempre presentan al mundo un rostro alegre, energético y juvenil. A los demás les encanta que nunca se quejen ni arrastren consigo una nube de negatividad. Su objetivo siempre es ayudar y levantar el ánimo de las personas de su entorno. Aunque algunos puedan acusarles de superficialidad, bajo su inocencia y su encanto se esconde un individuo con un lado extremadamente competitivo que necesita alcanzar sus metas. Suelen tener talento para hacer dinero, mucho dinero, si bien su afán competitivo responde al deseo de compartir su visión del mundo y su felicidad con los demás, y no tanto al de obtener el éxito personal.

Aunque su dedicación a los demás es verdaderamente admirable, algunas veces necesitan dedicar un poco de tiempo y energía a su propia persona. Cuando se sacrifican demasiado, es probable que sufran brotes de indecisión y ansiedad derivados de su enfoque y sus motivaciones personales. Antes de los veinte años de edad suelen ser tímidos y reservados, pero cumplidos los veintitrés gozarán de sobradas oportunidades para desarrollarse personalmente y cultivar la creatividad. Es fundamental que aprovechen estas oportunidades porque durante este periodo su intelecto, su imaginación y la comprensión de las necesidades ajenas les ayudarán enormemente a hacer realidad sus sueños y los de las personas de su entorno.

En contra

Sacrificados, indecisos, superficiales

A favor

Juveniles, desprendidos, intuitivos

30 de junio

El nacimiento del misterio

Quienes no les conocen bien piensan que las personas nacidas el 30 de junio son un misterio. Por un lado, son personas imaginativas, con iniciativa y un sentido del humor extraño que estallan cuando alguien les desafía; por otro lado, su tendencia a no expresar lo que sienten las sitúa en la categoría de los introvertidos.

No cabe duda de que son personas complicadas, puesto que parecen lo que no son. Y no sólo son un misterio para los demás, sino que muchas veces ellos mismos no saben cómo descifrarse ni saben a ciencia cierta cuál es su verdadera identidad. Pese a este carácter esquivo, su personalidad presenta dos rasgos distintivos. En primer lugar, son individuos muy ambiciosos y motivados, son inteligentes, imaginativos y poseen la tenacidad necesaria para llegar a lo más alto. En segundo lugar, aunque las expresiones públicas de afecto no son de su agrado, en privado o en su pequeño círculo de amigos se muestran afectuosos y desprendidos.

Es posible que en épocas tempranas evidencien una tendencia a la introversión, pero en torno a los veintidós años de edad sufrirán una transformación de su capacidad, su creatividad y su confianza. Una vez que entiendan que la construcción de vínculos emocionales fuertes —tan importantes para su valía personal— no es posible a menos que se abran a los demás, será en estos años cuando materialicen sus ambiciones personales y profesionales. Cumplidos los cincuenta y dos, se erigen en fuente de inspiración y ponen sus capacidades al servicio de los demás.

Sean empleadores, socios profesionales o miembros de una familia, estos individuos trabajarán con tesón para estar a la altura de las expectativas que los demás depositan en ellos. También es cierto que podrían sorprender a propios y extraños con brotes de aparente pereza. Es importante que los demás les concedan el tiempo que necesitan y no les empujen a actuar prematuramente. Ocurre, simplemente, que necesitan recargar sus baterías. Así pues, una vez que se sientan preparados, sin duda volverán para ponerse al frente de cualquier proyecto o empresa. Cuando logren compatibilizar los aspectos dispares de su personalidad, estos individuos disfrutarán de sobrado potencial no sólo para triunfar en los planos personal y profesional, sino para insuflar creatividad y confianza en las personas que conforman su entorno.

Su mayor reto es

Gestionar sus inseguridades

El camino a seguir es...

Entender que no están solos. Todo el mundo tiene dudas y miedos. En todos los casos, la construcción de la autoestima es un proyecto que dura toda la vida.

En contra

Enigmáticos, inconstantes, de ánimo variable

A favor

Desprendidos, motivados, interesantes

1 de julio

El nacimiento del equilibrio inestable

Carismáticas, emprendedoras y decididas a progresar en la vida, las personas que nacieron el 1 de julio tienen un espíritu aventurero, una mente poderosa y una memoria remarcable. Son lúcidas, intuitivas e imaginativas; muchas son proclives a las causas humanitarias y no dudarán en hacer tremendos sacrificios por los demás y por la sociedad en su conjunto.

Aunque pueden ser extravertidas y saben cómo relacionarse en situaciones públicas, en privado pueden mostrarse volubles y más inestables que lo que muchos creen. Son personas tan sociables como solitarias, puesto que generalmente se debaten entre su introversión y su extraversión, su energía masculina y su energía femenina. Igualmente, muestran una empatía inusual por las cuestiones, los conflictos y las inseguridades del sexo opuesto. A consecuencia de ello, sus amistades, las masculinas y las femeninas, buscan su amistad o su compañía y quieren conocer sus opiniones. Les encanta dar apoyo y consejos, especialmente a los más necesitados. Y los demás les adoran gracias a su generosidad espontánea. Sin embargo, su temperamento artístico y volátil puede hacer que actúen impulsivamente, cosa que les distancia de los demás, sobre todo cuando hacen cosas de las que luego se arrepienten.

Hasta los veintiún años de edad, lo más habitual es que estos individuos sean tímidos y no confíen en sus capacidades. Ahora bien, después de los veintidós se presentarán muchas oportunidades para que desarrollen su creatividad y su fortaleza, y para que expresen lo que llevan dentro. Es necesario que aprovechen estas oportunidades porque, de no hacerlo, empezarán a torturarse con ansiedad, dudas y preocupaciones. Cumplidos los cincuenta y un años, se enfocarán en su deseo de ser útiles a las personas de su entorno.

Por muchas razones podría afirmarse que ellos mismos son sus peores enemigos. Es por ello que necesitan aprender a reconciliar su yo interno y su yo externo, de manera tal que no queden atrapados en una mitad de su vida. Cuando logren este equilibrio tan inestable como delicado, descubrirán que en su interior albergan una magia rara y exquisita capaz de inspirar a los demás, y capaz también de maximizar su potencial de éxito, felicidad y buena suerte en todas las áreas de su vida.

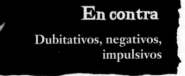

2 de julio

El nacimiento
de la intensidad emocional

Las personas que nacieron el 2 de julio son seres profundamente intuitivos e imaginativos capaces de utilizar su determinación, su tenacidad y sus dotes organizativas con gran eficiencia. Con todo, en algunas ocasiones se ven superadas por su propia intensidad emocional, y es por ello que la clave de su éxito o fracaso radica en cómo deciden la enfocarla.

También les define su extraordinaria sensibilidad, una cualidad que les permite empatizar con las personas de su entorno —especialmente con las más desfavorecidas—, y que hace brotar en ellos un poderoso sentido de la justicia natural que defienden a capa y espada. Estos individuos tienen el don de conectar con los demás y hacer que se sientan como si fuesen de la familia. Aunque en público se muestran alegres y capaces, es probable que tengan muchas inseguridades. No dudan en dar su apoyo a sus amigos y compañeros de trabajo, pero tienen dificultad para aceptar los elogios y el apoyo que merecen y que reciben de otras personas.

Así las cosas, es importante que controlen la fragilidad de sus sentimientos y que entiendan las razones de su comportamiento saboteador y derrotista. Construir su autoestima es un requisito indispensable para su crecimiento psicológico. Hasta los veinte años de edad pueden ser bastante reservados, pero a partir de los veintiuno tendrán oportunidades para ser más dinámicos, positivos y seguros de sí mismos. Necesitan aprovecharlas. Si lo hacen, durante los treinta años siguientes confiarán en sus posibilidades, cosa que les ayudará a desempeñar puestos de liderazgo o de autoridad para los que están perfectamente cualificados. Cumplidos los cincuenta, serán más selectivos y sentirán la necesidad de inspirar y ayudar a sus semejantes de forma más eficiente y pragmática.

Los nacidos en esta fecha pueden dejarse dominar por emociones infundadas y fantasías que degeneran en introversión o en incapacidad para expresarse, o también en una exuberancia que, por intensa, causa alarma en las personas de su entorno. No obstante, si dedican más tiempo y más energía a autoexaminarse, a observar los efectos que su comportamiento tiene en ellos mismos y en los demás, a buen seguro que encontrarán maneras de equilibrar sus emociones, siendo así que esta nueva estabilidad emocional les reportará felicidad, éxito y realización personal.

Su mayor reto es

Reconocer sus necesidades más íntimas

El camino a seguir es...

Entender que aunque el amor de los demás puede atemperar sus inseguridades, para sentirse plenamente realizados será necesario que reconozcan sus necesidades más íntimas.

En contra
Inseguros, susceptibles, indecisos

A favor
Capaces, intuitivos, excitantes

3 de julio

El nacimiento del inspector

Las personas que nacieron el 3 de julio son agudos observadores de todo lo que sucede a su alrededor. No obstante, su actitud vital no es la de un crítico; antes bien se parece a la de un filósofo o un juez que inspecciona lo que ve y llega a una conclusión que no admite discusiones.

Los nacidos en esta fecha poseen una mente netamente racional que les ayuda a gestionar sus emociones de manera efectiva. Quieren hacer del mundo un lugar mejor pero generalmente concluyen que las emociones antes dificultan que favorecen el progreso de la humanidad, y es por ello que deciden ocultar las suyas. Aunque se sienten fascinados por la gente y por los mecanismos que mueven el mundo, estos individuos suelen mantener una distancia prudencial porque piensan que, sin emociones que nublen su juicio, podrán ser más efectivos. Con su calma y sus maneras suaves encandilan a cualquiera; y cuando creen en una causa su avance resulta virtualmente imparable.

De naturaleza curiosa, siempre quieren descubrir cosas nuevas, pero deberían asegurarse de que esto no les granjea una reputación de entrometidos o fisgones. Asimismo, su curiosidad podría acercarles a causas o personas de dudosa catadura moral, si bien su racionalidad característica les servirá para mantenerse en el buen camino y evitar los comportamientos extremistas. Hasta los diecinueve años de edad lo normal es que estos individuos se enfoquen en la familia y la seguridad; pero pasados los veinte es muy probable que la vida les brinde oportunidades para desarrollar la confianza en sus posibilidades así como para mejorar su desempeño profesional. Puede ser un periodo muy emocionante, pero deben recordar que pertenecen a la misma especie que esas criaturas cuyas acciones tanto les gusta observar. Cumplidos los cuarenta y nueve años, seguramente desarrollarán una actitud vital más selectiva y, aunque sentirán una mayor necesidad de ayudar al prójimo, tendrán que asegurarse de no ser cínicos ni sentirse superiores en su relación con los demás.

Una vez que hayan conseguido equilibrar su desapego y su compromiso, descubrirán que los talentos de su intuición y su intelecto se combinan para proporcionarles un extraordinario potencial con el que podrán erigirse en instrumentos efectivos del progreso.

En contra

Fisgones, desapegados, superiores

A favor

Observadores, lúcidos, comprometidos

4 de julio

El nacimiento de la dedicación

Los nacidos el 4 de julio tienden a identificarse con colectivos y organizaciones, ya sean de familiares, compañeros de trabajo, del barrio, el país o de la humanidad en su conjunto. La creación de vínculos y objetivos compartidos es extremadamente importante para ellos, tanto así que estos individuos suelen dedicarse a defender los intereses de la gente en su sentido más amplio.

Con independencia del camino que hayan elegido, nada les reportará más satisfacción que rodearse de personas que trabajan en pos del mismo objetivo. No obstante, y para mayor ironía tratándose de alguien tan orientado a lo colectivo, se trata de individuos que guardan celosamente su privacidad y prefieren no expresar sus sentimientos. Y es que abrirse a los demás no les resulta nada fácil. A pesar de su reserva, no es casual que estas personas nacieran el día de la independencia de los Estados Unidos. Así, su dedicación y su lealtad sólo son equiparables a su valeroso espíritu y a su deseo de defender y dar protección a los desamparados. También son muy intuitivos. Ahora bien, dado que esto puede hacer que se sientan diferentes, es probable que intenten reprimirlo y sólo lo revelen a aquellos que les conocen bien.

En los años previos a su mayoría de edad estarán preocupados por el hogar, la familia y la seguridad. Cumplidos los diecinueve, estos individuos sentirán una mayor inclinación hacia los cargos públicos que requieren fortaleza y confianza. Durante estos años deberían evitar la inflexibilidad y creer en una causa sin tener un criterio formado. Después de los cuarenta y ocho años de edad, se internan en una nueva fase en que priorizan las cuestiones prácticas, y es posible que se tornen más analíticos, metódicos y observadores.

Si se entregan a una causa que merece la pena, tienen el potencial para llegar hasta lo más alto, y seguramente ayudarán a los demás a ascender con ellos. Lo opuesto también será cierto si se equivocan; en ese caso, arrastrarán a los demás en su caída. Así pues, aprender a elegir correctamente y a tomar las decisiones adecuadas será uno de sus mayores retos. Sea como fuere, si confían en su intuición, invierten la energía necesaria y escuchan su voz interior, no tendrán problemas para acertar en la vida.

En contra

Sesgados, exigentes, obstinados

A favor

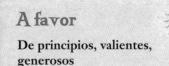

De principios, valientes, generosos

5 de julio

El nacimiento
de los fuegos artificiales

Con independencia de la situación, la persona o el colectivo de gente, los individuos nacidos el 5 de julio tienen la capacidad de inyectar chispa, energía y emoción en todos los ambientes. Todo lo que les rodea es colorido y vibrante. Son gente de maneras amables y conversación interesante. Tanto en el puesto de trabajo como en los contextos sociales su presencia resulta balsámica.

Amantes de la variedad y los estímulos, su vida nunca parece detenerse y, aunque se hallen inmersos en la rutina, sea por su profesión o por los compromisos familiares, siempre se encargarán de tener una afición o un interés que les absorba. No obstante, con su entusiasmo y su energía desbordante pueden distanciarse de los demás. Aunque suelen tener muchos admiradores, algunos tienen problemas para mantener su ritmo explosivo y trepidante. Además, sus estados de ánimo cambiantes pueden causar frustración en aquellos que les admiran pero dudan de su fiabilidad.

Antes de los dieciocho años de edad, estos individuos pueden tener dificultades en la escuela y los estudios. Esto es debido a que su naturaleza incansable impide que se concentren durante mucho tiempo y que se ajusten a los horarios. Su vívida imaginación también puede hacer que se sientan diferentes de una u otra forma, pero deberían disfrutarla antes que reprimirla puesto que en épocas posteriores será una fuente de inspiración inagotable. Después de los dieciocho ganarán confianza en sus capacidades. Será en estos años cuando muy probablemente aprendan a ser más estables y a no malgastar ni dispersar su energía en demasiadas direcciones. Cumplidos los cuarenta y siete años, se volverán más selectivos y eficientes.

La clave de su éxito es la educación y el aprendizaje, dado que les servirán para desarrollar la conciencia y la disciplina que necesitan para plasmar en hechos su verdadero potencial. El deseo de mantenerse ocupados en todo momento no se perderá, y seguirá siendo uno de sus rasgos característicos. Ahora bien, cuando lo combinen con una existencia más centrada, sus ideas explosivas finalmente pasarán del papel a la realidad, traduciéndose en logros tan progresistas como duraderos.

En contra
Salvajes, erráticos, poco fiables

A favor
Excitantes, entretenidos, imaginativos

6 de julio

El nacimiento del vínculo apasionado

Su mayor reto es

Evitar la visión de túnel

El camino a seguir es...

Entender que los seres humanos tenemos necesidades físicas, emocionales e intelectuales complejas. No se puede encontrar la felicidad y la satisfacción personal avanzando en una sola dirección.

Las personas que nacieron el 6 de julio poseen una energía contagiosa, un vibrante optimismo y un entusiasmo dedicado que trasladan a todas las facetas de su vida. Para ellos resulta completamente imposible no ser apasionados e intensos en sus relaciones personales, sus responsabilidades y su carrera profesional.

El compromiso no es algo que tenga mucho sentido para estos individuos. Más que cualquiera otra cosa, anhelan poner en práctica sus ideales, y se entregarán a su búsqueda con pasión, se trate del amor perfecto, una profesión o un estilo de vida. Aunque son de fiar y muy dedicados, el vínculo apasionado que han establecido con sus ideas y sus planes puede ser fuente de problemas en su relación con otras personas. En algunos casos, pueden obsesionarse tanto con la búsqueda de sus sueños que el trabajo podría apoderarse de su vida, el amor podría dominar todas sus decisiones o bien podrían entregar hasta el último gramo de su energía a una causa. Esto es potencialmente peligroso dado que su felicidad puede depender de una sola cosa. Y si esta cosa es irrealizable o si aparecen obstáculos, estos individuos podrían incurrir en conductas caprichosas u obsesivas. Por consiguiente, es de vital importancia que aprendan a ser menos obsesivos, ampliando el abanico de sus intereses y sus horizontes, de manera que en su vida no exista una única fuente de satisfacción sino varias.

Después de los dieciséis años de edad, seguramente tendrán oportunidades para mostrarse más audaces y seguros de sí mismos. Es necesario que las aprovechen para que logren ensanchar sus miras. Cumplidos los cuarenta y seis, adquirirán una mayor conciencia de la salud y se volverán más precisos y selectivos. Durante estos años es importante que gestionen bien su patrimonio toda vez que su naturaleza apasionada podría empujarles a gastar más dinero del que ingresan.

Por encima de todo, los individuos nacidos el 6 de julio tienen que aprender a no invertir toda su energía y su entusiasmo en una sola área de su vida. Así, cuando finalmente consigan vivir la vida con un enfoque más equilibrado, descubrirán que poseen todo el talento y el magnetismo personal necesarios para hacer realidad hasta el más inspirador y apasionado de sus sueños.

En contra
Obsesivos, estrechos de miras, caprichosos

A favor
Apasionados, atractivos, intensos

7 de julio

El nacimiento
del soñador hermoso

Su mayor reto es

Encajar la crítica y el rechazo

El camino a seguir es…

Escuchar lo que se les dice y aprender de ello. La crítica y el rechazo son piedras en el camino que conduce hacia el éxito.

Las personas que nacieron el 7 de julio poseen tal imaginación que no es extraño que den su apoyo a proyectos considerados irrealizables, para posteriormente sorprender y confundir a los demás demostrándoles que, de hecho, eran viables. La clave de esta capacidad para realizar lo imposible es una rara combinación de imaginación y determinación ciega.

Son unos soñadores hermosos en todos los sentidos, personas dotadas con la creatividad y el idealismo que muchos otros pierden al llegar a la edad adulta. Es posible que la gente los tilde de ingenuos, y no porque no sean inteligentes, sino porque desconocen el engaño en cualquiera de sus formas. Su franqueza y su honestidad resultan conmovedoras, pero limitan su ascenso social y profesional. Con todo, no es probable que esto les moleste porque para ellos una vida que no sea honesta o en la que no puedan ser creativos es una vida que no merece la pena vivir.

La sensibilidad y la timidez dejarán de ser un problema después de los dieciséis años, cuando encuentren oportunidades para mostrarse más valientes y asertivos en todas las áreas de su vida. A los cuarenta y cinco años de edad, es frecuente que estos individuos se tornen más analíticos y selectivos. Nunca perderán su poderosa imaginación, aunque será en estos años cuando puedan afinar su talento creativo y utilizar su actitud vital para elevar a los demás por encima de lo mundano. Sea como fuere, la clave de su éxito o fracaso será su disposición a apartarse del camino de sus sueños de tarde en tarde, para que no pierdan el sentido de la realidad y vean el mundo tal cual es.

La mayor amenaza para su felicidad es su manera de reaccionar ante las críticas o ante quienes les malinterpretan. En lugar de aceptar que siempre habrá opiniones diferentes y que pueden aprender de los comentarios ajenos, es posible que estos individuos reaccionen mal y decidan refugiarse bajo un caparazón de resentimiento, autocompasión y derrotismo que no conduce precisamente al crecimiento psicológico. En cualquier caso, una vez que hayan desarrollado la madurez emocional que necesitan para ser más objetivos, disfrutarán de toda la pasión y todo el potencial necesarios no sólo para diseñar planes ambiciosos y hacerlos realidad, sino para ganarse el apoyo y la admiración de las personas de su entorno.

En contra
Inquietantes, ingenuos, autocompasivos

A favor
Imaginativos, decididos, creativos

8 de julio

El nacimiento de pragmatismo misterioso

Su mayor reto es

Aprender a desconectar y relajarse

El camino a seguir es...

Entender que los periodos de inactividad son un ingrediente esencial para alcanzar el éxito, porque les permiten recargar baterías y volver al trabajo más frescos y revitalizados.

La gente suele admirar a las personas nacidas el 8 de julio, fundamentalmente por su impresionante pragmatismo, la claridad de sus objetivos y su energía dinámica. Con todo, esta admiración nace del respeto y es producto de la variedad antes que del afecto. Tal es su fuerza de voluntad y tan grande es su determinación que nada ni nadie impedirá que estos individuos alcancen sus metas progresistas.

El deseo de dejar su impronta en el mundo suele ser su principal motivación, y por ello tienden a entregarse por completo a un único objetivo que persiguen contra viento y marea. Algunas veces, este enfoque tan unilateral puede ser contraproducente, pero también es verdad que en general invierten su energía de manera inteligente, cosa que les reporta un gran éxito económico. Este propósito vital puede ser tan fuerte que en algunos casos puede desdibujar el sentido de lo correcto y lo incorrecto, de modo que será fundamental que definan perfectamente sus principios y se ajusten a ellos pase lo que pase.

A pesar de la firmeza de sus objetivos vitales, estos individuos son cualquier cosa menos un libro abierto. Antes bien lo contrario, dado que pueden ser un misterio aun para sus amigos más íntimos. Entre las muchas razones que lo justifican, cabe decir que seguramente su etapa de crecimiento no fue muy agradable. Por esta razón crecieron a la defensiva, protegiendo sus emociones y doblemente decididos a conseguir el éxito en su profesión y en sus relaciones. Esta determinación puede degenerar en comportamientos controladores o dominantes cuando se sienten vulnerables o amenazados. Para su crecimiento psicológico es, pues, importante que entren en contacto con sus emociones.

Después de los quince años tienen oportunidad para emplear sus talentos y sus habilidades con mayor confianza, pero deberían cerciorarse de que sus intereses no les alejan de sus allegados. Cumplidos los cuarenta y cuatro, las consideraciones prácticas cobran más importancia y será durante estos años cuando logren hacer grandes cosas en los planos personal y profesional. Si logran ser más conscientes de la poderosa influencia que ejercen sobre los demás, no sólo se ganarán su respeto sino también la lealtad y el afecto de las personas con las que viven y trabajan.

En contra

Defensivos, opacos, agobiantes

A favor

Firmes, responsables, con iniciativa

9 de julio

El nacimiento
oportunista adorable

Su mayor reto es

Aceptar la palabra «no»

El camino a seguir es...

Entender que «no» puede ser una palabra horrible, pero que la única manera de avanzar es encontrar la manera de convertir el rechazo en dirección.

Las personas que nacieron el 9 de julio poseen una planta generadora de energía y entusiasmo. Les encanta probarlo todo, y entregarse en cuerpo y alma a todo lo que hacen, ya sea en el plano personal o en el profesional. Curiosos y con una excelente actitud para el aprendizaje, su capacidad de maravilla tiene efectos vigorizantes y motivadores en todas las personas con las que tratan.

La vena oportunista que les caracteriza, combinada con su imaginación y su energía desbordante, les proporciona un inmenso potencial innovador y creativo. A decir verdad, están convencidos de que en el mundo hay muchas cosas que descubrir y eso les anima a explorar conceptos que otros pueden descartar por considerarlos inviables o inaceptables. Pese a su originalidad radical, no puede decirse que estos individuos sean poco realistas sobre sus posibilidades de éxito. Por otro lado, complementan su inteligencia y su intuición con fuertes dosis de persistencia y sus habilidades prácticas. Si a esta combinación añadimos su carisma y su optimismo innatos, no es de extrañar que generalmente sean individuos muy atractivos y populares.

Aunque su autoestima suele gozar de buena salud, no siempre saben manejar la adversidad y el rechazo, y esto puede agotarles. Cuando se sienten mal, pueden sumirse en la amargura, la desilusión o la frustración. Para la imagen que tienen de sí mismos es vital que encuentren maneras más constructivas de manejar las decepciones, utilizándolas como un incentivo o como una oportunidad para el aprendizaje. Durante su adolescencia disfrutarán de muchas oportunidades para fortalecer su confianza a la hora de mostrar sus habilidades y talentos. Será importante que las aprovechen para asegurarse de que creen en su potencial para triunfar, con independencia de las adversidades. Cumplidos los cuarenta y tres años, es probable que se tornen más selectivos, perfeccionistas y pragmáticos.

Estas personas creen que cualquier cosa es posible. Si logran enfocarlo de una manera más positiva, su interés por investigar, explorar y empujar los límites del conocimiento humano les proporcionará un extraordinario potencial para innovar y abrir nuevos caminos en esta vida.

En contra
Faltos de ilusión, poco realistas, retraídos

A favor
Vitales, imaginativos, persistentes

10 de julio

El nacimiento del corcel negro

Los nacidos el 10 de julio aprenden de los éxitos y los fracasos de las personas de su entorno, y diseñan sus planes de acuerdo con las lecciones aprendidas. Es posible que los demás los tilden de pasivos, pero esto no es cierto. Antes bien se trata de individuos estables y con las ideas claras que no sólo avanzan cuando así lo deciden, sino que generalmente triunfan en su trabajo y en las relaciones personales.

Sensibles a todo lo que sucede a su alrededor, una vez que han recopilado y analizado toda la información necesaria para maximizar sus posibilidades de éxito, estos individuos emprenderán la carrera hacia sus metas con tenacidad y determinación, empleando todas sus habilidades intelectuales y organizativas. Si bien es cierto que la motivación y la perseverancia son vitales para su éxito, también lo es que aprenden muy rápido y cuentan con la confianza necesaria para utilizar un enfoque flexible en su carrera hacia el objetivo.

Las personas que nacieron este día suelen vivir modesta y discretamente, lo cual no significa que sean aburridas o predecibles. Más bien lo contrario. Cuando la gente les conoce mejor, descubre que poseen una gran capacidad para sorprender. Por ejemplo: no temen decir lo que piensan pero siempre lo hacen con tacto y sensibilidad. Igualmente, pueden sorprender a los demás con la agudeza de su ingenio, o dedicar su considerable energía a la consecución de un objetivo concreto, para retirarse en el último instante y que sean otros quienes se lleven los laureles. En cierto momento de su vida, especialmente luego de cumplir los cuarenta, es probable que dejen estupefacto a todo su entorno con un cambio radical en su estilo de vida. Ahora bien, aunque este cambio pueda desconcertar a los demás, en su caso formará parte de una estrategia perfectamente planeada.

Y no es que no quieran estar en el candelero, porque lo cierto es que les encanta. La cuestión es que sólo serán el centro de atención si ello sirve a sus intereses o si realza la causa que están defendiendo. También es frecuente que su entorno les considere tímidos y extremadamente sensibles, aunque lo cierto es que bajo esta apariencia se oculta una determinación de acero que se revelará a su debido tiempo, cuando las posibilidades de alcanzar el éxito sean máximas. Así las cosas, cuando finalmente decidan invertir su energía en un proyecto que merece la pena, todos se preguntarán cómo pudieron subestimar la energía dinámica y la creatividad de este corcel negro que se mantenía oculto tras una fachada tan suave.

En contra
Retraídos, pasivos, inseguros

A favor
Curiosos, con claros objetivos vitales, receptivos

11 de julio

El nacimiento del camaleón innovador

Las personas que nacieron el 11 de julio poseen un encanto natural que resulta muy atractivo para los demás y los tranquiliza. Dotados con la habilidad de integrarse sin esfuerzo en cualquier grupo o situación, estos individuos siempre parecen contar con información privilegiada, tanto social como profesionalmente.

Las habilidades diplomáticas de estas personas son verdaderamente excepcionales y son de mucha utilidad cuando se trata de resolver problemas o evitar la confrontación. Esto no significa necesariamente que sean volubles o perezosas. Más bien lo contrario, porque aunque son amigables y sensibles a los estados de ánimo ajenos, también pueden mostrarse muy innovadoras y ambiciosas, con energía, inteligencia y recursos más que suficientes para alcanzar sus metas personales. Ocurre que, sean más o menos conscientes de ello, su personalidad viene definida por un marcado interés por las relaciones personales. Y esto les obliga a invertir el máximo esfuerzo en la creación de relaciones personales satisfactorias.

Durante la adolescencia su creatividad y su confianza se incrementarán gradualmente. Entre los veinte y los cuarenta años de edad, se darán cuenta de que muy a menudo tienen acceso a información relevante sobre las personas y las situaciones que les rodean. Si optan por la discreción y se ajustan a la verdad, se ganarán el respeto y el apoyo de su entorno; ahora bien, si divulgan esta información o dejan en evidencia a alguien, se ganarán una merecida reputación de individuos poco fiables. Cumplidos los cuarenta y un años, disfrutarán de oportunidades para ser más pacientes y selectivos, pudiendo poner sus capacidades al servicio de los demás. Es necesario que aprovechen estas oportunidades porque en su caso la única manera de sentirse emocionalmente satisfechos pasa por la honestidad, la discreción y la compasión.

A lo largo de toda su vida se encontrarán en situaciones donde su capacidad para calmar a los demás será determinante y garantizará su popularidad, lo cual les dará acceso a información privilegiada. Siempre y cuando recuerden centrarse en valores positivos tales como la honestidad, el respeto, el amor y la responsabilidad, y eviten actuar con falsedad o jugar con las personas, estos individuos talentosos dispondrán de la versatilidad y el potencial necesarios para realizar un trabajo de calidad sea cual sea la profesión que hayan elegido.

12 de julio

El nacimiento del iniciador sutil

Los individuos nacidos el 12 de julio se caracterizan por tener una naturaleza dual. Por un lado, son criaturas extraordinariamente empáticas y agradables, muy sensibles a las emociones de las personas de su entorno. Por otro, sienten la urgente necesidad de provocar, iniciar y dirigir la acciones de los demás. Aunque estos dos aspectos parecen contradictorios, lo cierto es que ambos nacen de su intenso altruismo.

Es un error definirles como simples peleles, dado que poseen convicciones profundas y rechazan las definiciones. Su lealtad no se limita a sus convicciones. Son amigos estables y generosos, si bien su tendencia a orquestar las vidas de los demás puede resultar muy molesta. Algunas veces sugieren las cosas de manera tan sutil que los demás llegan incluso a pensar que son idea suya. A resultas de ello, estos individuos suelen ejercer una fuerte influencia sobre los demás. La clave de su éxito radica en si deciden ejercer esta influencia de una manera positiva que sirva para animar a los demás a crecer como seres independientes, o si lo hacen negativamente, de una manera que fomente la dependencia.

Se trata de individuos tan lúcidos y tan capaces que a veces su presencia se impone impidiendo que los demás se impliquen en los proyectos o las situaciones. Esto podría granjearles una reputación de personas controladoras, difíciles y testarudas. No obstante, si aprenden a retirarse cuando es necesario y ceden el turno a los demás, descubrirán que sus posibilidades de felicidad y éxito se incrementan notablemente. Esto no quiere decir que deban ocultar sus talentos. Sólo significa que, habida cuenta su voluntad férrea, no es extraño que los demás prefieran dejarse guiar por ellos antes que buscar su compañía inspiradora.

Hasta los cuarenta años de edad se presentarán numerosas oportunidades para que demuestren su creatividad y la firmeza de sus convicciones. Cumplidos los cuarenta y uno, es posible que se vuelvan más perspicaces y pragmáticos. Siempre y cuando procuren ayudar a los demás sin agobiarles, será durante este periodo cuando estos individuos progresistas y empáticos sacarán a relucir lo mejor de sí mismos. Así, emprenderán acciones que sirvan para mejorar la vida de los demás y con ello dejarán su particular impronta en este mundo.

En contra
Testarudos, controladores, difíciles

A favor
Persuasivos, capaces, disciplinados

13 de julio

El cumpleaños de la mujer y el hombre de acción

Las personas que nacieron el 13 de julio son valientes, audaces, y no temen correr riesgos gracias a su resistencia encomiable que garantiza su supervivencia a los más grandes reveses de la vida. Esto no significa en modo alguno que sean personas temerarias o unos optimistas patológicos; antes bien poseen una imaginación que nunca les deja en la estacada y, si las cosas no funcionan de una manera, buscarán un enfoque nuevo o una estrategia diferente.

Muy centrados y con escasos miedos, son muy pocas las cosas que intimidan a estos individuos salvo quizá los asuntos del corazón, un terreno en el que se sienten un poco torpes. Su actitud vital está claramente orientada a la acción, y esto hace que sientan una irresistible necesidad de alcanzar sus metas. Cuando su mente aguda, su originalidad, su inventiva y su energía prodigiosa se combinan adecuadamente, el resultado es una increíble capacidad para reconocer las oportunidades potencialmente ventajosas, detectar el momento adecuado y actuar con decisión. Algunas veces su arriesgada estrategia juega en su contra, pero su rechazo a admitir la derrota y sus ganas de buscar alternativas maximizan sus posibilidades de éxito.

Correr riesgos y triunfar son rasgos consustanciales a su naturaleza porque están dotados con una gran confianza en sus posibilidades. En todo caso, es posible que haya algunos individuos menos evolucionados que carezcan de esta confianza, probablemente porque en el pasado han corrido riesgos y les ha salido el tiro por la culata. Para su realización personal es vital que no permitan que los sentimientos negativos respecto de su confianza se conviertan en una profecía que se cumple. El compromiso puede ser una de sus fortalezas, pero para ser honestos consigo mismos primeramente necesitan cambiar su forma de pensar con respecto a sus capacidades. Cuando verdaderamente crean en su potencial, sus posibilidades de realización y buena suerte se incrementarán de forma significativa.

A los treinta y nueve años de edad alcanzan un punto de inflexión. Es en este momento cuando más sufrirán el acoso de las dudas sobre su persona. No obstante, si logran que este punto de inflexión juegue a su favor y se vuelven más ordenados, selectivos y prácticos en su manera de encarar la vida, estos individuos recuperarán todo su optimismo y su creatividad.

14 de julio

El nacimiento del ilusionista

Las personas que nacieron el 14 de julio son individuos seductores dotados con una gran inteligencia y magnetismo personal. Poseen la capacidad de hechizar a los demás con su intensa presencia y sus excelentes habilidades para la comunicación. Sus encantos pueden ser sutiles y delicados o entretenidos y audaces, pero siempre están perfectamente ajustados a la ocasión.

Hablen con un grupo grande de personas o con un reducido círculo de amigos íntimos, estos individuos saben cómo inspirar confianza y, sea cual sea la causa o la profesión que hayan elegido, siempre tratarán de convencer e inspirar a los demás. Son auténticos maestros del arte del ilusionismo y su talento para componer historias, teorías y estrategias tan creíbles como fascinantes, es verdaderamente asombroso. Poseen la iniciativa y el entusiasmo necesarios para hacer que las cosas pasen. Con todo, y pese a sus múltiples talentos, en ocasiones pueden sufrir episodios de depresión o melancolía sin razón aparente.

A pesar de estos episodios tan repentinos como inexplicables, estos individuos gozan del afecto y la admiración de los demás. Si logran dirigir sus pensamientos y sus talentos hacia una causa en la que crean, tendrán potencial más que suficiente para alcanzar el éxito. Sin embargo, si optan por manipular la verdad o se entregan a una causa que no merece la pena, pueden convertirse en seres sin escrúpulos y poco fiables. Por consiguiente, es importante que comprendan la influencia que ejercen sobre los demás y que no hagan un uso dudoso de sus poderes.

Hasta los treinta y ocho años de edad, es frecuente que crezcan en un marco de estabilidad, creatividad y confianza en sus capacidades. Aunque serán muy populares porque se ganan el corazón de los demás gracias a su capacidad para detectar las motivaciones íntimas de las personas y a sus promesas de satisfacción de sus deseos, si quieren conservar ese afecto tendrán que aprender a equilibrar sus dotes de seducción con resultados sólidos. Cumplidos los treinta y nueve, desarrollarán una actitud más metódica y selectiva, junto con un deseo de ser más útiles a las personas de su entorno. Será en estos años cuando gocen de oportunidades para hacer realidad las ilusiones que ellos mismos crean. Es necesario que las aprovechen porque cuando utilicen su voluntad dinámica y seductora para materializar —y no sólo para comentar— sus objetivos, serán una fuerza a tener muy en cuenta.

Su mayor reto es

La fiabilidad

El camino a seguir es…

Entender que por grandes que sean sus encantos, la mejor manera de ganarse el respeto de los demás es probar que son honestos, fiables y capaces de comprometerse.

En contra

Confusos, opacos, sin escrúpulos

A favor

Persuasivos, interesantes, seductores

15 de julio

El nacimiento del estímulo

Su mayor
reto es

No ser egoístas

*El camino a
seguir es…*

Entender que el
egoísmo sólo
reporta
satisfacciones a
corto plazo. En
cambio, tener en
cuenta los
sentimientos de
los demás reporta
satisfacciones a
corto y a largo
plazos.

Sean más o menos conscientes de ello, las personas que nacieron el 15 de julio ejercen una poderosa influencia sobre los demás y son capaces de influir positivamente para que sus vidas mejoren. Por otro lado, no escatiman elogios cuando los demás logran un resultado importante, un rasgo que no hace sino incrementar su popularidad. Un maravilloso círculo virtuoso.

Son personas capaces de combinar su intelecto altamente desarrollado con una afinada sensibilidad hacia el medioambiente y a cuantos viven y trabajan en su entorno. Esta inusual combinación de empatía emocional y perspicacia intelectual, conjugada con su poderosa imaginación y la honda influencia que ejercen sobre los demás, les proporciona el potencial necesario para inducir cambios progresistas y enriquecer la vida de sus semejantes.

A partir de los siete u ocho años de edad, las personas nacidas este día manifestarán su confianza y su encanto magnético característicos, si bien en torno a los treinta y siete años alcanzarán un punto de inflexión del que saldrán con una mentalidad más realista y pragmática. Es posible que su necesidad de ayudar a los demás se intensifique, y será en estos años cuando logren demostrar todo lo que valen. Si aprenden a dirigir su creatividad y su energía prodigiosa hacia las buenas causas, lo más probable es que logren introducir cambios significativos en la vida de las personas.

Su íntima ambición y la necesidad de hacer cambios positivos en el mundo que les rodea impregnan todas las facetas de su vida, siendo así que su determinación puede resultar tan convincente como inspiradora. Sea como fuere, si se vuelven materialistas o egoístas y utilizan su influencia para manipular a los demás, podrán ser despiadados y perjudiciales. Así las cosas, es de vital importancia que no sólo piensen en sus deseos y consideren los efectos que su comportamiento y sus actos producirán en los demás. Para exprimir al máximo su magnifico potencial de liderazgo, es posible que antes tengan que reconocer el asombroso poder de su carácter dominante.

En contra
Materialistas, manipuladores,
egoístas

A favor
Influyentes, motivadores,
excitantes

16 de julio

El nacimiento de la lógica apasionada

Las personas que nacieron el 16 de julio tienen una naturaleza impulsiva y apasionada. Sueñan con aventuras emocionantes que, en la mayoría de los casos, logran hacer realidad. Cuando están inspiradas, su energía y su entusiasmo no tienen parangón, pero cuentan con otra faceta: su faceta lógica. Esta inusual combinación de pasión y lógica las hace muy interesantes, raras y excepcionales.

El comportamiento de estos individuos puede ser realista y pragmático, aunque eso no significa que pierdan de vista sus pasiones y sueños. Sea cual sea el camino que hayan elegido en la vida, siempre existirá un conflicto entre la lógica y sus impulsos, y esto se traducirá en palabras racionales expresadas con pasión o en comportamientos impulsivos explicados lógicamente. Cuando pasión y lógica estén en armonía, sin que ninguna de las dos prevalezca, es cuando se sentirán más felices. Ahora bien, cuando una u otra dominen sus actos, la infelicidad se apoderará de estos individuos. Por ejemplo: pueden intentar reprimir sus emociones con un comportamiento obsesivo; o pueden enterrar su pensamiento lógico bajo actitudes poco realistas o descentradas.

Durante los primeros treinta y cinco años de su vida, la gente que nació este día crecerá en confianza y capacidades. Será en estos años cuando las emociones seguramente tomarán la delantera. Sin embargo, cumplidos los treinta y seis, se desplazarán hacia posiciones más lógicas y razonables, y seguramente adoptarán una actitud más práctica y selectiva que les servirá para ayudar a los demás en mayor medida. Después de los sesenta y seis, pondrán un mayor énfasis en la armonía y en equilibrar las dos facetas más contradictorias de su personalidad.

Así las cosas, la clave de la felicidad y el éxito de las personas que nacieron el 16 de julio radica en no permitir que ninguna de estas dos facetas, la lógica y la impulsiva, tome la iniciativa. Si logran encontrar la manera de compaginarlas adecuadamente, descubrirán que cuentan con un extraordinario potencial no sólo para hacer realidad sus sueños sino también para inyectar emociones en la vida de los demás.

17 de julio

El nacimiento del maestro

Su mayor reto es

No dejar las cosas para mañana

El camino a seguir es...

Entender que no avanzar con sus vidas es lo mismo que retroceder.

Las personas nacidas el 17 de julio se afanan por llegar hasta lo más alto en el campo en el que han decidido desarrollarse profesionalmente, y procuran que todo el mundo se entere de su maestría. Su independencia, confianza y disciplina les convierte en trabajadores extremadamente capaces sea cual sea la tarea que realizan. Y muy a menudo logran impresionar a los demás gracias a su dedicación, tenacidad y profesionalismo.

Suelen presentar un rostro serio y a veces duro ante el mundo, si bien, en la esfera íntima se muestran creativos y apasionados. Con aquellos que les conocen bien hacen gala de un sentido del humor corrosivo. Dado que tienen tendencia a concentrar sus energías en las cuestiones económicas y materiales, podrían optar por carreras o profesiones que dilapidasen sus múltiples talentos. Así pues, es importante que elijan cuidadosamente su profesión puesto que si no se dedican a algo que les inspire o que hable de sus principios, no se sentirán plenamente realizados. Asimismo, estos individuos pueden ceder ante la pereza y dejar las cosas para una mejor ocasión. Aunque son especialmente buenos cuando se trata de ascender peldaños en su paciente carrera hasta la cima, algunas veces sus progresos ocurren tan lentamente que esto menoscaba su creatividad. Por esta razón, necesitan encontrar el coraje para decir lo que piensan de manera que puedan sacar a relucir sus talentos y reciban el reconocimiento que merecen.

Hasta los treinta y seis años de edad se ganarán el respeto de sus socios y colegas de profesión gracias a su eficiencia segura y fría. Cumplidos los treinta y siete años, algunas veces antes, disfrutarán de muchas oportunidades para volverse más prácticos y selectivos. También es importante que dirijan sus esfuerzos hacia el reconocimiento de su creatividad, de suerte que ese bien merecido ascenso no pase de largo.

Si se cercioran de que su actitud autosuficiente no proyecte una imagen inaccesible, nada podrá impedir que alcancen las metas que se han fijado sin comprometer por ello la buena voluntad de los demás. Igualmente, aunque su entorno haya reconocido su maestría en el desempeño de su profesión, no cabe duda que encontrarán mucho más placer en su capacidad para inspirar y levantar el ánimo de los demás gracias su creatividad y su generosidad características.

En contra
Serios, aislados, con tendencia a procrastinar

A favor
Autosuficientes, ambiciosos, capaces

18 de julio

El nacimiento de la manera mejor

Las personas que nacieron el 18 de julio parecen tener una energía y un entusiasmo ilimitados. No en vano se entregan en cuerpo y alma a todo lo que hacen, y son admiradas por su dedicación, convicción y su insobornable deseo de ser escuchadas. No es frecuente que sigan el camino marcado por los convencionalismos, ni en la vida personal ni en la vida profesional. Siempre buscarán una manera mejor de hacer las cosas, y la gritarán a los cuatro vientos para que todo el mundo se entere.

Aunque pueden parecer extremistas, excéntricos o alocados, lo cierto es que su locura suele responder a un método. De pensamiento independiente e innovador, estos individuos también prefieren identificarse con un colectivo o una causa común. Esto es consecuencia de sus fuertes sentimientos de empatía con los demás así como de una necesidad de integrarse en un grupo en el que puedan establecer los vínculos de camaradería y reconocimiento que derivan del servicio a una causa común.

Hasta los treinta y cuatro años de edad gozarán de oportunidades para desarrollar su atrevimiento a medida que su confianza, su creatividad y sus capacidades aumenten. Sin embargo, con relativa frecuencia pondrán su energía, sus talentos y sus emociones al servicio de objetivos compartidos. Es, pues, importante que durante este tiempo no permitan que sus opiniones se radicalicen o sean demasiado inflexibles. Cumplidos los treinta y cinco, pueden volverse más selectivos, eficientes y desarrollar recursos para los negocios. La necesidad de trabajar y servir a los demás será más intensa que nunca, si bien en este periodo pondrán el acento sobre el desarrollo de soluciones de tipo creativo y progresista, cosa que les convertirá en auténticos referentes de su comunidad. A los sesenta y cuatro años se produce otro punto de inflexión del que salen más atentos a cuestiones como la belleza, la armonía y la satisfacción emocional.

Aunque son individuos disciplinados, inteligentes y sociables, la verdadera inspiración que persiguen se encuentra en el plano de la satisfacción emocional. Siempre tendrán talento para resolver problemas y para encontrar esa manera mejor de hacer las cosas, pero una vez que descubran que la mejor manera para ellos consiste en observar su interior y confiar en su intuición altamente desarrollada, gozarán de un sinfín de oportunidades para encontrar la felicidad y la plena satisfacción.

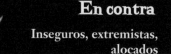

En contra

Inseguros, extremistas,
alocados

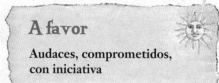

A favor

Audaces, comprometidos,
con iniciativa

19 de julio

El nacimiento de la autoconciencia energética

Su mayor reto es

Evitar los pensamientos negativos

El camino a seguir es…

Entender que el pensamiento negativo es tan irracional como el pensamiento positivo. Toda historia siempre tiene dos caras, de modo que procure ser más realista.

Las personas que nacieron el 19 de julio son muy exigentes en todos los aspectos de su vida. Desde muy temprana edad el trabajo y la superación personal han sido cuestiones clave. Esperan mucho de sí mismas y de los demás, pero los que les conocen bien afirman que estas personas reservan las críticas más duras para sí mismas.

Son individuos energéticos y encantadores que, tanto física como intelectualmente, necesitan mantenerse activos. Por esta razón es común que empujen sus propios límites y salten frenéticamente de una actividad a otra. Necesitan moverse y, por encima de todo, sentir que están aprendiendo, creciendo y mejorando en todas las áreas de su vida. Por muchas razones se encuentran entre los individuos más conscientes del año y cuando han cometido un error o un descuido se darán cuenta de inmediato y tratarán de encontrar la manera de corregirse y de hacerlo mejor, modificando su conducta o su actitud en el futuro. Si los demás les adoran es por su capacidad para aprender y cambiar, pero también es cierto que su autoconciencia tiene un precio: una dolorosa conciencia de sus defectos.

Las personas que nacieron este día son propensas a la autocrítica despiadada y en ocasiones exageran sus defectos imaginados. Cuando están atrapados en un brote de inseguridad, es frecuente que sientan impaciencia y que su estado de ánimo experimente grandes variaciones. Así pues, para su crecimiento psicológico es extremadamente importante que entiendan que necesitan mantener el equilibrio. Dedicar más tiempo a estar y no tanto a hacer les ayudará a fortalecer su autoestima, proporcionándoles la objetividad y la distancia necesarias para controlar sus emociones de manera efectiva.

Hasta los treinta y tres años de edad la vida les presentará oportunidades para desarrollar su fortaleza y su confianza. Cumplidos los treinta y cuatro, es probable que adopten un enfoque vital más perfeccionista si cabe. Dada su tendencia a arremeter contra sí mismos, estos individuos deberían asegurarse de cultivar la paciencia así como sus talentos durante estos años. Si lo hacen, serán capaces de exprimir todo su potencial, convirtiéndose en las personas creativas y carismáticas que siempre debieron ser.

En contra

Impacientes, inseguros, de ánimo variable

A favor

Enérgicos, conscientes de sus limitaciones, encantadores

20 de julio

El nacimiento
de la evolución

Las personas nacidas el 20 de julio disfrutan del viaje de la vida. Son personas que prosperan con el movimiento, el cambio y las nuevas experiencias, siendo así que los desafíos y las situaciones nuevas causan su exaltación antes que asustarles. Con independencia de cuán cómoda sea su posición, la rutina puede ser mortal para ellas toda vez que su espíritu incansable busca constantemente el movimiento y la evolución.

Estos individuos rara vez permanecen estáticos durante mucho tiempo. Cuentan con una energía y una intensidad desbordantes tanto física como intelectualmente. Sean o no del tipo deportivo, no les gusta quedarse quietos por mucho tiempo. Análogamente, tengan o no tengan inclinaciones académicas, son inquisitivos y siempre están buscando nuevas experiencias.

No debe sorprender, por tanto, que atraigan a los demás con su exuberancia natural y su optimismo contagioso, ni que sus amigos disfruten enormemente escuchando sus aventuras. Habida cuenta el constante proceso de cambio que define sus vidas, corren el riesgo de ser inestables, pero en muchos casos ocurre lo contrario, y son todo tranquilidad y control. Siendo como son unos amantes del riesgo, nada les asusta más que el aburrimiento, por lo que no es de extrañar que sientan ansiedad o se desequilibren cuando la vida se estanca o les resulta demasiado fácil. A ojos de los demás, esta necesidad casi obsesiva de desafíos y contrastes puede ser difícil de entender, pero lo cierto es que la acción les da vida.

Hasta los treinta y dos años de edad, estos individuos disfrutarán de muchas oportunidades para usar la faceta más sociable y melodramática de su personalidad. Tanto en el trabajo como en su casa suelen gozar de gran popularidad, y se comportan con aplomo y seguridad en sí mismos, aunque con cierta falta de dirección y enfoque. Es posible que tarden más de lo normal en encontrar su verdadera vocación o camino en la vida. Cumplidos los treinta y dos, su vida experimenta un giro y se vuelven más ordenados, metódicos y prácticos. Durante estos años, si logran enfocarse mejor y encuentran objetivos que les proporcionen retos y aventuras, podrán dirigir su creatividad y su energía para ampliar sus conocimientos y enriquecer las vida de sus semejantes.

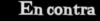

En contra

Inestables, dispersos, incansables

A favor

Aventureros, excitantes, optimistas

21 de julio

El nacimiento del atrevimiento

Los nacidos el 21 de julio no temen ir adonde nadie ha ido antes. Muy dinámicos e innovadores, su curiosidad y su comprensión de las motivaciones de los demás les dan la capacidad para evaluar correctamente las situaciones y conocer a las personas. Esta combinación única de astucia, ambición y atrevimiento les reporta éxito y controversia a partes iguales.

Por encima de todo, les encanta vivir en el filo y están muy atentos a las actividades y los proyectos más novedosos. Poseen la vitalidad y la ambición necesarias para triunfar en las empresas más creativas. Se mueven con rapidez y normalmente prefieren estar en el centro de la acción que mantenerse al margen. Apuntan a lo más alto y, aunque las cosas no siempre salgan según lo planeado, su jovial optimismo y su sentido del humor tragicómico actúan como salvaguarda y les dotan con una resistencia incomparable.

El drama y la controversia que generan las discrepancias son especialmente atractivos para estos individuos. Son polemistas y se desenvuelven perfectamente en los debates porque son capaces de ver los pros y los contras de toda la argumentación. Les encantan las emociones, el conflicto y las situaciones explosivas; por ello es muy probable que se sientan atraídos por los juegos de acción, los coches de carreras, los parques temáticos y de atracciones, el submarinismo, las situaciones que provocan sensaciones fuertes y descargas de adrenalina, o cualquier otra actividad de corte teatral que exija grandes dosis de coraje. Hasta los treinta años de edad tendrán sobradas oportunidades para desarrollar su fortaleza, creatividad y confianza. Será en estos años cuando necesiten asegurarse de que su amor por el riesgo no les induce a buscarse problemas por el mero hecho de divertirse. Cumplidos los treinta, adoptarán una actitud vital más racional y pragmática. Igualmente, se asentarán y serán más ordenados, aunque nunca perderán su hambre de vida y su necesidad de movimiento.

La valentía y una creatividad atrevida son las grandes fortalezas de estas personas, sin olvidar su generosidad ni su capacidad de empatía con las personas de su entorno. Algunas veces estas cualidades se combinarán para alumbrar un individuo raro y talentoso que podrá contarse entre las personas más dinámicas y comprensivas del año.

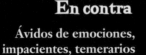

En contra

Ávidos de emociones, impacientes, temerarios

A favor

Audaces, interesantes, excitantes

22 de julio

El nacimiento de la compulsión valerosa

Las personas que nacieron el 22 de julio sienten una fuerte inclinación hacia todo aquello que signifique acción. Quieren progresar y no tanto hablar del progreso. Aunque esta compulsión a actuar puede ponerles en aprietos, también puede servirles para innovar.

Además de su agudo intelecto y de su prodigiosa energía física y emocional, estos individuos poseen una sensibilidad y una creatividad notables. También es cierto que en ocasiones pasan a la acción sin haber contemplado las posibles consecuencias de sus actos. Sin embargo, cuando se produce el desastre reaccionan con prontitud y se afanan por resolver las dificultades ocasionadas. Esto se debe a que desde muy temprana edad son conscientes de la importancia de ser autosuficientes y, como consecuencia de ello, han trabajado su capacidad de resistencia sin escatimar esfuerzos. Puesto que son impulsivos y están orientados a la acción, es frecuente que sus vidas oscilen entre periodos exitosos y otros caracterizados por las grandes decepciones. Con todo, tan poderosas son la creencia en sus capacidades y el deseo de victoria que estos individuos nunca consideran la posibilidad de rendirse.

Uno de sus mayores problemas es su rechazo tajante a reconocer sus defectos. Aun cuando creen en la indestructibilidad del espíritu humano, ocurre que no tienen en cuenta sus puntos vulnerables ni las señales de advertencia que emiten las personas o situaciones. Igualmente, pueden tener problemas para gestionar la frustración y el enojo, y esto puede manifestarse en la forma de comportamientos dictatoriales o controladores, o de represión con peligrosos brotes de ira. Hasta los veintinueve años de edad trabajarán la creatividad y sus habilidades sociales. Durante estos años es necesario que procuren aprender tanto de sus éxitos como de sus fracasos. Cumplidos los treinta, disfrutarán de oportunidades para ser más analíticos, metódicos y ordenados. Para su desarrollo psicológico es importante que aprovechen estas oportunidades porque la atención a los detalles será la clave de su éxito.

Por encima de todo, son individuos de naturaleza optimista y, aunque es cierto que sus actos pueden agotar a los demás a veces, su compulsión valerosa les revitalizará y planteará retos al tiempo que les convertirá en líderes inspiradores y supervivientes en el campo profesional que hayan elegido.

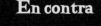

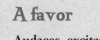

LEO

EL LEÓN

(23 DE JULIO - 22 DE AGOSTO)

* **ELEMENTO:** Fuego
* **PLANETAS INFLUYENTES:** El Sol, el individuo
* **SÍMBOLO:** El león
* **CARTA DEL TAROT:** Fortaleza (pasión)
* **NÚMERO:** 1
* **COLORES FAVORABLES:** Amarillo y naranja
* **FRASE CLAVE:** Vivo plenamente el momento

De naturaleza luminosa y vital, los leo son eternamente optimistas y quieren vivir todos los momentos de su vida como si fuesen el último. Su personalidad carismática les garantiza una enorme popularidad. Son generosos, sociables y creativos por naturaleza. Tienen sentido del humor pero también una vena vanidosa. A veces, su alto nivel de exigencia puede ser confundido con arrogancia o desprecio de los demás.

El potencial de su personalidad

No es fácil que un leo parezca triste o apesadumbrado. Los nacidos bajo este signo son individuos energéticos regidos por el sol, el dador de la vida, y en circunstancias normales estimulan la risa y la actividad en todo lo que tocan y en todas las personas de su entorno. Detestan la tristeza y allí por donde van siempre arrastran un murmullo de excitación y espontaneidad. Todos los símbolos zodiacales giran alrededor del sol, siendo así que los leo, que como se ha dicho están regidos por este astro, se creen el centro del universo. Habida cuenta su capacidad para convencer a los demás de que son gente muy importante, no es de extrañar que abunden los actores y los políticos de este signo.

Sin lugar a dudas, los leo buscan ser el centro de todas las miradas y esto en muchos casos condiciona la elección de su profesión. Algunas palabras clave sirven para definir el signo Leo, a saber: creatividad, valentía, generosidad, energía y entusiasmo. También son personas de muchos recursos. Eficientes y de anchas miras, tienen sobrada capacidad para labrarse un futuro brillante, superando todos los obstáculos que encuentran en su camino. Su actitud alegre y positiva les permite crear oportunidades a partir de la decepción o el rechazo. Y con su éxito no se muestran posesivos, sino que lo comparten generosamente con los demás. Está claro que las personas de su entorno necesitan emplear mucha energía para mantener el ritmo de un leo, pero estos seres nunca dudarán en compartir su luz con las personas a las que quieren o admiran.

Las personas que nacieron bajo el signo Leo se sienten irremediablemente atraídas por todo lo extraordinario. Disfrutan explorando territorios nuevos y propiciando el cambio. Además, están dotados con una energía, una imaginación y un entusiasmo desbordantes, cualidades que encandilan a las personas de su entorno, especialmente a los niños. Los leo son particularmente buenos cuando se trata de contemplar una situación bajo una óptica panorámica. Cuando esto se combina con su capacidad para atraer a la gente, no resulta difícil entender por qué detentan puestos de autoridad en los que su iniciativa y su creatividad pueden expresarse naturalmente y con todo su potencial.

Por encima de todo, los individuos nacidos bajo el signo Leo poseen una luz interior que no sólo ilumina su vida sino también las vidas de los afortunados que se cruzan en su camino. Les gusta vivir el momento y hacerlo plenamente, con intensidad. Con la generosidad y la bondad genuina que caracteriza a estos espíritus creativos, son capaces de iluminar todo el mundo a su alrededor.

> "Los leo buscan ser el centro de todas las miradas, y es ahí donde típicamente se les encuentra."

Su lado oscuro

Los leo tienden a dominar el centro del escenario y exigen la adoración de los demás como si fuese un derecho adquirido. Ahora bien, en muchos casos lo hacen de una manera tan encantadora que nadie se siente ofendido, lo cual no significa que puedan hacerlo alegremente. Es más, tendrían que andarse con cuidado para que su exuberante ego no se vuelva demasiado dominante. Los problemas de ego son muy frecuentes en las personas de signo Leo. Si usted le dice a un leo que está de acuerdo con lo que dice o que es increíble, enseguida verá cómo crece henchido de orgullo y satisfacción. Pero si le dice que discrepa o que no está haciendo las cosas correctamente, de inmediato se desinflará como un globo. Son personas muy sensibles a la crítica de cualquier naturaleza, y se tomarán como una afrenta personal las cosas negativas que otros digan de ellas. Esto suena contradictorio considerando que la confianza en sus capacidades es un rasgo que define a los leo; ocurre que en muchos casos esta confianza tiene más de impostura que de realidad. Así las cosas, estos individuos no escatiman palabras para venderse y enmascaran su falta de confianza con orgullo y fanfarronería.

Algunas veces pueden parecer increíblemente perezosos, pero esto tiene que ver con su vanidad. Si no están muy seguros de que pueden hacer algo preferirán no hacerlo, ni intentarlo siquiera, y protegerse bajo un barniz de indiferencia. Además, los leo suelen poner un mayor énfasis en la forma y no tanto en el contenido. Esta necesidad de proyectar una buena imagen puede hacerles extremadamente vulnerables a los falsos elogios y las críticas impostadas. El esnobismo, la arrogancia y el orgullo pueden debilitar la luminosa fuerza de este signo solar. En cualquier caso, el mayor defecto de su personalidad quizás sea su errónea creencia de que siempre tienen razón. Asimismo, los leo pueden ser muy dogmáticos y por ello necesitan cultivar desesperadamente la flexibilidad y el respeto a las opiniones ajenas.

Símbolo

Para componer la imagen de un leo en su mejor momento, imagine un cachorro de león juguetón y luego un majestoso león adulto coronado como el rey de la selva. Como el león que los simboliza, los nacidos bajo el signo Leo tienen un aire noble, distinguido y lúdico que exige respeto vayan donde vayan y sea cual sea la situación en que se encuentren. Pero insisto: como leones que son, también pueden abusar de su poder, mostrándose letales y despiadados si están decididos a matar.

Su mayor secreto

Son pocos los que adivinan que bajo la apariencia noble y luminosa que los leo muestran al mundo se oculta un alma vulnerable que infravalora sus capacidades y anhela conseguir el amor y el reconocimiento antes que cualquier otra cosa. Sin amor, adoración y reconocimiento la brillantez que caracteriza a los leo se desvanece. Ganar es importante para ellos, sin duda, pero más importante es ser el más amado, deseado, respetado y admirado. Tanto así que intentarán ser esa persona cueste lo que cueste.

El amor

En el amor, los leo típicos son amorosos y juguetones. Nunca se cansan de oír lo maravillosos que son y son extraordinariamente susceptibles a los halagos. Igualmente, pueden ser inusitadamente sensibles, siendo así que la crítica puede ofenderles con facilidad ya que, en los asuntos del corazón, los leo son muy idealistas. Obtienen gran placer del sexo pero no necesariamente lo disfrutan cuando es apresurado. Les encanta que les seduzcan con una copa de buen vino, con buena compañía y, desde luego, con cumplidos.

Desafortunadamente, y especialmente cuando son jóvenes, los leo tienen la costumbre de enamorarse de la persona equivocada. En todo caso, cuando finalmente encuentra a la persona indicada no suelen descarriarse, siendo fieles y muy leales. Prefieren tener parejas que sean más tranquilas que ellos, y definitivamente les gusta controlar la relación. Pero esto no siempre es lo mejor para ellos, puesto que a veces son más felices con los desafíos de alguien que no se siente intimidado por sus fingimientos y su constante búsqueda de atención, alguien independiente que preserva sus intereses y sus amistades fuera de la relación.

Amores compatibles: Aries, Libra y Sagitario

El hombre leo

Si busca un hombre de signo Leo lo más probable es que lo encuentre rodeado por un círculo de admiradores o encima de un escenario. El secreto para ganarse su amistad o su corazón es muy simple: conviértase en su público. Aunque sean del tipo más tranquilo, los nacidos bajo este signo siempre responderán a la adoración y los halagos.

El amor es un ingrediente vital para que el hombre leo se sienta lleno y feliz; tanto así que cuando le falta caerá en el desánimo o incluso en la depresión. Necesita que le adoren para sentirse vivo, y cuando encuentre la pareja de sus sueños será un amante generoso y apasionado. Pero hay un inconveniente: es celoso y posesivo. Espera que su pareja le pertenezca en cuerpo, mente y alma pero, para mayor ironía, cuando su pareja se muestra totalmente sumisa el hombre leo se impacientará. Así las cosas, es necesario encontrar una suerte de equilibrio delicado entre la provocación desafiante y la sumisión. Otro de los inconvenientes es que el varón leo es coqueto por naturaleza. Aunque esté profundamente enamorado, esto en modo alguno le impedirá apreciar la belleza y sus ojos deambularán de un lado a otro. En cualquier caso, siempre y cuando su pareja le mantenga satisfecho con buenas dosis de romanticismo y afecto es poco probable que se desvíe del buen camino.

Que el hombre leo sea el rey de la selva o un simple impostor es algo que está por ver, pero no hay duda de que es un hombre que ha nacido para mandar y para ser respetado por los que siguen sus reglas. También posee una fuerza asombrosa, y es capaz de una devoción y un coraje increíbles cuando encuentra el amor o una causa en la que creer.

La mujer leo

Muchas mujeres de signo Leo poseen la capacidad de iluminar una habitación con sólo poner un pie en ella. Vivaces, inteligentes, listas y sexy, rara vez pasan inadvertidas y son instintivamente amigables y generosas. También son líderes naturales y por ello no es raro que se erijan en portavoces de su círculo social. Una pareja en potencia bien podría acobardarse al abordar a una de estas féminas ya que su popularidad y la confianza que proyectan no parecen tener límites. El secreto de la conquista consiste en halagarla dado que, como en el caso del varón, los halagos son su debilidad secreta. También es importante que su pareja no la asfixie. Y es que esta mujer no soporta las ataduras. Necesita tomar sus propias decisiones y llevar las riendas de su vida.

La mujer de signo Leo puede ser muchas cosas maravillosas pero, por encima de todo, es una leona orgullosa, vana pero magnífica. A pesar de sus ínfulas y sus muchos encantos, en lo más profundo la mujer leo es una criatura vulnerable. Si su pareja le es infiel o la abandona, ella se sentirá profundamente dolida y podría necesitar muchos meses, o incluso años, para reconstruir su

autoestima y recuperarse de tan grande dolor. Más aún: podría volverse muy remisa a arriesgarse con otra relación amorosa.

Cualquiera que mantenga una relación con una mujer de signo Leo tendrá que aprender a no ser celoso cuando ella se encuentre en una habitación rodeada de un grupo de admiradores. Esto no significa en modo alguno que se esté desenamorando, toda vez que en su mente que los demás la admiren y la respeten es algo natural, y ella necesita saberse deseada constantemente.

La familia

Los bebés y los niños de signo Leo suelen tener un carácter optimista y deliciosamente luminoso, pudiendo ser muy juguetones y, a veces, tener una cierta malicia. Desde muy temprana edad aparecerá la clásica necesidad de atención de los leo. Su potencial natural para el liderazgo también saldrá relucir desde muy pronto, sobre todo cuando estén en grupo o con otros niños. En cualquier caso, los padres deberían estar alerta por si aparecen signos de egoísmo o autoritarismo ya que esto podría enajenarles de sus compañeros. Lo mismo es aplicable a sus hermanos o al lugar que ocupan en la familia si no tienen hermanos. Los niños leo no tardarán en intentar controlar o manejar la dinámica familiar. Sea como fuere, es importante recordar que esta aparente seguridad no es tan poderosa ni tan fuerte como parece. Así pues, en realidad es muy fácil poner a un niño leo en su lugar. Los adultos que tengan que regañarles tienen que hacerlo de manera afectuosa y positiva porque de lo contrario minarán su confianza. La mejor manera de educar a un niño de este signo no pasa por la crítica o el enojo, sino por la orientación suave, tranquila y amorosa. En la escuela, los leo suelen gozar de una inmensa popularidad y es importante que tengan libertad para correr a sus anchas, desatar su explosividad y quemar su energía física y mental.

Los padres de los niños leo deberían animarles más, ya que esto les ayudará a mantener la mente abierta y para que no sean demasiado inflexibles o intransigentes cuando crezcan. Los niños de signo Leo también tienen una faceta testaruda que debería ser controlada. Necesitan entender que siempre hay más de una forma de alcanzar un objetivo.

No es infrecuente que los padres leo sean más amigos y compañeros de juegos de sus hijos que otra cosa. Esto es bueno hasta cierto punto, pero a medida que los niños crezcan necesitarán un padre que establezca límites claros y no tanto un amigo con quien jugar. Ciertamente, los padres leo animarán a sus vástagos para que desarrollen todo su potencial, pero existe el peligro de que les fijen metas u objetivos inalcanzables. Por consiguiente, es importante que entiendan que si bien plantear desafíos es motivador y saludable, empujarles hacia la perfección e insistir con la presión puede ser insano y muy dañino.

La profesión

Los individuos nacidos bajo el signo Leo pueden triunfar en muchos campos, pero lo cierto es que están especialmente dotados para profesiones en las que puedan utilizar la imaginación, sus capacidades creativas y su particular sentido dramático. El mundo del entretenimiento y los medios de comunicación son dos opciones obvias, al igual que la publicidad y la moda, así como los trabajos que tengan un elemento de lujo o *glamour*, o que les permitan situarse en el centro del escenario de una u otra forma. Pueden ser excelentes abogados o cirujanos, por ejemplo. Otras carreras posibles son la política, las relaciones públicas, el periodismo, la construcción, la arquitectura o el desarrollo de nuevos productos.

Los leo son grandes directivos y jefes, pero es necesario que controlen sus tendencias autocráticas si quieren retener la lealtad y el respeto de sus subordinados. Su ambiente de trabajo ideal es uno que tenga un cierto aire lujoso y que, además de cómodo y conveniente, sea un lugar que despierte la admiración en los demás. Los leo suelen abanderar causas solidarias y participar en actos benéficos, desempeñando el rol de salvador o de héroe y haciendo grandes planes para el futuro. También pueden brillar como empresarios, toda vez que tienen habilidad para detectar las tendencias nuevas antes que nadie y para erigirse en pioneros con muchos seguidores. En tiempos de crisis o de gran incertidumbre en el terreno laboral, los leo sacan a relucir todo lo que valen exhibiendo una fuerza y un coraje extraordinarios, justo lo que necesitan para ayudar al prójimo, superar la adversidad y seguir avanzando.

> «Su ambiente de trabajo ideal es uno que tenga un cierto aire lujoso...»

La salud y el ocio

Los nacidos bajo el signo Leo son físicamente robustos o de complexión fuerte pero, dado que Leo rige el corazón, se les recomienda una dieta saludable y baja en colesterol para cuidar este órgano, y mucho ejercicio físico. No suelen enfermarse con frecuencia, pero cuando lo hacen su necesidad de atención y afecto por parte de sus amigos y seres queridos puede ser abrumadora. Como son extremadamente independientes, rara vez aceptan el consejo de un médico. Pues bien, es importante que entiendan que algunas veces tienen que ceder el control para dárselo a alguien con más conocimientos. Su espalda también es vulnerable, por lo que deberían ejercitarla cuidadosamente y evitar la rigidez y la pérdida de flexibilidad. El ejercicio físico con algún elemento creativo como, por ejemplo, el baile, el patinaje sobre hielo, las artes marciales y la gimnasia son especialmente gratificantes.

Por lo que respecta al tiempo de ocio, los leo pueden tener problemas. El caso es que detestan la palabra *amateur* y por ello, si tienen una afición o un interés, lo más probable es que lo realicen con niveles de exigencia profesionales. Aunque esta dedicación es verdaderamente admirable, tienen que aprender que no es necesario ser brillante en una actividad pensada para el disfrute.

A los leo les encanta la buena vida y sienten debilidad por el buen vino y la buena mesa. Si no tienen cuidado, esto puede provocar sobrepeso, de modo que se aconseja moderación. Además de una alimentación sana y ejercicio físico, también es de suma importancia que todos los días se tomen un tiempo para descansar y relajarse. De no hacerlo, corren el riesgo de quemarse. Tienen que ser conscientes de que la felicidad y la salud sólo son posibles cuando todos los aspectos de su vida —cuerpo, corazón, mente y espíritu— están equilibrados. Por este motivo, es necesario que encuentren maneras de renovar y fortalecer regularmente estas cuatro áreas clave de su vida. Esto les hará mucho bien. Pasar tiempo al aire libre y relacionarse con sus familiares y amigos, así como dormir y comer bien, y ejercitarse con una rutina, les ayudará a sentirse más seguros, especialmente en épocas de mucho estrés. Vestirse de colores tranquilizadores tales como el verde, el

azul y el púrpura les animará a buscar el equilibrio. Lo mismo es aplicable a la meditación y a la decoración de los ambientes que habitan.

Los nacidos entre el 23 de julio y el 3 de agosto

Las personas nacidas entre estas dos fechas son líderes naturales y todo el mundo acude a ellas en busca de orientación y seguridad. Existe el peligro de que se vuelvan autocráticas y demasiado duras consigo mismas y con los demás, exigiendo poco menos que la perfección, que es, por su puesto, imposible.

Los nacidos entre el 4 de agosto y el 14 de agosto

Estos leo tienden a ser más aventureros. Les encanta viajar, explorar el mundo y conocer otras culturas. En su mayoría son de fácil trato, la suerte les sonríe y parecen atraer a la gente allí por donde van.

Los nacidos entre el 15 de agosto y el 22 de agosto

El espíritu luchador de estos individuos es verdaderamente admirable. No cabe duda de que cuando quieren algo, nada podrá impedir que lo consigan. Sin embargo, deben tener cuidado para que su poderosa ambición no les anime a pasar por encima de los sentimientos ajenos a medida que asciendan peldaños en su imparable carrera hacia el éxito.

Lecciones de vida

Si bien los leo no tienen mayores problemas para aceptar el poder, sí pueden tenerlos para entender la responsabilidad que el poder conlleva. Consecuentemente, uno de sus grandes desafíos en la vida es obtener energía y satisfacción de su propia fortaleza interior y no tanto del poder que tengan sobre los demás.

Orgullosos y regios, cuando estos individuos consiguen la atención y el afecto que creen merecer, se muestran divertidos, enérgicos y optimistas. Les gusta ser el centro de todas las miradas como a ningún otro signo. Ahora bien, cuando no tienen público o si el público no sabe apreciarles o si se les critica, entonces surgen los problemas. Los demás pueden interpretar esta necesidad de atención como una muestra de supremo egoísmo, aunque en realidad responde a una inseguridad bien arraigada. Así las cosas, los leo deberían dilucidar por qué necesitan ser el centro de atención. La res-

puesta es que su validación y el sentido de su valía personal dependen demasiado de la aprobación de los demás.

Si tan sólo pudieran aceptar que no necesitan sorprender para que los demás les quieran y les aprecien, y que con ser personas alegres y cariñosas es suficiente, los leo encontrarían toda la felicidad y la realización personal que merecen. También necesitan entender que cometer errores es humano, que el hecho de ser falibles no supone una decepción para las demás personas sino que facilita su relación con ellas. Por último, los nacidos bajo este signo deben pasar menos tiempo mirándose al espejo y más tiempo observando su interior. La buena imagen tarde o temprano desaparecerá, pero la belleza y la fortaleza interiores sólo mejorarán con el paso de los años. Si bien es cierto que las apariencias son importantes, también lo es que hay otros indicadores más determinantes del carácter de una persona que la ropa que viste o el dinero que lleva en su billetera. En honor a la verdad, los leo no necesitan estar tan pendientes del exterior porque poseen una personalidad increíblemente fuerte, además de amabilidad, dignidad y compasión. Desarrollar estas virtudes les reportará mucha más felicidad que la moda o el cultivo de su imagen.

Otros signos zodiacales pueden servir de ayuda a los leo para que aprendan algunas lecciones de vida trascendentales. Los virgo les enseñarán el poder de la disciplina, la paciencia y el trabajo duro realizado en la sombra. Escorpio les enseñará a mirar bajo la superficie de las cosas y así podrán encontrar un sinfín de tesoros ocultos y la auténtica satisfacción. Además, de los acuario aprenderán a trabajar incansablemente para hacer de este mundo un lugar mejor sin necesidad de exhibirse ni de obtener el reconocimiento público.

23 de julio

El nacimiento del libertador

Las personas que nacieron el 23 de julio suelen ser cálidas, simpáticas y solidarias. También son un excelente paño de lágrimas para las personas de su entorno. Son capaces de ayudar a los demás a que resuelvan sus conflictos internos y progresen en los planos profesional, material o espiritual, una causa en la que no escatimarán esfuerzos.

Por encima de todo, nada desean más que disipar las dudas de los demás, que liberarles de sus miedos, sus ansiedades y sus desgracias. Los demás reconocen su naturaleza generosa y desinteresada y por ello se les acercan buscando compasión y afecto. Por ejemplo: todos se detendrán en su despacho para comentar los sucesos cotidianos, o será en su casa donde familiares y amigos se congreguen para resolver sus diferencias. Pero además de generosos y conciliadores, son individuos de mente rápida y tremendamente perspicaz. Es posible que tengan una mentalidad conservadora, pero bajo ella se oculta una gran creatividad y una enorme capacidad para el aprendizaje.

No obstante, en algunas ocasiones su manera de encarar la vida puede ser excesivamente cerebral y eso hace que escondan sus sentimientos. Irónicamente tratándose de alguien que siempre está dispuesto a escuchar los demás, en lo tocante a sus propios sentimientos pueden mostrarse increíblemente tímidos. Para su crecimiento psicológico es importante que presten tanta atención a lo que ellos sienten como a lo que sienten los demás, básicamente porque sus sentimientos les comunican mensajes importantes.

Cumplidos los treinta años de edad, en su vida se produce un giro del que salen transformados y con una actitud más práctica, lúcida y analítica. En años sucesivos su vida será más positiva, plena y vital siempre y cuando aprovechen las oportunidades que se les presenten para escuchar sus sentimientos y crecer emocionalmente. Una vez que dejen de erigirse en libertadores de todas las personas de su entorno y se decidan a prestar atención a sus propias necesidades de liberación y realización, la fortaleza de su convicción, su vigor, su creatividad y su orientación hacia el bien común les auguran un brillante futuro lleno de éxitos en los planos personal y profesional.

Su mayor reto es

Impedir que los demás se aprovechen de su bondad

El camino a seguir es…

Entender que hay una diferencia entre la compasión y la estupidez. Usted no es estúpido, de manera que limítese a ayudar a los que verdaderamente le aprecian.

En contra

Sacrificados, faltos de dirección, reprimidos

A favor

Generosos, compasivos, creativos

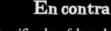

24 de julio

El nacimiento
de la incertidumbre carismática

Las personas que nacieron el 24 de julio se encuentran entre las más originales y excitantes de todo el año. Su presencia es vigorizante y por ello sorprenden y causan un fuerte impacto en las personas de su entorno. Su carisma es tan intenso que los demás las encuentran irresistibles.

Son excitantes y aventureras y esto motiva que los demás se acerquen para intentar descifrar las razones de su atractivo en la esperanza de compartir su magia y su energía. En ocasiones el lado oscuro de su personalidad se manifiesta en la práctica de un deporte extremo, la elección de parejas totalmente inapropiadas o la aceptación de un trabajo muy exigente o que pone en riesgo el futuro de su carrera profesional. Ello se debe a que, en la mayoría de los casos, les atrae más la emoción que todo nuevo desafío supone que las consecuencias derivadas de sus actos. Y es que nada les reporta más satisfacción que vivir experiencias sorprendentes.

Aunque es posible que estos individuos parezcan temerarios, lo que más temen es la rutina, la cotidianidad y que su vida no vaya a ninguna parte. Así las cosas, necesitan aprender que algunas de las mayores aventuras se encuentran en la vida interior; y que la aventura de conocerse mejor será una inagotable fuente de emociones y hallazgos. Cumplidos los treinta años de edad, alcanzan un punto de inflexión tras el cual disfrutarán de oportunidades para obtener placer ayudando a sus semejantes y del trabajo bien hecho. Es, pues, necesario que aprovechen estas oportunidades dado que motivar y ayudar a los demás es esencial para su realización personal.

Sea cual sea la actividad a la que decidan dedicar todo su potencial creativo, siempre se sentirán atraídos por lo lejano y lo inusual. Sean más o menos conscientes de ello, todas sus acciones están diseñadas para captar la atención y suscitar la admiración de los demás. Una vez que descubran que los demás les admirarán tanto o más cuado muestren su costado más sosegado —aunque no por ello menos efectivo—, su sensibilidad y su creatividad, disfrutarán de sobrado potencial no sólo para motivarles sino para maravillarles e inspirarles por igual.

25 de julio

El nacimiento
de la intención pura

Su mayor reto es

Aprender a gustarse

El camino a seguir es...

Entender que los seres humanos no son perfectos y que tener debilidades no es un problema. A veces es necesario cometer errores para mejorar.

Los nacidos el 25 de julio se mueven por un deseo apasionado de hacer realidad sus ideales progresistas. Sean cuales sean sus motivaciones —el reconocimiento profesional o la acumulación de riquezas—, siempre tratarán de hacer lo correcto y sus actos estarán gobernados por un código personal de conducta que prohíbe cualquier cosa que pueda perjudicar al prójimo.

Son personas dotadas con un código de honor o un sistema de valores perfectamente arraigado. Estos principios les proporcionan un sentido vital claro y para ellos son mucho más importantes que el éxito. Están más interesados en las razones del comportamiento humano que en sus consecuencias, siendo así que ganar o perder significa menos que conceptos como la disciplina, la integridad y la sinceridad. Quienes están más orientados al éxito pueden interpretar este enfoque como una limitación, si bien para la gente que nació este día resulta liberador toda vez que significa que ninguna experiencia, aun el fracaso, es en vano.

Con tanto que enseñar a los demás, estos individuos poseen el potencial para erigirse en brillantes ejemplos de integridad y madurez, pero curiosamente en general no suelen exigir el mismo grado de honestidad y compromiso por parte de los demás. Esto responde a que la integridad personal es la fuerza que guía su vida y consideran que esto debería ser extrapolable a todo el mundo. Por desgracia, este enfoque vital puede resultar un tanto ingenuo y con relativa frecuencia se sienten decepcionados por el comportamiento ajeno.

Cumplidos los veintiocho años de edad, es probable que desarrollen su capacidad de análisis y se vuelvan más pragmáticos, eficientes y reflexivos. Es importante que durante este periodo no adopten un enfoque demasiado perfeccionista, dado que bloqueará su creatividad. De hecho, a lo largo de toda su vida es necesario que sean menos duros consigo mismos porque si aprenden a aceptarse descubrirán que no sólo gracias a su integridad disfrutan del afecto de la gente. La creatividad, el encanto y su devoción insobornable a una visión progresista de la existencia tienen mucho que ver en ello.

En contra
autocríticos, esforzados, ingenuos

A favor
Nobles, dignos, cálidos

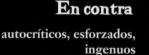

26 de julio

El nacimiento de autoafirmación

Las personas que nacieron el 26 de julio suelen ser individuos fuertes y encantadores con una insobornable fe en sus capacidades. No suelen dudar de su capacidad para evaluar las situaciones y juzgar a las personas, y suelen prodigarse en opiniones que esperan que los demás compartan como si fuesen hechos probados.

Los demás escuchan cuando estas personalidades firmes y dominantes tienen algo que decir, básicamente porque les rodea un halo de autoridad y veteranía que les granjea la admiración y el respeto de su entorno. No suelen especular alegremente y sin sentido sobre una amplia variedad de temas; antes bien reservan sus energías para concentrarse en un interés o tema en particular que conocen bien y sobre el cual, precisamente por eso, pueden expresarse con autoridad. No creen en la verdad fabricada, siendo así que los demás pueden estar seguros de que todo lo que dicen es honesto y responde a la pura verdad, por doloroso que pueda resultar.

Asimismo, en ocasiones pueden exhibir una gran lucidez, que puede reflejarse en una apariencia humorística que les sirve para expresar su profunda sabiduría bajo maneras bufonescas. Tales son su astucia, su ingenio y la profundidad de sus afirmaciones que algunas veces los demás los ponen en un pedestal, una posición en la que, en la mayoría de los casos, estos individuos se sentirán muy cómodos. Desafortunadamente, su estatus elevado tiene un precio: la pérdida de su espontaneidad y la conexión con sus sentimientos, cosa que los aislará del grupo cuyo afecto, respeto y admiración desean.

A partir de los veintisiete años de edad, se incrementará su deseo de alcanzar una vida más práctica y ordenada, de mayor eficiencia y análisis. En años sucesivos para su crecimiento psicológico será importante que no se confíen en exceso y sean más sensibles no sólo a sus propios sentimientos sino también a los ajenos. Así, una vez que acepten que forman parte del mundo y que no están fuera de él, y que los demás tienen sentimientos al igual que ellos, podrán usar su inteligencia, su perspicacia y su pasión para formular brillantes estrategias de éxito en todos los aspectos de su vida.

317

27 de julio

El cumpleaños del director

Las personas que nacieron el 27 de julio cuentan con una energía, una pasión y una autoridad extraordinarias, así como con dotes organizativas y un gran sentido práctico. Una formidable combinación que los suele situar en el eje alrededor del cual giran todas las cosas. De hecho, estos individuos dinámicos ejercen como organizadores, gestores o directores de grupos de personas.

Son excelentes directivos capaces de tener una visión panorámica de las cosas, muy necesaria para alcanzar el éxito, y de diseñar las estrategias que lo hacen posible. El deseo de progreso los motiva, y rara vez hacen las cosas a medias. Muy al contrario, por lo general se dedican en cuerpo y alma a la consecución de sus metas personales y profesionales. Tan poderoso y autoritario suele ser su estilo que los demás podrían malinterpretarles, asumiendo que son tan duros y despiadados como parecen.

Lo cierto es que bajo esta apariencia subyace un individuo bastante vulnerable que tiene dificultades para tomar las decisiones que atañen a su propia persona. Mientras que son magníficos a la hora de decidir qué es lo más conveniente para el grupo, cuando se trata de sí mismos pueden ser increíblemente indecisos y vacilantes. A modo de ejemplo: pueden aconsejar a otros cuál es la mejor estrategia a seguir en su carrera profesional al tiempo que son incapaces de dirigir la suya.

Al cumplir los veintiséis años de edad, lo habitual es que se vuelvan más analíticos, prácticos y eficientes. Es importante que se aseguren de canalizar este énfasis de manera positiva y que no pierdan el tiempo con temas laborales que no merecen la pena o con un estilo de vida que les perjudica o que no les sirve para exprimir su potencial creativo. Son líderes naturales y los demás suelen seguir sus indicaciones. Ahora bien, para su crecimiento psicológico y su plenitud emocional es necesario que concentren sus energías en tomar las decisiones correctas para su vida. Con una pizca de honestidad y una mayor conciencia de su persona, podrán discurrir ideas originales y, gracias a su creatividad, su determinación y su visión clara, estos individuos lograrán transformar sus ideas en realidades tangibles que garantizarán su éxito, tanto personal como profesionalmente.

En contra

Inseguros, distantes, perezosos

A favor

Autoritarios, generosos, con confianza en sus capacidades

28 de julio

El nacimiento del espíritu independiente

Su mayor reto es

Pedir ayuda a los demás

El camino a seguir es...

Entender que trabajar en equipo en pos de un objetivo no debilita su posición, sino que la fortalece.

Las personas que nacieron el 28 de julio son personas radicalmente competitivas e independientes. Les encanta trabajar por su cuenta y aunque tienen excelentes habilidades para la comunicación prefieren predicar con el ejemplo antes que con palabras vacías. Les gusta probarse con desafíos complejos y su afán de éxito es tan poderoso que les resulta prácticamente imposible admitir la derrota.

En un primer momento, este afán de lograr el éxito a cualquier precio parece ser la característica dominante en estos individuos, pero tras un análisis más exhaustivo resulta que esta vena competitiva responde a su deseo de ser independientes. Desde muy temprana edad este espíritu independiente se ha manifestado en la forma de rechazo a la autoridad e inconformismo. Y durante toda su vida valorarán la independencia de acción y de pensamiento por encima de todas las cosas.

Esta seguridad suele causar la admiración de los demás y, si bien puede ayudarles a conseguir grandes cosas, también puede reportarles soledad y, en última instancia, una honda desilusión. Esto se debe a que la admiración que estas personas se ganan gracias al coraje, la seguridad en sus capacidades y su actitud pionera no es más que admiración, siendo así que lo que más quieren es el afecto de los demás. Esta carencia responde a una sola razón: el enfoque combativo y tan independiente que usan para afrontar la vida servirá, en la mayoría de los casos, para distanciarles de los demás y no para impresionarles, por cuanto generalmente se les percibirá como individuos desconsiderados o egoístas. Y esto es injusto porque, en su mayoría, son personas amables, generosas, intuitivas y muy afectuosas. Pero mientras no logren establecer vínculos emocionales duraderos con los demás, es posible que el potencial y la creatividad de su personalidad sean malinterpretados.

Por suerte, a partir de los veinticinco años de edad disfrutarán de oportunidades para ser más prácticos, selectivos y reflexivos en el uso de su tiempo y su energía, así como con la imagen que presentan ante los demás. Si logran aprovechar estas oportunidades para demostrar que son personas modestas, consideradas y generosas, gozarán de la popularidad y el reconocimiento sincero que necesitan para disfrutar profundamente de sus indudables talentos y de su aparentemente ilimitado afán de triunfo.

En contra
Insensibles, desapegados, egoístas

A favor
Resueltos, independientes, dinámicos

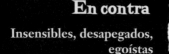

29 de julio

El nacimiento del líder partisano

Las personas que nacieron el 29 de julio tienden a ser energéticas y positivas, y trabajan para que su comunidad alcance un mayor grado de conciencia. Su ambición no está tan dirigida hacia su éxito personal como hacia todo aquello que pueda beneficiar al colectivo social al que pertenecen, ya sea su familia, la comunidad de su barrio, sus compañeros de trabajo, su país o el mundo en su totalidad.

En el seno de su grupo social, estos individuos suelen ocupar posiciones de liderazgo y, puesto que poseen una voluntad de hierro y unos objetivos muy claros, así como el talento organizativo necesario para motivar a los demás, pueden ser tremendamente inspiradores. Su disposición a asumir responsabilidades en nombre de la gente, combinada con su generosidad, lealtad y orgullo característicos, generalmente les granjea el afecto, el respeto y la gratitud de los demás.

Aunque su dedicación y su compromiso con el colectivo social al que pertenecen son dignos de admiración, esta intensa desviación hacia lo comunitario no les deja mucho espacio para sus seres queridos, tales como sus parejas o familiares, ni para cultivar sus propios intereses. Esto es un tanto irónico considerando que, en la mayoría de los casos, nada les gusta más que fomentar la independencia de los demás, aun cuando esta independencia deba enmarcarse dentro de una cierta conciencia colectiva.

Para su propio desarrollo psicológico es importante que se dediquen tiempo, especialmente entre los veinticuatro y los cincuenta y cuatro años de edad, un periodo durante el cual adquieren un enfoque más práctico y analítico, toad vez que priorizan el deseo de ayudar a sus semejantes. Será en estos años cuando hagan las mayores aportaciones a su comunidad o incluso a la humanidad en su conjunto. Ahora bien, tienen que asegurarse de no descuidar sus necesidades y ambiciones personales, por considerarlas menos importantes que las colectivas. Así las cosas, si demuestran a los demás que el colectivo apoya su individualidad y no la reprime, podrán defender los intereses comunes de una manera tan poderosa como liberadora.

30 de julio

El nacimiento
del explorador vigoroso

Los nacidos el 30 de julio tienden a ser personas prácticas y con los pies en el suelo. Se fijan metas materiales muy ambiciosas y les encanta explorar el mundo físico en todas sus facetas. Vigorosas y sensuales, suelen sentirse a gusto con su cuerpo y en su carrera profesional, y sus modos seguros y decididos les llevan hasta lo más alto. El dinero y el estatus, así como todos los privilegios y los placeres que comportan, son de gran importancia para estos individuos.

Aunque los amigos y la familia ocuparán un lugar secundario con respecto a sus objetivos materiales, estos individuos establecen relaciones personales caracterizadas por la ecuanimidad y la preocupación por el bienestar físico y emocional de sus allegados y seres queridos. Obran con justicia y observan un estricto código ético, por lo que rara vez faltan a su palabra. No les gustan los juegos y son muy generosos con sus bienes materiales. De hecho, una de las razones por las que dedican tanta energía a incrementar su poder adquisitivo y su patrimonio es que disfrutan enormemente cuando pueden ofrecer apoyo material a las personas de su entorno.

A pesar de su moralidad, fiabilidad y generosidad, el ambicioso enfoque con que persiguen sus metas propicia que desestimen la importancia de la realización espiritual y emocional. A menos que aprendan a cultivar una afición o un interés beneficioso para su crecimiento psicológico, todas las victorias que consigan en el plano material les parecerán extrañamente huecas. Entre los veintitrés y los cincuenta y tres años de edad ponen el acento sobre las cuestiones prácticas y, dado que ésa es su inclinación natural, es crucial que intenten ver más allá de ese mundo material que tanto adoran. Cumplidos los cincuenta y cuatro, alcanzan un punto de inflexión que enfatiza su creciente necesidad de establecer relaciones íntimas satisfactorias, de plasmar su creatividad y de realzar la armonía.

Por encima de todo, a estos individuos vigorosos les motiva el deseo que progresar en la vida de la manera más concreta posible, y no cabe duda de que poseen la determinación y la estrella que necesitan para triunfar. No obstante, en su camino hacia el éxito serán mucho más felices y se sentirán mucho más llenos si aprenden a valorar efectivamente aquellas cosas de la vida que el dinero no puede comprar.

31 de julio

El nacimiento del artista descriptivo

Las personas que nacieron el 31 de julio son elocuentes observadores de la condición humana. Siempre parecen estar investigando o escarbando en busca de información, y poseen la capacidad de describir las situaciones y a la gente con perspicacia y una precisión remarcable.

Nada parece escapar a su atención, ni siquiera sus propios errores, que tratan de corregir rápidamente. Sus habilidades para la comunicación son realmente asombrosas. Sus observaciones son acertadas y suelen envolverlas con un fino sentido del humor. Aquellas personas nacidas en esta fecha que se sienten menos cómodas en la interacción social suelen optar por la escritura, la música o las artes visuales para hacer su contribución al mundo, pero, se conviertan o no en artistas, casi siempre poseen un sentido estético muy desarrollado y disfrutan rodeándose con objetos hermosos y gente atractiva.

Su fuerte deseo de explorar, describir y a veces idolatrar algunos aspectos de la existencia humana, combinado con su pensamiento lógico, su tenacidad y su devoción al trabajo, nos indican que son personas con un enorme potencial para hacer grandes aportaciones al conocimiento de la humanidad. Sin embargo, no suelen permitir que sus observaciones les aíslen del mundo que les rodea. Consecuentemente, si en efecto logran un resultado descollante, estarán deseosos de compartir sus pensamientos y sus triunfos.

El trabajo es muy importante para estos individuos; tanto así que en algunos casos pueden entregarse a él de tal forma que dispondrán de poco tiempo que dedicar a sus familiares y amigos. Para sentirse satisfechos en el plano emocional, es necesario que encuentren un equilibrio entre su vida laboral y su vida personal. También necesitan controlar su tendencia al pensamiento negativo. Sus observaciones de la realidad más cruda y tormentosa de la vida pueden conducirles al pesimismo. Lógicamente, tendrán que cerciorarse de que esto no se transforme en una fuerza destructiva, especialmente entre los veintidós y los cincuenta y dos años de edad, cuando ponen un mayor énfasis en los aspectos prácticos y realistas de la vida. No obstante, si logran preservar su espíritu generoso con pensamientos alegres y con su compasión característica, podrán transformar en realidad sus elevados ideales de belleza y plenitud emocional.

En contra

Obsesionados con el trabajo, ansiosos, desapegados

A favor

Estructurados, artísticos, trabajadores

1 de agosto

El nacimiento de la independencia

De pensamiento y conducta independientes, las personas que nacieron el 1 de agosto suelen hablar apasionadamente de sus creencias y, cuando reciben críticas, sufren decepciones o enfrentan adversidades, rara vez abandonan sus principios. Puesto que tienen dificultades para trabajar de manera subordinada, son individuos con madera de líderes y plenamente capaces de funcionar independientemente.

Siempre que vean oportunidades de crecimiento o mejora, no dudarán en aprovecharlas. Como son autosuficientes, viven en la esperanza de que los demás descubran la sabiduría que encierran sus ideas si bien nunca impondrán sus puntos de vista, toda vez que consideran que las personas tienen que estar preparadas para oír la verdad. Así las cosas, tratarán de influir sutilmente en las personas con su excelente —aunque a veces oscuro— sentido del humor, así como con sus comentarios, que suelen ser tan despiadados como precisos.

Las personas que nacieron este día premian la autosuficiencia por encima de cualquiera otra virtud y, aunque es cierto que esto puede ayudarles a progresar en combinación con su energía y sus habilidades organizativas, también puede ser una fuente de infelicidad. Sin ir más lejos, podrían desligarse del amor y del apoyo de los demás, una tendencia que hará que se sientan emocionalmente aislados, y que será dolorosa para cuantos estén dispuestos a brindarles ayuda. Igualmente, pueden llevar su independencia al extremo de la testarudez y la inflexibilidad respecto de sus creencias. Esto puede impedir su crecimiento psicológico y minimizar sus posibilidades de alcanzar el éxito.

Por ende, es de vital importancia que aprendan a comprometerse y que sean conscientes de los efectos negativos que su intensidad causa en las personas de su entorno. Entre los veintiún y los cincuenta y un años de edad, se internarán en un periodo de mayor énfasis en el trabajo, la eficiencia y el orden. En esta fase desarrollarán una mayor conciencia de las cuestiones prácticas de la vida. Con independencia de su edad, si logran reconocer la necesidad de ser menos desapegados y más sensibles a las necesidades de los demás, para así comprometerse de manera sana, estos individualistas radicales se sorprenderán y sorprenderán a sus semejantes con destellos de auténtica creatividad inspirada.

En contra
Desapegados, inflexibles, difíciles

A favor
Independientes, originales, influyentes

2 de agosto

El nacimiento de la claridad extrema

Las personas que nacieron el 2 de agosto tienden a ser directas. Poseen una visión clara de la realidad y esto les permite identificar sus objetivos vitales y dirigir su poderosa energía, su tenacidad y sus habilidades organizativas hacia su realización. En estas personas lo que se ve es lo que hay, ni más ni menos. Desarrollar sus talentos y ser respetados es mucho más importante que gustar a los demás.

A menudo se muestran extremadamente seguros de sus capacidades para alcanzar sus objetivos profesionales y rara vez se desviarán del camino. Su confianza es el resultado de su capacidad para evaluar de manera realista sus habilidades, fortalezas y debilidades. Y puesto que muy rara vez se fijan metas inalcanzables, lo más probable es que las alcancen. Algunas veces, en su camino hacia el éxito, puede parecer que han variado el rumbo, lo cual les granjea una reputación de personas camaleónicas, pero esto no hace sino demostrar su flexibilidad y creatividad características. Nunca pierden de vista sus objetivos y se limitan a experimentar diferentes maneras de alcanzarlos.

Pese a su resistencia y su determinación, las personas más sensibles entre las nacidas este día pueden sentirse dolidas por las críticas de los demás, aunque no es probable que lo demuestren. De naturaleza inconformista y visión clara, algunas veces pueden tratar con dureza a las personas de su entorno. De hecho, tienen que ser extremadamente cuidadosos para que la coraza que les protege no endurezca también su actitud frente a la vida. Afortunadamente, entre los veintidós y los cincuenta y dos años de edad, aunque ponen énfasis en el orden, el análisis, la eficiencia y la lógica, también pueden sentir una necesidad de introspección más acusada. Si utilizan esta oportunidad para entrar en contacto con sus sentimientos y con los sentimientos de los demás, su calidad de vida mejorará de manera ostensible.

Dotados con una fuerte personalidad, una visión clara de las cosas y una manera única de encarar la vida, estos individuos tienen un enorme potencial. Siempre y cuando procuren no perder contacto con la intuición y su sensibilidad, la felicidad y el éxito estarán garantizados.

En contra

Reacios al compromiso, egoístas, despiadados

A favor

Centrados, versátiles, decididos

3 de agosto

El nacimiento del rescatador heroico

Las personas que nacieron el 3 de agosto son tremendamente energéticas. Son individuos espoleados por una constante necesidad de emociones, por la estimulación que deriva de probar sus capacidades enfrentando retos imposibles, y por el deseo de obtener la admiración y el respeto de los demás. Por si esto fuera poco, también les anima un deseo incontenible de ejercer el rol del rescatador heroico.

Su compulsión aventurera y su instinto heroico les empujan a proteger y rescatar a los demás. Esto puede hacer que actúen impulsivamente y vivan situaciones peligrosas, pero también les sirve para aprovechar las oportunidades cuando otros esperan y dudan. En términos generales, estos individuos creen que su capacidad para superar el riesgo y la incertidumbre les proporciona el derecho a entrometerse en los problemas ajenos y ofrecer su ayuda, apoyo y opinión. Y no siempre es así. Aunque es cierto que sus amigos y colegas de profesión valoran su lealtad y su disposición a prestar ayuda, su necesidad constante de dar consejos puede agotarles. Así pues, estos individuos necesitan ser más pacientes y dar libertad a los demás para que cometan sus propios errores y aprendan de la experiencia.

Otro de los peligros que corren las personas nacidas en esta fecha es su susceptibilidad a los halagos y las alabanzas, puesto que podría distorsionar la percepción de su valía, aislándoles de los demás y de la realidad. A partir de los diecinueve años de edad, sienten un mayor deseo de orden, eficiencia y análisis en las cuestiones prácticas de la vida. En algunos casos podrían notar que su necesidad de buscar el peligro y las emociones fuertes se atenúa con el paso de los años. Cumplidos los cuarenta y nueve años, su vida experimenta un giro y se concentran en el establecimiento de relaciones personales satisfactorias y en el desarrollo de la creatividad.

No obstante, tengan la edad que tengan, siempre se imaginarán rescatando o inspirando a los demás con sus hazañas heroicas. Si logran establecer un equilibrio entre la realidad y sus fantasías —de manera tal que éstas no les pongan en peligro sin razón que lo justifique o decidan rescatar a quien no quiere ser rescatado— serán capaces de inspirar e impresionar a todo su entorno gracias a su valentía y sus destellos de lucidez.

4 de agosto

El nacimiento del rebelde

Los nacidos el 4 de agosto son espíritus libres y rebeldes que siempre optan por el camino menos transitado, aun cuando el camino más frecuentado no tenga nada de malo. Su recurrente rechazo a las limitaciones de cualquier naturaleza, combinado con su odio a la complacencia y a la aceptación irreflexiva del *status quo*, a menudo hace que se comporten, actúen o se vistan de manera un tanto perversa o que defiendan posiciones escasamente convencionales.

Son personas inteligentes, compasivas y con una fuerza de voluntad encomiable, siendo así que su resistencia a las limitaciones les proporciona un enorme potencial para la radicalidad y la innovación. Cuando canalizan sus energías positivamente disfrutan de la capacidad para iluminar y alegrar a los demás. Ahora bien, los demás tendrían que cuidarse de no amenazar esta necesidad de independencia dado que la libertad de pensamiento es de suma importancia para ellos. Tal es su aversión a someterse a la autoridad o a las directrices de los demás que desde muy temprana edad pueden rechazar algunos ofrecimientos de ayuda bien intencionados, básicamente por temor a que bajo su aparente amabilidad se escondan algunas motivaciones siniestras. Llevado al extremo, esto puede hacerles ferozmente independientes al tiempo que condenarles a la más absoluta soledad.

Es muy probable que desde la infancia las personas que nacieron este día disfruten siendo el centro de todas las miradas. Sin embargo, a los dieciocho años de edad se adentran en un periodo de treinta años durante el cual gozarán de sobradas oportunidades para volverse más escrupulosos, reflexivos, selectivos y eficientes en su entorno laboral. Es necesario que aprovechen estas oportunidades para aprender el arte de la diplomacia y el compromiso, porque esto facilitará su vida en gran medida.

Cumplidos los cuarenta y ocho años, alcanzarán otro punto de inflexión y pondrán el acento sobre las relaciones y el cultivo de la creatividad. Si a lo largo de toda su vida aprenden a distinguir entre la independencia y el comportamiento autosaboteador —ser perverso por el mero hecho de serlo—, descubrirán que en lugar de sentirse solos y ser malinterpretados, disfrutarán de un inmenso potencial para erigirse en unos rebeldes responsables capaces de inspirar a los demás y de proporcionarles orientación y guía con una lucidez verdaderamente excepcional.

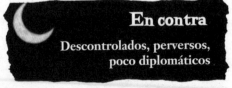

En contra
Descontrolados, perversos, poco diplomáticos

A favor
Originales, valientes, sorprendentes

5 de agosto

El nacimiento de la determinación de acero

El enfoque y la determinación de acero que caracterizan a las personas nacidas el 5 de agosto, combinados con su capacidad para mantener la calma, inspiran la admiración de sus semejantes. Esto suele transformarse en asombro cuando sus muy arraigadas metas vitales, su llamativa originalidad y su increíble energía conspiran para que alcancen sus objetivos.

Son personas con grandes sueños, pero lo que verdaderamente hace que destaquen sobre el resto es que están dispuestas a no escatimar esfuerzos para hacer realidad sus sueños. Cuando están en su mejor momento se muestran naturalmente optimistas y, aunque su total falta de prudencia pueda ocasionarles algún problema, no tendrán problemas para correr riesgos calculados o hacer apuestas contra todo pronóstico. No debe sorprender, por tanto, que sus fijaciones pongan a los demás en su contra, si bien las críticas rara vez consiguen disuadirles; antes bien les insuflan energía y les espolean a demostrar que todos se equivocan.

Poseen un enorme potencial para triunfar en todas las esferas de su vida. Ahora bien, las más de las veces bajo esta disciplina impresionante se esconden emociones muy poderosas e intensas que, en caso de llevarles la contraria, podrían estallar dando lugar a brotes de ira verdaderamente dramáticos. Su volatilidad característica puede irritar a las personas de su entorno; por ello, es importante que sean más delicados consigo mismos y con los demás.

A partir de los diecisiete años, y durante los treinta años siguientes, estos individuos sienten una mayor necesidad de estabilidad y orden práctico en su vida. Se sentirán más inclinados a analizar las cosas con un enfoque pragmático y a reformar muchos aspectos de su vida. En estos años la clave de su éxito radica en que sepan flexibilizar las expectativas que ponen en sí mismas y en sus semejantes. Cumplidos los cuarenta y siete años, su vida experimenta un giro del que salen más conscientes del valor de las relaciones, la creatividad y la armonía. A lo largo de toda su vida es importante que estas personalidades fuertes y decididas aprendan a confiar y a no reprimir sus sentimientos. Escuchar los consejos de su intuición les ayudará a fortalecer su confianza y la fe que necesitan para hacer realidad sus sueños inspirados.

Su mayor reto es

Controlar su temperamento

El camino a seguir es...

Entender el daño que pueden causar sus pérdidas de control, y recordar que es usted quien controla sus sentimientos y no lo contrario.

En contra
Insensibles, volátiles, duros

A favor
Decididos, optimistas, originales

6 de agosto

El nacimiento
de las grandes expectativas

Las personas que nacieron el 6 de agosto sienten pasión por la vida, especialmente por las cosas poco comunes y excitantes. Su fascinación por lo único les anima a buscar lo extraordinario y atrae un sinfín de experiencias interesantes.

Estos individuos trabajan muy duro y apuestan fuerte. Les encantan los grandes proyectos y las empresas megalómanas. Si logran preservar su capacidad de decisión y su independencia, tan importantes para ellos, su mente aguda, su capacidad para actuar con decisión y su determinación inquebrantable garantizarán su éxito profesional sea cual sea el campo al que decidan entregarse con toda su energía prodigiosa. En su vida privada entienden la importancia de establecer vínculos sólidos con sus amigos y seres queridos, pero en la práctica les resulta difícil compatibilizar su entrega a la vida laboral con los esfuerzos necesarios para construir una vida personal plena.

La necesidad de participar plenamente en todas las áreas que componen su vida puede impedir que gestionen satisfactoriamente los aspectos cotidianos de la vida. Esto se debe, sean más o menos conscientes de ello, a que siempre están buscando lo extraordinario. Cuando la vida no satisface sus elevadas expectativas, pueden tornarse inestables, así como experimentar el desaliento y variaciones en sus estados de ánimo. La clave de su felicidad y su éxito radica en que sean capaces de encontrar maneras de combinar su pasión por lo singular y lo inusual con las rutinas propias de la cotidianidad.

A partir de los dieciséis años y durante los treinta años siguientes, estos individuos ponen un mayor énfasis en la resolución de los problemas prácticos, pudiendo volverse más selectivos en el uso de su tiempo y energía. Se produce otro punto de inflexión después de cumplir los cuarenta y seis, cuando pueden concentrarse en las relaciones personales y en la oportunidad para desarrollar un talento artístico, musical, literario o creativo latente. A decir verdad, es en el campo de la expresión creativa donde finalmente encontrarán la satisfacción que tanto han buscado, puesto que les brindará la oportunidad de descubrir que en las cosas más cotidianas es posible hallar lo extraordinario y vivir la fantasía.

En contra
Temerarios, obsesivos, dispersos

A favor
Excitantes, creativos, ambiciosos

7 de agosto

El nacimiento del visionario encubierto

Su mayor reto es

Expresar sus verdaderos sentimientos

El camino a seguir es…

Entender que, al contrario que usted, la mayoría de las personas no puede leer la mente, por lo que a veces es necesario declarar claramente sus intenciones.

Las personas que nacieron el 7 de agosto tienen una personalidad fascinante y poliédrica dotada con talentos ocultos. Tanto así que en ocasiones ellos mismos se sabotean e intentan ocultarlos. Su naturaleza hermética les permite sorprender a la gente con repentinos e inesperados destellos de lucidez, con aportaciones o logros deslumbrantes.

Sienten una especial predilección por todo lo secreto o desconocido, siendo así que su vida es un fiel reflejo de esta inclinación. Estos individuos no sólo disfrutan desentrañando enigmas —suelen ser aficionados a las novelas de misterio—, sino que en su persona siempre hay algo de secreto, misterioso o enigmático. Incluso sus amigos íntimos tienen dificultades para conocerles bien. Aunque son sociables, ingeniosos y encantadores, tienden a recluirse en el mundo de sus fantasías y sentimientos más íntimos, que rara vez comparten con otras personas. Llevado al extremo, esto puede hacer que se vuelvan retraídos o antisociales, si bien lo más común es que se comprometan y asuman su personalidad extravertida y confiada al tiempo que disfrutan de una vida interior rica en matices.

Cumplidos los quince años, lo más probable es que sientan una mayor necesidad de ordenar su vida cotidiana con un enfoque más práctico, siendo así que durante los treinta años siguientes serán más analíticos y buscarán maneras de reestructurar y mejorar sus vidas. Deberían aprovechar esta oportunidad para encontrar una forma de integrar su personalidad oculta en su vida social. También necesitan evitar el letargo y el inmovilismo, y no deben encerrarse en sí mismos, ni acomodarse en una rutina que no les plantee desafíos, ya que no podrán desarrollar todo su potencial. Cumplidos los cuarenta y cinco años, alcanzan un punto de inflexión significativo del que salen con una visión clara de la importancia de las relaciones personales, la creatividad y la armonía. Será en estos años cuando logren abrirse a los demás y expresar sus sentimientos.

En cualquier caso, cuanto antes se sientan seguros para abrirse al mundo, mejor. Dicho con otras palabras: nadie debería subestimar a estos individuos, sobre todo por su originalidad, tan oculta como potencialmente brillante, su creatividad y su poderoso intelecto.

En contra
Retraídos, reprimidos, inseguros

A favor
Encantadores, inteligentes, lúcidos

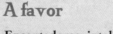

8 de agosto

El nacimiento
de la versatilidad

A ojos de los demás, las personas que nacieron el 8 de agosto alcanzan el éxito con facilidad porque parecen naturalmente dotados casi para cualquier cosa. Sin embargo, su éxito es el resultado de un intelecto portentoso y una ética estricta aplicada al trabajo. También es consecuencia de su versatilidad excepcional y su capacidad para aprender nuevas habilidades desde cero.

Aunque son versátiles y probablemente probarán muchas profesiones en el transcurso de su vida, no son individuos de naturaleza voluble. De hecho, es más bien al contrario: cuando se comprometen con un proyecto su implicación es intensa y su disciplina inspira a los demás. Simplemente ocurre que cuando han aprendido todo lo que a su juicio tenían que aprender, u obtenido el reconocimiento que a su juicio merecen, prefieren dejarlo todo y salir en busca de nuevos desafíos, aun cuando éstos no tengan absolutamente nada que ver con el proyecto anterior. Esta capacidad para variar el rumbo e implicarse en proyectos muy disímiles confunde tanto como sorprende, especialmente cuando el cambio se produce en lo que parece ser el cenit de su éxito.

Hasta los cuarenta y cuatro años de edad, estos individuos ponen énfasis en el orden, la resolución de problemas prácticos y en ser más selectivos en el uso de su tiempo y su energía. Durante este periodo es particularmente importante que su versatilidad no les haga tomar decisiones profesionales poco realistas o simplemente desacertadas. Cumplidos los cuarenta y cuatro, en su vida se produce un giro que estimula su necesidad de equilibrio y armonía, al tiempo que subraya la importancia de las asociaciones y las relaciones personales en general.

En estos años será de vital trascendencia que se desarrollen emocionalmente y encuentren maneras de dejar el sello de su individualidad en el mundo que les rodea. Dicho esto, es necesario que no supriman su versatilidad característica porque, una vez que encuentren una causa que les motive, su amor por la diversidad y los desafíos seguirá siendo la clave de su éxito.

En contra
Poco realistas, perfeccionistas,
inconscientes

A favor
Versátiles, energéticos,
talentosos

9 de agosto

El cumpleaños del mentor

Las personas que nacieron el 9 de agosto son dinámicas y cuentan con una gran determinación. Su presencia inspira autoridad y los demás suelen acudir a ellas en busca de consejo. Aunque son extremadamente ambiciosas también pueden ser pacientes e inspiradoras, cosa que las convierte en excelentes mentores de cuantos desean aprender de su experiencia.

Nada les hace más felices que la posibilidad de orientar y dar consejo a los demás. Si se sienten cualificados para ejercer el rol de mentor es porque conocen la psicología humana y todo lo que motiva y desmotiva a sus semejantes. Siempre tienen ideas que aplicar a los demás para que su vida mejore o sea más deleitable, y son extremadamente generosos cuando se trata de brindar apoyo o consejo. En todo caso, puesto que les encanta que la gente les admire y les consulte cuando tiene que tomar decisiones, les molesta sobremanera que los demás les ignoren, o que ejerzan su independencia y obren según su propio criterio. Para su crecimiento psicológico es extremadamente importante que los nacidos este día se cercioren de que su preocupación por los demás es genuina y no responde al afán de controlarles.

Hasta los cuarenta y tres años de edad, estos individuos gozarán de sobradas oportunidades para ser más conscientes, selectivos y eficientes en el entorno laboral. Durante estos años es necesario que tengan especial cuidado y no permitan que sus tendencias controladoras ejerzan una influencia poco saludable en las vidas de los demás. Aprender a escuchar y entender las cosas desde el punto de vista ajeno les ayudará en gran medida. Cumplidos los cuarenta y cuatro años, alcanzan un punto de inflexión que concentra su atención en las asociaciones y las relaciones personales, siendo así que después de los setenta experimentarán una profunda transformación emocional.

Sea como fuere y tengan la edad que tengan, si estos individuos sabios y generosos superan su necesidad de decir a los demás lo que deben hacer y deciden escuchar lo que dice su interior, disfrutarán de sobrado potencial no sólo para ejercer como mentores, sino para erigirse en un modelo vivo de creatividad, confianza, encanto y éxito.

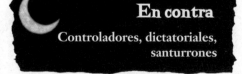

En contra

Controladores, dictatoriales, santurrones

A favor

Autoritarios, influyentes, lúcidos

10 de agosto

El nacimiento
del encanto expresivo

A las personas que nacieron el 10 de agosto nada les gusta más que complacer a los demás y ganarse su aprobación. Como resultado de ello, pueden ser muy respetados y admirados, tanto en casa como en el trabajo. Entienden la importancia de la comunicación y utilizan su impresionante facilidad de palabra para persuadir a los demás y ejercer su influencia. De hecho, la imagen encantadora y vigorosa que proyectan suele estar construida con el único propósito de complacer y causar una buena impresión en las personas de su entorno.

Son individuos que quieren comunicar sus ideas a tantas personas como sea posible. Puesto que su máximo deseo es ser útiles a los demás, sus ideas suelen ser tan progresistas como originales. Una vez que estén convencidos de los méritos de un proyecto, se entregarán a él con tenacidad y valentía. Tan decididos están a hacerse oír y a captar la atención de los demás, que resulta difícil ignorarles.

No obstante, dado que priorizan la opinión que los otros puedan tener de ellos, lo más habitual es que muestren una cara alegre al mundo independientemente de cómo se sientan. Esto les granjea una enorme popularidad, pero también impide que su entorno conozca a la persona que se oculta tras la máscara. Dedican escaso tiempo a conocerse y a dilucidar lo que verdaderamente esperan de la vida. En consecuencia, no es extraño que su inconsciencia le anime a fijarse metas irreales o que esperen demasiado de sí mismos.

Hasta los cuarenta y dos años de edad podrán mucho énfasis en el orden, el trabajo y la eficiencia en general. Es en este periodo cuando concentran su atención en conseguir la aprobación y el aprecio de los demás y, por este motivo, sufrirán mucho cuando tengan que enfrentarse al rechazo o las adversidades. Descubrir sus fortalezas y sus debilidades les servirá para ganar resistencia y confianza en sus capacidades. Cumplidos los cuarenta y tres años, estos individuos alcanzan un punto de inflexión y ponen más énfasis en la creatividad y las relaciones personales. Si logran abrirse emocionalmente, será en estos años cuando logren desarrollar la convicción y la seguridad necesarias para cerciorarse de que su mensaje se convierta en un instrumento de progreso efectivo.

En contra
Inconscientes, vulnerables, confusos

A favor
Encantadores, convincentes, atractivos

11 de agosto

El nacimiento del comentarista

Las personas que nacieron el 11 de agosto son observadores astutos de la realidad y unos comunicadores excelentes animados por un deseo de contar la verdad, exponer sus conocimientos o desvelar las piezas de información que permanecen ocultas. Sea cual sea la situación en que se encuentren, sea en el hogar o en el trabajo, tienen la capacidad de distinguir el polvo de la paja y dirigirse al fondo de la cuestión.

Esta gente busca, ante todo, la claridad, y por ello detecta rápidamente la manipulación y los comportamientos dudosos en las personas de su entorno. No temen enfrentarse a los demás con su versión de la verdad, por muy dolorosa que pueda ser. De hecho, nada les reporta más satisfacción que revelar sus descubrimientos, por lo que no es de extrañar que disfruten siendo el centro de atención de su público. Tampoco sorprende que en ocasiones se muestren muy duros o críticos, una actitud que puede distanciarles de los demás. No obstante, se deshacen en elogios a las personas que les inspiran respeto o en quienes reconocen virtudes, un rasgo de su personalidad que les sirve para ganarse numerosos admiradores.

La capacidad para observar con lucidez la realidad de las cosas, combinada con sus muchos recursos, su determinación y su coraje, les augura grandes éxitos. Ahora bien, su gusto por sacar a relucir la hipocresía en cualquiera de sus formas, por refrescante que sea, puede provocar conflictos con quienes quieren preservar el *status quo*. Además, su incapacidad manifiesta para aceptar a la gente por lo que es, puede ser fuente de problemas en sus relaciones personales. Hasta los cuarenta y un años de edad, su vida se caracteriza por un énfasis en todo lo práctico y eficiente. Tienen que tener cuidado para no volverse demasiado selectivos o criticar en exceso a las personas de su entorno. Sin embargo, cumplidos los cuarenta y dos, alcanzan un punto de inflexión y necesitan implicarse más en las cuestiones personales. También es posible que su atención se desplace de las consideraciones prácticas a otras de índole creativa y estética.

A lo largo de toda su vida, si logran moderar su tendencia a expresarse con honestidad brutal, y desarrollan una mayor tolerancia a los defectos de los demás, no sólo conservarán el afecto de sus seres queridos sino que se ganarán el afecto, la atención, la aprobación y el respeto de una audiencia mucho más amplia.

En contra

Discutidores, hirientes, necesitados de atención

A favor

Lúcidos, poderosos, inteligentes

12 de agosto

El cumpleaños del historiador

Su mayor reto es

Aprender a relajarse

El camino a seguir es...

Entender que tomarse un tiempo para descansar no significa perder el tiempo, sino ganarlo. Les permite recargarse de energía para no trabajar vacíos.

Las personas que nacieron el 12 de agosto desean fervientemente conseguir el progreso liderando a los demás por la senda de la innovación. Al mismo tiempo, respetan las convenciones y el conocimiento existentes. En determinados aspectos, son como historiadores que recopilan toda la información posible, la someten a un análisis lógico y luego deciden cómo proceder.

Cuando su inteligencia y su visión clara se combinan con su tenacidad y sus recursos, suelen impresionar a los demás. Es frecuente que sean virtuosos del campo profesional que hayan elegido, ya sea dirigir una orquesta, escribir libros, criar una familia o diseñar un edificio. No temen el trabajo duro y son capaces de trabajar a gran velocidad. Se inspiran tanto en los últimos hallazgos como en la tradición para obtener resultados verdaderamente espectaculares. No debe sorprender, por tanto, que estos individuos tengan grandes expectativas de sí mismos, y el hecho de haber investigado todos los aspectos de la cuestión contribuye a que tengan una fe inquebrantable en sus posibilidades. A pesar de que estos rasgos de la personalidad parecen ofrecer un elevado potencial de éxito, son personas que corren el riesgo de enajenarse de aquellos en quienes querrían influir por culpa de su inmenso ego o de sus duras críticas. Aunque nunca deberían perder la fe, les convendría aprender a compartir toda vez que animaría a los demás a escucharles y apoyarles más.

Hasta los cuarenta años de edad, ponen el acento sobre la eficiencia y los aspectos prácticos de la vida. En estos años necesitan ser especialmente cuidadosos para no ser demasiado estrictos ni desapegarse emocionalmente de los demás. Cumplidos los cuarenta y un años, se centrarán más en las relaciones personales y sentirán una mayor necesidad de belleza, armonía, creatividad y equilibrio en su vida. Esto podría hacer que se acercasen a actividades tales como la escritura, el arte, la música o cualquiera de las artes creativas.

A lo largo de toda su vida, si logran controlar el efecto potencialmente dañino que su actitud vital puede tener sobre los demás y desarrollan la paciencia y la tolerancia, no sólo podrán alcanzar sus metas de una manera más satisfactoria, sino que descubrirán que su vida se asoma a una dimensión infinitamente más gratificante.

En contra
Tiránicos, excesivamente serios, críticos

A favor
Energéticos, innovadores, cultos

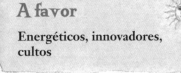

13 de agosto

El nacimiento del tirador certero

Las personas que nacieron el 13 de agosto no se mantienen al margen del conflicto y la controversia. Son certeros tiradores que siempre apuntan a la verdad, siendo así que su necesidad de romper las convenciones les induce a aceptar desafíos o a incordiar, sea cual sea la situación en que se encuentren.

La visión poco convencional, la tenacidad y la resistencia son los rasgos más característicos de estos individuos, y pueden servirles tanto para ganarse la admiración como la reprobación de los demás. Esto es así porque, pese a las críticas de quienes consideran su rebeldía ridícula o extravagante, siempre se mantendrán fieles a sus creencias. Si la vida no les sonríe, se niegan a sumirse en la desilusión. Y, puesto que su imaginación suele basarse en una capacidad analítica sólida, lo más normal es que quienes empiecen discrepando o reprobándoles terminarán admirando su valor, aun cuando no compartan su punto de vista.

Hasta los treinta y nueve años de edad, se concentran en la eficiencia y las cuestiones de índole práctica. Es importante que durante estos años controlen sus tendencias autoritarias y su temperamento. Cumplidos los cuarenta, en su vida se produce un giro hacia posiciones más amistosas y cooperadoras, poniendo un mayor énfasis en las relaciones personales. Tengan la edad que tengan, es importante que entiendan que aunque el hecho de buscar la verdad y querer saltarse las convenciones indica que son personas en las que se puede confiar, eso no siempre les garantizará el éxito.

Por ser amantes del riesgo, poseen el coraje, la disciplina y la energía necesarios para atraer el éxito. No obstante, a veces carecen del don de la oportunidad. Es, pues, importante que aprendan cuándo es necesario cortar por lo sano y avanzar, cuándo ser pacientes y cuándo abalanzarse. La única manera de aprender esto consiste en desarrollar la intuición. Una vez que sepan reconocerla y conectarse con la intuición, no sólo podrán identificar su objetivo y apuntar, sino que finalmente dispararán y, con ello, harán contribuciones progresistas y nada convencionales a la sociedad.

Su mayor reto es

Controlar la impaciencia y el enfado

El camino a seguir es...

Desdoblarse y salir de sí mismo cuando hiervan sus emociones. Esto le recordará que sólo usted puede controlar sus sentimientos.

En contra
Insolentes, insensibles, poco realistas

A favor
Ambiciosos, resistentes, valientes

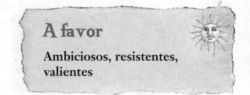

14 de agosto

El nacimiento de la reflexión

Los nacidos el 14 de agosto se encuentran entre los individuos más perceptivos de todo el año. Están muy atentos a todo lo que sucede a su alrededor, dado que poseen una visión muy clara de las cosas y son capaces de descifrar las motivaciones de los demás y los impulsos que gobiernan su comportamiento. Nada escapa a su aguda mirada. Nunca dudan en decir aquello que otros no se atreverían a decir, y en muchas maneras son un espejo para los demás. A través de ellos, los demás pueden ver lo que son realmente.

Son personas inspiradas por el deseo de conocer la verdad de las situaciones. Puesto que les gusta expresar sus pensamientos de manera directa, a veces incluso con una honestidad brutal, no sorprende que en ocasiones la pifien. Afortunadamente, son conscientes de la importancia del sentido del humor, cosa que suaviza considerablemente el impacto de sus críticas. Con todo, es importante que entiendan la poderosa influencia que ejercen sobre los demás y que la usen con sabiduría.

Aunque sus pensamientos y percepciones suelen ser estimulantes y ayudar a los demás a reflexionar sobre sí mismos, en lo tocante a su propia personalidad estos individuos son sorprendentemente inconscientes. En lugar de reflexionar sobre la actitud de los demás, les convendría hacerlo sobre la suya para descubrir sus debilidades y fortalezas. Si lo logran, se darán cuenta de que poseen talento para entretener e informar al mundo con sus comentarios cargados de precisión y mordiente. En cualquier caso, también descubrirán que su tendencia a observar y no tanto a participar activamente de los dramas humanos suele aislarles emocionalmente de sus semejantes, la principal causa de la confusión y la infelicidad que padecen.

Por suerte, alrededor de los treinta y ocho años de edad, alcanzan un punto de inflexión y ponen un mayor énfasis en la creatividad y las relaciones personales. No obstante, si a lo largo de toda su vida logran recordar que la comunicación no sólo significa hacer uso de la palabra, el lenguaje y los gestos, sino establecer vínculos con las personas, con su empuje, su objetivo vital y su indudable creatividad nada podrá impedir que estos individuos desarrollen su tremendo potencial.

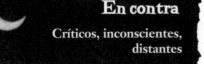

En contra
Críticos, inconscientes, distantes

A favor
Perceptivos, honestos, divertidos

15 de agosto

El nacimiento de la presencia regia

Las personas que nacieron el 15 de agosto son valientes y poseen una enorme confianza en sus posibilidades, lo cual les confiere una presencia imponente o dominante sea cual sea la situación en que se encuentren. Los demás buscan su capacidad de liderazgo y disfrutan con su presencia regia.

Estos individuos creen tanto en sí mismos que, aun cuando se encuentren en una situación incómoda, seguirán siendo capaces de convencer a los demás de que son las personas más adecuadas para el puesto o la responsabilidad. Su ambición y su optimismo son tan magnánimos que incluyen y participan a las personas de su entorno, así como a sus compañeros de trabajo, siendo así que nunca serán reticentes a compartir el éxito. En general son modelos de conducta, aunque a veces los demás puede sentir que su identidad se diluye bajo la alargada sombra de estas personas.

Es importante que aprendan a cooperar con sus semejantes y que les den la oportunidad de expresar su opinión o hacer su contribución. Si no lo hacen, corren el riesgo de ser demasiado controladores. Hasta los treinta y siete años de edad ponen énfasis en la eficiencia y en los aspectos prácticos de la vida, particularmente en su profesión. Necesitan asegurarse de que su necesidad de adoración no devenga en un ego desmesurado. Igualmente, tendrían que procurar escuchar muy atentamente lo que los demás intentan decirles, puesto que escuchar les granjeará más apoyo y respeto que dar órdenes.

Cumplidos los treinta y ocho años, en su vida se produce un punto de inflexión que realza la importancia de la creatividad y las relaciones, cosa que puede estimularles para que desarrollen su talento musical, artístico o literario. Sin embargo, durante toda su vida la clave de su éxito será su capacidad de empatía con los demás y el reconocimiento de la autonomía personal como un derecho común a todas las personas. Una vez que desarrollen esta conciencia, no sólo podrán hacer realidad sus ambiciones e ideas progresistas, sino que podrán erigirse en líderes inspiradores.

Su mayor reto es

Aprender a ser segundos

El camino a seguir es...

Entender que con independencia de cuánto crean merecerlo, no se puede ser el primero todas las veces. Seguramente aprenderán más de sus «fracasos» que de sus éxitos.

En contra

Agresivos, egoístas, insensibles

A favor

Generosos, imponentes, decididos

16 de agosto

El nacimiento
del generador de energía

Magnéticos y seductores, a los individuos que nacieron el 16 de agosto nada les gusta más que divulgar sus convicciones escasamente convencionales a una audiencia lo más amplia posible. Todo indica que su prioridad en la vida es atraer la atención sobre su persona, dado que son un dechado de ambición, entusiasmo y energía. Ni que decir tiene que ignorarles es prácticamente imposible.

Una vez que hayan decidido cuál será su esfera de influencia, se afanarán por superar todos los obstáculos que encuentren en su camino. Su deseo de poder y reconocimiento es tan fuerte que pueden mostrarse vengativos o incluso destructivos con los que se opongan. Precisamente por ello, el deseo de venganza es una de las fuerzas motrices de su vida. Con todo, detrás de su apariencia insolente y combativa se oculta una persona muy decidida que controla su comportamiento y su necesidad de atención, pero que es completamente diferente de la imagen que proyecta. Aunque su comportamiento parece estar dirigido hacia la acumulación de riquezas materiales y el éxito profesional, su motivación más profunda no es otra que la búsqueda de la felicidad. Como resultado de ello, su vida privada es exactamente eso, privada. Es la única área de su vida en la que pueden quitarse la máscara pública y ser ellos mismos.

Hasta los treinta y seis años de edad, estos individuos ponen énfasis en las cuestiones prácticas y se aplican en construir una estructura que los sostenga, particularmente en su entorno laboral. Será en estos años cuando se muestren más despiadados, y por ello deben tener cuidado para que su enorme creatividad no se transforme en exhibicionismo. Cumplidos los treinta y siete años, es probable que tomen conciencia de la importancia de las relaciones personales. Y cuando se trata de mostrar su creatividad pondrán el acento en la calidad y no tanto en la cantidad.

Durante toda su vida, si escuchan los dictados de su conciencia y se cercioran de no actuar de maneras que perjudiquen a los demás y de no perder el contacto con los pequeños placeres de la vida, disfrutarán de sobrado potencial no sólo para seducir a las personas de su entorno con su estilo magnético sino para sorprenderles con sus logros extraordinarios.

17 de agosto

El nacimiento del volcán dormido

Las personas que nacieron el 17 de agosto pueden mostrarse tranquilas y compuestas ante el mundo, pero son como un volcán dormido en cuyo interior arden feroces emociones enconadas. Buscan el éxito de manera incansable y, dado que poseen una voluntad de hierro, bien se ganan una legión de devotos seguidores o bien numerosos enemigos implacables.

Son personas que captan la atención de los demás gracias a su intensidad y autosuficiencia. Por un lado, son del tipo creativo e independiente y poseen una enorme energía; por otro, son pensadores serios capacitados para enfocarse en ideales progresistas y, en algunos casos, peculiares. Esta combinación de vigor, confianza en sus capacidades y objetivos vitales claros garantiza el impacto de cualquier aportación que puedan hacer. Aunque son grandes líderes, estos individuos poseen la resistencia y la determinación necesarias para sobreponerse virtualmente a cualquier revés de la vida. Ahora bien, su naturaleza discutidora y obstinada es su talón de Aquiles. Pueden ser extremadamente agresivos y actuar a la defensiva, siendo así que sus brotes de ira esporádicos aterrorizan a todo su entorno.

Hasta los treinta y cinco años de edad, se centran en resolver cuestiones de índole práctica y en crear una ambiente laboral efectivo. Será en estos años cuando su energía indómita se manifieste de manera más incontrolada y explosiva. Aprender a pensar antes de hablar y actuar, y a escuchar más los consejos de los demás, les ayudará a controlar y dirigir mejor su energía, cosa necesaria para ganarse el respeto de la gente. Cumplidos los treinta y seis años, su vida alcanza un punto de inflexión del que salen más enfocados en las relaciones personales. Durante estos años su ya de por sí poderosa energía creativa, se incrementa notablemente. Es en este periodo cuando demuestran todo lo que valen.

A lo largo de toda su vida el autocontrol es la clave de su éxito. Si logran encontrar maneras de controlar y dirigir sus energías hacia una causa que merezca la pena, cuando su energía volcánica entre en erupción no provocará la destrucción y el caos sino que iluminará, guiará e inspirará a las personas de su entorno.

18 de agosto

El nacimiento del corazón profundo

Las personas que nacieron el 18 de agosto se encuentran entre las más sensibles y tolerantes de todo el año. De emociones profundas, estos individuos parecen experimentar la dicha y el dolor con mayor intensidad que el resto de los mortales. Sin embargo, esta sensibilidad no les desestabiliza por cuanto están convencidos de que en los sentimientos está la clave de su realización personal.

No debe sorprender, por tanto, que no sólo sean sensibles a sus propias emociones sino también a las emociones ajenas, y es por ello que los demás buscan su consejo y su apoyo, toda vez que detectan esta sensibilidad y su capacidad para escuchar y hacer suyos sus problemas. Y no sólo se sienten profundamente responsables de los demás, sino que sienten la necesidad de proteger y orientar a sus semejantes. Aunque esta cualidad les granjea muchos amigos y admiradores, también puede causar confusión acerca de sus necesidades y sentimientos verdaderos, limitando su potencial para pensar y actuar de manera independiente. Una vez que maduren y adquieran la seguridad necesaria para conectarse con sus sentimientos, y sean más objetivos con los sentimientos ajenos, descubrirán que poseen un carácter innovador y original que les proporciona sobrado potencial para dominar la profesión que hayan elegido.

Hasta los treinta y cuatro años de edad estos individuos ponen un creciente énfasis en las cuestiones prácticas de la vida y en la necesidad de orden. Durante este tiempo es importante que encuentren la manera de establecer vínculos con otras personas sin perderse en el intento. Aprender a no excederse y encontrar un lugar en su corazón para el optimismo, además de su realismo innato, les ayudarán a recargarse de energía. Cumplidos los treinta y cinco años, serán más conscientes de la importancia de las relaciones personales y es posible que sientan la necesidad de cultivar algunos de sus muchos intereses artísticos.

Si logran hallar la manera de proteger y alimentar su sensibilidad y su vívida imaginación sin implicarse en exceso, descubrirán que en estos años podrán inspirar a los demás con su idealismo, determinación, compasión y visión progresista de la existencia.

Su mayor reto es

No quedar atrapados en los problemas ajenos

El camino a seguir es…

Aprender a distanciarse de todo lo que ocurre a su alrededor.

En contra

Hipersensibles, evasivos, esforzados

A favor

Sensibles, creativos, generosos

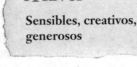

19 de agosto

El cumpleaños del editor

Su mayor reto es

Exponer su verdadero yo

El camino a seguir es...

Entender que las personas se relacionan mejor con alguien vulnerable que con alguien que sólo exhibe sus fortalezas; de modo que esta apariencia pulida y suave puede ir en su contra.

Las personas que nacieron el 19 de agosto se presentan ante el mundo con una fachada suave y engañosa. Ahora bien, tras esta apariencia se esconde una persona mucho más seria, una persona que posee una agenda inamovible y que avanzará con determinación hasta que la cumpla en todos sus puntos. Los pensamientos y los sentimientos que muestran a los demás pueden ser genuinos pero nunca revelan toda la historia, dado que han sido cuidadosamente editados antes de salir a la luz pública.

Estas personas prefieren revelar sólo la información que, a su juicio, servirá para impresionar o iluminar a los demás. La imagen es extremadamente importante, a veces más importante que los hechos. Habida cuenta la atención meticulosa que prestan a los detalles y a la presentación, lo habitual es que su trabajo y sus ideas causen sensación e inspiren el entusiasmo de sus interlocutores. Es por ello que generalmente la gente les sigue por dondequiera que van. Así y todo, existe el riesgo de que con tanto esfuerzo puesto en la imagen, pierdan el contacto con sus auténticos sentimientos y caigan atrapados en su condición de invencibles o en sus delirios de grandeza.

Bajo la citada apariencia rara vez se ocultan inseguridades muy arraigadas. Antes bien lo contrario, pues tienden a ser muy conscientes de su valía, siendo ésta una de las razones por las que necesitan ocultar cualquier signo de debilidad. En algunas ocasiones, este afán por preservar su imagen puede hacer que no corran los riesgos necesarios para crecer en el plano psicológico. Además, suelen dilatar las cosas y dejar para mañana lo que podrían hacer hoy.

Hasta los treinta y tres años de edad estos individuos sienten una necesidad creciente de cuidar todos los detalles. Durante estos años es extremadamente importante que sean más abiertos y generosos con sus sentimientos, porque descubrirán que su complejidad, en lugar de ser una debilidad, es una fortaleza que les permite establecer relaciones más satisfactorias con otras personas. Cumplidos los treinta y cuatro, su vida experimenta un giro hacia un enfoque más creativo y sociable. Si recuerdan que errar es humano, estos individuos brillantes y dinámicos encontrarán la manera de combinar su valentía, originalidad, popularidad y enternecedora complejidad para obtener resultados tan excelentes como inspiradores.

En contra
Herméticos, anodinos, indecisos

A favor
Carismáticos, influyentes, seguros de sí mismos

20 de agosto

El nacimiento del misterio pensativo

Los individuos nacidos el 20 de agosto son complejos, reservados y contenidos. Si a los demás les cuesta entenderlos es por el aire de misterio calculado que les rodea.

Aunque las personas nacidas en esta fecha necesitan pasar tiempo a solas, esto no significa que sean solitarias. Más bien lo contrario: son personas que sienten una preocupación genuina por el bienestar de sus semejantes y que suelen relajar el ambiente gracias a su inteligente sentido del humor. Ocurre que, aun en sus momentos de mayor felicidad y relajación, estas personas tienen un aire pensativo que los demás suelen interpretar como tristeza. Algunas veces parece que estuvieran batallando contra algún secreto oscuro e inconfesable, si bien las más de las veces no saben cómo compartir los productos de su compleja imaginación con los demás.

Combatir y superar sus miedos son, por tanto, las principales motivaciones de estos individuos, tan melancólicos como hermosos. Con todo, en ocasiones el combate puede ser tan duro y encarnizado que nada les gustaría más que olvidarse de sí mismos. Pueden buscar solaz en las adicciones o zambulléndose en el trabajo, pero ninguna de estas cosas les proporcionará una felicidad duradera ni la realización personal. Aunque su necesidad de explorar y comprender su pasado es una prioridad que domina su vida, aprender a enfocar sus energías en el presente les ayudará a avanzar.

Hasta los treinta y un años de edad, los nacidos el 20 de agosto ponen el acento en el orden y las cuestiones prácticas de la vida. Es posible que analicen las cosas constantemente al objeto de mejorarlas, pero sus probabilidades de alcanzar la felicidad mejorarán sustancialmente si desvían el foco del pasado y se centran en el presente. Cumplidos los treinta y dos años, alcanzan un punto de inflexión y concentran su energía en el establecimiento de relaciones personales satisfactorias. Si encuentran la manera de expresar su originalidad y su creatividad dinámica en el tiempo presente, no sólo desentrañarán su misterio personal sino que también descubrirán una manera mágica de transitar por la vida.

En contra
Huidizos, solitarios, atormentados

A favor
Reflexivos, imaginativos, inteligentes

21 de agosto

El nacimiento del centro de atención magnético

Con independencia de lo mucho que intenten adaptarse o diluirse entre la multitud, las personas que nacieron el 21 de agosto siempre llamarán la atención. Su atractivo es tan poderoso y brillante que se resiste a desvanecerse o a conformarse.

Estos individuos tienden a destacar pero no porque los demás les rechacen o ridiculicen. Destacan porque en ellos hay algo increíblemente atractivo y magnético. Pueden ser muy hermosos, pueden tener una voz seductora o pueden ser muy atléticos o extremadamente inteligentes. Sea cual sea el secreto de su atractivo, lo curioso del caso es que una parte de ellos suspira por pasar inadvertida y no llamar la atención. No es extraño que detesten sentirse como si fuesen una atracción de feria. Mientras no sean capaces de aceptar su unicidad característica, descubrirán que sus oportunidades para triunfar son limitadas. No obstante, una vez que maduren lo suficiente como para sentirse bien en su piel, serán capaces de poner en funcionamiento su atractivo natural para que toda la atención que logren atraer sobre su persona sirva a sus intereses.

Hasta los treinta años de edad, estos individuos se centrarán en su perfeccionismo y en los aspectos prácticos de la vida. Será en estos años cuando seguramente negarán y tratarán de reprimir su individualidad. Sin embargo, luego de cumplir los treinta y uno, su vida dará un giro que les reportará una mayor conciencia de la importancia de las relaciones personales. Es posible que sus capacidades creativas también se refuercen, y será en esta época cuando se sientan más cómodos consigo mismos y con sus talentos excepcionales.

Por encima de todo, son individuos extraordinariamente imaginativos y, dado que también poseen muchos recursos y unas habilidades prácticas formidables para desarrollar su visión de la vida, disfrutarán de un potencial insondable. El único obstáculo en su camino es la tendencia a reprimir la creatividad y su originalidad, pero cuando se den cuenta de que pueden obtener satisfacciones mucho mayores de la expresión y el compromiso que de la distancia y el desapego, y que si la gente les adora es porque son frescos y originales, gozarán de todo un mundo de oportunidades para alcanzar la felicidad y el éxito.

En contra
Retraídos, confusos, evasivos

A favor
Interesantes, atractivos, con objetivos vitales claros

22 de agosto

El nacimiento del comandante

Tengan los talentos que tengan, las personas que nacieron el 22 de agosto no dudarán en explotarlos al máximo. Están convencidos de que el trabajo duro es la clave del éxito, y no la suerte o el destino. Además, les encanta ser los artífices de su propio destino; son los auténticos comandantes de su vida. No debe sorprender, por tanto, que a unos individuos dotados con un autocontrol tan remarcable les guste mucho más dar órdenes que recibirlas.

Además de su don de mando, las personas nacidas en esta fecha son extraordinariamente creativas. Poseen una imaginación fecunda que utilizan para dar respuesta a un amplio abanico de posibilidades, y un carisma tan poderoso que son capaces de inspirar a los demás para que se unan a sus filas y ejecuten sus indicaciones. Estos individuos tienen el don de hacer que el mundo parezca excitante y saben cómo inyectar chispa incluso en las actividades más cotidianas. En consonancia con su presencia autoritaria, generalmente muestran al mundo una imagen extravertida y dura, pudiendo ser muy testarudos cuando se les persuade de que deben cambiar un criterio previamente formado. Sea como fuere, tras esta apariencia combativa se esconde un lado inusitadamente sensible, aunque rara vez permiten que se vea.

Hasta los treinta años de edad, gobiernan su vida centrándose en el orden y las cuestiones prácticas. Durante estos años es probable que sienten las bases de su vida posterior y hagan planes al objeto de hacer realidad sus ambiciones. Así las cosas, es de vital importancia que permanezcan abiertos a los consejos y las sugerencias de los demás, tanto como sea posible. Cumplidos los treinta años, su vida experimenta un giro que sitúa su talento para el liderazgo en un primer plano, y sienten una mayor necesidad de hacer las cosas a su manera —algunas veces ignorando el coste que esto pueda comportar para ellos mismos y para las personas de su entorno. En todo caso, y por suerte, también ponen el acento en la creatividad y las relaciones personales. Si logran encontrar la forma de incorporar a su vida su amor por la aventura y los descubrimientos, de manera que puedan ser tan creativos como dominantes, gozarán de un potencial increíble que les permitirá no sólo ocupar puestos de liderazgo sino alcanzar la felicidad y la realización personal en todas las áreas de su vida.

En contra

Controladores, inflexibles, cerrados

A favor

Influyentes, valientes, trabajadores

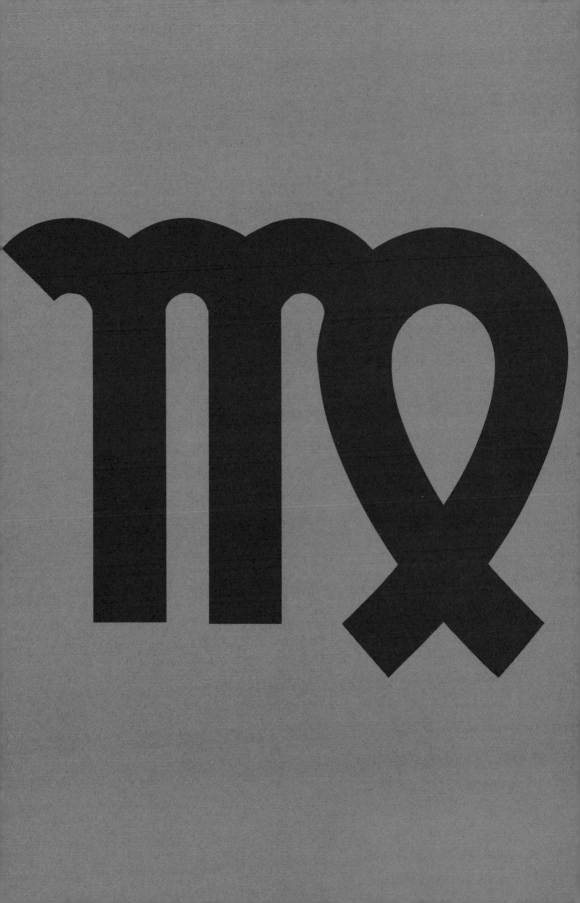

VIRGO

LA VIRGEN
(23 DE AGOSTO - 22 DE SEPTIEMBRE)

* **ELEMENTO:** Tierra

* **PLANETAS INFLUYENTES:** Mercurio, el comunicador

* **SÍMBOLO:** La virgen

* **CARTA DEL TAROT:** El ermitaño (fuerza interior)

* **NÚMERO:** 5

* **COLORES FAVORABLES:** Amarillo, verde, marrón

* **FRASE CLAVE:** Mejor estar ocupado que aburrido

Virgo quizás sean el signo más incomprendido del zodiaco. Los nacidos bajo este signo tienen fama de detallistas, sensibles, organizados, meticulosos, prácticos, analíticos y eficientes. Aunque es una reputación merecida, es importante destacar que también poseen una percepción muy afilada, una mente inquieta y una creatividad innata. Su búsqueda de la perfección se refleja en una refinada noción del orden y la estética. Ahora bien, siempre existe el peligro de que este afán perfeccionista estreche sus miras y los transforme en seres quisquillosos.

El potencial de su personalidad

Los nacidos bajo el signo Virgo son gente confiable, inteligente, trabajadora, sistemática y considerada. Uno de sus mayores talentos es su capacidad innata para ir al fondo de los problemas, encontrar lo que no funciona y trabajar denodadamente hasta dar con la solución. En su actitud vital también hay algo increíblemente refinado. No en vano son los afinadores del zodiaco, esto es, los que prestan una mayor atención a los detalles importantes que otros suelen olvidar.

El idilio de los virgo con los detalles puede tener su reflejo práctico en el entorno laboral, y se manifiesta a través del diseño o la decoración, o bien a través de la vestimenta. En este sentido cabe señalar que visten de manera impecable y siempre desprenden un aroma muy agradable. Ello se debe a que la higiene personal es un asunto de capital importancia para los virgo. Tanto así que jamás se les ocurriría aparecer en un lugar sin mostrar su mejor cara. Aunque es uno de los pocos signos con potencial para exhibir talentos múltiples, básicamente porque pueden utilizar los dos lados del cerebro —el creativo y el analítico— simultáneamente, suelen ser muy modestos y se sienten incómodos cuando son el centro de atención. Les gusta trabajar en la sombra o ser el segundo de abordo. Para estos individuos, obtener la admiración o la aprobación de los demás significa bastante menos que la alegría y la satisfacción que les reporta contribuir al orden y asegurarse de que el trabajo esté bien hecho o la misión cumplida.

El planeta Mercurio rige sobre el signo Virgo. Esto sirve para que valoren muy positivamente la conversación inteligente y estimulante. Por este motivo, abundan los grandes escritores, profesores, asesores, periodistas, entrevistadores y analistas de este signo. Desde muy temprana edad suelen interesarse por las artes visuales y decorativas, la artesanía y las antigüedades, así como por la música, la ópera y el ballet.

Por encima de todo, los virgo son eficientes y, puesto que en el trabajo son gente fiable y competente, los demás signos zodiacales tienden a confiar en ellos. Dotados con integridad, creatividad práctica, disciplina, sentido común, refinamiento y buen ojo para los detalles importantes, estos individuos rara vez nos dejarán en la estacada. Así, los virgo nunca eluden la responsabilidad ni la oportunidad de ser útiles a sus semejantes porque su vocación de servicio es muy fuerte, al igual que su deseo de ayudar y procurar que todo funcione perfectamente. Por esta razón es frecuente que estas criaturas tan modestas y tranquilas detenten más poder e influencia que la que jamás pudieron imaginar.

> « Es uno de los pocos signos
> con potencial para
> exhibir talentos múltiples... »

Su lado oscuro

Tan admirable como su afán de perfección es su necesidad de cuidar todos los detalles, algo que puede hacer que los virgo sean muy críticos y quisquillosos. Y pueden serlo tanto consigo mismos como con sus semejantes. No es raro que sus exigencias sean tan desmesuradas que antes que inspirar a los demás, les desmotiven. Además, aunque son locuaces y saben expresar sus ideas con claridad, en ocasiones pueden irse por las ramas y prestar demasiada atención a detalles que no la merecen, queriendo decir con ello que en ocasiones pierden la visión panorámica de las cosas. El perfeccionismo también erosiona su confianza, de tal manera que pueden acudir a los demás en busca de aprobación. Pero aun cuando consigan su aprobación son unos individuos tan autocríticos que dudarán tanto del amor como de los elogios que reciban. De hecho, gracias a esta necesidad constante de aprobación puede afirmarse que Virgo es uno de los signos más necesitados del zodiaco.

Asimismo, es posible que los virgo eviten probar cosas nuevas porque temen cometer errores, cosa que limitará en gran medida sus experiencias y reforzará su reputación de personas cerradas o de miras estrechas. También exhiben un desagradable aire de santurronería, y los demás las consideran implacables por su tendencia a desdeñar las críticas. A su tendencia a creer que siempre tienen razón y que nadie sabe hacer las cosas mejor que ellos, hay que sumar una cierta mojigatería. Así las cosas, condenarán todo aquello que no cumpla con sus elevados niveles de sanidad y exigencia. No obstante, y para mayor ironía, rara vez aplicarán una doble moral toda vez que los virgo sienten una atracción secreta hacia el *voyeurismo* o el lado sórdido de la vida.

Símbolo

El símbolo del signo Virgo es la virgen, pero esto no debe inducirnos a pensar que los virgo son personas inocentes. Si bien es cierto que los nacidos bajo este signo solar suelen tener algo de intocables, en modo alguno ignoran los mecanismos que mueven el mundo. La virgen, en este caso, significa la perfección y la pureza, y esto puede guardar relación tanto con la pasión como con el sexo. Dicho con otras palabras: son personas con un nivel de exigencia máximo. Es la calidad y no la cantidad lo que buscan, siendo así que su manera de encarar el amor y la vida es tan refinada como meticulosa.

Su mayor secreto

Las personas que nacieron bajo este signo arrastran una reputación de críticas y exigentes. Por ello, es frecuente que las personas de su entorno teman no estar a la altura de su alto nivel de exigencia. Ahora bien, lo que estas personas no saben es que la tendencia a dar la lata, tan característica de lo virgo, suele enmascarar un terror secreto a no ser lo suficientemente buenos ni lo suficientemente atractivos para gustar a la gente.

El amor

La falta de confianza en sus capacidades puede ser la mayor barrera que los virgo deban superar para alcanzar la felicidad en las relaciones de pareja. A menudo se preguntan por qué los demás querría pasar tiempo con ellos, Esta modestia o humildad mal entendida puede resultar enternecedora, especialmente en un virgo joven, pero con el paso del tiempo, y si el problema persiste, podría ocasionar otros muchos problemas. Por consiguiente, es fundamental que los virgo aprendan a quererse más ya que, si no lo hacen, no habrá suficiente amor, afecto o halagos que valgan para convencerles de que son personas dignas de ser amadas.

Harían bien en controlar la tendencia a criticar a sus parejas. Hablando de los aspectos físicos del amor, es posible que sus parejas sospechen que los virgo siempre se reservan algo. Esto es debido a que una parte de ellos siempre permanece intocable, y es precisamente en este misterio donde reside su atractivo sexual. Ahora bien, también puede impedir que se expresen plenamente y que se sientan satisfechos sexual y emocionalmente. Aprender a relajarse en compañía de su pareja y permitir que se les quiera por lo que son, con verrugas y todo, es la clave para que alcancen la felicidad en el amor y, por extensión, en la vida.

Amores compatibles: Capricornio, Escorpio y Tauro

El hombre virgo

Típicamente, el hombre de signo Virgo es una persona que está en constante movimiento, físicamente, mentalmente o ambas cosas a la vez. No puede estarse quieto y por ello es vital que pueda liberar su abundante energía de forma positiva. De lo contrario, la despilfarrará con su espíritu incansable. En lo tocante a los asuntos del corazón, este hombre no moverá el suelo que usted pisa. No en vano es un hombre que vive en el mundo práctico y ciertamente no se entregará a sentimentalismos ni hará promesas de amor eterno. En todo caso, esto no significa que el amor no sea importante para él. El amor le importa y mucho, pero la manera como elige expresar su amor es devota y desinteresada, sin prodigarse en grandes gestos románticos.

A veces puede presentarse ante el mundo con una apariencia gélida y desapegada, pero hay maneras de llegar a su corazón. En el amor, como con todo en la vida, buscará la calidad antes que la cantidad. Por lo tanto, buscará una pareja inteligente y estable dotada con un atractivo sutil, sin espacio para el descaro ni la estridencia. Seguramente tendrá muy pocas relaciones de calado y, si una relación no funciona, se refugiará en el trabajo y la próxima vez será doblemente prudente antes de comprometerse. De hecho, los virgo son capaces de vivir en celibato con más facilidad que otros signos del zodiaco. Por otro lado, los solteros de este signo abundan y si lo son es por elección propia.

Aunque sus expresiones de afecto nunca son obvias y tardarán algún tiempo en encontrar la pareja adecuada porque son muy críticos y peculiares, es probable que estos individuos sean maestros en el arte de la seducción. En la mayoría de los casos, el objeto de su deseo encontrará su masculinidad, tan controlada y poderosa, prácticamente irresistible. Entonces, una vez que haya decidido que ha encontrado a «su pareja ideal», le declarará su amor con una sencillez realmente conmovedora y hará todo lo que esté en su mano para cerciorarse de que su amor sea correspondido. Es un varón capaz de hacer enormes sacrificios por la persona que ama; y la llama de su amor permanecerá viva y encendida con el paso de los años, sin experimentar fluctuaciones como ocurre con otros signos.

La mujer virgo

A primera vista, la mujer de signo Virgo parece frágil y vulnerable. Pero bajo su exterior tímido y quebradizo se oculta una mujer de acero. Su mente puede ser pura mas no ingenua, de modo que su sentido común y su pragmatismo hacen de ella un ser extremadamente independiente. Puede ser muchas cosas, pero jamás modo es pegajosa. Por otro lado, es perfectamente capaz de salir adelante por sus propios medios. Tal vez no sea muy dada a expresar su afecto o a los gestos románticos grandilocuentes, pero su corazón es mucho más cálido y apasionado que lo que muchos podrían sospechar. Si parece distante, es importante recordar que sus emociones son controladas, pero no inexistentes.

Aunque puede ser meticulosa hasta la extenuación con los detalles y los buenos modales —todo lo concerniente a la presentación es de capital importancia para ella—, también puede ser la mujer más generosa y amable, y cuando está verdaderamente enamorada, la mujer más cariñosa del mundo. En ocasiones su perfeccionismo puede resultar irritante, aunque no ocurre lo mismo con su modestia y sus buenos modales, que se antojan enternecedores. Su gusto por la organización tendrá un efecto positivo en cuantos se crucen en su camino. Cuando se la conoce mejor, uno descubre que esta mujer posee un ingenio agudo y un sentido del humor muy fino y realmente encantador. Tanto así que su risa es música para los oídos.

En las relaciones de pareja las mujeres de signo Virgo valoran la verdad y la honestidad por encima de todo. Son muy discretas y se les pueden confiar los amoríos, secretos y sueños. Además, si estos sueños se desvanecen con el tiempo, la mujer virgo se encargará de desempolvarlos para que reluzcan y brillen de nuevo. En síntesis: esta mujer es un tesoro raro cuya presencia enriquece los corazones y las vidas de cuantos tienen el gusto de conocerla.

La familia

Deseoso de agradar y a menudo muy mimoso, el niño virgo suele ser aseado, bien organizado, limpio y muy aplicado en los estudios. No es probable que descuide el material escolar y generalmente cuida mucho la caligrafía.

Los niños de signo Virgo tienen mucha energía y es por ello que es bueno que siempre estén ocupados. Así, es aconsejable estimularles con tareas manuales y ejercicios para que razonen. Su lema es: «Mejor estar ocupado que aburrido». Cuando asisten a una escuela nueva puede ser útil que, para empezar, se familiaricen con los cuartos de baño, dado que estos niños necesitan saber adónde tendrán que ir cuando quieran lavarse las manos y asearse. Asimismo, es posible que se sientan un poco intimidados por los recreos y demás tiempos de ocio, y no sería raro que prefiriesen mantenerse al margen del grupo. Son extremadamente sensibles a las bromas, especialmente las que se hacen a su costa. Por consiguiente, los padres de un niño virgo deberían animarle para que refuerce su autoestima mediante el elogio e insistiendo en la idea de que cometer errores es algo natural. También les ayudará cultivar aficiones, actividades o intereses que les permitan relacionarse con otros niños. En el caso de los adolescentes, las evaluaciones y los exámenes serán una fuente de mucho estrés, habida cuenta su tendencia natural a la preocupación. En consecuencia, cuando se acerquen los periodos de exámenes, los padres deberían animarles a estudiar y ayudarles a repasar las materias ya que, cuanto más preparados estén, menor será su preocupación.

En su rol de padres, los virgo son gente muy esforzada. Se dedicarán al trabajo con tesón para proporcionar lo mejor a su familia y luego, en el entorno doméstico, trabajarán lo que sea necesario para generar un ambiente de armonía y asegurarse de que todo funciona correctamente. Es posible que desarrollen una obsesión por la limpieza y la higiene, cosa que podría ser perjudicial porque es necesario que los niños estén expuestos a determinados gérmenes e infecciones al objeto de que su sistema inmunitario se desarrolle y fortalezca como debe. Es habitual que los virgo se lleven el trabajo a casa y esto podría impedir que logren un sano equilibrio entre la vida personal y la profesional. Es, pues, necesario que tracen una línea clara que separe ambas parcelas ya que, de no hacerlo, no podrán pasar tiempo de calidad con la gente que más les importa en la vida.

La profesión

Los individuos nacidos bajo el signo Virgo sienten un gran interés por los detalles y no son proclives a asumir roles de liderazgo, razón por la cual trabajan mejor bajo la supervisión de otra persona. Se esfuerzan lo indecible y siguen al pie de la letra las instrucciones que reciben, un rasgo que los convierte en excelentes ayudantes o directores adjuntos. Además, les enorgullece saberse la columna vertebral de una organización o estructura comercial. Muchos de ellos ejercen como profesores competentes e inspiradores. Asimismo, son magníficos lingüistas, miembros de las fuerzas armadas, doctores y trabajadores de la sanidad. Su buen ojo para los detalles les permite desenvolverse perfectamente en profesiones como el periodismo, la edición, la publicidad, la ciencia, la farmacia o las artes.

Otras carreras igualmente adecuadas para los virgo son las artesanías, el diseño, el trabajo benéfico, la administración, el derecho, la investigación, la contabilidad y cualquier ocupación que requiera una mente despierta y atenta a los pormenores. Por lo que respecta al entorno laboral, los virgo necesitan un ambiente tranquilo, organizado, ordenado y silencioso, decorado con buen gusto, colores neutros y dotado con la tecnología más avanzada. Como empleados, los virgo son educados, confiables y minuciosos. Además, poseen una mente extremadamente analítica, si bien deberían controlarse para no parecer excesivamente críticos y precavidos. No cabe duda de que son gente valiosa para cualquier organización debido, fundamentalmente, a su gran capacidad de trabajo. Con todo, no son demasiado ambiciosos y llegar a lo más alto no suele ser su máxima aspiración.

> «Deberían controlarse para no parecer excesivamente críticos y precavidos.»

La salud y el ocio

El signo Virgo gobierna los intestinos, el aparato digestivo y las manos. Es por ello que muchos virgo tienen las manos bonitas. Suelen parecer más jóvenes de lo que son y su meticulosidad a la hora de encarar la vida responde a la ausencia de malos hábitos. No obstante, su tendencia al perfeccionismo puede causar tensión física, problemas digestivos y alergias. Así las cosas, es de vital importancia que los virgo aprendan a desconectar y relajarse. Cuanto más relajado parezca un virgo, mejor salud tendrá.

En lo que concierne a la alimentación, los virgo suelen ser un tanto caprichosos. La frase «Uno es lo que come» está perfectamente arraigada en su psique, motivo por el cual los virgo están muy informados y son muy conscientes de lo que comen. Dicho esto, también es cierto que son propensos a los antojos y no es raro que recurran a la comida para combatir la ansiedad y consolarse. Dado que su dieta habitual es muy simple y generalmente saludable, estos antojos de alimentos grasos y azucarados pueden causarles problemas digestivos. Si para empezar fuesen menos estrictos en su relación con la comida, seguramente descubrirían que sus antojos y su ansiedad disminuyen. Por lo que respecta a la dieta, a los virgo les conviene nutrirse de alimentos integrales y ricos en fibra, básicamente porque estimulan la digestión. Igualmente, deberían observar la regla del 80/20, esto es, que siempre y cuando coman sano en un 80% podrán permitirse ciertos antojos en el 20% restante de su dieta. Cabe señalar también que cuando uno se permite algún que otro antojo, la ansiedad se reduce considerablemente. En este mismo sentido, los virgo necesitan aprender a distinguir entre el hambre verdadera y el hambre causada por la soledad, el enojo o el miedo. Esperar quince minutos antes de comer cuando sienten ganas de darse un antojo les resultará muy útil, del mismo modo que distraerse, dar una vuelta a la manzana o charlar con un amigo. En estos casos, si el deseo de comer no tiene que ver con el hambre verdadera, seguramente desaparecerá.

El aire fresco y el ejercicio físico frecuente son esenciales para los virgo, dado que levantan el ánimo y el espíritu. Desafortunadamente, al ser tan trabajadores, los nacidos bajo este signo suelen sacrificarlos. Sea como fuere, es muy importante que se aseguren de organizar su vida de manera que encuentren tiempo que dedicarse a sí mismos y al ejercicio físico. La meditación, el yoga u otras actividades tales como la jardinería o cualquiera otra que les permita «abstraerse» son especialmente adecuadas habida cuenta su tendencia a preocuparse. Vestirse con prendas de color naranja, meditar con este color y rodearse de este color les animará a trabajar la autoestima y la confianza en sus capacidades.

Los nacidos entre el 23 de agosto y el 3 de septiembre

Las personas nacidas entre estas dos fechas detestan ser el centro de todas las miradas y se sienten muy avergonzadas cuando destacan sobre el resto. Prefieren trabajar esforzadamente en la sombra y ser la pieza clave que mantiene en pie la estructura y hace que todos sus integrantes trabajen codo con codo en pos de un mismo objetivo.

Los nacidos entre el 4 de septiembre y el 14 de septiembre

Estos virgo aportan una visión clara y concisa a todas las situaciones. De mente rápida, son extremadamente prácticos y lógicos, aunque también poseen destellos de brillante intuición que se manifiestan de tarde en tarde.

Los nacidos entre el 15 de septiembre y el 22 de septiembre

Estos individuos tienen algo de inocente, puro y juvenil que enternece a las personas de su entorno. Siempre se muestran muy activos, física y mentalmente, y necesitan vivir plenamente todos los días de su vida, como si cada día fuese el último.

Lecciones de vida

Con su disposición a ayudar a los demás, Virgo quizás sea uno de los signos menos egoístas de todo el zodiaco, si bien es importante que estos individuos se aseguren de no ser demasiado serviles. Asimismo, es necesario que no parezcan demasiado críticos o pedantes por los altos niveles de exigencia que se aplican a sí mismos y a los demás. La perfección es su mayor ideal, pero nunca serán verdaderamente felices si no aceptan que se trata de un ideal imposible, y que la gente sólo puede aprender y crecer cometiendo errores y siendo imperfectos.

Los virgo prestan demasiada atención a los detalles y por ello en ocasiones pierden de vista la globalidad de las cosas o aquello que es auténticamente importante. Su mente analítica es tanto una bendición como una maldición. Por este motivo, tienen que aprender a distinguir entre aquello que merece una mayor atención y su crítica (por ejemplo, los comentarios injustos o una pareja que no colabora en una relación) y lo que no la merece (tal como el color de la carpeta de una presentación o la manera como su pareja carga el tambor de la lavadora).

Habida cuenta su tendencia a la preocupación, los virgo corren el riesgo de morir prematuramente. Como suelen ser hipocondríacos, y puesto que la mente y el cuerpo están íntimamente relacionados, su miedo a caer enfermos puede provocar serios problemas de salud. Dada la estrecha relación que existe entre lo que una persona piensa y la realidad que crea a su alrededor, es probable que las preocupaciones o las situaciones que más temen terminen por manifestarse en su vida. Y aunque lo peor no llegue a ocurrir, nunca es agradable preocuparse más de la vida que vivirla. Se ha dicho antes, pero es tan importante que no está de más recalcarlo: los virgo deben aprender a desconectar, a relajarse y abandonar su necesidad de perfección.

Otros signos del zodiaco pueden ser útiles y servir de inspiración a Virgo. Así, los aries les ayudarán a tener una visión más panorámica de las cosas, mientras que los sagitario contribuirán a que vean las verdades profundas que les pasan inadvertidas o que simplemente no comprenden. Piscis y Géminis les animarán a ser menos críticos. Los cáncer les ayudarán a entender mejor las razones de los errores ajenos, siendo así que los leo les animarán a emplear su mente aguda e incisiva para divertirse y cultivar la creatividad.

23 de agosto

El nacimiento
de la precisión efervescente

Las personas que nacieron el 23 de agosto poseen un caudal de energía impresionante. Cuando dirigen su energía hacia algo que suscita su interés, su capacidad de compromiso y su chispa florecen. Prestan tanta atención al proceso como al resultado, independientemente de si se trata de preparar un informe, hacer un arreglo floral o decidir qué ropa ponerse. Su ojo educado, su capacidad de concentración y la atención que prestan a los detalles son tres rasgos característicos que les definen; además, son de gran valor para sus colegas de profesión, familiares y amigos. Todo el mundo cuenta con ellos para ocuparse de la organización y que las cosas funcionen.

No es raro que la intensidad de su compromiso con la precisión pueda hacer que pierdan la perspectiva global de las cosas. Sin embargo, es importante que nunca pierdan de vista sus objetivos progresistas y ambiciosos dado que poseen los recursos, la tenacidad y las capacidades técnicas necesarias para hacerlos realidad, especialmente si confían en sí mismas y emplean su creatividad.

Otro de los peligros que corren es que su trabajo y sus intereses les absorban de tal manera que cualquier interrupción o revés pueda provocar un brote de ira. De ser así, las personas de su entorno pensarán que son agresivas, negligentes o, en algunos casos, egoístas. Y esto es injusto por cuanto las personas que nacieron el 23 de agosto son amables por naturaleza y siempre están dispuestas a ayudar a los necesitados. Sucede que tienen una marcada tendencia a zambullirse en la búsqueda de sus metas intelectuales y, si bien esto les proporciona un inmenso potencial para alcanzar el éxito, corren el riesgo de molestar involuntariamente a los demás.

Cumplidos los treinta años de edad, estos individuos ponen el acento en el orden, la eficiencia, la resolución de problemas y los aspectos prácticos de la vida. En esta época disfrutarán de oportunidades para enfocarse más en las relaciones personales y explorar la posibilidad de desarrollar proyectos creativos o artísticos. Es importante que aprovechen estas oportunidades y que no se confundan por la aparente complejidad emocional que éstas generan en su vida, ya que, paradójicamente, esta complejidad es la clave de su felicidad y realización personal.

En contra
Obsesivos, egoístas, desapegados

A favor
Intensos, precisos, estilosos

24 de agosto

El nacimiento
del descubridor inquisitivo

Las personas que nacieron el 24 de agosto están dotadas con una mente aguda e inquisitiva que les sirve para desentrañar misterios, descubrir la verdad o hacer nuevos descubrimientos. No les gusta tomarse las cosas literalmente y por ello, aun tratándose de opiniones expertas o las de sus amigos más íntimos, no dejarán de investigar hasta encontrar pruebas irrefutables de la verdad.

Esta mente inquisitiva hace que sean difícilmente manipulables, así como que las personas de su entorno acudan a ellas en busca de opinión o consejo. En honor a la verdad, suelen tener reputación de personas con criterio y en cuyas opiniones se puede confiar. Podría decirse que desconfían de todo aquello o de todo aquel que parezca simple o demasiado directo, principalmente porque están convencidos de que la superficie de las cosas siempre oculta información y una realidad más compleja. Paradójicamente, y aunque su imagen es sencilla y directa, no son conscientes de que ellos mismos son seres complejos, tanto o a veces más que los objetos de sus investigaciones. Aunque es cierto que nunca pierden de vista los hechos, también lo es que a veces no aprecian las sutilezas. A la vista de ello, si aprendieran a desarrollar su intuición, serían muchos más precisos y creativos.

Hasta los veintinueve años de edad, estos individuos ponen el acento en la eficiencia y los aspectos prácticos de la vida. Ahora bien, cumplidos los treinta alcanzan un punto de inflexión y empiezan a enfocarse más en las relaciones personales y en las oportunidades para desarrollar su potencial creativo latente. Es necesario que aprovechen estas oportunidades con la ayuda de su ingenio, su capacidad intelectual y su potencial creativo, dado que esto maximizará sus posibilidades de triunfar personal y profesionalmente.

Durante toda su vida es probable que oscilen entre la convicción y la incertidumbre. Así las cosas, si logran cultivar el pensamiento positivo, confiar en su intuición y aprenden a gestionar su preocupación de manera positiva, estos descubridores, siempre astutos e incansables en su búsqueda del conocimiento, gozarán de sobrado potencial para enriquecer las vidas de los demás con el fruto de sus observaciones.

En contra
Agobiantes, excesivamente críticos, recelosos

A favor
Observadores, lúcidos, minuciosos

25 de agosto

El nacimiento de la excitación dinámica

Su mayor reto es

Resistir la necesidad de ponerse a prueba constantemente

El camino a seguir es...

Entender que sólo de usted depende que se sienta una persona valiosa.

No es fácil ignorar a las personas nacidas el 25 de agosto. Su imagen pulida y sus excelentes capacidades sociales llaman la atención de los demás dondequiera que van. Además, parecen conseguir el éxito con facilidad y la gente de su entorno las percibe como personas atractivas, seguras de sí mismas, listas y carismáticas. En síntesis: son individuos muy activos en cuya compañía la vida parece mucho más interesante y dinámica.

Aunque parecen seductores, extravertidos y muy vitales, lo cierto es que rara vez se sienten así en su fuero interno. De hecho, se esfuerzan lo indecible para demostrar a los demás que son personas competentes y que confían plenamente en sus capacidades. No es habitual que bajen la guardia y, si se sienten inseguros o amenazados, suelen exagerar la imagen pulida que ofrecen al exterior para compensarlo. Desafortunadamente, esto puede hacer que se expresen o se comporten con arrogancia, frivolidad o vanidad, cosa que puede distanciarles de las personas a las que pretenden impresionar. Es, pues, muy importante que se enfoquen menos en encandilar a los demás para conseguir su aprobación y más en cultivar otros valores personales más profundos.

Desde la infancia, los individuos nacidos en esta fecha optan por analizar las situaciones desde una perspectiva eminentemente práctica al objeto de entenderlas y mejorarlas. Ahora bien, con el paso de los años es normal que decidan dedicar una mayor energía a cultivar y proyectar su imagen pública. No obstante, cumplidos los veintiocho años de edad, su vida experimenta un giro y durante los treinta años siguientes serán mucho más conscientes de la importancia de las asociaciones y las relaciones personales. En este tiempo también pondrán un mayor énfasis en el cultivo de las aptitudes creativas. Cumplidos los cincuenta y ocho, alcanzan otro punto de inflexión del que salen reforzados y con una mayor conciencia de su persona y sus capacidades. En algunos aspectos, estos serán los mejores años de su vida toda vez que se enfocarán en desarrollar su individualidad.

No obstante, tengan la edad que tengan, si logran encontrar el coraje para descubrir y desarrollar sus talentos y su agudo intelecto, no tardarán en darse cuenta de que ese personaje público atractivo, listo y carismático que han creado no es una máscara sino una realidad.

En contra
Inseguros, superficiales, vanidosos

A favor
Carismáticos, excitantes, sociables

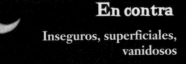

26 de agosto

El nacimiento
de una estrella en potencia

Las personas que nacieron el 26 de agosto suelen sentirse mejor cuando son ellas quienes están detrás del poder o sostienen el trono. Aunque nadie puede dudar de que son estrellas en potencia, es muy frecuente que opten por el rol de suplente, consejero o segundo de abordo, pues obtienen una inmensa satisfacción a sabiendas de que el éxito ajeno se debe en buena medida a su trabajo.

Por lo general aplican un alto nivel de exigencia a todas las tareas o proyectos que realizan. Tanto así que normalmente dominan su trabajo y consiguen resultados de extraordinaria calidad. Con todo, si sus innegables talentos llaman la atención de todos, aun cuando el reconocimiento sea a todas luces merecido, no se sentirán cómodos y es muy probable que ellos mismos decidan menospreciar su valía llegando incluso a censurarse. Esto es debido a que nada les importa más que la satisfacción y la felicidad de las personas que conforman su entorno, personal y profesionalmente. Así, cuando destacan demasiado tienen la sensación de que su exposición es exagerada y tiene un efecto perjudicial para los demás.

Hasta los veintisiete años de edad esta tendencia a disminuir sus méritos será evidente, razón por la cual es necesario que se aseguren de que esto no les haga infelices o provoque su resentimiento. Cumplidos los veintiocho, su vida experimenta un giro hacia las habilidades diplomáticas, las asociaciones y las relaciones personales. Será en estos años cuando muy probablemente ejerzan como consejeros o asesores, orienten a otros o se asocien con otras personas. Si les gusta este rol no tendrán dificultades para sentirse enormemente satisfechos. Ahora bien, si no les gusta y desean volar por sí solos o destacar por méritos propios, entonces se sentirán frustrados. Por suerte, también es probable que durante este periodo alcancen un mayor equilibrio y una mayor armonía que les permitan desarrollar la creatividad.

Si logran aprender a destacar por sí mismos, será durante esta etapa cuando su estrella y su capacidad para pensar de manera original e independiente finalmente se revelarán en toda su magnitud, para guiar e inspirar a los demás desde el rol de consejero o ejerciendo de líderes para mayor sorpresa de todas las personas de su entorno.

27 de agosto

El nacimiento del espíritu humanitario

Su mayor reto es

Sobreponerse al pensamiento negativo

El camino a seguir es…

Darse cuenta de que no se puede ayudar al mundo con pensamientos negativos. Enfocarse en los aspectos negativos sólo sirve para agrandar los problemas.

Las personas que nacieron el 27 de agosto tienen mucho que dar al mundo y es frecuente que ayuden a los demás o hagan obras benéficas. Poseen un espíritu de marcado carácter humanitario y desde muy temprana edad han sentido la necesidad de paliar los males del mundo de una u otra forma. La clave de su felicidad radica en si permitirán o no que el mundo a su vez les recompense por sus buenas obras.

Son espíritus generosos y especiales y nada les satisface más que contribuir a la felicidad ajena o trabajar para mejorar las vidas de sus semejantes. Son personas sacrificadas y muy exigentes con su desempeño. Análogamente, esperan que los demás trabajen con la misma devoción y el mismo grado de compromiso que ellos sienten por sus ideales. Tanta generosidad les granjea la admiración y el respeto de todos, pero también es cierto que su éxito puede verse limitado por su tendencia a sentirse fácilmente desilusionados al comprobar que el mundo puede ser un lugar tremendamente negativo e infeliz. Fomentar el optimismo y el pensamiento positivo les ayudará a encontrar el equilibrio entre dar y recibir, siendo así que su vida dejará de ser una lucha para convertirse en toda una aventura.

Hasta los veinticinco años de edad estos individuos se centran en desarrollar su capacidad de concentración y discernimiento. Durante estos años les irá mucho mejor si piensan y se preocupan un poco menos por el bien común y se comprometen más con causas que sirvan efectivamente para cambiar las cosas. De hecho, la energía positiva derivada de su compromiso práctico servirá para que encuentren su camino en la vida. Cumplidos los veinticinco años alcanzan un punto de inflexión tras el cual sentirán una mayor necesidad de asociarse con otras personas y construir relaciones personales satisfactorias. Además, es posible que disfruten de oportunidades para explorar su talento literario, artístico o creativo.

No obstante, tengan la edad que tengan, siempre encararán la vida con un talante universal. Por otro lado, si encuentran la manera de canalizar su espiritualidad y humanitarismo no sólo lograrán una satisfacción más profunda sino que descubrirán que su amabilidad y generosidad serán recompensadas con creces.

En contra
Compulsivos, depresivos, distantes

A favor
Generosos, altruistas, trabajadores

28 de agosto

El cumpleaños del orador informado

Las personas nacidas el 28 de agosto están dotadas con unas habilidades comunicativas realmente excepcionales. Son oradores muy persuasivos que saben captar la atención de sus interlocutores quienes, aun cuando no estén de acuerdo con sus ideas, se sentirán admirados por su verbo fácil. Aunque también son trabajadores muy habilidosos y con enormes capacidades organizativas, una de sus mayores cualidades es su facilidad para debatir.

Sus comentarios informados sobre una amplia variedad de temas suelen contar con el respaldo de su investigación y experiencia personal. Por este motivo, los demás no sólo confían en sus pronunciamientos, sino que también esperan que tengan algo que decir sobre casi cualquier tema. Son personas de principios muy elevados; tanto así que la palabra deshonestidad simplemente no figura en su amplio vocabulario. Aunque poseen grandes conocimientos respaldados con hechos, no es raro que tiendan a instalarse en la verdad de sus argumentos y piensen que sólo ellos tienen la respuesta. Para su crecimiento psicológico es muy necesario que no abusen de su intelecto superior cerrándose a puntos de vista alternativos o manipulando a los demás con la fuerza de sus convicciones.

Cuando alcanzan los veinticinco años de edad se internan en un periodo de treinta años caracterizado por un mayor énfasis en las asociaciones profesionales y las relaciones personales. Será en esta época cuando desarrollen un mayor sentido estético y el gusto por la belleza, y cuando muy probablemente querrán desarrollar su creatividad latente. Es importante que durante estos años mantengan la motivación y se estimulen con retos constantes, ya que acomodarse en la rutina cotidiana será muy nocivo para ellos. Cumplidos los cincuenta y cinco años, estos individuos alcanzan otro punto de inflexión tras el cual buscarán dotar a su vida con un significado más profundo, volviéndose más reflexivos.

Sea cual sea su edad, tan pronto como acepten que siempre habrá más preguntas que respuestas, gozarán de sobrado potencial no sólo para erigirse en oradores influyentes y persuasivos, sino para ser consejeros brillantes capaces de hacer aportaciones originales, imaginativas e innovadoras al mundo.

Su mayor reto es

Ser más flexibles

El camino a seguir es...

Entender que las personas obstinadas e inflexibles no suelen crecer psicológicamente ni progresar tan rápidamente como las que entienden la importancia del compromiso.

En contra

Inflexibles, estrictos, estrechos de miras

A favor

Estructurados, respetados, cultos

363

29 de agosto

El nacimiento del improvisador

Su mayor reto es

Aprender a fluir

El camino a seguir es...

Entender que algunas veces no es posible controlar la vida. Uno tiene que relajarse y confiar en que algo positivo ocurrirá.

Las personas que nacieron el 29 de agosto poseen una imaginación increíble que facilita su escalada hacia el éxito tanto en el plano personal como en el profesional. Son reacias a verse constreñidas por las convenciones y prefieren analizar toda la información disponible, reformularla y luego presentar sus conclusiones de una manera original. Esto los convierte en los grandes improvisadores y reinterpretadores del año.

Aunque encaran la vida con un enfoque muy creativo y artístico, también prosperan en la rutina y la estructura. Un tema recurrente para ellos es su afán por controlar o estructurar todas las situaciones. Así las cosas, no sólo piensan sino que actúan positivamente. Una vez que se han fijado una meta ambiciosa, avanzan en su busca con una disciplina y un sentido práctico que inspira asombro en sus amigos y colegas de profesión. Paradójicamente, la vida emocional será el área de su vida que más dificultades les planteará a la hora de improvisar e imponer estructura. Con relativa frecuencia subordinarán su vida privada a su vida profesional, prefiriendo dedicar sus energías a un entorno en el que no se sienten tan amenazados. En consecuencia, para ellos sería muy beneficioso replantearse sus prioridades.

Es probable que desde la infancia hayan demostrado sus capacidades analíticas y prácticas, e impresionado a los demás con su facilidad para sobreponerse a los problemas discurriendo soluciones nuevas. Cumplidos los veinticuatro años disfrutarán de oportunidades para cultivar las relaciones personales, y es importante que las aprovechen dado que sienten una fuerte necesidad de construir una vida personal que les satisfaga, por mucho que intenten negarlo. Igualmente, durante estos años pondrán énfasis en el cultivo de la creatividad.

Sea cual sea su edad, si aceptan que algunas veces la mejor solución a un problema es dejar de esforzarse para solucionarlo o entenderlo y simplemente avanzar con confianza, serán capaces de ofrecer a los demás los frutos de sus investigaciones por medio de reinterpretaciones tan innovadoras como inspiradoras.

En contra

Retraídos, impacientes, solitarios

A favor

Innovadores, estructurados, imaginativos

30 de agosto

El nacimiento de la estabilidad

Las personas que nacieron el 30 de agosto suelen ejercer un rol de protección y liderazgo tanto en su vida personal como en su vida profesional. Sus familiares, amigos y compañeros de trabajo acuden a ellas en busca de estabilidad, orientación, motivación y apoyo. Puesto que suelen ser individuos inteligentes, lúcidos y muy capaces, no tienen problemas para asumir dicha responsabilidad.

De gran resistencia y muy centradas en sus objetivos, las personas nacidas en esta fecha parecen destinadas a obtener el éxito y el reconocimiento sea cual sea el campo en el que se hayan especializado. Poseen una mente mercurial que les confiere una curiosidad muy acentuada así como el deseo de imponer orden y estructura en su vida profesional y personal. Puesto que parecen tan responsables y dueños de sí mismos, estos individuos corren el riesgo de atraer a mucha gente necesitada. Y, aunque es cierto que disfrutan orientando y protegiendo a los demás, es importante que entiendan que existe una diferencia entre quienes verdaderamente necesitan ayuda y la gente vaga o irresponsable. Asimismo, deben asegurarse de que su necesidad de controlar a los demás no fomenta en exceso su dependencia.

Desde la infancia es probable que se hayan sentido interesados por estudiar a las personas y las situaciones con el fin de entenderlas, mejorarlas y dirigirlas. Cumplidos los veintitrés, y durante los treinta años siguientes, su vida experimenta un giro caracterizado por un mayor énfasis en las asociaciones de todo tipo, las personales y las profesionales. Durante este tiempo también desarrollarán su sentido de la belleza y la armonía, y es posible que decidan explorar su creatividad. Es, pues, importante que en estos años no se obsesionen con los aspectos materiales de su vida y que no sólo se dediquen a ganar dinero, a resolver problemas prácticos y a dirigir y organizar. De lo contrario, el precio será muy alto y sacrificarán sus necesidades emocionales y espirituales.

Tengan la edad que tengan, cuanto más conectados estén con los sentimientos propios y ajenos, y cuanto más conscientes sean del poder de la intuición, y más se decidan a usarlo, mayores serán el poder, la felicidad y la satisfacción que lograrán atraer hacia sí.

31 de agosto

El nacimiento de la aprobación dinámica

Su mayor reto es

Superar su dependencia de la aprobación de los demás

El camino a seguir es...

Entender que si su valía personal depende de la atención o la aprobación de los demás, usted no controla su vida.

Las personas que nacieron el 31 de agosto están dotadas con ingentes cantidades de energía y entusiasmo. Suelen ser atractivas y tienen un talante divertido que les granjea la simpatía de los demás sin aparente esfuerzo. Además, generalmente escalan peldaños en la carrera del éxito ocupando puestos de liderazgo.

En su compañía la vida parece más fácil. Ahora bien, su popularidad y su éxito tienen un precio. Aunque son extremadamente astutos a la hora de entender las motivaciones de los demás —y de influir en sus pensamientos y estados de ánimo—, en lo que concierne a su desarrollo personal pueden estar completamente a oscuras. Inconscientes de su propias necesidades, es probable que dependan fuertemente de la atención y la aprobación de los demás para sentirse valorados. En última instancia, se trata de una estrategia peligrosa dado que deja su felicidad en manos de terceros. Sólo cuando puedan controlar su necesidad de atención pública lograrán crecer psicológicamente y, si bien suelen ser muy dinámicos social y profesionalmente, su «éxito» en la vida puede ser un tanto hueco.

A partir de los veintidós años de edad y durante los treinta años siguientes, estos individuos ponen un mayor énfasis en las relaciones personales. Durante este periodo es importante que no se pierdan en el trabajo o con personas que no merecen la pena. Su felicidad y realización personal dependen de su capacidad para buscar orientación y aprobación en su interior. Si no lo hacen, seguramente se sentirán estresados, confundidos y muy frustrados. Afortunadamente, en esta época también ponen el acento sobre el desarrollo de la creatividad y es necesario que aprovechen las oportunidades que les presente la vida para pensar y actuar de manera más independiente.

Cumplidos los cincuenta y dos años, alcanzan un punto de inflexión del que salen reforzados y con una mayor necesidad de cambio en el plano emocional, cosa que incrementa su autocontrol y los hace más resistentes. Sea cual sea su edad, cuanto antes aprendan a depender menos de la aprobación de su entorno y a confiar más en la intuición, mayores serán sus probabilidades de encontrar la verdadera felicidad y la satisfacción duradera.

En contra
Necesitados, frustrados, estresados

A favor
Energéticos, dinámicos, astutos

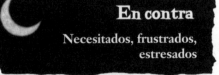

1 de septiembre

El nacimiento del superviviente

Las personas que nacieron el 1 de septiembre suelen estar obsesionadas con su trabajo, pero esto no significa que sean aburridas o poco inspiradoras. Antes bien lo contrario, puesto que el trabajo les resulta muy exigente y tan satisfactorio que asumen las responsabilidades con gran emoción y entusiasmo. Nada les gusta más que poner a prueba su capacidad con retos y desafíos profesionales. Por ello, también se muestran muy receptivos a las sugerencias constructivas de los demás. De hecho, están dotados con la resistencia física y mental necesaria para sobrevivir a las circunstancias más desgastantes, y enfrentan las adversidades con un orgullo especial. Esto los convierte en los auténticos supervivientes del año.

Se toman muy en serio y toman muy en serio sus responsabilidades profesionales. Por este motivo, sería conveniente que disfrutasen un poco más de la diversión y la compañía de los demás, aunque su energía, entusiasmo, diligencia y curiosidad insaciable suele compensarlo. Siendo tan dedicados y diligentes en su trabajo, no sorprende que muchos de ellos alcancen el éxito profesional. Ahora bien, algunas veces su gusto por los desafíos y su absoluto rechazo a darse por vencidos no les ayudan demasiado. A modo de ejemplo: es posible que aguanten cosas o circunstancias simplemente porque se sienten incapaces de seguir adelante, porque no pueden admitir la derrota o no saben cuándo es el momento de retirarse.

Cumplidos los veintiún años de edad, y durante los treinta años siguientes, estos individuos gozarán de numerosas oportunidades para construir relaciones personales más sólidas y fortalecer su intuición. Es importante que las aprovechen toda vez que esto les ayudará a gestionar mejor sus tiempos. De este modo podrán maximizar sus probabilidades de éxito como resultado de saber cuándo es momento de esperar o de seguir adelante. Es muy posible que durante estos años se debatan entre la modestia y la confianza. En todo caso, cuando encaran un proyecto con entusiasmo y una actitud positiva son capaces de motivar e insuflar energía a los demás.

Sea como fuere y tengan la edad que tengan, su dureza física y mental y la claridad con que persiguen sus objetivos les proporcionan el potencial necesario para lograr grandes cosas e inspirar a las personas que conforman su entorno.

Su mayor reto es

Saber cuándo parar

El camino a seguir es...

Entender que menos es más. Algunas veces es mejor esperar o retirarse cuando todavía están a tiempo.

En contra

Insistentes, demasiado esforzados y serios

A favor

Valientes, resistentes, trabajadores

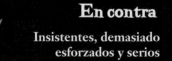

2 de septiembre

El nacimiento del espíritu igualitario

Las personas nacidas el 2 de septiembre son idealistas, muy vivarachas y defienden una visión igualitaria del mundo. Por lo general son los primeros en alzar su voz en defensa de los derechos de las personas, siendo así que cuando expresan sus opiniones se aseguran de que todo el mundo las entienda, sea cual sea su origen o nivel educativo.

No toleran la pretenciosidad ni las complicaciones innecesarias, y valoran enormemente la sencillez en el uso del lenguaje, la acción y el comportamiento. Los demás siempre saben cuál es su postura frente a los temas y también saben que, con independencia de la situación o las circunstancias, siempre recibirán un trato justo y tendrán la oportunidad de probar su capacidad. De hecho, estos individuos valoran tanto la igualdad y el juego limpio que cuando compiten directamente con otras personas no dudarán en retirarse y permitir que avancen, aun cuando estén perfectamente cualificados para hacer el trabajo o merezcan el ascenso. Es, pues, importante que entiendan que avanzar cuando sus talentos o sus méritos lo justifican no significa que sean pretenciosos o egoístas; simplemente significa que se valoran en su justa medida.

Cumplidos los veinte años de edad y durante los treinta años siguientes, estos individuos sentirán una mayor necesidad de relacionarse con los demás. Una vez más, es importante que no se infravaloren y sean conscientes de que establecer relaciones igualitarias con los demás puede ser indispensable para alcanzar sus ideales de justicia, honestidad, inclusión y respeto. Durante este periodo disfrutarán de sobradas oportunidades para desarrollar la creatividad. Deberían aprovecharlas porque así inyectarán inspiración en su vida laboral. Luego de cumplir los cincuenta y un años, alcanzan un punto de inflexión del que salen con una mayor conciencia de su persona.

Sea cual sea su edad, cuanto antes se den cuenta de que no viven para trabajar sino que trabajan para vivir, más satisfactoria será su vida, y mayores serán sus posibilidades de descubrir el potencial con el que cuentan para ejercer una influencia beneficiosa e inspiradora en sus semejantes.

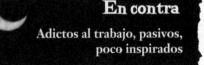

3 de septiembre

El nacimiento de la mariposa de hierro

Los nacidos el 3 de septiembre son individuos que cuentan con una determinación remarcable, una cualidad que quienes no les conocen bien pueden no valorar hasta que se produce una situación de conflicto. En términos generales, prefieren adoptar un enfoque más delicado y conciliador, en la creencia de que con la comunicación se consigue más que con el combate. Este estilo personal puede resultar muy efectivo si bien es posible que las personas de su entorno lo infravaloren o malinterpreten su voluntad de hierro.

Están dotados con una mente aguda e independiente, así como con un muy desarrollado sentido de la justicia y el juego limpio, y con grandes habilidades técnicas y organizativas. Su deseo de alcanzar la excelencia les conducirá al éxito en los planos personal y profesional. Aunque todo en su persona refleja su afán de perfección, su estilo fácil, espontáneo y natural facilita en gran medida su relación con los demás.

Cumplidos los diecinueve y durante los treinta años siguientes, estos individuos adquirirán progresivamente una mayor conciencia de la importancia de las asociaciones y las relaciones personales. Sus capacidades creativas también se incrementarán durante este periodo, y es muy posible que el trabajo que realicen se avance a su tiempo. Desafortunadamente, no siempre podrán identificar o expresar con claridad sus objetivos e ideales, dando por hecho que los demás están en la misma onda que ellos cuando lo cierto es que no. Así las cosas, tomarse tiempo para simplificar y explicar claramente sus pensamientos o sus métodos será de vital importancia. Luego de cumplir los cuarenta y nueve, alcanzan un punto de inflexión que se resuelve con una mayor necesidad de cambio, transformación y poder personal.

Sin embargo, a lo largo de toda su vida, si logran desarrollar la confianza en sus capacidades y superan el miedo al fracaso entendiendo que ningún fracaso es fracaso si se aprende algo de la experiencia, seguramente combinarán sus ideas novedosas con su voluntad de hierro y su atractivo natural, no sólo para eclipsar a los demás sino para erigirse en influyentes agentes de progreso.

Su mayor reto es

Superar el miedo al fracaso

El camino a seguir es...

Entender que el fracaso es un ingrediente fundamental del éxito porque pone de relieve lo que funciona y lo que no funciona.

En contra

Propensos a procrastinar, pasivos, dubitativos

A favor

Decididos, sociables, originales

4 de septiembre

El nacimiento del planificador

Las personas que nacieron el 4 de septiembre son los grandes planificadores del año. Aportan precisión y método a todo lo que hacen, y siempre están planificando, organizando, diseñando e implementando sistemas para que el futuro sea más productivo. Las personas de su entorno acuden a ellas en busca no sólo de consejo sobre los procesos, sino también para saber cómo hacer planes de futuro.

Dotados con una capacidad natural para discernir cómo funcionan los sistemas, los procedimientos, las estructuras, los establecimientos y la práctica totalidad de las cosas, para estos individuos la eficiencia es un valor fundamental. Por esta razón, son muy brillantes cuando se trata de encontrar atajos o formas mejores de hacer las cosas. Por lo general, disfrutan criticando, derribando o poniendo de relieve los defectos o fallos de un proyecto. Su conocimiento es tan amplio que deberían asegurarse de utilizarlo bien y no prestar atención a causas o proyectos que no lo merecen. Desafortunadamente, los individuos menos evolucionados nacidos en esta fecha —que por suerte son pocos— son unos estafadores formidables.

A partir de los dieciocho años de edad sienten una mayor necesidad de asociarse y relacionarse con otras personas. Durante este periodo también es probable que desarrollen su sentido de la belleza y la armonía. Es, pues, importante que su tendencia a planificar el futuro no les cierre las puertas a un presente feliz. Cumplidos los cuarenta y nueve años, su vida experimenta un giro que se resuelve con un mayor énfasis en la regeneración emocional y espiritual, así como con numerosos proyectos financieros o de negocios.

Durante toda su vida, la clave de la felicidad y de su éxito no necesariamente se encuentra en las ganancias materiales o en la carrera profesional, sino en el desarrollo de su espiritualidad, un objetivo que puede confundirles o incluso asustarles. Sea como fuere, una vez que entiendan que el crecimiento espiritual —y no el progreso material— es un proyecto que requiere concentración, dedicación y pasión, estos individuos serán capaces de materializar sus esperanzas de futuro de la manera más perceptiva, poderosa e inspiradora posible: en el presente.

En contra
Irrespetuosos, exigentes, quisquillosos

A favor
Responsables, minuciosos, constructivos

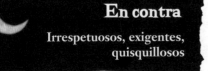

5 de septiembre

El nacimiento de una mente extraordinaria

Las personas que nacieron el 5 de septiembre poseen una imaginación extraordinaria que les permite presentar al mundo ideas y proyectos fantásticos con un gran potencial. Su capacidad para resolver problemas inspira a familiares, amigos y compañeros de trabajo, así como su ingenio contagioso, su generosidad afectuosa y su entusiasmo insobornable.

Magnéticos, de mente y movimientos rápidos, estos individuos sienten un poderoso deseo de hacer realidad sus sueños, que no suelen ser únicamente para su propio beneficio sino para el de toda la humanidad. No obstante, pese a este deseo genuino de ayudar a los demás, es frecuente que su honradez les impida valorar con realismo sus posibilidades de éxito y que de manera involuntaria saboteen sus esfuerzos y sus planes. Así las cosas, es importante que aprendan a mejorar sus técnicas de evaluación de manera tal que puedan minimizar las posibilidades de fracaso, así como que tomen las medidas necesarias para evitar cometer errores. Lo conseguirán si aprenden a distinguir aquello que es viable desde una óptica realista de lo no pasa de ser una mera fantasía. Si se ciñen a lo viable y se esfuerzan para mejorar las cosas, lo más probable es que alcancen el éxito en casi todos los proyectos que emprendan.

Desde muy temprana edad es posible que hayan sido personas muy solitarias y retraídas. Ahora bien, en torno a los diecisiete años, y durante los treinta años siguientes, estos individuos atraviesan un punto de inflexión que pone el acento sobre la interacción social y experimentan una mayor necesidad de ser populares y gozar del aprecio de los demás. Las relaciones personales y profesionales también desempeñarán un rol importante en su vida, y será en estos años cuando su extraordinario potencial creativo se manifieste en todo su esplendor. Si logran controlar esa creatividad y mantenerla arraigada en la realidad, disfrutarán de un increíble potencial para triunfar, realizarse y obtener el reconocimiento de su entorno. En cualquier caso, tengan la edad que tengan, son individuos dotados con una chispa mágica y una energía tan positiva como expansiva; tanto así que, con una pequeña dosis de buen juicio, seguramente conseguirán todo o casi todo lo que se propongan.

En contra
Irresponsables, poco realistas, autodestructivos

A favor
Energéticos, creativos, divertidos

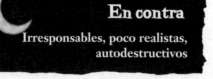

6 de septiembre

El nacimiento del destino

A pesar de que se esfuerzan lo indecible para planificar y organizar su vida, las personas que nacieron el 6 de septiembre parecen predestinadas a enfrentase a lo inesperado. Las cosas nunca llegan a instalarse en una rutina que les resulte cómoda y, aunque esto puede hacer que se sientan ansiosas y llenas de dudas, en lo más profundo de su ser es lo que les gusta.

Desde los dieciséis años de edad y hasta los cuarenta y seis, sienten una fuerte necesidad de relacionarse con otras personas. Cumplidos los cuarenta y siete, su vida experimenta un giro que se resuelve con una reflexión más profunda en torno a su persona y sus capacidades. Será en estos años cuando empiecen a sentirse menos ansiosas y más seguras de sí mismas. Con el paso de los años se fortalecerá su creencia en el destino, convencidas de que desempeña un papel importante en su vida, que modela las situaciones que viven y selecciona a las personas que encuentran en su camino.

La ventaja de creer en el destino es que no tardan en desarrollar la capacidad de enfocar su intensidad y su creatividad en los detalles del momento presente, que es la receta para una vida plena y feliz. Asimismo, estos individuos pueden ser muy comprensivos y afectuosos con todas las personas que integran su entorno, cosa que genera buen ambiente y armonía en sus relaciones personales. El inconveniente es que no invierten suficiente energía en la planificación o la preparación de lo que se avecina, y no es raro que olviden que sus pensamientos, acciones y su comportamiento de hoy también están creando el futuro.

Dado que enfocan su energía en el momento presente y consideran que ninguna persona, palabra, acción o situación es trivial o irrelevante, estas personas son compasivas y fatalistas al mismo tiempo. Siempre y cuando se aseguren de que esta tendencia a pensar negativamente no atrae la mala suerte, que su creencia en el destino no les hace ser extremadamente prudentes, y su naturaleza desprendida no les impide recibir de los demás, disfrutarán de sobrado potencial para erigirse en unas criaturas altamente desarrolladas, expresivas, progresistas y verdaderamente inspiradoras.

Su mayor reto es

Manejar los imprevistos

El camino a seguir es...

Entender que dado que siempre habrá aspectos de la vida que no puedan controlar, en sus planes siempre habrá que hacer un hueco para lo inesperado.

En contra
Inseguros, pasivos, fatalistas

A favor
Simpáticos, apasionados, comprometidos

7 de septiembre

El nacimiento
de la tenacidad

Las personas que nacieron el 7 de septiembre poseen una tenacidad encomiable. Cuando decidan hacer algo, nada podrá impedir que lo consigan. Sus ambiciosas metas profesionales son lo más importante y, sean cuales sean los obstáculos que tengan que superar, nunca se rendirán antes de haber logrado su objetivo, aun cuando esto signifique granjearse una legión de enemigos.

Aunque pueden mostrarse despiadados en su camino hacia el éxito, también son extremadamente leales, protectores y comprensivos con sus familiares y amigos. Las personas de su entorno respetan su determinación, su pasión por ayudar a los más necesitados y su fortaleza interior, si bien algunas veces temen manifestarse en su contra. Desgraciadamente, esto significa que las amistades tienden a distanciarse en una primera fase, por lo que generalmente cuentan con muchos conocidos pero muy pocos amigos.

Por suerte, disfrutan de muchas oportunidades para rectificar esta situación, especialmente entre los quince y los cuarenta y cinco años de edad, cuando ponen el acento sobre la vida social y las relaciones personales y profesionales, así como en el deseo de desarrollar su potencial creativo. Deberían aprovechar estas oportunidades adoptando una actitud vital más flexible, y reconociendo que el éxito profesional, por gratificante que pueda ser, nunca les proporcionará una satisfacción tan profunda como las relaciones positivas con los demás y con su propia persona.

Cumplidos los cuarenta y seis años de edad, estos individuos alcanzan un punto de inflexión que les anima a buscar un sentido más profundo de su vida y ponen un mayor énfasis en la transformación personal y la búsqueda de la armonía interior. Si aprenden a vivir sin perder esto de vista —en lugar de enfocarse en el trabajo o en otras personas—, sin duda encontrarán la satisfacción que tanto anhelan. También descubrirán que su tenacidad, la compasión que sienten por los desamparados y su manera valiente de encarar la adversidad, les ayudarán a ampliar sus conocimientos y su capacidad emprendedora de tal manera que todas las personas de su entorno y ellos mismos salgan beneficiados.

8 de septiembre

El nacimiento
de la superioridad complicada

En su mayoría, las personas que nacieron el 8 de septiembre tienen una visión de la vida blanca o negra. Dicho esto, sorprende constatar que, si bien los demás reconocen rápidamente su superioridad intelectual, estos individuos suelen parecer muy complicados o enigmáticos. Esto se debe a que en lugar de mostrar su verdadera naturaleza, los nacidos en esta fecha suelen adoptar la identidad de la causa o el grupo que representan.

Con su fuerte determinación a la hora de conducir a los demás por el camino correcto, y sus excelentes habilidades comunicativas, se ganan el respeto de las personas de su entorno, aunque no necesariamente su afecto. En cualquier caso, pueden surgir problemas —y esporádicamente la confrontación— cuando los demás no están de acuerdo con sus opiniones. Tan convencidos están de la superioridad de sus conocimientos o méritos que frecuentemente desdeñan los puntos de vista alternativos o discrepantes. Esto no sólo les granjea enemigos sino la reputación de ser estrechos de miras. Así las cosas, es crucial que tomen conciencia del efecto negativo que su actitud superior tiene en los demás, aun en aquellas personas cuyos intereses apoyan o promueven con pasión.

Entre los catorce y los cuarenta y cinco años de edad adquirirán progresivamente una mayor conciencia de la importancia de las relaciones sociales y desarrollarán su capacidad creativa. Pueden ser años muy dinámicos, especialmente si aprenden a ser un poco menos autoritarios y un poco más sensibles con los demás. Cumplidos los cuarenta y cinco, su vida experimenta un giro del que salen con una mayor conciencia de su persona. En este periodo ponen el acento sobre el poder, la intensidad y la transformación personal. Durante estos años, y de hecho durante toda su vida, es muy probable que ejerzan roles de liderazgo o que se integren en un grupo de liderazgo.

Para su crecimiento psicológico nada será más importante que trabajar la tolerancia, porque si bien normalmente saben qué es lo mejor para los demás y para el mundo en su conjunto, es posible que los demás o el mundo todavía no estén preparados para oírlo.

Su mayor reto es

Ser ellos mismos

El camino a seguir es...

Entender que usted, como cualquier otra persona, es un ser humano cargado de contradicciones.

En contra
Difíciles, inflexibles, orgullosos

A favor
Influyentes, progresistas, comprometidos

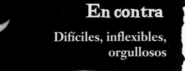

9 de septiembre

El cumpleaños del eslabón perdido

Su mayor reto es

Dejar de preocuparse

El camino a seguir es...

Entender que muchas veces el miedo es la mayor preocupación, y que el mejor antídoto para el miedo es la osadía. Siempre que uno actúa con osadía está liberando el poder de la creatividad.

Aunque los individuos nacidos el 9 de septiembre poseen una mente original, inquisitiva y aguda, suelen proyectar una imagen seria y de mucha responsabilidad. Por razones que ellos mismos no entienden, es frecuente que se vean envueltos en situaciones difíciles o complicadas. Parcialmente, esto se debe a que sienten que en su vida falta algo, con independencia de su éxito, estabilidad o de la admiración que les profese su entorno.

Desde muy temprana edad, están buscando aquello que les falta y les impide ser felices —aunque generalmente no saben de qué se trata. A resultas de ello, se sienten arrastrados hacia situaciones rocambolescas, complicadas o de difícil solución. Y lo mismo es aplicable a sus compañías, que no siempre son las más adecuadas para su desarrollo personal, cosa que puede causar sentimientos de ansiedad o inseguridad.

Es importante que entiendan que en el mundo exterior nunca encontrarán ese eslabón perdido que están buscando. Simple y llanamente porque para encontrarlo deben explorar su vida interior e identificar sus necesidades espirituales. Esto les ayudará a encontrar el equilibrio entre su búsqueda de emociones y los aspectos más profundos de la existencia. Seguramente, en un primer momento, la introspección será una actividad que les asuste, y por ello preferirán solazarse con comportamientos imprudentes o temerarios antes que enfrentarse a la verdad de su persona. Ahora bien, la búsqueda interior es la única forma de entender que ellos y sólo ellos pueden impedir el desarrollo de todo su potencial para triunfar y conseguir la realización personal.

Entre los trece y los cuarenta y tres años de edad ponen el acento en la vida social, las asociaciones y las relaciones personales. Será en estos años cuando más atraídos se sientan por las personas o las situaciones difíciles. Después de los cuarenta y cuatro su vida experimenta un giro del que emergen con una mayor necesidad de regenerarse emocional y espiritualmente. Esto podrá espolearles hacia cotas más elevadas ya que, empujados por la fuerza de voluntad, el entusiasmo y la seguridad en sí mismos, estos individuos no sólo encontrarán el eslabón perdido que siempre han estado buscando, sino que serán capaces de hacer milagros.

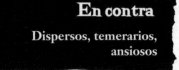

En contra
Dispersos, temerarios, ansiosos

A favor
Curiosos, responsables, comprometidos

10 de septiembre

El nacimiento de la responsabilidad inspirada

Las personas que nacieron el 10 de abril suelen tener las ideas claras y opiniones firmes. Centrados, reflexivos y preocupados por el bienestar de los demás, estos individuos poseen la capacidad de detectar y categorizar todos los detalles, cosa que les confiere un aura de personas sensibles, responsables y de muchos recursos.

Dotados con una gran versatilidad y fortaleza interior, saben cómo sobrevivir y emplean sus fortalezas para ayudar a los demás a encarar la vida de manera más positiva e independiente. Aunque afrontan las responsabilidades con mucha seriedad, una parte de ellos desea liberarse. Así las cosas, durante toda su vida enfrentan el reto de alcanzar un equilibrio entre estas dos tensiones aparentemente contradictorias. Entre los doce y los cuarenta y dos años de edad, suelen enfocarse en los demás, particularmente por su fuerte necesidad de inspirar aprecio y confianza. Es probable que desde muy temprana edad sepan de la importancia de la diplomacia y de aceptar las debilidades ajenas. Como resultado de ello, los demás confían en su estabilidad; con todo, es importante que no permitan que se aprovechen de su buena fe. Para su crecimiento psicológico es clave que durante este periodo encuentren la manera de desarrollar su creatividad y su individualidad.

Cumplidos los cuarenta y dos años, su vida experimenta un giro que se resuelve con una mayor conciencia del poder de su persona. Además, disfrutarán de oportunidades para incrementar su resistencia. Una vez más, es importante que aprovechen estas oportunidades dado que tienen una tendencia natural a anteponer las necesidades y los talentos ajenos a los propios. Por este motivo, es necesario que aprendan que sus necesidades y talentos son igualmente valiosos o más.

De hecho, cuanto antes descubran la valía de sus talentos, capacidad de innovación y pensamiento —en ocasiones revolucionario—, mejor. Cuando empiecen a escuchar los dictados de su corazón —y no sólo los del cerebro—, un aura de glamour se fundirá con su estabilidad y su sentido de la responsabilidad característicos. En la práctica, esto significa que cuando entren en una habitación las personas allí congregadas repararán de inmediato en su presencia y querrán escuchar lo que tengan que decir.

En contra
Pasivos, insatisfechos, poco inspirados

A favor
Capaces, influyentes, responsables

11 de septiembre

El nacimiento del idealista radical

Las personas que nacieron el 11 de septiembre piensan con claridad y de manera independiente. No es de extrañar, por tanto, que su visión sea escasamente convencional y sorprenda a sus interlocutores. Además de la firmeza de sus opiniones, también son individuos muy compasivos que sienten la necesidad de ayudar al prójimo. Tan fuerte es esta necesidad que a veces adopta formas radicales, llámese defender la tradición con enardecimiento o rebelarse en su contra con actitud desafiante.

Con independencia de la posición que quieran defender, lo harán con pasión llegando incluso a correr riesgos para demostrar la verdad de sus convicciones. Algunas veces pueden parecer muy serios o críticos, pero tras esta imagen de arrojo y valentía se oculta un ser que anhela la estabilidad y busca una figura autoritaria que le sirva de guía. Con relativa frecuencia, en su interior se libra una silenciosa batalla o existe un conflicto que se manifiesta en la forma de cambios de humor repentinos o vaivenes emocionales intensos.

Entre los once y los cuarenta y un años de edad, estos individuos se concentran en construir relaciones personales. Además, en esta época tendrán sobradas oportunidades para explorar su creatividad. Es importante que las aprovechen dado que las relaciones personales satisfactorias les aportarán la orientación y el sentido la perspectiva que a veces les falta. Por otro lado, el cultivo de sus intereses literarios, artísticos o creativos les servirá para conectarse con la intuición, que es la clave de su crecimiento psicológico. Cumplidos los cuarenta y dos años, alcanzan un punto de inflexión que de una u otra forma los transformará, incrementando su autocontrol y su resistencia.

Si deciden escuchar a su intuición y no tanto a sus convicciones, si son más tolerantes y, lo que es más importante, si encuentran una causa que les motive, descubrirán que ya no quieren sorprender o escandalizar a los demás con sus palabras y sus actos radicales. De entonces en adelante querrán desarrollar todo su potencial y animar a los de más para que hagan lo mismo. De este modo estos individuos decididos e imaginativos dejarán su impronta en el mundo y cumplirán con su destino: erigirse en los revolucionarios o los tradicionalistas de su tiempo.

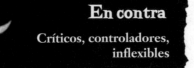

En contra

Críticos, controladores, inflexibles

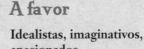

A favor

Idealistas, imaginativos, apasionados

12 de septiembre

El nacimiento del motivador

Las personas que nacieron el 12 de septiembre tienen mucho carisma, energía y poderosos ideales. Asimismo, están dotadas con un fuerte deseo de compartir sus conocimientos con los más desfavorecidos y animan a los demás a superarse. Son excelentes motivadores, gente muy admirada por las personas de su entorno.

Como se ha esbozado, estos individuos quieren motivar, servir y educar a los demás, y luchan denodadamente por las causas en las que creen. Rara vez les falta coraje y responden incondicionalmente a las necesidades de sus familiares, amigos y demás personas en situación de necesidad. La gente suele acudir a ellos en busca de apoyo y aliento. Si no ejercen de líderes, se alinearán con quien detente el poder. No obstante, en algún momento de su vida es necesario que averigüen si su afán por animar a los demás se arraiga en un deseo genuino de inspirarles o de controlarles. Si es esto último, corren el riesgo de transformarse en dictadores o de situarse en la órbita de alguien con maneras dictatoriales. Ahora bien, si es lo primero, entonces cuentan con un potencial extraordinario para modelar positivamente el pensamiento y la conducta de las personas de su entorno.

Hasta los cuarenta años de edad, estos individuos invierten sus energías en incrementar su popularidad. Como consecuencia de ello, es posible que se sobrecarguen de trabajo y compromisos. Durante estos años aprenderán muchas cosas acerca de lo que les motiva a través de sus relaciones con otras personas. En cualquier caso, cumplidos los cuarenta, su vida alcanza un punto de inflexión y descubren la importancia de identificar cuál será su contribución al mundo. Será en estos años cuando se muestren más lúcidos y reflexivos.

Sea como fuere y tengan la edad que tengan, deberían ser conscientes de que escuchar su voz interior y determinar a quién o a qué quieren dedicar su considerable energía y sus talentos, es la clave de su éxito. La reflexión les permitirá hacer importantes aportaciones a la sociedad, no sólo para mejorar las vidas de las personas de su entorno, sino para mejorar el mundo en su conjunto.

Su mayor reto es

Evitar sobrecargarse de información

El camino a seguir es...

Entender que de vez en cuando necesitan tomarse un tiempo para estar solos. La privacidad sirve para recargarse de energía y verlo todo con una óptica panorámica.

En contra
Poco fiables, controladores, excesivamente ansiosos

A favor
Motivadores, optimistas, no conocen el miedo

378

13 de septiembre

El nacimiento de la concentración fervorosa

Las personas nacidas el 13 de septiembre suelen dedicarse a su trabajo con pasión. Su capacidad de concentración no tiene parangón y su determinación es verdaderamente asombrosa. De hecho, muchas personas nacidas en esta fecha tienen la capacidad de enfrentarse y superar cualquier adversidad o desafío que les plantee la vida.

Una de las razones de su gran fortaleza es la insobornable creencia en sus capacidades. A estos individuos les importa sobremanera ser honestos consigo mismos, con independencia de modas y tendencias. Aunque es cierto que su actitud vital sencilla, directa y en ocasiones peculiar les granjea numerosos admiradores, también lo es que puede ser objeto de muchas bromas. En cualquier caso, esto no les preocupa lo más mínimo, porque saben que tarde o temprano los demás se darán cuenta de que sus métodos son acertados.

No cabe duda de que su fuerza de voluntad y su concentración son superiores a la media, pero en lo que concierne a los asuntos del corazón es posible que estos individuos no puedan demostrar la misma pasión o el mismo grado de compromiso. Así las cosas, es importante que se aseguren de no reprimir sus emociones dado que sólo cuando hayan aprendido a aceptarlas y manejarlas podrán crecer psicológicamente. Si no son capaces de encarar sus emociones, corren el riesgo de transformarse en personas controladoras, crueles e incapaces de comprometerse.

Afortunadamente, hasta los treinta y nueve años de edad disfrutarán de sobradas oportunidades para construir relaciones personales satisfactorias de las que puedan aprender. Cumplidos los cuarenta, alcanzan un punto de inflexión del que emergen con una mayor conciencia del poder de la transformación personal. Sea cual sea su edad, cuanto antes aprendan a escuchar los dictados de su corazón con la misma pasión que exhiben al usar la cabeza, antes serán capaces de entregar su talento a una causa que merezca la pena. De este modo predicarán con el ejemplo y podrán dedicarse a hacer de este mundo un lugar mejor.

Su mayor reto es

Abrirse emocionalmente

El camino a seguir es…

Entender que no hay que reprimir las emociones. Es necesario escucharlas, aceptarlas y utilizarlas.

En contra
Compulsivos, fríos, aislados

A favor
Dedicados, intensos, resistentes

14 de septiembre

El nacimiento del pensador resolutivo

Las personas que nacieron el 14 de septiembre son, típicamente, las primeras en que uno piensa cuando necesita encontrar la solución a un problema o entender una situación concreta. Poseen un sentido crítico, una creatividad y una habilidad para resolver problemas fuera de toda duda. Además, dado que no temen investigar los problemas, descubrir sus causas y señalarlas, tienen una bien merecida reputación de librepensadores progresistas e innovadores.

Las soluciones a medias o de compromiso no forman parte de su vocabulario, siendo así que su principal objetivo es trabajar para mejorar las cosas. Aunque su capacidad de análisis y de discurrir soluciones puede convertirles en poderosos agentes del progreso y el cambio, también puede granjearles una legión de enemigos. Esto se debe a que necesitan ser más delicados y aprender a relacionarse con más tacto. Y no es que quieran ofender a los demás; antes bien al contrario, puesto que siempre trabajan con la mejor intención. Ocurre que son tan perspicaces, tan francos y directos que a veces no entienden que la gente no está preparada para escuchar la verdad de forma abrupta, descarnada y sin adornos. Por esta razón, es necesario que la endulcen o la expongan con delicadeza.

Hasta los treinta y ocho años de edad gozarán de numerosas oportunidades para cultivar la diplomacia y el tacto en sus relaciones con los demás, así como para desarrollar la creatividad. Deberían aprovechar estas oportunidades porque la construcción de relaciones satisfactorias y la adopción de una actitud más flexible son las claves de su éxito en los planos personal y profesional. Cumplidos los treinta y nueve, su vida experimenta un giro del que emergen siendo más resistentes. Es importante que en esta etapa entiendan la poderosa influencia que sus palabras y sus actos ejercen sobre los demás. Escuchar la voz interior que les guía antes de responder o reaccionar ante una situación, les ayudará a interactuar de manera más positiva y productiva con las personas de su entorno.

En cualquier caso y tengan la edad que tengan, una vez que estos individuos energéticos y constructivos hayan encontrado una causa que les motive, disfrutarán de sobrado potencial no sólo para cambiar radicalmente las cosas sino para asegurarse de que todo el mundo —ellos incluidos— vuele alto y caiga con los pies en el suelo.

Su mayor reto es

Aprender a tratar a los demás con tacto

El camino a seguir es...

Ponerse en la piel de los demás. Pensar en el impacto que sus opiniones y su conducta tienen en su entorno.

En contra

Combativos, carentes de tacto, controladores

A favor

Creativos, influyentes, constructivos

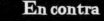

15 de septiembre

El nacimiento del especialista

Las personas nacidas el 15 de septiembre se esfuerzan mucho por triunfar. Sea cual sea su profesión o la tarea a la que dediquen su considerable energía, lo más probable es que terminen siendo grandes especialistas. Igualmente, el dominio de su campo los destaca sobre el resto.

Las personas de su entorno sienten admiración tanto por su maestría como por sus profundos conocimientos del campo en el que se han especializado. Tal es su devoción por el trabajo que estos individuos pueden parecer un tanto solitarios. Aunque los amigos no sean una de sus prioridades, la familia y sus seres queridos definitivamente lo son. Poseen un extraordinario potencial para alcanzar la excelencia en su profesión, si bien la clave de su éxito no será su determinación o sus habilidades técnicas, sino su capacidad para esperar pacientemente que llegue su oportunidad. Si se lanzan antes de haber ajustado sus habilidades o antes de dominar los entresijos de su profesión, es muy posible que su ambición les impida triunfar. Ahora bien, si esperan su momento, acumulando conocimientos y experiencia, conseguirán elevarse hasta las más altas cotas.

No puede negarse que a estos individuos les gusta el dinero, y en grandes cantidades. Asimismo, suelen equiparar el estatus con la recompensa económica, cosa que puede ser perjudicial para su creatividad y su integridad. Así pues, es importante que resistan la tentación de comprometerse o de tomar atajos en su camino hasta lo más alto. Hasta los treinta y siete años de edad, disfrutarán de numerosas oportunidades para construir las relaciones personales satisfactorias que necesitan para tener sentido de la perspectiva. Después de cumplir los treinta y ocho, alcanzan un punto de inflexión que les sirve para poner un mayor énfasis en la regeneración emocional y espiritual. Además, es frecuente que se decidan a emprender aventuras financieras o se incorporen a la actividad empresarial.

Si para ese entonces han aprendido a controlar su ambición y su materialismo, será en estos años cuando puedan sacar a relucir todo lo que valen y desempeñen el rol para el que parecen predestinados: el del especialista respetado y, en ocasiones, de fama mundial.

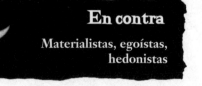

En contra
Materialistas, egoístas, hedonistas

A favor
Detallistas, motivados, ambiciosos

16 de septiembre

El nacimiento
de la vitalidad

Las personas nacidas el 16 de septiembre son individuos entusiastas y apasionados cuya alegría contagiosa encandila a cuantos tienen la suerte de cruzarse en su camino. Aunque son vivarachos y apasionados, esto no significa que también sean impacientes e impulsivos; antes bien lo contrario, dado que poseen disciplina y paciencia en cantidad suficiente como para enfocar su prodigiosa energía en una habilidad o un proyecto concreto.

Son individuos motivados por el deseo de aprender cosas, dominarlas y llevarlas más allá de los límites conocidos. Típicamente, son incansables, entregados y procuran incorporar a los demás a sus causas o proyectos. Además, se atreven a correr riesgos y no temen alzar la voz o luchar por aquello en lo que creen. De tarde en tarde su naturaleza apasionada y vital puede inducirles a rebelarse contra lo establecido y rara vez responden bien a la autoridad en cualesquiera de sus formas. Este rasgo de su carácter es notorio desde la infancia. Por encima de todo son personas rebosantes de vitalidad y energía que prosperan con los desafíos y la competencia. Ferozmente independientes, no es extraño que tengan dificultades para trabajar en equipo.

No obstante, también es cierto que a su debido tiempo aprenden el arte del compromiso, y descubren que exponer sus opiniones con suavidad siempre reporta mejores resultados que hacerlo de manera abrupta, desconsiderada o demasiado llamativa.

Hasta los treinta y seis años de edad estos individuos descubrirán que las relaciones humanas desempeñan un rol de suma importancia en su vida. También es posible que quieran ser populares y busquen el afecto de los demás, pero esto podría esquivarles si no logran controlar su franqueza impulsiva. A partir de los treinta y siete años avanzan hacia un punto de inflexión tras el cual se manifiesta una fuerte necesidad de autoconfianza y ponen un mayor énfasis en la transformación personal.

Es extremadamente importante que aprovechen cualquier oportunidad que la vida les ofrezca para controlar mejor sus energías, ya que una vez que hayan aprendido a orientar toda su pasión en la dirección correcta, estos individuos de buen corazón no sólo conseguirán labrarse un nombre sino que alcanzarán la felicidad verdadera como resultado de inspirar y hacer felices a los demás.

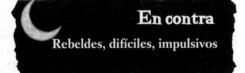

En contra
Rebeldes, difíciles, impulsivos

A favor
Energéticos, entusiastas, de buen corazón

17 de septiembre

El nacimiento de la determinación honesta

Los individuos que nacieron el 17 de septiembre son duros, fuertes y decididos. Además, poseen una visión muy clara de lo correcto y lo incorrecto. Son espíritus resistentes, valientes y heroicos que no temen trabajar muy duro. En honor a la verdad, no dudan en asumir aquellas tareas o responsabilidades ante las que los demás se arrugan, y las llevan a cabo perfectamente y con poco esfuerzo.

El control es muy importante para los nacidos el 17 de septiembre. En todo lo que hacen destacan por su disciplina, minuciosidad y compromiso. Aunque pueden ser imaginativos, en general prefieren organizar y pensar lógicamente. Los hechos, la justicia, el juego limpio, la tradición y mantener el *status quo* son conceptos que valoran en gran medida. Poseen un lado divertido pero no es fácil que salga a relucir de manera espontánea. El inconveniente es que pueden parecer serios y pesados. La ventaja es que cuando finalmente se abren, los demás saben positivamente que obrarán con absoluta sinceridad.

Hasta los treinta y cinco años de edad disfrutarán de numerosas oportunidades para desarrollar la faceta más creativa de su personalidad, y construirán relaciones personales en su vida social y profesional. Deberían aprovechar estas oportunidades para ser menos cautos y más expresivos, puesto que ofrecen un potencial tremendo para su felicidad. Cumplidos los treinta y seis, alcanzan un punto de inflexión que les estimula a buscar un significado más profundo para su vida y pone énfasis en la transformación personal.

Tengan la edad que tengan, estos individuos suelen tener recursos económicos y disfrutan de una calidad de vida notable, una de sus prioridades máximas. Es muy probable que alcancen los objetivos materiales que se han propuesto; ahora bien, para desarrollar todo su potencial deberían asegurarse de no negar su vida emocional y espiritual, puesto que el dinero sólo nunca les satisfará plenamente. Por encima de todo, son personas con una determinación inquebrantable, de modo que cuando sean conscientes del valor de las cosas que no se compran con dinero, su estrella no sólo iluminará su camino, sino que inspirará a los demás para que encaren la vida y el trabajo con una actitud más disciplinada, responsable, honesta y compasiva.

18 de septiembre

El nacimiento
de la devoción esquiva

Los nacidos el 18 de septiembre tienen algo de felino. Como los gatos, en un primer momento pueden mostrarse devotos y cariñosos, e independientes y esquivos un momento después. Aunque son individuos sociables y a veces extremadamente atractivos, son pocos los que les conocen bien. Ni tan siquiera la cercanía garantiza que estén dispuestos a comprometerse.

Tan fuerte es su necesidad de libertad absoluta que es frecuente que cambien de idea en el último instante, cosa que confunde sobremanera a las personas de su entorno. Aunque este carácter impredecible agrega a su atractivo un cierto aire de misterio, su tendencia a escabullirse o aislarse en parte es debida a que poseen una escasa tolerancia al estrés, y consideran que la mejor manera de manejar el conflicto pasa por retirarse a reflexionar en privado. Sea como fuere, los problemas surgen cuando esta necesidad de retirarse y reintegrarse al grupo se transforma en una necesidad de esconderse o escapar. Por esta razón, es necesario que aprendan que el conflicto, aunque desagradable, es un ingrediente esencial para su crecimiento psicológico.

Hasta los treinta y cuatro años de edad gozarán de muchas oportunidades para desarrollar su faceta más sociable. Y deberían aprovecharlas porque de no hacerlo corren el riesgo de adoptar una actitud excesivamente seria frente a la vida. Cumplidos los treinta y cinco, alcanzan un punto de inflexión que pone el acento sobre la necesidad de un cambio emocional profundo, así como en la intensidad y el poder de su persona. Durante estos años harán gala de una capacidad de concentración excepcional; tanto así que cuando encuentren una causa que merezca su devoción absoluta, lograrán un éxito y una satisfacción increíbles.

Siempre y cuando se aseguren de que su trabajo o sus pensamientos no les absorben tanto como para perder el rumbo o su identidad, estos individuos tan peculiares y avanzados encontrarán su manera personal de contribuir al desarrollo de la sociedad, gracias a su perspicacia y sus conocimientos.

En contra
Impredecibles, reservados, negativos

A favor
Disciplinados, profundos, devotos

19 de septiembre

El nacimiento de la imagen inmaculada

Las personas que nacieron el 19 de septiembre tienen un estilo propio y son muy conscientes de la imagen que presentan al mundo. En la mayoría de los casos, su apariencia es inmaculada y elegante; pero incluso si su imagen es informal o descuidada, no cabe duda de que habrán dedicado mucho tiempo a pensar en el efecto que su imagen tendrá en los demás. En su opinión, el mundo es un teatro y ellos son los actores, aunque esto no significa que sean cínicos. Más bien al contrario, dado que aprovechan cualquier oportunidad para actuar o interpretar un personaje.

Habida cuenta el tiempo que dedican a estudiar su imagen, no es extraño que durante toda su vida sientan el deseo de cambiar alguna cosa de su estilo o corregir alguna parte de su cuerpo. Es posible que las personas de su entorno consideren que esta preocupación por su aspecto físico es superficial y frustrante. Ahora bien, muchos de ellos entienden que la belleza interior es tan importante como la exterior. Y poseen la perspectiva equilibrada que necesitan para atraer el éxito y encontrar satisfacción en su vida. Desafortunadamente, algunas personas nacidas en esta fecha corren el riesgo de perderse en un mundo de frivolidad y superficialidad.

Hasta los treinta y dos años de edad estos individuos ponen énfasis en las relaciones personales y la vida social. Durante estos años tienen que asegurarse de no olvidar lo que verdaderamente les importa. Cumplidos los treinta y tres, alcanzan un punto de inflexión significativo tras el cual las cuestiones relacionadas con su capacidad personal adquieren una mayor relevancia, pudiendo enfocarse en la trasformación personal. Durante estos años disfrutarán de numerosas oportunidades para agregar mayor profundidad a su vida y, además de conectarse con la intuición, la clave de su crecimiento psicológico será ponerse a prueba en un amplio abanico de situaciones.

Superar retos de naturaleza personal y profesional les proporcionará la confianza necesaria para asumir el rol para el que siempre han estado predestinados, aunque quizá no hayan sido conscientes de ello: el rol del sabio profundo, seguro y refinado al que todos acuden en busca de inspiración y consejo.

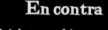

20 de septiembre

El nacimiento del controlador encantador

Las personas que nacieron el 20 de septiembre suelen tener mucho encanto y una personalidad extravertida que atrae a quienes necesitan orientación. Son líderes naturales y nada disfrutan más que guiar o controlar a individuos o grupos de individuos en el marco de un proyecto perfectamente organizado.

Las habilidades organizativas de estas personas están muy solicitadas. Ahora bien, dado que tienen problemas para decir «no» es posible que algunas veces asuman más responsabilidades que las que pueden manejar. Son gente independiente y de muchos recursos que se enorgullece discurriendo la mejor manera de resolver una situación. En general, son los individuos más capaces del grupo, si bien esto no garantiza el éxito aun cuando se empleen a fondo. Cómo encajan los reveses o el fracaso es la clave de su crecimiento psicológico. Si aprenden de sus errores y siguen adelante, su potencial para triunfar tanto en el plano personal como en el profesional será enorme. Pero si cometen una y otra vez los mimos errores, o se niegan a reconocer que sus palabras o sus actos pueden no haber sido los más indicados, bloquearán su progreso.

Hasta los treinta y un años de edad, estos individuos sentirán la necesidad de ser populares y admirados por todos. Si no tratan de imponer sus opiniones, tendrán más posibilidades de ganarse amigos y aliados. Cumplidos los treinta y dos, alcanzan un punto de inflexión que incrementa su capacidad personal y disfrutan de oportunidades para hacerse más resistentes y seguros de sí mismos. Durante estos años nada será más importante que armarse de paciencia y aprender el arte de la prudencia. Esto es debido a que tienen tendencia a lanzarse al vacío sin mirar.

Aunque nunca deberían perder su espíritu vitalista y apasionado, sus posibilidades de alcanzar la felicidad y la satisfacción personal aumentarán notablemente cuando aprendan que la mejor manera de hacer su contribución al mundo consiste en aconsejar, organizar e inspirar a las personas de su entorno, sin olvidarse de sí mismos.

En contra
Condescendientes, controladores, superficiales

A favor
Organizados, prácticos, inteligentes

21 de septiembre

El nacimiento
del buscador de sensaciones

Las personas nacidas el 21 de septiembre sienten verdadera fascinación por todo lo raro, lo inesperado, lo errático y, en algunas ocasiones, lo oscuro. Poseen una facilidad pasmosa para inyectar un aire de misterio y suspense en las situaciones más anodinas o cotidianas.

Habida cuenta esta necesidad de experimentar cosas raras, complicadas e inusuales, es probable que se sientan atraídos por los temas novedosos o bizarros que otras personas menos imaginativas ignoran. Son individuos muy sensuales y por ello no dudan en buscar nuevas sensaciones y compartir sus hallazgos o puntos de vista con las personas de su entorno. Sus mensajes suelen ser profundos aunque no siempre se interpretan correctamente, cosa que puede hacer que se sientan solos o frustrados. Tienden a perderse en sus obsesiones y discurriendo teorías raras o poco convincentes. Por esta razón, las personas de su entorno no saben muy bien quiénes son o en qué creen. Así las cosas, es extremadamente importante que se mantengan fieles a sus principios y no pierdan de vista su identidad personal.

Hasta los treinta y un años de edad, estos individuos se afanan en construir relaciones personales que les reportan autoestima y respeto. Consecuentemente, necesitan aprender a confiar en su propio juicio. También necesitan asegurarse de que esta necesidad de sensaciones no les lleva por el mal camino, no les pone en evidencia o les induce a correr peligros innecesarios. Cumplidos los treinta y dos, su vida experimenta un giro y disfrutan de numerosas oportunidades para asumir un mayor control de sus decisiones. Para su crecimiento psicológico es fundamental que aprovechen estas oportunidades y tomen las riendas de su vida.

En resumen: una vez que descubran que su interior contiene el misterio, la fantasía, las emociones y las sensaciones que tanto buscan en el mundo exterior, su atracción por lo escasamente convencional, lo nuevo y lo diferente les proporcionará inspiración y el potencial que necesitan para erigirse en instrumentos del progreso humano.

22 de septiembre

El nacimiento
del maestro constructor

Las personas que nacieron el 22 de septiembre suelen tener muchos talentos, son trabajadoras e inteligentes, poseen grandes habilidades para la comunicación y un estilo personal encantador aunque levemente excéntrico. Nada les hace tan felices como crear o construir cosas. Y tal es su pasión por los desafíos que tan pronto han terminado un proyecto saltan al siguiente y luego a otro y así sucesivamente, sin pausas entre uno y otro.

Desde muy temprana edad estos individuos sintieron que estaban en este mundo por alguna razón, cosa que explica su inquietud así como su incasable necesidad de plantearse retos y dejar su impronta en el mundo que les rodea. Sea cual sea la misión para la que se sientan llamados, perseguirán sus metas independientemente de la dificultad o las adversidades.

Es posible que algunas veces sus ideales de igualdad y justicia, así como su inteligencia superior, entren en conflicto con aquellos que tienen autoridad sobre ellos. Esto es potencialmente peligroso toda vez que se ganarán enemigos y sin duda no facilitará su camino hacia el éxito, ni personal ni profesionalmente. En consecuencia, aprender a moderarse y observar las reglas del juego cuando sea necesario, hará que su tránsito hacia el éxito resulte más llevadero.

Hasta los treinta años de edad, las relaciones personales serán de gran importancia para estos individuos, así como la necesidad de construir un entorno armonioso en las esferas personal y profesional. La consecución del equilibrio entre la vida y el trabajo de manera tal que puedan dedicar tiempo a sí mismos y a sus amigos también será importante durante estos años. Pasada la treintena, alcanzan un punto de inflexión que les proporciona seguridad emocional y un mayor autocontrol. Si logran ser más flexibles en su forma de pensar, será entonces cuando saquen lo mejor de sí mismos. Esto es así porque una vez que hayan aprendido a compensar su inquietud con tiempo de calidad y descanso, y logren conectarse con la intuición, disfrutarán de grandes oportunidades para cultivar la creatividad y desarrollar una carrera profesional exitosa y una vida plena.

En contra
Adictos al trabajo, obstinados, aislados

A favor
Progresistas, trabajadores, individualistas

LIBRA

LA BALANZA

(23 DE SEPTIEMBRE - 22 DE OCTUBRE)

* ELEMENTO: Aire

* PLANETAS INFLUYENTES: Venus, el amante

* SÍMBOLO: La balanza

* CARTA DEL TAROT: La justicia (discernimiento)

* NÚMERO: 6

* COLORES FAVORABLES: Verde, púrpura, rosa

* FRASE CLAVE: Hay que tomar decisiones

Paz y armonía son las prioridades máximas de los nacidos bajo el signo Libra. Los libra se afanan por insuflar armonía en el mundo que les rodea y algunas veces harán grandes sacrificios para lograrlo. Poseen la capacidad de ver todos los matices de un argumento y son muy respetados gracias a su amplitud de miras y su fino sentido de la belleza. No obstante, cuando se les obliga a tomar una decisión, lo más probable es que se sienten a esperar que el problema se diluya por sí solo, antes que arriesgarse o comprometerse con uno y otro lado.

El potencial de su personalidad

Encantadores, cooperadores, sociables, idealistas y brillantemente diplomáticos, los nacidos bajo el signo Libra, sean más o menos atractivos desde una óptica convencional, hacen gala de un aire de gracia y belleza que enamora a su entorno. En las discusiones es raro que se enfrenten directamente a los demás, dado que siempre prefieren ejercer de pacificadores o negociadores. No les gusta en absoluto hacer daño a la gente, siendo así que esta faceta compasiva de su personalidad hace que los demás les consideren pusilánimes. Y no podrían estar más equivocados. En la superficie es posible que se adapten, se ajusten o se comprometan para preservar la paz, pero bajo esta apariencia suave se oculta un carácter duro. Si usted les presiona demasiado, desaparecerán de su vida de manera lenta pero segura. Además, esta retirada será tan inteligente y tan sutil que apenas la notará hasta que sea demasiado tarde para rectificar.

La reticencia de los libra a tomar decisiones no es debida a que carezcan de criterio o no sepan argumentar sus puntos de vista, sino a que tienen demasiada dignidad y demasiada madurez como para imponer sus puntos de vista. Verdaderamente creen en la negociación como instrumento para relacionarse con otras personas, y consideran que siempre es posible llegar a un acuerdo entre visiones opuestas de manera que ambas partes se sientan satisfechas. No es de extrañar, por tanto, que sean excelentes abogados, negociadores, mediadores, ni que prosperen en puestos donde puedan emplear sus capacidades para mantener el *status quo*. Y es que su capacidad de mediación y negociación no tiene parangón. Siempre diplomáticos y de maneras suaves, los libra saben cómo suavizar las cosas hasta encontrar puntos de encuentro.

En términos generales, las personas nacidas bajo este signo tienen un buen gusto impecable y saben cómo crear armonía y belleza en su entorno. Les gusta que todo a su alrededor sea bello y que todos sean felices en su compañía. No en vano le encanta el rol de casamentero.

Por encima de todo, los libra buscan el equilibrio en todas las cosas y, dado que la moderación es una de las claves de la felicidad y el éxito, los nacidos bajo este signo no sólo saben qué hacer para que la vida parezca fácil sino que tienen facilidad para atraer la dicha y el éxito dondequiera que van.

> « Su capacidad
> de mdiación y negociación
> es incomparable. »

Su lado oscuro

Para un libra, tomar una decisión o adoptar una postura clara sobre un tema en un debate o situación, es una de las cosas más difíciles del mundo. Y no sólo hablamos de las grandes decisiones, sino de cualquier decisión. Temerosos de limitar sus opciones, los nacidos bajo este signo cambian de opinión constantemente y esto les conduce invariablemente a la indecisión. Pero no se dan cuenta de que esta indecisión y el inmovilismo de hecho limitan sus opciones y hacen que pierdan oportunidades.

Nada hace más feliz a un libra que las relaciones personales íntimas y amorosas. Ahora bien, cuando esto se les niegue sufrirán más que cualquier otro signo del zodiaco. La dependencia es otra cuestión importante, dado que a veces su necesidad de estar en una relación es tan fuerte que les inducirá a transigir demasiado. Para ellos, la felicidad completa no existe si no comparten su vida. Sin embargo, mientras no aprendan a sentirse felices y satisfechos por sí mismos, la plenitud que tanto anhelan en una relación les resultará esquiva.

El hedonismo y la pereza son dos rasgos negativos del carácter de este signo. Cuanto más se resistan a salir de su zona de confort y a correr riesgos tomando decisiones, mayores serán las probabilidades de que se abandonen a la pereza. Tratándose de un signo tan conciliador y pacífico, sorprende que estos individuos algunas veces puedan ser tan egoístas y ensimismados; tanto así que, si es necesario, podrían incluso mentir o engañar para conseguir lo que quieren.

Símbolo

Libra es el único signo del zodiaco cuyo símbolo es un objeto inanimado. Esto no quiere decir que los libra sean emocionalmente fríos, sino que poseen una remarcable capacidad para hacer caso omiso de sus sentimientos, analizar todos los matices de un argumento y tratar de encontrar una posición de consenso —de ahí que la balanza sea su símbolo. La balanza representa la justicia en la vida, siendo así que el periplo vital de los libra supone una búsqueda constante de la paz, el equilibrio y la armonía, y no sólo para sí mismos sino para todos sus semejantes.

Su mayor secreto

Con relativa frecuencia, los libra parecen personas comedidas y tranquilas capaces de hacer frente casi a cualquier cosa. Sin embargo, podemos afirmar que quedarse solos o ser abandonados es el talón de Aquiles de este signo. Así las cosas, para sentirse seguros y valorados en muchas ocasiones buscan la aprobación de los demás. En cierto modo, los libra son como el símbolo de la balanza, esto es, crédulos e inteligentes, extravertidos y petulantes, prudentes y temerarios, pudiendo variar su comportamiento en función de las circunstancias y para llamar la atención, conseguir aprobación y buscar la compañía que tanto necesitan.

El amor

Los nacidos bajo el signo Libra tienen problemas para atraer a sus parejas o amigos y generalmente están rodeados por una corte de admiradores. Generosos por naturaleza, a los libra les encanta compartir y escuchar a los demás. Su gran talento para la amistad les sirve para tener amigos de todas las procedencias pero, precisamente por su buen corazón y su naturaleza desprendida, a veces carecen de sentido del humor.

Por lo que respecta a los asuntos del corazón, Libra sólo se siente plenamente satisfecho cuando disfruta de una relación sentimental gratificante. Su indecisión característica no suele expresarse con todo su potencial en las relaciones amorosas. Pueden ser románticos e impulsivos, y son capaces de tomar decisiones sobre aquello que necesitan incorporar a su vida. Curiosamente, en las relaciones de pareja no es extraño que sean ellos quienes provoquen las discusiones, algo sorprendente dada su naturaleza pacífica y conciliadora. Cabe señalar que todo esto está diseñado para probar el amor de su pareja, una estrategia muy peligrosa que a veces resulta contraproducente.

Amores compatibles: Aries, Leo y Sagitario

El hombre libra

Un hombre de signo Libra puede dar consejo y puntual respuesta en casi todas las situaciones. Sus argumentos lógicos e inteligentes nunca dejan de impresionar a los demás. Además, los varones de este signo poseen un encanto y una sonrisa irresistibles. A la vista de todo ello, este hombre parece perfecto, pero algunas veces la balanza puede empezar a oscilar y hacer que incurra en contradicciones. Le cuesta mucho cambiar de parecer y, aun cuando todo indique que finalmente ha tomado una decisión, es posible que la cambie de inmediato por temor a equivocarse. Todo esto puede distraer o desorientar a sus familiares y amigos. Ahora bien, cuando le reprochan su incoherencia tal es su poder de persuasión que les apacigua con su arrepentimiento sincero y sus palabras amables.

Por lo que respecta al amor romántico, el hombre libra es el rey de todos los signos del zodiaco. Tanto así que es posible que se dedique a escribir libros sobre el romanticismo y el arte de la seducción. Y empleará su encanto y su carisma inteligente para seducir a la más resistente de sus parejas en potencia. Entonces, cuando haya derribado sus defensas, seguramente no sabrá qué hacer y se internará en un largo noviazgo que le sirva para ponderar sus opciones. Cuando finalmente decida dar el paso, el hombre libra será una pareja entregada, encantadora y apasionada. En cualquier caso, puesto que tiene tanta facilidad para el romanticismo y el arte de la seducción, nunca dejará de coquetear. Así las cosas, su pareja tendrá que aprender a vivir con esto, dado que pedirle a un varón libra que no coquetee es como pedirle que no respire. Y aunque esté felizmente casado, nunca dejará de especular.

El amor y la amistad pueden ser conceptos muy confusos en la mente del hombre libra. Habida cuenta su facilidad para entender a las mujeres, no es infrecuente que tenga muchas amistades del sexo opuesto. Afortunadamente, al hombre de signo Libra le encanta la armonía y por ello es improbable que se desvíe si en su relación actual encuentra satisfacción a sus necesidades, a saber: conversación inteligente, compañía y mucho afecto físico.

La mujer libra

La mujer libra típica —si es que tal criatura existe, porque son poliédricas—, es una persona delicada, seductora y que siempre desprende una aroma agradable. Siente predilección por la ropa lujosa y los perfumes, y en la mayoría de los casos se preocupa mucho por su imagen. Ahora bien, que sea tan femenina, dulce y graciosa no significa que carezca de un lado masculino. Como un puño de hierro enfundado en un guante de seda, en un primer encuentro es difícil percibir el lado más duro de su personalidad. Ahora bien, con el tiempo le resultará imposible esconder su mente aguda y su espíritu autosuficiente. De hecho, esta mujer es una de las féminas más

capaces de todo el zodiaco. Puede manejar casi todas las situaciones, cosa que la convierte en la pareja perfecta para hombre y mujeres.

Por encima de todo, la mujer de signo Libra es una mujer justa y comprometida. Trabajará con pasión para discurrir una solución que sea beneficiosa para todos, cosa muy valorada en las discusiones familiares o en momentos de crisis. De hecho, será en las situaciones de conflicto o emergencia familiar cuando saque a relucir lo mejor de sí misma, erigiéndose en la persona más fiable y capacitada para gobernar la nave. Cuando haya desacuerdos nunca pensará que su opinión es la correcta o la única posible. Y es que siente un gran respeto por las opiniones ajenas. Aunque no ha nacido para vivir sola, cuando tenga una relación no dependerá de su pareja y hará todo lo que esté en su mano, emocional y económicamente, para consolidar el proyecto común. Dura como el acero y suave como el terciopelo, la mujer de signo Libra proyecta una imagen difícil de seguir. No en vano es el resultado de una combinación sorprendente de fortaleza y dulzura. Así, cuando entre en la vida de una persona o en su corazón, lo más probable es que lo haga para quedarse.

La familia

Los bebés libra suelen portarse bien y son fáciles de complacer. Todo el mundo los encuentra adorables y encantadores. Con todo, sus padres deberían mantener los ojos bien abiertos y controlar su tendencia a la pereza porque les perjudicará en épocas posteriores. Lo mejor que un padre puede hacer por su hijo libra es animarle a tomar decisiones y, cuando llegue el momento, intentar que lo haga por sí mimo. Asimismo, deberían ayudarles a entender que tomar una decisión equivocada no es una tragedia ni un defecto de su personalidad, sino una experiencia muy útil para el aprendizaje. Ningún error es un error si se aprende alguna cosa. Por encima de todo, los niños de signo Libra tienen que adquirir la confianza necesaria para pensar y tomar decisiones de manera autónoma.

Los libra suelen disfrutar del entorno escolar siempre y cuando sus maestros y amigos les traten bien. Puesto que son lógicos y analíticos, es posible que se decanten por las ciencias y las matemáticas. Igualmente, poseen un enorme potencial creativo y artístico que debería ser fomentado desde la infancia, porque esto les servirá para tener fe y confianza en el futuro. Los padres de un libra deben tener especial cuidado para no consentirle ni dejar que su hijo les manipule. Así pues, es necesario que establezcan límites muy claros porque esto minimizará las discusiones entre padres e hijos. Cabe subrayar que los niños libra se violentan mucho cuando discuten.

Los padres de signo Libra son amorosos y delicados, pero su tendencia a ponerse nerviosos cuando tienen que tomar decisiones importantes que afectan a la vida de sus hijos —elegir un colegio, por ejemplo— puede perjudicarles. Además de la tendencia a ponerse nerviosos con las decisiones más intrascendentes, tales como elegir el menú de la cena, pueden asimismo causar el enfado de su hijo. También es necesario que se cercioren de no optar por lo más fácil o por el camino menos accidentado en todo lo que concierne a la crianza y la educación. Los padres de signo Libra no son muy amigos de la disciplina y la dureza, pero es importante que entiendan que cuando se trata de educar a un hijo disciplina y dureza son dos ingredientes esenciales.

La profesión

A los nacidos bajo el signo Libra les encanta rodearse de lujo y comodidades, y por esta razón no es extraño que opten por carreras que les permitan ganar el dinero suficiente para financiar un estilo de vida tan costoso. Cualquier profesión que requiera de tacto y diplomacia será adecuada para ellos, así como la moda y la industria cosmética. Son individuos ambiciosos y detestan recibir órdenes, por lo cual suelen aspirar a ocupar posiciones de poder o a emprender su propio negocio. Sin embargo, es probable que no sean los más adecuados para ocupar los puestos más altos de la jerarquía, más que nada porque son trabajos que comportan un cierto aislamiento, siendo así que los libra trabajan mejor con un equipo de colaboradores. Otras ocupaciones adecuadas para los libra son las profesiones legales, la diplomacia, la consultoría estratégica y de gestión, la defensa de los derechos civiles, la banca, la ciencia veterinaria, la terapia psicológica y cualquier tipo de empresa o asociación. El amor que sienten por las cuestiones estéticas también puede cualificarles para carreras tales como el interiorismo, el diseño gráfico, la asesoría de imagen, la asesoría de moda (*personal shoppers*), la compra-venta de obras de arte o cualquier actividad relacionada con la música.

El jefe o directivo de signo Libra suele tener una reputación de persona accesible y justa, dado que en general toma en consideración todas las opiniones antes de tomar una decisión. De igual manera, es una persona preocupada por crear un ambiente de trabajo armonioso para toda su gente. El empleado libra, por su parte, es un tipo honesto, trabajador y un excelente compañero de equipo.

> " Son individuos ambiciosos
> que detestan recibir órdenes... "

La salud y el ocio

Los nacidos bajo el signo Libra son individuos regidos por el planeta Venus, razón por la cual son amantes de la buena vida. En especial, les gustan la buena mesa y los alimentos dulces, si bien deberían controlarse porque tienen tendencia a engordar y al hedonismo. Se sentirán más en forma, sanos y ligeros si observan una dieta equilibrada rica en alimentos sencillos y nutritivos tales como cereales, frutas y verduras. Igualmente, les conviene cocinar sus alimentos y masticar lentamente para potenciar su sistema digestivo. Los riñones guardan una estrecha relación con el signo Libra y, en consecuencia, para asegurarse de que estos órganos funcionan correctamente, es aconsejable que coman mucha fibra para prevenir el estreñimiento y los empachos. La indecisión clásica de los libra los hace propensos a los dolores de cabeza causados por la tensión y las migrañas, de modo que aprender a desconectar y relajarse —y a tomar decisiones— es crucial para su salud y su bienestar. Pasar tiempo a solas les ayudará a no perder el contacto con sus sentimientos y a enfocar correctamente su vida. Ahora bien, si los dolores de cabeza y otras dolencias derivadas del estrés persisten, debería visitar al médico.

La imagen personal es muy importante para las personas de este signo, y si toman alcohol o fuman tienen que preguntarse por qué incurren en hábitos nocivos para su salud y también para su imagen. Aunque es posible que hayan hecho ejercicio físico durante sus años escolares, una vez que terminan los estudios o la universidad no es raro que lo dejen completamente y adopten un estilo de vida sedentario. Cuando este sedentarismo se combi-

na con su amor por la buena mesa y el buen vino, podrían ganar peso, especialmente en la cintura. Por consiguiente, es de extrema importancia que retomen la actividad física para perder peso y reducir notablemente el riesgo de padecer una enfermedad cardiaca o la diabetes asociada con el sobrepeso. Hacer ejercicio regularmente es importante, siendo los largos paseos al aire libre especialmente recomendables, porque les ayudarán a organizar sus pensamientos.

La jubilación o el retiro pueden suponer un gran reto para casi todos los libra, básicamente porque la vida laboral suele ser fuente de muchas satisfacciones. Así pues, es necesario que cultiven varias aficiones, intereses o *hobbies* ajenos al trabajo, de manera que no construyan su identidad únicamente desde su profesión. Aprender técnicas de la terapia cognitiva les servirá para contrarrestar cualquier tendencia al pensamiento negativo. El amarillo es el color del optimismo y la confianza en las capacidades propias. Meditar con el amarillo les animará a tener más fe en su capacidad para tomar decisiones.

Los nacidos entre el 23 de septiembre y el 3 de octubre

Las personas nacidas entre estas dos fechas poseen toda la sensualidad de Venus, cosa que indudablemente enriquece su vida. En general, son hermosas, artísticas, afectuosas, muy cálidas y generosas. Nunca les faltan admiradores, aunque algunas veces tienen demasiados.

Los nacidos entre el 4 de octubre y el 13 de octubre

Estos libra tienen un leve toque excéntrico muy atractivo. Son espontáneos y divertidos, y todos los que les conocen esperan de ellos lo inesperado.

Los nacidos entre el 14 de octubre y el 22 de octubre

Estos individuos encaran la vida con un enfoque alegre y juvenil. Son inquietos y siempre están buscando información o ampliando sus conocimientos. Podemos afirmar que su mente inquisitiva los convierte en los eternos estudiantes del zodiaco, y que nunca se cansan de aprender cosas nuevas.

Lecciones de vida

Los libra captan las ideas rápidamente y poseen una creatividad innata que se expresa en la forma de obras artísticas, inusuales u originales. Desafortunadamente, su indecisión característica puede limitar la expresión de esta creatividad, razón por la cual es importante que intenten incorporar la creatividad a su vida porque les enriquecerá y reportará muchas satisfacciones.

La igualdad y la justicia se encuentran entre las preocupaciones máximas de los libra, aunque es cierto que la amistad y las relaciones personales son más importantes todavía. Esto los convierte en perfectos anfitriones —así como en mariposas sociales—, y hace que rara vez les falten amantes. No obstante, también puede impedir que se sientan a gusto estando a solas, aunque sólo sea por una noche. Así las cosas, éste es uno de los mayores desafíos que enfrentan los nacidos bajo este signo solar a lo largo de toda su vida. Para encontrar la felicidad verdadera y la realización personal es necesario que dejen de buscar la plenitud en otras personas. Aunque tienen razón cuando piensan que la compañía y el trabajo grupal son muy gratificantes, se equivocan cuando dan por hecho que el tiempo pasado a solas es un tiempo perdido, o cuando afirman que si los demás no reconocen y elogian sus esfuerzos entonces no merece la pena hacerlos. En primer lugar, los libra tienen que aprender a ser felices por sí mismos, sin necesidad de estar rodeados de otras personas, y luego aprender que no es necesario confiar en el apoyo de los demás porque la plenitud está en ellos mismos. Además, la aprobación de los demás es muy voluble y, por ende, no es algo de lo que se pueda depender. Al fin y al cabo, ellos son la única persona con la que pueden contar.

La indecisión y una relación flexible con la verdad son otras dos áreas que los libra necesitan trabajar. Estos individuos evidencian una marcada tendencia a amoldarse a las opiniones y las necesidades ajenas. Por esta razón, no es extraño que recurran a la manipulación para preservar el buen ambiente o el buen funcionamiento de las cosas. En última instancia, esto siempre será contraproducente y se romperá el equilibrio que tanto anhelan. Si tan sólo aprendieran que es imposible contentar a todo el mundo y que es imposible ser del agrado de todos... Por este motivo, algunas veces es importante que se decanten y adopten una postura clara.

Por último decir que los libra pueden acudir a otros signos del zodiaco en busca de inspiración y ayuda. Los aries pueden enseñarles a ser más audaces y valientes cuando se trata de tomar decisiones, y a dar menos importancia a las opiniones ajenas. Cáncer y Escorpio pueden animarles a identificar y escuchar sus sentimientos, aun cuando estos sentimientos sean turbios o desagradables. Y finalmente Leo, que puede animarles a no tener miedo de quedarse solos en la defensa de sus argumentos, y a disfrutar del desafío y la recompensa que ello conlleva.

23 de septiembre

El nacimiento del guerrero sin pretensiones

Los que nacieron el 23 de septiembre sueles ser personas encantadoras y sin grandes pretensiones. Saben apreciar la belleza, son íntegras y confiables. En todo caso, bajo esta apariencia inofensiva se oculta una determinación de acero. Normalmente se presentan ante mundo con una cara amable, pero es frecuente que desde muy temprana edad se hayan tenido que enfrentar a una serie de retos, adversidades y conflictos, siendo así que lograron superar la mayoría y aprendieron mucho durante el proceso.

Muchos de estos individuos no son conscientes de cuán evolucionados, creativos e inspiradores son. Como resultado de ello, infrautilizan sus talentos. Por ejemplo: dado que suelen ser personas de pocas palabras, normalmente otros hablan por su boca y se llevan todo el crédito; puesto que son leales y tratan a todo el mundo con generosidad, pueden ser objeto de manipulaciones por parte de los más vagos o maliciosos.

Las más de las veces encaran la vida cotidiana con un placer puro, casi infantil, y si algo llama su atención, su afán y su entusiasmo pueden ser muy contagiosos. No obstante, también se da el caso de que no sientan tanto entusiasmo y entonces corren el riesgo de abandonarse al desaliento o, en situaciones extremas, a la depresión. Esto se debe a que son gente tan limpia y honesta que no sabe fingir el interés. Así las cosas, la llave de su felicidad es encontrar una vocación, estilo de vida o relación que les llene y les inspire.

Antes de los treinta años de edad, se centran en las cuestiones que atañen a las relaciones personales, pero pasada esa edad alcanzan un punto de inflexión que pone un énfasis creciente en los cambios emocionales profundos. También es probable que se aventuren en empresas financieras o inviertan el dinero de otras personas. Cumplidos los sesenta, seguramente se convertirán en personas más libres y aventureras. En todo caso y tengan la edad que tengan, una vez que descubran qué les funciona y qué les impide avanzar, no les faltará nada para hacer realidad sus sueños con la ayuda de su creatividad, su mente inquieta y, por encima de todo, su espíritu de lucha. De este modo se ganarán la atención y el respeto de cuantos se crucen en su camino.

En contra

Poco firmes, faltos de motivación, adictos

A favor

Encantadores, honestos, apasionados

24 de septiembre

El nacimiento del humanista infatigable

Las personas que nacieron el 24 de septiembre son difíciles de retener porque son espíritus nómadas. Si su inquietud no se manifiesta explícitamente con una pasión por el movimiento o los viajes, serán viajeros en la mente, lectores infatigables o pensadores inquietos capaces de llegar a las conclusiones más originales.

El deseo de conocer cosas nuevas será un tema recurrente en su vida, junto con el deseo de amar y ser amados. Aunque se expresarán naturalmente en maneras diferentes, la necesidad de hacer descubrimientos y de ayudar a los demás con sus recursos y esfuerzos creativos, guiarán sus pasos. Son individuos solidarios capaces de detectar casi por arte de magia la infelicidad de los demás, aun cuando nadie la mencione. Además, esta capacidad viene acompañada, invariablemente, por un deseo de aliviar el sufrimiento de sus semejantes.

Pese a su preocupación por el bienestar de la gente, también tienen dificultades para comprometerse con una vida estable. Una parte de ellos anhela la seguridad de una vida estable, pero otra parte siempre se pregunta qué sorpresas les depara el futuro, pensando que las cosas pueden ser mejores en otro lugar. Como consecuencia de ello, los nacidos en esta fecha son un mar de dudas. Así pues, la clave de su crecimiento psicológico no sólo es si serán capaces de fijarse metas que les inspiren, sino ceñirse a ellas y no dispersarse.

Antes de los veintiocho años de edad lo más habitual es que estos individuos experimenten con su vida social, formando amistades y relaciones con personas de diferente formación o procedencia. También es común que cambien varias veces de carrera o pasen una racha de incertidumbre en el terreno profesional. Cumplidos los veintinueve años, alcanzan un punto de inflexión que pone el acento sobre las cuestiones relacionadas con el cambio emocional, y surge el deseo de cargar su vida con un sentido más profundo. Esto influirá en ellos fuerte y positivamente, puesto que una vez que aprendan el valor de la disciplina, la perseverancia y el compromiso, y entiendan que son conceptos liberadores y no restrictivos, estos individuos talentosos, versátiles, humanitarios y progresistas descubrirán que cuentan con el potencial necesario para mover e inspirar a los demás.

En contra

Inestables, desapegados, dispersos

A favor

Implicados, desprendidos, creativos

25 de septiembre

El nacimiento de la complejidad

Su mayor reto es

Superar el cinismo

El camino a seguir es…

Entender que la visión cínica del mundo es tan poco realista como la optimista. Procure encontrar un punto medio satisfactorio.

Las personas que nacieron el 25 de septiembre son los individuos más complejos de todo el año. Por un lado, son muy empáticos y pueden identificarse fácilmente con sus semejantes; por el otro, son radicalmente independientes y muy críticos con lo que ven a su alrededor. Por esta razón, no sorprende que en muchos casos se distancien de los demás voluntariamente.

Una de las razones de su complejidad es que poseen una visión maniquea del mundo. Para ellos todo es blanco o negro, aunque estarían encantados de poder vivir en un mundo de colores. En general, suelen alcanzar el éxito, si bien en la mayoría de los casos esto se debe a que trabajan muy duro para conseguirlo y esperan que todo el mundo haga lo mismo. Así las cosas, no es extraño que manifiesten abiertamente su resentimiento cuando alguien triunfa, a su juicio, sin invertir todo el esfuerzo necesario. Es, pues, importante que aprendan a controlar esta tendencia a criticar o juzgar a la gente dado que sus palabras pueden ser muy ofensivas.

Hasta los veintisiete años de edad, las personas que nacieron este día suelen centrarse en desarrollar sus habilidades sociales, sus talentos creativos y las oportunidades para lograr el éxito material o estrictamente económico. Cumplidos los veintiocho años, su vida experimenta un giro que pone el acento sobre la necesidad de una transformación personal, el cambio y el poder. Luego de cumplir los cincuenta y ocho, alcanzan otro punto de inflexión que indica un mayor grado de libertad y las ganas de vivir aventuras.

Tengan la edad que tengan, bajo su sobriedad característica estas personas poseen una imaginación increíble, una creatividad dinámica y capacidad para destacar por encima del resto, puesto que todo el mundo se siente atraído por la complejidad. La clave de su crecimiento psicológico es que reconozcan y acepten sin tapujos su maravillosa complejidad. Cuando aprendan a confiar en la intuición, piensen con un enfoque universal y se convenzan de que la vida no puede explicarse en blanco y negro, disfrutarán de sobrado potencial para erigirse, no ya en el más complejo, sino en el individuo más progresista, visionario e inspirado del año.

En contra

Negativos, hirientes, resentidos

A favor

Interesantes, afectuosos, progresistas

26 de septiembre

El nacimiento del buscador de la perfección

Su mayor reto es

Aprender a manejar los errores

El camino a seguir es...

Entender que algunas veces los errores son importantes, incluso necesarios, porque señalan una dirección diferente, y algunas veces mejor.

Tenacidad es el nombre de pila de las personas que nacieron el 26 de septiembre, y disciplina es el segundo; ahora bien, su apellido es perfeccionista. De los otros y de sí mismos exigen la excelencia, nada más y nada menos, y son incapaces de entender a quienes no comparten sus opiniones.

Son personas que se fijan metas muy ambiciosas y otorgan una gran importancia a su carrera profesional. Precisamente por ello, suelen sobrecargarse de trabajo. En cualquier caso, poseen la capacidad de trabajar bajo presión y de inspirar la admiración de su entorno cuando alcanzan logros que parecían imposibles. No en vano, habida cuenta su ambición, disciplina, determinación y capacidad de concentración, su potencial para lograr el éxito profesional es de primer orden y suelen llegar hasta lo más alto. El inconveniente de esta personalidad es que en el plano laboral pueden ser obsesivos y compulsivos. Esto será perjudicial para su crecimiento psicológico porque hará que ignoren no sólo sus necesidades emocionales sino también las de sus seres queridos.

Antes de los veintiséis años de edad, seguramente se centrarán en todo aquello que tenga relación con el dinero, si bien también disfrutarán de oportunidades para construir relaciones sólidas con los demás. Deberían aprovechar estas oportunidades porque el apoyo y la compañía de otras personas les ayudarán a mantener el sentido de la perspectiva, cosa muy necesaria en su caso. Cumplidos los veintisiete, se enfocarán en la intensidad y el cambio emocional. Será en estos años cuando más se entreguen al desarrollo de su carrera profesional. Durante este tiempo gozarán de un enorme potencial para triunfar. Con todo, para su crecimiento psicológico es necesario que descansen regularmente, de manera tal que puedan cultivar sus relaciones personales y otros intereses.

Estos individuos siempre estarán enfocados, serán compulsivos y, en ocasiones, autoritarios, pero una vez que logren moderar su obsesión con el trabajo, su tenacidad y su envidiable capacidad de concentración producirán resultados que no sólo beneficiarán a los demás de forma considerable sino que causarán su admiración y asombro.

En contra
Compulsivos, adictos al trabajo, controladores

A favor
Disciplinados, compulsivos, influyentes

405

27 de septiembre

El nacimiento de la paradoja

Aunque la gente nacida el 27 de septiembre no suele reconocerlo, lo cierto es que tiene facilidad para causar una impresión positiva y duradera en cuantos se cruzan en su camino. Esto es debido a que son individuos extremadamente versátiles y muy sensibles a los sentimientos de los demás, y nada les gusta más que aportar armonía a las situaciones. Paradójicamente, bajo su imagen pública sociable y relativamente normal se oculta un ser con muchas dudas, inseguridades, contradicciones y miedos. Desarrollar la confianza en sus capacidades, que son muchas, es de vital importancia para que alcancen la felicidad y el éxito en la vida.

Son personas mucho más profundas y complejas que lo que todo el mundo cree. Esto puede deberse al hecho de que son muy exigentes consigo mismas —el fracaso simplemente no es una opción—, pero también porque el éxito profesional suele ser una prioridad en su vida, con mayor relevancia que la realización personal. Como consecuencia de ello, tomarán decisiones erróneas, se mezclarán con personas inconvenientes u optarán por profesiones inadecuadas, aunque serán muy pocos los que noten su malestar. Mientras no se conecten con sus sentimientos y encuentren su camino en la vida, se sentirán desanimados o deprimidos.

Antes de los veintiséis años de edad, las personas nacidas en esta fecha se centrarán en el ajuste de sus habilidades sociales y buscarán oportunidades para triunfar en su carrera. Cumplidos los veintisiete, su vida experimenta un giro que los hace más sensibles a conceptos como la transformación y el cambio emocional. Será en estos años cuando necesiten mantenerse alerta y no perder de vista la manera como su carrera influye en su carácter.

Siempre y cuando estos individuos consideren que lo material o la vida profesional es la máxima prioridad, no encontrarán la felicidad y la realización personal. Sea como fuere, una vez que entiendan que sus inseguridades y sus miedos ocultos no son enemigos sino maestros que les ayudan a tomar conciencia de su potencial, nada podrá evitar que estos individuos vigorosos, talentosos y creativos consigan todo lo que se propongan con la ayuda de su curiosidad y determinación.

En contra

Atormentados, inseguros, frustrados

A favor

Carismáticos, ambiciosos, exitosos

28 de septiembre

El cumpleaños del seductor

Tolerar el aburrimiento

El camino a seguir es...

Entender que el aburrimiento no es algo que haya que evitar necesariamente. La necesidad de estar constantemente estimulados puede impedir su desarrollo personal.

Las personas que nacieron el 28 de septiembre tienen una personalidad magnética y seductora que atrae a todas las personas de su entorno. Sean más o menos atractivas, son capaces de persuadir a los demás si se lo proponen.

Muchos de ellos buscan la realización personal en los asuntos del corazón, en el goce de los sentidos y en la búsqueda de la belleza en cualquiera de sus formas. Asimismo, son individuos muy imaginativos y sensibles, y sienten un fuerte deseo de aportar armonía y belleza al mundo. Sin embargo, corren el riesgo de creer que esta facilidad para seducir a los demás con su aura interesante y siempre alegre, basta para conseguir el éxito en la vida. Deberían entender que aunque su encanto les ayudará a llegar muy lejos, si quieren llegar hasta el final tendrán que trabajar duro, ser más disciplinados y profundos.

Hasta los veinticuatro años de edad, es probable que estos individuos se centren en construir relaciones personales, pero cumplidos los veinticinco su vida experimenta un giro que realza su necesidad de cambios emocionales, trasformación y poder personal. De cómo respondan a las oportunidades que les ofrezca la vida para cargar su encanto de contenido, dependerá el éxito que puedan conseguir, tanto en el plano personal como en el profesional. Ahora bien, si la emoción de la seducción es la fuerza que domina su vida, su creatividad quedará bloqueada por la pereza y la atracción de lo lúdico.

Estas personas siempre conservarán un encanto considerable, si bien la clave de la felicidad y su realización personal, tengan la edad que tengan, nunca radicará en su carácter seductor sino en su fuerza de voluntad. Esto es así porque cuando puedan hacerse con el control de sus pasiones y dirigir sus energías cabalmente, no sólo seguirán seduciendo a cuantos se crucen en su camino, sino que podrán hacer realidad sus ideales de belleza y armonía, tan estrechamente vinculados con su realización emocional.

En contra
Manipuladores, impulsivos, destructivos

A favor
Encantadores, magnéticos, excitantes

29 de septiembre

El nacimiento del inconformista

Las personas que nacieron el 29 de septiembre son inconformistas por naturaleza. A la menor oportunidad cuestionarán la autoridad y las convenciones establecidas. Y si discrepan de las normas o las regulaciones, no dudarán en provocar la rebelión.

Estos individuos son puro nervio y en su compañía la vida nunca es aburrida. Son de naturaleza rebelde, pero no por falta de disciplina o autocontrol. Antes bien al contrario, puesto que son individuos capaces de asombrar a los demás con sus talentos. En todo caso, pese a su inteligencia y sus múltiples talentos, en ocasiones pueden ser imprevisibles. Pueden, por ejemplo, padecer episodios de inseguridad y falta de confianza ya que, por muchos seguidores que tengan, una parte de ellos nunca llega a sentirse completamente adaptada. Este sentimiento de inadaptación puede hacer que oscilen entre la extraversión y la introversión con una velocidad tan trepidante como pasmosa.

Hasta los veintitrés años de edad se centrarán en la construcción y el desarrollo de las relaciones personales. Durante este tiempo la incesante necesidad de estar a la última les granjeará tantos amigos como enemigos. En cualquier caso, sus amigos les serán fieles durante toda la vida. Su fuerte deseo de ayudar a los demás, en estos años y durante el resto de su vida, también puede hacer que subordinen o ignoren sus necesidades personales. Por lo tanto, es importante que consigan equilibrar mejor sus distintas pulsiones emocionales, porque de lo contrario se sentirán profundamente insatisfechos, con independencia de su popularidad y del éxito que hayan alcanzado.

Luego de cumplir los veinticuatro años, su vida experimenta un giro que pone el acento sobre los cambios emocionales. En los años siguientes empezarán a darse cuenta progresivamente de que no han nacido para trabajar en equipo, aunque es cierto que son capaces de comprometerse y ser productivos trabajando con otras personas. Cuanto antes aprendan a escuchar la intuición, encuentren su camino y empleen sus propios métodos, antes serán conscientes de todo su potencial para conseguir el éxito y la satisfacción personal. Del mismo modo, los demás celebrarán la tenacidad y la originalidad de estos líderes inspiradores, así como su talento para la organización que les permitirá hacer valiosas aportaciones a la sociedad.

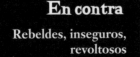

30 de septiembre

El nacimiento de la revelación

Las personas que nacieron el 30 de septiembre suelen ser individuos muy cultos y centrados que sienten un fuerte deseo de contar y defender la verdad hasta las últimas consecuencias. Poseen una extraña habilidad para identificar lo positivo y lo negativo en las esferas social e intelectual, así como para proponer alternativas con las que introducir mejoras o provocar el cambio.

A estas personas les mueve el impulso de denunciar la injusticia en cualquiera de sus formas. Dado que entienden que revelar la verdad tal como la ven ellos podría situarles en el disparadero, se protegen con una armadura exterior que inspira tanto respeto como aprensión en las personas de su entorno. Inspira respeto porque la gente sabe que una vez que estos individuos tan atractivos como persuasivos hacen acto de presencia, nada impedirá que consigan apoyos y triunfen en última instancia. Inspira aprensión porque su inflexible sentido de la justicia y su fuerte necesidad de poner en evidencia a quienes no observan ideales tan elevados como los suyos, pueden muy fácilmente degenerar en comportamientos agresivos o muy críticos. Es, pues, importante que entiendan que si bien señalar los errores de la gente de su entorno puede ser útil para mejorar las cosas, también puede generar mucho malestar entre los susodichos.

Después de los veintitrés años de edad, su vida alcanza un punto de inflexión que subraya cuestiones tales como la intensidad emocional, el cambio y la transformación. Ahora bien, sea cual sea su edad, su mayor reto no sólo es abrirse más y aceptar naturalmente sus creencias, sino expresar tanto interés por descubrir la verdad de su propia vida como el que tienen por desvelar la verdad de la vida de otros y del mundo que les rodea.

Esto es así porque una vez que logren aceptar sus vulnerabilidades podrán avanzar más allá de su santurronería y desarrollar una mayor tolerancia a las debilidades humanas. Cuando esta tolerancia se combine con su valentía y sus impresionantes recursos, no sólo podrán poner de relieve la falsedad y hacer justicia sino que también podrán descubrir en su interior la capacidad para motivar e inspirar a los demás para que colaboren en la creación de una mundo mejor y más justo, construido con soluciones estimulantes y progresistas.

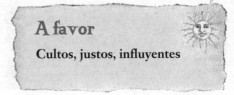

1 de octubre

El nacimiento de la capacidad inusual

Aunque son extraordinariamente inteligentes y capaces, las personas que nacieron el 1 de octubre siempre destacarán por una u otra razón. Unas veces será por su dignidad característica, otras por su devoción y entrega a la causa en la que creen, pero sea cual sea la razón siempre tendrán algo único y especial que dejará una impresión imborrable en las personas de su entorno.

En algunas ocasiones es posible que parezcan rígidas u orgullosas, pero los que les conocen bien saben que son personas cálidas e increíblemente abiertas. La fría fachada que presentan al mundo suele ser un mecanismo de defensa que han construido a lo largo de los años luego de haber tenido que superar retos y adversidades. En todo caso, su dedicación y su perseverancia les han servido para llegar a lo más alto. Tristemente, algunos de ellos pueden descubrir que una vez que han alcanzado la cima del éxito, el gran objetivo de su vida, resulta que no es tan gratificante como esperaban. Para superar esta situación es necesario que se preocupen menos y vivan un poco más. Si quieren sentirse realizados y verdaderamente satisfechos es necesario que inyecten un poco de alegría y diversión en su vida.

Antes de los veintiún años de edad, seguramente se centrarán en construir una red de relaciones y en desarrollar sus habilidades sociales. Ahora bien, luego de cumplir los veintidós alcanzan un punto de inflexión tras el cual las cuestiones relativas al poder personal ocupan el centro de su escenario vital. En los años que siguen es absolutamente crucial que no se tomen muy en serio ni se obsesionen con su carrera profesional, así como que adquieran un mayor sentido de la perspectiva.

Por encima de todo, estos individuos tienen que pensar en grande, apuntar muy alto y fijarse elevados niveles de exigencia. Su progresismo y la dedicación que invierten en la consecución de un objetivo son sus mayores fortalezas. Siempre y cuando no se aíslen de los demás con su tendencia al perfeccionismo, no sólo serán capaces de hacer una contribución positiva al mundo, sino que en su interior también descubrirán una capacidad insospechada para ser inmensamente felices.

Su mayor reto es

Aprender el arte de delegar

El camino a seguir es...

Entender que intentar estar en la cima de todo emborrona la visión panorámica con un montón de detalles, limitando su potencial para triunfar.

En contra
Obsesivos, intimidatorios, aislados

A favor
Dedicados, estilosos, originales

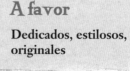

410

2 de octubre

El nacimiento del conversador gracioso

Sea cual sea la situación en que se encuentren, los nacidos el 2 de octubre suelen adoptar una actitud franca y directa. Les gusta hablar, pensar y actuar con decisión y rapidez, siendo así que la facilidad y la seguridad con que realizan las cosas les confiere un enorme potencial.

Estos individuos no dudarán en dejar clara su posición sobre cualquier tema, aunque lo que más impresiona a su entorno es que son grandes conversadores con conocimientos notables en una amplia variedad de temas. Así las cosas, no es extraño verles conversando intensamente con un brillo de excitación en sus ojos, porque la charla intelectual les estimula sobremanera. Aunque disfrutan hablando, también entienden la importancia de escuchar y siempre tienen hambre de ideas nuevas y piezas de información relevantes. De hecho, se desenvuelven mucho mejor en el mundo de la dialéctica y las ideas que en el mundo de los sentimientos y las emociones.

Son individuos vivarachos, inquisitivos y muy francos en su actitud vital, cosa que resulta muy estimulante y refrescante para algunas personas de su entorno, si bien para otras, especialmente las más sensibles, esto puede parecer molesto, insensible o cruel. Para su crecimiento psicológico y su desarrollo profesional es, pues, importante que aprendan a expresar su desacuerdo o reprobación de una manera que no resulte tan negativa u ofensiva.

A los veinte años de edad, estos individuos alcanzan un punto de inflexión que pone el acento sobre la necesidad de cambios emocionales y una transformación personal. En los años siguientes es probable que se vuelvan más decididos y comprometidos, y será fundamental que encaren las relaciones personales con un enfoque más sensible y no se escondan tras la máscara del cinismo. Esto les conviene porque cuando sean capaces de enfocarse en lo positivo y no tanto en lo negativo, y sepan cómo animar a la gente con sus palabras inteligentes, estos conversadores disfrutarán de sobrado potencial no sólo para entretener e iluminar, sino para obtener y dirigir el apoyo de los demás hacia la búsqueda colectiva de una causa inspiradora.

En contra
Cortantes, malhumorados, inexpresivos

A favor
Encantadores, interesantes, carismáticos

3 de octubre

El cumpleaños del vanguardista

A las personas que nacieron el 3 de octubre les encanta rodearse de cosas nuevas y originales. Siempre están dispuestas a explorar las últimas tendencias y la tecnología más avanzada. Es más, en algunos casos, son ellos los que marcan las nuevas tendencias. Son personas entusiastas que están al día de los últimos descubrimientos. Así las cosas, para encontrarlos habrá que acudir a los lugares más vanguardistas.

Estos individuos detestan lo anticuado y no estar a la última. En la mayoría de los casos, serán objeto de muchos comentarios por su original manera de presentarse ante el mundo. Sin embargo, esto no significa que sigan ciegamente la última moda o tendencia; antes bien lo contrario, pues sucede que son gente muy original que detesta ser etiquetada y por ello generalmente agrega un toque personal o da una vuelta de tuerca a las tendencias del momento. En su interior sienten la necesidad de ir un paso por delante del resto y marcar el camino a seguir. De hecho, nada hay que les guste más que dar ejemplo a las personas de su entorno. Se sienten muy cómodos cuando son el centro de todas las miradas y disfrutan interpretando su papel frente a un auditorio entregado. Su mayor miedo es que se les ignore o, peor aún, que se les margine. Por suerte, con su talento y su carisma esto rara vez ocurre.

Aunque pueden ser al alma de cualquier reunión, una parte de ellos quiere esconderse o es muy reacia a mostrar sus verdaderos sentimientos. Por este motivo, es importante que escuchen con atención la voz de sus sentimientos, dado que tienen tendencia a la superficialidad, y la superficialidad nunca reporta una felicidad duradera. Cumplidos los veinte años de edad, estos individuos disfrutarán de oportunidades para encontrar el significado profundo de su vida y es muy importante que las aprovechen.

Una vez que se den cuenta de que lo último no es necesariamente lo mejor, y que su desarrollo emocional es mucho más importante que ser el centro de todas las miradas, podrán recurrir a su energía, dedicación, originalidad y estilo para alcanzar la única vanguardia que importa y el único lugar donde habitan la felicidad y el éxito verdaderos: la realización personal.

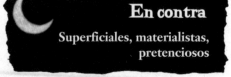

En contra
Superficiales, materialistas, pretenciosos

A favor
Originales, sociables, excitantes

4 de octubre

El nacimiento de la amenidad nerviosa

El deseo de crear un ambiente de cordialidad y armonía anima a las personas que nacieron el 4 de octubre, cosa que las sitúa entre las más agradables y populares del año. Evidencian un gusto por todo lo sensual y estético y por ello intentan rodearse de gente agradable y objetos hermosos.

Sea cual sea la situación en que se encuentran, estos individuos siempre parecen relajados y a gusto consigo mismos. En parte, esto es debido a que adoran las cosas buenas de la vida, a su naturaleza reacia al conflicto y a su facilidad para llevarse bien prácticamente con todo el mundo. Esto no significa que carezcan de opiniones fuertes. Si se les presiona, ciertamente pueden mostrarse muy apasionados y rotundos en la defensa de sus creencias. Ocurre que les gusta expresarse de una manera que no resulte ofensiva para los demás, aderezada con dosis de buen humor, humildad y tacto, pues confían que esto servirá para ganarse la aprobación de sus interlocutores. Asimismo, tienen una manera astuta de contemplar el mundo y se muestran muy realistas a la hora de valorar si un proyecto es o no viable.

Luego de cumplir los diecinueve años, y durante los treinta años siguientes, su vida experimenta un giro que pone énfasis en su necesidad de intensidad, cambio y transformación personal. Durante estos años sentirán la necesidad de crear una vida armoniosa y placentera. Habida cuenta su personalidad amena y agradable, no suelen tener dificultades para lograrlo ni para hacerla extensiva a las personas de su entorno. Sin embargo, también encontrarán que la vida y el tiempo ponen una serie de obstáculos, retos y conflictos en su camino. Su manera de responder a estos desafíos determinará hasta cierto punto su éxito o su fracaso en los planos personal y profesional.

Si logran descubrir en su interior la determinación y el espíritu de lucha necesarios para hacer las cosas a su manera, estos individuos conciliadores, sensuales, sociables y equilibrados no sólo serán muy populares sino que los demás acudirán a ellos en busca de consejo, orientación e inspiración para hacer de este mundo un lugar mucho más hermoso.

5 de octubre

El nacimiento del altruismo digno

Las personas que nacieron el 5 de octubre suelen dar más importancia a los demás o a la causa que defienden que a sí mismas. Nunca ayudan lo suficiente y tal es su convicción de que los demás se sienten igualmente persuadidos a hacer buenas obras. Además, poseen un sentido del juego limpio altamente desarrollado y defienden apasionadamente los derechos de sus semejantes, especialmente los de los más desfavorecidos. A resultas de todo ello la gente los percibe como individuos altruistas e inusitadamente dignos.

Sea cual sea la situación en que se encuentran, estos individuos aportan preocupación por el prójimo y una alto sentido de la responsabilidad y la ética. Están dispuestos no sólo a hablar sino también a actuar, cosa que les granjea el respeto y la lealtad de la gente que les rodea. No obstante, en algunas ocasiones pueden perder el sentido de la perspectiva y quedar tan atrapados en su intransigencia que se tornan agresivos e impacientes, dejando de considerar las consecuencias de sus métodos o los puntos de vista alternativos.

Luego de cumplir los diecinueve años, su vida alcanza un punto de inflexión que subraya la necesidad de cambio y regeneración emocional. Esta influencia se mantendrá durante los treinta años siguientes y en este tiempo gozarán de oportunidades para expresar sus instintos sociales y dejar su impronta en el mundo. Ahora bien, si van en serio con su idea de convertirse en instrumentos de progreso efectivos, será vital que aprendan a mantener la calma, presten más atención a los detalles y no se dejen arrastrar por el poder de sus convicciones. Cumplidos los cuarenta y nueve, se produce otro giro que pone el acento sobre la expansión de la mente a través del estudio y los viajes.

Tengan la edad que tengan, estos individuos siempre serán un ejemplo de espíritu generoso y dedicación gozosa a los ideales de la justicia. Y una vez que hayan aprendido a controlar y dirigir constructivamente su pasión por las causas altruistas, disfrutarán de sobrado potencial para liderar importantes reformas de carácter humanitario, social o espiritual.

Su mayor reto es

Mantener el sentido de la perspectiva

El camino a seguir es...

Entender que dejarse arrastrar por la devoción a una causa es contraproducente. Perder la perspectiva significa perder la capacidad de hacer aportaciones efectivas.

En contra

Descuidados, extremos, impacientes

A favor

Altruistas, graciosos, de buen corazón

6 de octubre

El nacimiento del aventurero romántico

Su mayor reto es

Ser realistas

El camino a seguir es...

Entender que el optimismo puede ser tan dañino como la negatividad, porque en todas las personas y en todas las situaciones hay algo bueno y algo malo.

Las personas que nacieron el 6 de octubre viven cada día como si fuera el último. Como consecuencia de ello, son unas de las personas más vivas y espontáneas del año. Para ellos, cada día es una aventura y una oportunidad para enamorarse de algo o de alguien.

De corazón aventurero y romántico, estos individuos transitan por la vida animados por el deseo de probar tantas sensaciones y tantos estímulos como sea posible. Adoran la novedad y no pierden el tiempo recopilando información antes de decidirse a vivir su siguiente aventura. Aunque su necesidad de estímulos es fuerte, no son personas egoístas dado que también sienten una fuerte necesidad de solidarizarse y ayudar a los demás por medio de sus hallazgos.

Tras cumplir los diecisiete años, su vida alcanza un punto de inflexión y sienten una necesidad creciente de intensidad emocional, transformación y poder personal. Durante este periodo disfrutarán de muchas oportunidades para profundizar en sus compromisos sentimentales con otras personas y es importante que las aprovechen. Esto es así porque, aunque gracias a su buen carácter son personas muy valoradas por sus amigos, los hay que pueden cansarse de su optimismo sin límites y esa aparente incapacidad para ver los aspectos más oscuros, negativos y complicados de la vida. Es como si una parte de ellos fuese el héroe romántico de una historia convencional, un personaje poco definido, plano y sin profundidad. Sea como fuere, una vez que empiecen a entender que la vida no siempre es un camino de rosas y que el sufrimiento —por doloroso que pueda ser— es un ingrediente fundamental para su crecimiento psicológico, su vida se volverá infinitamente más rica y gratificante.

Cumplidos los cuarenta y siete años de edad, es probable que las personas que nacieron este día se tornen más libres y estén más dispuestas a correr riesgos en los planos emocional y profesional. Aparecerán oportunidades para que expandan la mente y su vida a través del estudio y los viajes. Tengan la edad que tengan, su contribución al mundo, tan versátil, energética e inspiradora, siempre les reportará el éxito y la buena suerte, y ejercerá una atracción casi magnética sobre las personas de su entorno.

En contra
Poco fiables, superficiales, sensacionalistas

A favor
Aventureros, energéticos, espontáneos

7 de octubre

El nacimiento del sabor difícil

Los que cumplen años el 7 de octubre suelen ser individuos energéticos dotados con una gran fortaleza mental. En general, tienen reputación de personas que hablan con aplomo y muy comprometidas con su sistema de valores. A decir verdad, ante ellos la gente reacciona de manera extrema, esto es, o los ama o los odia; pero, estén más o menos de cuerdo con ellos, una cosa es clara: su férrea voluntad y su determinación siempre impresionan a las personas de su entorno.

Aunque podríamos describirlos como personas de sabor difícil, a estas personas rara vez le preocupa el impacto que producen en los demás, puesto que creen que el progreso o los avances no son posibles sin desafiar las convenciones o el *status quo*. Ciertamente prefieren tener seguidores que enemigos, pero tan fuerte es la creencia en sus ideales y su urgencia por encabezar el progreso que poseen todo el coraje necesario para sobreponerse a la oposición o las críticas.

A partir de los dieciséis años de edad se internan en un periodo de treinta años caracterizado por un mayor énfasis en la necesidad de cambio emocional, poder y regeneración. Durante este tiempo la clave de su éxito radica en su capacidad para conjugar su ambición y su empuje con una mayor conciencia de la importancia de la cooperación y la diplomacia. Cumplidos los cuarenta y seis años, su vida alcanza un punto de inflexión tras el cual se vuelven más idealistas y optimistas, y es probable que quieran correr más riesgos o desafiar su capacidad intelectual a través del estudio, los viajes o el reciclaje. Tengan la edad que tengan, es necesario que mantengan la mente abierta, que controlen su espíritu rebelde y, lo que es más importante, que entiendan que su manera no es la única posible.

Por encima de todo, las personas que nacieron el 7 de octubre son individuos muy decididos. Una vez que hayan asumido su enorme fuerza de voluntad —y logrado mejorar su concentración y su efectividad en lugar de exteriorizarla de manera combativa—, disfrutarán de sobrado potencial para situarse entre los innovadores más brillantes del mundo entero.

En contra
Obstinados, aislados, estrechos de miras

A favor
Comprometidos, resistentes, fascinantes

8 de octubre

El nacimiento del espíritu libre

Es posible que desde muy temprana edad las personas que nacieron el 8 de octubre hayan sentido la necesidad de volar más allá de los límites del conocimiento humano. Poseen una imaginación tan fértil y creativa que los demás tienden a considerarlos originales o un tanto extraños. Pero incluso aquéllos que tienen dificultades para relacionarse con ellos o para entenderles, se verán obligados a reconocer que sienten una envidia secreta de su capacidad para desentenderse de los aspectos más rutinarios de la vida cotidiana.

Estas personas pueden parecer volátiles e inconsistentes porque se distraen fácilmente y no siempre emplean el sentido común, pero también es cierto que poseen un intelecto portentoso y una gran sabiduría para detectar las motivaciones de los demás. Desafortunadamente, esta sabiduría no siempre les sirve para entender sus motivaciones y, habida cuenta su actitud experimental ante la vida, pueden saltar de una persona a otra o de una experiencia a otra en busca de emociones fuertes, inspiración y libertad. Aunque es cierto que esto les hace muy interesantes e incrementa su magnetismo, hasta que no averigüen por qué son incapaces de comprometerse o de enfrentarse a la realidad de la vida, sentirán una profunda insatisfacción y desasosiego.

Antes de cumplir los cuarenta y cinco años de edad, disfrutarán de oportunidades para conocerse mejor y descubrir qué es lo que esperan de la vida. Durante este periodo, la clave de su éxito personal y profesional será su capacidad para inyectar una fuerte dosis de disciplina en su vida. Pasados los cuarenta y seis, su vida experimenta un giro que pone énfasis en la libertad y en el deseo de expandir sus horizontes y arriesgarse más. En este tiempo y en los años siguientes, es muy importante que descubran en su interior la aventura y la excitación que tanto anhelan, y que no cambien constantemente para eludir el aburrimiento.

Con su imaginación activa, sus excelentes dotes para la comunicación y su amor por la vida, no será extraño que estos individuos encabecen ideas, tendencias o movimientos nuevos. Pero sólo si son capaces de combinar sus emociones poderosas con un cierto grado de fuerza de voluntad, podrán sentirse realizados y convertirse en una fuerza dinámica de progreso.

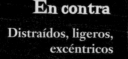

9 de octubre

El nacimiento del psicólogo

Muy pocas cosas escapan a la atención de las personas que nacieron el 9 d octubre. Son agudos observadores de la realidad y sienten fascinación por todos los aspectos de la interacción y el comportamiento humanos. Además, son individuos extremadamente perceptivos capaces de detectar los defectos o las debilidades de los demás. Pero precisamente por ser tan sensibles, sus pensamientos y soluciones no ofenden sino que inspiran a las personas de su entorno.

Psicólogos naturales, los que nacieron el 9 de octubre poseen una naturaleza especialmente curiosa e inquisitiva. Disfrutan conociendo gente y situaciones nuevas. Cuando esta actitud mentalmente abierta se combina con su inteligencia y su estilo vitalista, no es de extrañar que sean muy populares. Tienen muchos talentos y seguramente experimentarán con muchas profesiones antes de decantarse por un trabajo que les permita utilizarlos todos. Aunque es posible que tarden un tiempo, y aunque emprendan varios proyectos y cambien de trabajo varias veces, suelen en última instancia encontrar su camino.

Ahora bien, su vida personal discurre por un cauce completamente distinto. Esto se debe a que la percepción y la lucidez características de estas personas por alguna razón no se traducen en un mejor conocimiento de sí mismas.

Hasta los cuarenta y cuatro años de edad, estos individuos se centran en cuestiones relativas a la transformación, el cambio y la motivación personal. Será en estos años cuando busquen en el exterior su identidad y un sentido de la vida más profundo, quizás en su carrera o en las relaciones con otras personas. También será en esta época cuando su necesidad de complacer a los demás inhiba su fuerza de voluntad. Es de suma importancia que escuchen y confíen en su intuición, que en términos generales suele ser correcta. Cumplidos los cuarenta y cinco años, alcanzan un punto de inflexión y se vuelven más aventureros y amantes de la libertad. Además, disfrutarán de la vida con mayor intensidad.

Si han aprendido a valerse por sí mismos y a defender sus sueños, será en este periodo cuando estos individuos inteligentes, intuitivos e imaginativos finalmente lograrán avanzar y hacer realidad sus visiones de progreso.

Su mayor reto es

Atemperar su tendencia a complacer a los demás

El camino a seguir es…

Entender que la gente le respetará más si consolida su autoestima.

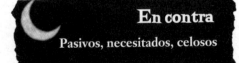

En contra
Pasivos, necesitados, celosos

A favor
Imaginativos, lúcidos, populares

10 de octubre

El nacimiento del supervisor

Su mayor reto es

Pedir ayuda

El camino a seguir es...

Entender que pedir ayuda no es un signo de debilidad sino de fortaleza y fe en sus capacidades. Denota que usted se considera una persona digna de recibir ayuda.

Las personas que nacieron el 10 de octubre detestan el caos y el desorden. Cuando aportan orden y armonía a situaciones improductivas se sienten útiles y realizados. En muchos aspectos sienten mayor satisfacción en su rol de supervisor, organizando e implementando soluciones, que cosechando los frutos y las recompensas de sus esfuerzos.

La carrera profesional es de gran importancia para los individuos que nacieron este día, y por ello quieren encontrar una vocación que sea satisfactoria y tenga un sentido más profundo. Por lo que respecta a su vida personal, en general sienten la misma necesidad de orden en casa que en el trabajo, y procuran que las tareas domésticas y las relaciones con sus familiares se desarrollen con eficiencia y fluidez. Aunque pueden parecer ligeramente serios y autosuficientes, poseen una sinceridad muy atractiva para las personas de su entorno. Por ejemplo, no sonríen demasiado y cuando lo hacen son capaces de iluminar con su sinceridad hasta los corazones más sombríos. Son individuos inteligentes y estructurados, pero la cháchara insustancial y los chismes no son precisamente lo suyo. Por lo que a ellos respecta, una conversación que no tenga algún sentido es una pérdida de tiempo.

Hasta los cuarenta y tres años de edad, ponen el acento en cuestiones relacionadas con la sensibilidad emocional, el poder y la transformación personal. En muchos aspectos, la primera parte de su vida puede ser la que les plantee mayores desafíos. Si durante estos años permiten que su tendencia a mostrarse lógicos y circunspectos se imponga sobre la necesidad de ser creativos y espontáneos en la expresión de sus emociones, corren el riesgo de convertirse en unas personas demasiado serias e insatisfechas. No obstante, si logran abrir su mente, su corazón y su billetera, podrán sentar las bases para construir una vida más equilibrada y plena. Cumplidos los cuarenta y cuatro años, estos individuos alcanzan un punto de inflexión que pone el acento sobre los viajes y las experiencias nuevas.

Tengan la edad que tengan, cuanto antes descubran en su interior el espíritu aventurero que sin duda tienen, antes podrán realizar su destino y convertirse en líderes progresistas e inspirados.

En contra

Poco imaginativos, insatisfechos, obsesivos

A favor

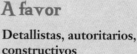

Detallistas, autoritarios, constructivos

11 de octubre

El nacimiento de la elegancia social

Las personas que nacieron el 11 de octubre son individuos atractivos y muy populares. Son maestros en el arte de las relaciones sociales y nada les gusta más que ser el centro de un grupo de colegas de profesión o amigos. Hacen gala de un estilo sencillo y elegante, y su agradable personalidad les permite mezclarse con gente de todas las edades, de educación y procedencia muy diversas.

Es posible que algunas personas de su entorno envidien la facilidad con la que se integran en un grupo, entablan conversación con un recién llegado, ascienden peldaños en su carrera profesional, y tienen acceso a los círculos sociales más selectos. Ahora bien, bajo esta apariencia impecable las personas que nacieron este día tienen la sensación de que les falta algo. Es importante que hagan caso de esta sensación porque normalmente les falta ambición personal. Aunque su personalidad alegre les sirve para ganar popularidad y posición social, estos individuos suelen ir a la deriva en lugar de perseguir objetivos personales claros. Como resultado de ello, pueden sentir que tienen escaso control sobre su vida. Su aversión al conflicto o al desafío resulta más dañina si cabe, dado que los retos y un poco de sufrimiento les ayudarían a aprender y a crecer emocionalmente.

Hasta los cuarenta y dos años de edad, estos individuos se centran en cuestiones relativas al cambio emocional y la necesidad de poder personal. Durante estos años es necesario que aprovechen las oportunidades que se presenten para crecer profesional y personalmente, porque enfrentar estos desafíos es la clave de su éxito. Cumplidos los cuarenta y tres, alcanzan un punto de inflexión que les anima a ampliar sus intereses, sentirse más libres, y buscar inspiración en el estudio, las relaciones o los viajes. Una vez más, la clave de su éxito y realización personal es su disposición a correr riesgos calculados y asumir nuevos retos.

Así pues, una vez que descubran en su interior el deseo de superar las dificultades y el coraje necesario para resistirse a la tentación de tomar siempre la ruta más fácil o la más popular, su humanidad, inteligencia y gracia garantizarán una vida deleitable no sólo en apariencia sino también por su contenido.

En contra
Superficiales, insatisfechos, pasivos

A favor
Sociables, encantadores, populares

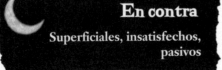

12 de octubre

El nacimiento de la complejidad efusiva

Cuando una persona nacida el 12 de octubre entra en una habitación, todo el mundo se da la vuelta para mirarla. Esto se debe a que son individuos con una fuerte personalidad y están decididos a hacerse notar. Si expresar sus opiniones en voz alta no funciona, no dudarán en recurrir a tácticas extravagantes para conseguir toda la atención que, a su juicio, merecen. Aunque es cierto que buscan la atención de los demás, también lo es que poseen un gran corazón, tan expansivo como su cabeza, siendo así que sus frecuentes pataletas no sólo persiguen el bien propio sino también el ajeno. Esta curiosa mixtura de generosidad sincera y desenfreno los convierte en unos individuos extremadamente complejos.

Esta peculiar combinación de rasgos del carácter puede manifestarse de maneras muy diversas. En algunos casos, estas personas subordinan su amor por el placer y las sensaciones intensas a su dedicación solidaria, ayudando a los demás de forma harto imaginativa. Otras veces, pueden ser individuos inconformistas con una manera expansiva e inimitable de comprometerse con la vida. Sea como fuere, el hambre de vida es un rasgo muy contagioso y común a todos ellos, así como su deseo de inspirar y vigorizar a los demás con su ejemplo apasionado.

Hasta los cuarenta y un años de edad, pondrán el acento sobre el cambio emocional, el poder y la transformación. Durante estos años, las probabilidades de alcanzar el éxito y la felicidad aumentarán de forma significativa, sobre todo si aprenden a minimizar su necesidad de atención y su afán de provocar reacciones en los demás, y si se enfocan más en sus ideales y objetivos vitales. Cumplidos los cuarenta y dos años, su vida experimenta un punto de inflexión muy significativo que les estimulará a expandir su perspectiva. Es posible, por ejemplo, que se relacionen más con extranjeros o que viajen a otros países, o que cultiven nuevos intereses.

En todo caso, tengan la edad que tengan, la clave de su crecimiento psicológico y su realización personal radica en su capacidad para tomar en consideración los sentimientos de los demás. Una vez que hayan encontrado un equilibrio entre dar y recibir, descubrirán que las reacciones que provocan en los demás trascienden la sorpresa para transformarse en admiración, respeto y, en algunos casos, en asombro.

13 de octubre

El nacimiento del diamante pulido

En tanto que líderes naturales, las personas que nacieron el 13 de octubre se toman muy en serio su vida y su trabajo. Están totalmente enfocados en sus objetivos, siendo así que su desempeño pulido y su fuerza inquebrantable inspiran la devoción y el asombro de los demás, o bien su hostilidad o incluso el miedo.

No se puede tontear con las personas que cumplen años en esta fecha. Su determinación y su vigor pueden sacar de su letargo al más apático de los mortales. Cuando se proponen algo, nada podrá impedir que lo consigan, ni siquiera los problemas sentimentales o de salud. Dotados con una mente despierta que no duda en sacar a relucir las debilidades o los defectos de los demás, son capaces de discurrir soluciones ingeniosas diseñadas para inspirar o beneficiar a las personas de su entorno. No sorprende, por tanto, que sean muy perfeccionistas. Las altas expectativas que depositan en su persona y en los demás pueden plantearles serias dificultades a la hora de descansar y relajarse. Y lo mismo es aplicable a sus familiares y compañeros de trabajo.

Hasta los cuarenta años de edad, estos individuos experimentan un énfasis creciente en las cuestiones relativas al poder, el cambio y la transformación de su motivación personal. Será en estos años cuando más intransigentes se muestren y más se afanen en la consecución de sus objetivos. Aunque esto significa que triunfarán en la profesión que hayan elegido, la felicidad les será esquiva a menos que aprendan a relajarse un poco y se abran más a las personas que merecen su confianza. Es necesario que de vez en cuando se recuerden que son humanos y tienen emociones como todo el mundo. Cumplidos los cuarenta y un años, su vida alcanza un punto de inflexión fundamental, del que emergen con una perspectiva más optimista y amante de la libertad. Es probable que expandan su mente por medio del estudio, los viajes o el cultivo de nuevos intereses.

Si logran aprender a ser menos críticos consigo mismos y con los demás, no reaccionan ante la presión exterior y permiten que la voz interior dirija sus pasos, será en estos años cuando den lo mejor de sí mismos. Su necesidad de inducir el progreso no sólo redundará en grandes beneficios para sus semejantes, sino que los situará en el centro de todas las miradas que, por otra parte, siempre ha sido su lugar natural.

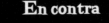

14 de octubre

El nacimiento del camino intermedio

Las personas que nacieron el 14 de octubre son estables como una roca, y por esta razón sus amistades y colegas de profesión acuden a ellos en tiempos de tribulaciones. Ejercen una influencia tranquilizadora y su capacidad para gestionar de manera práctica y con sentido común las situaciones más extremas suele catapultarles hasta puestos de autoridad o de gran responsabilidad.

Estos individuos son un ejemplo de moderación y equilibrio. Hacer lo correcto sea cual sea la situación en que se encuentren, es la fuerza que anima a esta gente. Por este motivo, generalmente encuentran el camino intermedio, cosa que les sirve para aportar estabilidad, estructura e influencia a las vidas de sus familiares y compañeros de trabajo. Y en su vida hacen exactamente lo mismo. Los amigos confían en su criterio, puesto que son capaces de hacer que vean la realidad tal cual es cuando adoptan posiciones extremas; por otro lado, sus colegas de profesión confían en la voz de su razón y su sentido común. En todo caso, a veces su mayor virtud puede convertirse en su mayor defecto, sobre todo cuando se radicaliza. Así las cosas, un exceso de sentido común o de moderación puede causar comportamientos desequilibrados, impidiendo que corran riesgos, o también puede ser causa de su abandono al desenfreno o la complacencia. En ambos casos el resultado es un desastre tanto para su bienestar como para su crecimiento psicológico.

Hasta los treinta y nueve años de edad, experimentan un énfasis creciente en la trasformación y el poder personal. Es, pues, necesario que durante estos años escuchen la voz de su intuición al igual que hacen con el sentido común a la hora de decidir qué hacer ante una situación concreta. También necesitan aprender de sus errores, y aprender a soltarlos, dado que tienen tendencia a culparse por lo sucedido y quedarse anclados en el pasado, en lugar de mirar hacia el futuro. Luego de cumplir los cuarenta alcanzan un punto de inflexión muy significativo y es posible que quieran expandir su mente a través de nuevas experiencias, el estudio de la filosofía o la espiritualidad, o viajando a otros países.

Tengan la edad que tengan, si logran aprender a mirar hacia delante con una actitud positiva y encuentran el camino intermedio en todas las cosas, disfrutarán de sobrado potencial para convertirse en gestores imaginativos e inspiradores cargados con un importante mensaje de moderación en todas las áreas de su vida.

15 de octubre

El nacimiento del modelo de conducta provocador

Las personas que nacieron el 15 de octubre normalmente ejercen una influencia hipnótica o seductora sobre los demás. La clave de su éxito radica, precisamente, en cómo emplean esta influencia provocadora. Si la emplean positivamente podrán desempeñar un rol crucial en la vida de otras personas, ayudándoles a desarrollar su individualidad y su poder. Sin embargo, si la emplean de manera temeraria o para dudosos fines agitarán a los demás, estimulando la negatividad con un comportamiento sensacionalista y una exagerada búsqueda de atención.

Sean o no conscientes de la poderosa influencia que ejercen sobre los demás, estos individuos no soportan que nada ni nadie coarte su independencia. Pero esto no significa que sean egoístas. Antes bien lo contrario, puesto que suelen sentirse fuertemente vinculados con los demás, y sus amigos valoran su diligencia y consideración en gran medida. Ocurre que su mayor deseo es hacer una contribución positiva al mundo. Poseen muchos talentos y su potencial para el éxito es grande. Casi con toda seguridad conseguirán dejar su impronta en su entorno. Ahora bien, incluso cuando se ganan el respeto de los demás, pueden evidenciar un exceso de confianza o buscar la atención de sus semejantes de manera un tanto exagerada. Por consiguiente, es importante que tomen conciencia del efecto que sus encantos tienen sobre los demás y encuentren maneras para erigirse en un modelo de conducta claramente positivo.

Hasta los treinta y ocho años de edad se centran en trabajar las cuestiones relativas al cambio emocional y el poder personal. Durante este periodo harían muy bien en estudiar psicología. Aunque es cierto que poseen una comprensión natural de la naturaleza humana, investigarla en mayor profundidad les proporcionará respuestas a algunos interrogantes que arrastran desde la infancia. Luego de cumplir los treinta y nueve años, alcanzan un punto de inflexión que les estimula a expandir su perspectiva mental y adoptar una actitud más aventurera.

Si durante este tiempo aprenden a moderar su necesidad constante de actuar de manera independiente y recuerdan que los demás acuden a ellos en busca de orientación, inspiración e ideas, estos individuos no sólo podrán erigirse en un modelo de conducta positivo sino en un poderoso agente de progreso.

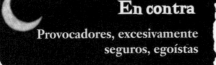

En contra

Provocadores, excesivamente seguros, egoístas

A favor

Encantadores, influyentes, inteligentes

16 de octubre

El nacimiento del espíritu rompedor

Las personas que nacieron el 16 de octubre suelen estar dotadas con una mente aguda y unas facultades críticas altamente desarrolladas. Les encanta observar y analizar las cosas y a todas las personas con las que se cruzan. El comportamiento humano es una fuente inagotable de estímulos y experiencias. Aunque son perceptivos e inteligentes, el mayor talento de estos individuos es su capacidad para atravesar la confusión y poner de relieve los defectos o las debilidades con objetividad y una honestidad casi brutal.

Disfrutan estando en compañía de otras personas, pero su ingenio, su independencia y su tendencia a criticar en ausencia del interesado —ya sea por escrito o haciendo campaña en defensa de algún asunto de carácter social—, indefectiblemente les distancian de los demás. A estos individuos les motiva el deseo de informar o arrojar luz sobre las cosas. Ahora bien, la incómoda precisión de sus observaciones y esa manera franca de expresarse, pueden ofender y alejar a aquéllos a los que pretenden iluminar. Otorgan un gran valor a la justicia y luchan por la igualdad y la honestidad en todos los frentes de su vida. Cuando finalmente encuentran su camino —cosa que casi siempre sucede—, son modelos de encanto, aplomo y magnanimidad. Pero si se les ignora pueden ponerse a la defensiva y experimentar repentinos cambios de humor, así como negarse al compromiso o a aceptar el fracaso.

Hasta los treinta y siete años de edad, estos individuos se centran en trabajar las cuestiones relacionadas con el poder y la sensibilidad emocional. Será en estos años cuando se muestren más testarudos y difíciles, especialmente en la discrepancia. Cumplidos los treinta y ocho, su vida experimenta un giro significativo del que emergen más estimulados y dispuestos a ampliar su perspectiva de la vida y a expandir sus horizontes por medio del estudio, las aventuras y los viajes. Deberían aprovechar las oportunidades que se presenten para cooperar y asociarse con otras personas dado que esto les reportará un éxito considerable y atraerá la buena suerte, en los planos personal y profesional.

Sea como fuere y tengan la edad que tengan, su mente brillante y escasamente convencional, unida a su capacidad para llegar al meollo de cualquier asunto, finalmente propiciará el análisis profundo de su persona. Será entonces cuando podrán hacer su más importante y rompedora contribución al mundo.

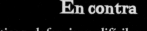

17 de octubre

El nacimiento de la escapatoria afortunada

Su mayor reto es

Controlar su tendencia a embellecer la verdad

El camino a seguir es...

Entender que embellecer la verdad no hace que parezcan más interesantes o excitantes; sólo sirve para que todos vean que buscan atención.

La capacidad para sobreponerse cuando las cosas se tuercen y empezar de nuevo sin quejarse es uno de los rasgos que definen a las personas que nacieron el 17 de octubre. Aunque saben ser responsables, correr riesgos es una forma de vida a la que no pueden resistirse. Así las cosas, a ojos de los demás su vida parece un ejercicio de equilibrio donde las escapatorias afortunadas, los riesgos y el juego están a la orden del día.

La audacia y la intrepidez que caracteriza a quienes nacieron el 17 de octubre inspiran el respeto y la admiración de los demás, aunque su ejemplo no sea precisamente el más digno de emulación. Esto se debe a que tal vez sean los únicos individuos del año con suficiente seguridad, resistencia y atrevimiento para manejar la exigencia, las decepciones, los éxitos y los vaivenes emocionales que comporta este estilo de vida. Por otro lado, no dudarán en embellecer la verdad si consideran que con ello conseguirán la atención que merecen. Aunque todo esto resulta muy entretenido para las personas de su entorno, puede ser peligroso para su bienestar emocional, especialmente cuando no pueden distinguir la realidad de la fantasía. El autoengaño puede ser otro de sus grandes problemas.

Al final de la veintena y a principios de la treintena, es probable que estas personas sientan una fuerte necesidad de encontrar un sentido profundo de la vida. Esto puede hacer que asuman mayores riesgos o, más positivamente, que decidan esforzarse para conocerse mejor y descubran que sólo trabajando su vida emocional lograrán el equilibrio. Una vez que logren desmarcarse de la imagen intrépida que ellos mismos han creado y revelen su verdadero yo, descubrirán que su vida adopta un rumbo nuevo y adquiere un significado más positivo.

Típicamente, al final de la treintena y a principios de la cuarentena finalmente encuentran el equilibrio entre su naturaleza impulsiva y prudente. Siempre y cuando mantengan una actitud positiva, se armen de paciencia y desarrollen una mayor tolerancia, estos individuos serán capaces de combinar su valentía con el dinamismo y la perseverancia necesarios para conseguir el éxito y la felicidad en todas las facetas de su vida.

En contra
Temerarios, preocupados por su imagen, deshonestos

A favor
Aventureros, valientes, resistentes

18 de octubre

El nacimiento
de la expectativa vulnerable

Las personas que nacieron el 18 de octubre poseen un aire digno y aristocrático. Desde muy temprana edad las personas de su entorno esperan grandes cosas de ellos. Con el paso de los años suelen cumplir estas expectativas y llegan hasta lo más alto. Sin embargo, pese a que nada les gustaría más que dejar su impronta en este mundo, una parte de ellos desearía salir corriendo y esconderse.

Aunque cuentan con gran imaginación, una inteligencia portentosa y el talento suficiente para labrarse un brillante futuro, su necesidad de obtener la aprobación de los demás puede erosionar su autoestima y evitar que desarrollen todo su potencial. Quizás durante la infancia recibieran muchas críticas o se les ignorara. Así las cosas, con independencia de su éxito estos individuos siempre se sentirán inadaptados e inseguros. Para su crecimiento psicológico es, pues, importante que trabajen para reconstruir su autoestima, tal vez su punto más vulnerable. Si no lo hacen, transitarán por la vida a merced de los vientos, elevándose cuando los demás les aplaudan y derrumbándose cuando carezcan de elogios y apoyos.

Desde los cinco años de edad y hasta los treinta y cinco, los individuos que nacieron este día se centran en las cuestiones relacionadas con el cambio emocional, la transformación y el poder. En este tiempo gozarán de oportunidades para asumir el control de su vida. Es preceptivo que aprovechen estas oportunidades siendo más preactivos y diciendo «no» a cuantos intenten aprovecharse de ellos. Una vez que logren controlar sus inseguridades y tomen conciencia de su valía, estarán en condiciones de conseguir todo lo que se propongan. Cuando se acercan a los cuarenta, y en años posteriores, su vida experimenta otro giro del que surgen con un marcado espíritu aventurero. En este periodo más que en ningún otro, es importante que disipen todas sus dudas.

Una vez que vean que todo el mundo los percibe como individuos valientes, creativos e inspiradores, disfrutarán de sobrado potencial no sólo para ser felices y hacer felices a los demás, sino para ser una fuerza inspiradora en pro del bien común.

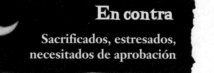

En contra

Sacrificados, estresados, necesitados de aprobación

A favor

Dignos, inspiradores, desprendidos

19 de octubre

El cumpleaños del activista pacífico

En la superficie, las personas que nacieron el 19 de octubre parecen convencionales y pacíficas, pero bajo esta fachada se oculta una enorme independencia y una originalidad que suelen aparecer al primer indicio de conflicto.

Cuando las cosas van bien, estos individuos se muestran alegres y son excelentes compañeros de equipo, puesto que con su encanto y optimismo levantan el espíritu de todas las personas de su entorno. Rara vez pierden la sonrisa y trabajan muy duro para mantener el *status quo*. Ahora bien, cuando se desata el conflicto o si el *status quo* se ve amenazado, su independencia y su dureza, además de su temperamento explosivo, sorprenderán a propios y extraños. A decir verdad, es en épocas de dificultad cuando suelen aparecer, destacándose sobre el resto gracias a la fortaleza de su carácter. Además, es en los momentos de crisis cuando sale a relucir lo mejor y lo peor de estos individuos. En su fuero interno son personas muy batalladoras que sólo necesitan una oportunidad para manifestarse con toda la magnitud de su espíritu combativo. Una vez que esto sucede, los demás aprenden a no subestimarles. Por suerte, el arma que emplean no es tanto la intimidación como la persuasión y la exposición lógica de sus ideas. Ahora bien, si se les acorrala no dudarán en reaccionar con palabras y actos hirientes.

Hasta mediada la treintena, las personas que nacieron este día disfrutan de oportunidades para cambiar, transformarse y crecer emocionalmente. Son años importantes para la forja de su carácter y para que aprendan a controlar su temperamento e inyectar entusiasmo en su vida sin necesidad de que el conflicto les sirva de estímulo. Esto tendrá mucha trascendencia en su crecimiento psicológico. A medida que se acercan a los cuarenta, se produce otro punto de inflexión que realza su espíritu aventurero invitándoles a viajar o a retomar los estudios.

Una vez más, si logran controlar sus tendencias rebeldes y dirigir su enorme vigor, su optimismo natural y su valentía hacia una causa que merezca la pena, disfrutarán de potencial para descubrir, denunciar y revertir las injusticias. A partir de ahí podrán dedicarse a mejorar el mundo y disfrutar de su pacifismo consustancial.

En contra
Rebeldes, faltos de tacto, posesivos

A favor
Independientes, energéticos, valientes

20 de octubre

El nacimiento
de la doble vida

Las personas que nacieron el 20 de octubre son en cierto modo una paradoja, puesto que su personalidad tiene dos caras netamente diferenciadas. Por un lado, son la quintaesencia del profesionalismo, es decir, personas que comunican un mensaje de colaboración, competencia y armonía. Por otro lado, son impredecibles, pero también capaces de apreciar el arte, la sensualidad, la creatividad y la belleza.

Generalmente, las personas que nacieron en esta fecha logran compaginar ambas facetas de su personalidad, tal vez optando por carreras convencionales y dando rienda suelta a sus inclinaciones artísticas con un *hobbie* o poniendo énfasis en su estilo personal. En honor a la verdad, su apariencia rara vez es algo trivial o secundario en su vida, tanto así que, por muy convencional que sea su profesión, siempre encontrarán la manera de expresar su individualidad a través de la ropa, el peinado o su sentido de la moda.

Esta doble vida también se pone de manifiesto en su manera de relacionarse con la gente. Les gusta pensar que dan prioridad a los demás y que son unos demócratas natos, pero sólo será cuestión de tiempo que llamen la atención de todos y asuman el liderazgo, dado que para eso han nacido. Esto en modo alguno significa que les manipulen o sean insinceros. Más bien lo contrario, dado que son individuos desprendidos y extremadamente afectuosos. Sucede que su creatividad y originalidad características son tan potentes que les resulta completamente imposible contenerlas o subordinarlas durante mucho tiempo.

Tras cumplir los veinte años, es probable que experimenten una mayor necesidad de cambios emocionales, regeneración y poder personal. También es probable que tengan dificultades para expresarse de manera creativa en su vida profesional. Mediada la treintena y hasta los cuarenta años de edad, su vida experimenta un punto de inflexión que realza su espíritu aventurero. En este tiempo será absolutamente crucial que encuentren la manera de reconciliar su racionalidad con sus impulsos creativos y artísticos. Si logran alcanzar este difícil equilibrio seguirán teniendo una doble vida. La diferencia estriba en que ya no les planteará complicaciones ni conflictos, sino que la vivirán como algo satisfactorio y perfectamente natural.

En contra
Insatisfechos, confusos, egocéntricos

A favor
Creativos, justos, entusiastas

21 de octubre

El nacimiento del encanto elocuente

Además de encantadoras, inteligentes y talentosas, las personas que nacieron el 21 de octubre poseen una extraordinaria capacidad para la comunicación, de palabra y por escrito. Si emplean esta capacidad con sabiduría podrán ganarse muchas amistades e influir en la gente adecuada.

Se les da muy bien expresar oralmente sus pensamientos o ponerlos por escrito, y si bien es posible que no sean muy conscientes de ello, sus manifestaciones suelen dejar huella en las personas de su entorno. Son individuos estructurados y de naturaleza divertida. La gente se siente atraída por lo que tienen que decir y por su naturalidad, espontaneidad y alegría vital. La atención que reciben rara vez les desequilibra y son los primeros en admitir que les encanta ser el centro de todas las miradas. Ser aceptados y tener la opinión pública a su favor son dos asuntos de gran importancia para ellos, pero cabe señalar que son mucho más que unas mariposas sociales. Nada les gusta más que satisfacer su necesidad de placer y compartir su disfrute con un grupo de individuos con mentalidad afín. Por otro lado, también son extremadamente perceptivos, realistas y críticos hasta cierto punto; por ello, no dudan en reconocer la escasa viabilidad de un estilo de vida hedonista y la importancia de subsanar las injusticias y desgracias que ocurren en el mundo.

Pese a su capacidad para subordinar sus necesidades más egoístas en pro del bien común, estas personas son criaturas profundamente emotivas animadas por el deseo de hacer realidad sus ideales creativos. Antes de los treinta y dos años de edad es posible que les falte seguridad y adopten un enfoque netamente conservador frente a la vida. Ahora bien, cumplidos los treinta y tres, alcanzan un punto de inflexión que les estimulará a ser más aventureras, confiadas y amantes de la libertad. Es, pues, importante que comprendan que aunque actuar de forma impulsiva puede ser muy emocionante también puede ser peligroso.

Tengan la edad que tengan, estos individuos extravertidos, dinámicos, elocuentes y sensibles encontrarán satisfacción cuando logren poner sus talentos al servicio de los demás, con el objetivo de alcanzar sus ideales más elevados de la belleza o la justicia.

En contra
Adictivos, volubles, insatisfechos

A favor
Encantadores, estructurados, influyentes

22 de octubre

El nacimiento
del aura dorada

Aunque quisieran, las personas que nacieron el 22 de octubre nunca podrían diluirse entre la multitud ni pasar desapercibidas. De imponente presencia, el poder seductor que parecen ejercer sobre los demás es realmente extraordinario. De hecho, durante toda su vida esta aura dorada no decrece ni deja de resultar magnética para las personas de su entorno.

Aunque no les molesta ser el centro de atención, una parte de ellos querría que se les reconociera por sus talentos y capacidades y no tanto por las apariencias o por su facilidad para inducir sentimientos, emociones o el deseo en los demás. En honor a la verdad, estos individuos poseen muchos talentos ocultos, entre los que cabe señalar la inteligencia, la intuición, el buen juicio y la compasión por los más desfavorecidos. Desafortunadamente, la gente no suele darles la oportunidad de expresar sus talentos porque generalmente no necesitan más que apoyarse en su atractivo y su presencia arrolladora para medrar en la vida. Así las cosas, que no se les tome en serio puede ser un gran problema para las personas que nacieron este día, y no es extraño que piensen que tienen que trabajar el doble que los demás para demostrar lo mucho que valen.

Con el paso del tiempo estos individuos encuentran maneras para proyectar el poder de sus intenciones sobre los demás, pero desafortunadamente no suelen hacerlo de manera constructiva. Por ejemplo, poseen un dominio tal sobre sus emociones que, si se lo proponen, pueden también influir en las emociones ajenas. Este poder de proyección no tiene parangón y, en consecuencia, es importante que lo utilicen con sabiduría y se aseguren de que sus intentos para controlar las situaciones no terminan hiriendo a sus semejantes ni dañándoles emocionalmente.

Antes de los treinta años, su tendencia a manipular emocionalmente a la gente de su entorno puede adoptar una mayor presencia, pero cumplida esta edad estos individuos alcanzan un punto de inflexión significativo del que saldrán siendo menos controladores y más optimistas, aventureros y con las miras más amplias. Será en estos años cuando demuestren todo lo que valen. Si la dirigen positivamente, esta aura dorada, o su fuerza interior, podrá finalmente manifestarse en la forma de capacidad sanadora o creativa, así como con la necesidad de ayudar a hacer de este mundo un lugar mejor.

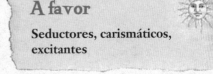

En contra
Manipuladores, superficiales, molestos

A favor
Seductores, carismáticos, excitantes

ESCORPIÓN

EL ESCORPIÓN

(23 DE OCTUBRE - 21 DE NOVIEMBRE)

* **ELEMENTO:** Agua
* **PLANETAS INFLUYENTES:** Marte, el guerrero, y Plutón, el destructor
* **SÍMBOLO:** El escorpión
* **CARTA DEL TAROT:** La muerte (regeneración)
* **NÚMERO:** 9
* **COLORES FAVORABLES:** Rojo, púrpura, negro
* **FRASE CLAVE:** Me renovaré

Escorpio es el signo del renacimiento y la renovación. Su principal característica es una energía incansable e implacable capaz de agotar a cualquiera con su persistencia. En el mejor de los casos, los escorpio son individuos dinámicos capaces de grandes logros; ahora bien, si no pueden conseguir lo que quieren o si su energía queda bloqueada o mermada por una u otra razón, sacarán lo peor de sí mismos en la forma de celos, resentimiento, negatividad y sarcasmo exacerbado.

El potencial de su personalidad

De todos los signos del zodiaco, Escorpio es probablemente aquel con más connotaciones negativas debido a los rasgos negativos y autodestructivos del símbolo. Pero estas connotaciones simplemente no son verdad. Sucede que la creatividad y la energía asociadas con este signo pueden en ocasiones ser tan fuertes que parecen abrumadoras o excesivamente intensas. No obstante, una vez que encuentran la manera de expresar su creatividad y utilizan su energía de manera productiva, disfrutan de sobrado potencial para hacer cosas verdaderamente increíbles.

Los escorpio son individuos polifacéticos y día tras día revelan diferentes facetas de su personalidad. Ahora bien, dos son los aspectos más característicos y que se manifiestan con mayor frecuencia: en primer lugar, existe un escorpio silencioso y mortal que disfruta sorprendiendo a las personas con la guardia baja; por otro lado, existe el ave fénix, el pájaro mágico y místico que muere y renace con fuerza, sabiduría y potencial renovados. No es casualidad que la carta del Tarot asociada con el signo solar Escorpio sea la carta de la muerte. Esta carta es la que más suele asustar a la gente en el transcurso de las lecturas, pero si nos tomamos la molestia de mirar bajo la superficie de las cosas descubriremos que aunque es cierto que la muerte significa el final, también anuncia el comienzo de algo nuevo, así como la promesa y el potencial de una nueva vida o el inicio de un ciclo diferente. No sorprende, por tanto, que el signo Escorpio rija los genitales —los órganos de la reproducción— y que el planeta Marte, el guerrero, y el planeta Plutón, el renacimiento, la transformación y el conocimiento oculto, también ejerzan una poderosa influencia sobre los nacidos bajo este signo.

A los Escorpio les fascina lo desconocido y los misterios de la vida que no tienen respuesta. Su mirada intensa parece mirar directamente al alma de las personas, siendo así que su mente original y astuta, combinada con su lógica y su intuición, les permite ir directamente al meollo de las cuestiones o a la raíz de los problemas. Suelen disfrutar de una personalidad magnética y son excelentes estrategas que parecen hipnotizar a los demás para que hagan exactamente lo que quieren. Con independencia de cómo decidan utilizar su energía asombrosa, estos individuos poseen una enorme resistencia y potencial para superar todos los obstáculos y atraer el éxito.

> **"Su mirada intensa parece ver directamente el alma de las personas..."**

Su lado oscuro

Las palabras más frecuentemente asociadas con los escorpio son celos, sarcasmo, venganza, posesión y obstinación. No puede negarse que en este signo existe el potencial de estos rasgos negativos de la personalidad, como el aguijón que adorna su cola. Lo más curioso del caso es que los escorpio suelen ser los primeros en admitir que en efecto poseen estos rasgos feos de la personalidad pero, en lugar de controlarlos, no es raro que permitan que les dominen o guíen sus actos. En otras palabras, suelen aguijonearse en la cola con su compulsión y sus obsesiones, cosa que les convierte en sus peores enemigos. Asimismo, poseen un costado masoquista que puede infligirles mucho dolor, mucho más que recibir las críticas o el rechazo de otras personas.

En este sentido, los escorpio pueden ser extremadamente autocríticos, siendo así que su personalidad recelosa tiende a recrearse en las heridas del pasado, y permite que se acumulen la negatividad y el resentimiento. Igualmente, estos individuos tienen tendencia a juzgar el presente basándose en experiencias pasadas y, si han sufrido, pueden mostrarse muy desconfiados y reticentes a confiar de nuevo en las personas. Con relativa frecuencia, ocultan sus inseguridades bajo una máscara de arrogancia y comportamiento despreciativo. Ahora bien, si una persona de signo Escorpio se siente traicionada, es muy probable que nunca perdone ni olvide.

Los escorpio son unos maestros en el arte de la manipulación, quizá los mejores de todo el zodiaco, y nunca dudarán en emplear el conocimiento que han adquirido gracias a su perspicacia y su peligroso encanto para alcanzar sus objetivos. En cualquier caso, tal vez su mayor defecto sea su carácter profunda y turbiamente celoso. Así las cosas, los escorpio pueden ahogarse en un mar de resentimiento y consumirse en la hoguera de sus sentimientos negativos si piensan que los demás tienen más que ellos o hacen las cosas mejor que ellos.

Símbolo

El escorpión es una criatura peligrosa, aterradora, oscura y silenciosa que posee un aguijón letal en su cola. Cuando se siente acorralado, el escorpión utilizará su propio aguijón para darse muerte y no sufrir la humillación de verse derrotado. Como el escorpión, los individuos nacidos bajo este signo solar tienen potencial para destruir cualquier cosa o a cualquier persona que se ponga en su camino, y también pueden autodestruirse cuando sienten que su vida no se desarrolla de acuerdo a su planes.

Su mayor secreto

El mayor secreto de los escorpio típicos suele ser un misterio, toda vez que por naturaleza tienden a ocultar sus cosas bajo una coraza hermética. Dado que no están dispuestos a abrirse emocionalmente, a veces pueden sentirse muy solos y aislados, como si fuesen meros observadores y no participasen activamente de su propia vida. En lo más hondo de su ser, encontramos una fuerte necesidad de ser amados y aceptados. Ahora bien, si no encuentran la manera de trascender su corazón impenetrable, es muy probable que nunca logren satisfacer esta necesidad.

El amor

Los nacidos bajo el signo Escorpio poseen un aire de secretismo que dificulta en gran medida la cercanía con los demás, que rara vez logran conocerles en profundidad. No obstante, su personalidad intuitiva nunca encuentra dificultades para entender a las personas de su entorno. Como resultado de ello, siempre contarán con muchos conocidos y admiradores, aunque sólo unos pocos podrán decir que conocen bien a los escorpio, y muchos menos estarán cerca de ellos en el plano emocional. Son personas afectuosas que frecuentemente confunden la pasión y el sexo con el amor. El test definitivo para verificar el amor de un escorpio tiene lugar pasada la luna de miel. Así, cuando las cosas se estabilizan en una rutina, es posible que tengan dificultad para transformar una relación sexual en algo más profundo y duradero.

Si en su vida hay un escorpio, casi con total seguridad intentará controlarle de una u otra forma. Y si descubre que usted confía en otra persona y le cuenta sus intimidades, todas sus inseguridades se revelarán de inmediato. Muchos de los problemas que enfrentan los escorpio en esta vida guardan una estrecha relación con la intensidad de sus emociones, especialmente con el amor y los celos. Muy propensos a los males de amor, al encaprichamiento sexual y los impulsos viscerales, suele ocurrir que pierden el norte y no pueden razonar lógicamente ni recurrir al sentido común. Y, como ya se ha insinuado, esto puede degenerar en comportamientos temerarios, peligrosos y autodestructivos.

Amores compatibles: Virgo, Capricornio y Piscis

El hombre escorpio

En la superficie, un hombre de signo Escorpio puede parecer tranquilo, seguro y con un gran control de sí mismo; ahora bien, si se le puede definir con una sola palabra esa palabra es «pasión». Y no sólo pasión en la alcoba, sino intensidad apasionada en casi todas las cosas y con casi todas las personas que hay en su vida. Si la intensidad emocional le desestabiliza, entonces iniciar una relación sentimental con un hombre escorpio quizás no sea su mejor opción.

La gente suele adorar o detestar a los varones de este signo, sin términos medios. Y es que en su caso es imposible mantener una postura neutral dado que siempre causarán una fuerte impresión gracias a su intensidad hipnótica. Estos individuos son un enigma en el más amplio sentido de la palabra. En un momento dado pueden mostrarse muy apasionados, y hacer gala de un sentido común admirable un momento después; pueden filosofar un día y mostrar su rostro más sensual y mundano al día siguiente. Son una caja llena de sorpresas y es imposible adivinar sus reacciones, algo que les encanta sobremanera. Disfrutan sembrando la inquietud y animando a los demás a bajar la guardia. Entonces, una vez vencidas todas las defensas, bien se lanzarán a la yugular o se escabullirán y partirán en busca de otro desafío.

Llegar segundo es un concepto que no figura en el vocabulario del hombre escorpio. Perder no sólo les inflige un gran dolor, sino que puede destruir una parte de su persona. Esto se debe a que no sólo quieren triunfar en la vida, sino que *deben* hacerlo a toda costa, y lo mismo es aplicable a las relaciones personales. Así pues, este hombre querrá controlarle, y si le descubre mirando a otras personas sus celos no conocerán límites. Sea como fuere, en lo que concierne a su persona maneja un sistema de valores y reglas completamente distinto. Por consiguiente, es necesario que le dé su espacio y que soporte sus coqueteos. Aunque es cierto que lo anterior suena muy injusto, el hecho es que uno tiene que ser muy fuerte y muy valiente para enamorarse de un varón escorpio. No obstante, una vez que le haya hipnotizado, no cabe duda de que con su ayuda usted logrará elevarse hasta cotas insospechadas en la expresión física, emocional e intelectual.

La mujer escorpio

Magnética, orgullosa, segura, misteriosa y profunda son términos clave para definir a la mujer de signo Escorpio. Es probable que también sea muy bella y seductora pero, por muy impactante que pueda ser, la mujer escorpio siempre guarda un resentimiento secreto. En su cabeza, el hecho de ser mujer supone ventajas pero también impone una serie de restricciones. Por ejemplo: es posible que el rol de novia le plantee un cierto desafío. Así, querrá ser ella quien tome la iniciativa y, si hablamos de matrimonio, querrá ser quien ponga el tema encima de la mesa. Posteriormente, si tiene

hijos, y aunque pueda ser una madre ejemplar, tendrá dificultades para manejar las limitaciones que el hecho de tener familia impone sobre su carrera profesional.

Sexy y agresiva, no es que esta mujer quiera comportarse como un hombre, sino que en su fuero interno desea sentirse más libre y vivir sin limitaciones. Así las cosas, en el plano profesional será la mujer que trate de superarse y empujar los límites establecidos y, en lo que atañe a las relaciones de pareja, no tendrá tiempo para andarse con juegos de chicas y querrá avanzar con decisión. En cualquier caso, la mujer de este signo sabe muy bien cómo encarar la vida y no dudará en ocultar sus verdaderas intenciones tras una apariencia misteriosa y enigmática. Esta fémina domina el arte de conseguir que los demás hagan lo que ella quiere sin que esto resulte evidente. Antes de que puedan darse cuenta, habrán caído irremediablemente presa de su hechizo. Esta mujer puede ser muchas cosas, pero ante todo es una criatura poderosa.

Precisamente por ser tan fuerte, la mujer de signo Escorpio no soporta la debilidad en los demás. En las relaciones buscará una pareja que sea tan inteligente y ambiciosa como ella. Aunque intentará dominar la relación, cuando esté verdaderamente enamorada deseará en secreto que su pareja la domine. Es una mujer profundamente apasionada y sexual, pero en tiempos de crisis saldrán a relucir toda su calma y su fortaleza interior. Aunque se muestra conmovedoramente honesta en todo lo que concierne a sus afectos, su pareja nunca tendrá la seguridad de conocerla totalmente. Pero eso es parte de su magia.

La familia

Los niños de signo Escorpio suelen tener reputación de niños de mal carácter y humor variable. En vez de chillar y patalear cuando no consiguen lo que quieren, estos niños se callan y se niegan a participar. Es extremadamente importante que los padres animen al pequeño escorpio a hablar de lo que le molesta porque si logran aprender a hacerlo desde la niñez les ahorrará muchos problemas y sinsabores en el futuro. Curiosos e inteligentes, estos niños también necesitan cultivar muchos intereses y *hobbies* que les mantengan estimulados, puesto que si se aburren pueden volverse infatigables e inquietos en el plano físico y emocionalmente volátiles. En algunos casos, su curiosidad puede inducirles a explorar o a querer hablar de aspectos de la vida que incomodan a sus padres tales como la muerte, la enfermedad, el sexo y las drogas. En lugar de decirles que todavía no son lo suficientemente mayores —cosa que sólo servirá para aumentar su curiosidad—, los padres deberían intentar encontrar maneras sanas para hablar abiertamente de estos temas tabú.

Por lo general, los niños de signo Escorpio tienen un caudal de energía casi ilimitado, por lo que sería conveniente que se les animara a utilizarlo con su participación activa en actividades grupales como, por ejemplo, los deportes, la gimnasia o la danza. En su personalidad siempre habrá una parcela secreta, y es posible que, por ejemplo, escriban un diario íntimo o tengan un lugar secreto adonde les guste acudir cuando el mundo les supera. Los padres deben ser conscientes de esta necesidad de mantener una parte de su vida en secreto y deberían observarles para cerciorarse de que nada malo puede ocurrirles aunque, eso sí, procurando no invadirla y respetando siempre su intimidad.

Los padres de signo Escorpio suelen ser estrictos y depositan grandes expectativas en sus hijos, siendo a veces demasiado exigentes. Es frecuente que les animen a seguir el mismo camino que ellos siguieron en la vida. Por esta razón, es necesario que aprendan a darles un mayor margen de libertad y que no se opongan si su hijo opta por un camino diferente. Dado que el desarrollo de su hijo les fascina, es importante que no se obsesionen ni quieran saber todo lo que el niño piensa, hace y siente. Los niños también necesitan tener su propio espacio y disfrutar de una parcela de libertad. Por lo que respecta a la disciplina, los padres nacidos bajo este signo deben entender que ser estrictos y autoritarios tiene sus méritos y sus ventajas, pero que la mayoría de los niños progresa mucho mejor cuando las reglas sirven para guiarles y no tanto para dictar su vida.

La profesión

Cuando se trata de realizarse, el trabajo es quizás más importante para Escorpio que para cualquier otro signo del zodiaco. Estos individuos están dispuestos a trabajar incansablemente para forjarse una carrera profesional que les proporciones seguridad en los planos económico y emocional. Los periodos de desempleo, de incertidumbre profesional o la jubilación anticipada, pueden ser causas de un profundo desasosiego dado que no tienen otro modo de canalizar su enorme caudal de energía. Las personas de su entorno seguramente les aconsejarán que se relajen, que aflojen un poco y disfruten del tiempo de ocio, pero lo cierto es que las personas de signo Escorpio son mucho más felices en la acción que en la inacción. Por este motivo, antes preferirán trabajar gratis que no trabajar en absoluto. La razón por la cual los escorpio dan tanta importancia al trabajo es que necesitan sentirse constantemente desafiados. Necesitan sentir que algo les presiona emocional, financiera e intelectualmente.

Una vez que los escorpio hayan optado por una profesión, casi nada podrá impedir que triunfen. No obstante, cabe señalar que están especialmente bien dotados para las profesiones que comportan tareas de detección e investigación. Así pues, son excelentes criminólogos, espías, detectives y periodistas. También pueden sentirse atraídos por trabajos que les permitan desmenuzar y estudiar concienzudamente las cosas como, por ejemplo, la mecánica o la ciencia en general. Otras profesiones adecuadas para este signo son la cirugía, la patología, la psicología, la psiquiatría, la correduría de bolsa o los estudios de mercado, así como los seguros, la terapia, el diseño de armas nucleares, la informática, el buceo, la aplicación de la ley y los negocios.

La salud y el ocio

Los nacidos bajo el signo Escorpio tienen tendencia a consentirse en exceso en todo lo que concierne a la alimentación y la bebida. Esto suele derivar en problemas digestivos o de estreñimiento. Por consiguiente, es especialmente importante que sigan una dieta saludable y equilibrada que ponga énfasis en la moderación a todos los niveles. Por lo que respecta al alcohol, el tabaco, las drogas y el juego, deberían evitarlos a toda costa habida cuenta las tendencias adictivas de este signo. Aparentemente, disponen de unas reservas de energía ilimitadas, y por ello deben hacer ejercicio físico regularmente. Ahora bien, deben procurar no excederse dado que esto podría agotarles o provocar lesiones y torceduras.

Aunque es cierto que los escorpio necesitan bajar el ritmo cuando se presionan demasiado, no hacer nada tampoco les conviene ni es saludable para ellos. Tengan ocho u ochenta años, las personas que nacieron bajo este signo necesitan cultivar alguna afición o participar en actividades que les desafíen, estimulen y les mantengan activos, física y mentalmente. Entre las actividades de recreo que suelen ser del agrado de los escorpio destacan las artes marciales, el *jogging* y cualquier actividad acuática como, por ejemplo, la natación, el buceo con tubo o tanque de oxígeno, y los deportes acuáticos en general. Su necesidad de emociones fuertes puede acercarles al automovilismo, los deportes extremos y las novelas de misterio, siendo así que el lado intenso de su personalidad se sentirá atraído por la magia y las ciencias ocultas, así como por los misterios de la metafísica y los cursos de superación personal. Puesto que tienen dificultades para abrirse emocionalmente a los demás, los escorpio suelen reprimir sus emociones, cosa que puede tener efectos muy perjudiciales, sobre todo cuando no tienen amigos íntimos en quienes confiar. Así pues, es aconsejable que sigan alguna terapia de tipo psicológico. Vestirse con prendas de color azul, meditar con este color o rodearse de cosas de este color les animará en su tránsito por la vida y les ayudará a mantener el sentido de la perspectiva. También les servirá para tranquilizarse y para mantener la cabeza fría y controlada cuando se sientan superados por las emociones.

Los nacidos entre el 23 de octubre y el 31 de octubre

La determinación es el rasgo definitorio de las personas que nacieron entre estas dos fechas. Algunos podrían pensar que son seres insensibles y obsesivos porque avanzan con semejante ímpetu, pero lo cierto es que para ellos en la vida no hay medias tintas. Quieren ser los mejores y no permitirán que nada ni nadie se interponga en su camino.

Los nacidos entre el 1 de noviembre y el 10 de noviembre

Las personas que nacieron durante las dos primeras semanas de noviembre no tienen miedo a los obstáculos y los desafíos. De hecho, suelen superarlos y progresar, y nada les gusta más que intentar demostrar que nada puede pararles. Como consecuencia de ello, en la mayoría de los casos no hay reto que se les resista.

Los nacidos entre el 11 de noviembre y el 21 de noviembre

Si se les acorrala, o si se les pone en una situación comprometida, estos individuos no cejarán hasta que consigan lo que quieren. Son luchadores natos y se afanan por hacer justicia. Saben cómo acabar con la oposición y cómo hacer lo que se espera de ellos, esto es, ganar.

Profundos, emocionales e intensos, los escorpio saben muy bien cómo estimular a los demás. Con todo, no es tan fácil saber qué es exactamente lo que quieren. En esta vida nada les motiva más que conectarse con los demás —y en las relaciones controlar a su pareja—, pero bajo esta motivación suele esconderse un miedo bien arraigado a ser abandonados y quedarse solos. Así las cosas, la lección de vida más importante que tiene que aprender un escorpio quizá sea superar este miedo al abandono. Tienen que entender que el mero hecho de que la gente necesite espacio o quiera expresar su independencia de algún modo, no significa que se esté distanciando.

Los nacidos bajo este signo están tan obsesionados con los secretos que es preceptivo que aprendan el valor de la privacidad y la confianza, especialmente en las relaciones personales. Si les resulta tan difícil confiar en los demás tal vez sea porque también tienen dificultades para confiar en sí mismos. Por consiguiente, lo primero que tienen que hacer es conocer y controlar sus propias emociones. Es, pues, necesario que aprendan a perdonarse cuando se equivocan y a manejar las emociones negativas tales como los celos, el enojo y el miedo, sin permitir que se apoderen de su persona. Una vez que descubran que son ellos —y no otras personas— los causantes de sus sentimientos, la vida les resultará mucho más fácil toda vez que serán ellos quienes estén al mando de la nave en lugar de transitar por la vida a merced de los caprichos y las veleidades ajenas.

Ganar seguridad en las propias emociones es una lección difícil, qué duda cabe, pero también es cierto que en su búsqueda de la felicidad y la realización personal los escorpio podrán apoyarse y buscar inspiración en otros signos del zodiaco. Así, los acuario poseen la calma interior y el control emocional que a muchos escorpio les falta. Aries, por su parte, puede animarles a expresar sus emociones con honestidad, mientras que Cáncer les animará a abrirse a los demás en vez de reprimir sus sentimientos. Los leo pueden enseñarles a mostrase más cálidos y afectuosos y menos herméticos y recelosos. Por último, el signo Libra puede ayudarles a descubrir la honda satisfacción que deriva de haber encontrado el equilibrio entre dar y recibir, entre retener y dejar marchar.

23 de octubre

El nacimiento del torbellino

Las personas que nacieron el 23 de octubre poseen energía de alto octanaje. La vida es mucho más emocionante cuando están cerca porque parecen crear un torbellino sea cual sea la situación. Los demás admiran su encanto dinámico, su inteligencia y su coraje, si bien algunas veces no entienden por qué se empeñan en hacer su vida tan difícil.

Estos individuos tienen una baja tolerancia al aburrimiento y por ello sienten atracción por el conflicto, la emoción y la tensión dado que les plantean desafíos. A ojos de los demás, esta necesidad de agitar las cosas puede parecer inexplicable, pero lo cierto es que a esta gente le gusta vivir así. En su opinión, vivir discretamente o de manera estable instalados en una rutina cotidiana, con independencia del éxito y las comodidades materiales, es algo que no merece la pena. Esta necesidad compulsiva de estímulos, unida a su enorme ambición, les obliga a hacer grandes proezas o, si eso no es posible, a experimentar o aprender cosas nuevas.

Por encima de todo, necesitan mantenerse activos, y aun la gente más tranquila entre los nacidos este día ofrece lo mejor de sí misma en tiempos de crisis. Antes de los treinta años de edad, seguramente se ocuparán de cuestiones relativas al poder personal. Dado que tienen tendencia a aferrarse al poder cuando consideran que se lo han ganado, es necesario que el poder y el control no se les suban a la cabeza. Cumplidos los treinta años, su vida alcanza un punto de inflexión del que saldrán con un espíritu más aventurero y sentirán un fuerte deseo de expandir los horizontes de su vida. En estos años es importante que encuentren el equilibrio entre su necesidad de ponerse a prueba y su necesidad de estabilidad y armonía.

Sea cual sea el camino que hayan elegido, la inestabilidad y el cambio les acompañarán por dondequiera que vayan. Con todo, una vez que entiendan que para sentirse vivos no es necesario que se produzca una crisis, su capacidad para responder instantáneamente a las oportunidades que se presentan para crecer y mejorar, les sitúa entre los individuos más independientes, progresistas y compasivos del año.

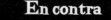

En contra
Confusos, temperamentales, incansables

A favor
Excitantes, carismáticos, inspiradores

24 de octubre

El nacimiento
de la intensidad irresistible

Las personas que nacieron el 24 de octubre poseen una intensidad irresistible que atrae a la gente de su entorno. Son personas controladas por emociones extremas que luchan por hacerse con el control. En todo caso, una de sus mayores fortalezas —y la razón por la cual son muy admiradas— es que pueden mantener la calma, aun cuando en su fuero interno se sientan completamente inseguras o sin ningún control.

Estas personas están muy absorbidas por su trabajo y suelen sentirse obligadas a presentar, a veces de manera dramática, sus descubrimientos o revelaciones ante el mundo. Esto no significa que sean exhibicionistas. Tan sólo significa que se toman su profesión o su trabajo muy en serio, y que se enorgullecen de sus logros. La intensidad con que hacen todas las cosas impide que los demás les ayuden. Por esta razón, lo más habitual es que las personas de su entorno se sientan magnéticamente atraídas a su mundo.

La cara amable de toda esta intensidad es que estos individuos disfrutan de un enorme potencial para brillar en su carrera profesional, y quizás lleguen hasta lo más alto. En su vida personal significa que pueden enamorarse apasionadamente de alguien, hasta el punto perder el contacto con todo lo demás. El inconveniente es que descuidan su familia y su vida emocional en beneficio de su trabajo. Asimismo, estos individuos pueden ser muy controladores, celosos y entrometidos, cosa que les distancia de los demás, especialmente de aquéllos que podrían respaldarles y aportarles un sentido de la perspectiva que necesitan en gran medida.

Por suerte, en torno a los veintinueve años de edad alcanzan un punto de inflexión que realza su necesidad de libertad y un enfoque vital más expansivo. En este periodo disfrutarán de oportunidades para ampliar sus horizontes a través de su búsqueda de la verdad, la educación o los viajes. Para su crecimiento psicológico es importante que aprovechen estas oportunidades para diversificarse y explorar, dado que esto les permitirá mantener el contacto con el disfrute de la vida. Tengan la edad que tengan, nunca deberían perder su capacidad para dedicarse con entusiasmo a su trabajo. Y cuando logren compensarlo con una mayor tolerancia, flexibilidad y amplitud de miras, disfrutarán de sobrado potencial no sólo para hacer realidad sus ambiciones sino para disfrutar plenamente de sus frutos.

En contra
Obsesivos, celosos, estresados

A favor
Hipnóticos, dramáticos, autoritarios

25 de octubre

El nacimiento de los resultados tangibles

Las personas que nacieron el 25 de octubre son fuertes y tenaces. Su comportamiento y sus acciones responden a una necesidad de dar expresión concreta o aportar resultados tangibles que estén a la altura de las visiones originales que las inspiran. Dicho con otras palabras: la fuerza que mueve a las personas que nacieron este día es el deseo de traducir sus sueños progresistas en hechos reales.

Aunque son individuos inteligentes y estructurados, no tienen mucho tiempo para la cháchara insustancial. Los resultados es la cosa que más les importa en la vida. No en vano su lema es «los hechos son más importantes que las palabras». Es probable que los demás les acusen de no ser suficientemente visionarios, aunque esto no es cierto. Tienen sueños y visiones, y por ello respetan los sueños de los demás. Sin embargo, las ideas no significan nada para ellos a menos que puedan trasladarse al mundo real y plasmarse en algo concreto.

Son silenciosos y directos, individuos que encaran la vida con un enfoque claramente orientado a los resultados, y que por ello se erigen en una presencia reconfortante para todas las personas de su entorno. Esto no significa que sean necesariamente compasivos y cooperadores. En honor a la verdad, son unos de los individuos más afectuosos del año y están dotados con una inmensa capacidad para compartir. En la práctica esto supone que las más de las veces su presencia aporta estabilidad. Por otro lado, son un modelo de determinación, organización, enfoque y seguridad en sus capacidades. Desafortunadamente, en algunas ocasiones pueden ser muy críticos e intolerantes, cosa que puede granjearles algunos enemigos potencialmente peligrosos.

Entre los veinticinco y los treinta años de edad, alcanzan un punto de inflexión del que emergen con un enfoque más expansivo. Esto podría empujarles a correr más riesgos o expandir sus horizontes a través de la filosofía, el estudio o los viajes. Aunque nunca deberían perder de vista sus objetivos, es necesario que aprovechen las oportunidades que les ofrezca la vida para abrir su corazón y desplegar sus alas. Esto es así porque si se implican activamente en experiencias y relaciones nuevas, podrán mantener vivo su espíritu aventurero y romántico. Y de este modo podrán cumplir su objetivo de aportar resultados tangibles, no sólo en la profesión que hayan elegido y en su búsqueda de la felicidad, sino también en la vida de sus semejantes.

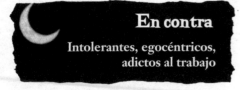

26 de octubre

El nacimiento del planificador poderoso

Los individuos que nacieron este día están fuertemente orientados a sus objetivos y son muy trabajadores, quizás los más trabajadores del año. Son ambiciosos y concienzudos, pero no es el dinero o el éxito lo que les motiva, sino el poder, y nada les gusta más que organizar y dirigir a los demás.

Aunque tienen hambre de poder, esto no significa que sean unos egocéntricos solitarios y obsesivos. Más bien lo contrario, dado que simplemente creen que organizar a la gente para que colabore es la manera más efectiva de progresar. Y, puesto que son capaces de enfocarse en metas lejanas, al tiempo que orquestan el esfuerzo colectivo de los demás, son líderes natos e inspiradores cuya dedicación y autoridad concitan el respeto de todo su entorno. En la mayoría de los casos, estos individuos se dedican a planificar eventos, participan en comités o se encargan de organizar estructuras que favorezcan el progreso de su comunidad. Este deseo de dirigir a las personas, de planificar e implementar sistemas, también tiene su reflejo en la vida personal. Así las cosas, invertirán mucha energía en intentar que los demás piensen de la misma manera que ellos. Si los demás están de acuerdo con su criterio, entonces mostrarán su cara más afectuosa y amable. Lo contrario también es cierto cuando los demás discrepan, pudiendo mostrarse muy fríos y distantes con aquellos que no abrazan su causa.

Antes de cumplir los veintiséis años, las personas que nacieron este día pueden descubrir que su exagerada timidez bloquea cualquier oportunidad de progreso. Ahora bien, cumplida esa edad alcanzan un punto de inflexión que les ofrece numerosas oportunidades para consolidar su confianza y la seguridad en sus capacidades. Es probable que se tornen más optimistas y sientan la necesidad de expandir su mentalidad, tal vez por medio del estudio, los viajes o el contacto con personas de otros países. Sea cual sea la profesión que finalmente elijan, siempre ocuparán puestos que les permitan coordinar o dirigir a los demás.

Esta fecha está fuertemente asociada con el éxito profesional en su expresión más notoria. No obstante, para garantizar que esta magia también impregna su vida personal, es necesario que confíen más en la intuición y recuerden que lo mejor no siempre resulta de suprimir la originalidad, una máxima que deberían aplicarse en primera persona.

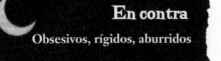

27 de octubre

El nacimiento del galvanizador

Su mayor reto es

Controlar la impaciencia

El camino a seguir es…

Entender que mucha gente no tiene buena suerte porque no es lo suficientemente paciente para esperar que llegue el momento oportuno.

Las personas que nacieron el 27 de octubre son individuos muy emocionales. Tienden a reaccionar de manera instantánea y espontáneamente ante cualquier persona o situación. Actuar por impulsos forma parte de su naturaleza, siendo así que su capacidad para excitar y galvanizar a los demás con la intensidad de sus emociones les proporciona un enorme potencial para liderar y motivar a la gente.

Es casi imposible ignorar a estos individuos. Nada disfrutan más que expresar sus pensamientos y sentimientos, así como influir y dirigir a las personas que les rodean. No cabe duda de que tanto sus decisiones como sus opiniones responden a una pulsión emocional, aunque esto no significa que no cuenten con el cerebro, el sentido práctico y las habilidades comunicativas necesarias para hacer realidad sus objetivos. Una vez que sienten algo que excita su imaginación, no habrá nada que pueda detenerles.

A la vista de su naturaleza impulsiva, no sorprende que estos individuos sean propensos a los cambios de humor y los vaivenes emocionales intensos, algo muy recurrente en su vida. Una de las razones de esta imprevisibilidad se encuentra bajo su apariencia expresiva y extravertida, donde descubrimos un lado frágil y vulnerable que simplemente no recibe el alimento y el respeto que necesita. Esto es particularmente cierto cuando lo que más les importa es conseguir la aprobación de los demás. Así las cosas, es extremadamente importante que trabajen para consolidar su autoestima, y que aprendan a escuchar la intuición dado que su sabiduría interior les avisará sutilmente cuando sus emociones estén bloqueando todo su potencial para atraer la felicidad y la suerte.

Antes de los veinticinco años de edad, la impulsividad emocional que caracteriza a las personas que nacieron este día se verá acentuada. Ahora bien, cumplida esa edad, es probable que estos individuos se vuelvan menos sensibles, más independientes y aventureros. En cualquier caso y tengan la edad que tengan, siempre seguirán los dictados de su corazón antes que los de su cabeza, y sentirán con mayor intensidad que el resto de la gente. Así pues, la clave de su éxito radica en que aprendan a dirigir su intensidad emocional y su energía positivamente, de manera que no sólo galvanice sino que ilumine su vida y la vida de su semejantes.

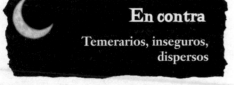

En contra
Temerarios, inseguros, dispersos

A favor
Excitantes, energéticos, inteligentes

28 de octubre

El nacimiento de la preparación

Las personas que nacieron el 28 de octubre tienden a estar muy comprometidas con su carrera profesional y, por ende, la elección de carrera es una de las decisiones más importantes de su vida. Es posible que tarden un tiempo en encontrar su vocación, pero una vez que la encuentren casi siempre llegarán hasta los más alto. Esto en parte se debe a que están dispuestas a invertir un esfuerzo increíble y a su buen ojo para los detalles. Uno de sus mayores miedos es que las oportunidades lleguen por sorpresa y no estén preparados para aprovecharlas, aunque esto es algo totalmente infundado dado que se encuentran entre los individuos más organizados y mejor preparados de todo el año.

Es frecuente que el trabajo les absorba por completo, hasta el punto de que en su vida no haya espacio para nada más. Aunque como se ha dicho esto significa que las más de las veces alcanzan la cima de su profesión, que suele servir para mejorar la vida o la educación de los demás, también comporta el pago de un precio muy alto. Es probable que la gente de su entorno les perciba como personas muy serias y preocupadas; tanto así que si no tienen familiares o amigos que les aporten sentido de la perspectiva, corren el riesgo de aislarse emocionalmente y con ello perderán la espontaneidad y la capacidad para divertirse.

Hasta los veinticinco años de edad, seguramente se mostrarán muy serios e intensos en todas las facetas de su vida. Ahora bien, más adelante su vida experimenta un giro que acentúa su necesidad de libertad. Gozarán de oportunidades para expandir sus horizontes, ya sea a través de los viajes, la educación formal o el estudio. Es importante que aprovechen estas oportunidades porque les permitirán convertirse en seres humanos más completos y satisfechos, más allá del entorno profesional.

Por encima de todo, se trata de individuos inquisitivos con un deseo insaciable de explorar cosas nuevas. Fascinados por los pequeños detalles que marcan la diferencia, su mente lógica les proporciona sobrado potencial para hacer contribuciones avanzadas al mundo. Y si logran invertir tanta energía en la tarea de descubrir y prepararse para las grandes aventuras que la vida les depara al margen de su trabajo, también serán capaces de establecer lazos duraderos con el mundo.

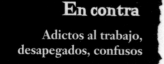

29 de octubre

El cumpleaños del maestro del ajedrez

Las personas que nacieron el 29 de octubre son excelentes estrategas y están preparadas para enfrentarse a cualquier escenario, cosa que en modo alguno significa que sean predecibles. Son, de hecho, unos individuos muy innovadores y extremadamente independientes. Además, sucede que discurren ideas interesantes y si invierten su considerable energía en prepararse y planificar el futuro es porque, como a todo experto ajedrecista, les gusta el elemento sorpresa y las ventajas de no revelar sus verdaderas intenciones.

El secretismo y la sorpresa son dos temas recurrentes en su vida. Son individuos muy reservados tanto en su vida personal como en su vida profesional, de modo que los demás nunca saben cuáles son sus motivaciones y por ello se sorprenden cuando cambian de rumbo repentinamente. Por ejemplo: en un momento dado pueden ser afectuosos y considerados, y fríos y ensimismados un momento después; o mostrarse inseguros y necesitados en una situación y confiados y dinámicos en otra.

Todo lo anterior sólo tiene sentido cuando analizamos su vida bajo una óptica panorámica. Pues bien, resulta que en esta panorámica aparece un deseo muy pronunciado de organizar y dirigir a los demás en pos de sus metas u objetivos personales. En algunos casos esto puede parecer una manipulación, pero para las personas que nacieron este día la imprevisibilidad no es más que una táctica que sirve para fortalecer su posición personal y estratégicamente. En todo caso, los problemas surgen cuando emplean la misma táctica en su vida personal, puesto que puede hacer que sus allegados se sientan excluidos o piensen que no son dignos de su confianza.

Antes de los veintitrés años de edad, es frecuente que las personas que nacieron el 29 de octubre sean tímidas y reservadas, y en esta época conseguir que expresen lo que sienten puede ser una tarea harto difícil. Sin embargo, una vez que han cumplido los veinticuatro, alcanzan un punto de inflexión que les volverá más optimistas y realzará su espíritu aventurero, y esto podría facilitar su apertura emocional y que arriesguen sus sentimientos. Tengan la edad que tengan, deberían hacer un esfuerzo considerable para abrirse a los demás ya que, aunque el éxito profesional está garantizado, el personal les resultará más esquivo hasta que finalmente logren relacionarse de una manera más espontánea y honesta.

En contra

Retorcidos, herméticos, desapegados

A favor

Innovadores, autoritarios, minuciosos

30 de octubre

El nacimiento
del buzo de aguas profundas

A las personas que nacieron el 30 de octubre les gusta zambullirse por entero en todas las relaciones, situaciones y todos los proyectos en los que participan y cautivan su vívida imaginación. Como buzos de aguas profundas, si lo que se traen entre manos les interesa se sumergen hasta lo más hondo y entregan lo mejor de sí.

Sea cual sea su interés, lo más probable es que monopolice toda su atención. La ventaja de este enfoque es que, unido a su energía, grado de implicación y su total entrega, les proporciona un enorme potencial para alcanzar el éxito en el campo que hayan elegido. Su entusiasmo contagioso y su encanto carismático animan a los demás; tanto así que, en muchos casos, deciden implicarse en la misma medida. Por otro lado, no temen tratar los aspectos más cotidianos o rutinarios del proyecto que les ocupa, siendo así que este sentido práctico, combinado con su intelecto lógico y progresista y con sus excelentes dotes para la comunicación, los convierte en organizadores y motivadores naturales. Sin embargo, este enfoque también tiene inconvenientes puesto que, a demás de descuidar otras áreas importantes de su vida, cuando han alcanzado una meta o cuando la pasión inicial se ha instalado en la rutina, estos individuos suelen perder el interés. Ni que decir tienen que esto puede desilusionar a sus seguidores, que se quedan sin un líder motivador en el que confiar.

Antes de los veintitrés años de edad, están muy preocupados por el desarrollo de su poder personal y por la gestión de los sentimientos fuertes. Es posible que durante este periodo parezcan muy serios e intensos. Sin embargo, luego de cumplir los veinticuatro, en su vida se produce un giro que pone el acento sobre la creciente necesidad de expansión y optimismo. Es, pues, necesario que aprovechen las oportunidades que tengan para estudiar, viajar y ampliar sus horizontes.

Tengan la edad que tengan, estos individuos sinceros y fascinantes siempre preservarán un fuerte espíritu emprendedor. Así pues, cuando sean capaces de expandir y diversificar su vida para que adopte un enfoque multidimensional, no sólo materializarán su potencial para erigirse en líderes, directores y profesores inspiradores, sino que finalmente podrán emerger del agua y respirar.

31 de octubre

El nacimiento del cooperador indómito

Las personas que nacieron el 31 de octubre tienen todo el talento, la originalidad, el intelecto y la creatividad que necesitan para alcanzar la excelencia sea cual sea la profesión que hayan elegido, pero su modestia natural suele impedir que den un paso al frente para obtener el reconocimiento que merecen. En general, prefieren guiar y elogiar a los demás y, como consecuencia de ello, la gente acude a ellas en busca de apoyo, seguridad e inspiración.

Aunque los individuos nacidos en esta fecha son serviciales por naturaleza, no son tan humildes como para no saber aceptar los elogios cuando consideran que honestamente los merecen. De hecho, si en su opinión se ha cometido una injusticia, sobre ellos o sobre los demás, su espíritu de lucha se manifestará con todo su esplendor, pudiendo exhibir un coraje y una resistencia remarcables. A decir verdad, su extraversión y su capacidad para correr riesgos sorprenderán a los que erróneamente los habían clasificado como personas de perfil bajo y sin pretensions.

Estos individuos se entregarán por entero a un ideal o una causa en la que crean. Cuando su voluntad inquebrantable se combine con el pensamiento lógico, sus excelentes habilidades comunicativas y su inmensa capacidad organizativa, serán personas a tener muy en cuenta. Su única fisura es que a veces se empantanan en los detalles, cosa que puede confundirles y causar desánimo. Es, pues, importante que nunca pierdan de vista su objetivo final o la imagen panorámica de las cosas, y que no se extravíen por el camino.

Luego de cumplir los veintidós años de edad, sentirán una creciente necesidad de ampliar sus horizontes, ya sea a través de la educación, los viajes o el contacto con personas procedentes de otros países. Una vez más, es importante que aprovechen las oportunidades que se presenten para experimentar cosas nuevas, dado que esto renovará su energía. Sin embargo, deben tener en cuenta que trabajan mejor cuando tienen un plan de actuación encaminado hacia una meta concreta. Así las cosas, si logran ceñirse a él, podrán asumir el control de su vida y satisfacer su fuerte deseo de hacer alguna contribución valiosa y duradera al mundo.

En contra

Pasivos, humildes, confusos

A favor

Simpáticos, colaboradores, indómitos

1 de noviembre

El nacimiento del atacante

Su mayor reto es

Conocerse mejor

El camino a seguir es...

Entender que tener educación o posibilidades no necesariamente hace que usted se conozca mejor. Es necesario que dedique tiempo a observarse y reflexionar.

El mayor temor que sufren las personas nacidas el 1 de noviembre es vivir una vida monótona y carente de desafíos. Estos individuos detestan la inacción y la falta de progreso, y se sienten estimulados por los conceptos progresistas o incluso radicales. Son personas de acción y no pensadores, prefieren atacar antes que defenderse, y tan pronto como han alcanzado una meta no dudan en cambiar de aires y entregarse por entero a la siguiente.

Estos individuos aceptan todos los retos que la vida les plantea porque la excitación y la incertidumbre hacen que se sientan vivos. Si encuentran la manera de satisfacer esta sed de estimulación y aventuras, su energía ilimitada y su pulsión vital les proporcionarán el poder necesario para hacer que las cosas pasen. Si, por el contrario, viven en un ambiente que no les plantea ninguna batalla, es probable que se ahoguen en el desaliento o incluso en la depresión.

En general, son personas honestas y extravertidas, dispuestas a ofrecer su opinión sobre casi todas las cosas. Aunque poseen una confianza verdaderamente admirable, no siempre les ayuda a alcanzar sus objetivos porque si algo no tienen es buen juicio. Así, por ejemplo, es posible que corran riesgos exagerados o que subestimen el peligro, o que malinterpreten a las personas o las situaciones; por otra parte, su incapacidad para escuchar los consejos de los demás, aun tratándose de expertos en la materia, puede perjudicarles. En otras palabras, son excelentes atacantes pero malos defensores, y en las situaciones difíciles su nula estrategia defensiva puede hacerles muy vulnerables.

Hasta los veintiún años de edad, estos individuos pueden mostrarse muy serios e intensos, pero luego de cumplir los veintidós romperán el caparazón y su espíritu aventurero saldrá a relucir. Entonces querrán asumir mayores riesgos y probarse en distintos campos para encontrar sentido a su vida. Tengan la edad que tengan, su espíritu correoso y su apariencia expansiva les proporcionan sobrado potencial para ampliar los límites del conocimiento humano. Ahora bien, para convertirse en una fuerza inspiradora e influyente será fundamental que se conozcan mejor y adquieran una buena dosis de sentido común.

En contra
Necios, inconscientes, impacientes

A favor
Inventivos, excitantes, energéticos

2 de noviembre

El nacimiento de la regeneración

Como una serpiente que muda la piel, las personas que nacieron el 2 de noviembre siempre parecen estar en proceso de cambio, renovación o renacimiento. En esta vida nada les excita más que la posibilidad de un comienzo nuevo.

Pero no sólo su vida está en constante proceso de evolución y cambio, sino que también pueden formar parte del cambio en la vida de otras personas, o en la alteración de los acontecimientos. Por ejemplo: es posible que desempeñen un rol importante en la remodelación de la estructura de un negocio o bien que animen a otras personas a cambiar el rumbo de su vida, quizás rompiendo una relación o ampliando sus horizontes con un viaje. Puesto que en general estos individuos no suelen conocerse demasiado bien, muchos de ellos no serán conscientes de la influencia que ejercen sobre su entorno. Por lo tanto, es importante que eviten aconsejar el cambio sin razón que lo justifique.

Irónicamente, pese a su amor por la regeneración y el cambio, la única área de su vida que se muestra muy resistente al cambio es su propia persona. Muchos de ellos simple y llanamente no son conscientes de sus necesidades y, en lugar de enfocarse en su vida interior, dirigirán su energía hacia fuera en la forma de comienzos nuevos y constantes cambios de rumbo. Sólo cuando aprendan a escuchar su suave voz interior empezarán a darse cuenta de que tanto cambio es contraproducente.

Tras cumplir los veinte años de edad, se adentran en un periodo de treinta años caracterizado por un mayor énfasis en la expansión y la aventura. Esto puede resolverse a través del estudio, la educación o los viajes. Cumplidos los cincuenta, alcanzan un punto de inflexión que pone el acento sobre la necesidad de orden, estructura y mayores dosis de realismo a la hora de perseguir sus metas. Tengan la edad que tengan, su vida siempre será excitante. Ahora bien, para desbloquear el éxito duradero y el asombroso potencial creativo normalmente asociados con esta fecha, será necesario que entiendan que, si bien la regeneración es un proceso necesario para crecer psicológicamente, no es un objetivo en sí mismo.

Su mayor reto es

Resistir la tentación de intervenir

El camino a seguir es...

Entender que cambiar por el mero hecho de hacerlo no tiene ningún sentido y sólo sirve para desestabilizar y confundir a la gente. También a usted.

En contra
Dispersos, impacientes, inconscientes

A favor
Vigorizantes, influyentes, flexibles

3 de noviembre

El nacimiento del corredor de maratón

Su mayor reto es

Terminar en segundo lugar

El camino a seguir es…

Entender que las personas aprenden más cosas de sí mismas durante las malas épocas y en las derrotas que en los buenos tiempos.

Las personas que nacieron el 3 de noviembre tienen toda la fuerza, la perseverancia y la capacidad de permanencia propias de los corredores de fondo. Son ambiciosas y energéticas, pero saben cómo esperar el momento oportuno y recorrer la larga distancia que les separa de su objetivo.

Dotados con la capacidad de mantener la calma bajo la mayor de las presiones, no es raro que tengan la reputación de individuos fríos y calculadores, a veces incluso despiadados. En algunas ocasiones pueden parecer un tanto indecisos o pasivos, pero en la mayoría de los casos ocurre que están esperando el momento más adecuado para avanzar en pos de su objetivo. Ahora bien, si hay una cosa que puede desestabilizarles y hacer que pierdan el control es el fracaso o la derrota. Dado que son pésimos perdedores, en lugar de buscar soluciones alternativas, estos individuos malgastarán mucha energía recriminándose, cosa que en determinados casos hará que caigan en la depresión.

Aunque es cierto que puede ser extremadamente negativos, también lo es que cuando las cosas van bien pueden ser energéticos, carismáticos, estimulantes y muy amantes de los placeres de la vida. Tanto así que quienes tengan la fortuna de conocerles en una de estas fases se quedarán maravillados. También pueden mostrarse compasivos y colaboradores, evidenciando una enorme solidaridad con los sentimientos de sus semejantes. Desafortunadamente, en lo tocante a sí mismos, no suelen ser tan perspicaces, de manera que les convendría observar su interior y entender que su necesidad de ganar siempre muchas veces puede imponerse sobre su necesidad de ser felices.

A pesar de que durante la adolescencia son individuos intensos y de humor variable, una vez que cumplen los veinte años adoptan un enfoque vital más optimista y expansivo. Esto podría hacer que amplíen sus horizontes a través de la búsqueda de la verdad, el estudio o los viajes. Cumplidos los cuarenta y nueve años, su vida alcanza otro punto de inflexión y estos individuos centran sus esfuerzos en conseguir la estabilidad emocional y económica. Durante toda su vida serán unos guerreros altamente competitivos, pero una vez que entiendan que la única batalla que merece la pena ganar es la de su persona, serán capaces de aplicar su inteligencia progresista, sus excelentes dotes para la comunicación y su resistencia casi sobrehumana a la única causa realmente imbatible: la consecución del bien común.

En contra
Crueles, depresivos, cerrados

A favor
Persistentes, enfocados, progresistas

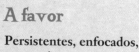

455

4 de noviembre

El nacimiento de la persona que rompe el hielo

Su mayor reto es

Ser menos provocadores

El camino a seguir es...

Entender que ser controvertidos no es la única manera posible para conseguir que la gente repare en usted o le recuerde.

Aunque algunas veces parecen sinceras y conformistas, tan pronto como las personas que nacieron el 4 de noviembre empiezan a relacionarse con los demás, su naturaleza provocadora entra en escena. Tienen talento para descubrir las debilidades y las inseguridades ocultas en las personas y las situaciones, así como para atraer a todo aquél que se cruza en su camino y atraparlo en su red de excitación y controversia.

Extremadamente persuasivos, estos individuos son conscientes de que poseen la capacidad de convencer a casi todo el mundo de las bondades de su criterio. Esto no significa que sean manipuladores. Más bien lo contrario, pues son gente honesta y de principios. Sucede que les resulta prácticamente imposible admitir que hay alternativas válidas distintas a la suya.

Por encima de todo, son personas capaces de romper el hielo dondequiera que van. Exprimen al máximo el elemento sorpresa y de algún modo son capaces de articular lo inaceptable o lo que no se dice de la manera más humorística y convincente; tanto así que los demás terminan estando de acuerdo con su criterio o revisando su posición inicial. Desafortunadamente, sus tácticas de choque pueden perjudicarles. Por ejemplo, es posible que las situaciones que han agitado se les vayan de las manos o que la expresión de sus puntos de vista abrume u ofenda a los demás.

Hasta los dieciocho años de edad parecerán tímidos e intensos. En todo caso, cumplidos los diecinueve, esta actitud sufre un retroceso y es reemplazada por una creciente necesidad de expandir sus horizontes a través del estudio, la educación o los viajes. Luego de cumplir los cuarenta y ocho años de edad, se produce otro giro que pone énfasis en la seguridad emocional y financiera. Tengan la edad que tengan, la clave del éxito es utilizar el sentido común y ser más conscientes de que el enfoque con que encaran la vida afecta a los demás y, en última instancia, tiene repercusión sobre su propia vida. Cuando sean más conscientes y disciplinados, y lo combinen con su percepción intuitiva y su capacidad natural para el liderazgo, estos individuos serán capaces de hacer logros, no ya controvertidos e impactantes, sino verdaderamente espectaculares.

En contra
Abrumadores, provocadores, faltos de tacto

A favor
Magnéticos, excitantes, comprensivos

5 de noviembre

El nacimiento del representante

A las personas que nacieron el 5 de noviembre les gusta ser el centro de todas las miradas. Son las personas a quienes su entorno recurre cuando quiere enterarse de algo, no sólo porque confían en que obtendrán una respuesta honesta e informada, sino porque, consciente o inconscientemente, son los representantes del grupo social, la familia o la profesión a la que pertenecen.

En tanto que recopiladores de información, estos individuos se mantienen actualizados, no tanto porque les gusten los chismes o sean unos entrometidos, sino porque su fuerte es detectar las tendencias más avanzadas antes que nadie. Algunas veces parece que su mente está enfocada en otra dimensión porque sufre una sobrecarga de información, pero a pesar de estos ensimismamientos esporádicos son individuos resueltos y dotados con una considerable energía, capaces de hacer muchas cosas. Su mentalidad realista impide que sus tendencias idealistas interfieran en sus consideraciones prácticas.

Hasta los diecisiete años de edad seguramente se presentarán ante el mundo con un rostro retraído o intenso. Pero tras cumplir los dieciocho, su vida experimenta un giro dramático que los hace más extravertidos, sociables y confiados. Esto podría servir para que amplíen su mente y desarrollen su fascinación característica por todo lo que sucede a su alrededor. Una vez cumplidos los cuarenta y ocho, se vuelven más trabajadores y organizados, con una mayor conciencia de sus objetivos vitales. La clave de su éxito, tengan la edad que tengan, no radica en su capacidad para adaptarse a los que ocurre a su alrededor, sino en su capacidad para controlarla y dirigirla adecuadamente.

La principal lección de vida que estos individuos necesitan aprender es que mientras no sientan fascinación por su propio desarrollo personal sin por ello descuidar su relación con los demás, el enorme potencial para hacer grandes logros asociado con esta fecha les será esquivo. No obstante, una vez que empiecen a conocerse mejor, no sólo serán más felices sino que también podrán utilizar su perspicacia y sus conocimientos para representar y hacer el bien a sus semejantes.

Su mayor reto es

Confiar en sí mismos

El camino a seguir es…

Entender que siempre y cuando su valía personal dependa de la aprobación de los demás, usted no tendrá el control de su vida.

En contra

Se autoengañan, chismosos, excesivamente complacientes

A favor

Inquisitivos, actualizados, honestos

6 de noviembre

El nacimiento
del triunfador

Vibrantes y estimulantes, las personas que nacieron el 6 de noviembre poseen una energía desbordante y la capacidad de crear un ambiente positivo dondequiera que van, cosa que les sirve para motivar y estimular a las demás con su entusiasmo sincero y contagioso.

Son individuos compulsivos y ambiciosos que encaran la vida con la actitud del «yo puedo con todo», razón por la cual en general se niegan a quedarse al margen de las metas que les motivan o a que las limitaciones o los obstáculos impidan su avance. Aunque es cierto que esto les proporciona un potencial increíble para triunfar, corren el peligro de que su entusiasmo les haga confiar excesivamente en el éxito cuando no han hecho la planificación necesaria. También ocurre que a veces su mirada es tan amplia y de tan largo alcance que los demás piensan que sus proyectos son inviables y reaccionan con críticas o sentido del humor. No es de extrañar, por tanto, que cuando los demás no crean en ellos estos individuos se sentirán profundamente dolidos.

Rodearse de gente tan alegre y optimista como ellos levantará su espíritu. Sin embargo, también es importante que se aseguren de inyectar una fuerte dosis de realismo en su vida. El enfoque realista no tiene porque ser negativo dado que tiene en cuenta las ventajas y las desventajas de una situación.

Luego de cumplir los dieciséis años, las personas que nacieron este día empiezan a desarrollar su entusiasmo, energía y empuje característicos, y es muy probable que adopten una actitud muy positiva y expansiva. Esto podría hacer que amplíen sus estudios o emprendan algún viaje, o también podría estimularles a ser más aventureros y a correr riesgos. Esta influencia persiste hasta los cuarenta y seis años de edad, cuando se tornan más realistas, prácticos y organizados, pues experimentan una mayor necesidad de poner orden en su vida. Dado que el realismo es un ingrediente fundamental para su crecimiento psicológico, será en estos años cuando finalmente entenderán que en la vida siempre hay que considerar los pros y los contras de una situación, sus consecuencias positivas y negativas. Este enfoque netamente racional les conferirá el poder que necesitan para iluminar a los demás y hacer realidad todas sus visiones innovadoras.

Su mayor reto es

Encajar las decepciones

El camino a seguir es…

Entender que a menos que sepan qué significa perder o quedarse afuera, no podrán apreciar el valor del éxito en su justa medida.

En contra

Excesivamente seguros, compulsivos, desanimados

A favor

Optimistas, energéticos, alegres

7 de noviembre

El nacimiento del aventurero curioso

Las personas que nacieron el 7 de noviembre suelen ser del tipo inquisitivo y progresista y están dotadas de un espíritu claramente aventurero. En consecuencia, no dudan en cazar al vuelo cualquier oportunidad para aprender y descubrir cosas nuevas, así como para probarse en los desafíos más exigentes.

Son muy pocas las cosas que no les interesan o suscitan su curiosidad. Así, nada les reporta mayor satisfacción que descubrir las motivaciones de las personas y cómo funcionan las cosas. Además, son individuos compulsivos y extremadamente ambiciosos que disfrutan de la variedad y el cambio. En este sentido, cabe señalar que el hecho de verse atrapados en la rutina o en una cotidianidad carente de desafíos es su peor pesadilla. Aunque su potencial para alcanzar el éxito explorando los límites del conocimiento humano es enorme, el mayor peligro que corren es la falta de enfoque. En cierto modo, su mayor fortaleza —el espíritu inquieto— es también su mayor debilidad, dado que su constante necesidad de acción, retos y aprendizajes podría impedir que se marquen objetivos personales realizables.

Hasta los cuarenta y cinco años de edad, seguramente se mostrarán incansables y sentirán la necesidad de estudiar, viajar y ampliar sus horizontes en tantas direcciones como sea posible. Sin embargo, una vez que hayan cumplido los cuarenta y cinco, su vida alcanzará un punto de inflexión que acentuará su necesidad de orden y estructura. Lo más probable es que se tornen más realistas, prácticos y organizados al objeto de conseguir las metas que se hayan marcado.

Esto no significa que la primera parte de su vida sea caótica, puesto que si se marcan objetivos personales claros y los persiguen activamente podrán alcanzar un éxito considerable. Sucede que para muchas de estas personas la segunda parte de su vida suele ser la más satisfactoria y gratificante. Esto es debido a que podrán utilizar la experiencia y el conocimiento acumulados durante su juventud como plataforma de lanzamiento hacia la consecución de sus objetivos vitales, aquéllos que a su juicio servirán para conseguir la realización personal y para beneficiar a las personas con las que viven y trabajan, así como al resto del mundo.

En contra
Dispersos, infatigables, desenfocados

A favor
Inquietos, avanzados, refrescantes

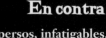

8 de noviembre

El nacimiento
de la fascinación por lo oscuro

Aunque están dotadas con una mente progresista y muy imaginativa, las personas que nacieron el 8 de noviembre pueden parecer muy serias o intensas. Suelen sentirse atraídas por los temas raros que otros considerarían fronterizos, sombríos u oscuros. En algunos casos la gente dice que tienen intereses peculiares o, como mínimo, fuera de lo corriente.

Son muy buenos cuando se trata de concentrar su energía en la consecución de sus objetivos, y esto, combinado con su ambición y su coraje, les augura un éxito notable en el plano profesional. Muchos de ellos harán fortuna, llegarán hasta lo más alto en su carrera o vivirán rodeados de comodidades. Algunas veces el deseo de conseguir bienes materiales puede ser tan fuerte que su intensidad resulta abrumadora. Así las cosas, es fundamental que recuerden cuáles son las cosas verdaderamente importantes de la vida.

Es la curiosidad lo que les induce a explorar los aspectos más sombríos de la vida, siendo así que una parte de ellos querría superarse y empujar los límites de la experiencia y el conocimiento humanos. Si son capaces de mantener la objetividad disfrutarán de sobrado potencial para innovar. Pero si no logran mantener una distancia prudencial, corren el riesgo de identificarse en exceso con los aspectos más turbios u oscuros del mundo y con el lado más negativo de su persona.

Hasta los treinta y tres años de edad, estos individuos experimentan una fuerte necesidad de explorar lo escasamente convencional. Durante este tiempo tienen que recordar que, por muy fascinante que pueda ser, también hay mucho que aprender de lo rutinario. Cumplidos los treinta y cuatro años, su vida alcanza un punto de inflexión y estos individuos se vuelven más prácticos, disciplinados y orientados hacia sus objetivos. Sea como fuere y tengan la edad que tengan, la clave de su éxito radica en su capacidad para enfrentarse a sus miedos más íntimos y no tanto en el exterior. Cuando lo logren, su necesidad de buscar el significado de la vida les apartará definitivamente de la oscuridad y les conducirá hacia la luz. Entonces entenderán que el amor, la compasión y la comprensión son las cosas que verdaderamente importan en la vida.

Su mayor reto es

Desarrollar el sentido del humor

El camino a seguir es…

Entender que si usted se toma demasiado en serio, perderá el sentido de la perspectiva y la objetividad que necesita para evaluar las cosas adecuadamente.

En contra
Obsesivos, excesivamente serios, adictivos

A favor
Profundos, compulsivos, inquietos

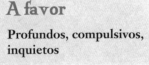

9 de noviembre

El nacimiento de la tentación

Su mayor reto es

Resistir la tentación

El camino a seguir es...

Entender que lo prohibido a veces parece tentador sólo porque está prohibido.

Muchas veces en el decurso de su vida las personas que nacieron el 9 de noviembre vivirán situaciones que pondrán a prueba su determinación. La tentación y las cuestiones morales que aquélla pone de relieve serán una constante en su vida.

La búsqueda de los placeres físicos y materiales es la fuerza que anima a estos individuos. En la inmensa mayoría de los casos, encuentran el equilibrio entre la satisfacción de sus necesidades y aquello que es correcto, si bien en ocasiones pueden incurrir en comportamientos moralmente cuestionables. Esto no significa que sean amorales; antes bien lo contrario, dado que son personas honestas y bienintencionadas. Ocurre que algunas veces pueden sentirse tan seducidos por el momento que pierden el sentido de la perspectiva, de lo correcto y lo incorrecto.

No sorprende, por tanto, que estas personas sean propensas a correr riesgos, cosa que les proporciona el potencial necesario para llegar hasta lo más alto. Desafortunadamente, no siempre saben encajar el rechazo y, en lugar de tratarlo como una oportunidad para el aprendizaje, lo más probable es que se aíslen en un mar de resentimiento y autocompasión. Aprender a ser más resistentes es, por ende, esencial para su crecimiento psicológico.

Hasta los cuarenta y dos años de edad, seguramente sentirán una fuerte necesidad de expandir sus horizontes, correr riesgos y buscar nuevos desafíos. El desarrollo de una actitud más positiva les animará a buscar oportunidades que les iluminen y a descartar aquéllas que puedan confundirles o desorientarles. Cumplidos los cuarenta y tres, su vida alcanza un punto de inflexión y se vuelven más trabajadores y prácticos, y sienten una mayor necesidad de poner orden y estructura en su vida. Cerciorarse de que no descuidan el lado espiritual de su persona será absolutamente crucial durante estos años, ya que cuando logren conectarse con su sabiduría interior no sólo podrán resistir las tentaciones que bloquean su buena suerte, sino que podrán elevarse y conseguir un éxito remarcable en los planos personal y profesional.

En contra
Materialistas, irreflexivos, sórdidos

A favor
Interesantes, curiosos, seductores

10 de noviembre

El nacimiento de la conciencia

Las personas que nacieron el 10 de noviembre se encuentran entre las más conscientes de todo el año. Desde muy temprana edad, son muy conscientes de sus fortalezas y sus debilidades. Como consecuencia de ello, tienen una idea muy realista de lo que pueden o no conseguir. Este conocimiento de sus limitaciones les proporciona una enorme ventaja en el juego de la vida que, combinada con su curiosidad, inteligencia y originalidad de pensamiento, hace que su potencial para el éxito sea considerable.

Esta gente no sólo tiene una comprensión única y cabal de su persona, sino que naturalmente entiende cómo funcionan las cosas, los métodos y las estrategias. Por ejemplo: son las primeras personas en quienes se piensa cuando las cosas dejan de funcionar, porque se las percibe como personas capaces de solucionar problemas.

Con todo, hay una cosa que las personas que nacieron este día no logran comprender: el resto de la gente. Las dinámicas individuales o de grupo son todo un misterio para estos individuos; tanto así que cuando se trata de relacionarse socialmente o de hacer contactos pueden sentirse como pez fuera del agua. Así las cosas, necesitan aprender que, con independencia de lo competentes que sean en su trabajo, si carecen de los contactos adecuados o de las habilidades sociales necesarias para promocionarse, lo más probable es que no alcancen el éxito ni consigan el reconocimiento que merecen. Trabajar la confianza y las habilidades sociales es, pues, una prioridad máxima.

Afortunadamente, hasta los cuarenta y dos años de edad gozarán de oportunidades para abrirse y acercarse a los demás. Deben, por tanto, aprovechar estas oportunidades, por mucho miedo que tengan o muy difíciles que parezcan, toda vez que corren el riesgo de ensimismarse y retraerse, cosa que sin duda minimizaría sus posibilidades de alcanzar la felicidad y la realización personal. Cumplidos los cuarenta y tres años, su vida experimenta otro giro hacia posiciones más prácticas, disciplinadas y orientadas hacia sus objetivos vitales. Una vez más, si logran superar la timidez, enfocarse en los demás y resistir la tentación de retirarse cuando deben avanzar con paso firme, lograrán exprimir al máximo su potencial y conseguirán casi todo lo que se propongan.

En contra

Tímidos, pasivos, ensimismados

A favor

Conscientes, creativos, prácticos

11 de noviembre

El nacimiento del velo pintado

Las personas que nacieron el 11 de noviembre suelen presentarse ante el mundo con una cara alegre, energética y brillante. Ahora bien, los que les conocen bien saben que portan un velo que enmascara su personalidad intensa y original, aunque a veces atormentada.

Estos individuos carismáticos saben cómo parecer atractivos a ojos de los demás y, como resultado de ello, suelen salirse con la suya sin que nadie lo note, puesto que consideran que esconder sus verdaderas intenciones tras un velo es la mejor manera de conseguir lo que quieren. Por encima de todo, son personalidades complejas con capacidad para sorprender a sus semejantes gracias a sus talentos ocultos y las facetas más inesperadas de su carácter. Desafortunadamente, no suelen tener muy claras sus motivaciones, no saben lo que quieren ni en qué dirección les conviene avanzar para alcanzar sus objetivos. Obviamente, esto puede confundir a la gente de su entorno, habida cuenta que por un lado se presentan como individuos directos, enérgicos y con metas muy claras, mientras que por otro son propensos a sufrir episodios de ansiedad e incertidumbre. Así pues, sólo cuando logren reconciliar estas dos caras de su personalidad, su potencial para triunfar y ser felices podrá desvelarse en toda su magnitud.

Hasta los cuarenta años de edad sienten una necesidad creciente de optimismo y expansión que se resuelve a través del estudio, los viajes o la búsqueda del sentido de la vida. Si encuentran la manera de ser más asertivos en la expresión de sus necesidades, y son más flexibles y creativos en la adversidad, estos individuos harán realidad la promesa de futuro que encarnaban desde muy temprana edad. Luego de cumplir los cuarenta años, su vida experimenta un giro del que emergen con un enfoque vital más realista y pragmático.

Durante estos años es más importante que nunca que no permitan que sus miedos e inseguridades les ahoguen en un mar de pereza, resentimiento y oscuridad. Esto sería una auténtica tragedia puesto que, si reúnen el coraje necesario para quitarse el velo, estos individuos están destinados a brillar y a contribuir con su energía y sus múltiples talentos al bien común.

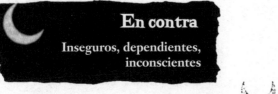

12 de noviembre

El nacimiento
de la prerrogativa deslumbrante

Las personas que nacieron el 12 de noviembre piensan que tienen el derecho a llamar la atención de los demás o a conseguir lo que quieran de los demás y de la vida. Con semejantes expectativas, sus probabilidades de obtener la felicidad y el éxito deberían ser buenas. Desafortunadamente, en algunos casos les sale el tiro por la culata.

Estos individuos tienen sobrado potencial para ser los más seductores y deslumbrantes de todo el año. Algunas veces los demás no sólo les escuchan o les siguen, sino que los adoran por el simple hecho de que aportan belleza y emoción a su vida. Son audaces y poseen una imaginación fuera de lo común, pero lamentablemente no siempre son tan positivos como parecían desde muy temprana edad. Esto se debe a que tienen tendencia a incumplir las convenciones y los códigos éticos y morales si consideran que eso sirve a sus intereses. En algunos casos el fin puede justificar los medios, pero no siempre es así. Así pues, su éxito puede depender de cuán sutiles sean desobedeciendo las normas, o de cuán amables y considerados se muestren en su relación con los demás.

A pesar de su aura dorada, y aunque son individuos complejos capaces de aportar belleza y armonía, lo cierto es que tienen conflictos internos importantes fuertemente arraigados en sus emociones, que suelen ser intensas, oscuras y siempre confusas. Estos conflictos pueden impedir que alcancen sus objetivos; tanto así que sólo después de una dura batalla finalmente podrán cantar victoria.

Hasta los treinta y nueve años de edad estos individuos ponen énfasis en la aventura y la libertad, y es muy probable que quieran explorar y expandir su mente por medio del estudio o los viajes. Cumplidos los cuarenta, su vida experimenta un giro y adoptan un enfoque más disciplinado y pragmático. Tengan la edad que tengan, la clave del éxito radica en que recuerden que el bienestar emocional es un factor esencial en su búsqueda de la felicidad. Cuando lo consigan, la felicidad y el éxito no sólo serán su prerrogativa sino que serán una realidad.

Su mayor reto es

Asumir responsabilidades

El camino a seguir es...

Entender que hasta que no asuman la parte que les corresponde en la forja de su destino, la vida será confusa y escapará a su control.

En contra

Egoístas, amorales, atormentados

A favor

Lúcidos, magnéticos, generosos

13 de noviembre

El nacimiento
de la conversión

Su mayor reto es

Cambiar de opinión

El camino a seguir es...

Entender que negarse a aceptar los puntos de vista alternativos u otras posibilidades bloquea toda posibilidad de progreso y de cambio.

Las personas que nacieron el 13 de noviembre son muy observadoras y poseen un sistema de valores sólido y apasionado. Son capaces de asimilar mucha información, someterla a un análisis riguroso y después pronunciarse de manera inequívoca y convincente. Es posible que en algún momento hayan experimentado una profunda conversión o transformación que hoy por hoy tiene una fuerte influencia sobre sus opiniones y creencias.

Aunque la visión que estos individuos presentan al mundo suele ser informada, también es cierto que siempre denota sus principios personales. Cuando decimos que han experimentado una conversión no nos referimos a una conversión religiosa, pudiendo simplemente tratarse de una manera diferente de ver el mundo. Sea lo que sea, estos individuos tienen tendencia a recopilar aquella información que respalda su sistema de creencias. Esto no significa que no sean lógicos o razonables. Más bien al contrario, puesto que siempre expondrán sus opiniones con mucha claridad de principio a fin. Ocurre que son tan optimistas y apasionados en todo lo que concierne a sus principios que les resulta totalmente imposible darse cuenta de que puede haber otra verdad distinta de la suya.

Hasta los treinta y ocho años de edad, tienden a ser infatigables y muy entusiastas, con un fuerte énfasis en el optimismo y el idealismo. En estos años es extremadamente importante que no sean inflexibles ni autoritarios, y que hagan un esfuerzo verdadero para analizar lo que los demás dicen de ellos. Cumplidos los treinta y nueve, alcanzan un punto de inflexión y empiezan a mostrarse más decididos y disciplinados en su manera de encarar la vida. En este tiempo es fundamental que no permitan que su idealismo degenere en dogmatismo. Si aprenden a ser más flexibles en la aplicación de su sistema de creencias, las probabilidades de que se distancien de los demás o les ofendan o sufran alguna desgracia disminuirán sustancialmente.

Tengan la edad que tengan, conocerse mejor les ayudará a darse cuenta de que tener opiniones rotundas no es lo mismo que valorarse. Y con una mentalidad más abierta y flexible descubrirán que tienen un enorme potencial para defender su causa o sus opiniones de una manera tan persuasiva como remarcable.

En contra
Dogmáticos, autoritarios, estrechos de miras

A favor
Apasionados, decididos, espirituales

14 de noviembre

El nacimiento del guía

Su mayor reto es

Ser sensibles a los sentimientos de los demás

El camino a seguir es...

Entender que presentar la verdad con tacto puede motivar a los demás, mientras que hacerlo con dureza puede ponerles a la defensiva.

Las personas que nacieron el 14 de noviembre son serias, fiables e intensas. Las personas de su entorno de inmediato intuyen su convicción e independencia. Les anima el deseo de entender la vida y, sobre todo, la necesidad de guiar a los demás hacia una vida mejor.

Tienden a observar a sus semejantes con una cierta distancia afectuosa, cosa que les proporciona la objetividad y el desapego necesarios para orientarles hacia una vida mejor. En la mayoría de los casos sus pensamientos y sus consejos son bien recibidos por sus colegas de profesión, amigos y seres queridos, pero es cierto que a veces pueden ser demasiado entrometidos. Es importante que entiendan que hay situaciones en las que sus consejos no necesariamente serán bien recibidos y ocasiones en las que sus juicios de valor no serán apreciados.

Hasta los treinta y siete años de edad disfrutarán de numerosas oportunidades para adoptar un enfoque más expansivo y, dada su tendencia a relacionarse con sus semejantes desde el intelecto y no desde las emociones, deberían integrarse más con los demás y con la sociedad en su conjunto. También es importante que durante este tiempo evalúen cuidadosamente la profesión que han elegido y, si necesitan hacer algún cambio, que lo hagan, porque esto podría tener un fuerte impacto en su crecimiento psicológico. Cumplidos los treinta y ocho años, su vida alcanza un punto de inflexión que les hace ser más realistas, perseverantes y conscientes de la importancia de la seguridad. De entonces en adelante procurarán que su vida tenga más estructura y orden.

Independientemente de la profesión que hayan elegido, estos individuos suelen percibirse como maestros o guías, y poseen la integridad, la pasión y el intelecto que necesitan para convertirse en una fuerza positiva para las personas de su entorno. Sin embargo, mientras no consigan enfocarse en sus propias necesidades, particularmente en su necesidad de orientación y apoyo, no podrán equilibrar su vocación de guía con sus propias necesidades. Irónicamente, sólo cuando descubran qué es lo que aporta sentido y significado a su vida serán capaces de ayudar verdaderamente a los demás, y llegarán a ser un modelo de orientación y conducta para sus semejantes.

En contra

Entrometidos, controladores, frustrados

A favor

Inteligentes, observadores, útiles

15 de noviembre

El nacimiento
de la cobra

Las personas que nacieron el 15 de noviembre nos hacen pensar, inevitablemente, en lo sorpresivo e inesperado. Suaves y resbaladizos pero con la precisión mortal de una cobra, estos individuos pueden golpear repentina e inesperadamente en la defensa o en el ataque.

Estas personas nunca tienen una vida clara y lineal, sino que parece responder a una serie de encuentros imprevistos, desafíos o confrontaciones. Ahora bien, en lugar de desmoronarse bajo tanta intensidad, ellos prosperan y la disfrutan. De hecho, es muy improbable que eviten los retos y el conflicto en cualquiera de sus formas, y una vez que ha estallado la discusión nunca serán los primeros en dar un paso atrás. Se defienden con brillantez y saben detectar el punto vulnerable de su oponente, ya sea en sus argumentos dialécticos o en una situación, rasgo que los convierte en unos enemigos temibles. Asimismo, saben esperar el momento más oportuno para golpear, y cuando lo hacen su sentido de la oportunidad es prácticamente perfecto.

Ahora bien, si algo se les escapa es el hecho de que no todas las circunstancias de la vida son una batalla. Así las cosas, estos individuos pueden recelar o esconderse cuando no es necesario hacerlo, cosa que puede distanciar a los demás o generar negatividad sin motivo que lo justifique. Algunas veces, su amor por el cambio y los desafíos les anima a provocar el conflicto sólo para disfrutar de la «excitación» que éste produce.

Hasta los treinta y seis años de edad su tendencia a correr riesgos aumentará y alcanzará su punto álgido, siendo así que tendrán muchas oportunidades para arriesgarse con mejor o peor fortuna. No obstante, cumplidos los treinta y siete, su vida experimenta un giro significativo hacia un enfoque vital más disciplinado y realista. Sin lugar a dudas, esto supone un avance. En cualquier caso, y tengan la edad que tengan, la inyección de fuertes dosis de optimismo y confianza en sus capacidades para compensar sus tendencias ocultas, les proporcionará el coraje necesario para mantener vivo su espíritu aventurero. También podría darles la confianza suficiente para que se decidan a enfundar la espada, de manera tal que su corazón de oro y su claro potencial para alcanzar la felicidad, el éxito y la realización personal se manifiesten con todo su esplendor.

16 de noviembre

El nacimiento de la autoridad

Las personas que nacieron el 16 de noviembre son autoritarias por naturaleza y, dado que son inteligentes, perceptivas y tienen objetivos muy claros, su autoridad rara vez es cuestionada. Además, generalmente desean lo mejor para sus semejantes. Como consecuencia de ello, los demás escuchan lo que tienen que decir y en la mayoría de los casos siguen su consejo o sus instrucciones.

Radicalmente individualistas e independientes, es probable que desde la niñez o la adolescencia hayan desafiado el *status quo*. Sin embargo, con el paso de los años llegan a la conclusión de que serán agentes del cambio más efectivos si intentan cambiar el sistema desde adentro que si alzan su voz solitaria desde afuera. Están particularmente bien dotados para los puestos de liderazgo, desde donde pueden erigirse en una influencia poderosa o informativa para los demás.

La gente que les rodea generalmente respeta su convicción y su deseo sincero de promover el bien común, así como el tacto que demuestran cuando recaban apoyos para sus fines. No obstante, habrá veces en que la necesidad de iluminar e inspirar a los demás será tan fuerte que se volverán muy controladores, manipuladores e intolerantes, y se negarán obstinadamente a reconocer cualquier otra manera de hacer las cosas.

Hasta los treinta y cinco años de edad, es probable que quieran expandir sus horizontes a través del estudio o los viajes. Luego de cumplir los treinta y seis, alcanzan un punto de inflexión y adoptan un enfoque vital más práctico, realista y ordenado. Tengan la edad que tengan, es importante que se aseguren de usar su autoridad con sabiduría y de no abusar de la posición de confianza que suelen ganarse por méritos propios. Si logran tener en cuenta los intereses ajenos y respetan el derecho de los demás a opinar de manera diferente, no sólo se erigirán en una voz de autoridad incuestionable, sino que también poseen la imaginación y la creatividad necesarias para convertirse en una voz sabia, lúcida e inspiradora.

17 de noviembre

El nacimiento del facilitador

Su mayor reto es

Fijarse metas claras

El camino a seguir es...

Recordar que dejarse llevar o seguir a la manada a veces puede conducirles al precipicio.

Las personas que nacieron el 17 de noviembre son extremadamente intuitivas y sensibles, y evidencian una clara orientación hacia los demás. Consecuentemente, a lo largo de su vida estos individuos muchas veces desempeñarán el rol de integrador o facilitador.

Una de las razones que les hace tan buenos cuando se trata de animar a los demás a colaborar o de conseguir que las cosas funcionen bien, es su comprensión de la importancia de la negociación y el compromiso. Quizás en el pasado hayan tenido que aprender por las malas que en el mundo real no es posible conseguir lo que uno quiere y que siempre hay que negociar en alguna medida. Por ejemplo: es posible que hayan abandonado su sueño de ser actores y hayan optado por dar clases, o que hayan moderado sus ambiciones profesionales para dedicar más tiempo a su familia. Sea cual sea la naturaleza del compromiso, están convencidos de que anteponer los intereses ajenos a los propios les reporta una satisfacción mayor.

No cabe duda de que esto inspira respeto y con razón, si bien el inconveniente es que pueden desarrollar una fuerte dependencia de la satisfacción que obtienen cuando ayudan a sus semejantes. También pueden tener tendencia a identificarse exageradamente con los problemas de los demás, descuidando sus intereses y su crecimiento psicológico. Hasta los treinta y cuatro años de edad es probable que experimenten y se arriesguen. Ahora bien, cumplidos los treinta y cinco, su vida experimenta un giro del que emergen con un enfoque vital más progresista, serio y decidido. Luego de cumplir los sesenta y cinco empiezan a poner un mayor énfasis en la amistad y la independencia.

Tengan la edad que tengan, es fundamental que estos individuos no se cierren emocionalmente ni se identifiquen en exceso con el rol de facilitador. Por valioso e importante que pueda ser ese rol, para su crecimiento psicológico, y en última instancia para alcanzar el éxito y la felicidad, nada tiene más valor ni es más importante que la disposición a expresar su creatividad dinámica, independencia y sistema de creencias.

En contra
Desenfocados, sacrificados, distantes

A favor
Útiles, inspiradores, encantadores

18 de noviembre

El nacimiento de la exuberancia sensible

Su mayor reto es

Ser decididos

El camino a seguir es...

Cuando tengan que optar, preguntarse qué quieren que pase realmente.
Una vez que reconozcan lo que sienten, tomar decisiones les resultará mucho más fácil.

Al igual que un rayo de sol, las personas que nacieron el 18 de noviembre son cálidas, exuberantes, energéticas y tienen facilidad para animar cualquier situación con su espíritu alegre, optimismo y buen humor. Se relacionan con una actitud franca y positiva, y por ello no sorprende que todo el mundo busque su compañía.

No sólo disfrutan siendo el centro de atención, sino que también poseen una ambición inconmensurable, un rasgo que los convierte en candidatos naturales a la posición de líder. Ahora bien, aquéllos que no les conocen bien se sorprenderían al descubrir que bajo ese rostro alegre y feliz que presentan al mundo se esconde un mar de incertidumbre y conflictos. Esto es debido a que son individuos extremadamente sensibles a los sentimientos de los demás, en ocasiones hasta el punto de no saber diferenciar dónde terminan los sentimientos propios y dónde empiezan los ajenos. Como consecuencia de ello, y a pesar de su potencial y adecuación para ser innovadores, suelen terminar desorientados, confundidos y sin objetivos claros.

Si consiguen equilibrar su sensibilidad hacia los demás con sus ambiciones y metas personales, tendrán el éxito garantizado. No obstante, si este equilibro se decanta en uno u otro sentido pueden perder el rumbo. La indecisión resultante puede bloquear su crecimiento psicológico y, por extensión, sus posibilidades de alcanzar el éxito en los planos personal y profesional.

Hasta los treinta y tres años de edad ponen énfasis en las cuestiones relacionadas con la libertad, la aventura y la expansión. Por consiguiente, es posible que durante estos años quieran estudiar, viajar o experimentar con distintas profesiones. Luego de cumplir los treinta y cuatro, su vida alcanza un punto de inflexión importante y estos individuos se vuelven más responsables, precisos y pragmáticos, y sienten una mayor necesidad de poner orden y estructurar su vida. Sea como fuere y tengan la edad que tengan, es necesario que utilicen su mente aguda e inquieta para explorar todo su potencial. Así pues, conociéndose mejor, creyendo más en su potencial luminoso y trabajando muy duro, estos individuos podrán conseguir casi todo los que se propongan.

En contra

Necesitados, de ánimo variable, confusos

A favor

Innovadores, entretenidos, vivaces

19 de noviembre

El nacimiento del paladín

Las personas que nacieron el 19 de noviembre suelen dirigir su energía hacia fuera, generalmente hacia objetivos progresistas. Son reformadores natos y nada les satisface más que erigirse en paladines o representantes de una causa revolucionaria que aspira a reemplazar las estructuras viejas y obsoletas por otras más nuevas e innovadoras.

Es probable que desde muy temprana edad estos individuos se hayan sentido predestinados a hacer una importante contribución al mundo. Y lo cierto es que algo tienen que hace que todo el mundo se detenga y les mire. Sea cual sea el camino que hayan elegido, su mayor objetivo es trabajar activamente para cambiar y mejorar la vida de sus semejantes. En la mayoría de los casos, lo harán organizando a los demás según sus principios, que en su opinión son los más adecuados para hacer el bien.

La confianza, el espíritu de lucha y la visión clara de estos individuos suelen catapultarles a los puestos de liderazgo. No en vano la gente acude a ellos en busca de motivación y rumbo. No obstante, esa misma confianza puede volverse en su contra, dado que puede ser tan fuerte que muchas veces cerrarán sus ojos y oídos al sentido común y los puntos de vista alternativos. Así las cosas, es importante que resistan la tentación de actuar en respuesta a sus impulsos. Antes deberían sopesar los pros y los contras, así como escuchar atentamente el consejo de los demás, toda vez que, aunque les falte poco, no son ni nunca serán superhombres.

Hasta los treinta y dos años de edad es posible que quieran ampliar sus horizontes a través del estudio o los viajes, pero después de cumplir los treinta y tres alcanzan un punto de inflexión y encaran la vida con un enfoque más responsable, preciso y trabajador. Tengan la edad que tengan, una vez que aprendan a marcarse un ritmo adecuado, que acepten los consejos de los demás y nunca dejen que el orgullo interfiera en su avance, no sólo harán realidad su sueño de hacer una contribución relevante al mundo, sino que serán parte activa de su mejora.

En contra

Estrechos de miras, demasiado seguros, orgullosos

A favor

Progresistas, energéticos, ambiciosos

20 de noviembre

El nacimiento del luchador

La lucha es un tema fundamental para las personas que nacieron el 20 de noviembre. Esto puede resolverse en la forma de lucha por obtener reconocimiento en la sociedad o como un conflicto interno en el que los aspectos impulsivos e impacientes de su personalidad luchan para ejercer su dominio sobre la necesidad de disciplina y autocontrol.

Desde muy temprana edad, estos individuos nunca han temido alzar la voz en defensa de lo correcto, aun cuando eso signifique quedarse solos. Son gente de ideas fijas y mucha energía. En la mayoría de los casos abrirán camino, inspirando a los demás con su ejemplo y consiguiendo que les sigan. Ahora bien, si una causa o una figura autoritaria no merecen su respeto, no dudarán en rechazarla o criticarla abiertamente, granjeándose no pocos enemigos en el camino. Esta reacción impulsiva, aunque honesta y directa, no resulta sorprendente habida cuenta el enfoque netamente emocional con que encaran la vida. De hecho, buena parte de su vida está gobernada por emociones insobornables, completamente inflexibles, pudiendo pasar del entusiasmo y el optimismo a la desilusión más amarga y la desesperación en cuestión de segundos. Aunque la intensidad y la seriedad de sus objetivos sirven para que alcancen el éxito y sean respetados por la mayoría, serían mucho más felices y se sentirían más realizados si pudieran tomarse un poco menos en serio.

Antes de cumplir los treinta y un años de edad es posible que su vida avance envuelta en un halo de optimismo. Será en estos años cuando decidan arriesgarse más. Sin embargo, una vez que han cumplido los treinta y dos, alcanzan un punto de inflexión que les anima a adoptar gradualmente un enfoque más práctico, ambicioso y realista, además de que sienten una mayor necesidad de ordenar y estructurar su vida.

Tengan la edad que tengan e independientemente de la época, la clave de su éxito radica en su capacidad para identificar y aceptar sus emociones, muy especialmente el enojo. Esto les proporcionará la ventaja mental que necesitan para triunfar y superar casi cualquier obstáculo, reto u oponente que se cruce en su camino.

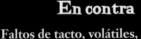

21 de noviembre

El nacimiento de la finura

Las personas que nacieron el 21 de noviembre aman la libertad y viven según sus propias reglas, pero también tienen un fuerte sentido de la justicia y hacen suya la misión de, ni más ni menos, cambiar el mundo. De naturaleza aristocrática y refinada, son líderes natos que no tienen ninguna dificultad para trabajar con los mejores, ni para terminar siendo los mejores.

Los individuos que nacieron este día aportan un toque de calidad en todo lo que hacen, siendo la delicadeza y el refinamiento cuestiones de suma importancia en su vida, así como la necesidad de rodearse de lo mejor y los mejores. Este gusto por la finura y la excelencia puede manifestarse en su pulcra apariencia y su actitud encantadoramente estilosa, e internamente con sus ideas perfectamente adecuadas. Se manifieste como se manifieste, estos individuos siempre intentarán refinarse y mejorar, un rasgo de su personalidad que no cambiará con el paso de los años y les servirá para triunfar y ganarse el respeto de las personas de su entorno. Esto no sólo responde a su capacidad para aprender de los errores, sino también a su capacidad para hacer que lo imposible parezca posible. El único inconveniente de este enfoque minucioso y detallista es que puede hacer que sólo confíen en sí mismos y adopten una actitud demasiado seria. Y corren el riesgo de perder el sentido del humor y la espontaneidad.

Hasta los treinta años de edad es probable que estos individuos quieran experimentar y ampliar sus horizontes. Será en estos años cuando cometan más errores en su trabajo o elijan profesiones inadecuadas. En todo caso, tras cumplir los treinta alcanzan un punto de inflexión que les permite encarar la vida desde posiciones más disciplinadas, decididas y serias, lo cual garantiza que cometerán menos errores en el terreno profesional.

Tienen que estar alerta para no cometer el error más grande posible: negarse la felicidad y la realización personal que derivan de la construcción de relaciones profundas con sus semejantes. Pero una vez que entren en contacto con sus sentimientos y con los sentimientos de los demás, disfrutarán de sobrado potencial para sobreponerse a cualquier situación y resolver cualquier problema —y quizá también para mejorar el mundo— gracias a su pensamiento inspirado.

SAGITARIO

EL ARQUERO

(22 DE NOVIEMBRE - 21 DE DICIEMBRE)

* ELEMENTO: Fuego

* PLANETAS INFLUYENTES: Júpiter, el filósofo

* SÍMBOLO: El arquero (el centauro)

* CARTA DEL TAROT: La templanza (moderación)

* NÚMERO: 3

* COLORES FAVORABLES: Azul, púrpura, blanco

* FRASE CLAVE: Quiero que me desafíen

Los nacidos bajo el signo Sagitario siempre tienen sed de conocimientos y disfrutan con los desafíos, tanto los físicos como los mentales. Ven el futuro con esperanza, optimismo y excitación. Algunas veces, en su prisa por pasar al siguiente reto no logran terminar los proyectos que tienen entre manos. Ahora bien, aunque comentan errores, su amor por la vida y su entusiasmo siempre serán contagiosos.

El potencial de su personalidad

Las personas que nacieron bajo el signo Sagitario son los grandes buscadores del zodiaco y tienen una sed de conocimientos verdaderamente insaciable. Muy amantes de la libertad, siempre quieren aprender algo nuevo y no soportan que les pongan limitaciones ni verse lastrados por el conformismo o la rutina. Por otro lado, son individuos con una enorme necesidad de espacio. Al igual que los dos signos de fuego restantes —Aries y Leo—, no les asusta el riesgo e irradian optimismo dondequiera que van. No obstante, por ser el último signo de fuego, su pasión tiende a ser más controlada.

Amistosos, fiables, honestos y alegres, los sagitario son individuos regidos por Júpiter, el planeta de la expansión y la esperanza. Esto significa que naturalmente aportan energía, optimismo, excitación y esperanza a cualquier situación o relación interpersonal. También poseen una amplitud de miras increíble y su pensamiento es muy flexible, cosa que les confiere una gran versatilidad, multitud de talentos y les capacita para dominar casi cualquier tarea u oficio que se propongan aprender. Igualmente, este signo está dotado con una mente filosófica capaz de alumbrar pensamientos realmente asombrosos.

Brillantes, locuaces, alegres y entusiastas, los sagitario tienen reputación de individuos encantadores. Las caras y los lugares nuevos les estimulan, y casi siempre están en movimiento. Consecuentemente, aun cuando hayan decidido establecerse en un lugar, seguramente viajarán, harán diferentes actividades y cultivarán muchos intereses. No obstante, rara vez planifican el futuro, siendo su enfoque vital mucho más aventurero, espontáneo e impulsivo.

Como se ha insinuado, las personas de signo Sagitario son creativas, imaginativas y aman la aventura. Esta personalidad les permite hacer aportaciones muy interesantes a cualquier proyecto que suscita su interés. En términos generales, son personas que caen bien y suelen detentar cierto poder, tanto personal como socialmente, por el simple hecho de mostrarse tal cual son. Aunque es cierto que a veces exageran la verdad o la perciben sólo desde la vertiente positiva, puede decirse que en su mayoría son personalidades honestas que no comprenden y desaprueban los juegos mentales. Con su optimismo y su entusiasmo como bandera, apenas sorprende que los sagitario tengan el don de estar en el lugar adecuado en el momento preciso y sean capaces de atraer la buena suerte gracias a su innegable capacidad de trabajo.

> **Los sagitario tienen el don de estar en el lugar adecuado en el momento preciso.**

Su lado oscuro

La sutileza no es precisamente el punto fuerte de los nacidos bajo este signo solar. No pida la opinión de un sagitario a menos que quiera oír una respuesta brutalmente honesta. Aunque se puede contar con ellos para evaluar con acierto cualquier tema o situación, generalmente dirán lo correcto en el momento menos oportuno o de la peor manera posible. Esto sin duda les causará problemas. Además, su optimismo ante los proyectos, las relaciones y los emprendimientos nuevos con suma facilidad se tornará exagerado y tendrán muchas dificultades para hacer frente a las verdades incómodas. A modo de ejemplo: es posible que mantengan una situación nociva durante años, negándose a ver la realidad y eludiendo aquellos problemas que les resultan dolorosos o desagradables. Algunas personas podrían pensar que se trata de un enfoque vital muy valiente, mientras otras podrían considerarlo un autoengaño. No hay nada más triste que ver la energía y el intelecto maravilloso de un sagitario incinerados, o un sinfín de oportunidades despilfarradas, tras años de lucha en una relación o carrera que no les conviene.

La libertad y el espacio personal son temas de capital importancia para un sagitario, cosa que puede hacer que parezcan volubles, irresponsables, impacientes y algunas veces emocionalmente fríos en las relaciones personales que les importan. Asimismo, es habitual que se muestren reticentes a comprometerse con proyectos de largo plazo, y son propensos a sufrir episodios de pánico injustificado. En la práctica esto significa que en vez de resistir y enfrentarse al pánico, lo más probable es que su respuesta sea recoger sus cosas, hacer las maletas y trasladarse a otro lugar donde puedan empezar de nuevo. Por último, si bien es cierto que su naturaleza arriesgada y su amor al peligro los convierten en individuos oportunistas e interesantes, también lo es que pueden ser muy temerarios y necesitar más de una vida para lamentar sus decisiones y actos erróneos.

Símbolo

El símbolo de Sagitario es el arquero que tensa su arco para disparar. La flecha y su vuelo por el aire simbolizan la interminable búsqueda de conocimiento que caracteriza a este signo, así como su deseo de proyectar su energía y sus pensamientos hacia el futuro o en pos de un objetivo. El arquero suele ser representado con la forma de un centauro, una criatura mítica mitad hombre mitad bestia que sugiere la naturaleza dual de este signo, pues en él se funden intelecto e instinto.

Su mayor secreto

Los sagitario detestan las normas y regulaciones más que cualquier otro signo del zodiaco. Ahora bien, en su fuero interno no temen a las normas y regulaciones sino el hecho de que las normas y regulaciones son en algunos casos necesarias. Sin ellas, la vida se sumiría en el caos y la injusticia y, aunque los sagitarios creen en el poder del optimismo, les resulta muy doloroso admitir que algunas veces, frente a la adversidad, la amabilidad y el optimismo no bastan para cambiar la vida de las personas o mejorar una situación.

El amor

Dado el carácter típicamente sociable, divertido y jovial de los sagitario, podría sorprender que las personas nacidas bajo este signo solar algunas veces vivan más felices solas que cualquier otro signo zodiacal. Esto se debe a que con relativa frecuencia sienten que el compromiso y las relaciones de pareja limitan su libertad de movimientos, cosa incompatible con la idea de poder irse cuando lo deseen y sin previo aviso.

Obviamente, si tienen familia o una pareja estable no pueden irse sin contar con su opinión. Sin embargo, si deciden construir una relación estable, se mostrarán generosos, interesados y muy colaboradores, y trabajarán con mucho más ahínco que cualquier otro signo para que la relación funcione, aun cuando esté atravesando un momento difícil. Como regla general, los sagitario son individuos exigentes y con principios morales elevados, y esperan lo mismo de las personas con las que deciden compartir su vida. Este aspecto ejemplarizante de su personalidad puede hacer que sean implacables, no sólo con ellos mismos sino también con los demás. Esta gente no olvida ni perdona fácilmente cuando alguien cercano traspasa las fronteras de la decencia y el comportamiento civilizado. Tanto así que es posible que decidan romper todos los lazos que les unen a esa persona. Además de compartir la misma exigencia y los mismos principios morales, la pareja ideal para un sagitario es alguien inteligente, divertido, colaborador, que sepa escuchar y esté dispuesto a compartir —que no monopolizar— el reconocimiento de su entorno.

Amores compatibles:
Aries, Leo y Libra

El hombre sagitario

Típicamente, el hombre de signo Sagitario estará rodeado de una multitud y no será fácil retenerle. La energía de su idealismo, su exuberancia y su curiosidad son tan enternecedoras como contagiosas, y, aunque su inocencia puede a veces descontrolarse en la forma de comportamiento temerario o despreocupado, su desbordante optimismo nunca dejará de atraer a los demás. Si bien es posible que para acercarse a un varón sagitario usted tenga que abrirse paso entre un tumulto de gente, el esfuerzo ciertamente merecerá la pena. Con su fecunda imaginación, su creatividad y su optimismo, estos individuos pueden, literalmente, mover montañas. Por otro lado, está claro que con un hombre sagitario es imposible aburrirse. También es cierto que cuando su honestidad brutal se torna dura e hiriente, pueden producirse situaciones tensas o difíciles. Así pues, además de ser optimistas, energéticas y aventureras, las parejas potenciales de un hombre de este signo tienen que protegerse con una gruesa coraza. En cualquier caso, por lo que respecta a los asuntos del corazón, la franqueza de este hombre resulta balsámica y muy refrescante. Con él no hay sitio para la falsedad o los juegos mentales, y cuando le diga que le ama y que quiere pasar el resto de su vida con usted, puede estar seguro/a de que lo dice en serio.

En el contexto de una relación sentimental, la libertad es esencial para un varón sagitario —libertad para explorar y libertad para soñar. Una pareja posesiva, celosa e insegura no le durará mucho tiempo. Y es que el espíritu independiente del hombre sagitario no tolera restricciones. Muchos de los sueños y planes de un hombre sagitario no serán precisamente un ejemplo de organización y sabiduría. Esto es así porque este hombre no sólo piensa con el cerebro, sino que también emplea el corazón. Pero por alguna razón todo eso no importa puesto que el amor de un hombre sagitario es verdaderamente especial. Es un amor honesto, genuino y puro.

La mujer sagitario

Las mujeres de signo Sagitario son las mujeres más ferozmente sinceras de todo el zodiaco. Ven el mundo tal cual es y nunca le mentirán. Por suerte, generalmente se expresan con unas maneras tan encantadoras, inteligentes y optimistas que es imposible enfadarse con ellas. De pensamiento libre e independiente, estás féminas prefieren vivir solas, incluso cuando están en una relación. Puede que se casen más tarde de lo esperado o que sean bastante reservadas —aun desinteresadas— cuando se habla del compromiso y los lazos familiares. Esto en modo alguno significa que no quieran casarse sino que el matrimonio es algo en lo que siempre piensan proyectándolo al futuro. Por ahora son tantas las cosas que quieren aprender, ver y experimentar, y tantos lugares adonde querrían ir…

La mujer de signo Sagitario suele tener muchos amigos, pero también suele confundir la amistad con el amor y el amor con la amistad. Su naturaleza sociable y afectuosa, así como su enfoque despreocupado y escasamente convencional de las relaciones, pueden causar equívocos y hacer mucho daño a su alrededor. Unas veces parecerá muy superficial en su forma de manejar las relaciones, pero esto no es una valoración acertada. De hecho, cuando conozca a alguien capaz de desafiarla intelectualmente y que esté a la altura de su optimismo, esta mujer no dudará en comprometerse seriamente y establecer vínculos emocionales profundos. Siempre y cuando no se sienta lastrada o limitada, y se le permita tomar sus propias decisiones, la relación con una mujer de signo Sagitario puede no tener parangón en lo concerniente a la fidelidad, la confianza, la honestidad y el afecto. Igualmente, con ella la vida estará llena de excitación e idealismo.

La familia

El niño de signo Sagitario es un manojo de entusiasmo y es generoso hasta lo indecible. Algunas veces su exuberancia puede devenir alboroto, y por ello es importante que los padres de niños nacidos bajo este signo encuentren la manera de canalizar su increíble energía. Deberían animarles, por ejemplo, a tener tantas aficiones o intereses como sea posible y, si el trabajo escolar no es suficientemente exigente, los padres deberían pedir a los profesores que les asignen tareas adicionales. Los padres de niños sagitario tienen que acostumbrarse a preguntas del estilo «¿por qué...?», siendo así que la honestidad siempre será la mejor política a la hora de contestarlas, porque los jóvenes sagitario rápidamente detectarán la falta de honestidad o el engaño. En el patio de juegos estos niños son muy independientes y se puede contar con ellos para que un recién llegado se sienta cómodo e integrado en el grupo. Al hilo de esto, aquí tienen un enorme potencial para triunfar dentro y fuera del ámbito escolar, pero el secreto consiste en cerciorarse de que reciban una orientación adecuada. Cuanto más progrese un niño sagitario, y cuanto más reconocimiento obtenga por ello, mayor será su progreso futuro. En otras palabras: no es bueno permitir que estos niños progresen a su ritmo. Dicho esto, también hay que decir que los niños de signo Sagitario tienen dificultades para obedecer las normas y regulaciones. Por esta razón, es importante que sus padres, maestros y mentores les orienten y no les impongan reglas inflexibles. Esto se debe, fundamentalmente, a que estos niños atienden a razones y naturalmente optarán por la alternativa que les parezca más sensata si se la explican de forma que puedan entenderla.

En general, los niños adoran a los padres de signo Sagitario por su actitud vital alegre y, en ocasiones, un tanto excéntrica. Así, no es extraño que animen a sus hijos a desarrollar sus aficiones e intereses; por si fuera poco, serán parte activa y se asegurarán de que sus hijos progresen adecuadamente. Es posible que algunas veces los padres de signo Sagitario se sientan limitados por su rol de padres; siendo, por tanto, importante, especialmente en el caso de las madres, que cuando los hijos lleguen no dejen de cultivar sus propios intereses. Definitivamente, estas mujeres deberían buscar tiempo que dedicarse a sí mismas, ya que, por muy gratificante que pueda ser la maternidad, las actividades y las conversaciones relativas a la crianza de los hijos no son lo bastante absorbentes como para que se sientan plenamente satisfechas. Así las cosas, les convendrá iniciar nuevos proyectos tan pronto como nazca su hijo.

La profesión

Puesto que aman la libertad, los viajes y la estimulación intelectual, los sagitario nunca se sentirán realizados en profesiones que no ofrezcan estas posibilidades. Entre los trabajos más apropiados para este signo cabe destacar la docencia en cualquiera de sus formas, los guías turísticos, las leyes, los conferenciantes, los pilotos de aviación, los intérpretes, los escritores, la publicidad y la terapia psicológica. El mundo del entretenimiento también puede ser atractivo, dado que a estos individuos les encanta estar en el candelero. Los sagitario con facilidad para los deportes pueden disfrutar ejerciendo profesiones relacionadas con la salud, el *fitness* o el entrenamiento personalizado. Y para los más aventureros se recomiendan las profesiones de especialistas cinematográficos o exploradores.

Elijan la carrera que elijan, lo más importante para un sagitario es sentirse desafiado. Así pues, deberían evitar el trabajo repetitivo así como las profesiones con rutinas muy marcadas u horarios fijos de 9h. a 17h. Tampoco suelen prosperar en oficinas y centros de trabajo con mucha gente. Y es que su espíritu aventurero exige un trabajo que les permita conocer gente y el mundo que les rodea. Aunque suelen tener éxito en su vida profesional, las personas de signo Sagitario no son excesivamente ambiciosas en lo tocante al dinero o el estatus. Como se ha comentado, lo que más les importa es sentirse desafiados, aprender y experimentar cosas nuevas y, por encima de todo, tomar sus propias decisiones.

> **Su espíritu aventurero necesita un trabajo que les permita conocer gente y el mundo que les rodea.**

La salud y el ocio

Dada la abundante energía que poseen, no es extraño que los sagitario tengan mucho apetito y consuman cantidades ingentes de alimentos y bebidas. En muchos casos son tan activos en su vida cotidiana que queman todas las calorías que consumen, pero es necesario que se cuiden y no ganen mucho peso, especialmente en las caderas, el abdomen y el trasero. La comida rápida les tienta sobremanera, y por ello deberían evitar la comida precocinada o de conveniencia en la medida de lo posible, y todos aquellos alimentos refinados y procesados. Una de las razones por las que los sagitario ingieren tanta comida es que cuando tienen hambre necesitan comer algo rápidamente para recuperar energías. Por este motivo tienen que asegurarse de llevar consigo tentempiés suficientes, tales como frutas, frutos secos, semillas o uvas pasas, para cuando la tentación apriete.

Por lo que respecta al ejercicio físico, la inmensa mayoría de los sagitario son personas extremadamente activas, si bien es necesario que no se excedan, y que su naturaleza temeraria no les lleve a sufrir lesiones. También es importante que recuerden que tienen que modificar la manera como se ejercitan a medida que pasan los años. Así, lo que era bueno a los veinte puede no serlo tanto a los cincuenta.

Hablando del tiempo de ocio, muchos sagitario disfrutan con las actividades al aire libre tales como el excursionismo, la equitación y el camping, al igual que con los deportes de equipo como, por ejemplo, el baloncesto. El tiro con arco es un pasatiempo muy popular entre los sagitario, que también pueden encontrar satisfacción y desafío intelectual en el aprendizaje de una lengua, la lectura, la escritura y el estudio de la filosofía. Asimismo, la jubilación les ofrece grandes oportunidades para viajar física e intelectualmente, siendo así que muchos sagitario piensan que este periodo es el más gratificante de su vida, por cuanto tienen la libertad que siempre han anhelado para expandir su mente y su cuerpo. Por otro lado, los sagitario tienen tendencia a exagerar las cosas, por lo que les convendría aprender a relajarse o practicar yoga. He aquí un mantra que deberían repetirse todos los días: «Todas las cosas con moderación». Vestirse con prendas de color azul y meditar con este color les animará a ser más constantes, moderados y disciplinados en su manera de encarar la vida.

Los nacidos entre el 22 de noviembre y el 1 de diciembre

Las personas nacidas entre estas dos fechas quizás sean las más positivas de todo el zodiaco. Son individuos que ven las infinitas posibilidades que les presenta la vida y nunca aceptan un no por respuesta. Igualmente, siempre ven el vaso medio lleno, y no medio vacío. Además, habida cuenta su fuerte deseo de viajar y vivir nuevas experiencias, podemos afirmar que aventura es su segundo nombre.

Los nacidos entre el 2 de diciembre y el 10 de diciembre

Estos sagitario necesitan mucha variedad y estimulación. También aman la libertad, y esto es aplicable a las relaciones, el trabajo y la familia. Detestan sentirse atados o limitados y, al igual que Peter Pan, tengan la edad que tengan, siempre parecerán libres, brillantes, exuberantes y aventureros.

Los nacidos entre el 11 de diciembre y el 21 de diciembre

Dramáticos y audaces, los sagitario que nacieron entre estas dos fechas conciben la vida como un juego de azar. Incluso cuando pierden, cosa que les ocurre de vez en cuando, siempre se las arreglan para caer sobre sus pies.

Lecciones de vida

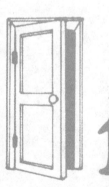

Siempre y cuando se sientan libres, las personas de signo Sagitario son una excelente compañía gracias a su energía e increíble optimismo. Nunca se cansan de aprender cosas nuevas. Ahora bien, si las limitaciones, las responsabilidades y las expectativas empiezan a acumularse, como suele ocurrir en la vida, es posible que los sagitario pierdan parte de su chispa. Estos individuos tienen la idea errónea de que el compromiso de un modo u otro restringe su libertad de movimientos, por lo que es extremadamente importante que aprendan que, aunque la responsabilidad y la libertad son dos cosas diferentes, no son necesariamente incompatibles.

No cabe duda de que los sagitario son personas astutas, pero también tienen tendencia a expresar su verdad de una manera demasiado directa y abrupta. Es, pues, necesario que aprendan a relacionarse con los demás con más delicadeza, y que entiendan que a veces es mejor ser más prudentes cuando dicen lo que piensan toda vez que los demás no siempre están preparados para oír la verdad. Asimismo, los sagitario son amantes del riesgo pero, dada su tendencia a decir las cosas bruscamente o a discutir por el mero hecho de hacerlo, pueden arriesgarse sin sentido o para vivir emociones fuertes. Por consiguiente, las dos únicas cosas que los sagitario deberían hacer por el simple hecho de hacerlas, son amar y ser amables. Además, correr riesgos innecesarios bien podría tener consecuencias desastrosas. Por ello, les convendría pensar antes de decidirse a dar el salto.

Los sagitario pueden aprender muchas cosas de otros signos del zodiaco. Por ejemplo: de los virgo pueden aprender la prudencia, la contención y el análisis minucioso de las situaciones. Por su parte, los cáncer les ayudarán a ser más compasivos y empáticos. Si bien es cierto que los nacidos bajo este signo saben escuchar, esto no significa que sepan consolar a sus semejantes, dado que escuchan para aprender cosas nuevas y no tanto para ayudarles a sentirse mejor. Por último, Géminis puede enseñarles a buscar el conocimiento con una actitud más ligera y despreocupada.

22 de noviembre

El nacimiento
de la aspiración provocadora

Aun siendo niños, las personas que nacieron el 22 de noviembre siempre se han sentido diferentes de los demás. Ocurre que siempre van un paso por delante, animadas por el deseo de liberarse de la autoridad y el pensamiento convencional.

Estos individuos escriben sus propias normas y no les preocupa demasiado lo que la gente pueda pensar de ellos. Aunque se trata de personas desprejuiciadas que aportan un soplo de aire fresco cuando se trata de desafiar el pensamiento limitante o escasamente imaginativo, estén donde estén su naturaleza rebelde y provocadora puede meterles en serios problemas. Para su crecimiento psicológico y para alcanzar el éxito profesional, es importante que aprendan a relacionarse con más tacto y a leer mejor a sus interlocutores al objeto de ajustar su nivel de intensidad. Si no lo hacen, la gente les pondrá la etiqueta de personas conflictivas.

Habida cuenta su naturaleza librepensadora, no sorprende que estas personas funcionen mucho mejor trabajando por su cuenta y en situaciones donde puedan poner en práctica su creatividad. Así las cosas, en el ambiente adecuado pueden erigirse en un potente motor para hacer el bien, discurriendo soluciones innovadoras y creativas para mejorar la vida de la gente de su entorno. No obstante, en el ambiente incorrecto —un ambiente estructurado y sin desafíos—, su actitud provocadora puede generar muchas tensiones.

Hasta los veintinueve años de edad, estos individuos ampliarán sus horizontes y buscarán oportunidades a través del riesgo, estudio y los viajes. Sin embargo, una vez que han cumplido los treinta alcanzan un punto de inflexión que los transforma en personas más prácticas y realistas. Será en estos años cuando seguramente harán realidad sus objetivos profesionales. Irónicamente, y puesto que son tan amantes de los retos, en la treintena y algún tiempo después, con independencia de su éxito profesional, podrían sentir añoranza de los tiempos pasados, que perciben como una época dorada en que cualquier cosa era posible. La clave de su éxito radica en su capacidad para fijarse nuevas metas y discurrir ideas que les sirvan para desafiarse y reinventarse. Si lo logran, esto desbloqueará su inmenso potencial para alcanzar la realización personal y la felicidad normalmente asociadas con esta fecha.

23 de noviembre

El nacimiento de la dulce confrontación

Las personas que nacieron el 23 de noviembre saben pensar con realismo y poseen un ingenio y una gracia que hacen las delicias de sus semejantes, tanto en casa como en el trabajo. Tienen facilidad de palabra y todo indica que saben exactamente qué conviene decir en cada momento, ya sea cuando discuten con un amigo, haciendo una presentación en el trabajo o pronunciado palabras dulces al oído de su amante. Cuando combinan sus habilidades para la comunicación con su originalidad e inteligencia, estos individuos son capaces de hacer enormes contribuciones al bien de la sociedad.

Sea como fuere, una parte de ellos parece sentir una irresistible atracción por las personas y las situaciones conflictivas. Esto aflora cuando alguien se opone a sus propuestas inspiradoras de una u otra forma. Tan es así que en ocasiones pueden provocar discusiones innecesarias sólo para imponer su criterio. Si no tienen cuidado, la tensión podría erigirse en una constante, desde la infancia —en la forma de conflictos con sus padres y maestros—, y proyectándose a lo largo de toda su vida —en la forma de problemas con sus colegas de profesión, socios, amigos y seres queridos. Además, puede convertirse en un patrón negativo y muy difícil de revertir, básicamente porque no tienen facilidad para gestionar el conflicto aunque les atraiga sobremanera. Así las cosas, cuando los demás pasen al contraataque y apunten a sus inseguridades ocultas, estos individuos sufrirán lo indecible.

Hasta los veintiocho años de edad es probable que estos individuos se centren en resolver las cuestiones relativas a la libertad y procuren ampliar sus horizontes a través del estudio, la educación o los viajes. Pero cumplidos los veintinueve, seguramente adoptarán un enfoque vital más ordenado, estructurado y pragmático, poniendo especial énfasis en la consecución de sus metas profesionales.

Si quieren evitar los obstáculos que les separan del éxito, y pasar más tiempo a solas, es crucial que aprendan a no implicarse en el conflicto por el simple hecho de hacerlo. Esto es así porque una vez que hayan aprendido a elegir cabalmente las batallas que libran, podrán ahorrar energía para lo que verdaderamente importa: el desarrollo de su increíble potencial para erigirse en un ejemplo de autoridad, innovación, expresividad y motivación para toda la gente de su entorno.

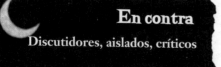

En contra
Discutidores, aislados, críticos

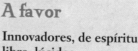

A favor
Innovadores, de espíritu libre, lúcidos

24 de noviembre

El nacimiento de la intriga

Las personas que nacieron el 24 de noviembre tienden a ser energéticas, abiertas extravertidas y alegres. Por otro lado, suelen ejercer una poderosa influencia sobre las opiniones de los demás. Jamás evitan los problemas ni los desafíos, y nada les gusta más que debatir o buscar soluciones. A la vista de ello, la gente se siente atraída por su espíritu valiente y sus ideas excitantes, así como por el aire de misterio que les rodea.

Con independencia de la seguridad y la estabilidad que tengan, la vida de estas personas nunca estará exenta de intriga. Se manifieste en situaciones o relaciones complicadas, o en la forma de conflictos internos muy absorbentes, su vida siempre tendrá algo de admirativo cuyo desenlace parecerá incierto. Aunque en la práctica esto significa que su vida no es aburrida y es objeto de conversación entre la gente de su entorno, algunas veces se sentirán superadas por la incertidumbre, la confusión y la escasa claridad de sus metas. Así, es posible que en su profesión apunten a lo más alto sólo para descubrir que los sacrificios que tienen que hacer son precisamente aquéllos a los que no están dispuestos. Por otro lado, pueden tener una vida social muy activa sólo para descubrir que preferirían estar solos.

Hasta los veintisiete años de edad, estos individuos se mostrarán bastante aventureros y tratarán de ampliar sus horizontes por medio de algún emprendimiento, el estudio y los viajes. Luego de cumplir los veintiocho empezarán a estabilizarse y se tornarán más prácticos, realistas y orientados hacia sus objetivos. A los cincuenta y ocho años de edad su vida experimenta otro giro hacia una mayor necesidad de libertad e ideas nuevas, y hacia una expresión más rotunda de su individualidad.

En todas las edades y épocas de su vida disfrutarán de oportunidades para desarrollar sus ideas y poner en práctica sus grandes planes. Ahora bien, la clave de su éxito —y del misterio que rodea su vida— no es otra que aceptarse tan como son, esto es, unos individuos raros, creativos y valientes que nunca podrán ajustarse a los moldes establecidos porque están destinados a romperlos.

25 de noviembre

El nacimiento de la responsabilidad social

Las personas que nacieron el 25 de noviembre son racionales, muy capaces y silenciosamente progresistas. Están dispuestas a invertir todo el tiempo que sea necesario para terminar un proyecto de forma impecable. Les motiva una necesidad generosa de hacer el bien y alcanzar la excelencia, y no tanto el afán de poder o de ganar dinero. Esto les proporciona la capacidad para hacer que las cosas ocurran, así como la humildad necesaria para erigirse en un recurso fundamental para el sostenimiento de un individuo o grupo poderoso.

La responsabilidad social es un tema importante en su vida. Esto no quiere decir que no puedan pensar con independencia. De hecho, estos individuos sienten un fuerte deseo de realizarse personalmente. Sucede que en última instancia les preocupa inspirar, iluminar o actuar en representación de los demás o de la sociedad en su conjunto. La claridad de sus metas, la autodisciplina y las altas expectativas que depositan en sí mismos y en lo demás, pueden, sin embargo, hacer que se obsesionen con sus objetivos y que se muestren excesivamente críticos con las personas de su entorno. En consecuencia, aprender a dotarse con una identidad al margen de su trabajo o del grupo social con el que se identifican, y aceptar y aprender a trabajar con quienes tienen puntos de vista distintos, son dos requisitos esenciales para su crecimiento psicológico y su realización personal.

Hasta los veintiséis años de edad, seguramente trabajarán cuestiones relativas a la libertad, siendo así que deberían aprovechar las oportunidades que tengan para ampliar sus horizontes a través del estudio o los viajes. Cumplidos los veintisiete, su vida alcanza un punto de inflexión que hace que adopten un enfoque vital más ordenado, estructurado y pragmático. A los cincuenta y siete su vida experimenta otro giro hacia una mayor necesidad de ideas progresistas y originales y, por fin, de independencia. Tengan la edad que tengan, estos individuos deberían armarse de valor y ser fieles a sí mismos, dirigiendo su intelecto creativo hacia un camino que les permita combinar su necesidad de satisfacción personal con sus preocupaciones sociales. Hecho esto, su vida accederá a una nueva dimensión, mucho más enriquecedora, que les servirá para desbloquear su potencial para dejar su impronta en el mundo que les rodea.

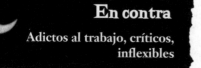

En contra

Adictos al trabajo, críticos, inflexibles

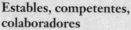

A favor

Estables, competentes, colaboradores

26 de noviembre

El nacimiento de la singularidad multitalentosa

Los individuos que cumplen años el 26 de noviembre son librepensadores y parecen tener el mundo a sus pies. No sólo son inteligentes y carismáticos, sino también creativos, talentosos y capaces de alcanzar la excelencia en la práctica totalidad de profesiones.

Pese a esta increíble versatilidad, es probable que desde muy temprana edad se hayan sentido diferentes o de algún modo segregados del resto de los mortales. Parte del problema radica en que, puesto que tienen muchos talentos y una cabeza muy inquieta, son muchos los caminos que tienen abiertos y elegir uno se convierte en una tarea insuperable. También pueden tener dificultades para compaginar su marcada orientación lógica y práctica con aquella parte de su persona que es eminentemente creativa y fantasiosa. Así pues, en varios momentos de su vida oscilarán sin rumbo entre ambos extremos, si bien sólo cuando consigan equilibrarlos se sentirán felices y plenamente realizados.

Puesto que son personas muy orientadas hacia el éxito, cuando no trabajan en pos de un objetivo pueden impacientarse y sentirse mal, de tal manera que cuanto antes encuentren su camino en la vida y se fijen metas asequibles, mejor. Si no lo hacen, su inmenso potencial perecerá ahogado en un mar de indecisión, ansiedad e incertidumbre.

Hasta los veinticinco años de edad, seguramente experimentarán con muchas cosas relacionadas con su carrera profesional, y también se enfocarán en la creatividad, la aventura y las oportunidades. Ahora bien, tras cumplir los veintiséis se volverán más prácticos y se fijarán metas más realistas y asequibles. Esto será un avance positivo siempre y cuando no pierdan el contacto con su imaginación y su fuego creativo. A los cincuenta y seis años de edad su vida experimenta otro giro hacia una necesidad omnipresente de expresar su individualidad. Confiemos, no obstante, que en épocas anteriores hayan descubierto que la clave de su éxito radica en celebrar y utilizar su singularidad característica antes que en esconderla. Han tenido razón desde siempre, dado que no hay y nunca habrá otra persona como ellos, con tantos talentos, una perspectiva tan original, la determinación y el coraje necesarios para demostrar que todo el mundo se equivocaba al pronosticar que jamás alcanzarían sus fantásticas metas.

En contra

Confusos, indecisos, sin rumbo claro

A favor

Innovadores, únicos, multitalentosos

27 de noviembre

El nacimiento
de la vorágine

Las personas que nacieron el 27 de noviembre son torbellinos de energía, excitación y entusiasmo. Radicalmente individualistas, irán allí adonde su imaginación les lleve, seguramente en busca de la verdad y el conocimiento para formular sus opiniones y trazar planes. El único problema que plantea esta actitud tan abierta y espontánea es que a veces no saben muy bien adónde se dirigen, y su entusiasmo suele imponerse al sentido común.

No temen escuchar la voz de sus instintos, y aunque este enfoque intuitivo puede reportarles un éxito espectacular también puede provocar la decepción y el rechazo. Es, pues, importante que aprendan a distinguir entre la intuición y las ilusiones, y la única manera de hacerlo pasa por intentar conocerse mejor y ser más realistas antes de decidirse a participar de una situación. Aunque tendrán que sobreponerse a más de un revés, son individuos extremadamente resistentes dotados con un espíritu muy optimista frente la adversidad. En cualquier caso, esta resistencia también puede volverse en su contra. Son extremadamente orgullosos y no les gusta pedir ayuda. Cabe señalar que esto disminuye sustancialmente sus posibilidades de alcanzar el éxito.

Hasta los veinticuatro años de edad, y por lo que respecta su profesión, seguramente mantendrán abiertas todas las opciones, dedicándose a experimentar, estudiar o viajar para ampliar sus horizontes. No obstante, en torno a los veinticinco años alcanzan un punto de inflexión y se vuelven más pragmáticos, enfocados y ordenados en la persecución de sus metas. A los cincuenta y cinco se produce otro giro del que emergen con una mayor necesidad de ser independientes y aventureros.

Sea como fuere y tengan la edad que tengan, el secreto para desbloquear su potencial de felicidad y éxito será su capacidad para controlar su energía y dirigirla hacia una causa que merezca la pena. Cuando lo consigan, y si son capaces de pedir ayuda y consejo, estos individuos seguirán siendo vorágines de originalidad y energía dinámica, pero esta vez con un sentido del rumbo mucho más claro, y eso les impulsará hasta lo más alto.

Su mayor reto es

Pedir ayuda

El camino a seguir es...

Entender que pedir ayuda no es un signo de debilidad sino de conocimiento de uno mismo, honestidad y fortaleza interior.

En contra
Impacientes, descentrados, apresurados

A favor
Energéticos, intuitivos, optimistas

28 de noviembre

El nacimiento del impulso

Los individuos nacidos el 28 de noviembre son espíritus libres con sed de conocimiento. Son filósofos naturales que trabajan para ampliar su visión y maximizar sus posibilidades. Son los científicos que nunca abandonan el laboratorio, los compositores y los escritores que trabajan hasta bien entrada la madrugada, y los empleados que se quedan en la oficina hasta muy tarde y olvidan ordenar el caos antes de irse.

Dotadas con una curiosidad innata y hambre de futuro, estas personas tienen tendencia a sobrecargarse de actividades. No sorprende que sean coquetos —con sus ideas y con la gente—, ni que muestren mucho entusiasmo al principio de los proyectos o las relaciones, un entusiasmo que se disipa con el tiempo a medida que profundizan en los detalles o aparecen las rutinas. Es necesario que aprendan que el compromiso y la libertad son dos cosas distintas que no tienen por qué ser incompatibles.

A pesar del ingenio vibrante y la aparente volubilidad de estos individuos, una parte de ellos es más profunda y compleja. Mientras encuentran su camino en la vida, sus emociones sufren altibajos, de modo que es importante que encuentren un amigo en el que puedan confiar y que les reconforte y oriente cuando se desvíen del camino. Cuando algo les duele, se esconden tras una nube de silencio, de la que finalmente emergen con reticencia y comentarios sarcásticos, pudiendo mostrarse muy hirientes, insensibles y faltos de tacto. Demasiado honestos en el plano emocional como para ocultar sus sentimientos, llámense desilusión, frustración o aburrimiento, estos individuos no pueden evitar decir las cosas tal como son.

Es posible que los demás les critiquen por su desorden y sus estados de ánimo variables, pero también es cierto que no son rencorosos y que su desorden siempre es innovador y creativo. Ahora bien, si en verdad quieren conseguir el éxito y el reconocimiento que merecen sus talentos, es necesario que los combinen con dedicación y buenas dosis de disciplina. Por suerte, tras cumplir los veinticuatro años alcanzan un punto de inflexión muy significativo que pone un mayor énfasis en la responsabilidad y en el trabajo que tienen que hacer para lograr sus metas, tan progresistas como imaginativas.

En contra
Dispersos, impacientes, autodestructivos

A favor
Espontáneos, optimistas, carismáticos

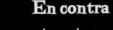

29 de noviembre

El nacimiento de la controversia

Su mayor reto es

Aprender a escuchar

El camino a seguir es...

Pensar como si fuesen espejos. Un espejo no juzga ni recibe consejos. Tan sólo refleja lo que tiene delante.

Cuando las personas que nacieron el 29 de noviembre entran en una habitación, el ambiente cambia de inmediato y todo el mundo experimenta una rara excitación. Esto es debido a que son individuos energéticos y dinámicos que se estimulan con los retos y el deseo de avanzar en pos de sus objetivos, metas profesionales y, de ser posible, el bien común.

Aunque son optimistas e innovadores, y capaces de animar a los demás a pensar de forma más arriesgada, estos individuos tienen la costumbre de agitar la polémica porque le gusta destacar sobre el resto. Para ellos, desafiar el *status quo*, sea o no necesario, es una forma de vida, puesto que tienen dificultad para reservarse sus ideas escasamente convencionales. En honor a la verdad, les encanta expresar sus opiniones y no les importa obtener una reacción negativa, dado que lo que verdaderamente quieren es provocar una reacción, y una reacción negativa siempre es mejor que nada. Sin embargo, algunas veces su actitud provocadora se pasa de la raya y es necesario que se aseguren de no apuntar a las inseguridades de los demás sin razón que lo justifique, sólo para demostrar que son más fuertes.

Hasta los veintiún años de edad, es probable que quieran ampliar sus oportunidades con nuevos proyectos, el estudio o los viajes. Pero después de cumplir los veintitrés empiezan a adoptar un enfoque más realista y orientado a sus objetivos. Durante este periodo experimentarán una mayor necesidad de orden y estructura. A los cincuenta y tres años su vida experimenta otro giro y sienten una fuerte necesidad de expresar su individualidad.

Tengan la edad que tengan, estos individuos siempre serán catalizadores del cambio. Si no cambian por el simple hecho de disfrutar con la emoción que el cambio genera, y lo hacen positivamente y para facilitar el progreso —el propio y el ajeno—, estos individuos tan estimulantes tienen sobrado potencial para erigirse en pensadores inspirados con capacidad no sólo para ayudar a los demás sino para mejorar el mundo con su expresión creativa.

En contra

Provocadores, estresados, impactantes

A favor

Estimulantes, dramáticos, atrevidos

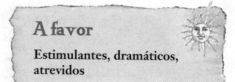

30 de noviembre

El nacimiento de la minuciosidad incisiva

Su mayor reto es

Ser espontáneos

El camino a seguir es...

Entender que algunas veces la mejor y la única respuesta posible ante una situación es confiar en el instinto y dejarse llevar.

Las personas que nacieron el 30 de noviembre sienten que el día no tiene suficientes horas ni el año suficientes días para hacer realidad todas sus ambiciones. También tienen muchos talentos y tantas capacidades que les resulta difícil decidir en qué invertir sus energías. Una vez que se encaminan, su fuerte sentido de la responsabilidad y su mente incisiva garantizan que se entregarán a su objetivo con total concentración.

Son individuos extraordinariamente minuciosos y nadie presta más atención a los detalles. Como resultado de ello, están preparados para afrontar virtualmente cualquier situación que se presente y, puesto que no dejan nada para el último momento, siempre mantienen la compostura, la calma y la convicción. Lo que dicen ejerce una notable influencia sobre las personas de su entorno, pero si se diera el caso de que no estuviesen preparados, podrían tener dificultades para aceptar que alguien les diga no o no se sienta impresionado por ellos. Y si alguien trata de criticarles, pueden ponerse a la defensiva y reaccionar con palabras hirientes. Así pues, es importante que aprendan a aceptar las críticas con la misma gracia y el mismo autocontrol que exhiben en otras áreas de su vida.

Tras cumplir los veintidós años, sentirán la necesidad de adoptar un enfoque vital más pragmático, ordenado y estructurado. Dado que no son espontáneos y tienen tendencia a la contención, es vital que durante los treinta años siguientes se conecten con la intuición, se tomen menos en serio y tomen menos en serio a los demás, e incorporen la risa y la diversión a su vida. Cumplidos los cincuenta y dos, alcanzan un punto de inflexión que pone énfasis en cuestiones relativas a la amistad y la identidad personal.

Tengan la edad que tengan, cuanto antes puedan soltarse y confíen en la intuición y en los dictados del corazón tanto como confían en su racionalidad, antes podrán maximizar su potencial para el éxito y certificar su valiosa y única contribución al mundo.

En contra

Inflexibles, reactivos, susceptibles

A favor

Minuciosos, con múltiples talentos, convincentes

1 de diciembre

El nacimiento del encanto extravagante

Su mayor reto es

Saber lo que quieren

El camino a seguir es...

Entender que conocerse es el primer paso hacia la sabiduría y una tarea que dura toda la vida.

Las personas que nacieron el 1 de diciembre son extraordinariamente energéticas. No les preocupan las convenciones, se expresan libremente y disfrutan sorprendiendo a los demás con su ingenio extravagante y seduciéndoles con su encanto. Cualquier intento para limitar su libertad no hará sino espolear su visión peculiar con determinación y renovado entusiasmo.

Aunque estos individuos defienden o promueven sus ideas con fervor, esto no significa necesariamente que sean combativos o amantes de la confrontación. Antes bien prefieren influir o ganarse a los demás con la fuerza incontenible de su personalidad. Es posible que en ocasiones les falte tacto o diplomacia pero también irradian confianza en sus capacidades, cosa que atrae a la gente de su entorno. Sin embargo, tras esta máscara divertida y a veces superficial, se esconde una persona mucho más profunda y compleja. De hecho, algunas veces parecen tan complejas que no saben exactamente cuáles son sus motivaciones. La personalidad vibrante y divertida que presentan al mundo no es más que una manera de enfrentarse a la confusión.

Luego de una infancia rebelde, en torno a los veinte años de edad experimentan un punto de inflexión que se prolonga durante treinta años. Durante este periodo tendrán oportunidades para adoptar una actitud vital más pragmática, ordenada y estructurada. Siempre y cuando no descuiden a sus amigos y seres queridos, deberían aprovechar estas oportunidades para enfocarse en su carrera profesional. Cuanto antes encuentren su camino profesional y las metas que les motivan, mejor, puesto que el trabajo puede erigirse en una faceta muy adecuada para canalizar sus talentos y su energía. Tras cumplir los cincuenta y un años, su vida experimenta otro giro que pone énfasis sobre la necesidad de independencia y de compartir sus ideas progresistas con los demás.

Durante toda su vida nunca deberían olvidar que son espíritus libres. Ahora bien, si logran ser un poco más diplomáticos, prudentes y conscientes de sus capacidades, descubrirán que no sólo aportan luz, placer y amor a la gente de su entorno, sino que esto les sirve para proclamar su original manera de ver la vida.

En contra
Confusos, faltos de tacto, temerarios

A favor
Energéticos, generosos, divertidos

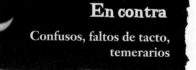

2 de diciembre

El nacimiento del calidoscopio

Las personas que nacieron el 2 de diciembre son individuos dinámicos y peculiares que suelen llamar la atención dondequiera que van. Son personas espontáneas y de buen corazón, que no temen expresar el denso calidoscopio de sus emociones.

Su energía y su honestidad emocional pueden ser muy refrescantes, siendo así que su determinación y empuje los convierten en líderes excelentes capaces de inspirar a sus amigos y compañeros de trabajo. Pueden ejercer una gran influencia sobre la gente de su entorno. Ahora bien, si equilibrasen su franqueza con un poco más de tacto, y reflexionasen sobre el significado de sus emociones, el efecto de esta influencia sería verdaderamente profundo, tanto para los demás como para ellos mismos. Y con una mayor comprensión de sus motivaciones, seguramente descubrirían una serie de patrones de conducta emergentes.

Hasta los diecinueve años de edad estos individuos serán un tanto rebeldes; explorarán y ampliarán sus horizontes en tantas direcciones como sea posible. Luego de cumplir los veinte, su vida alcanza un punto de inflexión y disfrutan de oportunidades para encarar la vida con un enfoque más práctico, realista y orientado hacia sus objetivos. Deberían aprovechar estas oportunidades para establecer orden y estructura en su vida, porque de lo contrario los constantes cambios de rumbo provocarán mucha confusión e incertidumbre. Cumplidos los cincuenta años de edad, su vida experimenta un giro que subraya la necesidad de ser más independientes, pero también de adoptar una actitud más humanitaria.

Por encima de todo, se trata de individuos carismáticos, dotados con una gran capacidad para solucionar problemas, y que buscan un significado o sentido de la vida más profundo. Con todo, su sensibilidad puede no siempre ser evidente bajo su apariencia segura y jovial. Una vez que encuentren la manera de conectarse y vivir con esta sensibilidad, no sólo serán capaces de dar respuesta intuitivamente a los dilemas de los demás, sino que podrán gestionar su caudal de emociones confusas y cambiantes, encontrarán una causa a la altura de su talento creativo, y alcanzarán la paz y la felicidad que tanto merecen.

En contra
Inconscientes, volátiles, intimidatorios

A favor
Inspiradores, creativos, efusivos

3 de diciembre

El nacimiento de la aptitud progresista

Las personas que nacieron el 3 de diciembre están dotadas con una mente progresista e inquisitiva, y nada les reporta más satisfacción que formular estrategias originales para mejorar las cosas. Aunque sus ideas sean extraordinariamente originales, incluso heterodoxas, también son individuos racionales y minuciosos. Cuando estas cualidades se combinan con sus formidables habilidades técnicas y organizativas, el resultado es una persona extraordinariamente competente y con innegables aptitudes para triunfar en su profesión.

Dada su naturaleza perfeccionista, no sorprende que el trabajo tenga mucha importancia en su vida y que se entreguen a él con total dedicación. Asimismo, suelen buscar y rodearse de personas con mentalidad afín. Por otro lado, aunque la gente de su entorno respeta su energía, ambición y concentración, y admira su muy merecido éxito profesional, es posible que piense que conocerles no es fácil. Y hasta cierto punto esto es verdad, ya que no tienen mucho tiempo para relacionarse con la gente y en general necesitan pasar mucho tiempo a solas. Pero no por razones religiosas o espirituales, sino porque les sirve para revisar sus objetivos y renovar la concentración, así como para hacer ajustes en sus habilidades. Así pues, cuando estén listos romperán su silencio para hacer grandes logros y causar el asombro de propios y extraños.

Los aspectos más ambiciosos y dedicados de su personalidad no suelen aflorar hasta bien entrada la veintena. Ahora bien, cuando finalmente aparecen les proporcionan un enfoque y una determinación verdaderamente remarcables. Sin embargo, tras cumplir los cincuenta su vida experimenta un punto de inflexión muy significativo que les presentará sobradas oportunidades para cultivar las amistades y las actividades grupales.

Tengan la edad que tengan, es necesario que aprovechen estas oportunidades para relacionarse más profundamente con los demás, ya que esto les ayudará a entender que su ambición no sólo responde al deseo de alcanzar la excelencia profesional sino al deseo de ayudar a sus semejantes y desempeñar un rol inspirador en su vida. Siempre y cuando se aseguren de no supeditar sus necesidades emocionales a su trabajo, gozarán de sobrado potencial innovador para convertirse en instrumentos de progreso dinámicos.

En contra
Retraídos, adictos al trabajo, difíciles

A favor
Innovadores, meticulosos, ambiciosos

4 de diciembre

El nacimiento
del capitán

Las personas que nacieron el 4 de diciembre son trabajadoras, ambiciosas y resistentes. Poseen un autocontrol destacable que emplean tanto en su vida profesional como en su vida personal. Tienen la rara habilidad de gestionar sus emociones sin perder un ápice de su creatividad, cosa que les da una gran seguridad en sí mismas, así como contención y autoridad sobre los demás. En cierto modo, son como capitanes de barco, esto es, individuos intrépidos, hábiles y muy preparados, dotados con la valentía, la sed de aventuras y el ingenio necesarios para gobernar el timón a través de procelosas aguas y conducir la nave a tierras inexploradas.

Aunque se recrean en su individualidad y no se someten a la autoridad de otras personas, es posible que traten de imponer sus ideas a la gente que les rodea, a veces por la fuerza. Inconscientes de esta contradicción entre sus maneras impositivas y su propia necesidad de autonomía, a ojos de los demás estos individuos pueden parecer dogmáticos y egoístas, pero esto rara vez es cierto. En la inmensa mayoría de los casos, su prioridad es el bien común y no tanto sus ambiciones personales. Al igual que un valiente capitán nunca abandonaría su barco antes de que toda la tripulación estuviese a salvo, su sentido natural del honor y la justicia hará que estos individuos dediquen todas sus energías a causas o actividades que sirvan para mejorar la sociedad en su conjunto.

Tras cumplir los dieciocho años, los individuos que nacieron este día empiezan a manifestar sus capacidades para el liderazgo. Durante los treinta años siguientes, adoptarán progresivamente un enfoque más práctico, realista y orientado hacia sus objetivos. También es posible que sientan un mayor deseo de poner orden y estructura en su vida. Cumplidos los cuarenta y ocho, alcanzan otro punto de inflexión que pone énfasis sobre su creciente necesidad de libertad, ideas nuevas y expresión de su individualidad en entornos grupales.

Tengan la edad que tengan, si encuentran el punto medio entre la ambición y la nobleza, el amor y el éxito, la compasión y el poder, la independencia y la necesidad de compromiso, estos individuos no sólo serán capaces de erigirse en líderes inspiradores, sino que podrán ser los visionarios de su generación.

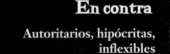

5 de diciembre

El cumpleaños
del aventurero seguro de sí mismo

Las personas que nacieron el 5 de diciembre llegan hasta lo más alto en los planos personal y profesional. Aunque a veces los demás piensan que exageran o se extralimitan, generalmente consiguen lo que se proponen o, si no es así, se quedan muy cerca.

Desde muy temprana edad, es posible que hayan evidenciado una inusual confianza en sus capacidades y una tendencia a hacer las cosas por su cuenta. Si éste no fuera el caso, es posible que la vida les haya planteado una serie de reveses o golpes que hayan forjado su confianza. Sea como fuere, tarde o temprano aflorará su optimismo característico. Y es que estos individuos creen verdaderamente que cualquier cosa es posible. A lo largo de toda su vida serán un ejemplo de lo que puede lograrse con una confianza forjada en la adversidad. Algunas veces pueden mostrarse excesivamente confiados y poco dispuestos a escuchar el prudente consejo de los demás. Y aunque esto puede producir innovaciones importantes, también puede resultar en graves errores de apreciación.

En torno a los diecisiete años de edad empezarán a pensar seriamente en sus objetivos vitales y en la impronta que quieren dejar en el mundo. Si bien es cierto que nunca deberían perder su optimismo e idealismo característicos, es importante que estos individuos se fijen metas realistas y asequibles. De lo contrario, se sentirán muy desilusionados. Escuchar los consejos de los demás podría ser clave para desbloquear todo su potencial. Cumplidos los cuarenta y siete años, sus ideas se tornarán más progresistas y originales. Así pues, si han aprendido de la experiencia previa y mejorado su juicio como resultado de una observación atenta de sí mismos y del mundo que les rodea, será en estos años cuando den lo mejor de sí mismos.

No es fácil ignorar a las personas que nacieron el 5 de diciembre, y generalmente caen bien. Aun cuando sus ambiciones puedan en algunos casos imponerse, sus amigos y colegas de profesión siempre les tratarán con tolerancia y afecto. Lo cierto es que sienten un deseo auténtico de hacer una contribución positiva a la sociedad y, una vez que logren enfocar su determinación y su fuerza de voluntad en una causa que les motive, sin duda encontrarán la manera de propiciar el bien común.

En contra
Demasiado seguros de sí mismos, vanidosos, inconscientes

A favor
Seguros de sí mismos, atrevidos, energéticos

6 de diciembre

El nacimiento del desarrollador

Prácticas y con las ideas claras, las personas que nacieron el 6 de diciembre poseen un indudable talento para dirigir. Así las cosas, no es difícil encontrarles organizando equipos de personas e intentando mejorar situaciones o ideas para que produzcan mejores resultados. Son las personas más buscadas cuando las cosas no funcionan, toda vez que su entorno valora su capacidad racional y su manera perceptiva de observar el mundo, así como el tacto con que presentan sus conclusiones de manera que los demás se sientan motivados a introducir cambios positivos en vez de sentirse decepcionados y vulnerables.

Son individuos directos, honestos y transparentes, tanto en la vida personal como en la profesional. De inmediato detectan las debilidades o los defectos de una situación y deducen cómo pueden subsanarse, eliminarse o mejorarse, de suerte que se obtengan los mejores resultados posibles. Aunque sus amigos y compañeros de trabajo se sienten muy agradecidos por sus consejos, algunas veces su deseo de interferir y controlar también puede hacer que les consideren unos entrometidos. Por ilógico que les parezca, es necesario que respeten el hecho de que algunas personas son muy inflexibles y no aceptan maneras alternativas de hacer las cosas, y que por esta razón no quieren el consejo de los demás, aunque sirva para cambiar o mejorar una situación irregular.

Hasta los cuarenta y cinco años de edad, estos individuos sentirán una creciente necesidad de introducir orden y estructura en su vida, y pondrán énfasis en las cuestiones prácticas. Durante este periodo, evaluar conceptos y sistemas, y desarrollar estrategias para optimizarlos, serán cuestiones prioritarias en su agenda. Ahora bien, cumplidos los cuarenta y seis años alcanzan un punto de inflexión que enfatiza su necesidad de independencia y también la de desarrollar una mayor conciencia de grupo. En consecuencia, se mostrarán más abiertos a la experimentación y será en estos años cuando conseguirán el apoyo de los demás, erigiéndose en la punta de lanza de equipos integrados por personas altamente motivadas.

Aunque la creatividad no sea precisamente su punto fuerte, su lucidez mental, su objetividad y su pensamiento progresista les convierte en líderes naturales con potencial para lograr resultados que sirvan para elevar su propia vida y la de cuantos se crucen en su camino.

En contra
Entrometidos, controladores, poco imaginativos

A favor
Perceptivos, cooperadores, realistas

7 de diciembre

El nacimiento del soñador

Las personas que nacieron el 7 de diciembre a menudo sienten que su vida tiene un sentido u objetivo especial. Así pues, se atreven a ser diferentes y, puesto que poseen una mente creativa, en la mayoría de los casos logran destacar sobre el resto. Aunque tienen hambre de aventuras, primero y por encima de todo son individuos soñadores cuya mente les permite llegar a lugares inconcebibles para los demás.

Suelen marcar tendencia y establecer sus propias normas. Su estilo librepensador y progresista causa estupefacción y asombro en la gente de su entorno. Son personas solitarias que saben cómo mezclarse en el grupo cuando es necesario, toda vez que su conversación siempre es animada e interesante. En cualquier caso, su mayor problema es que tienden a hablar mucho y a actuar bastante menos. En la práctica esto significa que si no pasan de las palabras a los hechos, los demás les descalificarán tildándoles de soñadores incapaces de hacer realidad sus proyectos. Y en buena medida esto es cierto, como también lo es que son personas originales y creativas con tendencia a perderse en el mundo de las ideas.

Hasta los cuarenta y cuatro años de edad, estos individuos sentirán la necesidad de perseguir sus metas con un enfoque más práctico y realista. Deberían estar muy atentos, ya que su tendencia a cambiar de trabajo o a mantener un trabajo que evidentemente no se ajusta a sus capacidades, puede hacerles muy infelices. Luego de cumplir los cuarenta y cinco años, su vida experimenta un giro marcado por una fuerte necesidad de expresar su individualidad. Si para ese entonces no han encontrado su vocación, es muy recomendable que busquen la ayuda de un experto y barajen la posibilidad de formarse para cambiar de carrera. Como alternativa, pueden buscar satisfacción y realización personal fuera del trabajo. De hacerlo así, es necesario que se aseguren de no supeditar completamente su espíritu soñador a la consecución de la estabilidad económica.

Cabe decir también que nunca se conformarán, pero que finalmente encontrarán la manera de dar rienda suelta a su naturaleza. Y es que sería una verdadera tragedia que el mundo no se beneficiase de su creatividad y su magia.

Su mayor reto es

Encontrar la profesión idónea

El camino a seguir es...

Experimentar y recopilar tanta información como sea posible. También deben cultivar intereses al margen del trabajo, dado que alguno de ellos podría terminar siendo su profesión.

En contra

Desapegados, estresados, desordenados

A favor

Creativos, singulares, originales

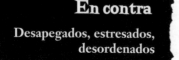

8 de diciembre

El nacimiento de la pasión

Las personas que nacieron el 8 de diciembre brillan con un entusiasmo y una energía incomparables. Su alegre personalidad llama la atención dondequiera que van. Puesto que su forma apasionada de encarar la vida es su rasgo más característico, no es extraño que reaccionen con gran sensualidad e intensidad emocional. Así, cuando en su vida personal o profesional se presente una oportunidad interesante, rara vez dudarán y la atraparán al vuelo.

Cuando deciden comprometerse con una persona, un equipo, una idea o un proyecto, estos individuos no conciben la posibilidad de hacerlo a medias, toda vez que su naturaleza les empuja a entregarse por completo. Son idealistas auténticos, personas que no cejan en su empeño de conseguir satisfacción emocional, intelectual o espiritual. Es muy habitual que su optimismo contagioso inspire a los demás y les anime a salir en busca de su nirvana particular. El problema es que la plena satisfacción que persiguen es totalmente irrealizable, y esto puede ser causa de confusión y obsesiones en su constante búsqueda de estímulos. Así las cosas, relajar sus expectativas de perfección y entender que el ser humano es imperfecto por naturaleza, es fundamental para su crecimiento psicológico.

Hasta los cuarenta y tres años de edad, estos individuos sienten la necesidad de ordenar y estructurar su vida. Deberían, por tanto, aprovechar las oportunidades que se presenten para adoptar una actitud más pragmática. Esto es así porque no siempre dirigen su energía adecuadamente, y porque su falta de buen juicio podría hacer que participen en situaciones o relaciones de tipo obsesivo o destructivo. Tras cumplir los cuarenta y cuatro años, alcanzan otro punto de inflexión y será en este momento cuando sientan una mayor necesidad de desarrollar su individualidad.

Tengan la edad que tengan, la clave de su potencial para conseguir el éxito y la felicidad radica en adoptar un enfoque más prudente y empático en las situaciones y en la relación con el otro, de manera tal que su intensa pasión no se imponga al sentido común. En síntesis: si agregan una pizca de realismo a su extenso repertorio creativo e idealista, estos individuos sin duda encontrarán la pasión balsámica que han buscado durante toda la vida y, en el proceso, harán muy felices a las personas de su entorno.

En contra

Obsesivos, adictivos, irresponsables

A favor

Energéticos, carismáticos, apasionados

9 de diciembre

El nacimiento del héroe gallardo

Las personas que nacieron el 9 de diciembre están dotadas con una fértil imaginación. Desde la infancia se han sentido identificadas con el rol del héroe o la heroína que acude en nuestra ayuda ejecutando hazañas intrépidas con valentía y para mayor asombro de todos. Por otro lado, en la edad adulta suelen ser individuos muy energéticos que disfrutan siendo el centro de todas las miradas.

Les anima la necesidad de hacer contribuciones importantes e inspiradoras al mundo. Con su imaginación, claridad de ideas y espíritu aventurero, su potencial de innovación es realmente colosal. Son líderes natos cuyo mayor desafío es tener paciencia. Así, cuando las cosas se tuercen o no discurren según lo esperado, o si la gente no escucha sus aportaciones, pierden la paciencia con bastante facilidad. Es, pues, importante que aprendan a distinguir cuándo es buen momento para promover sus ideales progresistas y cuándo es momento de esperar y dejar que los acontecimientos se desarrollen naturalmente. Tranquilizarse y controlar su intensidad emocional cuando enfrentan un reto es un aprendizaje fundamental para su crecimiento psicológico, así como para maximizar sus posibilidades de conseguir el éxito en los planos personal y profesional.

Aunque es posible que hayan sido muy tímidos durante la niñez, cuando estos individuos cumplen los veinte años empiezan a salir del caparazón. Por consiguiente, una vez que superen la timidez, desarrollar la confianza en sus capacidades será crucial porque esta gente ha nacido para ser el centro de atención. Hasta los cuarenta y dos años de edad, tendrán muchas oportunidades para encontrar maneras realistas de alcanzar sus metas. Es necesario que las aprovechen. Si no lo hacen, sus sueños de progreso y aventura nunca superarán la fase de planificación. Cumplidos los cuarenta y tres, su vida experimenta un giro y es posible que sientan una mayor necesidad de independencia y quieran expresar su individualidad.

Tengan la edad que tengan, estos individuos tienen sobradas capacidades para desempeñar un rol de liderazgo en su vida y en las vidas de cuantos les rodean. A pesar de su egocentrismo, si logran implementar sus visiones originales y progresistas, dispondrán del potencial que necesitan para hacer una contribución real, significativa y extraordinariamente imaginativa al mundo.

Su mayor reto es

La paciencia

El camino a seguir es...

Entender que algunas veces no es posible forzar el progreso. Lo mejor es esperar a que llegue el momento oportuno.

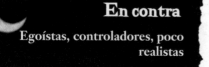

En contra

Egoístas, controladores, poco realistas

A favor

Progresistas, románticos, dinámicos

10 de diciembre

El nacimiento de la intensidad serena

Su mayor reto es

Encajar el rechazo

El camino a seguir es...

Recordar que todo el mundo sufre reveses en algún momento de la vida. La diferencia entre el éxito y el fracaso es si uno se levanta y lo intenta de nuevo.

El rasgo que mejor define a las personas que nacieron el 10 de diciembre es la fortaleza de espíritu, la constancia y su determinación a la hora de perseguir sus metas. Son pensadores profundos e intensos, animados por el deseo de ampliar el conocimiento humano o de promover reformas. Dotados con una serenidad interior que les permite analizar y tomar decisiones objetivas, sus habilidades organizativas son verdaderamente extraordinarias.

Estos individuos son líderes en potencia y, cuando encuentran una causa en la que creer, no dudan en entregarse a ella en cuerpo y alma. Aquí, la palabra clave es «creer», porque si no creen en lo que hacen simplemente no podrán alcanzar sus metas. Como consecuencia de ello, la carrera que elijan siempre tendrá un componente vocacional, pues necesitan sentir que sirven a una causa noble o elevada, ya sea la educación o un ideal de naturaleza espiritual. Invierten mucho tiempo en determinar el significado de su vida, el de las vidas de sus semejantes, e incluso el del universo entero. Por esta razón, algunas veces parecen de otra dimensión, dado que viven un tanto ajenas a todo lo que ocurre en la cotidianidad. Esto no significa que no sean personas sociables. De hecho, lo son. Únicamente significa que una parte muy sensible de su persona parece vivir en un mundo donde la injusticia y el sufrimiento no existen, un mundo que, por definición, no es real.

Hasta los cuarenta y un años de edad estos individuos disfrutarán de numerosas oportunidades para ser más prácticos y poner más orden y estructura en su vida. Es necesario que las aprovechen y desarrollen una piel más resistente a la adversidad, ya que en general no se desenvuelven bien en tiempos de conflictos y estrés. Cumplidos los cuarenta y dos años, alcanzan un punto de inflexión que enfatiza su necesidad creciente de independencia.

Tengan la edad que tengan, cuando finalmente encuentren un ideal o una causa que les absorba, descubrirán en su interior la disciplina, la responsabilidad y la pasión que necesitan para desarrollar su extraordinario potencial y erigirse en líderes talentosos, inspirados y progresistas.

En contra
Esquivos, aislados, extremadamente sensibles

A favor
Decididos, espirituales, dedicados

11 de diciembre

El nacimiento del objetivo intenso

Desde muy temprana edad las personas que nacieron el 11 de diciembre han sentido que su vida tenía un objetivo serio y muy claro. Sea cual sea la profesión que elijan, destacarán por la energía, el empuje y la determinación que aportan a todos sus proyectos y visiones.

Puesto que son muy perfeccionistas, exigen un alto nivel de compromiso y dedicación por parte de los demás, el mismo que se exigen a sí mismas. En la práctica esto significa que alcanzarán la excelencia profesional, si bien puede jugar en su contra y agotar a las personas de su entorno, y esto también es aplicable a su persona. Por lo que respecta a la vida social y personal, su intensidad no da tregua. Son individuos influyentes y persuasivos capacitados para ganarse —y desgastar— a los demás con su persistencia y sus encantos. De hecho, cuando se trata de impulsar sus proyectos, suelen cultivar los contactos influyentes porque saben que con apoyos poderosos cualquier cosa es posible.

Hasta los cuarenta años de edad sentirán la necesidad de adoptar una actitud más pragmática y realista en la persecución de sus metas. Durante estos años es probable que detenten puestos de responsabilidad o de autoridad, pero deberían asegurarse de no obsesionarse con sus metas y no volverse manipuladores o demasiado materialistas. Es particularmente importante que esta estrategia de tejer una red de contactos no degenere en una desmesurada ambición por ascender socialmente. Tras cumplir los cuarenta y un años, estos individuos alcanzan un punto de inflexión que pone énfasis en el deseo de expresar su individualidad e independencia. Seguramente participarán en actividades de carácter social o solidario y construirán una vida al margen del trabajo.

Sería bueno que estas personas tuvieran en cuenta lo que los demás piensan de ellas o de la imagen que presentan al mundo. Una vez que experimenten el lado más ligero de la vida, y cultiven su espiritualidad para compensar sus inclinaciones materialistas, descubrirán que su mayor objetivo no es otro que convertirse en un ser humano excepcional capaz de mejorar la vida de sus semejantes y, en algunos casos, la de la humanidad en su conjunto.

Su mayor reto es

Divertirse

El camino a seguir es...

Entender que tomarse las cosas menos en serio es una de las maneras más poderosas e influyentes de conseguir que los demás acepten sus ideas.

En contra
Materialistas, manipuladores, egoístas

A favor
Energéticos, con objetivos claros, encantadores

12 de diciembre

El cumpleaños del profesor extravertido

Las personas que nacieron el 12 de diciembre creen tener un importante mensaje que comunicar al mundo, un mensaje que servirá para que los demás aprendan y progresen. Igualmente, desean ampliar sus horizontes a través del estudio y los viajes. Además de su agilidad mental característica, también son físicamente ágiles y disfrutan yendo de un lugar a otro y de una experiencia a otra.

Su insaciable sed de vivencias y conocimientos está fuertemente arraigada en el deseo insoslayable de hacer una contribución lúcida, beneficiosa y tangible al mundo que les rodea. Así las cosas, no es de extrañar que sus amigos y colegas de profesión admiren su destreza mental, su habilidad para identificar las áreas que necesitan mejoras o cambios, y su capacidad para comunicar sus soluciones en maneras verdaderamente memorables.

Hasta los treinta y nueve años de edad, estos individuos ponen el acento sobre la necesidad de orden y estructura. Será en estos años cuando se sientan más constreñidos o atados, y cuando mayor será la confusión que genere el conflicto interior planteado entre la necesidad de establecerse y su sed de aventuras. Tras cumplir los cuarenta, su vida alcanza un punto de inflexión del que emergen con ganas de experimentar y con un enfoque vital más libre. En su caso, el término crisis de mediana edad no es en absoluto inadecuado, toda vez que estos individuos pueden sentir una necesidad repentina de introducir cambios radicales en su vida personal y profesional.

Sea como fuere, estas personas no deberían olvidar que poseen una fuerza de voluntad envidiable y que, cuando finalmente encuentren una profesión que merezca la pena, y se marquen metas y objetivos claros, disfrutarán de toda la ambición y el talento necesarios para triunfar. Por lo que respecta a su vida personal, si logran canalizar parte de su energía hacia el interior y desarrollan la intuición y su lado más espiritual, podrán recurrir a sus grandes conocimientos y su amplia experiencia para hacer realidad su ambición de comunicar un vigoroso mensaje de amor y esperanza al mundo entero.

13 de diciembre

El nacimiento
de la precisión errática

Las personas que nacieron el 13 de diciembre aportan confianza, recursos y tenacidad a todo lo que hacen, prestando una atención minuciosa al menor de los detalles. Aunque poseen un enorme potencial para lograr el éxito personal y profesional en el largo plazo, en ocasiones este enfoque lento y cuidadoso puede devenir dubitativo y extremadamente prudente. Y esto, desafortunadamente, puede provocar la desilusión.

Estos individuos son muy observadores, perceptivos y detallistas en las relaciones que establecen con sus semejantes. Lamentablemente, por lo que respecta a sí mismos es posible que no se den cuenta de que sus costumbres erráticas no sólo irritan a los demás, sino que también les impiden trabajar tan eficientemente como querrían. Por ejemplo, todo indica que estos individuos no saben recular cuando una discusión no va a ninguna parte o cuando ya han expresado sus argumentos, reiterando innecesariamente sus ideas una y otra vez. Además, cuando tienen que hacer algo importante tienden a dejarlo para otro momento, una actitud que les plantea mayores dificultades.

Hasta los treinta y ocho años de edad, estas personas seguramente sentirán la necesidad de adoptar un enfoque más práctico y realista en la persecución de sus metas. Es en estos años cuando tienen que cuidarse de no prestar demasiada atención a los detalles si no quieren perder la visión panorámica de las cosas. Tras cumplir los treinta y nueve años, alcanzan un punto de inflexión que intensifica las ganas de expresar su individualidad. Puede ser un periodo extremadamente liberador, toda vez que les permitirá dejar su sello personal en el éxito conseguido.

Tengan la edad que tengan, estas personas tienen que evitar volverse demasiado severas y minuciosas, básicamente porque cuando consigan detenerse a contemplar la panorámica de los logros alcanzados en el decurso de su vida, caerán en la cuenta de que tienen muchas razones para estar agradecidos y otras tantas para encarar el futuro con optimismo.

En contra
Quisquillosos, severos, perezosos

A favor
Minuciosos, lúcidos, inquisitivos

14 de diciembre

El nacimiento
del filósofo extravagante

Las personas que nacieron el 14 de diciembre rara vez se diluyen entre la multitud. Esto no significa que quieran llamar la atención. Antes bien lo contrario, dado que en general son individuos que guardan celosamente su vida privada. Ocurre que sus gustos extravagantes y sus ideas únicas les destacan sobre el resto tanto como su energía controlada, su capacidad y su eficiencia. Son filósofos natos, y por ello encontrar su propia verdad antes que conformarse con las reglas que establecen los demás, será de gran importancia para ellos.

Aunque es cierto que su naturaleza provocadora puede irritar a sus semejantes, también lo es que puede sorprenderles y estimularles, animándoles a pensar por sí mismos. Nada les reporta mayor satisfacción que constatar que han sido capaces de estimular la creatividad de las personas de su entorno. Esto se debe a que la actividad y el progreso son sus principales motivaciones. No soportan el conformismo ni la complacencia, especialmente cuando hay temas que trabajar o progresos que inducir. Dotados con unas increíbles habilidades organizativas así como con una energía considerable, estos individuos encaran todo lo que hacen con determinación, entusiasmo e insaciable curiosidad.

Estas personas son sociables y se muestran muy generosas con los demás, si bien en muchos aspectos son reservadas e independientes. En este sentido, cabe decir que su potencial para conseguir la realización personal radica en su búsqueda del progreso y su sed de conocimiento, y aunque nunca dejarán en la estacada a quienes les pidan consejo, una parte de ellos querría acabar con todas las distracciones para concentrarse plenamente en la consecución de sus metas. Por otro lado, sólo prefieren situarse en posiciones de mayor visibilidad cuando es el momento oportuno y para mostrar los frutos de su trabajo.

Hasta los treinta y ocho años de edad ponen énfasis en el orden práctico y la necesidad de estructurar su vida, volviéndose más responsables y orientados hacia sus objetivos. Ahora bien, tras cumplir los treinta y nueve su vida alcanza un punto de inflexión que intensifica el deseo de expresar su individualidad y contribuir a la mejora del mundo. Así, la clave de su éxito radica en su capacidad para encontrar el equilibrio entre la vida personal y el trabajo, y en su disposición a desarrollar la diplomacia de manera que puedan motivar a los demás para que sigan su ejemplo y convertirse en poderosas fuerzas catalizadoras de la verdad, el cambio y el progreso.

En contra
Retraídos, adictos al trabajo,
solitarios

A favor
Histriónicos, originales,
audaces

15 de diciembre

El cumpleaños del optimista

Las personas que nacieron el 15 de diciembre se encuentran entre las más alegres de todo el año. Una vez que posan la vista en un objetivo, por inasequible que éste pueda ser, estarán totalmente convencidos de que pueden alcanzarlo. Esta actitud positiva y proactiva suele resultar atractiva a casi todas las personas de su entorno, y generalmente les reporta el éxito que merecen, en los planos personal y profesional.

Además de ser individuos de aspecto optimista y expansivo, también poseen una curiosidad insaciable. Así las cosas, disfrutan descubriendo cosas nuevas y compartiendo sus conocimientos con sus amigos y compañeros de trabajo. Aunque su curiosidad es sin duda contagiosa y su optimismo vigorizante, es importante que estos individuos se pregunten si la información que revelan y el momento en que lo hacen son oportunos y beneficiosos para sí mismos y para los demás. Sucede que perciben el mundo con ojos invariablemente optimistas, una óptica que no les protege de los peligros que entrañan las situaciones. Dicho con otras palabras: es posible que sus planes no siempre sean realistas o, lo que es peor, que sea disparatados; o que la influencia que ejercen sobre los demás sea del tipo condescendiente o irresponsable.

Hasta los treinta y cinco años de edad las personas que nacieron este día gozarán de muchas oportunidades para desarrollar un enfoque vital más práctico y realista. Es necesario que las aprovechen por cuanto el optimismo no les llevará muy lejos. Sin embargo, luego de cumplir los treinta y seis su vida alcanza un punto de inflexión que enfatiza su creciente necesidad de independencia y de expresar su individualidad, así como su sed de ideas progresistas. Durante este periodo es fundamental que aprendan a escuchar los consejos de los demás, y que ponderen los pros y los contras de una situación antes de tomar decisiones importantes.

A lo largo de toda su vida la clave del éxito radica en su capacidad para identificar y eludir aquellas situaciones potencialmente peligrosas o improductivas, de tal manera que puedan invertir todo su potencial en hacer aquello que mejor hacen: moverse en la dirección del progreso al tiempo que motivan e inspiran a los demás con su entusiasmo, su actitud positiva y su asombrosa creatividad.

Su mayor reto es

Aceptar sus limitaciones

El camino a seguir es...

Entender que un análisis excesivamente optimista de una situación es tan inútil como uno pesimista. Así pues, busque el equilibrio entre ambos extremos.

En contra

Incontrolados, manipuladores, ridículos

A favor

Vigorizantes, inspiradores, populares

16 de diciembre

El nacimiento del antropólogo creativo

Su mayor reto es

Resistir el impulso de criticar

El camino a seguir es...

Entender que algunas veces la mejor manera de encarar una situación es enfocarse en la solución y no en el problema.

Las personas que nacieron el 16 de diciembre están dotadas con una imaginación desbordante. Por otro lado, encaran la vida con un enfoque lógico y objetivo que les protege y hace que no sucumban a las modas pasajeras y otras veleidades. De hecho, son capaces de observar y analizar a las personas y las situaciones con el desapego inquisitivo de un antropólogo.

Nada escapa al escrutinio de estos individuos agudos e inteligentes. Y cuando combinan su mente analítica, lógica y decidida con su fértil imaginación, disfrutan de sobrado potencial para discurrir innovaciones duraderas. Una vez que se hayan marcado unos objetivos, los perseguirán con una determinación remarcable, y si bien esto sirve para incrementar dramáticamente sus posibilidades de triunfar en su profesión —cabe decir que muchos de ellos llegan hasta lo más alto—, su estrechez de miras y la obsesión por sus metas pueden en ocasiones aislarles de los demás.

Hasta los treinta y cinco años de edad adoptarán progresivamente una actitud más práctica y realista, que aplicarán en la carrera en pos de sus objetivos. Será en estos años cuando seguramente podrán extraviarse en el laberinto de su carrera profesional. Por esta razón, es importante que alcancen el equilibrio entre la vida personal y el trabajo, y que muestren una mayor sensibilidad a los sentimientos de los demás. No obstante, cumplidos los treinta y seis años, su vida alcanza un punto de inflexión que enfatiza su necesidad de independencia y de expresar su individualidad, así como el deseo de descargarse de responsabilidades. Es probable que participen en actividades de tipo social, humanitario o con un marcado carácter espiritual. En un primer momento, este cambio de rumbo podría confundirles y desorientarles, pero con el paso de los años empezarán a entenderse mejor y experimentarán la vida no tanto como si fuese un laboratorio científico sino en un nivel más intuitivo y profundo donde las cosas se viven en lugar de analizarse.

También empezarán a darse cuanta de que la clave para desbloquear su potencial de éxito consiste en no perder los sentidos de la realidad y del arraigo, de suerte que puedan ser lo bastante receptivos como para ajustar su intuición y tomar las decisiones correctas para sí mismos y para sus semejantes.

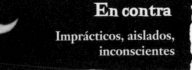

En contra

Imprácticos, aislados, inconscientes

A favor

Innovadores, minuciosos, visionarios

17 de diciembre

El nacimiento del realista práctico

Su mayor reto es

Ver el lado divertido de la vida

El camino a seguir es...

Entender que una de las maneras más rápidas de encontrar satisfacción es tomarse las cosas y a las personas menos en serio. Y eso también le incluye a usted.

Las personas que nacieron el 17 de diciembre tienden a decir exactamente lo que piensan y esperan que los demás hagan lo mismo. En su opinión, el éxito es algo que puede medirse en términos concretos. Como son prácticas y realistas, suelen cargarse de responsabilidades y granjearse la admiración de todos gracias a su honestidad y su capacidad de trabajo.

Dotados con el coraje y la vitalidad necesarios para alcanzar cualquier meta que se marquen, estos individuos son gente de acción y no tanto de pensamiento. Nada les interesa más que los hechos, los resultados y las acciones, en detrimento de los sueños, las teorías y los debates de ideas. Todo lo enfocan en función de si puede o no realizarse o producirse ahora. Así las cosas, esta capacidad para concentrarse sólo en lo que tienen frente a los ojos les permite cosechar resultados verdaderamente espectaculares.

No cabe duda de que los amigos y familiares de estos individuos valoran su sinceridad y su temperamento estable. No obstante, es frecuente que tengan dificultades para relacionarse con los demás. Aunque emplean su innegable capacidad organizativa para mantener el contacto con viejas amistades, por alguna razón no pueden intimar con las personas. Esto se debe, mayormente, a que no entienden que el sentido del humor y la cháchara insustancial son dos variables importantes cuando se trata de romper el hielo o derribar las barreras que separan a las personas. En consecuencia, es importante que aprendan a ser un poco menos serios y que reconozcan que a veces es imposible explicar o clasificar las emociones.

Hasta los treinta y cuatro años de edad, estos individuos ponen énfasis en las cuestiones prácticas, así como en la necesidad de ordenar y estructurar su vida. Habida cuenta su tendencia a ser prácticos y realistas, es importante que en este periodo no se tornen demasiado materialistas. Luego de cumplir los treinta y cinco años, su vida experimenta un giro que comporta una mayor necesidad de libertad y la adopción de un enfoque más experimental. Aunque en un primer momento esto podría desorientarles, en última instancia descubrirán que este cambio de rumbo resulta liberador. Por encima de todo, la clave de la felicidad y el éxito será su capacidad para introducir una dimensión espiritual en su vida, toda vez que esto les proporcionará el sentido de certidumbre, verdad, orden y maravilla que siempre han buscado.

En contra
Prosaicos, faltos de tacto, poco participativos

A favor
Honestos, estructurados, estables

18 de diciembre

El nacimiento de la posibilidad

Las personas que cumplen años el 18 de diciembre están dotadas con una imaginación desbordante y un sentido de la posibilidad que aquéllos que no son tan imaginativos suelen despreciar o calificar de ridículo. Con todo, la determinación que exhiben a la hora de hacer realidad sus sueños es de tal magnitud que les permite sobreponerse a todas las críticas.

Desde muy temprana edad, los nacidos en esta fecha aprenden con rapidez, asimilan la información y dominan las técnicas antes que los demás. Cuando a este caudal de conocimientos se le agrega una creatividad increíble, cualquier cosa es, literalmente, posible. Es frecuente que durante la adolescencia o la veintena planifiquen su vida entera. Luego, con el paso de los años, se entregarán en cuerpo y alma a la tarea de alcanzar sus metas y hacer realidad sus sueños. Son individuos que piensan, ante todo, en el largo plazo. Y aunque progresen lentamente a ojos de los demás, conseguirán ascender hasta lo más alto gracias a un plan cuidadosamente trazado y basado en la preparación y la constancia.

Hasta los treinta y tres años de edad gozarán de numerosas oportunidades para desarrollar un enfoque más práctico y realista que podrán aplicar en la persecución de sus metas. Deberían aprovechar estas oportunidades y aceptar toda la ayuda que se les ofrezca, implicando a los demás en sus proyectos y descargándose de trabajo en el largo plazo. De lo contrario, corren el riesgo de quedar agotados, desilusionados y enajenados. Luego de cumplir los treinta y cuatro años, su vida experimenta un giro que pone el acento sobre la necesidad de independencia y el deseo de expresar su individualidad.

Serán buenos años para los individuos nacidos en esta fecha; ahora bien, tengan la edad que tengan la clave de su éxito radica en su capacidad para fijarse objetivos realistas y en su disposición a bajar el ritmo de su vida. Esto les permitirá conectarse con la intuición o con su silencio interno. Conectarse con sus sentimientos les ayudará a darse cuenta de que ese sentido de la posibilidad, el descubrimiento y la maravilla que desean crear en el mundo que les rodea, ya existe en su interior. Sólo necesitan encontrarlo.

En contra

Poco realistas, preocupados, descentrados

A favor

Imaginativos, energéticos, decididos

19 de diciembre

El nacimiento de la honestidad reveladora

Las personas que nacieron el 19 de diciembre parecen insensibles, pero lo cierto es que bajo esta fachada se ocultan una fortaleza y una valentía remarcables. Estos individuos no temen expresarse libremente, y cuando la gente les irrita o molesta tienen la honestidad suficiente como para revelar sus verdaderos sentimientos. Es posible que los demás malinterpreten su sensibilidad y su franqueza considerándolas debilidades de su carácter, cuando en realidad ocurre que esta expresión emocional les hace más fuertes.

Poseen una actitud netamente individualista y rara vez prosperan en entornos conformistas o que exigen una actitud dócil. Sienten una fuerte necesidad de desafiar las convenciones, cuestionar las normas y producir alternativas originales. Aunque es cierto que esta honestidad reveladora puede perjudicarles, cabe señalar que las personas de su entorno respetan su integridad e individualidad. No en vano su mayor deseo es educar, iluminar y guiar a los demás por la senda del progreso humano.

Cuando enfrentan retos o adversidades estos individuos mostrarán una determinación y un espíritu de lucha encomiables en los que se apoyarán para alcanzar el éxito. Huelga decir que esto les proporciona un potencial ilimitado para triunfar en su carrera profesional, si bien, desafortunadamente, algunas veces no encaran su vida personal con idénticas virtudes. De hecho, estos individuos son propensos a sufrir brotes de negatividad y autocompasión que pueden degenerar en episodios de comportamiento iracundo o extravagante, una circunstancia que causa gran perplejidad y confusión en su entorno. Si logran controlar la negatividad con la ayuda de su valentía y el mismo espíritu de lucha que muestran en el mundo exterior, podrán alcanzar las más altas cotas del éxito.

Hasta los treinta y dos años de edad seguramente se enfocarán en las cuestiones prácticas y sentirán la necesidad de imponer orden y concentración en su vida. En torno a los treinta y tres años, su vida experimenta un giro que pone el acento sobre una mayor necesidad de libertad personal y el deseo de experimentar. Si aprenden a pensar antes de actuar, y a reorientar positivamente sus pensamientos tan pronto como detecten el comienzo de la espiral de negatividad, será en estos años cuando den lo mejor de sí mismos, revelando finalmente al mundo su compromiso de contribuir efectivamente al bien común.

20 de diciembre

El nacimiento del productor

Los nacidos el 20 de diciembre son energéticas y poseen la capacidad de resolver problemas y tomar decisiones acertadas gracias a su talento para motivar y organizar a la gente. Son líderes natos motivados por el deseo de impulsar el progreso de la sociedad. Y nada les reporta más satisfacción que generar ideas e iniciar proyectos, No obstante, una vez que un proyecto ha levantado el vuelo, prefieren pasar al siguiente y dejar que sean otros quienes cojan el timón. Y no es de extrañar, puesto que ellos mismos se adjudican el rol del productor o creador.

El día no tiene suficientes horas para la gente que nació en esta fecha. Estos individuos sienten un fuerte impulso de avance y, dado que son tan eficientes, generalmente hacen grandes logros y discurren proyectos de gran calado. Tienden a contemplar las cosas con una visión panorámica, siendo así que las críticas nunca les detendrán ni harán que pierdan de vista el objetivo. Aunque son individuos comprometidos y muy trabajadores, es posible que algunas veces cometan el error de pensar que los demás son tan incansables y tienen tanta determinación como ellos, mostrándose muy impacientes y aun frustrados cuando alguien no está a la altura de sus expectativas. Pese a su preocupación sincera por el bienestar de los demás, y su intenso deseo de hacer de este mundo un lugar mejor, a menudo sus habilidades sociales dejan mucho que desear.

Hasta los treinta y un años de edad es probable que persigan sus metas con un enfoque más práctico y realista, y que su actitud enfocada en los resultados merezca tantos elogios como críticas por parte de las personas que les consideran demasiado superficiales o piensan que no prestan suficiente atención a los detalles. Tras cumplir los treinta y dos, su vida experimenta un giro que pone el acento sobre la necesidad de ser más independientes y dejar su impronta en el mundo. Será en estos años cuando seguramente conseguirán un mayor éxito en los terrenos personal y profesional.

Sea como fuere y tengan la edad que tengan, el desarrollo de sus capacidades creativas e imaginativas, y el descubrimiento de su espíritu más lúdico e infantil, les permitirán generar ideas innovadoras, así como motivar e inspirar a los demás para que las desarrollen. Por si fuera poco, serán recursos esenciales con los que estas personas conseguirán elevar el espíritu de sus semejantes para que disfruten plenamente de la vida.

Su mayor reto es

Aprender de sus errores

El camino a seguir es…

Entender que los errores son oportunidades para aprender qué es lo que funciona y lo que no funciona en su vida. Además, los errores le permiten ajustar y mejorar constantemente su trabajo.

En contra

Superficiales, apresurados, obstinados

A favor

Productivos, energéticos, rápidos

21 de diciembre

El nacimiento del secreto

Su mayor reto es

Confiar en los demás y expresar sus sentimientos

El camino a seguir es...

Entender que todo en la vida, incluyendo las relaciones, comporta un cierto riesgo. Algunas veces es necesario hacer un acto de fe.

Aunque es evidente que son energéticas y tienen una gran fuerza de voluntad, no es fácil conocer bien a las personas que nacieron el 21 de diciembre, ni saber lo que piensan o sienten debido a su naturaleza hermética. Y es que prefieren expresar las cosas con acciones antes que con palabras, siendo así que su imponente y silenciosa presencia resulta inescrutable aun para sus allegados.

Que sean un misterio no significa que sean individuos pasivos o reservados. Más bien lo contrario, porque están decididos a hacerse oír y alcanzar sus metas. Sucede que en lugar de intercambiar opiniones prefieren avanzar con independencia de lo que los demás digan o piensen. Si como resultado de ello se produce alguna trifulca, no se inmutan. De hecho, su presencia suele intimidar no sólo porque los demás nunca saben qué esperar de ellos sino porque cuando sueltan alguna que otra palabra elegida con sumo cuidado, pueden ser muy duros y cortantes. Por consiguiente, la gente piensa que en su presencia no puede relajarse porque son como un volcán dormido, de apariencia serena pero con un interior peligroso e intenso.

A pesar de que algunas veces parecen amenazantes, en realidad son individuos sorprendentemente inseguros, pero nunca permitirán que su entorno se dé cuenta. No obstante, es esta inseguridad la que les obliga a estar a la defensiva, alimenta el resentimiento contra quienes les caen mal y, por encima de todo, anhela el respeto y la admiración de los demás. Deberían entender que ya cuentan con la admiración de los demás, y que lo que verdaderamente necesitan es su afecto, algo que sólo conseguirán cuando aprendan a confiar y compartan sus sentimientos.

Alrededor de los treinta y dos años de edad su vida alcanzará un punto de inflexión y disfrutarán de numerosas oportunidades para dejar de probarse y enfocarse más en encontrar su lugar en la sociedad. Si logran aprovecharlas y finalmente abren su mente a los puntos de vista alternativos y su corazón al poder mágico que albergan en su interior y a los demás, no sólo descubrirán el secreto de la felicidad sino el secreto de la felicidad de sus semejantes.

En contra
Dominantes, inflexibles, ensimismados

A favor
Con fuerza de voluntad, autoritarios, intrigantes

CAPRICORNIO

LA CABRA

(22 DE DICIEMBRE - 19 DE ENERO)

* **ELEMENTO:** Tierra

* **PLANETAS INFLUYENTES:** Saturno, el maestro

* **SÍMBOLO:** La cabra

* **CARTA DEL TAROT:** El Diablo (materialismo)

* **NÚMERO:** 8

* **COLORES FAVORABLES:** Verde, marrón, negro

* **FRASE CLAVE:** Soy ambicioso, pero responsable

Sean tímidos y retraídos o extravertidos y les guste ser el centro de atención. hay un rasgo común a todos los capricornio: su ambición. Capricornio es el signo más ambicioso y disciplinado de todo el zodiaco. Son individuos que se toman muy en serio. También son respetables y confiables, si bien su naturaleza dogmática y maniquea puede en ocasiones hacer que parezcan demasiado serios y didácticos.

El potencial de su personalidad

Las personas que nacieron bajo el signo Capricornio están regidas por Saturno, el planeta de la responsabilidad, la disciplina y la educación. Capricornio tal vez sea el signo más ambicioso, persistente y confiable de todo el zodiaco. Puesto que se trata del último signo terrestre —después de Tauro y Virgo—, representa la riqueza y la fertilidad de la tierra. Todas las recompensas y los beneficios derivados del trabajo están asociados con este signo.

Aunque los capicornio son ambiciosos, el secreto de su éxito es su alto sentido de la responsabilidad. Así, cuando detentan un puesto con poder, nunca abusan de él. Son extremadamente disciplinados, y la disciplina trae emparejada la paciencia, la sabiduría y el sentido práctico que les permiten mantener los pies en la tierra. Con su tenaz persistencia es muy probable que alcancen la cima de su profesión, ya que son más que capaces de gestionar la soledad y la responsabilidad que comporta el ejercicio del poder. También pueden ser muy generosos y ayudar a los que comienzan o necesitan su consejo. Asimismo, los capricornio se toman la vida muy en serio y la encaran con un enfoque firme y cauteloso, pero esto en modo alguno significa que no sepan reírse. A simple vista pueden parecer serios, pero los que les conocen bien no tardan en descubrir que poseen un sentido del humor inesperado y travieso.

De todos los signos zodiacales, Capricornio es el que tiene un sentido de la justicia más marcado. A estos individuos les resulta completamente imposible quedarse al margen y limitarse a observar cuando se produce un acto injusto, y siempre harán lo que esté en su mano para corregirlo. Tampoco son hipócritas. Y son igualmente estrictos en la aplicación de su concepto de lo correcto y lo incorrecto a su comportamiento y sus motivaciones. De hecho, suelen ser mucho más duros consigo mismos que con sus semejantes. Por encima de todo, la determinación y la voluntad de progreso son los rasgos diferenciales de este signo. No temen el trabajo duro y su diligencia natural les permite avanzar por la senda del progreso. Igualmente, tienen la valentía necesaria para poner su férrea y asombrosa voluntad al servicio de cualquier causa que esté a la altura de sus valores. No sorprende, por tanto, que tanta entrega y diligencia atraigan la buena suerte y finalmente les conduzcan al éxito.

> « **Les resulta completamente imposible mantenerse al margen y limitarse a observar cuando se produce una injusticia** »

Su lado oscuro

Los individuos que nacieron bajo este signo pueden ser estrechos de miras, rígidos, pesimistas y un tanto malévolos. También pueden ser personas insatisfechas, siendo así que esta insatisfacción interna genera la necesidad de triunfar en el mundo exterior. En la práctica su baja autoestima se traduce no sólo en la emisión de juicios de valor sobre las personas en función de su posición social o de lo que pueden hacer para que ellos suban peldaños en su carrera hacia el éxito; sino que también puede impedir que se arriesguen. Su tendencia a pecar de prudentes puede paralizarles y hacer que vacilen cuando haya que pasar a la acción, cosa que les hará perder muchas oportunidades. Además, la falta de confianza en su propio atractivo puede degenerar en comportamientos excesivamente complacientes que podrían truncar la posibilidad de construir relaciones personales satisfactorias.

La vena ambiciosa de todos los capricornio los convierte en claros candidatos a desarrollar una adicción al trabajo. Es, pues, necesario que recuerden la importancia de encontrar un equilibrio entre la vida personal y la laboral. Tratándose de un signo tan decidido pero carente de seguridad en sus capacidades, también les conviene evitar caer en la trampa de ser siempre el segundo al mando o el poder en la sombra.

En algunas ocasiones los capricornio son propensos a sufrir episodios de pesimismo y tristeza. En estos casos su presencia puede resultar muy pesada y no es raro que den al traste con el buen humor y el entusiasmo de la gente de su entorno. Otra de sus debilidades es que pueden ser muy controladores, porque su personalidad hace que contemplen el mundo bajo una óptica muy estrecha, imponiendo normas y limitaciones a sí mismos y a cuantos les rodean.

Símbolo

El símbolo de Capricornio es la cabra montesa y, en consecuencia, los nacidos bajo este signo son ágiles, resistentes y perseverarán hasta escalar la montaña del éxito y situarse en lo más alto. Además de decididas y persistentes, las cabras montesas son animales solitarios, y es por ello que los capricornio suelen ser un tanto reservados y distantes. Además, el símbolo de la cabra sugiere la estabilidad y la conformidad propias de la mítica cabra de mar a quien debemos la civilización del mundo.

Su mayor secreto

Los capricornio son individuos increíblemente lúcidos que ven el mundo tal como es, pero que en realidad no son tan fríos y distantes como parecen. Su percepción clara y meridiana de todo lo que ocurre a su alrededor puede perturbarles y causar dolor. Además, todos los capricornio guardan en su interior el deseo secreto de abandonarse de vez en cuando y disfrutar como todo el mundo. Ahora bien, el temor a parecer ridículos casi siempre se lo impide.

El amor

De buen corazón, honestos y confiables, los capricornio son amigos y amantes muy atractivos. Cuando se sienten satisfechos con una relación, se muestran amorosos, afectuosos y muy protectores. Su pareja puede confiar en ellos. De hecho, encontrar la relación adecuada es un ingrediente fundamental para que los capricornio triunfen, puesto que les proporciona el bálsamo y la fuerza que necesitan para enfrentarse a la vida. Deberían, por tanto, buscar parejas que sea receptivas al cambio y estén dispuestas a arriesgarse más que ellos, porque estas parejas les ayudarán a compensar su vena excesivamente prudente. También necesitan buscar parejas que no se sientan intimidadas por su férrea disciplina.

Aunque una relación sólida y estable sin duda es un ingrediente clave para su realización personal, es posible que muchos capricornio pospongan el compromiso hasta que sientan que se han encaminado profesionalmente y han conseguido una seguridad económica suficiente. Se trata de un enfoque sensato, pero no siempre es el mejor, dado que, más adelante en la vida, los capricornio podrían arrepentirse de no haber actuado antes siguiendo los dictados del corazón. También es posible que su ambición les empuje a casarse por dinero o por posición social. Este enfoque es desastroso. Otra alternativa igualmente desastrosa es que se casen por amor y se entreguen por completo, en cuerpo y alma, a su carrera profesional.

Amores compatibles: Tauro, Virgo y Piscis

El hombre capricornio

El hombre capricornio parece silencioso y fuerte a la vez, pero es un error pensar que prefiere estar solo, porque no es así. Es posible que no sea el alma de la fiesta pero en el fondo el hombre de signo Capricornio anhela llamar la atención y ser admirado. Del mismo modo, le encantan la espontaneidad y el romanticismo si bien el lado práctico, rígido y disciplinado de su personalidad simplemente no se lo consienten. Sin embargo, algunas veces sus anhelos conseguirán abrirse camino en la forma de destellos de sentido del humor y reacciones inesperadas.

Los capricornio fingen que pueden vivir sin halagos, atención y romanticismo. Ahora bien, para llegar al corazón de este hombre ambicioso, modesto y confiable hay que cubrirle con halagos. Entonces, cuando una relación se consolide, será necesario darle mucho afecto. Este hombre necesita que le animen a romper su silencio y a expresarse de manera más espontánea. De este modo se mostrará como el hombre maravilloso que es.

En la mayoría de los casos, con el paso de los años el varón de signo Capricornio rejuvenecerá. Así, durante la adolescencia y la veintena será un tipo increíblemente serio, mientras que, cuando se interne en la mediana edad, se relajará y estará más dispuesto a divertirse. Es muy improbable que sea infiel puesto que su estricta moral y su deseo de hacer siempre lo correcto rara vez se relajan. Cuando está ocupado desarrollando su carrera profesional, o cuando ésta alcance su punto álgido, seguramente se volverá rutinario y repetitivo, incluso en lo tocante a la sexualidad. Asimismo, podría estar constantemente preocupado por el trabajo. No cabe duda de que esta falta de espontaneidad puede pasar factura a la relación. Por suerte, con el paso del tiempo el hombre nacido bajo el signo Capricornio irá puliendo este defecto.

Aunque es posible que no sea el amante más romántico, a lo largo de su vida el hombre de este signo siempre será un tipo fuerte y de buen corazón. Así las cosas, una vez que haya entregado su corazón, protegerá y apoyará a los suyos en los buenos y en los malos tiempos.

La mujer capricornio

Es virtualmente imposible describir a la mujer capricornio típica, básicamente porque puede presentarse oculta tras una serie de disfraces. Ahora bien, sea cual sea el disfraz con el que se presente todas comparten un rasgo común: son personas disciplinadas regidas por el planeta Saturno. En su inmensa mayoría, las mujeres de signo Capricornio desarrollan una carrera profesional de altos vuelos. Pero cuando se casan sus prioridades cambian, siempre y cuando sus parejas satisfagan su necesidad de seguridad y respeto. Si no encuentran esta satisfacción o si la mujer capricornio se siente insatisfecha en los roles de madre y esposa, es posible que caiga en el desaliento y la melancolía. Por consiguiente, mantener y cultivar sus intereses al margen de la familia es fundamental.

La mujer capricornio suele parecer tranquila y contenida, pero lo cierto es que es mucho menos atemperada y emocionalmente estable de lo que parece. De hecho, es proclive a sufrir malhumor y estados de ánimo variables, pudiendo encerrarse en sí misma durante largos periodos de tiempo. La melancolía podría ser consecuencia de algunos reveses o decepciones, pero en muchas ocasiones tiene una raíz más profunda y deriva de un íntimo sentimiento de inadaptación. Así pues, en su fuero interno no se siente lo suficientemente buena, siendo así que la variabilidad de su estado de ánimo sólo desaparecerá cuando empiece a creer realmente en sus posibilidades y en sus muchos talentos.

La mujer de signo Capricornio no descansa ni se relaja fácilmente, porque necesita estar constantemente ascendiendo la escalera del éxito. Si no trabaja para sí misma o para su familia, se dedicará a causas benéficas o solidarias. En consecuencia, necesita una pareja paciente que pueda ayudarle a superar su falta de seguridad en sí misma. Como contrapartida, ella le entregará un amor profundo, duradero y capaz no sólo de escalar montañas sino también de moverlas.

La familia

Está claro que los niños de signo Capricornio tienen una mentalidad que no se corresponde con su edad, puesto que en general son muy maduros. Los niños capricornio son muy convencionales y necesitan crecer en un entorno caracterizado por la seguridad y la disciplina. Como se ha apuntado, son niños muy maduros para su edad, y por ello en ocasiones sorprenden a sus padres con su lucidez y una compleja percepción del mundo que les rodea. Por sensatos y maduros que parezcan, estos niños necesitan sentirse arropados y que se les anime a superar sus debilidades y la baja autoestima característica de los capricornio, para que no se instale en su vida. Un niño no deja de ser un niño aunque sea un niño capricornio; por esta razón, los padres deberían recordar que estos niños son prisioneros de miedos irracionales y necesitan sentir que se les quiere incondicionalmente y que cuentan con el respaldo de sus progenitores. También deberían alentar su sentido de la diversión y la espontaneidad, porque de este modo evitarán que se tornen demasiado serios y maduros antes de tiempo. En la escuela, es poco probable que sean los niños más populares de la clase, pero tendrán un selecto grupo de amigos íntimos, amigos que en algunos casos lo serán para toda la vida. Su progreso escolar será lento pero seguro antes que brillante, y su ambición silenciosa garantizará unos resultados altamente respetables. En este mismo sentido, decir que no es raro que obtengan premios, trofeos, diplomas y certificados.

Los padres de signo Capricornio educarán a sus hijos para que sean tan trabajadores como ellos. La disciplina será un asunto fundamental, especialmente la disciplina moral, pero es importante que no devengan muy pesados y estrictos. Asimismo, deberían asegurarse de dar a su hijo mucho amor y mucho cariño y, lo que es igualmente importante, deberían dedicarles mucho tiempo. Y es que los padres de signo Capricornio pueden ser muy ambiciosos y obsesionarse de tal forma con la idea de dar a sus hijos seguridad económica y la mejor educación posible, que a veces olvidan pasar tiempo con ellos. También es probable que consideren la posibilidad de mandarle a un internado pero, a menos que sea absolutamente necesario, los padres de signo Capricornio deberían pensar en lo que perderían y ganarían en caso de tener lejos a su hijo durante largos periodos de tiempo.

La profesión

Los capricornio son ambiciosos y, sea cual sea la profesión que elijan, conseguirán el éxito y llegarán hasta lo más alto. Aunque pueden triunfar en un sinfín de profesiones, las más adecuadas son aquéllas relacionadas con la educación, la burocracia y el gobierno. Así pues, no es extraño que decidan ser empleados públicos, funcionarios del estado, profesores, directores de banco, directores de empresa, empleados del gobierno o las distintas administraciones y urbanistas. También pueden sentirse atraídos por las carreras de tipo médico o sanitario —a causa de la fuerte vinculación de este signo con el esqueleto—, así como por las profesiones de quiropráctico, osteópata y dentista. Muchos capricornio son arquitectos o constructores, siendo así que su amor por la estructura puede verse reflejado en la elección de carrera como, por ejemplo, las ciencias, la ingeniería y las matemáticas. Finalmente decir que están capacitados para triunfar en todas las actividades relacionadas con el derecho y las leyes en general.

Es posible que otros signos no prioricen el trabajo en soledad y las responsabilidades a la hora de elegir su profesión, pero éste no es el caso de Capricornio, que suele desenvolverse bien en este tipo de actividades. Así las cosas, realmente disfrutan siendo la persona a la que todos recurren cuando necesitan consejo, y en muchos casos el consejo que dan es sólido y confiable. Aunque es cierto que estos individuos están predestinados a triunfar y llegar hasta lo más alto, también lo es que avanzarán despacio y cuidadosamente. Con independencia de la riqueza y el éxito que tengan, su actitud frente al dinero será responsable y rara vez no podrán jubilarse por falta de recursos.

La salud y el ocio

Habida cuenta la férrea disciplina característica de las personas nacidas bajo este signo, lo más normal es que elijan su dieta y su estilo de vida con sensatez. Son personas que entienden la importancia de alimentarse bien; tanto así que su naturaleza no es muy dada a los excesos, si bien algunas veces pueden recurrir a los platos precocinados o las comidas de conveniencia, especialmente cuando tienen la autoestima baja. El ejercicio físico es lo más indicado para preservar la buena salud y fomentar el bienestar pero, desafortunadamente, esto es lo único en lo que transigen. Suelen pasar largas horas trabajando en su despacho o tienen trabajos bastante sedentarios, cosa que no sólo puede hacer que ganen peso sino provocar dolores en las articulaciones y algunos episodios depresivos. Así las cosas, dedicar al menos 30 minutos diarios al ejercicio físico moderado les ayudará a controlar el peso y les levantará el espíritu; por otro lado, preservará la flexibilidad de sus articulaciones y su salud cardiovascular.

Los huesos, los dientes y la piel son las tres áreas que más deberían cuidar los capricornio. Es, pues, importante que utilicen una buena pantalla solar cuando expongan su piel a los rayos solares además de realizar ejercicios de tipo aeróbico regularmente, tales como la marcha o el *jogging*. Igualmente, no sería mala idea que tonificasen y trabajasen sus articulaciones con pesas para fortalecerlas. Para la salud de su dentadura, es fundamental que se cepillen los dientes regularmente y utilicen hilo dental, así como que visiten frecuentemente al dentista con independencia de sus obligaciones laborales.

Por lo que respecta a sus aficiones y al tiempo de ocio, los capricornio suelen sentir atracción por el mundo de la música, una actividad para la que sin duda tienen talento. En consecuencia, deberían asegurarse de pasar tiempo al aire libre, tomando el sol y respirando aire fresco, especialmente si su trabajo se desarrolla mayormente en interiores. Los paseos por la montaña son una opción excelente para los individuos de este signo solar. Cuanto antes aprendan a jugar con el mismo ahínco con el que trabajan, más satisfechos se sentirán con su vida, básicamente porque aprender a desconectar y divertirse les proporcionará el equilibrio y la perspectiva que necesitan para conseguir realizarse y encontrar la seguridad que tanto anhelan. Vestir prendas de color naranja, meditar con este color y rodearse de cosas de este color les animará a abrirse y a divertirse más.

Los nacidos entre el 22 de diciembre y el 1 de enero

Las personas nacidas entre estas dos fechas son estoicas y resistentes. Además, poseen una increíble capacidad para soportar los reveses de la vida. Su dedicación y su resistencia no tienen parangón. Como el acero bajo el martillo del herrero, estos individuos se hacen más fuertes con cada golpe.

Los nacidos entre el 2 de enero y el 10 de enero

Estos capricornio son capaces de escalar las montañas más altas. En general, alcanzan el éxito a edad avanzada pero, cuando finalmente llega, no dudan en compartirlo con la gente de su entorno.

Los nacidos entre el 11 de enero y el 19 de enero

Algunas veces parecen modestos y sin pretensiones, pero lo cierto es que estos individuos son excelentes comunicadores con gran talento para alcanzar el éxito. Si aceptan una responsabilidad se entregarán a ella con total compromiso. Fuertes y confiables, las personas nacidas en este periodo exigen el mismo nivel de integridad a todo aquél que se cruza en su camino, ya sea en casa o en el trabajo.

Lecciones de vida

Las personas que nacieron bajo este signo solar tienen tendencia a encarar la vida con estrechez de miras. Así pues, es fundamental que aprendan a ver la vida desde la perspectiva de los demás. También es necesario que encuentren su voz interior dado que, especialmente en la veintena y la treintena, tienden a adoptar la opinión de las personas con autoridad antes que desarrollar su propio criterio. Otro de sus desafíos consiste en desarrollar su faceta espiritual. Puesto que invierten tanta energía en su carrera profesional y en conseguir bienes materiales, a menudo pierden de vista los aspectos más importantes, profundos y satisfactorios de la vida. Aunque este signo es el más ambicioso y disciplinado del zodiaco, suele desdeñar la importancia de las cosas que no se pueden comprar con dinero, tales como el amor, la relajación, la diversión y la risa. Además, su viaje hasta lo más alto a veces puede carecer de sentido porque lo que verdaderamente anhelan es el estatus y el reconocimiento que el éxito puede reportarles. Pero sucede que el estatus y el reconocimiento nunca son razones lo suficientemente buenas como para querer hacer algo. Por consiguiente, los capricornio sentirán una mayor satisfacción si optan por hacer el bien a sus semejantes antes que buscar lo mejor para su carrera.

De naturaleza perfeccionista, los capricornio temen cometer errores. Cuando esto se combina con su férrea disciplina, estos individuos pueden degenerar y mostrarse demasiado serios y tensos. Los capricornio deben aprender a relajarse y entender que un pequeño error no es una catástrofe. Si detentan un puesto de autoridad, no deben permitir que su perfeccionismo los vuelva excesivamente controladores ni los haga esclavos de los detalles. Es absolutamente vital que se otorguen y otorguen a los demás un margen de error razonable. También deben dejar de obsesionarse con lo que los demás piensan cuando ellos cometen un error, porque en la mayoría de los casos se mostrarán comprensivos o ni tan siquiera lo notarán. Si los capricornio consiguen ser menos rígidos, menos perfeccionistas y menos paranoicos en su pensamiento, sin duda disfrutarán de sobrado potencial para alcanzar la excelencia en su trabajo e inspirar a los equipos que dirijan.

Otros signos del zodiaco pueden ayudar y ser fuente de inspiración para los capricornio en su aprendizaje de estas lecciones de vida. Los aries pueden enseñarles a superar rápidamente la desilusión y a hacer las cosas, si no perfectamente, de la mejor manera posible. Los cáncer les ayudarán a dar más valor a sus amigos, familiares y seres queridos que a su carrera profesional. Sagitario, por su parte, les enseñará a ser más aventureros e inquietos en su forma de encarar la vida, al tiempo que Libra les ayudará a reaccionar más equilibradamente cuando cometan un error, así como a ser más amables y sutiles a la hora de exponer sus argumentos.

22 de diciembre

El nacimiento
del aplomo perdurable

Su mayor reto es

Ampliar sus miras

El camino a seguir es…

Entender que hay una diferencia entre estar enfocado y enfocar la ruta hacia el éxito bajo un único punto de vista. Lo primero se llama determinación; lo segundo se llama estupidez.

Las personas que nacieron el 22 de diciembre se trazan un plan de vida durante la infancia. También es cierto que en épocas posteriores revisarán sus objetivos, y se propondrán nuevas metas que alcanzar en los cinco o diez años siguientes. Son personas que saben lo que quieren y cómo deben proceder para conseguirlo. Esto les augura un gran éxito tanto en la vida personal como en la profesional.

Conscientes de la importancia de la preparación, estos individuos están dispuestos a esperar el momento oportuno y a trabajar denodadamente para conseguir sus objetivos, con dignidad y confianza. Su notable aplomo es consecuencia de su absoluta creencia en que la victoria es un derecho adquirido desde la cuna. Precisamente por estar tan seguros de sus creencias, no es extraño que se conviertan en modelos de conducta para la gente de su entorno. Sea como fuere, el peligro es que algunas veces se muestran demasiado complacientes, permaneciendo en un lugar inadecuado y que no les desafía durante años. Ahora bien, cuando finalmente la vida les plantea un reto interesante, es posible que no estén a la altura de las expectativas que ellos mismos y los demás han generado. El secreto de su éxito no es otro que seguir aprendiendo, ajustar y reciclar sus capacidades y no dejar de probarse. De este modo podrán elevarse y cumplir lo prometido.

Hasta los veintinueve años de edad, seguramente estarán muy orientados hacia sus objetivos y encararán la vida con un enfoque eminentemente práctico. Ahora bien, a los treinta años su vida experimenta un giro que pone énfasis en la necesidad de libertad e ideas nuevas, y en el deseo de expresar su creatividad. Luego de cumplir los sesenta, alcanzan otro punto de inflexión que pone el acento sobre la receptividad emocional, la imaginación y el conocimiento intuitivo.

Tengan la edad que tengan, es necesario que estos individuos encuentren el equilibrio entre la seguridad en sí mismos y la humildad, entre la planificación a largo plazo y la espontaneidad, entre la seriedad y la diversión. Tan pronto como consigan este equilibrio, lo mantendrán junto con su aplomo característico, y finalmente se encontrarán en la posición idónea para desarrollar el gran potencial de éxito, felicidad y realización personal asociado con esta fecha.

En contra

Estrechos de miras, controladores, adictos al trabajo

A favor

Preparados, seguros de sus capacidades, dignos

23 de diciembre

El nacimiento del revolucionario prudente

Las personas que nacieron el 23 de diciembre son muy trabajadoras y ambiciosas, aunque proceden en silencio y con cautela. Nada les hace más felices que identificar aquello que puede ser mejorado y formular soluciones prácticas, originales y, en algunos casos, radicales. Tienen talento para la organización y prefieren planificar, trabajar y prepararse concienzudamente para el progreso.

Los individuos que nacieron este día desconfían de los cambios repentinos y se sienten incómodos cuando se les impone algo, puesto que interfiere en sus planes para inducir el progreso y el cambio. De hecho, cuando asumen cargos de responsabilidad —cosa que ocurre muy a menudo gracias a su presencia autoritaria y sus excelentes habilidades comunicativas—, pueden ser muy resistentes al cambio. También pueden ser controladores y dogmáticos si se les desafía. Y cuando otros manifiestan puntos de vista alternativos a los suyos, estos individuos pueden mostrarse hostiles y ponerse a la defensiva. En consecuencia, para su crecimiento psicológico y para alcanzar el éxito profesional, es extremadamente importante que aprendan a ser más flexibles y que adopten un enfoque más abierto con las personas y en todas las situaciones.

Hasta de los veintiocho años de edad, es muy probable que exhiban un sentido de la responsabilidad superior al que se les supone. Esto quizás resulte en la adquisición de bienes inmuebles antes que sus compañeros de generación, en la asunción de responsabilidades familiares, o en el establecimiento de un negocio por su cuenta. Sin embargo, tras cumplir los veintinueve cambiarán el rumbo de su vida progresivamente y pondrán un mayor énfasis en la necesidad de adoptar una actitud más independiente y despreocupada, y de expresar su individualidad. A los sesenta años su vida experimenta otro giro significativo que los hace más sensibles y reactivos ante sus necesidades creativas.

Tengan la edad que tengan, es imperativo que estos individuos resistan su tendencia a la obstinación, la inflexibilidad y la autocomplacencia. Esto es así porque cuando empiecen a ser más espontáneos y compartan su generosidad, compasión, curiosidad y creatividad, descubrirán que tienen la capacidad de liderar e inspirar a sus semejantes para que les sigan por la senda óptima que conduce al progreso colectivo, sea cual sea su dirección.

En contra

Autocomplacientes, autoritarios, inflexibles

A favor

Responsables, innovadores, estables

24 de diciembre

El nacimiento de la visión de largo plazo complicada

Las personas que nacieron el 24 de diciembre parecen destinadas a vivir una vida complicada e incierta, pero muy emocionante. En su vida no existen los caminos fáciles, directos y sin estrés, pero también es cierto que tienen la capacidad de superar los mayores desafíos y alcanzar el éxito.

Son muchas las razones que justifican la vida estresante de estos individuos, por muy innecesarias que parezcan las complicaciones. El problema es que les cuesta reaccionar con tacto y diplomacia en casi todas las situaciones, y que no aprenden con facilidad de sus propios errores. Asimismo, son capaces de anticipar el futuro así como de detectar *a priori* los métodos que funcionarán. En este sentido, podríamos decir que son visionarios, aunque desafortunadamente para ellos, a los demás les cuesta reconocer y apreciar esta visión de largo plazo. Así pues, hasta que este reconocimiento tenga lugar, la gente de su entorno se preguntará por qué insisten en complicarse la vida; incluso ellos se preguntarán por qué todo es tan complicado.

Hasta los veintisiete años de edad estos individuos suelen priorizar las consideraciones prácticas y el deseo de seguridad y orden. Pero a partir de los veintiocho las cosas empiezan a cambiar y lo más probable es que sientan una creciente necesidad de independencia y el deseo de expresar su individualidad. Cumplidos los cincuenta y ocho años, ponen el acento en la receptividad emocional y será en estos años cuando su potencial intuitivo se desarrolle y pueda transformarse en clarividencia. Tengan la edad que tengan, la clave de su éxito será su capacidad para aprender de sus propios errores y para ser más sensibles y delicados con los demás, especialmente con quienes detectan su potencial y quieren ayudarles. Si logran incrementar la confianza en sus capacidades, no sólo empezarán a conocerse mejor y a conocer mejor a la gente de su entorno, sino que la vida les resultará mucho más fácil y gratificante. Llegados a este punto, finalmente podrán ver claramente todo su potencial y se internarán en una fase caracterizada por la felicidad y el éxito.

25 de diciembre

El nacimiento
de la experiencia cumbre

Las personas que nacieron el 25 de diciembre pueden tener dificultades con los aspectos más cotidianos y triviales de la vida. En consecuencia, la búsqueda de un estado de mayor conciencia que les permita trascender la cotidianidad será una cuestión recurrente en su vida. Es posible que los demás les consideren unos soñadores escasamente realistas aunque en secreto admiren su capacidad para aportar fantasía a todo lo que dicen o hacen.

Por otra parte, insuflan energía, fuerza y sentido tanto en su vida personal como en su vida profesional. Por encima de todo, estos individuos están dispuestos a superarse y empujar las cosas un poco más allá, hasta donde nadie ha osado llegar, en busca de esa experiencia cumbre que tanto anhelan vivir. Una de las razones que motivan su necesidad de vivir una experiencia extraordinaria quizás sea que generalmente reciben menos atención que el resto de los mortales en el día de su cumpleaños. Es posible que, como consecuencia de ello, piensen que se están perdiendo algo importante. Este sentimiento persiste a lo largo de toda su vida, y les proporciona el empuje y la determinación que necesitan para destacar y alcanzar sus ambiciosas metas.

Antes de los veintiséis años de edad seguramente estarán muy enfocados en sus objetivos y adoptarán una actitud vital muy franca y directa. Pero tras cumplir los veintisiete y durante los treinta años que siguen, seguramente sentirán una creciente necesidad de experimentar con diferentes conceptos y de expresar su individualidad. A los cincuenta y siete su vida experimenta otro giro que pone mayor énfasis en sus sentimientos y en su ya de por sí intensa sensibilidad.

Con todo, tengan la edad que tengan, siempre antepondrán sus aspiraciones espirituales a las estrictamente materiales. Esto no sólo los destaca del resto sino que los sitúa por delante. Siempre y cuando no utilicen estos objetivos para evadirse de la realidad y sus complicaciones, y siempre y cuando encuentren la manera de maximizar sus posibilidades de éxito como resultado de inyectar realismo a sus visiones idealistas, estos individuos no sólo serán felices y triunfarán, sino que harán contribuciones duraderas en pro del bien común.

26 de diciembre

El nacimiento de la atalaya

Su mayor reto es

Admitir que cometen errores

El camino a seguir es...

Entender que hasta que no reconozcan que pueden equivocarse, no podrán aprender ni evitarán los errores.

Las personas que nacieron el 26 de diciembre no temen probarse ni imponer sus ideas. Habida cuenta su energía y su determinación imparable, no es ninguna sorpresa que a menudo consigan lo que se proponen. Sin embargo, una vez que llegan a lo más alto, ya no quieren moverse, dejan de invertir su energía en avanzar y la utilizan para mantener su situación de privilegio.

Así pues, estos individuos son una mezcla curiosa de ambición, perseverancia y deseo de seguridad y estabilidad. El peligro de esta combinación, aun cuando sirve para atraer el éxito profesional, es que estas personas corren el riesgo de volverse demasiado mecánicas o insensibles, no sólo con los demás sino también consigo mismas. Para su crecimiento psicológico, es esencial que se conecten con los sentimientos propios y ajenos, dado que en ocasiones pueden parecer individuos demasiado intensos, serios y muy duros.

Hasta los veinticinco años de edad, seguramente sentirán una fuerte necesidad de poner orden y estructura en su vida, siendo las consideraciones prácticas muy relevantes. Durante estos años —y de hecho en todas las épocas de su vida—, la clave de su éxito será practicar el arte del compromiso, recordando que siempre deberían tener en cuenta los sentimientos de los demás. Luego de cumplir los veintiséis años, alcanzan un punto de inflexión muy significativo que les ofrecerá oportunidades para expresar su individualidad. Cumplidos los cincuenta y seis es probable que pongan mayor énfasis en la receptividad emocional, la imaginación y la conciencia espiritual y de la clarividencia. Será en estos años cuando se sientan más satisfechos y plenos.

Sea cual sea su edad, estos individuos deben evitar su tendencia a aferrase a lo que conocen, no ser autocomplacientes ni demasiado conscientes de la seguridad. Una vez que entiendan que muchas veces el progreso comporta riesgos, que exige ceder un poco y explorar territorios ignotos, disfrutarán de sobrado potencial no sólo para catalizar las cosas a gran escala, sino para inspirar a sus semejantes.

En contra
Defensivos, rígidos, insensibles

A favor
Energéticos, metódicos, inspiradores

27 de diciembre

El nacimiento del corazón de oro

Aunque las personas que nacieron el 27 de diciembre pueden parecer sólidas y muy fuertes, su pecho alberga un corazón de oro. Aunque en ocasiones pueden ser un poco testarudas, en realidad son personas que lo dan todo. Asimismo, poseen una vertiente heroica que les empuja a ofrecer su respaldo y su ayuda cuando alguien se encuentra en apuros.

Son individuos muy nobles y con principios elevados que se dan hasta el punto del sacrificio. Les gusta mostrarse amables, considerados y compasivos, hacen siempre lo correcto y no dudan en arrimar el hombro cuando se les necesita. Sea como fuere, puesto que su buena voluntad impide que nieguen su ayuda, es muy frecuente que se sobrecarguen con problemas que no les atañen directamente. Su generosidad, su encanto y su naturaleza bondadosa les granjean muchos admiradores; pero también ocurre que bajo esta apariencia dedicada, estos individuos se sienten frustrados y se ahogan en un mar de dudas. En buena medida esta inseguridad es fruto del debate interno entre su fuerte sentido de la responsabilidad y la necesidad de tiempo y espacio para cultivar sus propios intereses.

Hasta los veinticuatro años de edad seguramente estarán muy enfocados en la persecución de sus metas y en los aspectos prácticos de la vida. Pero a partir de los veinticinco su vida experimenta un giro y les ofrece oportunidades para que desarrollen su individualidad. Es importante que las aprovechen puesto que sólo cuando logren compaginar su deseo de ayudar al prójimo con el deseo de encontrar la realización personal podrán desbloquear todo su potencial.

En un primer momento, las personas que viven y trabajan con ellos pueden intranquilizarse al ver que estos individuos se vuelven más independientes, pero es absolutamente crucial que no permitan que esto les incomode. Sólo tienen que hacer un esfuerzo para valerse por sí mismos y prestar atención a lo que quieren conseguir en la vida. A partir de ahí, podrán hacer milagros, llegar hasta lo más alto en su profesión, y conseguir un éxito duradero, sin por ello sacrificar el respeto y el afecto de la gente que les rodea.

En contra

Sacrificados, inseguros, frustrados

A favor

Generosos, encantadores, nobles

28 de diciembre

El nacimiento
del ejemplo deslumbrante

Las personas que nacieron el 28 de diciembre impresionan a los demás gracias a su energía y la claridad de sus objetivos. Son un ejemplo deslumbrante de tranquilidad, seguridad en sí mismas y fiabilidad, personas a las que se puede acudir en busca de apoyo y consejo en los momentos de crisis, porque siempre responden sin dudarlo.

Suelen presentarse ante el mundo con una imagen de capacidad y sofisticación, pero no es raro que esta apariencia competente enmascare una búsqueda intensa de la realización personal y el sentido de la vida. Su presencia carismática puede tener efectos positivos y negativos. El lado positivo es que ayudando o motivando a los demás obtienen una enorme satisfacción. El lado negativo deriva de su preocupación por el bienestar de los demás, que podría hacer que descuiden sus propias necesidades. La carrera profesional, o que tengan una familia, seguramente les proporcionarán una manera de conciliar estas aspiraciones con resultados verdaderamente sobresalientes, y de este modo no se sentirán desgarrados por dos tensiones contrarias.

Puesto que son individuos muy seguros de sí mismos, son capaces de inspirar confianza e incluso asombro en las personas de su entorno mediante su percepción, compasión y sincero deseo de contribuir activamente al progreso de los demás. Serían perfectos de no ser por el hecho de que tienen dificultades para encajar el rechazo y, en vez de luchar, suelen abandonarse y caer en la depresión, sufrir episodios de confusión o brotes de incertidumbre. Igualmente, a veces parecen tener todas las respuestas, cosa que, desde luego, no es cierta. Esta seguridad excesiva puede distanciarles incluso de aquéllos que en otros momentos les defendían.

A partir de los veinticuatro años de edad estos individuos disfrutarán de oportunidades para dejar de preocuparse por la imagen que presentan al mundo y ocuparse de expresar su individualidad. Deberían aprovecharlas porque, una vez que hayan reconocido que la realización personal y el servicio a los demás no son cosas incompatibles, sino necesidades humanas perfectamente compaginables, podrán desbloquear su potencial para erigirse en ejemplos deslumbrantes e inspiradores.

Su mayor reto es

Gestionar la decepción

El camino a seguir es...

Entender que todo el mundo, por muy exitoso que sea, comete errores, y usted no es la excepción. Empiece a ver los reveses no como fracasos sino como trampolines hacia el éxito.

En contra

Demasiado seguros de sí mismos, frágiles, serios

A favor

Inspiradores, sofisticados, confiados

29 de diciembre

El nacimiento del comandante relajado

Las personas que nacieron el 29 de diciembre suelen estar muy solicitadas porque son extraordinariamente seguras de sí mismas, responsables y adaptables, y también porque no desaprovechan las oportunidades que la vida les ofrece para ayudar a sus semejantes. No son abiertamente ambiciosos, pero dado que tienen un gran sentido de la oportunidad no es raro que detenten cargos de responsabilidad.

Aunque pueden ser muy relajadas, eso no significa que no trabajen con ahínco para conseguir lo que quieren. También están dispuestas a trabajar para que los demás consigan lo que quieren y, si bien esto puede ser muy atractivo para los demás, es necesario que tengan cuidado y no se aprovechen en exceso. Su mayor fortaleza es la facilidad para dirigir y organizar a las personas y las situaciones sin perecer dominantes. En parte, esto se debe a que poseen unas extraordinarias habilidades para la comunicación.

Algunas veces estos individuos pueden parecer serios e inexpresivos, pero también es cierto que cuanto más tiempo se pasa con ellos, más fácil resulta apreciar su maravilloso sentido de la ironía y su seco sentido del humor. Habida cuenta el hecho de que son capaces de hipnotizar a su audiencia con su verbo inteligente y sus observaciones lúcidas y maliciosas, hacerlo con sentido del humor les servirá para comunicar su mensaje con fuerza y efectividad, sin que los demás se sientan criticados u ofendidos.

A partir de los veintitrés años de edad serán menos influenciables por las normas y las tradiciones, y estarán más dispuestos a desarrollar su singular perspectiva. Tras cumplir los cincuenta y tres años, su vida experimenta otro giro que pone énfasis en su vida emocional, cosa que se refleja en los sueños y en su conocimiento intuitivo de los demás. Tengan la edad que tengan, la clave de su éxito radica en que dejen de vivir en el pasado y dejen de dudar de sí mismos, porque rebosan creatividad y poseen todo el talento que necesitan para promover innovaciones que empujen los límites del conocimiento o favorezcan la prosperidad de todos. Dicho con pocas palabras: estos individuos cuentan con todo el potencial necesario para valerse por sí mismos, sacudirse la negatividad y el pesimismo, y finalmente erigirse en ese gran líder o ese pionero que llevan dentro.

Su mayor reto es

Estar a la altura de su potencial

El camino a seguir es...

Dirigir su energía hacia adentro y descubrir el coraje que necesitan para salir de su zona de confort y coger las riendas de su vida.

En contra

Insatisfechos, negativos, poco realistas

A favor

Comprensivos, divertidos, autoritarios

30 de diciembre

El nacimiento
del coreógrafo

Las personas que nacieron el 30 de diciembre nada disfrutan más que ordenando las situaciones confusas. No sólo tienen la capacidad de identificar lo que no funciona o es susceptible de mejora, sino que también poseen mucha creatividad y la visión necesaria para introducir cambios efectivos.

En cierto modo podría decirse que son como coreógrafos que dirigen y coordinan todos los detalles que componen la visión panorámica que percibe su mente. Algunas veces sus intenciones pueden parecer poco claras, pero en última instancia todo parece componer una estructura armoniosa y funcional. Además, su capacidad para motivar e inspirar a la gente de su entorno los convierte en líderes excelentes. En algunos casos estos individuos son propensos a ver el vaso medio vacío, pero esto no significa que no sepan divertirse. Antes bien lo contrario, dado que aprecian el sentido del humor y el lado frívolo de la vida, y les encanta relajarse y divertirse en compañía de su amigos. Ocurre que son realistas prácticos y siempre considerarán todos los escenarios posibles, aun lo peores, antes de trazar un plan.

Su tendencia a hacerse cargo inmediatamente de los demás y a coordinar el esfuerzo colectivo, puede tener excelentes resultados. Por esta razón, con frecuencia son la punta de lanza de su profesión. En cualquier caso, un rasgo de su personalidad que puede impedir que progresen, es que en muchos casos parecen desinteresados básicamente porque son personas de pocas palabras. Ahora bien, cuando se decidan a hablar, causarán el asombro de todos gracias a su innegable capacidad perceptiva. Sea como fuere, trabajar sus habilidades comunicativas les beneficiará enormemente tanto en su vida personal como en su vida profesional.

Antes de los veintiún años de edad, seguramente adoptarán una actitud prudente frente a la vida. En todo caso, luego de cumplir los veintidós disfrutarán de numerosas oportunidades para ser más aventureros, independientes y menos influenciables por las opiniones de los demás. Deberían aprovechar estas oportunidades para expresar su individualidad dado que, una vez que reparen en su creatividad y descubran su enorme capacidad, su seguridad en sí mismos se verá reforzada y conseguirán atraer todo el éxito y la felicidad que merecen.

En contra
Incomprendidos, negativos, estresados

A favor
Perceptivos, capaces, autoritarios

31 de diciembre

El nacimiento del conocedor

Su mayor reto es

Aceptar que no siempre tienen razón

El camino a seguir es…

Entender que lo que es bueno para usted puede no serlo para los demás. Todos somos individuos únicos y singulares. La diversidad enriquece al mundo.

Las personas que nacieron el 31 de diciembre se enorgullecen de su gusto impecable, y gracias a su confianza y su carisma cuentan con una legión de admiradores. En honor a la verdad, estos individuos son unos estetas y unos idealistas, que siempre buscan la perfección. Ahora bien, como también son realistas poseen el sentido común necesario para aceptar que el mundo está lleno de fealdad.

Esta gente tiene una misión muy clara: hacer del mundo un lugar mejor y, sobre todo, más bello. En consecuencia, intentarán aportar un toque de refinamiento y estilo a los entornos donde viven y trabajan. También es posible que presten mucha atención a su imagen, cultivando su atractiva presencia, siempre aseada, pulida y presentable. Son personas muy exigentes consigo mismas y con los demás, pero lo que realmente les convierte en líderes justos, es que nunca exigirán de sus semejantes lo que ellos no puedan hacer.

Uno de sus mayores problemas es que muchas veces imponen sus conceptos de lo que es o no bello, lo que es o no correcto en una situación, al tiempo que desprecian las opiniones discrepantes o las visiones ajenas. Si no controlan esta tendencia pueden devenir intolerantes y estrechos de miras, mostrándose muy inflexibles con el gusto, las opiniones y la individualidad de otras personas. Es, pues, necesario que se recuerden periódicamente que la belleza siempre está en el ojo del observador.

Antes de los veinte años de edad, es probable que muestren una vena artística sin perder un ápice de su disciplina y sensatez características. A partir de los veintiún años su vida experimenta un giro radical hacia posiciones más independientes y menos influenciadas por la tradición. La vida les ofrecerá oportunidades para manifestar su perspectiva singular y así empezarán a desempeñar un rol importante en el embellecimiento del mundo. Cumplidos los cincuenta y un años, alcanzan otro punto de inflexión que pone énfasis en la sensibilidad y en la construcción de una vida interior fuerte. Ahora bien, tengan la edad que tengan, entrar en contacto con la intuición les permitirá entender que la belleza no es algo que se crea en una dimensión ajena a este mundo, sino que se crea, primero y fundamentalmente, en el interior.

En contra

De opiniones fuertes, materialistas, superficiales

A favor

De buen gusto, aseados, carismático

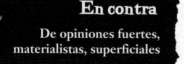

Pensamientos útiles por fecha de nacimiento

1 de enero
«Cuando una puerta se cierra, siempre hay otra que se abre»

2 de enero
«Merezco lo mejor de la vida»

3 de enero
«La hora de máxima oscuridad es la última antes de la salida del sol»

4 de enero
«Hoy me mantendré firme»

5 de enero
«Es bueno averiguar quién soy y averiguar quiénes son los demás»

6 de enero
«Cuando escucho a los demás les estoy ayudando»

7 de enero

«Soy bueno tal como soy»

8 de enero

«Cuando reconozco las virtudes de los demás, también reconozco las mías»

9 de enero

«En mi corazón y en mi alma reinan la paz y la calma»

10 de enero

«Hoy intentaré ver algo positivo en todas las situaciones»

11 de enero

«Hoy no seré muy duro con los demás ni conmigo mismo»

12 de enero

«Cambiando mis actos lograré cambiar mis sentimientos»

13 de enero

«Puedo realizar todo mi potencial y así lo haré»

14 de enero

«Soy capaz de relajarme y pensar en mis objetivos con tranquilidad»

15 de enero

«Cuando hoy me sienta feliz, intentaré compartir mi felicidad con los demás»

16 de enero

«La felicidad es un objetivo posible»

17 de enero

«La actitud es lo que cuenta»

18 de enero

«Terminaré lo que he empezado»

19 de enero

«Reconozco mi creatividad y la celebro»

20 de enero

«Soy lo suficientemente bueno»

21 de enero

«La intuición trabaja conmigo y para mí»

22 de enero

«Elijo la paz, la armonía y el equilibro; y mi vida así lo expresa»

23 de enero

«Hoy compartiré mis sueños con los demás»

24 de enero

«Me entrego a la vida con alegría y la vida se entrega a mí con alegría»

25 de enero

«Mi objetivo es quererme hoy más que ayer»

26 de enero

«Hoy estoy preparado para encarar la vida de un modo diferente»

27 de enero

«Aprenderé a terminar lo que he empezado»

28 de enero

«Soy lo que busco»

29 de enero

«No hay mejor relación que la que tengo»

30 de enero

«Hoy me olvidaré de las expectativas y seré feliz»

31 de enero

«Tengo una misión y decido aceptarla»

1 de febrero

«Entenderme es el secreto de mi éxito»

2 de febrero

«Hoy me dejaré guiar por la voz interior»

3 de febrero

«Todos los días buscaré la tranquilidad en mi
interior»

4 de febrero

«Me encanta ser como soy»

5 de febrero

«Hoy sonreiré y dejaré que los demás se acerquen
a mí»

6 de febrero

«El amor y el afecto también me hacen bien»

7 de febrero

«Puedo enseñar pero no puedo imponer»

8 de febrero

«El universo está en mí y me guía»

9 de febrero

«Haré siempre lo posible, no lo obligatorio»

10 de febrero

«Hoy estaré atento a lo que ocurre a mi alrededor y a lo que ocurre en mi interior»

11 de febrero

«Soy consciente de que necesito cambiar lo que no quiero cambiar»

12 de febrero

«Mi equilibrio mental se refleja en mi vida»

13 de febrero

«Hoy me conozco mejor y empieza mi felicidad»

14 de febrero

«Dar es en sí mismo un premio»

15 de febrero

«La armonía y el equilibrio de mi mente se reflejan en mi vida»

16 de febrero

«Hoy intentaré elogiar y no criticar»

17 de febrero

«Hoy contemplaré la vida de una manera diferente»

18 de febrero

«Hoy encontraré la calma en mi interior»

19 de febrero

«Hoy dejaré que la dicha me inspire para escuchar y dar a los demás»

20 de febrero

«Hoy me hago cargo de todos los aspectos de mi vida»

21 de febrero

«Lo que yo decida estará bien»

22 de febrero

«Me enfoco en las virtudes de las personas y les ayudo a dar lo mejor de sí mismas»

23 de febrero

«Mi vida es maravillosa se mire por donde se mire»

24 de febrero

«Merezco todo lo que la vida puede ofrecer»

25 de febrero

«Hoy aprovecharé todas las oportunidades que se me presenten»

26 de febrero

«Hoy intentaré reírme de todo. De mí también»

27 de febrero

«Hoy antepondré el amor a todo lo demás»

28 de febrero

«Celebro lo que tengo y recibo los desafíos con los brazos abiertos»

29 de febrero

«Soy perfecto como soy»

1 de marzo

«Seré yo quien cambie las cosas, no mis miedos»

2 de marzo

«Pediré ayuda siempre que la necesite»

3 de marzo

«Que yo crea en mí mismo inspirará a los demás para que también crean en mí»

4 de marzo

«Siempre se puede aprender algo de los demás»

5 de marzo

«Me siento agradecido y saludo a mi espíritu al empezar el día»

6 de marzo

«Hoy apreciaré a los demás por lo que son y no por lo que me gustaría que fuesen»

7 de marzo

«Hoy pediré lo que deseo»

8 de marzo

«Perdonaré en lugar de criticar»

9 de marzo

«Mi intuición me indicará el mejor camino para avanzar»

10 de marzo

«Todos los momentos de mi vida me llenan de alegría»

11 de marzo

«Soy capaz de ver la magia y la belleza del momento presente»

12 de marzo

«Quiero que mi vida tenga dirección y sentido»

13 de marzo

«Mis pensamientos positivos crean un mundo positivo»

14 de marzo

«Hoy saldré en defensa de mí mismo»

15 de marzo

«Hoy dejaré que los demás disfruten de mi éxito y de mi felicidad»

16 de marzo

«Avanzo constantemente sin traicionar mis principios»

17 de marzo

«Hoy me enfrentaré a mis miedos con valentía»

18 de marzo

«Hoy buscaré oportunidades para ser amable»

19 de marzo

«Estoy preparado para abrir mi mundo a cosas nuevas»

20 de marzo

«Hago extensivos mi amor y mi compasión a todo el mundo, yo incluido»

21 de marzo

«Puedo ser un buen ejemplo para los demás»

22 de marzo

«Hoy diré "quiero" en lugar de "debería"»

23 de marzo
«El amor que siento en el corazón me refresca y me repone»

24 de marzo
«Soy positivo y la vida me corresponde con cosas buenas»

25 de marzo
«Sólo puedo controlar lo que ocurre dentro de mí, no lo que ocurre a mi alrededor»

26 de marzo
«Adoro mi vida. Estar vivo es maravilloso»

27 de marzo
«Todos los días están llenos de oportunidades para sentirse más realizado y feliz»

28 de marzo
«Estoy ganando la carrera de la vida»

29 de marzo
«Merezco y sólo espero lo mejor»

30 de marzo
«Mañana será otro día»

31 de marzo
«Irradio calidez y el amor que proyecto sobre los demás es correspondido»

1 de abril
«Decido ser autosuficiente con generosidad y alegría»

2 de abril
«Me resulta fácil adaptarme a los altibajos y al discurrir de mi vida»

3 de abril

«Tengo fe plena en mis recursos internos»

4 de abril

«Soy capaz de conseguir todo lo que realmente quiero»

5 de abril

«Dedico tiempo a renovarme en silencio»

6 de abril

«Mi vida es el reflejo de mis decisiones positivas»

7 de abril

«Hoy trataré a los demás como me gustaría que ellos me trataran»

8 de abril

«Estoy agradecido por todo lo que soy»

9 de abril

«Entiendo el principio de menos es más y voy a incorporarlo a mi vida»

10 de abril

«Cuando soy amable sin esperar nada a cambio me siento realmente vivo»

11 de abril

«Hoy consideraré los pros y los contras de todos los argumentos»

12 de abril

«Tengo motivos para creer y confiar en mí mismo»

13 de abril

«Hoy sentiré miedo pero seguiré adelante»

14 de abril

«Avanzo desde el pasado hacia mi brillante futuro con alegría»

15 de abril

«Hoy mi felicidad servirá de inspiración a mi creatividad»

16 de abril

«Hoy recordaré que ya soy lo que quiero ser»

17 de abril

«Estoy preparado para verme y para ver el mundo de una manera diferente»

18 de abril

«Si cambio mi forma de pensar, podré cambiar mi vida»

19 de abril

«Hoy no voy a predicar sino a escuchar»

20 de abril

«Hoy y todos los días cultivaré la curiosidad»

21 de abril

«Deseo lo mejor para todo el mundo, y los demás también me desean lo mejor»

22 de abril

«La capacidad de sorpresa y las ganas de descubrir cosas nuevas son claves para abrir mi espíritu»

23 de abril

«Siempre estoy avanzando hacia mis objetivos»

24 de abril

«Gobierno mi vida y reclamo mi poder»

25 de abril

«El espíritu que me inspira también me protege»

26 de abril

«Soy perfecto en mi imperfección. Y así es como debe ser»

27 de abril

«El amor es aquello que nos une»

28 de abril

«Hoy y todos los días dedico tiempo a buscar el silencio y la calma interior»

29 de abril

«Escucho atentamente la sabia voz de la intuición»

30 de abril

«Hoy cambiaré la palabra "debería" por la palabra "podría"»

1 de mayo

«Hoy iré un poco más lejos»

2 de mayo

«Cuanto más amable y considerado sea, mayor será mi energía positiva»

3 de mayo

«Ahora respeto mi cuerpo, mi mente y mis emociones. Me siento estupendamente»

4 de mayo

«Estoy aprendiendo a amar y a cuidar de mí mismo»

5 de mayo

«Ahora soy capaz de detectar cuándo mi intuición intenta decirme algo»

6 de mayo

«Estoy seguro de que cada decisión que tomo mejorará mi vida y la vida de los demás»

7 de mayo

«Entenderme es el primer paso hacia la sabiduría»

8 de mayo

«El amor y la comprensión pueden dar respuesta a todos mis interrogantes»

9 de mayo

«Estoy preparado para librarme del hábito de la crítica»

10 de mayo

«Soy un alma con un cuerpo, y no un cuerpo con un alma»

11 de mayo

«Todo el mundo me respeta porque yo me respeto»

12 de mayo

«Hoy situaré la compasión en el centro de mi vida»

13 de mayo

«Yo puedo decidir cómo respondo a todas las situaciones que me plantea la vida»

14 de mayo

«Vivo el momento»

15 de mayo

«Decido amar la vida»

16 de mayo

«Hoy estaré tranquilo, sereno y contenido»

17 de mayo

«Siempre pediré todo lo que necesite»

18 de mayo

«Puedo adaptarme con facilidad a cualquier desafío que la vida me plantee»

19 de mayo

«Me siento agradecido y feliz por estar vivo»

20 de mayo

«Las respuestas que necesito sólo puedo encontrarlas en mi interior»

21 de mayo

«Para entender a los demás, primero tengo que entenderme a mí mismo»

22 de mayo

«Controlo mi mente y tengo capacidad para pensar cosas maravillosas»

23 de mayo

«Ya tengo lo que deseo de los demás»

24 de mayo

«Mi intuición me indica el camino a seguir»

25 de mayo

«Soy libre para avanzar, salvo que decida no hacerlo»

26 de mayo

«Estoy dispuesto a descubrir oportunidades para cambiar»

27 de mayo

«Hoy sustituiré mis viejos hábitos críticos por nuevos hábitos más flexibles»

28 de mayo

«Hoy recordaré que debo parar y consultar a mi intuición antes de actuar»

29 de mayo

«Todo lo que me pasa me sirve para aprender y crecer como persona»

30 de mayo

«Soy poderoso y equilibrado, aquí y ahora»

31 de mayo

«Soy un centro de calma en un mundo cambiante»

1 de junio

«Me relajo y reconozco mi potencial para hacer grandes cosas»

2 de junio

«Todos los días me ofrecen la oportunidad de aprender algo nuevo sobre mí mismo»

3 de junio

«Decido eliminar todos los pensamientos negativos de mi mente y de mi vida»

4 de junio

«Hoy estoy abierto a todas las ideas originales»

5 de junio

«Hoy me deshago de las preocupaciones y la incertidumbre»

6 de junio

«Cada vez que me siento en silencio me recargo de energía vital»

7 de junio

«Confío y comparto mis sentimientos»

8 de junio

«Todos los días priorizaré aquello que es realmente importante»

9 de junio

«Obtengo fuerza de mi calma interior»

10 de junio

«Todo lo que hago es productivo, satisfactorio y exitoso»

11 de junio

«Cada paso adelante que doy me llena de gratitud y respeto»

12 de junio

«Puedo recurrir a la sabiduría de mi intuición cuando yo quiera»

13 de junio

«Mi intuición está esperando que yo le pida que me guíe»

14 de junio

«Hoy seré amable con todas las personas que se crucen en mi camino»

15 de junio

«Ahora decido reconocer que soy una persona brillante»

16 de junio

«Actuaré con celeridad, resolución y buen juicio»

17 de junio

«No necesito ninguna fuerza o validación externa para sentirme en armonía conmigo mismo»

18 de junio

«Hoy reflexionaré sobre por qué debo sentirme agradecido»

19 de junio

«Con la práctica mi compasión se fortalece y mi vida se enriquece»

20 de junio

«No necesito una crisis para sentirme vivo»

21 de junio

«Cada momento plantea una oportunidad para sentirme inspirado»

22 de junio

«Ya dispongo de toda la sabiduría y el poder que necesito»

23 de junio

«Pienso bien de los demás y sólo expreso la alegría de vivir»

24 de junio

«Hoy utilizaré mi energía multiforme para hacer realidad mis sueños»

25 de junio

«Hoy cuidaré de mi cuerpo, mente, alma y corazón. ¡Me siento estupendamente!»

26 de junio

«En mi vida todo funciona mejor cuando siento amor y cuido de mi persona»

27 de junio

«Mi entendimiento es claro, pero mis opiniones son flexibles»

28 de junio

«Soy perfecto tal como soy»

29 de junio

«Tengo que desarrollar mis talentos y mis capacidades. Me lo debo»

30 de junio

«Cuando escucho mi sabiduría interior, encuentro respuestas a todas mis preguntas»

1 de julio

«Las únicas limitaciones que tengo son aquéllas en las que yo decido creer»

2 de julio

«Soy una persona tan segura, realizada y exitosa como yo decido»

3 de julio

«Soy una persona amorosa, cálida y hermosa, y mi contribución es muy valiosa»

4 de julio

«Al descubrir todo lo bueno que hay en mí, hago el bien a los demás»

5 de julio

«Estoy aquí, en el presente, en este momento»

6 de julio

«Estoy dispuesto a explorar y experimentar posibilidades nuevas»

7 de julio

«De hoy en adelante percibiré todos los obstáculos como oportunidades»

8 de julio

«Soy un ser humano, no un hacedor humano»

9 de julio

«Todos los obstáculos que me plantea la vida son oportunidades de crecimiento y aprendizaje»

10 de julio

«Expreso mis sentimientos positivamente y con alegría»

11 de julio

«Sigo mi luz interior. Soy un faro, un ejemplo de claridad y amor»

12 de julio

«Estoy relajado, confiado y sereno»

13 de julio

«Ahora estoy libre de dudas»

14 de julio

«Sólo deseo aquello que me eleva y me hace bien»

15 de julio

«Mi alma —o mi espíritu— es la verdadera medida de mi humanidad»

16 de julio

«Sé escuchar. Escucho a mi intuición y a las personas con las que vivo y trabajo»

17 de julio

«Confío en la vida y sé me deparará cosas maravillosas»

18 de julio

«Hoy estaré atento a todo lo que ocurre dentro y fuera de mí»

19 de julio

«Hoy seré consciente de mi belleza y creeré en mis capacidades»

20 de julio

«El viaje interior es el viaje más emocionante»

21 de julio

«La concentración y el enfoque son las claves del éxito»

22 de julio

«Mi serenidad interior me proporciona la fuerza, la sabiduría y la inspiración que necesito»

23 de julio

«Me comprometo a reflexionar en silencio»

24 de julio

«Alimentar la paz interior tiene efectos positivos en mi vida y en la vida de los demás»

25 de julio

«Me encanta ser quien soy y me recompenso todos los días con pensamientos positivos»

26 de julio

«La compasión aporta un sentido más profundo a mi vida»

27 de julio

«Estoy dispuesto a hacer frente a mis sentimientos»

28 de julio

«Mi compasión produce energía positiva en el mundo que me rodea»

29 de julio

«Recupero el poder. Soy el artífice de mi propio destino»

30 de julio

«Buscar tiempo para relajarme es un regalo que me hago y que hago a mi espíritu»

31 de julio

«Mis pensamientos hermosos y llenos de amor crean mi mundo hermoso y lleno de amor»

1 de agosto

«Todos, incluido yo, aspiramos a ser felices»

2 de agosto

«Intento aprovechar al máximo todos los días de mi vida»

3 de agosto

«Tal vez sea yo la persona que más necesita ser rescatada»

4 de agosto

«Opto por la armonía y la comunicación afectuosa dondequiera que voy»

5 de agosto

«Mi corazón está abierto. Me esfuerzo para ser más consciente de mis sentimientos»

6 de agosto

«Puedo ver la eternidad en un grano de arena»

7 de agosto

«Me entrego a la vida con alegría y la vida me corresponde»

8 de agosto

«La verdadera inspiración nace de la serenidad y el silencio que siento en mi interior»

9 de agosto

«Libero al universo mi necesidad de control. Me siento en paz con el mundo»

10 de agosto

«Mis pensamientos creativos y armoniosos crean mi vida creativa y armoniosa»

11 de agosto

«Puedo hacer una pausa y pensar antes de hablar»

12 de agosto

«Cierro los ojos y me siento feliz por estar vivo en este momento»

13 de agosto

«Mi intuición siempre está disponible. Sólo necesito escucharla»

14 de agosto

«Cuando entro en contacto con mi sabiduría interior, encuentro soluciones rápidamente»

15 de agosto

«La compasión me conecta con mi ser más elevado, que es mi verdadera nobleza»

16 de agosto

«Fomento la inocencia, la compasión y la belleza en los demás y en mí mismo»

17 de agosto

«Mi paz interior tiene un efecto positivo en todos los aspectos de mi vida»

18 de agosto

«Los obstáculos son oportunidades, y mi vida se parece más a una danza que a una batalla»

19 de agosto

«No necesito ser perfecto, sólo humano»

20 de agosto

«Cuando me enfoco en el aquí y el ahora, mi vida es más gratificante y tiene más magia»

21 de agosto

«Soy especial, maravilloso y libre. Soy feliz por ser quien soy»

22 de agosto

«Soy fuerte y creativo en el aquí y el ahora»

23 de agosto

«Hoy mi felicidad me anima a dar»

24 de agosto

«Disfruto trabajando y descubriendo cosas con la ayuda de mi intuición»

25 de agosto

«Sé que soy lo bastante bueno»

26 de agosto

«Me doy permiso para asumir el liderazgo»

27 de agosto

«Alimento mis pensamientos positivos. Tengo un futuro espléndido»

28 de agosto

«Abro la puerta al descubrimiento de mi espíritu maravilloso»

29 de agosto

«Cuanto más confío y menos me aferro a las cosas, mayores son mis posibilidades»

30 de agosto

«La vida es milagrosa todos los días»

31 de agosto

«Escucho con amor y confío en mi voz interior»

1 de septiembre

«Para ser feliz tengo que trabajar de manera más inteligente, no más duro»

2 de septiembre

«No soy la misma persona que ayer, sino un ser más lúcido»

3 de septiembre

«Estoy dispuesto a descubrir mi creatividad, originalidad y magnificencia»

4 de septiembre

«Me recuerdo que no habrá otro día como éste»

5 de septiembre
«Asumo toda la responsabilidad de mi vida»

6 de septiembre
«Siempre tengo opción»

7 de septiembre
«La serenidad y el amor que proyecto, inspiran a cuantos me rodean»

8 de septiembre
«Ser fuente de amor es una de las prioridades de mi vida»

9 de septiembre
«Sé lo que quiero y sé adónde voy»

10 de septiembre
«Puedo lograr todo lo que mi mente pueda concebir»

11 de septiembre
«Usar la intuición y confiar en ella me conduce a la claridad»

12 de septiembre
«Disfruto siendo quien soy y ayudando a los demás»

13 de septiembre
«Hoy procuraré que mi corazón me ayude a tomar decisiones»

14 de septiembre
«Observo más allá del comportamiento de los demás en busca de la luz interior»

15 de septiembre
«Entiendo la diferencia entre la felicidad y el placer»

16 de septiembre

«Antes de empezar el día, haré una pausa y me conectaré con mi espíritu»

17 de septiembre

«Soy un ser lleno de creatividad, luz y color»

18 de septiembre

«Hoy me enfrentaré a mis miedos, pensaré y actuaré con audacia y me sentiré estupendamente»

19 de septiembre

«Observo mi interior y veo luz, belleza, alegría y un amor sin limites»

20 de septiembre

«Siempre y cuando aprenda de las adversidades, no podré fracasar»

21 de septiembre

«Sé quién soy y sé adónde voy»

22 de septiembre

«Actúo correctamente dejando que la intuición me guíe»

23 de septiembre

«Ahora estoy dispuesto a ver mi belleza y mi brillantez»

24 de septiembre

«Cuando la integridad y la disciplina me inspiran, no hay nada que no pueda hacer»

25 de septiembre

«Mis palabras positivas sirven para mejorar el mundo y la calidad de mi vida»

26 de septiembre
«Siempre que hago una pausa y reflexiono en silencio, mi intuición se fortalece»

27 de septiembre
«No tengo motivos para no observar mi yo interior»

28 de septiembre
«Soy una persona fuerte e inspirada. Disfruto poniendo orden en mi vida»

29 de septiembre
«Aprecio y valoro todo lo que soy»

30 de septiembre
«Soy considerado y tolerante con todo el mundo, yo incluido»

1 de octubre
«Ser quien soy me divierte»

2 de octubre
«Escucho con amor los mensajes que mi corazón y mi cuerpo me envían»

3 de octubre
«El tesoro que busco está en mi interior»

4 de octubre
«Soy un alma con un cuerpo, no un cuerpo con un alma»

5 de octubre
«La paz del mundo empieza dentro de mí»

6 de octubre
«Los conflictos son oportunidades para hacer realidad todo mi potencial»

7 de octubre

«Aquello que no quiero cambiar quizá sea lo que más necesito cambiar»

8 de octubre

«Siempre que observo mi interior, me acerco a la persona que realmente soy»

9 de octubre

«Soy una persona talentosa y única. Estoy orgulloso de mí»

10 de octubre

«Abro la puerta al descubrimiento de mi maravillosa imaginación»

11 de octubre

«Cada esfuerzo es una oportunidad para descubrir mi verdadero yo»

12 de octubre

«Elijo demostrar con hechos que me preocupo por los demás, en lugar de decirlo con palabras»

13 de octubre

«Mi capacidad de amar, y no mis logros, es la medida de mi progreso»

14 de octubre

«Mi futuro y el próximo paso en el desarrollo de mi persona me motivan»

15 de octubre

«El mayor regalo que me hago es alegrar la vida de los demás»

16 de octubre

«Elijo dar apoyo y no criticar a los demás»

17 de octubre

«La verdad no está en el mundo exterior; está en mi interior»

18 de octubre

«Soy talentoso y creativo: la única aprobación que realmente necesito es la mía»

19 de octubre

«No necesito una crisis para sentirme vivo»

20 de octubre

«Soy capaz de hacer muchas más cosas que las que podría imaginar»

21 de octubre

«Expreso mi creatividad de maneras que me llenan e inspiran a los demás»

22 de octubre

«Mi corazón agradecido es fuente de alegría para mí mismo y para los demás»

23 de octubre

«Sólo deseo aquello que me hace bien»

24 de octubre

«Encuentro constantemente maneras nuevas de amar el mundo que me rodea»

25 de octubre

«Estoy abierto a la luz y a las maravillas del universo»

26 de octubre

«Confiar en la intuición es como darse un bálsamo de claridad»

27 de octubre
«Piensen lo que piensen los demás, siempre escucharé la voz de mis sentimientos»

28 de octubre
«Soy un ser humano, no un hacedor humano»

29 de octubre
«Soy un ser sorprendente y nada tengo que ocultar»

30 de octubre
«Lo que realmente importa es lo que *efectivamente* hago, no mis intenciones»

31 de octubre
«Ahora estoy preparado para decir a las claras lo que pienso»

1 de noviembre
«Puedo ser responsable. Cuando me relajo dispongo de mi sabiduría interior, que se manifiesta con claridad»

2 de noviembre
«Estoy en un buen lugar en un buen momento. Permanecer es una buena opción»

3 de noviembre
«Me deshago de todos mis sentimientos de fracaso. Me aguarda un futuro brillante y está al alcance de mi mano»

4 de noviembre
«La mayor aventura y las emociones más intensas están en mi interior»

5 de noviembre
«Soy el centro de mi mundo. Lo que pienso y lo que siento son importantes»

6 de noviembre

«Estoy lleno de energía y entusiasmo. Puedo hacer cambios positivos en mi vida»

7 de noviembre

«Cada día veo con mayor claridad mi brillante futuro»

8 de noviembre

«Ahora estoy preparado para avanzar hacia la luz y el bien»

9 de noviembre

«Elijo el camino de la sabiduría, la luz y la alegría»

10 de noviembre

«Mi vida y mis amigos son un reflejo de los pensamientos positivos e inspiradores que nacen de mi corazón»

11 de noviembre

«Soy un inmenso tesoro todavía por descubrir»

12 de noviembre

«Cada momento de quietud me acerca a mi verdadero yo»

13 de noviembre

«Una mente abierta es una mente iluminada»

14 de noviembre

«Para poder ayudar realmente a los demás, primero tengo que ayudarme a mí mismo»

15 de noviembre

«Estoy abierto y soy receptivo a todas las bondades del universo»

16 de noviembre

«Hoy mi corazón rebosa una calidez sincera que me acerca a los demás»

17 de noviembre

«Hoy expresaré mi creatividad de maneras que me llenen»

18 de noviembre

«Creo en mí. Cualquier cosa es posible»

19 de noviembre

«Tomo decisiones basadas en la reflexión, la humildad, el amor y la compasión»

20 de noviembre

«Estoy sereno y me controlo»

21 de noviembre

«Mi progreso como una persona espontánea y llena de amor es mi contribución al mundo»

22 de noviembre

«Constantemente encuentro nuevas metas que fijarme»

23 de noviembre

«Sólo puedo controlar lo que pasa en mi interior»

24 de noviembre

«Una actitud nueva puede transformar una situación enquistada en una situación feliz»

25 de noviembre

«Cuanto más feliz sea, más podré inspirar a los demás para que encuentren la felicidad»

26 de noviembre
«La armonía, la realización y el sentido que tanto busco, ya existen en mi interior»

27 de noviembre
«Yo controlo y soy responsable de mis sentimientos»

28 de noviembre
«En mi mundo todo está bien, y comparto mi felicidad con la gente que me rodea»

29 de noviembre
«La aventura que tanto busco, ya existe en mi interior»

30 de noviembre
«La intuición me permite conectar con todo y con todos»

1 de diciembre
«Reordenar mis prioridades me ayuda a redescubrir la felicidad»

2 de diciembre
«La paz y la lucidez empiezan dentro de mí»

3 de diciembre
«Trabajo para vivir y no vivo para trabajar»

4 de diciembre
«En mi mundo todos son triunfadores»

5 de diciembre
«Cada día mi capacidad para entenderme y entender a los demás aumenta»

6 de diciembre

«Hoy cambiaré mis creencias sobre lo que es imposible»

7 de diciembre

«Hoy seré parte de la solución, no del problema»

8 de diciembre

«En mi mundo soy la fuerza creativa y responsable»

9 de diciembre

«Mis pensamientos positivos y pacientes me mantienen en armonía con el universo»

10 de diciembre

«Mi vida es una celebración que quiero compartir con todas las personas que conozco»

11 de diciembre

«Hoy incorporaré la felicidad, la risa y el amor a mi vida»

12 de diciembre

«La intuición es la fuente de todo mi conocimiento y mi poder»

13 de diciembre

«Cada día me siento más en paz con la vida y conmigo mismo»

14 de diciembre

«Mi energía positiva sólo atrae cosas buenas a mi vida»

15 de diciembre

«Me gusta mi vida en este momento, tal y como es»

16 de diciembre

«El universo fluye a través de mi persona y la intuición me guía en todo momento»

17 de diciembre

«Para mí la vida es una danza jubilosa»

18 de diciembre

«Usar la intuición y confiar en ella me proporcionan lucidez»

19 de diciembre

«Enfocarme en las cosas positivas me ayuda y también es bueno para el mundo»

20 de diciembre

«Me siento agradecido por el valioso don de la vida»

21 de diciembre

«Sea cual sea el interrogante, sé que el amor es la respuesta»

22 de diciembre

«Los problemas son oportunidades únicas para crecer y aprender»

23 de diciembre

«No hay mayor poder que el poder del momento presente»

24 de diciembre

«Cada día seré un poco más sabio y emocionalmente fuerte»

25 de diciembre

«Ya tengo la alegría que necesito para sentirme realizado y auténticamente vivo»

26 de diciembre

«Mi corazón no tiene ataduras y mi mente flexible no conoce límites»

27 de diciembre

«Si lo hago de corazón y me entrego en cuerpo y alma, no habrá nada que no pueda hacer»

28 de diciembre

«Si logro pensar positivamente, podré superar todos los problemas»

29 de diciembre

«Mis posibilidades son infinitas»

30 de diciembre

«Tengo sabiduría interior y soy capaz de expresar mi inspiración con claridad y elocuencia»

31 de diciembre

«En mi vida pasan cosas hermosas todos los días»

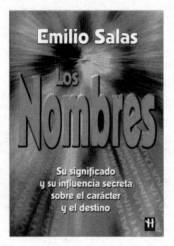

Los nombres
Emilio Salas

El poder del nombre: elegir un nombre es elegir un destino. Descubra lo que se oculta detrás de los nombres de las personas.

Este amplio diccionario de nombres propios permite al lector profundizar en el conocimiento del significado, los antecedentes y el anecdotario que rodean a la mayoría de los nombres de persona conocidos y lo que se oculta detrás de ellos.
- La numerología como herramienta que nos permite conocernos mejor a nosotros mismos y a los demás.
- Los conocimientos necesarios para elegir el nombre más apropiado para nuestros hijos.
- La etimología, historia y carácter de un gran número de nombres propios y sus derivados.

El gran libro del Tarot
Emilio Salas

Una obra excepcional de Emilio Salas, uno de los más destacados expertos mundiales en artes adivinatorias.

En esta obra a la que el autor ha dedicado cuatro años de investigación, se desarrollan:
- Los orígenes del Tarot: su evolución, sus pioneros y sus continuadores.
- La cábala; el alfabeto hebreo; los veintidós senderos; la numerología; cábala, astrología y Tarot.
- Los arcanos mayores: simbolismo; significado adivinatorio general; significados adivinatorios concretos; meditación sobre cada arcano.
- Los arcanos menores.
- La práctica: métodos para consultar el Tarot; métodos basados en el cinco, en el siete y en el diez; métodos astrológicos; cruces y estrellas; métodos complejos.

Ilustrado

Interpreta tus sueños
Y. Soliah

Un práctico diccionario para interpretar el simbolismo de los sueños.

Todos nos hemos sentido intrigados alguna vez por sueños extraños o inexplicables que se repiten con frecuencia. ¿Sabe qué significa perder los dientes o perder un botón? ¿Es un mal augurio soñar con la muerte, con fantasmas o con sepultureros? Gracias a la obra de Y. Soliah comprobará que en realidad los sueños son sólo mensajes simbólicos que nos envía nuestro subconsciente.

Aprenda a comprender los sueños, desde los más habituales a los más inquietantes y a distinguir los sueños premonitorios de los que son sólo reflejo de nuestra consciencia.

«Por fin un libro que a modo de diccionario nos explica de una manera sistemática los aspectos más importantes de los sueños y lo que nos dicen sobre nuestros deseos y miedos más escondidos.»

Washington Courier

¿Qué significan tus sueños?
Marcus Salomon

Conozca el significado de todas las imágenes, objetos, seres y situaciones que pueblan nuestros sueños.

Esta obra nos presenta un completísimo diccionario de interpretación de los sueños en el que se pueden encontrar respuestas claras a todos los interrogantes sobre nuestras «vivencias nocturnas», además de un novedoso apartado en el que se trata la simbología según grupos temáticos: amor, familia, dinero... ¿Sabemos por qué soñamos con escaleras o sendas que no tienen final? ¿Es común soñar con reptiles o ratas? Gracias a este libro el lector podrá saber:
• Cómo afectan los sueños al ámbito del amor y los sentimientos.
• La salud y las relaciones cuerpo-mente.
• Un diario de interpretación de los sueños para hacer un seguimiento exhaustivo de los símbolos oníricos más frecuentes.
• Los planos material, económico, laboral y social vistos en relación con nuestros sueños.

Encuadernación en tela con sobrecubierta.
Impreso a todo color.

Más allá de El Secreto
Brenda Barnaby

Las claves del *best seller* y nuevas revelaciones para mejorar tu vida.
Más allá de El secreto es más que un libro, es una revelación, una oportunidad única de transformar nuestras vidas. Todas las claves del aclamado mensaje de Rhonda Byrne en *El Secreto* son aquí desveladas para que cada uno acceda a su propia vía de superación personal y alcance mayores cotas de éxito y bienestar gracias a un conocimiento adecuado de su poder mental. La autora no sólo va un poco «más allá de El Secreto», sino que pone a nuestro alcance toda su sabiduría sobre las leyes esenciales del mentalismo.

Una de las aportaciones más útiles de esta obra es la recopilación de consejos y métodos de superación personal elaborados por los mejores expertos actuales en pensamiento positivo, presentados aquí de forma sencilla y ordenada. Tiene en sus manos, sin lugar a dudas, un texto de incalculable valor que puede cambiar su vida si se atreve a profundizar en él para descubrir cómo transformar su vida y cumplir sus mayores deseos.

Más allá de la Ley de la Atracción
Brenda Barnaby

¡Tú puedes alcanzar la abundancia por medio del poder de la atracción!
En este libro encontrarás la forma de aplicar ese poder para obtener todo lo que ambicionas. No se trata de magia ni de esoterismo, sino de la aplicación de ciertas normas científicas que rigen el Universo. Tampoco necesitarás hacer ningún gran esfuerzo para alcanzar la prosperidad y el bienestar que siempre has deseado. Sólo tienes que leer detenidamente cada capítulo, aceptar sus contenidos y seguir sus consejos. La Ley de la Atracción te dará entonces todo lo que le pidas.

La prosperidad, la abundancia, la riqueza, están ya en tu mente. Forman parte de tus energías dormidas, a las que tus actitudes negativas impiden despertar. Debes detectar y erradicar esos pensamientos nocivos con recursos científicos, para que tu mente florezca en ideas positivas y logros personales favorecidos por la Ley de la Atracción.

Las historias de El Secreto
Brenda Barnaby

Los relatos, leyendas y anécdotas que confirman la eficacia y el poder de "El Secreto".
Las historias de El Secreto reúne un considerable número de testimonios de distintas épocas y culturas que de una forma u otra se refieren a las leyes del Universo, la Ley de la Atracción o el pensamiento positivo.

Oraciones, rezos, súplicas, sueños y esperanzas son algunas de las formas que se han utilizado para solicitar el cumplimiento de un deseo. Todas nacen con el objetivo de poder transformar nuestras vidas y acceder a un nuevo estadio de superación personal. Brenda Barnaby, la aclamada autora del *best seller Más allá de El Secreto*, recoge en este libro las historias más significativas basadas en el poder de la fuerza de El Secreto y la Ley de la Atracción.

Desde el punto de vista de la Ley de la Atracción, ningún deseo es demasiado grande para quien esté dispuesto a conseguirlo. ¡Transformar tu vida y realizar tus sueños está en tus manos!